ग्रामीण हरियाणा में घूँघट प्रथा

बदलते स्वरूप – 1880 से मौजूदा दौर तक

प्रेम चौधरी

हिन्दी अनुवाद
रमणीक मोहन

AAKAR

Hindi translation of *The Veiled Women: Shifting Gender Equations in Rural Haryana, 1880-1990* by Prem Chowdhry, published by Oxford University Press, New Delhi.

ग्रामीण हरियाणा में घूँघट प्रथा : बदलते स्वरूप – 1880 से मौजूदा दौर तक
प्रेम चौधरी

प्रथम संस्करण 2022

ISBN 978-93-5002-774-5

प्रकाशक
आकार बुक्स
28 ई, पॉकेट IV, मयूर विहार
फेस I, दिल्ली 110 091
www.aakarbooks.com

लेज़र टाइपसेट
अर्पित प्रिंटोग्राफ़र्स, दिल्ली

मुद्रक
डी. के. फाइन आर्ट प्रेस, दिल्ली

अनुक्रम

आमुख

इस पुस्तक का पहला, मूल अंग्रेज़ी संस्करण (*The Veiled Women: Shifting Gender Equations in Rural Haryana 1880-1990*) 1994 में छपा था और यह बहुत ही सन्तुष्टि की बात है कि विद्वानों, अकादमिक दुनिया के लोगों और अन्य पाठकों द्वारा इसका अच्छा स्वागत हुआ था। इस पुस्तक ने जेण्डर को सांस्कृतिक इतिहास और राजनीतिक अर्थशास्त्र के मिलन-बिन्दुओं पर स्थित करते हुए 1880 से 1990 तक के समयकाल के सन्दर्भ में अध्ययन किया था। ऐसा करते हुए परिवार, नातेदारियों, विवाह, लैंगिकता, प्रथागत क़ानून और रिवाजों, उत्तराधिकार तथा राज्य की भूमिका से सम्बद्ध सवालों की तरफ़ ध्यान आकर्षित किया गया था। यह काम इतिहास, राजनीति, अर्थव्यवस्था, क़ानून, सामाजिक मानव-विज्ञान और महिलाओं से सम्बद्ध विषयों के अध्ययन से सम्बन्धित कई वर्तमान मुद्दों से सम्बोधित होते हुए किया गया था। पुस्तक में उपनिवेशीय युग और उसके बाद के समयकाल, दोनों के दौरान ग्रामीण अर्थव्यवस्था में आए बड़े परिवर्तनों और उसके फलस्वरूप आए सामाजिक-सांस्कृतिक बदलावों का एक नक़्शा खैंचा गया था। साथ ही इस ओर भी ध्यान दिलाया गया था कि किस तरह इन बदलावों ने ग्रामीण हरियाणा में पितृसत्ता और जेण्डर सम्बन्धों के विशिष्ट रूपों को शक्ल देने में अपना योगदान दिया है। कृषक महिलाओं को केन्द्र में ला कर इस पुस्तक के माध्यम से मध्यम-वर्गीय भद्रमहिला का एक विकल्प सामने लाने की और दबे हुए वर्गों को एक आवाज़ देने की कोशिश की गई थी। इस अध्ययन ने अकादमिक दुनिया का ध्यान पूर्वी और पश्चिमी भारत से हटा कर उत्तरी भारत के हिस्सों की तरफ़ मोड़ा। एक ख़ास क्षेत्र पर ध्यान केन्द्रित करते हुए इस किताब ने हरियाणा को पंजाब का उपांग होने की छवि से बाहर निकालते हुए उसकी एक स्वतन्त्र झांकी प्रस्तुत की है। इसमें कई ऐसे स्रोत भी एकत्र किए गए हैं जिन्हें अब से पहले जाँच-परख कर इस तरह प्रदर्शित नहीं किया गया था जैसे कि इस अध्ययन में। इनमें प्रकाशित और अब तक अप्रकाशित दस्तावेज़ों से लेकर ज़मीनी स्तर पर काम के दौरान लिए गए विस्तृत साक्षात्कारों समेत एकत्र किए गए मौखिक स्रोत शामिल हैं। साथ ही लोक-कथाएँ, लोक-गीत, पारम्परिक कथाएँ, प्रचलित कहावतें और लोकोक्तियाँ, और निरर्थक, बेतुके गीत आदि भी हैं।

पुस्तक का हिन्दी अनुवाद अब 25 साल से भी अधिक समय के बाद पाठकों तक पहुँच रहा है। इसे पढ़ते समय उन्हें ध्यान में रखना होगा कि पुस्तक में 1990 तक का गहन अध्ययन शामिल है, न कि 2022 तक का। लेकिन इस दौरान बदलाव के साथ वही निरंतरता जारी रही है जिसका ख़ाका किताब में खैंचा गया है। अलग-अलग क्षेत्रों में संक्रमण के दौर वाले और कशमकश के हालात भी हैं। 1990 के बाद के समयकाल के हरियाणा की राजनीतिक अर्थव्यवस्था और संस्कृति में होने वाले फेरबदल भी उतने ही नाटकीय हैं जितने कि उपनिवेशीय समयकाल और उसके बाद के दौर में थे। इस समयकाल में नई आर्थिक नीतियों भी लागू हुई हैं जिनसे और भी बड़े पैमाने के बदलाव हुए हैं। बाज़ार की अर्थव्यवस्था, वैश्वीकरण और उपभोक्तावाद के और भी ज़्यादा शिद्दत अख़्तियार कर लेने से ग्रामीण अर्थव्यवस्था बहुत ज़्यादा अस्थिर हुई है और कुछ बेचैनी पैदा करने वाले, पहले से मौजूद, सामाजिक-सांस्कृतिक बदलावों ने तेज़ी पकड़ी है।

इस आमुख में मैं कुछ ऐसे मुद्दों को चिह्नित करने और जाँचने की कोशिश करूँगी जिन्होंने जेण्डर-सम्बन्धों पर प्रभाव डाला है और इसी प्रक्रिया में इस पुस्तक को 1990 के बाद से बदलती हुई राजनीतिक अर्थव्यवस्था में स्थित करने की कोशिश भी रहेगी।

I

हरियाणा पहले की ही तरह आज भी जेण्डर-आधारित भेदभाव और हिंसा की वजह से प्रसिद्ध है। लिंग-निर्धारण के लिए होने वाली जाँच के व्यापक, अनियंत्रित इस्तेमाल और लिंग चयन पर आधारित गर्भपातों ने स्त्रियों के अस्तित्व तक को ख़तरे में डाल दिया है। हरियाणा अब भी प्रतिकूल लिंगानुपात के मामले में पूरे भारत के दस सबसे ज़्यादा बुरी स्थिति वाले राज्यों में से एक है। लेकिन सरकार के *बेटी बचाओ, बेटी पढ़ाओ* प्रोग्राम के बाद हरियाणा के अधिकारियों ने 2011 के मुक़ाबले बेहतर हुई स्थिति का दावा किया है–2011 में राज्य में लिंगानुपात की स्थिति पूरे देश में सबसे प्रतिकूल थी, यानी 1000 लड़कों पर 834 लड़कियों का होना, जो अधिकारियों के अनुसार 2016 में बेहतर होकर 1000 लड़कों पर 900 लड़कियाँ हो गया है। लेकिन इन दावों की सटीकता और सत्यता अनिश्चित है और इस बात की तस्दीक़ होना अभी बाक़ी है।

क्षेत्रीय और राष्ट्रीय स्तर के समाचार-पत्रों ने इस बहुत ज़्यादा असन्तुलित लिंगानुपात की एक सनसनीखेज़ तस्वीर पेश करते हुए उसे इस बात के साथ जोड़ दिया है कि पुरुष अब पहले से ज़्यादा संख्या में अविवाहित हैं। आंकड़ों की दृष्टि से देखें तो 1991 की जनगणना के मुताबिक़ 15 से 44 बरस (तथाकथित शादी लायक़ या प्रजनन के लिए उपयुक्त उम्र) की श्रेणी के 36.24 प्रतिशत पुरुष ग़ैर-शादीशुदा थे। 2011 की सामाजिक-आर्थिक जाति-आधारित जनगणना रिपोर्ट के मुताबिक़ यह प्रतिशत बढ़ कर 40.03 हो गया है। प्रतिकूल लिंगानुपात और अविवाहित मर्दों या औरतों की तादाद के

बीच परस्पर सीधा, एक की वजह से दूसरे के होने का सम्बन्ध तो नहीं माना जा सकता, लेकिन यह भी सचाई ही है कि जहाँ सामाजिक हैसियत से जुड़े अनुलोम विवाह (यानी अपने से उच्च-वर्ग या सामाजिक रुतबे के व्यक्ति के साथ विवाह) का चलन होने की स्थिति होती है, वहाँ शीर्ष पर दुलहनों की अतिरिक्त संख्या होगी लेकिन नीचे बहुत साफ़ तौर पर दिखाई देने वाला घाटा होगा।

स्थिति दोनों में से चाहे कुछ भी हो, सामाजिक प्रभाव तो गम्भीर और गहरे होते हैं। हरियाणा में यह स्थिति बन आई है कि मध्यम वर्ग में लड़कियों के लिए 'उपयुक्त लड़के' मिलना मुश्किल हो रहा है क्योंकि नए हालात में शादी लायक़ उम्र की लड़कियाँ बहुत मुमकिन है कि लड़कों के मुक़ाबले ज़्यादा शिक्षित हों; जबकि लड़कियों की शादी लायक़ होने की उम्र भी कई मामलों में पहले वक़्तों के मुक़ाबले बढ़ गई है। दूसरी ओर, एक रोज़गारशुदा लड़का भी अच्छे-ख़ासे दहेज की मांग करने की स्थिति में आ गया है जबकि बेरोज़गार, निम्न-जाति लड़के के लिए शादी हो पाना मुश्किल हो रहा है। भारत सरकार के श्रम एवं रोज़गार मंत्रालय के पाँचवें वार्षिक रोज़गार-बेरोज़गारी सर्वे (2015-16) की रिपोर्ट के मुताबिक़ हरियाणा में 47 प्रतिशत बेरोज़गार पुरुष हैं।

शादी के लिए होने वाली बातचीत के केन्द्रीय मुद्दे के तौर पर दहेज ने अपनी स्थिति को मज़बूत कर लिया है। एक रोज़गारशुदा, आजीविकायुक्त लड़के और उसके परिवार की ओर से 'तगड़ा' दहेज मिलने की आशाएँ शादी के बाज़ार में लगातार बढ़ती चली जा रही हैं। दहेज से सम्बद्ध आशाएँ पूरा न होने का नतीजा दहेज हत्याओं और मौतों के रूप में देखने को मिलता है। इसी के चलते हरियाणा में महिलाओं से सम्बद्ध जुर्मों में दहेज से सम्बद्ध जुर्मों का बड़ा योगदान रहता है। रेखांकित करने की बात यह भी है कि दहेज से जुड़ी आशाएँ समाज के हर स्तर पर मौजूद हैं – लड़की की शादी को जो बड़ी अहमियत दी जाती है, उससे यह और भी पक्का हो जाता है। लेकिन ये आशाएँ उनमें ज़्यादा हैं जिनके पास रोज़गार है। रोज़गार में होने का अर्थ न सिर्फ़ यह है कि आप को सामाजिक सम्मान और रुतबा मिलता है बल्कि यह एक अच्छी शादी के लिए भी फ़ायदेमन्द रहता है – यानी अच्छे-ख़ासे दहेज वाली, 'बेहतर लड़की' के साथ शादी, जो मुमकिन है कि एक बारुसूख़, पुख़्ता सम्पर्कों वाले परिवार से हो।

शादी के बाज़ार में नीचे के पायदान पर स्थित निम्न-वर्ग के बेरोज़गार पुरुषों के लिए इस सामाजिक बदलाव का नतीजा है कि बहुत ही विवादास्पद प्रथा यानी औरतों की ख़रीद का रिवाज फिर से देखने में आ गया है। स्थानीय स्तर पर पत्नी न मिल पाने की वजह से इनमें से कुछ पुरुषों ने अन्य क्षेत्रों से औरत ख़रीदने की दिशा पकड़ ली है। अंग्रेज़ों ने उपनिवेशीय समयकाल में इस तरह की प्रथा को 'वधूओं की ख़रीद' के रूप में दर्ज किया था। उपनिवेशीय समयकाल में और उससे पहले के समयकाल में भी, 'वधू मूल्य' अदा किए जाने के चलन को 'एक निम्न-जाति प्रथा' माना जाता था।

भूतकाल में इस प्रथा को बुरा कहते हुए उसकी निन्दा करने वाले जाति-समूह ही आज के समय में उसे, चाहे एक अलग रूप में ही सही, फिर से ज़िन्दा कर रहे हैं – यह उस प्रथा का एक ऐसा रूप है जिस की जाँच और अध्ययन अकादमिक स्तर पर और अधिक गहराई से होने की ज़रूरत है।

एक बीवी या रखैल के रूप में एक औरत की ख़रीद के बीच हमेशा से एक बहुत ही महीन फ़र्क़ रहा है। मौजूदा सन्दर्भ में ये औरतें आवश्यक तौर पर – और सख़्ती से उसके शाब्दिक अर्थ के रूप में – 'पत्नियाँ' नहीं हैं। समकालीन हरियाणा में उनका दर्जा ऐसा है कि न तो उसे कोई पहचान दी गई है और न ही उसे परिभाषित किया जा सकता है। दलालों द्वारा ग़रीब परिवारों से लाई या ख़रीदी गई इन महिलाओं को निम्न-वर्ग के उन पुरुषों द्वारा ख़रीदा जाता है जिनकी शादी न हो पाई हो – यह बात दीगर है कि इन दलालों के काम करने के तौर-तरीक़ों के बारे में न तो कोई जानकारी है, न ही उनकी कोई जाँच हुई है। दस साल की या उससे बड़ी उम्र की ये लड़कियाँ ओडीशा, बंगाल, मिज़ोराम, असम और बिहार जैसे सूबों से होती हैं। महत्त्वपूर्ण है कि ये सब वे क्षेत्र हैं जहाँ समाज के कुछ ख़ास तब्क़ों में 'वधू-मूल्य' की प्रथा बीते समय में प्रचलित थी।

ख़रीदी गई इन औरतों में से ज़्यादातर इस क्षेत्र की भाषा से अनजान होती हैं। वे इस क्षेत्र की सांस्कृतिक गतिविधियों में भी आमतौर पर हिस्सा नहीं लेतीं। बहुत ही महदूद या बिल्कुल ही ग़ायब संवाद और वैचारिक आदान-प्रदान के चलते ये औरतें अलग-थलग रहती हैं। उन परिवारों से भी उनकी हालत अलगाव वाली होती है जिन का वे हिस्सा बन गई मानी जानी चाहिएँ। ग्रामीण परिवार का पूरी तरह हिस्सा न होने के कारण उनमें से कई तो भौतिक-शारीरिक तौर पर भी हाशिए पर या अपने 'मालिक' के खेत में रहती हैं। उनका 'वैवाहित' दर्जा बहुत ही अनिश्चित और धुंधला रहता है। इनमें से कुछ के पास अपनी 'शादी की तस्वीर' रहती है, जिसमें दोनों को गले में फूलों के हार पहने हुए देखा जा सकता है, लेकिन बहुत मुमकिन है कि शादी की कोई औपचारिक रस्म भी न निभाई गई हो। उन्हें अपने परिवारों के पास मिलने के लिए जाने नहीं दिया जाता; या परम्परागत शादी की तर्ज़ के बरअक्स, उनसे सम्पर्क भी नहीं रखने दिया जाता। तथाकथित पति द्वारा 'पत्नी देने वालों' के साथ कोई रिश्ता या सम्पर्क नहीं रखा जाता और 'समधियों' के बीच भी कोई सम्बन्ध नहीं होता। इस सब की बजाए उनकी ख़रीद के मूल्य को खुले तौर पर प्रचारित किया जाता है। कइयों को तो बंधुआ मज़दूर से ज़्यादा कुछ नहीं समझा जाता और उन्हें व्यापक स्तर के शोषण का सामना करना पड़ता है जिसमें यौन-सम्बन्धी शोषण से लेकर कई तरह की मज़दूरी में शोषण शामिल है। अगर वे भागना चाहें या अपने परिवार से सम्पर्क करना चाहें तो उन्हें बहुत ही पक्के तौर पर उस धन की याद दिलाई जाती है जो उन पर ख़र्च किया गया है; उन्हें सलाह दी जाती है कि उसकी भरपाई के बिना आज़ादी के बारे में सोचें भी नहीं।

अविवाहित रह गए पुरुषों की बढ़ती तादाद की समस्या के इस सामाजिक हल को व्यापक समर्थन प्राप्त है। महिला और पुरुष, दोनों में प्रचलित हावी राय का रूझान इस रिश्ते को तार्किक ठहराने का रहता है। इस रिश्ते को ऐसी महिलाओं की ख़रीद पर ख़र्च किए गए धन के नज़रिए से आंका जाता है। उनकी राय है कि इस ख़र्च का सम्मान होना चाहिए। कुछ महिलाएँ घर, पशुओं और खेत की बहुत सख़्त मेहनत के लिए ख़ुद को ढाल नहीं पातीं या उसे सम्भाल नहीं पातीं और उन पर आए ख़र्च को पूरा करने के लिए उन्हें फिर से बेच दिया जाता है। ऐसी महिलाएँ भी हैं जिन्हें कई हाथों में जाना पड़ता है। ज़ाहिर ही है कि यह समस्या बहुआयामी है। राज्य सरकार समस्या का हल निकालना तो दूर, उसकी पहचान भी करना नहीं चाहती – उनके लिए तो यह मुद्दा है ही नहीं। समस्या बढ़ती चली जा रही है। हालाँकि इस बाबत कोई आंकड़े उपलब्ध नहीं हैं, एक मोटे अन्दाज़े के मुताबिक़ हरियाणा के प्रत्येक गाँव में इस तरह की 'शादी' के दो से तीन मामले हैं।

और तो और, इन अनदेखे और ग़ैर-क़ानूनी विवाहों की पहली पीढ़ी अस्तित्व में आ चुकी है। इन सम्बन्धों से जन्मे बच्चे उस समय तनाव और टकराव का एक मुख्य कारण बनते हैं जब उनके उत्तराधिकार का सवाल सामने आता है। इस बात में सन्देह है कि ये औरतें या उनके बच्चे विवाह का होना साबित भी कर पाएँगे कि नहीं – शादी को सिद्ध करने से सम्बन्धित क़ानूनी मुश्किलों से हम भली-भांति परिचित हैं। एक बात और भी है। आज का सामाजिक परिदृश्य बहुत तेज़ी से बदल रहा है और इस बदलाव की झलक हमें ज़मीन के बढ़ते हुए दामों, जोतों के विभाजन, बढ़ती हुई आबादी, सख़्त बेरोज़गारी और महिलाओं को मिले विरासत के हक़ में देखने को मिलती है। इस नए माहौल में इन ग़ैर-क़ानूनी विवाहों से पैदा हुए बच्चों को अब वह राहत और मदद भी नहीं मिलती जो उपनिवेशीय समयकाल में शादी के बाहर पैदा हुई औलादों के लिए समुदाय की ओर से प्रथागत व्यवहार के तहत मान्यता दिए जाने के रूप में देखने को मिल जाया करती थी (हालाँकि थी तो वह भी ज़्यादा से ज़्यादा बस विवेक के आधार पर प्रदान की गई वैधता ही)।

इस तरह की 'शादियों' के बढ़ते हुए मामले बहुत तेज़ी से बदल रहे समाज के लिए बड़े आकार की सामाजिक और समाजविज्ञान सम्बन्धी समस्याओं को जन्म दे रहे हैं। जेण्डर सम्बन्धों पर इसका फ़ैसलाकुन असर पड़ना तय है। इस सबको जाँचने-परखने की ज़रूरत है। यह दिलचस्प बात है कि एक क्षेत्र जो सजातीय विवाह और क्षेत्रीय अन्तर-गोत्र विवाह के लिए प्रतिबद्ध रहते हुए इनका हनन होने पर स्थिति से बहुत ही सख़्ती के साथ निपटता है, इस तरह के विवाहों/सम्बन्धों को ज़रूरत के तहत स्वीकार करने को ही नहीं, प्रोत्साहित करने को भी तैयार है।

II

हरियाणा में विवाह अब भी बहुत ज़्यादा विवाद भरा मामला है – ख़ासतौर पर उस सूरत में, जब बात ग्रामीण समाज द्वारा निर्धारित रिवायती, प्रथागत नियमों के ख़िलाफ़ जाती हो। ये विवाद भरे मामले अकसर भाग कर की गई शादियों के और प्रेमी जोड़ों द्वारा भाग जाने के मामले होते हैं। इन्हें पक्के तौर पर परिवार/समुदाय का मामला या निजी मामला माना जाता है और इस वजह से इन्हें गुप्त और ख़ामोशी के दायरे में रखा जाता है। मगर इस तरह के मामले अब आम हो गए हैं और पिछले सालों में इन के तेज़ी पकड़ने का रूझान दिखाई दे रहा है। स्थानीय स्तर पर प्रचलित आम ख़याल से संकेत मिलता है कि इस तरह की शादियों या प्रेमी जोड़ों के भागने के मामलों में आई वृद्धि के कई कारण हैं, जिन का सरोकार बदलती हुई अर्थव्यवस्था और जवान पीढ़ी में अपने अधिकारों पर ज़ोर देने के बढ़ते हुए रूझान से है। जो मामले उजागर हो जाते हैं, उनकी तरफ़ मीडिया का ध्यान जाता है और वह उन पर ख़ास बल दे कर उन्हें प्रचारित-प्रसारित करता है।

हरियाणा में सजातीय विवाह और क्षेत्रीय अन्तर-गोत्र विवाह के रिवायती, प्रथागत नियमों का पालन सख़्ती से किया जाता है। इन नियमों में किसी भी तरह की छूट या टूट का नतीजा 'मान-मर्यादा के नाम पर हत्या' होता है। इनमें से कई मामलों में दलित समुदाय के लोग शामिल होते हैं। इस तरह के सम्बन्धों से दलितों के ख़िलाफ़ बढ़ती हुई नाराज़गी और रोष को और हवा मिलती है – कारण कई हैं और नतीजा खुले टकरावों के रूप में निकल कर आता है। खुले तौर पर कहा जाता है – 'पहले म्हारी नौकरियाँ ले लीं, इब छोरियाँ लें सैं।' मण्डल कमिशन की सिफ़ारिशों के तहत 1990 के दशक में अन्य पिछड़ी जातियों को सरकारी नौकरियों में आरक्षण के लिए शामिल किए जाने के क़दम ने इस नफ़रत और द्वेष को बढ़ाया ही है। अब जाटों जैसी प्रभावशाली जातियों द्वारा भी ऐसी ही मांगें उठाई जा रही हैं।

ग्रामीण इलाक़ों में भाग कर की गई शादियों का या प्रेमी जोड़ों के भाग जाने के मामलों का निपटारा, आमतौर पर परिवार और रिश्तेदारी के एक सीमित दायरे और/या परम्परागत पंचायत के ज़रिए समुदाय के स्तर पर ही कर लिया जाता है। इनमें से ज़्यादातर में परिवार के पुरुष सदस्यों की तरफ़ से या साझा तौर पर समुदाय की तरफ़ से, आमतौर पर प्रेमी जोड़े के साथ और ख़ासतौर से लड़की के साथ, सीधी हिंसा की जाती है। ऐसे मामलों में जाति-पंचायत का हस्तक्षेप निर्णायक तौर पर महत्त्वपूर्ण रहा है। उपनिवेशीय समयकाल के बाद क़ानून और नीति में ढांचागत बदलाव आए हैं लेकिन इन के बावजूद और उच्चतम अदालत द्वारा अंतर्जातीय विवाहों को वैध ठहराए जाने के बावजूद, जाति-पंचायत द्वारा अपने हुक्म लागू करवाए जाते हैं। जाति-पंचायत की किसी भी तरह की क़ानूनी हैसियत नहीं है, मगर फिर भी वह निरंकुश ताक़त का इस्तेमाल करती है। वह सामाजिक समस्याओं को, ख़ासतौर से शादी के सवाल से जुड़ी समस्याओं

को, कई सालों से कमज़ोर पड़े हुए अपने सत्ताधिकार को वैध ठहराने के लिए इस्तेमाल करती है। इस तरह, एक तरफ़ तो व्यापक उपभोक्तावादी संस्कृति के साथ तेज़ी से शहरीकृत होता हरियाणा है और दूसरी तरफ़ ज़रूरत महसूस होने पर हिंसा के ज़रिए भी अपनी मरज़ी को निरंकुश तरीक़े से थोपने वाली, ग़ैर-न्यायिक संस्था के रूप में एक परम्परागत पंचायत है। परम्परागत पंचायत द्वारा व्यक्तियों, परिवारों और अन्य जाति-समूहों या तब्क़ों पर लागू किए जाने वाले आदेशों से प्रदर्शित होता है कि इकीसवीं सदी में भी जातीय गतिशीलता और सक्रियता अपना ही एक रूप लिए हुए है। इस सिलसिले में भारत का दूसरा सबसे समृद्ध राज्य एक आधुनिक, समतावादी राज्य बनने की ओर बढ़ता हुआ दिखने की बजाए पीछे को जाते प्रतिगामी राज्य के रूप में निकल कर आता है।

विवाह के सन्दर्भ में तलाक़ के मुद्दे को भी नज़र भर देखना मुनासिब होगा। ऐसी महिलाएँ भी हैं जो शादी से बाहर निकल आती हैं – इसके बावजूद कि हरियाणा में क़ानूनन तलाक़ लिए जाने को एक बहुत ही गम्भीर क़दम माना जाता है। 1955 के हिन्दू विवाह क़ानून की धारा 29(2) के तहत तलाक़ के रिवायती, प्रथागत तौर-तरीक़ों को बचा कर रखा गया है। इसका अर्थ यह है कि हालाँकि रिवायती, प्रथागत क़ानून के तहत औपचारिक तौर पर तलाक़ के किसी रूप के लिए कोई प्रावधान नहीं है, पंचायत (जाति या ग्राम-पंचायत), परिवार-कचहरियों, पति-पत्नी द्वारा व्यक्तिगत तौर पर मौखिक या लिखित सहमति के तहत, या त्याग-पत्र अथवा फ़र्क़तनामा की तरह के निन्दक दस्तावेज़ के ज़रिए, तलाक़ पाया जा सकता है। अपनी शादी से नाख़ुश होने की हालत में एक औरत ख़ुद से भी अपने पति को छोड़ कर अपने पीहर आ सकती है और वापिस जाने से इनकार कर सकती है। कई औरतों ने किन्हीं हालात में शादी की स्थिति को न झेल पाने के कारण ऐसी पहलक़दमी ली है जबकि 1955 के क़ानून से पहले इस तरह का क़दम उठाए जाने के बारे में सोचना भी मुश्किल था। यही वजह है कि इस 'नाफ़रमानी' को उस क़ानून के बाद के प्रभावों के साथ जोड़ कर देखा जाता है।

ग्रामीण इलाक़ों में तलाक़ के मामलों का सम्बन्ध बदले हुए समाज और उसकी उपभोक्तवादी मांगों के साथ जुड़ता है। 'छोड़ देने' के चलन के लिए दहेज एक बड़ा कारण है – उपभोक्तावादी मांगों में से एक प्रमुख मांग दहेज की ही होती है। अन्य कारणों में औरत के साथ यातना का बरताव किया जाना शामिल है – या फिर उसके साथ इतनी हिंसा की जाती है कि वह ख़ुद ही अपने पति को छोड़ देती है। उस पर यह दबाव भी बनाया जाता है कि वह अपनी पैतृक सम्पत्ति में अपने हिस्से पर दावा करे, जबकि वह शायद ऐसा न करना चाहे (ख़ासतौर पर इस डर की वजह से कि उसका पति या सास-ससुर उस सम्पत्ति को ले रखेंगे जबकि वह उससे वंचित ही रहेगी)। कभी-कभी कामकाजी महिला पर अपनी नौकरी आदि पर न जाने का दबाव भी डाला जाता है या उसे इस बात के लिए भी बाध्य किया जाता है कि शादी से पहले की अपनी कमाई का

धन वह अपने माँ-बाप से लेकर आए। तलाक़ का फ़ैसला लेना बहुत ही मुश्किल होता है क्योंकि पति को छोड़ने के बाद उसके पास ख़ुद के लिए किसी तरह का सहारा नहीं रहता – ऐसे में उसकी मानसिक हालत के बारे में कल्पना करना मुश्किल नहीं है। मगर मेरे ज़मीनी स्तर के काम से पता चला कि कुछ मामलों में, ख़ासतौर से जब महिलाएँ अपने पतियों के मुक़ाबले ज़्यादा शिक्षित होती हैं, उन्हें अपने जन्म के परिवार से सहारा मिल जाता है। हालाँकि तलाक़ों की सही-सही संख्या की जानकारी नहीं है, महत्त्वपूर्ण बात यह है कि औरत की तरफ़ से तलाक़ के लिए पहलक़दमी लिया जाना, जो पहले नहीं हुआ करता था, अब बड़े पैमाने पर होने लग गया है। इस क्षेत्र में काम करने वाले लोगों का भी कहना है कि ऐसा हो रहा है।

III

वैश्वीकरण के ख़तरे को पश्चिमी संस्कृति थोपे जाने की कोशिश के रूप में लिया जाता है और इसने हरियाणा में एक 'सांस्कृतिक हमले' के भय को बढ़ा दिया है। इसके साथ ही युवा पीढ़ी में एक अलगाव की भावना तथा जुड़ाव का एहसास न होने की स्थिति भी है, और समुदाय दवारा उन्हें नियंत्रित किए जाने की इच्छा भी। इन सब बातों का अर्थ है कि सांस्कृतिक स्तर पर परम्परावादी होने के, पहचान को बनाए रखने के और रिवायती मूल्यों के साथ प्रतिबद्धता के दावों को फिर से ताज़ा किया गया है; सामुदायिकता पर बल दिया गया है और सामूहिक स्तर पर क्रियाशील होने पर भी। जीवन-शैली को लेकर असहमतियों और उपभोक्तावाद के फैलते शिकंजे का नतीजा माँ-बाप और बालिग़ हो चुके लड़कों के बीच टकराव के रूप में दिखाई देता है। पहले के समय में तो इसे अभिव्यक्त ही न किया जाता लेकिन अब एक बात बार-बार सुनने में आती है – "लड़के हाथ से निकल गए"। इसी में से एक और बात निकल कर आती है – "लड़कों का तो नास हो लिया, इब छोरियों को बचा लो"। जवान लड़कों पर नियंत्रण 'खो देने' के बाद पुरानी पीढ़ी चाहती है कि औरतें किसी भी क़ीमत पर उनके क़ाबू से बाहर न जाएँ। इसका अर्थ है कि ग्रामीण व्यवस्था के परम्परागत नियमों और सांस्कृतिक मूल्यों को बनाए रखने के लिए महिलाओं की ज़िम्मेदारी को और भी ज़्यादा रेखांकित कर दिया गया है और उन्हें लगातार एक जाँच करती हुई नज़र के दायरे में रख दिया गया है।

इस सबके बावजूद महिलाओं के प्रति भावनाओं में एक कशमकश का, दो अर्थ का भाव नज़र आता है। यह ख़ासतौर से शिक्षित महिलाओं के सन्दर्भ में देखने को मिलता है। महिला-शिक्षा के आंकड़े लगातार बढ़ रहे हैं। 1981 और 1991 के बीच ये दोगुना से भी ज़्यादा हो गए यानी 15 से 33 प्रतिशत – 54 प्रतिशत की वृद्धि; 2001 में ये 55.75 और फिर 2011 में 65.94 तक पहुँचे। लेकिन ये आंकड़े पुरुषों में शिक्षा के आंकड़ों के मुक़ाबले अब भी पिछड़े हुए हैं, जिन का प्रतिशत 2011 में 78.24 था। शिक्षित दुलहनों

को पक्के तौर पर तरजीह दी जाती है क्योंकि माना जाता है कि वे 'बेहतर माएँ' होंगी, जो अपने बच्चों को शिक्षित कर पाएँगी। इस सबके बावजूद महिला-शिक्षा को लेकर झिझक और शंका अब भी मौजूद है। माँ-बाप लड़कियों को एक हद तक ही शिक्षित करने को तैयार रहते हैं – न सिर्फ़ इसलिए कि लड़की के बराबर शिक्षित लड़का मिलना मुश्किल होता है बल्कि ख़ासतौर पर इसलिए भी कि शिक्षा के लिए उन्हें गाँव से बाहर भेजना पड़ता है और रास्ते में उन्हें छेड़छाड़ का सामना करना पड़ता है। मई 2017 में ज़िला रेवाड़ी के एक सरकारी स्कूल की लड़कियों द्वारा अपने स्कूल को सीनियर सैकेण्डरी स्कूल बनाए जाने की मांग को लेकर भूख-हड़ताल पर जाना और कामयाबी हासिल करना इस बात की पुष्टि करने वाला एक ताज़ा उदाहरण है। उनकी शिकायत उस छेड़छाड़ को लेकर ही थी जिसका सामना उन्हें कुछ मील की दूरी पर स्थित बड़ी कक्षाओं के स्कूल में जाते वक़्त करना पड़ता था।

एक मान्यता यह भी है कि शिक्षण संस्थाएँ एक ऐसे सामाजिक स्थल का काम करती हैं जिनके माध्यम से लड़कों और लड़कियों के बीच अवैध अन्तर-जातीय सम्पर्क और सम्बन्ध बनते हैं, या जहाँ तथाकथित 'प्रेम प्रसंग' जन्म लेते हैं। असल में तो समय-समय पर लड़कों और लड़कियों के लिए इस तरह की खुली जगहों के उपलब्ध होने के ख़िलाफ़ कोशिशें होती रही हैं। 21 मार्च 1993 को ज़िला सोनीपत के गाँव सिसाना में हुई एक सर्वखाप पंचायत में लड़कों और लड़कियों के लिए सह-शिक्षा की संस्थाएँ बनने के ख़िलाफ़ एक प्रस्ताव पारित किया गया था। दस्तावेज़ ने 'लैंगिक मिश्रण' यानी लड़कों और लड़कियों के मेल-मिलाप के ख़तरों को स्वीकारते हुए इस बात को नैतिक तौर पर निन्दनीय माना। लेकिन इस फ़ैसले को लागू तो कहाँ किया जा सकता था – लड़कियाँ बीच में ही स्कूल छोड़ देती हैं, यानी उनमें 'ड्रॉप आउट' दर ऊँची ही बनी हुई है, और ज़्यादातर जगहों पर लड़कों और लड़कियों के लिए अलग-अलग स्कूल खोले जाना मुश्किल हो जाता है। मगर फिर भी लड़के-लड़कियों को अलग रखे जाने की कोशिशें तो जारी ही हैं।

IV

उनके ख़िलाफ़ बढ़ती हुई बंदिशों के सन्दर्भ में ग्रामीण हरियाणा की महिलाएँ आज कहाँ खड़ी हैं? किसी भी हद तक की सटीकता के साथ कुछ भी कह पाना मुमकिन नहीं है। 1990 से पहले और उसके बाद के समयकाल के बीच एक अन्तर तो वो कोशिशें हैं जो मेवात के क्षेत्र को छोड़ कर बाक़ी के हरियाणा के अधिकतर हिस्सों में महिलाओं को लामबन्द करने के लिए उभर कर आई हैं। जब मैं अपनी इस किताब के लिए ज़मीनी स्तर पर लोगों के बीच जा कर काम कर रही थी, तब शराबबंदी के लिए चल रहे अभियान को छोड़ कर कोई लामबन्दी बमुश्किल ही दिखाई देती थी। लेकिन अब राज्य

की ओर से, और उसके अलावा भी, महिला-सशक्तीकरण की पहलक़दमियाँ काफ़ी हद तक एक लम्बे दौर की मुहिम की तरह बन आई हैं। अब सभी राजनैतिक दलों में गाँव से लेकर ज़िला और राज्य स्तर तक की एक 'महिला शाखा' भी है और इनमें से कार्यकर्ता भी बन कर निकले हैं। यह बात अलहदा है कि ये शाखाएँ 'महिला मुद्दों' की पैरवी अर्थपूर्ण तरीक़े से कर भी पा रही हैं कि नहीं। फिर भी, महिलाओं से सम्बद्ध कुछ सरोकारों का उठाया जाना, जैसे कि बालिका-शिशु की भ्रूण-हत्या या दहेज, ज़्यादातर राजनीतिक दलों के लिए ज़रूरी सा हो गया है। देश की उच्चतम न्यायिक और क़ानून बनाने वाली संस्थाओं ने भी इन समस्याओं को निन्दनीय माना है। इन समस्याओं को बस रस्म-अदायगी के लिए उठाया जाता हो तो भी यह तो ज़रूर है कि ग्रामीण हरियाणा में महिलाओं के मुद्दों के बारे में जानकारी और जागरूकता बढ़ रही है। महिला-साक्षरता और स्वास्थ्य के क्षेत्र के मसलों की बात हो या फिर भ्रूण-हत्या और गिरती हुए महिला-जनसंख्या की समस्याएँ हों, या फिर दहेज और दहेज से सम्बन्धित जुर्म या व्यापक पैमाने पर घरेलू हिंसा और यौन-शोषण के मुद्दे हों, इन सबके बारे में यह कहा जा सकता है। कई ग़ैर-सरकारी संगठन इन मसलों को अपने हाथ में ले रहे हैं। इन मुद्दों को कुछ हद तक उठाए जाने से यह ज़रूर हुआ है कि लोग और राजनैतिक दल, महिलाओं के बारे में पहले से अधिक सोचने पर मजबूर हुए हैं।

इसके अलावा औपचारिक ग्राम-पंचायतों में 1990 के दशक के शुरुआती सालों में महिलाओं के लिए 33 प्रतिशत आरक्षण लाया गया था। इससे महिलाओं का राजनीतीकरण भी हो रहा है। इसके चलते करीब-करीब 40,000 महिलाएँ सदस्य के रूप में चुनी गई हैं। हालाँकि यह भी सच है कि कई जगह ग्राम-पंचायतों में फ़ैसले लेने की ताक़त महिला नुमाइंदों की बजाए असल में पुरुषों के हाथ में है, ये भी सही है कि कई जगह इन औपचारिक संस्थाओं में महिलाएँ अपने अधिकारों के प्रति सजग होकर सक्रिय हुई हैं और अपनी बात रख रही हैं। महिलाओं में राजनीति में भाग लेने की इच्छा और दिलचस्पी एक अजीब तरह से बढ़ी है। यह बात गाँवों की समस्याओं और ख़ासतौर पर ख़ुद उनसे जुड़ी व्यक्तिगत समस्याओं के प्रति उनकी जागरूकता पर भी लागू होती है। लम्बे दौर से महिलाओं से जुड़ी समस्याएँ, जिन्हें 'कोई समस्या ही नहीं' माना जाता रहा है, या जिन्हें मूल तौर पर व्यक्तिगत दायरे की समस्याएँ माना जाता रहा है, उन्हें ग्राम-पंचायतों में पहचान मिल रही है और उनकी तरफ़ ध्यान दिया जाने लगा है। इनमें महिलाओं के यौन-उत्पीड़न की, उनके साथ होने वाली घरेलू हिंसा की और त्याग दी गई महिलाओं के पुनर्वास की समस्याएँ शामिल हैं। पंचायतों की कुछ महिला सदस्यों ने घूँघट करना भी छोड़ दिया है। इन सब बातों को महिलाओं पर रखे जाने वाले सांस्कृतिक नियंत्रण में आई दरार के रूप में देखा जा सकता है। यह दरार इस रूप में काफ़ी हद तक मददगार साबित हुई है कि महिलाएँ गाँव के व्यापक समुदाय के सामाजिक और

राजनैतिक ढाँचों में प्रभावशाली तरीक़े से अपनी बात रख पाती हैं, उनमें भागीदार हो पाती हैं और फ़ैसले ले पाती हैं।

इन बीस-पचीस सालों के दौरान यह भी देखने में आया है कि महिलाएँ अब खुले तौर पर अपनी बात पर ज़ोर देते हुए आगे आ रही हैं। यह ख़ासतौर से सम्पत्ति के सम्बन्ध में देखा जा सकता है। जैसा कि किताब में विस्तृत रूप में दिखाया गया है, हालाँकि बीसवीं सदी के पाँचवें दशक से ही महिलाओं के पास धरती तथा अन्य सम्पत्ति हासिल करने का अधिकार रहा है, उन्हें इस मामले में लगातार ज़बरदस्त बाधाओं का सामना करना पड़ा है। इस बात से इनकार नहीं किया जा सकता कि किसी दावे को क़ानूनी तौर पर मंज़ूरी मिलने और सामाजिक स्तर पर मंज़ूरी मिलने में फ़र्क़ होता है – और मंज़ूरी मिलने तथा उसे लागू किए जाने में, मालिकाना हक़ और प्रभावशाली नियंत्रण में भी अन्तर होता है। फिर भी, ऐसे अनगिनत मामले हैं जिनमें महिलाएँ अब अपने पुरुष प्रतियोगियों के साथ ही जायदाद में अपने हिस्से के लिए दावा पेश कर रही हैं। ऐसा सिर्फ़ धरती को लेकर नहीं है बल्कि बिकी हुई धरती से प्राप्त नकद के सन्दर्भ में भी है। दोनों ही मामलों में महिलाओं को विरोध का सामना करना पड़ रहा है लेकिन कइयों ने अपने क़ानूनी हक़ का दावा कामयाबी से स्थापित किया है।

उत्पादन के साधन हाथ में होने का अर्थ सिर्फ़ यह नहीं है कि आपके पास आय का एक स्रोत है बल्कि यह भी है कि आपके पास ताक़त/रुतबे और गतिमान रहने का एक स्रोत मौजूद है – इसी के नतीजे में आप की पहुँच शिक्षा और स्वास्थ्य जैसी अन्य सुविधाओं तक भी बनती है। धरती या अन्य उत्पादक पूँजी पर अधिकार होने से महिलाओं के पास लेन-देन करने सम्बन्धी ताक़त ही नहीं आती (जो अमूमन उनके पास नहीं होती) बल्कि इससे वे यह क्षमता भी प्राप्त कर लेती हैं कि घर के भीतर और बाहर, दोनों स्थलों पर वे अपने जीवन के अलग-अलग हालात में अपनी बात रख पाएँ।

इस सन्दर्भ में महिलाओं द्वारा अपना दावा मज़बूती से रखे जाने के हवाले से एक चुटकुला है जो स्थिति को बहुत अच्छे से अभिव्यक्त करता है। "एक हरियाणवी औरत हरियाणा से बाहर एक प्रदर्शन में भाग लेने के लिए जाने को तैयार हो रही थी। पति नहीं चाहता था कि वह जाए और इसलिए उसने उसे पीटना शुरू कर दिया। औरत ने उसे रोकते हुए कहा – 'इब बखत ना सै। मन्नै ट्रेन पकड़नी सै। इब तो मैं जाऊँ सूँ। वापस आ ल्यूँगी तो पीट लिए।'" अपनी बात को अधिकारपूर्वक रखने का यही अन्दाज़ ऊपर ज़िला रेवाड़ी की स्कूल की लड़कियों वाले मामले में देखने को मिला था। ऐसी ही मिसाल महर्षि दयानन्द विश्वविद्यालय, रोहतक के छात्रावास की लड़कियों द्वारा छात्रावास के समय-सम्बन्धी नियमों में बदलाव के लिए संघर्ष में भी देखने को मिली। फ़रवरी 2018 में देर रात/सुबह 2 बजे तक प्रदर्शन करते हुए लड़कियों ने विश्वविद्यालय के कुलपति (वाइस चांसलर) को प्रदर्शन-स्थल पर आने को मजबूर

कर दिया, जिन्हें शाम के छात्रावास-प्रवेश के समय को सर्दियों में 5.30 बजे से बदल कर 7 बजे और गर्मियों में 7 बजे से बदल कर 8 बजे तक का कर देना पड़ा।

यह स्वाग्रह, अपने अधिकारों के लिए दिया जाने वाला यह ज़ोर तब और भी बढ़ जाता है जब महिलाओं के हाथ में पैसा आता है। कई मामलों से प्रदर्शित होता है कि थोड़ा बहुत धन मिल जाने पर भी महिलाएँ सबसे पहला क़दम यह उठाती हैं कि वे अपने लिए आय के साधन के तौर पर कुछ उत्पादक संसाधनों को हासिल करने की ओर बढ़ती हैं। लेकिन सब महिलाएँ इस हालत में नहीं होतीं कि वे सम्पत्ति हासिल कर पाएँ या वह उन्हें विरासत के रूप में मिल जाए या उन्हें कोई अन्य उत्पादक, पूँजी-रूपी साधन मिल जाएँ। बहुत बड़ी तादाद में ऐसी महिलाएँ हैं, ख़ासतौर पर निम्न-आर्थिक एवं निम्न-जाति की श्रेणियों से, जो ऐसा कोई दावा करने की हालत में नहीं होतीं। अपने से बेहतर स्थिति वाली महिलाओं की तरह ही इनका केन्द्रीय सरोकार भी अब शिक्षा और रोज़गार से वाबस्ता है। महिलाओं की सामाजिक-आर्थिक हैसियत को प्रभावित करने के सन्दर्भ में लम्बे दौर की रणनीति के लिहाज़ से शिक्षा एक जाना-पहचाना, मज़बूत और प्रभावशाली साधन है।

जैसा कि ऊपर बात की ही गई है, महिला-शिक्षा के क्षेत्र में सच में बहुत सुधार और बेहतरी हुई है लेकिन इसका सम्बन्ध रोज़गार के साथ अब भी नहीं जोड़ा गया है – नौकरियाँ अब भी उतनी नहीं हैं जितनी होनी चाहिएँ। महिलाओं का मानना है कि यह सम्बन्ध स्थापित होना चाहिए, नौकरियाँ उपलब्ध होनी चाहिएँ। जो अशिक्षित हैं, वे शिक्षा की ज़रूरत को ख़ासतौर से अहमियत देती हैं। उदाहरण के तौर पर, क़स्बा महम से केवल कक्षा-4 तक शिक्षा-प्राप्त सुमन का मानना था कि अगर उसे कम से कम कक्षा-10 तक की शिक्षा मिली होती, तो उसे एक 'सम्मानजनक नौकरी' मिल जाती। कई औरतों को शिक्षित न हो पाने का अफ़सोस था और यह अफ़सोस भी था कि इस तरह उन्होंने छोटे-मोटे मामूली काम करने की बजाए 'इज़्ज़त वाला' पैसा कमाने का मौक़ा खो दिया। गाँव सुनारियाँ से एक महिला ने अपना व्यक्तिगत अनुभव साझा किया। शिक्षा और रोज़गार के बीच सीधा सम्बन्ध स्थापित करते हुए वह बोली : "मैं अपने बच्चों का पालन-पोषण अच्छे से करते हुए उन्हें बड़ा करना चाहती थी और नहीं चाहती थी कि वे नशेड़ी बन जाएँ।" उसे पैसे की ज़रूरत थी, इसीलिए उसे बहुत संघर्ष करना पड़ा – और पैसा तो नौकरी से ही कमाया जा सकता था, और "नौकरी के लिए शिक्षा ज़रूरी है।" जैसा कि ऊपर दर्शाया गया है, महिला-साक्षरता दर पिछले कुछ दशकों में बढ़ते चले जाने के बावजूद, अपेक्षित मानकों से बहुत कम है। इसके अलावा, 2017-18 के आर्थिक सर्वेक्षण से मालूम होता है कि हरियाणा में नौकरियों की कमी होने की वजह से इन 65.9 प्रतिशत शिक्षित महिलाओं में से सिर्फ़ 27 प्रतिशत ही काम कर रही हैं।

रोज़गार न केवल पुरुषों के लिए बल्कि महिलाओं के लिए भी एक महत्त्वपूर्ण कारक

के रूप में उभर कर आता है। महिलाओं की राय में रोज़गार में होने का अर्थ उनके लिए "बढ़ती हुई आत्म-निर्भरता" होगा। इससे उस नज़रिए में बदलाव भी होगा कि "उन्हें किस तरह से देखा जाता है"। उनके मुताबिक़ 'एक कमाने वाले व्यक्ति' के रूप में उन्हें आदर-सम्मान मिलता है। घर-परिवार में एक औरत की भूमिका जब 'प्राप्तकर्ता' से बदल कर 'देने वाले' की हो जाती है, और आर्थिक दृष्टि से एक वरदान वाली हो जाती है, तो फ़ैसले लेने से सम्बन्धित उसकी भूमिका को भी पहचान मिलती है। वह भूमिका सुदृढ़ होती है। इससे उसका सशक्तीकरण भी होता है। इस विचार को ध्वनि देते हुए महिलाओं ने बताया कि जब वे कमाई कर के लाने वाले के रूप में होती हैं, तो परिवार से सम्बन्धित कुछ मामलों में उनसे सलाह भी ली जाती है। यह बात अलग है कि शायद यह सीमित तौर पर ही होता हो क्योंकि अंतिम फ़ैसला तो पुरुष के हाथ में ही रहता है। एक महिला ने कहा, "आप कमाने वाली हों या सम्पत्ति की मालिक हों तो आप में आत्म-विश्वास पैदा होता है।" एक अन्य महिला का कहना था, "अगर मैं अपने पति से पैसा-धेला नहीं लेती तो मैं उसका मुक़ाबला भी कर सकती हूँ।" यह भी महत्त्वपूर्ण है कि कमा कर लाने वालों के रूप में उन्हें उस धन को ख़र्च करने का कुछ अधिकार भी मिल जाता है। अध्ययनों से पता चलता है कि बच्चों के स्वास्थ्य, पोषण के स्तरों और शिक्षा के साथ महिलाओं की आय का एक अच्छा, बेहतर सम्बन्ध बनता है, और वे परिवार की बुनियादी देख-रेख के लिए अपनी कमाई में से पुरुषों के मुक़ाबले ज़्यादा योगदान करती हैं।

महिलाओं की तरफ़ से नौकरियों के लिए इस बढ़ती हुई मांग के बावजूद अब तक सरकार की ओर से नौकरियों के सिरजन के केन्द्र में पुरुष ही रहे हैं, फिर चाहे यह सिरजन भी अपर्याप्त ही क्यों न हो। ज़रूरत इस बात की है कि महिलाओं को रोज़गार और शिक्षा के क्षेत्रों में बराबर के मौक़े मिलें, जैसा कि भारत के संविधान में राज्य के नीति-निदेशक तत्त्वों द्वारा कहा गया है। इसके लिए एक ही जवाब है – पुरुषों और महिलाओं, दोनों के लिए रोज़गार के क्षेत्र खोले जाएँ और इसके लिए चौतरफ़ा विकास और नौकरियाँ हों।

V

खेलों के क्षेत्र में महिलाओं ने सच में बहुत अच्छी प्रगति की है। हरियाणा की महिलाएँ खेलों में बहुत ख़ूब प्रदर्शन कर रही हैं और उन्होंने देश के लिए अच्छा नाम कमाया है। यह ख़ासतौर पर कुश्ती, मुक्केबाज़ी और क्रिकेट के लिए खरी उतरती बात है। लेकिन इन खेलों में भी उन्हें पुरुष तब्क़ों की तरफ़ से काफ़ी आलोचना का सामना करना पड़ा है। 2014 में ज़मीनी स्तर पर किए गए अपने काम के दौरान मैं व्यक्तिगत तौर पर इस तरह की आलोचना की गवाह रही हूँ। कई पुरुष उन पर 'मांसपेशियाँ बनाने', 'कच्छे पहनने' और अपने जिस्मों का खुला दिखावा करने का आरोप लगाते थे। उनकी राय

का सार इस एक टिप्पणी में व्यक्त हो जाता है – 'कौन इन लड़कियों से शादी करेगा?' कुछ लड़कियों ने शिकायत के अन्दाज़ में यह भी कहा कि उन्हें ऐसे खेल खेलने से 'हतोत्साहित किया जाता है' जिनके खेलने से वे शायद 'मरदाना' हो जाएँ। हौसले पस्त किए जाने के इस माहौल के बावजूद खेल उनके लिए व्यवसाय के एक विकल्प के तौर पर निकल कर आए हैं, ख़ासतौर से इसलिए कि वे पदक जीत रही हैं।

महिलाओं के लिए दिल ख़ुश करने वाले इन बदलावों के साथ ही उन पर की जाने वाली हिंसा में भी ज़बरदस्त वृद्धि हुई है जिसका एक महत्त्वपूर्ण कारण महिलाओं द्वारा अपना मज़बूत दावा पेश किया जाना है, जो एक नई बात है। सबसे खुले तौर पर दिखाई देने वाली हिंसक घटनाओं में बलात्कार की लगातार बढ़ती घटनाएँ हैं जिनमें शादी के दौरान की जाने वाली ज़बरदस्ती शामिल है। बलात्कार का सम्बन्ध पुरुष-प्रधान समाज में मरदानगी का दम दिखाने से है – इसका सम्बन्ध मर्द की ताक़त, आक्रामकता और हिंसा से, तथा उसके प्रभुत्वशाली होने से है; औरत को नीचा दिखाने की इच्छा से है – या कमज़ोर मर्दों या एक सम्पूर्ण समुदाय को भी, अपने अधीन रखने की इच्छा से है – और यह सब एक औरत की शारीरिक अखण्डता का उल्लंघन करते हुए, उसके साथ बेअदबी करते हुए किया जाता है। बलात्कार का जुर्म भारत में सबसे तेज़ी के साथ बढ़ने वाला जुर्म है। 1971 और 2011 के बीच इसकी घटनाओं में 873 प्रतिशत की बढ़ोतरी हुई जबकि 1953 के बाद से यह वृद्धि 250 प्रतिशत की थी। हरियाणा के कई ज़िले – जैसे कि रोहतक, हिसार, जींद, भिवानी, यमुनानगर, पानीपत, सोनीपत, अम्बाला, करनाल, फ़रीदबाद और कैथल – हरियाणा के बलात्कारी ज़िलों के तौर पर बदनामी कमा चुके हैं। 2015 की नैश्नल क्राइम रेकॉर्ड ब्यूरो (एन.सी.आर.बी.) की रिपोर्ट के मुताबिक़ प्रति एक लाख महिलाओं पर सामूहिक बलात्कार की दर भी हरियाणा के लिए सबसे ज़्यादा थी। 2015 में राज्य में 204 सामूहिक बलात्कार हुए थे, यानी प्रति एक लाख महिलाओं पर 1.6 सामूहिक बलात्कार। एन.सी.आर.बी. की रिपोर्टों से यह भी पता चलता है कि किस तरह दलित लड़कियों/औरतों के बलात्कार लगातार बढ़ते चले गए हैं – 2007 में 21 से बढ़ कर 2011 में 56 तक, यानी 167 प्रतिशत की वृद्धि। ज़ाहिर ही है कि मौजूदा हक़ीक़त ऐसी है कि राज्य की तरफ़ से ही नहीं, बल्कि ग़ैर-सरकारी संगठनों, स्वयं-सहायता समूहों, महिलाओं और युवा संगठनों, सब द्वारा मिल कर क़दम उठाए जाने की ज़रूरत है।

स्पष्ट ही है कि आज के हरियाणा में बहुत बड़े पैमाने के बदलावों के साथ-साथ कुछ ख़ास तरह की निरन्तरताएँ दिखाई देती हैं तथा कुछ आयामों के और ज़्यादा तीव्र और गहरा होने के हालात दिखाई देते हैं। सचाई की बात तो यह है कि महिलाओं के सामने नई चुनौतियाँ हैं लेकिन वे साहस के साथ उनका मुक़ाबला भी कर रही हैं।

प्रेम चौधरी

अनुवादक की ओर से

पेचीदा और बहुआयामी सामाजिक-सांस्कृतिक संरचनाओं का सूक्ष्म ही नहीं, व्यापक दृष्टि से जायज़ा लेने वाली पुस्तक का अनुवाद चुनौती भरा लेकिन ज्ञानवर्द्धक काम रहा। उम्मीद है कि अनुवादक की क्षमताएँ इस चुनौतीपूर्ण कार्य के लिए कम नहीं पड़ी होंगी। आशा है कि पाठक गहन शोध एवं अध्ययन पर आधारित इस पुस्तक के अनुवाद से सन्तुष्ट होंगे और पुस्तक की समृद्ध सामग्री से लाभान्वित भी।

कुछ शुक्रगुज़ारियाँ ज़रूरी हैं।

सर्वप्रथम, बारहा शुक्रिया प्रोफ़ेसर प्रेम चौधरी का, कि अनुवाद की मेरी क़ाबिलीयत पर भरोसा रखते हुए इस अनुवाद की राह को प्रशस्त किया।

धन्यवाद अमन वशिष्ठ का, जिन की पहलक़दमी से अनुवादक की इस विशेष डगर का पहला क़दम उठा।

शुक्रगुज़ार हूँ अभिन्न मित्रों क्रांति और राजीव का, जिन्होंने दोस्ती का तक़ाज़ा बख़ुशी पूरा करते हुए अपने घर में लम्बा अरसा मुझे 'झेला' और यह काम करने का माहौल कुछ इस तरह मुहैया करवाया कि वह मेरा 'सेकंड होम' हो बना।

अधूरी होगी यह फ़ेहरिस्त उन का धन्यवाद किए बग़ैर जिन्होंने घर से मेरी लम्बी ग़ैर-हाज़री को ही नहीं स्वीकारा, बल्कि घर में मेरी मौजूदगी के दौरान भी इस काम के पूरा हो पाने के लिए आवश्यक, निरन्तर सहयोग किया – शुक्रिया दुख-सुख की साथी, किरण का।

अनुवाद समर्पित करता हूँ तमाम उन महिलाओं को जो हौसला छोड़े बिना संघर्षरत रहती हैं समाज की ज़्यादतियों और बेजा फ़रमानों के ख़िलाफ़।

पृष्ठभूमि

1. घूँघट में औरत

घूँघट किए हुए औरत, जो पूरे चेहरे को ढके रहती है या फिर घूँघट में से सिर्फ़ उसकी आँखें ही दिखाई देती हैं – यह ग्रामीण हरियाणा का एक आम दृश्य है। यह दृश्य उन दृश्यों के साथ मेल नहीं खाता जिनमें हरियाणा की महिलाएँ खेतों में पुरुषों के साथ हर तरह का काम करते हुए खुले तौर पर दिखाई देती हैं। खेत तैयार करने से लेकर सिंचाई और फ़सल की कटाई तक के कई काम इनमें शामिल रहते हैं। कहने को तो खेत एक सार्वजनिक स्थल है, लेकिन उनमें से कइयों के लिए वह असल में उनके निजी स्थल का ही विस्तार है – घरों में महिलाएँ कृषि-उत्पाद तैयार करते, जानवरों की देखभाल करते, भारी मटकों में पानी भर कर लाते या अन्य कई घरेलू काम करते हुए दिखाई देती हैं। गलियों में भी वे इधर-उधर यूँ ही, बेइरादा घूमती हुई नहीं बल्कि उद्देश्यपूर्ण कदमों से आती-जाती दिखाई देती हैं। वे कभी भी अकेली नहीं बल्कि हमेशा दो या उससे अधिक के समूह में बाज़ारों या पुरुषों के बैठने की जगहों से बच कर निकलती हुई दिखाई देंगी। बिना घूँघट के चेहरे दिखाई देते भी हैं तो वे गाँव की अनब्याही या अपने मायके आई हुई लड़कियों के होते हैं – या फिर ज़्यादा उम्र की महिलाओं के होते हैं, जो बिना घूँघट के हों तो भी सामाजिक तौर पर इसे ग़लत नहीं माना जाता। इनमें से बहुत कम उम्र की लड़कियों को छोड़ बाक़ी सब अमूमन हमेशा ही सिर को ढँकती हैं। पहनावे में भी एक विशेष समानता दिखाई देती है – बुज़ुर्ग पीढ़ी को पसन्द घाघरा-कमीज़ की जगह अब ज़्यादातर सलवार-कमीज़ ने ले ली है, हालाँकि अधिम उम्र की औरतें भी अब हल्के वज़न का घाघरा पहनती हैं न कि वो घाघरा, जिसे प्यार से याद करते हुए वे '10 से 40 गज़ तक का' बताती हैं। साड़ी पहनना उन जातियों की महिलाओं तक सीमित लगता है, जिन्हें रिवायती तौर पर खेतों में काम करने की इजाज़त नहीं दी जाती।

इन औरतों पर एक सरसरी नज़र पड़ते ही महसूस होता है कि वे अच्छे डील-डौल की, ख़ासी मेहनत का जिस्मानी काम कर लेने वाली औरतें हैं। लेकिन उनके शारीरिक रूप-रंग और पहनावे को ध्यान से देखने-जाँचने पर बारीकी के अन्तर लिए हुए कई सामाजिक परतें खुलती हैं। ये अन्तर ख़ासतौर से किसानी और बिना किसानी वाले घरों

की महिलाओं में देखने को मिलते हैं। एक और पहलू जो खुले तौर पर देखने में आता है, वह है बहुत तेज़ी से बूढ़े होने की प्रक्रिया। बहुत खाते-पीते अमीर घरों को छोड़ दें तो ज़्यादातर ग्रामीण महिलाओं में वक़्त से पहले बूढ़ा हो जाने का रूझान है। जीवन में बहुत ही जल्दी, यानी क़रीब 35 साल की उम्र के बाद से ही, दादी-नानी बन जाने के चलते वे अपने से काफ़ी ज़्यादा उम्र वाले आयु-समूह में पहुँच गई दिखाई देती हैं। तीस साल की उम्र के नज़दीक पहुँची औरत को बहुत ही आसानी से चालीस के आस-पास की माना जा सकता है। इनमें से ज़्यादातर को आँखों की छोटी-बड़ी समस्याएँ रहती हैं, दांत जल्दी ख़राब होने लगते हैं और बिना दांतों की जवान औरतों का मिलना भी असामान्य नहीं है। खान-पान, पोषण और चिकित्सा सम्बन्धी सुविधाओं के मामलों में शुरुआती बचपन से ही भेदभाव उनके इस बुरे स्वास्थ्य के लिए ज़िम्मेदार है। इसके साथ-साथ उत्पादन तथा प्रजनन, दोनों से जुड़ा काम का भारी बोझ भी इसके लिए ज़िम्मेदार है। बार-बार गर्भधारण और मातृत्व की मांग इन औरतों के शारीरिक स्वास्थ्य तथा रूप-रंग पर हावी रहते हैं और इसके चलते बूढ़े होने की प्रक्रिया को तेज़ी मिलती है।

घूँघट या पर्दे में ढकी, हर वक़्त व्यस्त रहने वाली इन औरतों को अपने जीवन के बारे में बात करने के लिए तैयार करना आसान नहीं था; न ही मर्द-औरत के बदलते हुए रिश्तों पर बात करने ख़ातिर तैयार करना आसान था। इसके अलावा, उनमें एक स्वाभाविक संकोच था और पूछे गए सवालों के प्रति तथा उनके सम्भावित इस्तेमाल के बारे में शक भी था। इसकी वजह से मेरे लिए टेप-रिकॉर्डर का इस्तेमाल करना मुमकिन नहीं था। लेकिन ख़ुशक़िस्मती से कुछ बातों के चलते मुझे सहारा मिला। इस इलाक़े में मेरे परिवार की गहरी जड़ें थीं, यहाँ की भाषा और संस्कृति से मेरी व्यक्तिगत जान-पहचान थी और कई औरतें मेरे लिए अजनबी न थीं – ये सब बातें मेरे लिए मददगार साबित हुईं। मर्द ज़रूर मुक़ाब्लतन ज़्यादा खुल कर बात करने को तैयार थे। और तो और, बात करने को तैयार मर्द-औरत दोनों ने हैरत में डालने वाली साफ़गोई और सचाई से अपनी बात रखी। बातचीत के इन सिलसिलों में कोई स्थाई, ढांचागत तौर-तरीक़ा नहीं अपनाया गया। सवाल 1985 से 1990 तक क़रीब पाँच सालों के दौरान हुई लम्बी बातचीत के सिलसिलों में से निकल कर आए और यह संवाद अब भी जारी है। कोशिश की गई कि बहुत ही अलग-अलग क़िस्म के लोगों के दृष्टिकोण लिए जाएँ और वे महिला-पुरुष, जाति-वर्ग तथा हर क्षेत्र से हों। यह हरियाणा के अलग-अलग हिस्सों के छोटे लेकिन बार-बार किए गए दौरों के ज़रिए से हो पाया न कि समाजशास्त्रियों और मानव-विकास विज्ञानियों में आमतौर पर पाई जाने वाली उस प्रथा के तहत जिसके अन्तर्गत एक ही गाँव में लम्बे अरसे के लिए ठहर कर काम किया जाता है। सफलता कभी कम, कभी ज़्यादा मिली।

2. प्रचलित संस्कृति

ज़मीन से जुड़ कर किए गए इस काम की वजह से मेरे लिए मुमकिन हो पाया कि मैं इस इलाक़े और यहाँ के लोगों के जीवन और समस्याओं के अलग-अलग पहलुओं को उनके सांस्कृतिक परिप्रेक्ष्य में स्थित कर पाऊँ। मेरे इस काम में संस्कृति पर विशेष बल दिया गया है, क्योंकि स्त्रीवादी इतिहासलेखन से जुड़े काम के लिए उपलब्ध विधाओं में सांस्कृतिक इतिहास अब भी उसका सबसे समृद्ध और समग्र रूप है। संस्कृति से हमें बहुत कुछ समझने में मदद मिलती है – एक समाज का चरित्र बनाती उन प्रथाओं को समझने में, जिन्हें वह समाज जीता है; और इतिहास के अलग-अलग समयकालों में उसके अलग-अलग वर्गों या समूहों को समझने में भी यह मदद मिलती है। संस्कृति उन विचारधाराओं को समझने में भी सहायक होती है जो इन वर्गों या समूहों को समाज के अस्तित्व से जुड़े मौजूदा हालात को महसूस करने के क़ाबिल और चेतना के स्तर पर उन्हें अपनाने के क़ाबिल बनाती हैं। यही विचारधाराएँ उन्हें इन हालात को परिभाषित तथा विश्लेषित करने के क़ाबिल भी बनाती हैं (यानी हालात को समझने, भाषा, विचार और शब्द-चित्रों में प्रस्तुत करने तथा नैतिक प्राथमिकताओं आदि के रूप में अपनाने के योग्य बनाती हैं)। हालाँकि सामाज के वर्गों और संस्कृति के बीच का सम्बन्ध न तो सरल-सामान्य है और न ही सीधा या स्थिर, फिर भी वर्ग द्वारा संस्कृति को अहम तौर पर शक्ल दी जाती है।

यह अध्ययन प्रदर्शित करता है कि इस इलाक़े की हावी, प्रचलित संस्कृति जाति तथा वर्ग आधारित है। यह एक विशेष प्रभावशली जाति (और प्रभावशाली वर्ग) के साथ निकटता से सम्बद्ध होते हुए उभरती है – लेकिन फिर भी, हरियाणा के सामाजिक ताने-बाने को बनाने वाले अलग-अलग सामाजिक समूहों में फैली हुई दिखाई देती है। इस तरह यह प्रभावशाली, प्रचलित संस्कृति अलग-अलग सामाजिक समूहों की सांस्कृतिक धारणाओं के बीच की भिन्नताओं तथा विभाजनों को अकसर मिटा देती है। इस अर्थ में इस इलाक़े की लोकप्रिय संस्कृति को लोकप्रिय संस्कृति की आम समझ से अलग कर के देखना होगा, जिसके तहत उसे आवश्यक तौर पर निम्न वर्गों के साथ जोड़ कर देखा जाता है। इस इलाक़े की संस्कृति, जिसे मैंने किसी और ज़्यादा मुनासिब शब्द के अभाव में 'किसान' संस्कृति का नाम दिया है, एक ही समय पर 'प्रभावशाली' भी है और 'प्रचलित' भी, और निम्न-वर्गीय संस्कृतियों की कई परतें इसी के प्रभाव की लपेट में हैं। यह प्रचलित, हावी संस्कृति उस उच्च-जातीय ब्राह्मणवादी संस्कृति से भी साफ़ तौर पर अलग है जो भारत के कुछ अन्य विशेष क्षेत्रों में पाई जाती है और जिसे 'महान परम्परा' के साथ जोड़ कर देखा जाता है। संस्कार-विधि के हिसाब से उच्च मानी जाने वाली ब्राह्मण जाति आमतौर पर संस्कृतनिष्ठ सांस्कृतिक मॉडल का अनुकरण करती है लेकिन यहाँ उसे इस इलाक़े की सांस्कृतिक प्रथाओं और प्रमुख रिवाजों को तरजीह देते

हुए और इन्हीं का अनुकरण करते हुए देखा जा सकता है। मगर यह हावी और प्रचलित संस्कृति अन्य सांस्कृतिक धागों को अलग-थलग करते हुए सक्रिय नहीं है; यह मज़हबी रस्मों के हिसाब से उच्च वर्गों और दबे हुए निम्न वर्गों, दोनों को एक गतिशील और लचीले रिश्ते के तहत अपने घेरे में लेती है। इन वर्गों की कई सांस्कृतिक प्रथाएँ स्वतन्त्र तौर पर काम करती हुई दिखाई देती हैं – अकसर तो प्रभावशाली और प्रचलित संस्कृति के सीधे विरोध में।

3. मौखिक इतिहास

इन अलग-अलग तरह की सांस्कृतिक अवधारणाओं तथा उनके परस्पर आदान-प्रदान को समझने के लिए इस अध्ययन में इस्तेमाल किए गए मुख्य स्रोतों में से एक मुख्य स्रोत मौखिक इतिहास का है। सांस्कृतिक इतिहास को समझने के लिए मौखिक परम्परा और स्रोत बुनियादी तत्त्वों में शुमार होते हैं। इस अध्ययन में इस्तेमाल किए गए मौखिक स्रोत आधिकारिक एवं अनौपचारिक, प्रकाशित एवं अप्रकाशित, दोनों तरह के उपलब्ध ऐतिहासिक स्रोतों की पुष्टि करते हैं। वे उन्हें समृद्ध भी करते हैं। इन मौखिक स्रोतों से इस इलाक़े की एक सम्पूर्ण, व्यापक तस्वीर मुहैया हुई है जो वैसे शायद हाथ न आती। इस्तेमाल किए गए इन स्रोतों में जीवित पुरुषों और महिलाओं के साथ विस्तृत साक्षात्कार शामिल हैं। कई तरह के सामाजिक समूहों के परस्पर आदान-प्रदान का हिस्सा रही लोक-कथाएँ, मिथक, लोक-गीत, कहावतें, लोकप्रिय कथन और तुकान्त कविताएँ भी शामिल हैं। ये सब एक साथ मिल कर हमारे लिए उस लोक-संस्कृति के भीतर तक की मूल्यवान अन्तर्दृष्टि प्रदान करते हैं जिसे जीया या महसूसा गया है। इसके साथ-साथ इन से हमें कई तरह के लेकिन बदलते हुए सम्बन्धों, ख़ासकर जेण्डर की प्रकृति के बारे में भी अन्तर्दृष्टि मिलती है। इन से हमें जातियों और भूमिकाओं को एक ख़ास सांचे में ढाले जाने तथा आमजन में मौजूद स्वाभाविक तनावों, रंजिशों, प्रचलित धारणाओं, रवैयों और रिवाजों की प्रकृति के बारे में भी भीतर तक की दृष्टि मिलती है। मौखिक परम्परा ने सिर्फ़ निम्न-वर्गों की धारणाओं को ही नहीं (जैसा कि व्यापक तौर पर दावा किया जाता है) बल्कि प्रभावशाली समूहों समेत सभी समूहों और वर्गों की सांस्कृतिक समझ और विचारों को आवाज़ दी है। इसके अलावा संस्कृति में स्थापित ये विचार और समझ गुज़रे हुए वक़्त और वर्तमान के अलग-अलग ऐतिहासिक समयकालों में से उभरते हैं। मौखिक परम्परा बीते समय के प्रमाण से सम्बद्ध कानों सुनी बात का सामाजिक तौर पर मंज़ूर बयान या बीते समय को व्याख्यायित करता विवरण ही नहीं है बल्कि समकालीन जीवन का भी वृत्तांत है।

इस अध्ययन में इस्तेमाल किए गए ज़्यादातर मौखिक सबूत ज़मीन पर मुझ द्वारा ख़ुद किए गए काम पर आधारित हैं। लिंग, आयु, वर्ग और जाति के मुताबिक़ जानकारियाँ

देने वालों की पहचान ज़मीन के स्तर पर हुए इस काम से ही सुनिश्चित हुई है। और इसी ज़मीनी काम से उस पृष्ठभूमि को और उन मौक़ों को भी प्रमाणित किया गया है, जिनके दौरान इन साक्ष्यों को आवाज़ दी गई। ध्वनित की गई राय या नज़रिए के लोकप्रिय होने या न होने और उसकी स्वीकार्यता की पुष्टि भी इसी ज़मीनी काम से होती है। दूसरे शब्दों, में मौखिक प्रमाण का सामाजिक प्रसंग पक्के तौर पर रिकॉर्ड किया गया है। असल में तो मुझ द्वारा इकट्ठा किए गए आंकड़े और तथ्य आमतौर पर पेश किए गए इस विचार को नकारते हैं कि महिलाओं के मौखिक वृत्तांत ही महिलाओं की कहानियों और इतिहासों के साथ इन्साफ़ कर सकते हैं क्योंकि उनमें एक अलग, साफ़ तौर पर 'स्त्री-स्वर' होता है; या वे इस धारणा को भी नकारते हैं कि औरतों के अनोखे एहसासात की, उनकी ख़ास 'अनुभूतियों' की, अन्दरूनी जानकारी उनके निजी वृत्तांतों से ही मिल सकती है। मेरे प्रमाण से वीणा दास की इस टिप्पणी की पुष्टि होती है कि औरत की आवाज़ का किसी औरत से उत्पन्न होना ज़रूरी नहीं है, वह एक मर्द का बखान भी हो सकती है।[1] इस अध्ययन में कभी-कभी पुरुषों द्वारा 'महिला सरोकारों' को ध्वनि दिए जाने वाली मौखिक गवाहियाँ भी हैं जो पुरुषों के हावी सांस्कृतिक नज़रियों के मुक़ाबले एक वैकल्पिक बोध को हमारे सामने लाती हैं। इसके अलावा, व्यक्तियों या अलग-अलग समूहों द्वारा व्यक्त की गई कुछ भावनाओं को जब फिर से जाँचा-परखा गया तो देखने में आया कि ये वर्ग और जाति, यहाँ तक कि लिंग-आधारित विभाजनों को भी, दरकिनार करते हुए सभी में पाई जाती हैं। व्यक्तिगत अवलोकन से ज़रूर यह पता चलता है कि प्रभावशाली जातियाँ मौखिक सबूत पेश करने में ज़्यादा खुले तौर पर आगे आती हैं और उनके पास बाक़ियों के मुक़ाबले मौखिक परम्पराओं का ज़्यादा व्यापक संग्रह है। कई कारणों से निम्न जातियों के लोग इतना अधिक खुल कर बात नहीं करते। लेकिन वे अन्य लोगों द्वारा ध्वनित मौखिक परम्परा के अलग-अलग पहलुओं की पुष्टि करते हैं और उन्हें अपनी सामूहिक विरासत के हिस्से के तौर पर स्वीकारते हैं। इसके अलावा लोक-संस्कृति को प्रतिबिम्बित करने वाली अधिकतर मौखिक परम्परा सामाजिक समूहों के साझा अनुभव से निकली सामाजिक प्रक्रिया है, जिसमें ग्रामीण समाज के मुख़्तलिफ़ हिस्सों को अलग-थलग करना हमेशा आसान नहीं होता है।

यह मौखिक परम्परा उपनिवेशीय और उससे भी पहले के समयकाल तक पीछे जाती है। इसके एक बड़े हिस्से का दस्तावेज़ीकरण ब्रिटिश मानव-जाति विज्ञानियों तथा प्रशासनिक अधिकारियों द्वारा उनीसवीं सदी के आख़री हिस्से में किया गया था। इसमें से कुछ उपनिवेशीय काल के बाद भी अस्तित्व में है। सामाजिक-आर्थिक तथा राजनैतिक हालात में आए बदलावों की वजह से इस परम्परा के प्रचलन और इस्तेमाल में काफ़ी कमी आई है। मिसाल के तौर पर, जातीय नियम और अधिक कठोर हो गए हैं, अन्तर्जातीय विवाह पर तो लगभग पूरी तरह पाबंदी है और मौखिक परम्परा में

प्रतिबिम्बित होने वाले सामाजिक स्वीकृति के पुराने तानों-बानों को अब याद भी नहीं किया जाता। कुछ अन्य ताने-बाने अब भी सलामत तो हैं लेकिन जिस परम्परा का हवाला दिया जाता है, वे उसके सांकेतिक अर्थ में स्पष्ट बदलाव भी प्रदर्शित करते हैं। यह अध्ययन यह भी दर्शाता है कि भौतिक संस्कृति में बहुत बड़े बदलावों के बावजूद कई परम्पराएँ अब भी बची हुई हैं, अन्य भुला दी गई हैं और कुछ इन से भी इतर हैं जो बदल गई हैं और नई गढ़ ली गई हैं।

पिछले कुछ समय में हरियाणा सरकार ने इस परम्परा का लेखा-जोखा रखने की कोशिश की है। इसके साथ ही हिन्दी के कुछ लोक-साहित्यकारों ने भी ज़मीनी स्तर पर कोशिशें की हैं। इन कोशिशों का नतीजा है कि एक विशाल प्रकाशित संग्रह सामने आया है जो इस परम्परा की व्यापक लोकप्रियता और इस्तेमाल को दर्शाता है – मौखिक परम्परा की इस लिखित या प्रकाशित श्रेणी को मुझ द्वारा स्वयं दर्ज किए गए मौखिक साक्ष्यों से अलग कर के देखा जा सकता है। यह लिखित या प्रकाशित श्रेणी की सामग्री बहुत समृद्ध है लेकिन उसे कुछ अधिक सावधानी और झिझक के साथ देखना पड़ा है। इस श्रेणी के तहत हुए काम में लोकप्रिय मौखिक परम्परा के अलग-अलग पहलुओं को इकट्ठा करने भर से तसल्ली कर ली गई है। कमी यह है कि जानकारी देने वालों के बारे में कोई आंकड़े या सूचनाएँ नहीं दिए गए हैं – न ही उस सामाजिक-सांस्कृतिक सन्दर्भ की कोई बात की गई है जिसमें ये स्थित हैं या जिसमें उन्हें ध्वनि दी गई है। दर्ज और दस्तावेज़बद्ध हो चुकी इस मौखिक परम्परा का कुछ हिस्सा इस अध्ययन में भी इस्तेमाल किया गया है। इसलिए मैंने इस कमी को पूरा करने की कोशिश की है। जहाँ कहीं भी इसका प्रयोग किया गया है, इसे उपनिवेशीय तथा उपनिवेशीय समय के बाद के, दोनों तरह के अलग-अलग ऐतिहासिक समयकालों में हरियाणा के ग्रामीण जीवन की शोधपरक समझ में स्थित किया है। इस मौखिक परम्परा के केवल उन पहलुओं को उपयोग में लिया गया है जिनके बारे में अन्य स्रोतों से पुष्टि कर पाना मुमकिन था। जिसे भी उद्धृत किया गया है, विश्लेषण के किसी बिन्दु को पुख़्ता करने के मक़सद से किया गया है, न कि तर्क में जीत पाने के लिए।

इसके अलावा, मौखिक परम्परा में से बहुत कुछ, विशेष तौर से लोक-गीत, उस क़िस्म के लोक-गीतों की जीवित परम्परा का हिस्सा हैं जिन का सम्बन्ध सालाना रीति-रिवाजों-प्रथाओं और जन्म-विवाह-मृत्य जैसे जीवन के अलग-अलग पड़ावों के इर्द-गिर्द अनुष्ठानों या अन्य सामाजिक मौकों पर गाए जाने वाले गीतों से है। ज़िक्र में आई परम्परा को किसी विशेष सामाजिक सन्दर्भ में स्थित करने में इन सबसे बहुत मदद मिली है। जहाँ तक मैं देख पाई हूँ, लोक-गीतों का रूप-स्वरूप बिना बदलाव के बना रहा है। कुछ भिन्न रूप भी हो सकते हैं – होते हैं – लेकिन ये अन्तर बहुत महत्त्वपूर्ण नहीं हैं। एक गीत किसी एक विशेष स्थिति, किन्हीं विशेष सुनने वालों के सन्दर्भ में हो सकता है

लेकिन उसके सन्देश का प्रतीकात्मक और सार्वभौमिक महत्त्व होता है, और स्वीकार्यता भी। गीत न सिर्फ़ ऐतिहासिक समयकालों के अन्तर को पाटते हैं बल्कि वर्ग/जाति के अन्तरों से भी सफलतापूर्वक निपटते हैं। उदाहरण के लिए, बिरहा या बिदाई के गीत – बिरहा यानी पुरुष द्वारा प्रवास कर जाना, बाहर जा बसना और बिदाई यानी शादी होने पर पीहर से जाते वक़्त गाए जाने वाले गीत। असल में तो इस किताब में जिन महिला-गीतों का हवाला दिया गया है, उनकी ख़ूबी है कि उन पर समय और स्थान की कोई पाबंदी लागू नहीं होती, वे इन से ऊपर उठे हुए हैं। इसी तरह कहावतें और लोकोक्तियाँ जिन्हें "संक्षिप्त एवं सारगर्भित, नसीहती और सरल-सामान्य सच तथा रिवायती ज्ञान" के रूप में परिभाषित किया जाता है, अभिव्यक्ति और संवाद सम्बन्धी महत्त्वपूर्ण उद्देश्यों की वजह से लम्बे समय तक बने रहे हैं।[2] विलियम बैस्कम के विश्लेषण में कहावतें और लोक-वार्ताएँ सामाजिक दबाव तथा सामाजिक नियन्त्रण लागू करने के महत्त्वपूर्ण औज़ारों के तौर पर उभर कर आते हैं; संस्थाओं, मान्यताओं और नज़रियों को वाजिब ठहराने के लिए भी।[3] इनमें विश्वव्यापी होने का गुण भी मौजूद लगता है और वे अपनी इलाक़ाई अहमियत से आगे तक जाते हैं। इनका इस्तेमाल और प्रचलन इसी इलाक़े में ज़्यादा केन्द्रित है लकिन असल में तो इनमें से कइयों का आम इस्तेमाल पूरे उत्तर भारत में हो रहा है। साझा सांस्कृतिक विशेषताओं के चलते इनका प्रसार-प्रचार एक बड़े क्षेत्र में दिखाई देता है और ये विशेषताएँ तुलना की एक इकाई का काम भी करती हैं। इस सार्वभौमिक, विश्वव्यापी समानता की व्याख्या करते हुए व्लादिमीर प्रॉप कहते हैं कि "भौतिक संस्कृति में उत्पादन के समान स्वरूप समान या मिलती-जुलती सामाजिक संस्थाओं, एक जैसे साधनों को जन्म देते हैं – और विचारधारा में, विधाओं तथा विचारों की श्रेणियों, रीतियों-कर्मकाण्डों, भाषा और लोकज्ञान की समरूपता को जन्म देते हैं"।[4]

साथ ही, इनमें से कुछ कहावतों के इर्द-गिर्द कोई विवाद नहीं है और ये भू-जलीय, पर्यावरण की तथा भौगोलिक स्थितियों से सम्बद्ध हैं या अलग-अलग कृषि-आर्थिक क्षेत्रों के बारे में अन्तर्दृष्टि प्रदान करती हैं। एक स्तर पर ये कहावतें धरती को एक रूपक के तौर पर लेती हैं। दूसरे स्तर पर इनमें धरती की प्रकृति के बारे में लोगों की जागरूकता की झलक मिलती है और उनकी इस जागरूकता की भी, कि अलग-अलग सामाजिक-आर्थिक सीमाओं के तहत धरती किस तरह ख़ुद को अलग-अलग आर्थिक गतिविधियों के लिए ढाल लेती है। साथ ही ये इन महत्त्वपूर्ण मुद्दों की उस बुनियादी समझ को भी प्रतिबिम्बित करती हैं, जिसे आमतौर पर "निरक्षर ग्रामीणों" के साथ सम्बद्ध नहीं किया जाता। कहावतों से सम्बद्ध बुद्धिमता के मूल्य को अकसर ग़ैर-साक्षर और पुरातन कहकर त्याग दिया जाता है।[5]

जिन कहावतों और लोक-कथनों का ज़िक्र आएगा, उनका एक और समूह है जो वर्ग, जेण्डर और समय की सीमाओं से ऊपर उठ कर साझा नज़रियों और आरज़ूओं

की तसदीक़ करता और उनके बारे में राय देता है। उदाहरण के लिए, पुत्र-सन्तान की लालसा, सरकारी नौकरी या स्थाई कमाई वाली नौकरी मिलने की इच्छा या भाई को दी जाने वाली अहमियत ऐसे प्रचलित रवैये हैं जिन्हें मेरे ज़मीनी काम और मौखिक साक्षात्कारों के अलावा अन्य स्रोत-सामग्री के माध्यम से भी आसानी से स्थापित एवं प्रमाणित किया जा सकता है। जाति के रूढ़िबद्ध, घिसे-पिटे साँचे भी इसी स्तर पर काम करते हैं, जिनमें साझा पूर्वाग्रहों का संकेत उच्च चाहे निम्न, सभी जाति-समूहों में मिलता है।

इस इलाक़े के सांस्कृतिक वातावरण को समझने के एक महत्त्वपूर्ण स्रोत के तौर पर प्रयोग में लाई गई यह सामग्री समृद्ध लेकिन निश्चित तौर पर जटिल है। इसके इस्तेमाल में निहित समस्याओं को नकारा नहीं जा सकता, फिर वह सामग्री चाहे स्वयं एकत्र की गई हो या पहले से प्रकाशित हो। जान वान्सिना ने मौखिक परम्परा पर किए गए अपने अग्रगामी, नया पथ दिखाने वाले काम में मौखिक प्रमाण के इस्तेमाल से सम्बन्धित बहुत ही प्रभावी शंकाओं और एतराज़ों को बड़ी तादाद में सूचीबद्ध किया है। लेकिन साथ ही उन्होंने इतिहास-लेखन में मौखिक स्रोतों के इस्तेमाल की वैधता को नकारने की बजाए उसे स्थापित ही किया है।[6]

फिर भी, मौखिक गवाही निश्चित तौर पर ऊँचे स्तर के पारस्परिक संवाद की शर्त के साथ होती है। वह विवरण, बात पर दिए जाने वाले बल और अर्थ में परिवर्तन की प्रक्रिया से होकर गुज़रती है। किसी एक लोक-कथन या कहावत को भी अलग-अलग दृष्टिकोणों से देखा जा सकता है। नतीजा यह, कि एक अलग परिप्रेक्ष्य देखने को मिलता है और एक अलग ही अनुभव सामने आता है। लिखित या मौखिक वृत्तांत से अर्थों की बहुलता मिल पाने की सम्भावना को रॉजर चार्टियर ने 'सांस्कृतिक उपभोग' के तर्क के तहत व्याख्यायित किया है, जिसमें प्राप्तकर्ताओं या सांस्कृतिक उपभोक्ता के तौर पर लोगों को निष्क्रिय नहीं माना जाता बल्कि वे वृत्तांत के अपने ही पाठ और व्याख्याएँ निर्मित करते हैं।[7] इसलिए एक ही मौखिक स्रोत को जाँचते हुए अलग-अलग निष्कर्षों पर पहुँचने की और एक अलग अनुभव तथा विचार-स्थापना को सामने लाने की सम्भावना निश्चित तौर पर मौजूद है। इस समस्या और चुनौती को मैं फिर कभी विश्लेषित करूँगी।

एक बार फिर दोहरा दूँ कि मौखिक स्रोतों को यहाँ इस तरह इस्तेमाल किया जा रहा है कि यथार्थ तथा सामाजिक जीवन के अनुभव के तईं लोगों की व्यक्तिगत समझ और अनुभूति के बारे में किसी नतीजे पर पहुँचा जा सके। प्रॉप से वाक्यांश उधार लेते हुए कहें, तो मौखिक स्रोतों के इस्तेमाल में 'यथार्थ सीधे तौर पर प्रतिबिम्बित नहीं होता बल्कि विचार की *प्रिज़्म* (रंगावली) से गुज़र कर प्रतिबिम्बित होता है'।[8] इसलिए हालाँकि इस सब में बहुत हद तक व्यक्तिपरकता शामिल है, लेकिन इस बात को नकारा नहीं जा सकता कि इस तरह की अनुभव की गई लोकप्रिय संस्कृति सामूहिक

एवं साझा ऐतिहासिक प्रक्रियाओं का नतीजा होती है। इसके अलावा, जीवन की यह अनुभूति और अनुभव जीवन की स्थितियों और हालात के व्यापक परिप्रेक्ष्य के ढांचे में स्थित है। इसलिए मैंने उपनिवेशीय और उसके बाद के समयकाल की दस्तावेज़ीकृत सामाजिक-अर्थव्यवस्था या बदल रहे भौतिक यथार्थ का इस्तेमाल करते हुए अलग-अलग ऐतिहासिक समयकालों में उभरने वाले सामाजिक सम्बन्धों को जाँचने और निर्धारित करने की कोशिश की है। साक्षात्कारों, गीतों या कहावतों के माध्यम से प्रचलित संस्कृति तथा मौखिक गवाही को न तो अपने आप में सामाजिक संरचना के 'प्रतिनिधि' के तौर पर लिया गया है और न ही स्वायत्त सुसंगत व्यवस्था के रूप में। बल्कि इन्हें आमतौर पर ऐतिहासिक विश्लेषण के लिए इस्तेमाल किए जाने वाले अन्य स्रोतों के साथ अलग से शुमार किया गया है। नतीजे के तौर पर जो उभर कर आता है वह एक अचल और स्थिर, निष्क्रिय और जड़ सामाजिक परिवेश नहीं है बल्कि परिवर्तनशील, बहुत तरल, यहाँ तक कि विरोधाभासी सामाजिक परिवेश है।

असल में तो सामाजिक और सांस्कृतिक संरचनाओं के साथ-साथ इस इलाक़े की अर्थव्यवस्था ने पितृसत्ता के उस रूप को निर्मित किया है जो हमें हरियाणा में देखने को मिलता है – और यह उसकी विचारधारा और उसके बदलते हुए भौतिक आधार के स्तर पर देखा जा सकता है। ऐसा नहीं है कि इन दोनों के बीच की अन्तःक्रिया ने कोई साफ़-सुथरी, फ़िट बैठती चीज़ ही पैदा कर दी हो, बल्कि इसने कुछ विरोधाभासों को ही जन्म दिया है जिसके चलते पितृसत्ता इस इलाक़े में निरन्तर अपना वर्चस्व बनाए रख पाई है। इस उभरते हुए जटिल परिदृश्य की विशेषताएँ स्पष्ट भी हैं और बिखरी-छितरी भी, निरन्तरता लिए हुए भी हैं और बदलती तथा एक-दूसरे से मिलती-जुलती भी। और इसी परिदृश्य में हरियाणा के गाँव की औरत स्थित है, जो अब तक हमारी पकड़ में नहीं आई है, हमारी समझ से परे रही है। इस औरत में विशाल समयकाल में फैली वर्ग, जाति, क्षेत्र और बदलते जेण्डर-सम्बन्धों की जटिलताएँ समाई हुई हैं। मेरा अध्ययन एक सदी से अधिक समयकाल (यानी 1880 से 1990) के सन्दर्भ में है।

4. हरियाणा

मौजूदा हरियाणा 27,638 वर्ग-मील का एक छोटा सा राज्य है जो 1 नवम्बर 1966 को अस्तित्व में आया। उससे पहले वह पंजाब का हिस्सा था। उपनिवेशीय काल में वह संयुक्त पंजाब का हिस्सा था जो उस समय 1,35,773 वर्ग-मील के क्षेत्र में हिमालय-तिब्बत की सीमा तक तथा सिंधु नदी के पार बलूचिस्तान की सीमाओं तक फैला था। इस पंजाब का दक्षिण-पूर्व भाग, जिसे अब हरियाणा के नाम से जाना जाता है, बाक़ी के पंजाब से भी पहले अंग्रेज़ों के क़ब्ज़े में आ गया था। मरहट्ठों की असफलता और परिणामस्वरूप उनके दक्षिण की ओर पीछे हटने के बाद ब्रिटिश ईस्ट इण्डिया कम्पनी

ने ख़ुद को ज़्यादातर मौजूदा हरियाणा समेत दिल्ली के क्षेत्र में 1803 में ही स्थापित कर लिया था। आगरा और अवध के उत्तर-पश्चिमी प्रांत की लेफ़्टेनन्ट-गवरनर्शिप के तहत हरियाणा दिल्ली डिविज़न का हिस्सा बन गया था। लेकिन विशेष तौर से 1857 और फिर 1911 के घटनाक्रमों की रौशनी में तथा बार-बार होने वाले क्षेत्रीय पुनर्प्रबन्धों के चलते जब राजधानी को कलकत्ता से दिल्ली तबदील किया गया, तो अंग्रेज़ों ने पंजाब की अम्बाला डिविज़न बनाई जिसमें छः ज़िले थे – रोहतक, हिसार, गुड़गाँव, करनाल, अम्बाला और शिमला। मोटे तौर पर देखें तो इस पंजाब में वर्तमान हरियाणा क्षेत्र, ज़िला शिमला को छोड़ कर बाक़ी के अम्बाला डिविज़न के लगभग बराबर था। आज़ादी के बाद इस अम्बाला डिविज़न में भी कुछ बदलाव आए।[9] अब (यानी 1990 के दशक में) राज्य में 12 ज़िले हैं : छः नए ज़िले हैं जींद, महेंद्रगढ़, भिवानी, सोनीपत, कुरुक्षेत्र, फ़रीदाबाद और सिरसा। भौगोलिक दृष्टि से यह राज्य राष्ट्रीय राजधानी को तीन ओर से घेरे हुए है और इसके उत्तर में उत्तर प्रदेश है जबकि अपने विशाल रेगिस्तानों के साथ राजस्थान इसके दक्षिण में है।

उपनिवेशीय काल में यह इलाक़ा पंजाब के सबसे पिछड़े और अल्पविकसित क्षेत्रों में से था। साम्राज्यवाद की ज़रूरतों ने कृषि में किसी भी तरह की बेहतरी के लिए हरियाणा को बहुत कम महत्त्व दिया। इस इलाक़े को मूल तौर पर बाक़ी के पंजाब और भारत के कुछ अन्य हिस्सों के लिए भार ढोने वाले पशु मुहैया करवाने के लिहाज़ से उचित क्षेत्र के रूप में देखा गया। अंग्रेज़ों की पक्के तौर पर कोशिश रही कि इसे इसी रूप में बनाए रखा जाए। यह बात इस इलाक़े के लिए उनकी सिंचाई नीतियों में दिखाई देती है; इस रूप में भी झलकती है कि कम महत्त्व और मूल्य की आहार-तथा-चारा फ़सलों पर बल दिया गया। इस के अलावा, अन्य फ़सलों को चारा-फ़सलों की जगह लाने के लिए हुए सीमित प्रयासों को भी नियंत्रित करने की कोशिश की गई (क्योंकि इन अन्य फ़सलों से इस क्षेत्र के पशुधन पर नकारात्मक प्रभाव पड़ सकता था)। इस क्षेत्र की गुज़ारा-स्तर की अर्थव्यवस्था के लिए पशुपालन आवश्यक पूरक के तौर पर उभर कर आया।

इस पिछड़ी हुई अर्थव्यवस्था को निरन्तर बनाए रखे जाना साम्राज्यवादी हितों के लिए बहुत मददगार साबित हुआ। यह कंगाल भू-भाग ब्रिटिश इण्डियन आर्मी के लिए भर्ती का एक बड़ा क्षेत्र बन गया। ख़ास तरह की भौगोलीय-आर्थिक ज़रूरतों वाली इस पिछड़ी अर्थव्यवस्था ने महिलाओं के लिए विशेष उत्पादक और प्रजनन सम्बन्धी भूमिका गढ़ी। यह भूमिका हावी कृषक जाति-समूहों – और उनमें भी ज़मींदार वर्गों – के मौजूदा तथा उभरते हुए रीति-रिवाजों और दृष्टिकोणों द्वारा निर्धारित और नियन्त्रित की गई। ये वर्ग कृषकों के भीतर अलग-अलग स्तर होने के बावजूद बहुत हद तक एक समरस, एकरूप कृषक-संस्कृति और दबदबे वाली पितृसत्तात्मक, पुरुष-प्रधान विचारधारा को इस इलाक़े पर थोपने में कामयाब हुए।

इस किसान-संस्कृति में एक साथ अलग-अलग तथा विरोधाभासी नियम या मानक देखने में आए। उदाहरण के लिए, दहेज की प्रथा का उच्च परम्परागत मानक, जिसे प्रतिष्ठा और इज़्ज़त के साथ जोड़ कर देखा जाता था, शूद्रों की निम्न-वर्ण हैसियत के अनुरूप वधू-मूल्य (पत्नी-धन) तथा विधवा-पुनर्विवाह जैसे सांस्कृतिक मानकों के सहअस्तित्व में था। ये दोनों प्रथाएँ, यानी वधू-मूल्य एवं विधवा-पुनर्विवाह, आमतौर पर महिलाओं को सकारात्मक हैसियत प्रदान करने वाली मानी जाती हैं। लेकिन इस अध्ययन में वधू-मूल्य की प्रथा इस रूप में उभर कर नहीं आती कि इसके पालन से कोई सकारात्मक लाभ होता दिखाई दे। इसी तरह स्त्री की चेतना तथा जीवन-अनुभव में विधवा-पुनर्विवाह को भी एक दमनकारी रिवाज के रूप में देखा जा सकता है। यह एक तरह के सांस्कृतिक द्वैतभाव, 'हाँ' भी और 'न' भी की स्थिति है जिसमें महिलाओं को आर्थिक तौर पर बहुत उपयोगी होने के रूप में तो देखा गया लेकिन उन्हें ठोस आर्थिक महत्त्व और मूल्य नहीं मिला। यह इस इलाक़े में एक दौर में शिशु-हत्या की मौजूदगी और महिलाओं के प्रतिकूल लिंगानुपात में भी प्रदर्शित होता है जो अब भी जारी है। इन परस्पर विरोधाभासी चलनों से पैदा हुआ तनाव बेशक इस इलाक़े के रिवाज और सामाजिक अर्थव्यवस्था की ज़रूरतों से उपजा – और इसे ऊपर की ओर गतिमान समूहों द्वारा पितृसत्ता के स्वरूपों को खुल्लम-खुल्ला मदद देने वाली प्रथाओं के हक़ में सुलझाए जाने का रूझान रहा। स्थितियों का यह द्वैतभावी, सोचा-समझा और विवेकी इस्तेमाल औरतों को न सिर्फ़ ज़्यादा संकुचित और सीमित करने वाला था बल्कि पुरुषों के ज़मीन-सम्बन्धी हितों को भी साधता था और 'निम्न सांस्कृतिक रूपों' का पालन न कर के उन्हें अधिक ऊँचा रुतबा प्रदान करता था।

उपनिवेशीय युग के बाद के वक़्त में इन कोशिशों का सफलतापूर्वक पूरा होना दिखाई देता है। बड़े पैमाने पर परिवर्तित सामाजिक-आर्थिक व्यवस्था की नई ज़रूरतों और उसके सांस्कृतिक स्वरूप से इसे बेशक मदद मिली। उदाहरण के लिए, वधू-मूल्य का स्थान पूरी तरह से दहेज द्वारा ले लिया जाना, बहुपति-प्रथा को त्याग कर उसके स्थान पर लैंगिकता तथा यौन-भावना को नियंत्रण में रखने का एक अलग रूप आ जाना, जातीय अनिवार्यताओं का और पक्का होना (जैसे कि पवित्रता के उच्च जातीय नियमों तथा शादी से सम्बद्ध पाबंदियों भरी प्रथाओं का अपनाया जाना) आदि। ये सभी, औरतों के बहुत ज़्यादा ख़िलाफ़ जाती हैं।

अध्याय-1 में कोशिश की गई है कि ऐतिहासिक तौर पर स्पष्ट रूप-आकार ले चुके रिवाजों के साथ परस्पर आदान-प्रदान करते हुए असरअंदाज़ होने वाले इन सांस्कृतिक प्रचलनों को गाँव की औरत के केन्द्रीय किरदार के इर्द-गिर्द स्थित किया जाए। साथ ही इन्हें इलाक़े की भूगोलीय-अर्थव्यवस्था और विकास, पितृसत्ता की माँगों और उपनिवेशीय

राज्य की ज़रूरतों के बीच क़ायम किया जाए। महिलाओं पर बढ़ती हुई पाबन्दियाँ अपनी सीमाओं में से बाहर निकलने की उनकी कोशिशों का उपहास उड़ाती हैं और उन्हें कई बार लम्बे क़ानूनी संघर्षों और खुले टकरावों में से होकर गुज़रना पड़ता है। इस अध्याय में इन सीमाओं के सामाजिक निहितार्थ को तथा विवाह, पुनर्विवाह और लैंगिकता तथा यौन-भाव के सन्दर्भ में महिलाओं के प्रति ऊपरी तौर पर दिखने वाले 'उदार रवैयों' के पीछे के कारणों को खोजने की कोशिश की गई है। पुरुषों का रवैया महिलाओं के रवैये के मुक़ाबले बिल्कुल अलग निकल कर आता है और नैतिकता, जायज़-नाजायज़ तथा ख़ुदमुख़्तारी (यौन सम्बन्धी तथा आर्थिक दोनों) जैसी अवधारणाओं का बिल्कुल ही अलग नज़रिया देखने को मिलता है। इन सब कारकों को कुल मिला कर उपनिवेशीय ग़लबे के ऐतिहासिक सन्दर्भ और ऐसी विशेष नीतियाँ अपनाए जाने को ध्यान में रखते हुए देखा गया है जो सीधे तौर पर महिलाओं से सम्बद्ध चाहे न भी हों, लेकिन उनसे सम्बन्धित मुद्दों पर उनका गहरा प्रभाव पड़ा था। यह अध्याय ग्रामीण हरियाणा में प्रभाव जमाते हुए विकसित हो रहे सामाजिक लोकाचार को बनाए रखने और उसे ताक़त देने में उपनिवेशीय प्रशासन और उसके नज़रियों की भूमिका को भी उजागर करता है।

यह सामाजिक लोकाचार (लोक-व्यवहार सम्बन्धी नियम) आने वाले समय में स्वतन्त्र भारत में लाए गए परिवर्तनों को भी अपने रंग में रंगने और प्रभावित करने वाला था। असल में तो आज़ादी के इन 45 सालों ने गाँवों की महिलाओं को एक अलग ही ग्रामीण व्यवस्था में स्थित किया है। व्यापक पैमाने पर हुए खेती सम्बन्धी और आर्थिक बदलावों ने इस इलाक़े को एक पिछड़ी हुई, गुज़र-बसर लायक़ अर्थव्यवस्था की हालत से उठा कर भारत के दूसरे सबसे अमीर राज्य के तौर पर ला खड़ा किया है।

अध्याय-2 में हरियाणा की महिलाओं को आज़ाद भारत की नई राजनैतिक अर्थव्यवस्था में स्थित करने की कोशिश की गई है। अर्थव्यवस्था को मज़बूत पूँजीवादी बल प्रदान करने के लिए राज्य का सीधा हस्तक्षेप हरित-क्रान्ति जैसी बहुत ही विशेष, चुनिन्दा रणनीति को अपनाए जाने में दिखाई देता है। इसके चलते कृषि-क्षेत्र में अभूतपूर्व प्रगति हुई और हरियाणा के अलग-अलग इलाक़ों में अलग-अलग तरह के प्रभाव दिखाई दिए। अध्याय में किया गया विश्लेषण उन हावी सामाजिक-सांस्कृतिक और विचारधारात्मक कारकों को उजागर करता है जिनके चलते खेती में परिवारों से महिलाओं की निरन्तर उच्च स्तर की भागेदारी हुई है; इसके अलावा ग्रामीण महिलाओं के कुछ ख़ास तब्क़ों का साफ़ तौर पर इलाक़ा-विशेष में मज़दूरीकरण भी हुआ है; काम और कमाई, दोनों लिहाज़ से, महिला खेत-मज़दूरों का हाशिए पर जाना भी हुआ है। औरत के काम का सांस्कृतिक अवमूल्यन हुआ है। मर्दों की तुलना में उसके आर्थिक योगदान को यह मानते हुए अनदेखा किया गया है कि वह निम्नतर, गौण या पूरक क़िस्म का काम है। इस वजह से उसका योगदान आर्थिक मूल्य के रूप में परिवर्तित नहीं हो पाया है। इस

रवैये को वाजिब ठहराने की किसी दलील की तलाश में महिलाओं के काम को नैतिक कर्तव्य की अवधारणा के साथ जोड़ कर पेश किया जाता है। हरित एवं श्वेत क्रान्तियों के बाद से विशेष तौर पर हावी हो गए नियंत्रणकारी पुरुष के खुले रूप में सामने आने से महिला के काम का अवमूल्यन और अधिक मज़बूत हुआ है। पुरुष बाहरी तथा अन्दरूनी, सभी क्षेत्रों में ताक़त को क़ाबू करने और अपने हाथ में रखने वाले के रूप में उभर कर आता है। दूसरी तरफ़ औरतों के पास संसाधनों में हिस्सेदारी के अधिकारों की कोई सामाजिक-सांस्कृतिक पहचान बमुश्किल ही है। वे हर क्षेत्र में बहुत गम्भीर तौर पर वंचित हैं और भेदभाव झेल रही हैं, फिर वह चाहे भोजन की बात हो या फिर स्वास्थ्य-सेवाओं तक पहुँच की या फिर शिक्षा की। सामाजिक-सांस्कृतिक सन्दर्भ में और ताक़त, सत्ता तथा अधिकार की मौजूदा श्रेणीबद्ध व्यवस्था के हवाले से महिलाओं के पास निर्णय लेने तक का अधिकार नहीं है। उनकी कुछ भी नहीं चलती – न सिर्फ़ उत्पादन और वितरण की प्रक्रियाओं में बल्कि खर्चों के क्षेत्र में भी। इस तरह व्यय और उपभोग का नया तथा बड़े पैमाने पर परिवर्तित पैटर्न पहले से अधिक पुरुषोन्मुख होता दिखाई दे रहा है। पुरुष द्वारा नियंत्रण के और अधिक केन्द्र अस्तित्व में आए हैं। पुराने सांस्कृतिक बन्धनों को पक्के इरादे के साथ ज़िन्दा रखा गया है और इन्होंने महिला को इस रूप में वैचारिक स्तर पर ढाला है कि वह फ़ैसले लिए जाने में हिस्सेदार न हो। इतना ही नहीं, औरत को फ़ैसले लेने वाले मंचों पर शारीरिक तौर पर होने से भी रोका है और इस सब का उस पर हानिकारक असर भी हुआ है।

पितृसत्ता की लगाम खैंचने और उसकी विचारधारा को बल प्रदान करने में महिलाएँ ख़ुद अपने शोषण और हाशिए पर धकेले जाने के लिए तैयार पक्ष के रूप में उभरती हैं। वे उसे नैतिक पवित्रता और वैधता भी प्रदान करती हैं। इससे प्रदर्शित होता है कि वे ख़ुद पर एक मातहती थोप रही हैं, वे अधीन रहने के लिए ख़ुद ही तैयार हैं। यह स्वीकृति सांस्कृतिक, वैचारिक और मनोवैज्ञानिक तौर पर जेण्डर से सम्बद्ध एक ख़ास तरह के नियन्त्रण और सीख से, घुट्टी-पिलाई से पैदा हुई है जिसके चलते कमतर और अधीन होने का विचार उन द्वारा आत्मसात कर लिया गया है। गर्डा लर्नर ने महिलाओं की 'मिलीभगत' के विचार का इस्तेमाल मेसोपोटेमिया की प्राचीन सभ्यता के सम्बन्ध में यह समझाने के लिए किया है कि किस तरह महिलाएँ उन्हें ही अपने अधीन रखने वाली पितृसत्तात्मक व्यवस्था को समर्थन दे रही थीं, जिसे उन्होंने अगली पीढ़ी को भी सौंपा। इसे वे बेबसी, बेइख़्तियारी और आर्थिक निर्भरता के हालात में एक तर्कसंगत साधन या तरकीब के रूप में देखती थीं।[10] इस प्रकार पितृसत्तात्मक व्यवस्था के साथ महिलाओं की मिलीभगत की संरचना उनके वर्ग के भीतर ही मौजूद है। इस व्यवस्था को स्वीकार करने से उन्हें विशेषाधिकार मिल जाते हैं जिन का इस्तेमाल वे निम्न वर्गों के पुरुषों और महिलाओं पर नियंत्रण के लिए वर्ग-सम्बन्धी विशेषाधिकारों के हिस्से के तौर पर

कर सकती हैं। इस अध्ययन से महिलाओं की मिलीभगत की पूरी तरह पुष्टि होती है। अलग-अलग जातियों और वर्गों की महिलाओं का एक-दूसरे के मुक़ाबले में खड़े होने के उदाहरण हमें मिलते हैं। पितृसत्तात्मक व्यवस्था के साथ महिलाओं की मिलीभगत की तसदीक़ जीवन-चक्र पर आधारित रुतबे, आयु, वरिष्ठता और वरीयता, तथा जेण्डर-सम्बन्धी रिश्तों के तहत घर-परिवार के भीतर व्यवहार में हो रहे टकरावों और शोषण से भी होती है। इसमें जेण्डर-अन्दरूनी या कहें कि जेण्डर के भीतरी टकराव भी शामिल हैं। मसलन, नियंत्रण रखने वाली अधिक उम्र की औरत जो ख़ुद परिवार या कुल की मुखिया बन जाती है, मर्दों की ओर से सत्ता को लागू करती है और पितृसत्तात्मक विचारधारा को बनाए रखती है, मानो वह स्वयं में एक अलग ही वर्ग की नुमाइन्दगी करती हो।

इसके बावजूद, औरत की आवाज़ केवल एक-स्वरीय नहीं है। यह संवादी सम्भावनाओं के साथ स्पष्ट तौर पर उभरती है। महिलाएँ दो स्वरों में बोलती सुनाई देती हैं : आवश्यक तौर पर तो नहीं लेकिन अकसर एक स्वर पितृसत्तात्मक व्यवस्था के समर्थन में सुनाई देता हुआ महसूस होता है। मेरी समझ में हरियाणा की ग्रामीण महिलाओं के स्वरों में मौजूद संवादी सम्भावनाएँ उन्हें निष्क्रिय रूप में नहीं दिखातीं बल्कि वे असल में विरोधी रुख़ के कई सूक्ष्म भेदों, बारीकियों को हमारे सामने लाती हैं। महिलाएँ सामाजिक व्यवस्था की हदों को न सिर्फ़ मज़बूत करती हुईं बल्कि उनमें हलचल पैदा करती हुईं भी दिखाई देती हैं। दूसरा स्वर एक स्वतन्त्र स्वर है जो पितृसत्तात्मक, पुरुष-प्रधान व्यवस्था और उसकी ख़ास कथावस्तु को उलटता है, उसके प्रति विद्रोही है। यह स्वर सामाजिक प्रतिरोध के आम नियमों को उलटते-पलटते हुए न सिर्फ़ आम त्यौहारों के मौक़ों पर बल्कि अन्य सामाजिक अवसरों पर भी नियन्त्रण और सत्ता तथा उनके मुख़्तलिफ़ सम्बन्धों का उपहास करता है, उनकी खिल्ली उड़ाता है। बड़ी उम्र की महिलाएँ इस स्वर को विरोध और नियन्त्रण, दोनों के लिए प्रयोग कर सकती हैं। वे अपनी मरज़ी से कुछ ऐसे स्वरों को सुने जाने की इजाज़त भी दे सकती हैं जो अन्यथा धमकाने वाले स्वर हों। पुरुषों द्वारा इन अनियंत्रित, विद्रोही स्वरों और महिलाओं से सम्बद्ध, उलट दी गई सामाजिक प्रथाओं को क़ाबू करने का प्रयास कुछ विशेष सामाजिक तब्क़ों की तरफ़ से धौंस की सम्भावना को रेखांकित करता है *(समापन)*।

मर्दों के रवैयों और प्रतिक्रियाओं तथा कुछ रीति-रिवाज और रिवायात के तोड़े जाने से संकेत मिलता है कि नए सामाजिक स्थानीय हालात में बदलाव के लिए सम्भावनाएँ कम नहीं हैं। यह महिलाओं द्वारा किए जा रहे प्रतिदिन प्रतिरोध के ताने-बाने में भी दिखाई देता है। यह कुछ उसी तरह का प्रतिरोध है जिस की झलक जेम्स सी.स्कॉट को उत्तर-पश्चिमी मलेशिया में एक गाँव के किसानों के विरोध-प्रतिरोध में देखने और दर्ज करने को मिली।[11] यानी महिलाओं का ज़ोरदार विरोध और चुनौती और इसके साथ ही व्यक्तिगत हित का संरक्षण और अपनी सहायता स्वयं करना भी, साफ़ तौर पर देखने में

आता है, वह चाहे चोरी-छिपे खाने या अनाज की बिक्री के रूप में हो या फिर महिलाओं से सम्बद्ध सांस्कृतिक रूपों को बनाए रखने की बात हो। ऐसा वे ताक़त और अधिकार की बनी-बनाई श्रेणीबद्ध व्यवस्थाओं के साथ खुले तौर पर मुठभेड़ में आए बिना कर रही हैं। बड़ी कठिनाइयों और विरोध का सामना करते हुए कुछ दमनकारी रूढ़िगत नियमों को बदलने के लिए अधिक खुले तौर पर हो रही कोशिशों को भी हम इसमें जोड़ सकते हैं। उपनिवेशीय तथा उसके बाद के, दोनों समयकालों में, भाग कर की जा रही शादियों से लेकर विधवा-भाभी से विवाह की प्रथा के खुले विरोध को भी इसमें शामिल किया जा सकता है, जबकि उन महिलाओं को जायदाद के दावों से हाथ धोना पड़ता है और शारीरिक हिंसा तथा इससे भी ज़्यादा ख़तरनाक धमकियों का सामना करना पड़ता है। इन सब बातों को पुरुषों की सत्ता के लिए एक ख़तरे के रूप में देखे जाने के कारण पुरुषों में चिन्ता बढ़ी है और उनकी ओर से महिलाओं को नियंत्रित किए जाने की कोशिशें भी बढ़ी हैं। उपनिवेशीय समयकाल के बाद के युग में जातिवाद की बढ़ती तीव्रता ऐसी ही एक कोशिश है जिसने महिलाओं की सामाजिक गतिशीलता को नियंत्रित करने, वर्ग-विभाजनों को चौड़ा करने और स्वयं महिलाओं में टकराव के तत्त्वों को और तीखा करने में अहम भूमिका निभाई है। इस प्रकार जातिवाद ने पितृसत्ता की संरचना और ढाँचे को अधिक सशक्त किया है।

ज़्यादा पाबंदियों की ज़रूरत सिर्फ़ इसलिए नहीं पैदा हुई है कि उपनिवेशीय काल के बाद के समय में खेती की अर्थव्यवस्था में ज़बरदस्त बदलाव आए हैं। यह इसलिए भी पैदा हुई कि स्वतन्त्र राज्य ने कुछ दायरों में महिलाओं द्वारा अनुभव की जा रही अधिकारहीनता को समाप्त करने के लिए कुछ ढांचागत बदलाव किए जिसके चलते उनके पक्ष में सीधे और सकारात्मक हस्तक्षेप हो पाया। राज्य ने महिलाओं से सम्बद्ध, प्रशासनिक और क़ानूनी हस्तक्षेप की ज़रूरत वाले कुछ विशेष महत्त्वपूर्ण क्षेत्रों में पक्षपाती और पितृसत्तात्मक तरीक़े से तो व्यवहार किया है[12] लेकिन यह भी सच है कि इसका एक अधिक प्रगतिशील चेहरा भी रहा है – क्योंकि राज्य को बुनियादी समतावादी अधिकारों को व्यवहार में और एक राष्ट्र, एक जन, एक विधान की अवधारणा को प्रभाव में लाने के 'आधुनिक' लोकतांत्रिक दबावों के तहत काम करना होता है। राज्य की ओर से व्यापक स्तर पर समरस्ता की इस कोशिश की वजह से महिलाओं के लिए विवाह, तलाक़ और जायदाद सम्बन्धी अधिकारों में लैंगिक समानता को बढ़ावा देने के लिए कुछ सकारात्मक हस्तक्षेप हुआ है। लेकिन यह सब कुछ परम्परा, पितृसत्ता और अन्य सीमाओं के बन्धन से मुक्त, आज़ाद, ख़ुदमुख़्तार 'व्यक्ति' के विचार पर आधारित है। इस तरह के एक ऊपरी ढांचे के निर्माण ने किसान-संस्कृति की ज़मीनी हक़ीक़त और उसकी विचारधारात्मक जकड़ को अनदेखा किया जबकि यह विचारधारा तेज़ी से बदलती कृषक-अर्थव्यवस्था में अपने पितृसत्तात्मक, पुरुष-प्रधान हितों को किसी भी

तरह के अतिक्रमण से सुरक्षित रखने के लिए तत्पर थी।

अध्याय-3 उपनिवेशीय समयकाल के बाद के समय में हुए परिवर्तनों के सम्भावित प्रभावों की जाँच करते हुए यह तय करने का प्रयास करता है कि वह क्या है जिसे फिर से ढाला गया, चुनिंदा तरीक़े से गढ़ा गया, फिर से लाया गया या जो पहले से ज़्यादा साफ़ और पक्के तौर पर दिखाई देने लगा था। ऐसा करते हुए मौजूदा प्रभुत्वशाली विचारधारा और लम्बे समय से प्रचलित सामाजिक-सांस्कृतिक मानकों को ध्यान में रखा गया है। यह अध्याय राज्य के क़ानून तथा उसके प्रति लोगों की प्रतिक्रियाओं को शक्ल देने वाली प्रभावशाली ग्रामीण विचारधारा और संस्कृति के बीच के महत्त्वपूर्ण सम्बन्ध को स्थापित करने की भी कोशिश करता है। इस तरह की जाँच उन मजबूरियों और पाबंदियों को उजागर करती है जो एक महिला को क़ानूनी तौर पर जायदाद में अपने वाजिब हक़ का दावा करने और उसके इस्तेमाल से रोकती हैं। महिलाओं के आश्रित और नियंत्रित रहने की युगों पुरानी विचारधारा को नए सामाजिक माहौल के नतीजतन सक्रिय हुईं सामाजिक ताक़तों ने फिर से बल प्रदान किया है। इस नए माहौल में तलाक़ और पति-पत्नी अलगाव तथा विधवा-विवाह एवं दहेज के मामले भी पहले से अधिक देखने में आ रहे हैं। अन्तर्निहित विरोधाभास के बावजूद सम्पत्ति के दावों का स्थान पूरी तरह से दहेज की हिस्सेदारियों ने ले लिया है। पुरुषों द्वारा इस पर आमादा किए जाने और सांस्कृतिक रीति-नीति तथा नैतिक नियमों के प्रभाव में महिलाओं ने दहेज की प्रथा को आत्मसात कर लिया है। इस प्रकार दहेज को वैधता मिल गई है और इसके चलते महिलाओं की बदनामी बढ़ी ही है। ख़ासतौर पर हरित-क्रान्ति के फलस्वरूप, अलग-अलग जाति-समूहों की अन्दरूनी श्रेणीबद्ध व्यवस्थाओं के पहले से अधिक ध्रुवीकरण के चलते, ऊपर की ओर गतिमान तब्क़ों की दिलचस्पी दहेज की व्यवस्था को प्रतिष्ठा के चिह्न के तौर पर इस्तेमाल करते रहने में है न कि उनका समर्थन करने में, जो आर्थिक बोझ सिद्ध होने वाली इस प्रथा को रोकने के पक्ष में हैं। विधवा-पुनर्विवाह जैसी अन्य प्रथाओं को भी बल मिला है। लेकिन सभी वर्गों और जातियों में विधवा-पुनर्विवाह की बढ़ती लोकप्रियता के बावजूद, असल में तो विधवा-भाभी से ही विवाह स्वीकार्य है – जबकि इसमें ज़बरदस्ती का तत्त्व शामिल रहता है। इस प्रथा को कई कारणों से बल मिला है। इनमें पितृसत्ता के हक़ में राज्य का सीधा हस्तक्षेप और महिलाओं को सम्पत्ति सम्बन्धी अपने हक़ का इस्तेमाल करने से रोकने वाली राज्य की ताक़त भी शामिल है।

महिलाओं को जन्म से ही वैचारिक और सांस्कृतिक तौर पर ढाला जाता है। इस अध्ययन से यह निकल कर आ रहा है कि महिलाओं के बचे रहने का सबसे बेहतर रास्ता सांस्कृतिक और सामाजिक बन्धनों को मानने में है न कि उन्हें तोड़ने में। जहाँ-

जहाँ भी इन बन्धनों में सेंध लगाई गई है और सीमित चुनौतियाँ दी गई हैं, वे मुख्यतः पुरुषों द्वारा प्रेरित रही हैं। पुरुष-प्रधान व्यवस्था के ही भीतर मौजूद ये चुनौतियाँ और महिलाओं के अधिकार भी उनके पुरुष-प्रतिपक्षियों द्वारा हथिया लिए जाते हैं और इस तरह महिला पर पुरुष-प्रधान तथा पुश्तैनी जकड़ और मज़बूत हो जाती है। फिर भी कुछ ध्वंसकारी, बग़ावती तरीक़े बने ही रहे हैं। समान अधिकारों के क़ानून महिलाओं के लिए मददगार हो सकते हैं। इसी ढाँचे के दायरे में उन द्वारा ताक़त और हक़ों पर दावा किए जाने का इमकान साफ़ तौर पर मौजूद है। महिलाओं द्वारा अपने अधिकारों के पक्ष में यदा-कदा किए जाने वाले इस दावे ने पुरुषों को इस चिंता में डाल दिया है कि उन्हें नियंत्रित कैसे किया जाए जबकि यह क़ानूनी तौर पर लागू अध्यादेश को उलटने की नाकाम कोशिश के रूप में ही रहा है।

यह अध्ययन दो ऐतिहासिक समयकालों के आर-पार का है और इसका मक़्सद पितृसत्ता, वर्ग तथा राज्य के बीच की परस्पर अन्तःक्रिया के प्रभाव और इस अन्तःक्रिया के बदलते सम्बन्धों और समीकरणों को निश्चित करना है। अध्ययन प्रदर्शित करता है कि महिलाओं के लिए श्रम, सत्ता और श्रेणीबद्ध वर्गीकरण के सन्दर्भ में पहले से अधिक असमानताएँ पैदा हो रही हैं। प्रतीकस्वरूप, इसकी सबसे बेहतर मिसाल घूँघट-प्रथा के जारी रहने में है। आमतौर पर जिसे 'देहाती संस्कृति' के रूप में प्रस्तुत किया जाता है, 'समापन' का अध्याय घूँघट में औरत को उसके केन्द्र में स्थित दिखाता है। सादा जीवन और रुखे भोजन के विचार के साथ-साथ घूँघट में औरत को ग्रामीण लोगों द्वारा उनकी संस्कृति की अकेली संरक्षक के तौर पर देखा जाता है। इस घूँघट के हटने की कल्पना सम्पूर्ण ग्रामीण सामाजिक ताने-बाने के ढह जाने के रूप में की जाती है – यानी घूँघट हटा, तो यह ताना-बाना भी बिखरा समझो। इसीलिए घूँघट पुरुष-प्रधान नियंत्रण के बाहरी प्रतीक के रूप में उभर कर आता है। इस नियंत्रण ने बहुत ही ड्रामाई क़िस्म के अन्दरूनी राजनैतिक-न्यायिक तथा सामाजिक-आर्थिक परिवर्तनों के दौरान भी अपनी पकड़ को बनाए रखा है। यह पकड़ उपनिवेशीय समयकाल से निकलते हुए उसके बाद के समयकाल की ओर बढ़ने के अस्थाई, तबदीली वाले काल में भी बनी रही है। इस प्रतीकात्मकता और असल नियन्त्रण को पितृसत्ता, राज्य तथा सुधारकों की संयुक्त कोशिशों के अलावा हरियाणा के ग्रामीण लोकाचार के भीतर से मज़बूती मिली है। इस लोकाचार ने एक विचारधारात्मक बाधा का काम करते हुए औरतों के लिए फ़ायदेमंद कुछ प्रभावों के फैलाव को रोका है। पंजाब की महिलाओं पर सूबे के बटवारे के परिवर्तनकारी मुक्तिदायी प्रभावों को सफलतापूर्वक नकारना और नापसन्द किया जाना इसका एक प्रमाण है।

उपनिवेशीय युग के बाद के संक्रमणकाल, यानी एक अवस्था से दूसरी में परिवर्तन की प्रक्रिया के काल में, महिलाओं के लिए विचारधारा से जुड़े नए सन्दर्भ-बिन्दु धीरे-

धीरे नज़र आने शुरू हो रहे हैं। अभी तक तो ये सिर्फ़ ग्रामीण अमीरों की एक हल्की सी ऊपरी परत तथा हरियाणा के गाँवों और शहरों, दोनों से एक साथ सम्बद्ध लेकिन बढ़ रहे मध्य-वर्गों में ही दिखाई देते हैं। पहले से ज़्यादा एकरस बना दी गई और सर्वव्याप्त हो रही आदर्श भारतीय महिला की छवि धीरे-धीरे नज़र आने लगी है। यह करेवा के मज़बूत रिवाज और पुनर्विवाह के साथ सीधे विरोध में है जबकि हरियाणा में करेवा को स्वीकार करने वाली औरत को 'आदर्श महिला' माना जाता रहा है। लेकिन आदर्श भारतीय महिला की यह छवि अब भी दो विरोधी मूल्यों के बीच फंसी हुई सी यानी एक दुविधा वाली, परिवर्तनशील, संक्रमणकारी, मूल्यों के टकराव की सी हालत को दर्शाती है, जिसमें किसी एक मूल्य को अभी पूरी तरह स्वीकार नहीं कर लिया गया हो, और स्थिति अभी अनिश्चितता की सी है।

इस इलाक़े में हमेशा ही संस्कृतीकरण के उलट प्रक्रिया दिखाई देती रही है लेकिन अब संस्कृतीकरण द्वारा पैर जमाने की कोशिश की जा रही है। इस कोशिश का एक पहलू हरियाणवियों के कुछ तब्क़ों द्वारा अपनी औरतों के लिए मूल्यों का चुनिन्दा इस्तेमाल किया जाना है। शहरी इलाक़ों की बाहरी सीमा पर ग्रामीण महिलाओं में भी अब संस्कृतीकरण की न्यूनतम सी स्वीकार्यता देखी जा सकती है – उन्होंने हिन्दू धर्म की कुछ ऐसी प्रथाओं को वैध ठहराए जाने में मदद की है, जिन का अनुकरण पहले नहीं किया जाता था। इससे एक फिर से संरचित पितृसत्ता की सफलता को ही बढ़ावा मिला है, जिसने बड़ा लचीलापन दर्शाया है और आज के तथाकथित आधुनिक, अत्यधिक ख़ुशहाल हरियाणा की बहुत ही अलग सामाजिक अर्थव्यवस्था के साथ तालमेल बैठाया है। हर विचारधारा/वर्ग/आयु की महिलाएँ एक ऐसी 'ग्रामीण संस्कृति' के लिए मददगार हो रही हैं जो आज भी उन्हें उतनी ही सीमाओं में बांधती है जितनी कि उपनिवेशीय समयकाल में बांधती थी। एक बहुत ही बदली हुई सामाजिक अर्थव्यवस्था और सांस्कृतिक वातावरण में घूँघट अब भी पितृसत्ता की कड़वी सचाइयों पर परदा डाले हुए है। घूँघट अब भी बिना किसी चुनौती के एक स्वीकार्य प्रतीक बना हुआ है।

सन्दर्भ

1. वीणा दास, 'नैरेटिवाइज़िंग द मेल एण्ड द फ़ीमेल इन तुलसीदासज़ रामायण', स्कूल ऑफ़ सोशल साइंसिज़, जवाहरलाल नेहरू विश्वविद्यालय में जनवरी 1989 में हुए सेमिनार 'फ़ीमेल बॉडी एण्ड जेण्डर आइडेंटिटी' में प्रस्तुत पेपर।
2. साहब लाल स्रीवास्तव, *फ़ोक कल्चर एण्ड ओरल ट्रडिशन*, नई दिल्ली, अभिनव पब्लिकेशंज़, 1974, पृ. 12।
3. विलियम आर. बैस्कम, 'फ़ोर फ़ंक्शन्ज़ ऑफ़ फ़ोकलोर', उनके निबन्ध संग्रह *कॉन्ट्रिब्यूशन्ज़ टु फ़ोक्लोरिस्टिक्स* में, मेरठ, अर्चना पब्लिकेशन, 1981, पृ. 40-64।
4. व्लादिमीर प्रॉप, *थेअरी एण्ड हिस्ट्री ऑफ़ फ़ोक्लोर*, मैनचेस्टर, मैनचेस्टर युनिवर्सिटी प्रेस,

1984, पृ. 7।

5. लिखित शब्द और साक्षरता पर बल तथा स्थानीय ग़ैर-साक्षर प्रथाओं को ख़ारिज किए जाने के लिए देखिए जैक गुडी (सम्पादन), *लिट्रसी इन ट्रडिशनल सोसायटीज़*, केम्ब्रिज, केम्ब्रिज युनिवर्सिटी प्रेस, 1968। विशेष तौर से उनका इन्ट्रोडक्शन देखें।
6. मौखिक स्रोतों के प्रयोग और उनसे सम्बद्ध शंकाओं से निपटने हेतु कुछ सावधानियों के लिए देखिए वान्सिना, *ओरल ट्रडिशन : अ स्टडी इन हिस्टॉरिकल मेथडॉलजी*।
7. रॉजर चार्टियर्, 'इन्टेलेक्चुअल हिस्ट्री ऑर् सोश्योकल्चरल हिस्ट्री? द फ्रेंच ट्रैजेक्ट्रीज़', निबन्धों के उनके संकलन *कल्चरल हिस्ट्री से*, पृ. 19-52।
8. प्रॉप, *थेअरी एण्ड हिस्ट्री ऑफ़ फ़ोक्लोर्*, पृ. 10।
9. स्वतन्त्रता के बाद के क्षेत्र-परिवर्तन इस प्रकार रहेः 1950 में पेप्सू (पटियाला एण्ड ईस्ट पंजाब स्टेट्स यूनियन) के पटौदी राज्य और बेवल परगना को ज़िला गुड़गाँव में मिला दिया गया; लोहारू राज्य का विलय हिसार में कर दिया गया; कालका, कुराली और शावर को ज़िला अम्बाला में जोड़ा गया; पिंजोर-कानूनगो सर्कल और नालागढ़ तहसील, जिन्हें 1948 में पेप्सू के बनने पर उस में शामिल किया गया था, 1959 में पेप्सू के पंजाब में विलय होने पर ज़िला अम्बाला में ले लिए गए। 1 नवम्बर 1966 को बनाए गए हरियाणा राज्य का क्षेत्रफल 27,638 वर्ग-मील है जबकि पहले के अम्बाला डिविज़न का क्षेत्रफल 27,254 वर्ग-मील था।
10. गर्डा लर्नर, *द क्रिएशन ऑफ़ पेट्रियर्की*, न्यू यॉर्क, ऑक्सफ़र्ड युनिवर्सिटी प्रेस, 1986।
11. जेम्स सी.स्कॉट, *वेपन्स ऑफ़ द वीकः एव्रिडे फ़ॉर्म्स ऑफ़ पेज़ेन्ट रेज़िस्टेंस*, डेल्हि, ऑक्सफोर्ड युनिवर्सिटी प्रेस, 1990, पृ. 28-47।
12. मिसाल के तौर पर, दहेज से सम्बद्ध हत्याओं को परिवार के निजी मामले के रूप में लेने सम्बन्धी राज्य और उसके तन्त्र की भूमिका या हिरासत में बलात्कार को गम्भीरता से न लिया जाना राज्य द्वारा पहले से भी अधिक दमनकारी ताक़तें हासिल करने को दर्शाता है।

1

खेतीहर अर्थव्यवस्था: संस्कृति, पितृसत्ता तथा उपनिवेशीय राज्य की परस्पर अन्त:क्रिया

उपनिवेशीय समयकाल में हरियाणा की पिछड़ी तथा अल्पविकसित अर्थव्यवस्था ने जहाँ एक ओर महिलाओं के लिए एक विशेष स्थान गढ़ा, वहीं महिलाओं के सम्बन्ध में विचारधारा पर आधारित कुछ रीति-रिवाज और सांस्कृतिक प्रथाओं को भी जन्म दिया। ये आमतौर पर उच्च हैसियत के स्वीकृत सूचक हैं, जैसे कि वधू-मूल्य (पत्नी-धन), विधवा-पुनर्विवाह, बहुपतिप्रथा या उसी के अपने अलग-अलग लैंगिक रूप। इस अर्थव्यवस्था ने कृषि में महिलाओं की पूर्ण भागेदारी की भी इजाज़त दी, जिसके तहत वे पुरुषों के कार्यों से कमोबेश मिलते-जुलते कार्य करती थीं। आगे आने वाला विवरण दर्शाता है कि किस तरह अर्थव्यवस्था में महिलाओं के सार्थक योगदान के बावजूद उन्हें न तो ऊँचा सामाजिक रुतबा प्राप्त हुआ और न ही आर्थिक रूप से ठोस प्रतिष्ठा मिली। असल में तो इन रिवाजों को तथा उभर कर आने वाली अन्य सामाजिक प्रथाओं को पितृसत्ता और उपनिवेशीय राज्य के हितों के पक्ष में ढाल लिया गया था। वक़्त के साथ इन की भरपाई के लिए या इन की जगह लेने के लिए पहले से ज़्यादा पाबंदियों वाली सामाजिक प्रथाएँ और रिवाज ले आए गए थे।

1. एक पिछड़ी हुई अर्थव्यवस्था : उपनिवेशीय रणनीति

हरियाणा का इलाक़ा बाक़ी के पंजाब की तुलना में बहुत ही अलग था। यह एक ऐसा इलाक़ा था जहाँ कमोबेश लगातार अकाल की हालत[1] रहती थी। पंजाब के बाक़ी ज़्यादातर ज़िलों के मुक़ाबले यहाँ संसाधनों की भी बहुत कमी थी। यह इलाक़ा पंजाब की बारहमासी नदियों से बहुत दूर है जबकि यमुना इस राज्य की पूर्वी सीमा के साथ-साथ बहती है। घग्गर नदी, जो बारहमासी नहीं है, इस इलाक़े के उत्तरी हिस्सों से होकर गुज़रती है और हर साल खेती को काफ़ी नुक़्सान पहुँचाती है। छोटी नदियाँ मॉनसून के दिनों को छोड़, अधिकतर सूखी रहती हैं और इस नुक़्सान में इज़ाफ़ा ही करती हैं। बरसात कम होती है और यह भरोसा भी नहीं रहता कि कब हो और कब न हो। जुलाई से सितम्बर तक के मॉनसून के चरम समयकाल में बहुत बार शुरू के समय में व्यापक

तौर पर स्थानीय स्तर की बाढ़ आती हैं। मिट्टी रेतीली और हल्की बुनावट की है। 1960 के दशक के मध्य तक अधिकतर हिस्सों में धरती के नीचे पानी की क़िल्लत की वजह से कुओं के ज़रिए सिंचाई बहुत ही सीमित थी – पानी क़रीब-क़रीब 25 फ़ीट की गहराई पर था।[2] बहुत ज़्यादा गम्भीर उदाहरण लें तो पानी की यह सतह 150 से 200 फ़ीट गहराई पर भी हो सकती थी।[3] बहुत बार पानी खारा होता था। ज़ाहिर है कि खेती के लिए कुआँ खोदने और फिर उसे चालू रखने के लिए ज़रूरी मेहनत और ख़र्च हौसला पस्त करने वाले थे। इसलिए भी, क्योंकि इसके एवज़ में होने वाले फ़ायदे बहुत ही कम थे, ख़ासतौर से तब जब आबियाना (पानी के लिए अदायगी की दरें) पक्के कुएँ पर दिया जाना होता था।[4] ज़्यादातर इलाक़ों में कुआँ खोदना एक तरह का 'जुआ' समझा जाता था क्योंकि तीन-चार साल के भीतर ही कुएँ में बस कीचड़ ही होने लगता था।[5] 1906 में रोहतक के उपायुक्त के एक अन्दाज़े के मुताबिक़ अगर एक कुएँ पर पूरा दिन भी काम होता था, तो उससे एक कच्चे बीघे (यानी एक एकड़ के पाँचवें हिस्से) से ज़्यादा की सिंचाई नहीं हो पाती थी।[6] यह तो साफ़ ही है कि पानी खेती का एक बहुत ही महत्त्वपूर्ण निर्धारक है और इस सूखे इलाक़े को ख़ासतौर से व्यापक सिंचाई की ज़रूरत रहती थी। लेकिन अंग्रेज़ों द्वारा पंजाब में अन्य जगह उपलब्ध करवाई गई सिंचाई की लम्बी-चौड़ी सुविधाएँ यहाँ नदारद थीं। इस बुनियादी ज़रूरत के नितान्त अभाव में यह इलाक़ा खेती के लिहाज़ से लगातार पिछड़ा रहा।

लेकिन ये प्रतिकूल विशेषताएँ अंग्रेज़ों की ज़रूरतों के लिए फ़ायदेमंद साबित हुईं। 1910 में छपी एक शासकीय रिपोर्ट के मुताबिक़ः

> हरियाणा की भौतिक विशेषताएँ [मवेशियों के लिए] प्रजनन और पालन की एक आदर्श ज़मीन मुहैया करवाती हैं। सूखी आब-ओ-हवा की रेतीली मिट्टी में कमउम्र ढोर-डंगर की हड्डियों के बनने के लिए ज़रूरी मिक़्दार में चूना मुहैया रहता है। मॉनसून की थोड़ी सी बरसात से ही बहुतायत में बेहतरीन घास वाली फ़सलों की पैदावार होती है। सूखे मौसम में चारे की कमी पर्याप्त अभ्यास सुनिश्चित करती है क्योंकि जानवरों को इसकी तलाश में दूर-दूर तक घूमना पड़ता है। गर्मियों में जवार, चारी, पाला या झर के पत्ते, गेहूँ और चने का भूसा और खल, तथा सर्दियों में बिनौले चराई के पूरक के तौर पर मुख्य चारे का काम करते हैं।[7]

इसलिए खेती के हिसाब से यह इलाक़ा मवेशियों के लिए बहुत उपयुक्त लगता था, और बहुत जल्दी ही अंग्रेज़ों को यह एहसास हो गया कि 'हरियाणा अपनी ज़रूरतों से भी बहुत ज़्यादा मवेशी पैदा करता था।'[8] इसी के चलते बहुत ही जल्दी इस इलाक़े के साथ एक ऐसे 'भण्डार' की तरह का बरताव किया जाने लगा जिस से पंजाब के अन्य हिस्सों की भी ज़रूरत पूरी होने लगी। पहले विश्व युद्ध के आते-आते मवेशियों का व्यापक व्यापार पूरे पंजाब, ख़ासतौर से शाहपुर, मियाँवाली, मुलतान, डेरा ग़ाज़ी ख़ान

और केन्द्रीय कॉलोनियों में सप्लाई सुनिश्चित करने के लिए अस्तित्व में आ चुका था, जहाँ खेती-बाड़ी ने मवेशी-पालन को निकाल बाहर किया था।[9] मवेशी अन्य राज्यों को भी निर्यात किए जाते थे और रंगून तथा जावा को भी।

जल्दी ही मवेशियों की बिक्री का एकाधिकार हरियाणा के भू-भाग के पास लगभग पूरी तरह आ गया। 1939 आते तक ब्रिटिश पंजाब में मवेशियों की बिक्री का 99 प्रतिशत योगदान हरियाणा के इलाक़े द्वारा किया जा रहा था और पूरे देश में हो रहे मवेशी व्यापार का यह आधा था।[10] इस अत्यन्त महत्त्वपूर्ण आर्थिक गतिविधि को बनाए रखने के लिए अधिकारी अकसर होने वाले अकालों को भी फ़ायदेमन्द मानते थे। अकाल 'नस्ल की गुणवत्ता के लिए अच्छे थे' क्योंकि वे 'प्राकृतिक तौर पर' कमतर जानवरों को खरपतवार की तरह निकाल देते थे।[11]इस 'ज़बरदस्ती सांचे में ढालने' को नस्ल के बनाए रखने और उसे बेहतर बनाने के लिए ज़रूरी समझा जाता था। इसलिए यह साफ़ तौर पर ज़ाहिर था कि सिंचाई की सुविधाएँ, जो इस इलाक़े में बारम्बार पड़ने वाले अकाल का सामना करने के लिए सबसे ज़्यादा सम्भावित बीमे का काम कर सकती थीं, बड़े पैमाने पर मुहैया नहीं करवाई जाएँगी। असल में तो बीसवीं सदी के पहले भाग में सिंचाई के लिए कुल जमा क्षेत्रफल भी कुछ ही ज़िलों में बढ़ाया गया था।[12] सिंचाई का यह क्षेत्रफल कुल मिला कर 1901 में 23.11 प्रतिशत से बढ़ कर 1951 में बस 24.57 प्रतिशत ही हुआ। हाँ, यह ज़रूर है कि ब्रिटिश हुक्मरान ने कभी-कभार इस इलाक़े में सिंचाई मुहैया करवाने की ज़रूरत पर विचार किया, फिर वह चाहे इस इलाक़े द्वारा युद्ध के लिए बड़े पैमाने पर किए गए योगदान के लिए ईनाम के तौर पर ही रहा हो।[13] इसी के फलस्वरूप पंजाब सरकार ने हिसार, रोहतक, और करनाल के सूखे-तपते इलाक़ों की सिंचाई के लिए प्रथम विश्व युद्ध के बाद भाखड़ा बांध सिंचाई योजना बनाई और 1915-1918 के बीच हुए व्यापक सर्वेक्षणों के आधार पर 1919 में एक विस्तृत प्रोजेक्ट तैयार किया गया।[14] लेकिन इसे लागू किए जाने के लिए कोई क़दम नहीं उठाए गए – बावजूद इसके कि प्रोजेक्ट को 1945 तक भी विशेषज्ञ बीच-बीच में जाँचते रहे थे। पिछड़ा हुआ अम्बाला डिविज़न विकास के लायक़ माने जाने वाले इलाक़ों की सूची में ऊपर था, लेकिन इसके बावजूद यहाँ कभी भी कुछ नहीं किया गया।[15] भार खींचने वाले बैलों के उत्पादन पर सिंचाई के 'हानिकारक' और 'प्रतिकूल' प्रभावों से सम्बद्ध गम्भीर सन्देहों ने अधिकारियों को झिझक में डाले रखा।[16]

पशुपालन के साथ-साथ होने वाले उसके सहायक, पूरक व्यापार भी थे, लेकिन समय-समय पर पशुपालन के बारे में की गई आधिकारिक पूछताछ और जाँच ने बमुश्किल ही इन की तरफ़ ध्यान दिया।[17] इसी तरह, दुग्ध-कृषि को भी कोई आधिकारिक प्रोत्साहन नहीं मिला। इलाक़े के बाहर न के बराबर बिक्री के अलावा, मुख्य रूप से शाकाहारी हरियाणा में दुग्ध-पदार्थों का उपभोग स्थानीय स्तर पर ही होता रहा। ब्रिटिश

अधिकारी ख़ुद इस बात को मानते थे कि ख़रीद-फ़रोख़्त के लिए कार्यकुशल संगठन के अभाव में मवेशी-पालक उप-पदार्थों से पर्याप्त लाभ हासिल करने की हालत में नहीं थे।[18] इसके उलट, दूध के उत्पादन में बेहतरी और डेरी-उत्पादों को विकसित किए जाने को हतोत्साहित किया गया, क्योंकि मान्यता थी कि इससे मवेशियों के भार खैंचने के गुणों पर प्रभाव पड़ेगा।[19] क्योंकि दुग्ध-उत्पादों के लिए कोई प्रोत्साहन नहीं था, और खेती के अनिश्चित हालात और अकसर अकालों की वजह से बड़ी तादाद में मवेशियों की मौत होती थी, इसलिए मालिकों के लिए पशुपालन फ़ायदे का सौदा नहीं बन पाया। हिसार से मवेशी-विशेषज्ञों का कहना था कि "पशुपालन से मिलने वाले लाभ सामान्य तौर पर छोटे और जोखिम भरे प्रतीत होते हैं।"[20] इसका नतीजा था कि मवेशियों के प्रजनन में ठहराव आ गया; कुल मवेशियों की तादाद बढ़ने का कोई रूझान नहीं दिखाई दिया और न ही गुणवत्ता में कोई ख़ास बेहतरी आई।

दिलचस्प बात यह है कि उपनिवेशीय युग के बाद के काल में हरियाणा डेवलप्मेंट कमेटी (हरियाणा विकास कमेटी),1965 द्वारा इससे बिल्कुल उलट नज़रिया अपनाया गया। यह कहा गया कि "पशुधन का विकास बहुत हद तक चारे की उपलब्धता पर निर्भर है। और चारा सिंचाई की सुविधाओं के विस्तार पर निर्भर है। इसलिए मवेशियों के विकास की बड़ी सम्भावना वाले क्षेत्रों में सिंचाई पर अतिरिक्त बल दिया जाना चाहिए।"[21] उपनिवेशीय काल के बाद के समय में दूध देने वाले जानवरों में बेहतर मानी जाने वाली भैंसों की संख्या में तेज़ी से इज़ाफ़ा हुआ। और इससे मवेशियों की तादाद या इससे भी अधिक महत्त्वपूर्ण, इस इलाक़े में भार खैंचने वाले मवेशियों की बहुतायत पर कोई असर नहीं पड़ा। देर से, लेकिन राज्य ने पहलक़दमी ली और पशुपालन का पहले से बहुत बेहतर बुनियादी ढांचा मुहैया करवाया जिस से दुग्ध-उत्पादों का ड्रामाई अन्दाज़ में विस्तृत व्यापारीकरण हुआ और इसे ही हम 'श्वेत क्रान्ति' के रूप में जानते हैं। साफ़ है कि एक बहुत ही लाभदायक आर्थिक गतिविधि के तौर पर मवेशियों के प्रजनन और पालन का निकल कर आना उसके ढलने के ख़िलाफ़ सबसे बेहतर बीमा है, जबकि इस पतन का भय लगातार बना हुआ था। एक फ़ायदेमन्द आर्थिक गतिविधि के तौर पर इसके उभर कर आने के बारे में इस अध्ययन में बाद में तफ़सील से चर्चा की गई है।

खेती की स्थिति

यह इलाक़ा मवेशियों की माँग पूरी किए जाने के लिए चिह्नित रहा। ज़रूरी नहीं माना जा रहा था कि इस इलाक़े की खेती की ओर ध्यान दिया जाए। इसलिए खेती-बाड़ी के हिसाब से यह इलाक़ा पिछड़ा ही रहा। यहाँ की बिजाई का सिलसिला दो मुख्य कारकों से तय हुआ – एक, किसान को अपने लिए भोजन ख़ुद पैदा करना था और दूसरा, अपने मवेशियों के लिए भी। परिणामस्वरूप, इतना ही नहीं कि व्यापारी फ़सलों

की खेती को प्रोत्साहित नहीं किया गया, बल्कि जहाँ कहीं भी ऐसी कोशिशें हुईं, उन्हें भारी आबियाना लगा कर सक्रिय तौर पर हतोत्साहित किया गया।[22] पंजाब के अन्य हिस्सों के बरअक्स इस इलाक़े में मुख्य तौर से कम मूल्य के अन्न एवं चारा फ़सलों की ही पैदावार होती रही, जैसे कि बाजरा, जवार, चना और मकई। ये फ़सलें पहले भी ज़्यादा ही हुआ करती थीं और वक़्त बीतने के साथ बिजाई के एकड़ों के हिसाब से भी इसमें बढ़ोतरी ही हुई। इनमें भी सबसे ज़्यादा बिजाई का क्षेत्र बाजरा के हिस्से आया – ज़िला रोहतक में 1891-92 से 1895-96 तक के समयकाल में 14 प्रतिशत की औसत से बढ़ कर बाजरा की पैदावार 1936-37 में कुल खेती किए गए क्षेत्र का 30 प्रतिशत से भी ज़्यादा तक पहुँच गई।[23] इसका बिजाई-क्षेत्र इस समयकाल में इलाक़े के सभी ज़िलों में बढ़ा था। उदाहरण के लिए, ज़िला हिसार में बाजरा की बिजाई का बढ़ता रूझान विशेष तौर से उल्लेखनीय रहा। 1895-1900 में कुल बिजाई-क्षेत्र का 11 प्रतिशत से बढ़ कर यह 1935-40 में 37 प्रतिशत हो गया।[24] बाजरा को लोगों का मुख्य आहार माना जाता था और इसकी लगातार खपत को अंग्रेज़ों के अधीन इस वजह से भी अहमियत दी गई कि अपनी सीमित पैदावार के बावजूद गेहूँ को इलाक़े से बाहर निर्यात किया जाता था।[25] इसलिए आहार के साथ-साथ चारे की फ़सल होने के दोहरे लाभ के चलते बाजरा एक बहुत बड़े अन्दरूनी बाज़ार की माँग को पूरा करता था।[26]

इस इलाक़े के सिंचाई वाले हिस्सों में गेहूँ की बिजाई होती रही लेकिन इसके तहत बिजाई-क्षेत्र में इज़ाफ़ा कम ही हुआ। मिसाल के तौर पर, ज़िला रोहतक में यह 1899-1900 तथा 1946-47 के बीच बस 1 प्रतिशत ही बढ़ा। उपनिवेशीय सरकार ने गेहूँ-निर्यात के लिए पंजाब के अन्य हिस्सों में पहले से ही गेहूँ की एक विशाल जगह बना ली थी और इसलिए उसकी ओर से हरियाणा में गेहूँ के लिए कोई ख़ास प्रोत्साहन नहीं दिया गया। अन्य ज़्यादा अहमियत वाली फ़सलों, चावल और गन्ना, दोनों को बहुत ज़्यादा पानी की ज़रूरत रहती थी जो मुहैया नहीं था। इन फ़सलों में शुरुआती निवेश की भी बहुत ज़्यादा ज़रूरत रहती थी। इसीलिए चावल का उत्पादन इस इलाक़े में नहीं था। लेकिन गुड़ और चीनी की बहुत ज़्यादा स्थानीय मांग की वजह से गन्ने का सीमित उत्पादन होता रहा। कपास की खेती भी बुरी तरह असफल रही, मुख्य तौर से इसलिए कि उस में लगभग स्थाई तौर पर नहरी पानी की ज़रूरत रहती थी। महत्त्वपूर्ण है कि भाखड़ा और पश्चिमी नहरों के माध्यम से सुनिश्चित सिंचाई की वजह से ही आज़ाद भारत में हिसार और सिरसा ज़िले (भूतपूर्व ज़िला हिसार) कपास उगाने वाले मुख्य क्षेत्रों के तौर पर उभर कर आए हैं। अब इनमें इस इलाक़े की लगभग 80 प्रतिशत कपास की पैदावार होती है।

इस दौर में सबसे महत्त्वपूर्ण, ज़बरदस्त इज़ाफ़ा चारे की खेती में देखने को मिला है। चारा-खेती का क्षेत्र 1891-92 से 1895-96 के बीच खेती के कुल क्षेत्र के 0.10

प्रतिशत से बढ़ कर 1940 के दशक में कुल क्षेत्र का 13 से 15 प्रतिशत हो गया था। असल में तो दिल्ली और संयुक्त प्रांतों को बड़ी भारी मिक़्दार में चारे का निर्यात करने के एवज़ में यह इलाक़ा खाद्यान्न आयात करने की हालत में आ पाया था।[27]

वैकल्पिक आय के स्रोत की ज़रूरत : ब्रिटिश इण्डियन आर्मी में भर्ती

इस तरह की पिछड़ी हुई अर्थव्यवस्था को वैकल्पिक आय के शक्तिशाली स्रोत की आवश्यकता थी क्योंकि खेती पर आधारित आबादी का स्थाई तौर पर अलगाव और विमुखता की हालत में रहने का बहुत ही असल ख़तरा था। वैकल्पिक आय का यह स्रोत अंग्रेज़ों की भर्ती की नीति द्वारा उपलब्ध करवाया गया। अंग्रेज़ों के भारत पर क़ाबिज़ होने के दौर से पहले पंजाबियों ने योरोपीय शैली से लैस बाक़ायदा, पक्की फ़ौजों के साथ लड़ने का तजरुबा हासिल किया था। इस लिए अब अंग्रेज़ों ने ब्रिटिश इण्डियन आर्मी में भर्ती किए गए फ़ौजियों में पंजाबियों की संख्या सबसे ज़्यादा रखी। 1857 की बग़ावत के बाद अंग्रेज़ों ने फ़ौजियों की भर्ती पंजाबी किसानों में से करने की सोची-समझी नीति अपनानी शुरू कर दी थी। प्रथम विश्व युद्ध छिड़ने पर सेना के क़रीब क़रीब आधे जवान पंजाब से मिल रहे थे और अगले दो सालों में यह अनुपात और बढ़ गया था।[28] भर्ती के इस बन्दोबस्त में पंजाब के हरियाणा वाले इलाक़े का हिस्सा कम ही रहा था मगर प्रथम विश्व युद्ध की ज़रूरतों ने अंग्रेज़ों को इस 'कम जाने-पहचाने इलाक़े' पर एक ताज़ा नज़र डालने के लिए मजबूर किया, जिसे अब तक 'तुलनात्मक दृष्टि से महत्त्वहीन' माना जा रहा था।[29] पाया गया कि 'मख़सूस जंगजू फ़ितरत' वाली 'सूरमा जातियों' का 50 से 60 प्रतिशत इस इलाक़े में थीं, जिन्हें भर्ती किया जा सकता था।[30] नतीजे के तौर पर इन की भर्ती के लिए विशेष प्रयास किए गए जो बहुत सफल भी रहे, यहाँ तक कि हरियाणा के कुछ ख़ास इलाक़ों में फ़ौज के मुक़ाबले में खेती गौण हो गई। प्रथम विश्व-युद्ध में इस इलाक़े ने पंजाब से हुई कुल भर्ती के पाँचवें हिस्से तक का योगदान किया।[31] हरियाणा में बड़ी तादाद में ऐसे गाँव थे जिनके कुल पुरुषों में से 50 प्रतिशत फ़ौज में गए थे।[32] मिसाल के तौर पर, कलानौर ज़िला रोहतक का मुस्लिम-राजपूत गाँव था। वहाँ फ़ौज में भर्ती होने लायक़ उम्र के 90 फ़ीसदी मर्द 1939 तक भर्ती हो गए थे।[33]

इस पूरे इलाक़े में पहले और दूसरे विश्व-युद्ध के बीच के समय में रंगरूटों की तादाद में हैरान कर देने वाला इज़ाफ़ा हुआ। एक ज़िले में पेंशनशुदा लोगों की संख्या से इस बात का पता चलता है। उदाहरण के लिए, ज़िला रोहतक में 1910 में ऐसे लोगों की संख्या 866 थी जो 1936 में बढ़ कर 6,238 हो गई – यानी 620 प्रतिशत की वृद्धि।[34] बड़ी संख्या में परिवारों ने इस बात का गौरव से गुणगान किया कि दोनों विश्व-युद्धों में उन्होंने तीन से भी ज़्यादा रंगरूट दिए – यानी प्रत्येक परिवार से तीन या उससे भी ज़्यादा। महत्त्वपूर्ण है कि ब्रिटिश इण्डियन आर्मी के लिए सबसे बेहतर और सबसे ज़्यादा

तादाद में रंगरूट पंजाब के आर्थिक तौर पर पिछड़े हुए और असुरक्षित हिस्सों ने मुहैया करवाए न कि सिंचित और मुक़ाब्लतन ख़ुशहाल हिस्सों ने।[35] आर्थिक तौर पर पिछड़े हुए ज़िलों में मवेशियों की देखभाल के लिए कम मानव-संसाधनों की ज़रूरत थी और इसलिए मानव-संसाधन को भर्ती के लिए उपलब्ध करवाया जा सकता था। इस इलाक़े को खेती के लिहाज़ से बिला वजह पिछड़ा हुआ नहीं रखा गया था। हरियाणा के इलाक़े से इतनी ज़्यादा भर्ती ने फ़ौज में सेवा की एक ऐसी ऐतिहासिक और ख़ानदानी रिवायत डाल दी जो आज तक भी जारी है, ख़ासतौर से उन क्षेत्रों में जो अब भी सूखे हैं, जहाँ भर्ती की मांग ज़्यादा ही रही है।

फ़ौजी सेवा की इस लगातार जारी मांग का अन्दाज़ा इसी बात से लगाया जा सकता है कि हरियाणा के मुख्यमंत्री की तरफ़ से सेना में भर्ती के लिए निर्धारित कोटा बढ़ाए जाने का दबाव डाला जाता है।[36] अन्य इलाक़ों में, ख़ासतौर से जहाँ हरित-क्रान्ति के चलते ज़्यादा ख़ुशहाली आई है, रोज़गार के अन्य विकल्पों को ज़्यादा तरजीह दी जाती है क्योंकि माना जाता है कि वे कम जोखिम भरे हैं और उनमें 'अतिरिक्त पैसा' कमाने के ज़्यादा मौक़े हैं। अन्य अवसरों के उपलब्ध होने – फिर वे चाहे कितने ही अपर्याप्त क्यों न हों – और सभी वर्गों तथा जातियों के लिए भर्ती की इजाज़त की वजह से, सेना में दी जाने वाली सेवा को अब उस विशिष्टता और नतीजतन इज़्ज़त की अवधारणा से वंचित होना पड़ा है जो उसे पहले के समय में हासिल थी।[37] यह अवधारणा उपनिवेशीय समयकाल में आई थी जब 'निम्न जातियों' पर प्रतिबन्ध था और इलाक़े के उच्च सामाजिक तबकों से ही भर्ती होती थी – और इस वजह से फ़ौज में सेवा का सम्बन्ध इज़्ज़त से जुड़ गया था।[38] इसलिए, इतना ही नहीं कि ज़बरदस्त बेरोज़गारी और विकास की कमी के माहौल में आर्थिक लाभ प्रदान किए गए, बल्कि सामाजिक फ़ायदे भी दिए गए, जिसके चलते जेण्डर सम्बन्धों पर ज़ोरदार असर पड़ने वाला था। सेना की भर्ती ने भर्ती हुए लोगों को अंग्रेज़ों के साथ नज़दीकी सम्बन्ध में ला दिया था जो स्वयं भी 'सूरमा नस्ल' का होने का दावा करते थे। अंग्रेज़ों ने भारतीय सेनाकर्मियों को प्रोत्साहित किया कि वे ख़ुद को बाक़ी सबसे ऊपर समझें।[39]

नस्ल, जिस्मानी कद-काठी, सूरमा होने के गुणों और विशिष्ट तौर पर 'किसान के निडर होने की विशेषता' जैसी बातों पर दिए गए ज़ोर ने एक मर्दाना पुरुष की पूजनीय छवि को बल प्रदान करने में अहम भूमिका अदा की। इस पहचान को बनाने में आर्य-समाज द्वारा प्रचारित 'आर्य मूल' के सिद्धांत से भी मदद मिली। इससे बहादुरी से ओत-प्रोत शौर्य-गाथा पर आधारित मर्दाना हिन्दू पुरुष की छवि का निर्माण हुआ जो सेना के पेशे की संगति में थी और जिस पर इस इलाक़े में 'सूरमा जातियों' द्वारा एकाधिकार स्थापित कर लिया गया था। दिलचस्प बात यह है कि अपने-अपने कारणों से अंग्रेज़ों द्वारा 'सूरमा नस्ल' के सिद्धांत पर और आर्य-समाज द्वारा 'आर्य मूल' एवं 'आर्यों' पर

बल दिया गया था। इन दोनों के इस संयोग से किसानी का एक समान जाति-वर्ग समूह प्रभावित हुआ और एक बहुत ही मर्दाना संस्कृति की रचना की ओर ले गया। इसे एक विशेष, अलग से दिखाई देने वाली देहाती संस्कृति के तौर पर प्रदर्शित किया गया जो, जैसा कि हम जल्दी ही देखेंगे, अपनी महिलाओं को शारीरिक और वैचारिक, दोनों स्तरों पर घूँघट में रखने पर फला-फूला।

2. किसान जातियाँ और हावी कृषक-लोकाचार

पंजाब-हरियाणा के खेती-सम्बन्धी माहौल में सामाजिक-सांस्कृतिक लोकाचार सामान्य तौर पर किसान जातियों और ख़ासतौर से ज़मींदार वर्गों द्वारा निर्धारित और प्रभावित किया जाता रहा है। अब भी ऐसा ही है। भारत के ज़्यादातर अन्य राज्यों में शब्द 'ज़मींदार' बहुत बड़ी जागीर के मालिकों के लिए इस्तेमाल किया जाता है लेकिन हरियाणा में इसका इस्तेमाल किसी भी भूमि-मालिक के लिए किया जाता रहा है, फिर वह चाहे कितना ही छोटा क्यों न हो। अंग्रेज़ प्रशासकों ने इस प्रयोग के लिए संवैधानिक आधार प्रदान किया और सन् 1900 में इसकी परिभाषा को पंजाब एलिएनेशन एक्ट को लागू करते हुए और भी विस्तार दिया। इस क़ानून ने कुछ ख़ास जातियों को 'कृषक जनजाति' नाम दे कर 'क़ानूनी जातीयता' को जन्म दिया जिसका नतीजा यह था कि ज़मींदार शब्द किसी भी क़ानूनी कृषक-जाति के सदस्य के लिए इस्तेमाल होने लगा था।[40] इस इलाक़े में ये थे जाट, राजपूत, पठान, सैयद, गूजर, अहीर, बलोच, रोड़; मुग़ल और माली। बाद की अधिसूचनाओं में तागा, सैनी, चौहान, अराईं, गौड़-ब्राह्मण और क़ुरैशी को भी अधिसूचित कर दिया गया। जैसा कि आगे तार्किक तौर पर दर्शाया जाएगा, सामाजिक-सांस्कृतिक जीवन के ख़ाकों को जाटों ने निर्धारित किया। 1931 की जनगणना के अनुसार कृषि से सम्बन्धित एवं ग़ैर-कृषि सम्बन्धित मुख्य जातियों की संख्या इस प्रकार थीः

तालिका 1.1: 1931 में कुल जनसंख्या के प्रतिशत के हिसाब से हरियाणा के विभिन्न ज़िलों में विभिन्न जातियों का संख्या-बल

ज़िला	*जाट*	*राजपूत*	*चमार*	*ब्राह्मण*	*बनिया*	*मेव*	*अहीर*
हिसार	28.48	16.82	9.55	5.62	7.46	0.07	1.36
रोहतक	36.80	7.10	9.15	9.67	5.95	0.02	2.68
गुड़गाँव	11.45	6.72	12.73	7.95	4.38	19.54	12.80
करनाल	15.20	13.22	9.00	8.58	6.32	0.08	0.27
अम्बाला	16.28	10.81	11.48	5.57	2.24	0.29	0.24

स्रोत : *सेन्सस ऑफ़ पंजाब,* 1931, वॉल्युम XVII, भाग II, तालिकाएँ, लाहौर, सिविल एण्ड मिलिटरी गज़ेट, 1933, पृ. 282-302 से की गई गणना।

तालिका 1.1 में जाट कुल जनसंख्या का 22.14 प्रतिशत होते हुए सम्पूर्ण हरियाणा की अकेली सबसे बड़ी जाति के रूप में प्रदर्शित होते हैं और इन के बाद 11.16 प्रतिशत राजपूत, 10.28 प्रतिशत चमार, इस इलाक़े में गौड़ ब्राह्मण के रूप में जाने जाते 7.47 प्रतिशत ब्राह्मण, 5.40 प्रतिशत बनिया, 3.53 प्रतिशत मेव और 3.24 प्रतिशत अहीर आते हैं। अन्य जातियों में पठान 0.38 प्रतिशत और बलोच 0.21 प्रतिशत थे। इन के अलावा अन्य जाति-समूहों का प्रतिशत इससे भी कम है।

ज़ाहिर है कि गुड़गाँव को छोड़ कर हरियाणा के बाक़ी सब ज़िलों में जाट बाक़ी सब जातियों से ऊपर दिखाई देते हैं। असल में तो गुड़गाँव पंजाब के इस इलाक़े का भी एक छोटा सा हिस्सा, एक उप-भाग था। लेकिन यहाँ भी वे 19.54 प्रतिशत मेव और 12.80 प्रतिशत अहीर के बाद 12.73 प्रतिशत चमार से कुछ ही कम 11.45 प्रतिशत तो हैं ही। जातियों की इस श्रेणीबद्ध श्रृंखला में चमार तो बहुत नीचे के पायदान पर थे। 1947 में पंजाब के बंटवारे के बाद भी गुड़गाँव में मेव जनसंख्या में कोई बदलाव दिखाई नहीं दिया। 1951 में भी गुड़गाँव में 17 प्रतिशत मेव थे।[41] लेकिन सम्पूर्ण हरियाणा में 1951 में मुसलमानों की कुल आबादी 20.78 प्रतिशत से घट कर 3.8 प्रतिशत रह गई, और सिखों की जनसंख्या 5.66 प्रतिशत से बढ़ कर 8.8 प्रतिशत हो गई।[42] गुड़गाँव के मेवों का दावा है कि वे हिन्दू-राजपूतों के वंशज हैं लेकिन व्यवहार में वे इस इलाक़े के हिन्दू-जाटों के सभी मुख्य रीति-रिवाजों का अनुकरण करते हैं – जैसे कि करेवा का रिवाज (जिस पर बाद में चर्चा की जाएगी)। वे शादी-ब्याह के रिश्तों के सिलसिले में हिन्दू-जाटों वाली गोत-व्यवस्था को मानते हैं तथा इस सिलसिले में गोत और गाँव छोड़ने की प्रथा का भी अनुकरण करते हैं।[43] 1947 के बाद के दौर में मेवों का पहले से ज़्यादा 'इस्लामीकरण' हुआ है जिसके चलते इस्लाम के धर्म-ग्रंथों में निर्धारित सांस्कृतिक प्रथाओं को अपनाया जाने लगा है और इसके नतीजे के तौर पर खान-पान-पहनावे की आदतों में आए बदलाव साफ़ तौर पर दिखाई देते हैं – लेकिन अपनी जाति, समूह या कबीले से बाहर शादी करने के नियम अब भी रखे जाते हैं और चचेरे-मौसेरे-ममेरे भाई-बहनों के बीच विवाह अब भी वर्जित हैं।[44] अकेले राजपूत (जो हरियाणा में जाटों की संख्या का आधे हैं) ही सामाजिक और आर्थिक सम्बन्धों में अलग सामाजिक नियमों का पालन करते रहे हैं। मगर तालिका 1.1 से यह बात स्पष्ट हो जाती है कि बाक़ी की भूस्वामी जातियाँ ग्रामीण क्षेत्रों में जाटों की रहनुमाई के साथ बनी रहीं (जबकि वे पूरे हरियाणा में बिखरी पड़ी हैं और जाटों की तुलना में बहुत ही कम हैं)। यह ख़ासतौर से इसलिए भी है क्योंकि खेती लायक़ ज़मीन का ज़्यादातर भाग मालिक के तौर पर जाटों के हाथ में था (देखें तालिका 1.2)।

तालिका 1.2: जाति के मुताबिक़ बहुमत-संख्यक मालिकों का हरियाणा के विभिन्न ज़िलों का वर्गीकरण

	जाति	हिसार	रोहतक	करनाल	3 ज़िलों का कुल	प्रतिशत
1.	जाट	310	385	83	778	52.74
2.	राजपूत (हिन्दू)	45	27	47	119	8.06
3.	राजपूत (मुसलमान)	58	25		83	5.62
4.	ईसाई	68		18	86	5.83
5.	गूजर	8	7	49	64	4.33
6.	ब्राह्मण	15	27	12	54	3.66
7.	बनिया	37	3		40	2.71
8.	रूचड़ (मुसलमान)	30			30	2.03
9.	रोड़	29	1		30	2.03
10.	अहीर		25	-	25	1.69
11.	पठान	16			16	1.08
12.	सैयद	5	3	6	14	0.94
13.	बिश्नोई	10	-	-	10	0.67
14.	शैख़	4	3	-	7	0.47
15.	फुटकर /विविध	53	24	42	119	8.06
	कुल	659	530	286	1475	

स्रोत : हिसार : *सेटलमेंट रिपोर्ट ऑफ़ हिसार डिस्ट्रिक्ट 1875*, लाहौर, सिविल एण्ड मिलिटरी गज़ेट, 1876, पृ. 6; रोहतक : *सेटलमेंट रिपोर्ट ऑफ़ रोहतक डिस्ट्रिक्ट 1879*, रोहतक डिस्ट्रिक्ट गज़ेटियर, 1910, III-A, लाहौर, *सिविल एण्ड मिलिटरी गज़ेट, 1911*, पृ. 67-68 के हवाले से; करनाल: *सेटलमेंट रिपोर्ट ऑफ़ हिसार डिस्ट्रिक्ट 1883*, लाहौर; *सिविल एण्ड मिलिटरी गज़ेट*, 1884, पृ. vi, स्टेटमेन्ट नम्बर XXVI.

बाक़ी दो ज़िलों, यानी गुड़गाँव और अम्बाला के गाँवों में स्वामित्व का जातिवार ब्यौरा अंकित नहीं है।[45] इस बात को ध्यान में रखें तो विश्लेषण कुछ हद तक अधूरा ही रह जाता है। उदाहरण के तौर पर, गुड़गाँव (1903-1909) के लिए अलग-अलग जाति-समूहों से सम्बद्ध एकमात्र उपलब्ध आंकड़े ये हैं कि तहसील की बुनियाद पर रेवाड़ी में अहीर, पलवल में जाट, नूह और फ़िरोज़पुर-झिरका में मेव ज़्यादा, तथा प्रभावशाली संख्या में हैं; राजपूत पूरे गुड़गाँव में बिखरे हुए हैं जबकि रेवाड़ी, नूह और पलवल में उनकी आबादी ज़्यादा केन्द्रित है।[46]

अम्बाला के बारे में दी गई सूचना (1893) से मालूम होता है कि खरड़ और रोपड़ तहसीलों में मुख्य तौर से जाटों का स्वामित्व था और बाक़ी की तहसीलों में से जगाधरी और पिपली में राजपूत लगभग एक-चौथाई ज़मीन के मालिक थे। इसके अलावा गूजर,

सैयद, ब्राह्मण तथा अन्य, उस इलाक़े में बिखरे तौर पर ज़मीन के मालिक थे।[47]

स्पष्ट है कि अलग-अलग ज़िलों में दो या तीन बड़े खेतीहर समूह प्रभावशाली और हावी थे। इसलिए उनका प्रभाव ज़िलों से छोटी स्थानीय इकाइयों, जैसे कि मुहल्लों-बस्तियों में अधिक प्रासंगिक है और असल में तो हो सकता है कि प्रत्येक समूह किसी विशेष गाँव तथा/या उसके बिल्कुल पास-पड़ोस में हावी हो।

यह बात हिसार, रोहतक और करनाल ज़िलों की स्थिति से बिल्कुल जुदा थी, जो बरतानवी प्रशासकों के मुताबिक़ 'जाटों की सरज़मीं' है, जिस की तसदीक़ तालिका 1.2 के आंकड़ों से भी होती है।[48] इन ज़िलों में न केवल यह कि वे कुल आबादी का एक-तिहाई थे, बल्कि खेती लायक़ आधी से ज़्यादा ज़मीन के मालिक भी थे। बाक़ी की ज़मीन बड़ी संख्या में अलग-अलग जातियों और समूहों में बँटी हुई थी जबकि इस क्रम में राजपूत बड़े अन्तर से दूसरे नम्बर पर थे; जाति के आधार पर भी हिन्दू और मुसलमान राजपूत मिल कर 13.69 प्रतिशत भूमि के मालिक थे। महत्त्वपूर्ण है कि 'जाट गाँव' के तौर पर पहचाने जाने वाले कई गाँवों में जाटों के पास भूमि-स्वामित्व का तक़रीबन पूरे तौर पर ही एकाधिकार था। मिसाल के तौर पर गाँव कनौधा में जाट ज़मींदार कुल जोती हुई धरती के 99.22 प्रतिशत के मालिक थे।[49] गाँव गिझी में जाट, जो ज़मींदारों का 83.89 प्रतिशत थे, कुल जोती हुई धरती के 92.99 प्रतिशत के मालिक थे।[50] एक ऐसे वक़्त में जब अर्थव्यवस्था के लिए खेती एकमात्र सहारे की तरह थी, खेती लायक़ ज़मीन के स्वामित्व ने जाटों के वर्चस्व और प्रभाव को स्थापित कर दिया था। एम.एन. श्रीनिवास द्वारा व्याख्यायित किसी इलाक़े में हावी जाति की अवधारणा हरियाणा में जाटों की मिसाल के ज़रिए बहुत अच्छे से प्रदर्शित होती है।[51] संख्या की दृष्टि से और आर्थिक नज़रिए से भी, वे किसी भी अन्य जाति के मुक़ाबले ज़्यादा मज़बूत थे, और हावी होने की एक अन्य शर्त को भी पूरा करते थे – रीतिगत, रिवायती पदानुक्रम/क्रम-परम्परा में उनका रुतबा निम्न-स्तर का नहीं था। पंजाब-हरियाणा के कृषि-प्रधान समाज में प्रभावशाली जातीय रुतबे का दर्जा मूल रूप से कर्मकाण्डीय, धर्मविधि आधारित धारणाओं द्वारा परिभाषित नहीं होता था बल्कि यह आवश्यक तौर से इस बात पर निर्भर रहता था कि जाति-विशेष कितनी धरती की मालिक है[52] – यह व्यवहार में होता तो दिखाई देता ही था, इसे अंग्रेज़ों द्वारा भी बढ़ावा दिया गया था। इसके अलावा, बाक़ी ज़्यादातर जातियाँ ज़मींदार जाटों के साथ दासता के सम्बन्ध में थीं जबकि जाट अन्य जातियों से सेवाएँ प्राप्त करने वाले अकेले सबसे बड़े लाभार्थी थे। इसके साथ ही, हालाँकि जातिगत पदानुक्रम *[कास्ट हायरार्की]* के ढाँचे की शर्तों के मुताबिक़ जाटों का सामाजिक रुतबा परिभाषित कर पाना थोड़ा मुश्किल है, ब्राह्मणों की स्वीकृत सामाजिक श्रेष्ठता यहाँ या पंजाब में कहीं और मौजूद नहीं थी। पूरे हरियाणा में बिखरे हुए, पूरी आबादी का महज़ 7.47 प्रतिशत (देखें तालिका 1.1), ब्राह्मण यहाँ पर भारत के अन्य

हिस्सों में अपने दर्जे और रुतबे की तरह हिन्दू उच्च-जाति ब्राह्मणिक पहचान बना पाने में सफल नहीं हुए थे। इस इलाक़े में उनकी कोई पहचान बन पाई तो बस खेती में अपने योगदान के चलते ही बन पाई थी। पुरोहित के तौर पर ब्राह्मण का दर्जा ऊँचा हो सकता था, लेकिन सामाजिक तौर पर उसे 'निम्न में भी निम्नतम'[53] के रूप में दर्शाया गया।

1901 के सेन्सस अधिकारियों ने स्वीकारा कि पंजाब-हरियाणा ने जातियों की व्यवस्थित क्रमबद्धता को ललकारा था। इस सम्बन्ध में उदाहरण दिया गया कि जनेऊ, जो द्विजों (यानी उच्च-जाति हिन्दुओं) को अन्य से अलग कर के दिखाने का चिह्न था, इस इलाक़े में विभिन्न जातियों के लोगों द्वारा पहना जाता था, जिनमें नाई और जाट शामिल थे। औपचारिक रिकॉर्ड इस प्रथा के मूल के बारे में चुप हैं लेकिन स्थानीय स्तर पर माना जाता है कि इसका सम्बन्ध आर्य-समाज के प्रचार-प्रसार से है। महत्त्वपूर्ण है कि जनेऊ का पहना जाना आर्य-समाज में शामिल किए जाने की रस्म का हिस्सा है, और आर्य-समाजियों को इस इलाक़े में इसे पहनने के लिए जाना जाता है, हालाँकि उनमें भी सब ऐसा नहीं करते हैं। लेकिन जनेऊ का पहने जाने का अर्थ न तो तब यह था और न ही अब, कि जनेऊ-धारक ग़ैर-जनेऊ धारक से श्रेष्ठ समझा जाता हो।[54] पंजाब-हरियाणा में ब्राह्मण के सामाजिक स्थान को निर्धारित करने में प्रकाश टण्डन की यह टिप्पणी दिलचस्प तौर पर प्रासंगिक है कि उन्हें ब्राह्मण के प्रतिष्ठित स्थान के बारे में तब ज्ञान हुआ जब वे रहने के लिए पंजाब से बाहर गए।[55]

ब्राह्मणों और ब्राह्मणवादी रीति-रिवाज की कमोबेश कमज़ोर हालत

बहरहाल, ब्राह्मण को जो भी प्रभाव हासिल रहा हो, वह बीसवीं सदी के दूसरे दशक की शुरुआत से, विशेष तौर से इस इलाक़े के बहुसंख्यक ज़मींदार जाट समर्थकों के बीच, आर्य-समाज आन्दोलन के प्रचार-प्रसार और स्वीकृति के साथ बहुत तेज़ी से घटने लगा था।[56] आर्य-समाज के असर के तहत विशेष समारोहों-अनुष्ठानों में ब्राह्मणों द्वारा दी जाने वाली सेवाओं के महत्त्व और इस्तेमाल में लगातार कमी आती चली गई, यहाँ तक कि प्रीतिभोज आदि पर भी अंकुश लगने लगा था। अब भी जन्म, मृत्यु या विवाह पर किए जाने वाले कुछ अनुष्ठान न्यूनतम ही हैं तथा व्यवस्था में निम्न-स्तरीय ब्राह्मणों द्वारा अदा किए जाते हैं। कर्मकाण्ड के हिसाब से ब्राह्मण का ऊँचा रुतबा ग़ैर-कर्मकाण्ड वाले सन्दर्भ से भिन्न है और इन दोनों को विचार और अवधारणा के स्तर पर अलग कर के देखना होगा।[57] इसके अलावा, ब्राह्मणों को अब भी निर्भर जातियों के तौर पर देखा जाता है। हाल ही में ज़िला अम्बाला के जटवाड़ा गाँव के एक अध्ययन से[58] प्रदर्शित हुआ कि किसानों के उच्च वर्ग – और उनमें भी विशेष कर जाट – ब्राह्मण के यहाँ भोजन करने में हिचकिचाते हैं क्योंकि वे अपना स्थान दाता के तौर पर निश्चित करते हैं, जो ब्राह्मणों को भोजन तथा अन्य वस्तुएँ देते हैं और बदले में उनसे कुछ प्राप्त नहीं करते।

यह हिचकिचाहट ब्राह्मणों से रख ली गई दूरी को तो दर्शाती है, उच्च-वर्ग के किसानों द्वारा उनकी श्रेष्ठता और प्रभाव से इनकार को भी दर्शाती है। यह एक कारण है कि क्यों जाट तथा अन्य ज़मींदार जातियाँ स्वयं को गाँव की जातीय क्रम-व्यवस्था में ब्राह्मणों से श्रेष्ठ महसूस करते हैं। इसके अलावा, गाँव के जीवन में ग्राम-सभा और जाति तथा ग्राम-पंचायतों द्वारा की जाने वाली नैतिक निगरानी से भी ब्राह्मण का वास्ता नहीं रहता। इस कारक ने नैतिक सत्ता के पैरोकार और ग्रंथों के विश्लेषक के तौर पर उसकी भूमिका को कमज़ोर किया है। अन्य जगहों के मुक़ाबले पंजाब में ब्राह्मणों के रुतबे में ज़्यादा ड्रामाई अन्दाज़ के साथ गिरावट आई है, ख़ासतौर से इसलिए कि सिखों और विशेष तौर से जाट-सिखों ने आवश्यक अनुष्ठानों के लिए सिख पुरोहितों की सेवाएँ लेना शुरू कर दी हैं। निम्न जातियों में भी सिख-जाट प्रचलन के अनुकरण में सिख धर्म की ओर रूझान हो गया है।[59]

ब्राह्मण की स्थिति में आई इस कमज़ोरी ने ब्राह्मणवादी हिन्दू धर्म की जकड़ को ज़बरदस्त तरीक़े से सीमित करते हुए प्रभावित किया है। इसी का नतीजा है कि उसके सामाजिक-सांस्कृतिक मानकों और नज़रियों के फैलाव और उनकी स्वीकृति पर भी असर पड़ा है। इसलिए इस इलाक़े ने अपनी ही सामाजिक-सांस्कृतिक प्रथाएँ विकसित कीं जो भारत के उन हिस्सों में प्रचलित प्रथाओं से बहुत अलग थीं जिन्हें ब्राह्मणवादी हिन्दू धर्म ने सीधे तौर पर प्रभावित किया था। ब्राह्मणों की कमज़ोर स्थिति से इस बात की व्याख्या होती है कि जाटों जैसे जाति-समूह भारत की कई कृषक-जातियों में से एक होने के बावजूद किस तरह सामाजिक-सांस्कृतिक क्षेत्र में 'प्रभावशाली जाति' बन गए जबकि कर्मकाण्ड आधारित रीतिक्रम में तो वे ब्राह्मण, राजपूत और खत्री के बाद आते हैं। 1901 के सेन्सस में की गई टिप्पणी, कि 'जाट से ऊपर कोई जात नहीं', लोगों के जीवन की अनुभूति और यथार्थ में आज भी अपना महत्त्व रखती है।

ब्राह्मणवादी संस्कृति से अलग पहचान की शक्ल लेती किसान-संस्कृति, उसका दबदबा और बुनावट

आन्तरिक स्तर पर आर्थिक भिन्नताओं के बावजूद एक जाति के इस सर्वव्यापक प्रभाव ने एक लय तय कर दी तथा ग्रामीण हरियाणा में पालन किए जाने वाले रीति-रिवाजों-नज़रियों को भी शक्ल दे दी थी। उपनिवेशीय दौर में प्रभावी हुई व्यापक राजनैतिक लामबन्दी को भी हम एक जाति के इस सर्वव्यापक प्रभाव के तहत शामिल कर सकते हैं और इसे प्रशासनिक और क़ानूनी, दोनों स्तरों पर बहुत हद तक उपनिवेशीय नीतियों से मदद मिली। इन उपनिवेशीय नीतियों ने जाटों को एक अविजेय स्थान प्रदान कर दिया और उन्हें सत्ताधारी विशिष्ट वर्ग के रूप में पहचान मिल गई।[60] इस प्रकार भारत के अन्य हिस्सों में किन्हीं विशेष, प्रभावशाली भूस्वामी जातियों की ही तरह हरियाणा में जाट

एक ऐसा मुख्य समूह बन निकले जिसका हवाला देते हुए कोई भी बात की जा सकती थी। यहाँ तक कि मैंने शब्द 'ज़मींदार' को जाट के लिए इस्तेमाल होते पाया जबकि 'ज़मींदार', जैसा कि मैंने पहले भी ध्यान दिलाया है, एक बहुत ही व्यापक श्रेणी है जिस की आग़ोश में अलग-अलग वर्ग और जाति-समूह आ जाते हैं। असल में तो सौमरेज़ स्मिथ ने पंजाब-हरियाणा के 1931 के सेन्सस में दर्शाया है कि 'राजपूत' के साथ-साथ 'जाट' बहुत ही 'व्यापक इस्तेमाल' में लाया जाने वाला 'प्रतिष्ठा से जुड़ा शब्द' था जो न केवल एक स्थान या मुहल्ले बल्कि पूरे सूबे को अपने दायरे में लेता था।[61] 'जाट' शब्द ने क़रीब-क़रीब 'सामान्य' रूप अख़्तियार कर लिया था और इसका इस्तेमाल अलग-अलग जातियों द्वारा स्वयं के लिए किया जाने लगा था। इसलिए यह देख पाना मुश्किल नहीं है कि किस तरह उन्होंने मिलजुल कर खाने, हुक्का-बीड़ी पीने तथा बराबर रुतबा रखने वाली अन्य किसान जातियों में रोड़, गूजर और अहीर के साथ[62] ब्राह्मणवादी संस्कृति से अलग पहचान वाली एक किसान-संस्कृति को रूप-आकार दिया। हावी किसान-वर्ग तथा जाति-समूहों की विचारधारा प्रचलित स्तर पर स्वीकार्य थी, इसलिए उसका दबदबा हो गया। वे चाहे किसी भी तबक़े से हों, ज़्यादातर किसान जातियों द्वारा अनुकरण किए जाने वाले रीति-रिवाज (जिन का अनुकरण कई ब्राह्मण भी करने लगे थे और लगभग सभी निम्न जातियाँ भी) पूरे इलाक़े में स्वीकार कर लिए गए और इसी रूप में प्रस्तुत किए गए। बेशक भिन्नताओं के कुछ सूक्ष्म-भेद तो रहे हैं और अब भी हैं क्योंकि हावी, प्रभावशाली समूहों की प्रत्येक प्रथा का अनुकरण अन्य जाति-समूहों द्वारा नहीं किया जाता जो अपनी अलग पसन्द और तरजीह की प्रथाओं के साथ बने रहते हैं। इस अध्ययन के दौरान इस तरह की भिन्नताओं की ओर ध्यान दिलाया जाएगा।

यह प्रभावशाली किसान-संस्कृति एकरस नहीं थी; इसमें दो तरह के मानक शामिल थे, जो किसान-समाज में एक साथ मौजूद थे – एक, आदर-सम्मान-प्रतिष्ठा का प्रतीक उच्च परम्परागत, रिवायती मानक; दूसरा, निम्न सांस्कृतिक मानक और प्रथाएँ जो कर्मकाण्ड के हिसाब से निम्न शूद्र हैसियत से सम्बद्ध थे। पहले मानक पर बल देने से, हावी जाति के भूस्वामी तब्क़ों ने ऊपर उठने से सम्बद्ध वैसी ही गतिशीलता की इच्छा को प्रदर्शित किया जिस की पहलक़दमी उत्तरी भारत में कायस्थों, कश्मीरी पण्डितों और कुर्मियों जैसे जाति-समूहों ने उनीसवीं सदी के दूसरे भाग और बीसवीं की शुरुआत में ली थी।[63] ज़मीन की मिल्कियत, मुक़ाब्लतन ज़्यादा ख़ुशहाली और फ़ौज में भर्ती होने जैसे कारक एक साथ मिल कर उनकी सूरमा परम्परा पर बल देते थे जबकि विधि और रिवाज अनुसार यह उनके शूद्र दर्जे के विपरीत और उसके साथ टकराव में थी – इसी के चलते उन्होंने क्षत्रीय रुतबे का दावा किया, चाहे आवश्यक तौर पर राजपूत रुतबे का न भी किया हो, जबकि राजपूत रुतबे का दावा पश्चिमी उत्तर प्रदेश के जाटों द्वारा किया जा रहा था।[64] पंजाब-हरियाणा के अलग-अलग क्षेत्रों में जाटों और राजपूतों के रुतबे

में ख़ासतौर से एक दूसरे के सम्बन्ध में निश्चित तौर पर अन्तर था – उत्तर-पश्चिम में राजपूत जाटों से ऊपर थे तथा दक्षिण-पूर्व और केन्द्रीय पंजाब में इसके उलट था।[65] उच्चतर वर्ग या आय-श्रेणी की ओर उन्मुख इस गतिशीलता में निम्न स्तर के मौजूदा नियमों और रिवाजों को चुनौती देना ही नहीं शामिल था। इसका अर्थ उच्च परम्परा के मानकों के अनुरूप नए रिवाजों और नियमों को रूप-आकार देना और उन पर बल देना भी था। दोनों मानकों के बीच की असंगतियों, अन्तर्विरोधों और बढ़े हुए तनाव से इस बात की झलक मिलती है कि यह समाज ऊँचे स्तर के संक्रमणकालीन दौर से गुज़र रहा था, एक अवस्था से दूसरी में पहुँचने के बदलाव की प्रक्रिया में था। उपनिवेशीय काल के बाद के हरियाणा में रिवाजों-परम्पराओं का आधार बदलने वाला था। यह बदलाव अलग तरह की विशेषताओं वाली, नए स्वरूप की कृषक-अर्थव्यवस्था तथा उसकी सामाजिक-राजनैतिक व्यवस्था की संगति में होने वाला था – और इसके साथ ही ये तनाव तथा खिचाव और ज़्यादा बढ़ने वाले थे।

3. खेतीहर आवश्यकताएँ : पुरुषों को तरजीह और प्राथमिकता

दो विरोधी मूल्यों या गुणों में से एक या दोनों को धारण करने वाली यह किसान-संस्कृति साफ़ तौर पर एक जाति-विशेष के साथ जोड़ कर देखी जाती रही थी लेकिन इसकी व्यापक स्वीकार्यता भी रही है। इसकी पक्की जड़ इस इलाक़े की अर्थव्यवस्था में जमी हुई थी और उसी के द्वारा यह ढाली भी गई थी। बरसात पर आश्रित अकालग्रस्त बरानी क्षेत्र में कम पैदावार वाली फ़सलों और फ़सलों की बार-बार असफलता ने बहुत बड़ी तादाद में ज़मींदारों के लिए जीवन को तंगहाल बना दिया था। कुछ थोड़ा-बहुत होने वाला लाभ भी पशुपालन से ही होता था।

किसानों का एक बहुत बड़ा तबक़ा गुज़ारे लायक़ या घाटे की खेती ही कर पाता था क्योंकि मुक़ाब्लतन बड़ी जोत ही उपयोगी और बचतकारी हो सकती थी। उदाहरण के लिए, ज़िला रोहतक में कम से कम 12 एकड़ की जोत को ही उपयोगी माना जाता था।[66] केवल 28 प्रतिशत जोत इस श्रेणी में आती थीं।[67] यही बात पूरे हरियाणा के इलाक़े के लिए भी कमोबेश सही थी जहाँ ज़िन्दा तक रहने के लिए बहुत ज़्यादा मेहनत ज़रूरी थी, और यह पूरे परिवार के लिए एक बहुत बड़ी बात थी। ज़मींदार किसी भी अन्य साधन के अभाव में अपने परिवार की मेहनत और ज़रूरत पड़ने या सामर्थ्य होने पर ज़्यादातर दिहाड़ी की मज़दूरी पर निर्भर हो गए थे। हालात की दरकार और तर्क ने उस बात को बल दिया जो शायद सामान्य तौर पर सब किसान अर्थव्यवस्थाओं में पाई जाती है – यानी पुत्र-लालसा। लड़के को जीवनदायी बरसात की तरह माना जाता था और इस बात की झलक हमें व्यापक तौर पर लोकसाहित्य, परम्पराओं और कहावतों में देखने को मिलती है। एक लोकप्रिय स्थानीय कहावत है :

मींह और बेट्याँ तें कूँण धाप्या सै[68]
(बरसात और बेटों से किस का जी भरा है?)

इसके अलावा, उच्च मृत्यु-दर की वजह से शिशुओं के ज़िन्दा रहने से जुड़ी अनिश्चितता के चलते प्रति परिवार एक ही पुत्र का होना अब भी न तो सुरक्षित और न ही पर्याप्त समझा जाता है:

एक आँख का के सुलक्षणा
एक पूत का के सपूत्ता[69]
(एक आँख के आदमी को भाग्यशाली कैसे कहा जा सकता है?
एक पुत्र वाले आदमी को पिता कैसे कहा जा सकता है?)

अंग्रेज़ों के समय में दर्ज की गई दो अन्य लोकोक्तियाँ बेटों की तुलना दौलत और ख़ुशहाली के साथ करती हैं:

जिसके नहीं पूत, वो क्या जाने माया[70]
(जिसके बेटे नहीं हैं, उसके पास क्या माया?)

और

पूत भए स्याणे, दुख भए बिराने
(बेटे बड़े हो जाते हैं तो दुख भाग जाते हैं)

पुत्र-प्राप्ति के लिए महिलाएँ 'होई का व्रत' रखती हैं।[71] बड़ी-बूढ़ी हरियाणवी महिलाएँ आज़ादी के बाद के शुरुआती सालों में इस व्रत के आस-पास कैलेण्डरों की बिक्री में यकायक हुए इज़ाफ़े को याद करती हैं और यह भी, कि उन्हें दीवारों पर सजावट के लिए टांगा जाता था। इनमें कृष्ण की शक्ल की याद दिलाते भोले-सुन्दर शिशु पुत्र-लालसा के प्रतीक के रूप में दिखाई देते थे।[72]

बेटियों का स्थान और स्थिति : उनके प्रति नज़रिया

हालाँकि बेटों को अब भी मूल्यवान माना जाता है, जैसा कि ऊपर दी गई तथा अब भी प्रचलित कहावतों-लोकोक्तियों से जान पड़ता है, लड़की को यह एहसास हर वक़्त नहीं दिलाया जाता कि वह प्रिय नहीं है और उसकी ज़रूरत नहीं है। लड़कियों की उपयोगिता को स्वीकारा जाता है। लेकिन इस बात पर भी बल दिया जाता है कि वे माता-पिता के घर में अस्थाई तौर पर रह रही हैं और आर्थिक रूप में कम मूल्यवान भी हैं। लड़की पर होने वाले ख़र्च पर, उसके लिए होने वाले निवेश पर, ध्यान ज़्यादा जाता है और उसके योगदान की ओर कम। इसके अलावा, क्योंकि उन्हें कुछ अर्थपूर्ण योगदान दे पाने की उम्र से पहले ही घर से जाना पड़ता है, एक स्थाई निधि या वरदान की तरह तो वे अपने ससुराल के लिए ही होती हैं। ऐसा लगता है कि बेटी के श्रम के उपयोग के

बारे में एक दुविधा बनी रहती है। उदाहरण के लिए, एक अनब्याही लड़की को अपने पीहर में गेहूँ पीसने की इजाज़त न तो पहले थी और अब भी नहीं दी जाती। निम्न जातियाँ लड़की के श्रम को पूरी तरह से प्रयोग करती हैं, यहाँ तक कि उनकी शादी में भी देरी की जाती है लेकिन इन जातियों को तुच्छ समझा जाता है और उनकी निन्दा की जाती है। इसीलिए एक लड़की की शादी में थोड़ी भी देरी हो जाए तो कृषि-प्रधान जातियों द्वारा इसकी निन्दा की जाती है, फिर वह देरी चाहे किसी भी वजह से क्यों न हो – और इस बदनामी के दाग़ को मिटाना बहुत मुश्किल हुआ करता था।[73] इसलिए बहू से ही मेहनत करवाना उचित समझा जाता था और बेटी की उपयोगिता बहुत हद तक सीमित हो गई थी। हरियाणा में आमतौर पर अभिव्यक्त एक लोकोक्ति इसका ज़िक्र करती हैः

बेटियाँ की माँ रान्नी
बुढापे में भरे पानी।[74]
(बेटियों की गर्व भरी माँ
बुढापे में भरती है पानी।)

ज़ाहिर है कि बेटी की शादी के बाद एक माँ का काम बढ़ जाता है क्योंकि अब उसे बेटी की बेशक़ीमती मदद नहीं मिल पाती। संयोग है कि उसका जाना माँ की बढ़ती उम्र के दौर में होता है जब उसे मददगार हाथों की ज़्यादा ज़रूरत होती है। विडम्बना की बात है कि यह लोकोक्ति पुत्रवधू की मेहनत के ज़्यादा ज़रूरी होने को रेखांकित करती है। इसके अलावा, अकेली वह ही परिवार की श्रम-शक्ति को पुनरुत्पादित कर सकती है। बेटा न हो तो उत्पादन और पुनरुत्पादन करने वाली यह इन्सान कहाँ उपलब्ध होगी? यही तो बेटी को दी गई कम अहमियत के लिए ज़िम्मेदार महत्त्वपूर्ण कारक है।

हरियाणा में लड़कियाँ हमेशा से अनचाही नहीं रहीं। यह उपनिवेशीय दिनों में दर्ज किए गए अन्धविश्वास से स्पष्ट है, जिसे अब बमुश्किल ही याद किया जाता है, बल्कि अप्रासंगिक तक माना जाता है। इसकी भविष्यवाणी हैः

तेयत्री बेटी राज रजावे,
तियत्रा बेटा भूख मंगावे।[75]
(दो बेटों के बाद बेटी ख़ुशहाली लाती है,
लगातार तीन बेटे कंगाली लाते हैं।)

बेटों और बेटियों के बारे में विरोधाभासी भावनाएँ यहाँ ड्रामाई अन्दाज़ में प्रस्तुत हुई हैं। एक लोकोक्ति में महिलाओं द्वारा अभिव्यक्त इससे भी ज़्यादा कठोर प्रार्थना हैः

बेटा मारियो, पर तीसर ना पारियो।[76]
(मेरा बेटा चाहे मर जाए, लेकिन तीसरा बेटा न हो।)

लड़कों के जन्म को तरजीह देते हुए, प्रजनन प्रक्रिया के तर्क के तहत बेटी के लिए

अब भी कुछ गुंजाइश छोड़ी जाती थी हालाँकि यह दो बेटों के बाद ही बन पाती थी। लेकिन अब यह छूट भी नहीं रही। इसके नतीजे के तौर पर लगातार तीन बेटे होने से सम्बद्ध अपशकुन वाली बात भी जाती रही है। बल्कि अब की भावना तो यह है:

बेटी भली ना एक। [77]

(एक भी बेटी का होना अच्छा नहीं है।)

लेकिन इसके बावजूद एक लड़की के हालात के प्रति सहानुभूति भी है। मिसाल के तौर पर, बेटी के बारे में यह भी कहा जाता है:

दुनिया में दो गरीब बताए
एक बेटी, एक बैल। [78]

लेकिन सामान्य तौर पर लड़कियों को हमेशा दुख का कारण माना गया है और संसाधनों को चूस लेने वालीं। उदाहरण के लिए, एक लोकोक्ति के मुताबिक़:

बेटी का धन निमाणा है
आती भी रुलाए, जाती भी रुलाए। [79]

(बेटियाँ अपमान ही लाती हैं
आने पर भी रुलाती हैं, और जाने पर भी।)

1920 के दशक में बेटी के जन्म को उसके पिता के ख़िलाफ़ 2000 रुपये के फ़रमान बराबर माना जाता था।[80]. उसके साथ आने वाला वित्तीय बोझ इतना अधिक हो सकता था कि उसकी मौत को सौभाग्य की बात समझा जाता था:

छोरा मरे निरभाग का
छोरी मरे भागवान की। [81]

(बदक़िस्मत इन्सान का बेटा मरता है
क़िस्मत वाले की बेटी मरती है।)

दहेज की वजह से इस वित्तीय बोझ में हुए ज़बरदस्त इज़ाफ़े ने (जिस पर आगे चल कर चर्चा की गई है) लोगों में अब तक प्रचलित इन स्थानीय कहावतों की प्रासंगिकता को बढ़ा दिया है।

इस सामाजिक नज़रिए को देखें तो बेटी की शिकायत स्वाभाविक ही है:

म्हारे जनम में बाजे ठीकरे, भाई के में थाळी
बूढ्ढा भी रोवे बुढ़िया भी रोवे, रोवें हाळी-पाळी। [82]

(भाई के जन्म पर तो ख़ुशी में थाली बजाई जाती है,
मगर मेरे जन्म पर शोक में ठीकरे फोड़े जाते हैं,
और बूढ़े–बुढ़िया तो क्या, हल जोतने वाले और ग्वाले भी रोते हैं।)

इसी तरह की कई स्थानीय लोकोक्तियाँ बेटियों के मुक़ाबले बेटों को तरजीह दिए जाने को प्रदर्शित करती हैं और इस हावी सामाजिक लोकाचार को प्रतिबिम्बित करती हैं। लेकिन यह पंजाब और हरियाणा के लिए कोई अनोखी बात नहीं है बल्कि पूरे भारत में ऐसा ही देखने को मिलता है।

महिला-पुरुष लिंगानुपात और उसके कारक : कन्या भ्रूण-हत्या की भूमिका

सही अर्थों में तो यह तरजीह पुरुषों के सकारात्मक लिंगानुपात में प्रकट हुई। उपनिवेशीय समयकाल में पुरुष और महिला के बीच लिंगानुपात का ज़बरदस्त अन्तर अब भी लगभग वैसा ही है। 1881 से 1991 के आंकड़े इस अनुपात में लगातार रहने वाले अन्तर को दर्शाते हैं (तालिका 1.3)। अगर इस इलाक़े से बड़ी संख्या में पुरुषों के प्रवास और घर से दूर सेना तथा पुलिस में काम करने के लिए गए पुरुषों की संख्या को ध्यान में रखें तो उपनिवेशीय काल में महिलाओं की कम संख्या के आंकड़े भयानक अनुपात अख़्तियार कर लेंगे।[83]

तालिका 1.3 : 1881-1991 के लिए अखिल-भारतीय औसत आंकड़ों की तुलना में हरियाणा में प्रति एक हज़ार पुरुषों पर महिलाओं का अनुपात

साल	*महिलाएँ*	*(अखिल भारतीय)*
1881-85	866	–
1886-90	868	–
1891-95	898	–
1896-1900	914	–
1901-	867	972
1911-	835	964
1921-	844	955
1931-	844	950
1941-	869	945
1951-	871	946
1961-	868	941
1971-	867	930
1981-	870	934
1991-	874	924

स्रोत : 1881-1900 के लिए आंकड़े अविभाजित पंजाब के हैं। *सेन्सस ऑफ़ इण्डिया, पंजाब*, 1931, वॉल्युम XVII, भाग 1, रिपोर्ट, पृ. 152; 1901-1991 के लिए आंकड़े *सेन्सस ऑफ़ इण्डिया*, 1991, इण्डिया सीरीज़-I, 1991 के पेपर 1, प्रोविज़नल पॉपुलेशन टेबल्ज़, न्यू डेल्हि, रजिस्ट्रार-जनरल एण्ड सेन्सस कमिशनर, इण्डिया, 1991, पृ. 76 से लिए गए हैं।

भारत के अन्य राज्यों की तुलना में पंजाब-हरियाणा, दोनों में इकट्ठा महिला-पुरुष अनुपात उपनेविशीय समयकाल में सबसे कम था।[84] यही स्थिति अब भी है। 1991 के सेन्सस के आंकड़े दर्शाते हैं कि हरियाणा में एक हज़ार पुरुषों पर 874 महिलाएँ हैं जबकि सिक्किम में यह आंकड़ा 880 और उत्तर प्रदेश में 882 है और पंजाब का आंकड़ा 888 है।[85]

उपनिवेशीय समयकाल के बाद के दौर में महिलाओं के अत्यन्त निम्न आंकड़ों के पीछे का एक आंशिक कारण पड़ोसी राज्यों से बड़ी तादाद में खेत-मज़दूरों का आगमन हो सकता है, जो सब पुरुष ही थे (विवरण देखें, नीचे)। लेकिन उपनिवेशीय समयकाल में ब्रिटिश प्रशासकों ने इस असन्तुलन का कारण पंजाब पर क़ब्ज़े से भी बहुत पहले के समय में देखा जब जाटों, ख़ासतौर पर सिख-जाटों और राजपूतों में कन्या भ्रूण-हत्या व्यापक स्तर पर प्रचलित पाई जाती थी। पंजाब के हरियाणा वाले इलाक़े में हिन्दू जाटों को सबसे ज़्यादा 'इस प्रथा के लिए शक के दायरे में' आने वाली जाति के तौर पर चिह्नित किया गया था।[86]

लेकिन 1901 के सेन्सस के समय तक वे इस बात के लिए तैयार नहीं थे कि इस वजह को लिंगानुपात के सन्दर्भ में योगदान करने की महत्त्वपूर्ण भूमिका में माना जाए। 1931 के आते-आते कहा जाने लगा था कि कन्या भ्रूण-हत्या का चलन कुछ विशेष, व्यक्तिगत परिवारों या परिवार-समूहों तक सीमित था जिस से, उनके अनुसार, लिंगानुपात प्रभावित नहीं होता था।[87] अंग्रेज़ असमान लिंगानुपात को अन्य कारणों के साथ ज़ोड़ कर देखते थे – मिसाल के तौर पर, पूर्व समयकाल (यानी उपनिवेशीय काल से पहले के वक़्त और पंजाब में ब्रिटिश हुकूमत के शुरुआती सालों) में बच्चियों की अनदेखी, अल्पायु में बार-बार बच्चों के जन्म से होने वाली उच्च मृत्यु-दर तथा बहुत बड़ी उम्र की महिलाओं की उपेक्षा। इसके अलावा, बारम्बार पड़ने वाले अकाल, सूखे और महामारी के दौरान सबसे पहली मार महिलाओं को झेलनी पड़ती थी।[88]

बेशक, इन सब कारकों के एक साथ इकट्ठा होने से नारी-हत्या एक अलग रूप में जारी रही जिसके चलते महिला-दर कम ही बनी रही। इसी की निरन्तरता में हमें हाल में *एम्निओसेंटीसिस* के तहत होने वाली लिंग-निर्धारण जाँच के नतीजतन भ्रूण में लड़की होने पर गर्भपात के मामले दिखाई देने लगे हैं [जबकि असल में *एम्निओसेंटीसिस* शिशु के विकास में सम्भावित विकार का पता लगाने के लिए गर्भवती औरत के गर्भाशय में से सूई द्वारा कुछ द्रव निकाले जाने की शल्य-प्रक्रिया है]। आंकड़े तो उपलब्ध नहीं हैं लेकिन ग्रामीण और शहरी, दोनों क्षेत्रों की महिलाएँ इसका इस्तेमाल कर रही हैं। हरियाणा में ज़मींदार किसान-वर्ग इसे इस्तेमाल करने वाले मुख्य तबक़े के तौर पर उभर कर आया है। न केवल यह कि गर्भवती महिलाओं के गर्भाशय में से सूई द्वारा निकाले गए द्रव के नमूने ग्रामीण स्वास्थ्य केन्द्रों से शहरों के केन्द्रों में भेजे जाते हैं, बल्कि इसके लिए

मोबाइल-वैन सेवाएँ भी उपलब्ध रहती हैं। लिंग-निर्धारण के 20 से 40 मामले रोज़ाना आने का अन्दाज़ा है। रोहतक और हिसार ज़िले लिंगचयन जाँच-केन्द्रों के रूप में उभर कर आए हैं और यहाँ कन्या भ्रूण-हत्या के सबसे ज़्यादा मामले होते हैं। महत्त्वपूर्ण है कि इन दो ज़िलों में परिवार-नियोजन योजनाओं की स्वीकारी गई असफलता के बावजूद जनसंख्या-वृद्धि की औसत दर राज्य की 28 प्रतिशत के मुक़ाबले अब भी 17 प्रतिशत ही है। यह व्यापक स्तर पर प्रचलित कन्या भ्रूण-हत्या का एक ज़ोरदार प्रमाण है। इस तरह की जाँचों के लिए 90 से 700 रुपये तक का शुल्क लेने वाले चिकित्सालयों की संख्या बहुत तेज़ी से बढ़ी है, जिसके चलते ये बहुत से लोगों की पहुँच में आ गए हैं हालाँकि ज़मीनी स्तर पर किए गए काम से प्रदर्शित होता है कि यह अब भी वर्ग-आधारित मामला है। इस प्रक्रिया में दोहरे ख़र्च की हालत – यानी *एम्नियोसेन्टीसिस* (भ्रूण लिंग-निर्धारण) जाँच और उसके बाद गर्भपात – ने ज़मींदार परिवारों में से भी कइयों को सस्ती गर्भपात सुविधाओं की ओर आकर्षित किया है। ज़्यादातर गर्भपात प्रशिक्षित या अप्रशिक्षित दाइयों द्वारा अस्वच्छ तथा अस्वास्थ्यकर हालात में न्यूनतम चिकित्सा उपकरणों एवं ज्ञान के साथ किए जाते हैं। इस कारक का महिलाओं की सेहत पर अलग से असर पड़ा है जबकि कुछ महिलाएँ बहुत जल्दी ही ग़ैर-तसल्लीबख़्श और क़रीब-क़रीब जानलेवा गर्भपात के बाद सक्रिय तौर पर खेत के काम पर चली जाती हैं।

हरियाणा विज्ञान मंच तथा जनवादी महिला समिति के विरोध-प्रदर्शनों के चलते इस जाँच के हिमायतियों को अब शहर के चिकित्सालयों में 'लड़का हो या लड़की, जाँच करो' के इश्तिहारों के खुले प्रदर्शन से पीछे हटना पड़ा है। लेकिन अब भी यह नारा प्रतीक्षा-कक्षों में दिखाई देता है। फ़र्क़ बस इतना है कि वैधता हासिल करने के लिए 'स्वस्थ' शब्द जोड़ दिया गया है। दिलचस्प बात यह है कि हरियाणा सरकार ने शहर-आधारित मुख़्तलिफ़ महिला संगठनों की कोशिशों के बावजूद जन्म-पूर्व लिंग-चयन जाँच पर रोक लगाने से इनकार कर दिया है। नतीजा यह कि *एम्नियोसेन्टीसिस* के आर्थिक तर्क को रेखांकित करने वाले नारे अब भी ज़िन्दा हैं – तर्क इस हिसाब से दिया जाता है कि 'बाद में 70,000 देने से बचने के लिए 700 रुपये का भुगतान अभी' – और इस तरह लड़की को जन्म लेने तक का अधिकार नहीं दिया जाता।

4. खेती में महिलाओं की उपयोगिता : स्थानीय धारणा और उपनिवेशीय नज़रिया

महिलाओं के प्रति बढ़ते भेदभाव तथा निम्न लिंगानुपात के बावजूद इस तथ्य को छुपाया नहीं जा सकता कि आर्थिक तौर पर वे कितनी मूल्यवान हैं। इस बात को उपनिवेशीय समयकाल में पूरी तरह पहचान लिया गया था। यह किसान-संस्कृति में महिलाओं के प्रति परस्पर-विरोधी, द्विअर्थी, 'हाँ' भी और 'न' भी, वाले नज़रिए को दर्शाता है, जिसके

तहत उनके आर्थिक योगदान के बावजूद उनका मूल्य कम आंका जाता है। खेतीबाड़ी के लिए परिवार की सघन मज़दूरी पर पूरी तरह आश्रित, गुज़ारे लायक़ पैमाने की अर्थव्यवस्था की हक़ीक़त महिलाओं को आर्थिक तौर पर मूल्यवान बना देती है। यह समझते-पहचानते हुए डब्ल्यू ई. पर्सर तथा एच.सी. फ़ैन्शॉ ने 1880 में अपनी रिपोर्ट में यह टिप्पणी की थीः

> ज़िले के लगभग प्रत्येक गाँव में स्वयं लोगों से की गई पूछताछ ने दर्शाया है कि जब तक परिवार में काम करने वाले, पुरुष और महिला दोनों, उचित रूप में पूरक के तौर पर मौजूद होते हैं, वह ख़ुशहाल रहता है.... जहाँ परिवार में कोई औरत नहीं होती, लगभग तय है कि परिवार मुश्किलों में पड़ जाएगा।[89]

महिलाओं के काम के एक और सजीव चित्रण के अनुसारः

> महिलाएँ पुरुषों से अधिक नहीं तो उनके बराबर काम तो करती ही हैं। लकड़ी और ईंधन और पानी लाने के भारी काम उनके सिर पड़ते हैं; उन्हें रोज़ाना भोजन बना कर खेतों में ले जाना पड़ता है; उन्हें फ़सलों की देखभाल करनी होती है; उन्हीं के हिस्से गन्ना छोलने और रूई बीनने का काम आता है; और जब कुछ और काम न हो, तो उन्हें ख़ाली समय चरखे के साथ बिताना होता है।[90]

बड़ी संख्या में स्थानीय लोकोक्तियों से ज़ाहिर होता है कि खरपतवार निकालने जैसे कुछ खेती-सम्बन्धी काम महिलाएँ ही करती थीं। करनाल से दो लोकोक्तियाँ उदाहरण के तौर पर दी जा सकती हैं:

मैं कोली नहीं दुपत्ती
के या चुगेगी कुपत्ती।
(जब मैं छोटा, दो पत्ती वाला पौधा था, तब तो तूने मेरी सम्भाल कर के निराई की नहीं। अब तू मुझे क्या चुगेगी, बुरी औरत?)

तू नहीं नळाए दो पत्ती
तो क्या कमाए कुपत्ती।[91]
(अगर तू समय पर निराई नहीं करेगी
तो पैदावार से कमाई क्या करेगी, बुरी औरत?)

इसी में यह बात जोड़ी जा सकती है कि पशुपालन इस इलाक़े की अर्थव्यवस्था के लिए एक आवश्यक पूरक तत्त्व था और मवेशियों की देखभाल का काम भी महिलाओं के हाथ में था – और कुछ हद तक बच्चों के हाथ में। इस व्यापक काम में मवेशियों की देखभाल करना, उन्हें चारा देना, दूध निकालना, लस्सी और घी बनाना, गोबर इकट्ठा कर के उसे ईंधन के लिए सुखाना जैसे काम शामिल थे। इसकी अहमियत इस बात से ज़ाहिर है कि ये मवेशी तीन तरह से आर्थिक तौर पर मूल्यवान थे – बैलों के प्रजनन के लिए

इन्हीं से गाएँ उपलब्ध होती थीं, ये दूध के उत्पादनकर्ता थे और खाद तथा ईंधन के भी।

कड़ी मेहनत सम्पूर्ण ग्रामीण पंजाब-हरियाणा की एक विशेषता थी। लेकिन तुलनात्मक दृष्टि से बात करें तो हरियाणा की कठोर भौगोलिक-आर्थिक स्थितियों की वजह से यहाँ की महिलाएँ पंजाब प्रांत में किसी भी अन्य जगह की महिलाओं के मुक़ाबले ज़्यादा मेहनत से काम करती थीं। ब्रिटिश अधिकारियों की टिप्पणियों से यह बात सिद्ध होती हैः

> यह कहने में कोई जोखिम नहीं कि मैदानी इलाक़ों की तुलना में हिमालय के प्राकृतिक खण्ड में आनुपातिक दृष्टि से अधिक संख्या में महिलाएँ आर्थिक काम में लगी हुई हैं, और मैदानी इलाक़ों में, केन्द्रीय ज़िलों की महिलाओं की तुलना में, एक-दो अपवादों को छोड़, हिसार, रोहतक और गुड़गाँव जैसे दक्षिण-पूर्व ज़िलों की महिलाओं के हिस्से इस तरह का अधिक काम आता है। हिमालय के क्षेत्र में तथा प्रांत के दक्षिण-पूर्व में खेती-बाड़ी का बड़ा काम महिलाओं के हिस्से आता है और कुछ जगह तो माना जाता है कि वे यह काम अपने पतियों से भी बेहतर करती हैं। उत्तर-पश्चिमी ज़िलों की महिलाएँ भी काफ़ी सक्रियता से काम करती हैं।[92]

इन क्षेत्रीय भिन्नताओं के बीच कुछ ख़ास जाति-समूहों की महिलाओं को तारीफ़ के लिए ख़ासतौर से चिह्नित किया गया था। उदाहरण के लिए, बरतानवी अधिकारियों द्वारा 'जाटनी' की तारीफ़ उसे एक 'आर्थिक ख़ज़ाना' कहते हुए की गई थी। उन्होंने जाट का ज़िक्र 'एक आदर्श किसान और राजस्व देने वाले' के रूप में करते हुए जाटनी द्वारा उसे दी जाने वाली 'मदद' की सराहना में बहुत कुछ लिखा।[93] जाटनी की प्रशंसा एकमत से इस प्रकार की गईः

भली जाती जाटणी की खुर्पी हाथ
खेत निवारे आपणे खाविन्द के साथ।[94]
(खुर्पी हाथ में लिए जाती है भली जाटनी
खेत की निराई करती है अपने पति के साथ।)

एक और कहावत के मुताबिक़ः

रन्न जट्टी ते होर सब चल्ती[95]
(बीवी तो जाट औरत को ही बनाओ, बाकी सब तो बेकार हैं।)

अन्य जातियों की महिलाओं के लिए भी इसी तरह की लोकोक्तियाँ हैं और वे सब भी अपने पतियों के साथ खेती के काम में पूरी तरह लगी रहती थीं। उदाहरण के लिएः

गूजर, माली और अहीर
खेती आप करू
और बीर ये मेहनत

का फल भी पावें
राजपूत भूखे मर जावें
ठाकुर करें असाम्मी के कारण
बणिये बामन बिपर बिचारन।[96]
(गूजर, माली और अहीर
अपने खेत खुद जोतते हैं
अपनी बीवियों के साथ
और फल भी बटोरते हैं अपनी मेहनत का।
ठाकुर देनदारी के कारण काम करते हैं
और बनिये-ब्राह्मण बिपदा के मारे।
राजपूत तो भूखा मरना स्वीकारेगा।)

ज़िलों से मूल्यांकन-रिपोर्ट स्पष्ट तौर पर ज़िक्र करती हैं कि इन जाति-समूहों की महिलाएँ हल नहीं जोतती थीं, न ही खुदाई करती थीं या बैलगाड़ी चलाती थीं लेकिन खेती-सम्बन्धी अन्य कोई भी ऐसा काम नहीं था जो वे न करती हों। इन जाति-समूहों में निम्न-जातियों की महिलाओं को भी जोड़ा जा सकता है। असल में तो अन्य जातियों के मुक़ाबले निम्न जातियों में काम करने वाली महिलाएँ ज़्यादा तादाद में दिखाई देती थीं। इनमें चमार, चूढ़ा और झीमर जातियों से महिलाओं का ख़ास ज़िक्र किया जाता था। अधिकारियों द्वारा उन्हें 'मेहनती'[97] कहा गया लेकिन क्योंकि वे भू-स्वामी जातियों से नहीं थीं, इसलिए औपचारिक ब्रिटिश वृत्तांतों में 'आर्थिक तौर पर मूल्यवान' होने के रूप में उनका कोई ज़िक्र नहीं मिलता।

महिलाओं को घर से बाहर काम करने के लिए प्रोत्साहित न करने वाले हिन्दू जाति-समूहों में बनिया, खत्री और राजपूत तथा मुसलमानों में पठान, बलोच, सैयद, शेख़ और रांघड़ या राजपूत थे।[98] उनमें से कम समृद्ध लोग भी महिलाओं को काम न करने देने के उच्च-जातीय प्रतिमान का अनुकरण करने के लिए मजबूर महसूस करते थे। इन जाति-समूहों के बारे में उपनिवेशीय हुक्मरान की प्रतिकूल टिप्पणियाँ उन्हें इस रूप में 'विशिष्ट' दर्शाती हैं कि इनमें 'सबसे कम तादाद में महिला कामगार' हैं। मिसाल के तौर पर, मुख़्तलिफ़ बरतानवी अधिकारियों की 'साझा सहमति' के मुताबिक़ हिन्दू और मुसलमान, दोनों तरह के राजपूतों को 'पंजाब में सबसे ख़राब किसान' माना जाता था, जिनके 'भूमि-राजस्व की राशि अकसर बकाया रहती थी'। असल में राजपूत का अपनी 'इज़्ज़त' के प्रति बहुत सजग होना उसे अपनी बीवी से कोई सहायता लेने से रोकता था। वह पर्दे में रहती थी और आमतौर पर उसे 'एक आर्थिक बोझ' माना जाता था।[99]

यह एक दिलचस्प बात है कि भारत के कई हिस्सों में ब्राह्मणों की ही तरह राजपूत पुरुषों को हल चलाने की इजाज़त नहीं थी। हरियाणा में यह विशेष अधिकार उन्हें तो

मिला हुआ था, मगर उनकी महिलाओं को नहीं। ब्राह्मणों को अंग्रेज़ों द्वारा 'कमतर किसान' माना जाता था, क्योंकि उनकी महिलाएँ खेतों में पुरुषों की पर्याप्त सहायता नहीं करती थीं।[100] इसी वजह से पठानों को भी 'ख़राब किसान' और 'बहुत बुरे राजस्वदाता' माना जाता था; बलोचों को 'ख़राब किसान और बहुत ज़्यादा कर्ज़ के बोझ से दबा' कहा जाता था।[101] 'ग़ैर-कृषक जातियाँ' होने की वजह से अन्य जातियों को ज़िक्र लायक़ ही नहीं माना गया।

साफ़ ज़ाहिर है कि महिलाओं के बारे में राय बनाने का बरतानवी पैमाना खेती के लिए उनकी उपयोगिता पर निर्भर था। उनके लिए यह मसला सिर्फ़ ज़मीन से मिलने वाले राजस्व के हवाले से ही सबसे अहम सरोकार नहीं था बल्कि इस इलाक़े की सामान्य सामाजिक-आर्थिक स्थिरता और उपयोगिता के सन्दर्भ में भी बहुत अहम मसला था। असल में तो पर्दे की प्रथा को भी इस नज़रिए से देखा जा रहा था कि इसकी वजह से महिलाएँ खेतीबाड़ी में श्रम के लिए उपलब्ध नहीं हो पातीं।[102] बहुत मुमकिन है कि पर्दे के रिवाज के ख़िलाफ़ समाज-सुधारकों के संघर्ष के लिए बरतानवी मदद इन सरोकारों से ही उपजी हो। दिलचस्प बात यह है कि महिला-श्रम को इस्तेमाल न किया जाना न सिर्फ़ भारतीय किसान के लिए एक कमी माना गया, बल्कि इसे पंजाब में ग़रीबी का भी एक बड़ा कारण माना गया था। इस तथ्य ने बरतानवी हुक्मरान को एक ऐसे सामाजिक रिवाज को बहुत गम्भीरता से लेने की ओर मुख़ातिब किया, जिस की वजह से औरतों को अपने मर्दों के साथ काम करने से रोका जाता था। उन्हें लगा कि इस रिवाज की जगह पर 'ज़्यादा प्रगतिशील' पश्चिमी सामाजिक मानक को लाया जा सकता है।

दोनों मानकों की तुलना करते हुए, 1921 में बरतानवी अधिकारियों की मान्यता यह थीः

> मूलतः रिवाज और पूर्वाग्रह की वजह से महिलाओं के श्रम की बहुत बड़े पैमाने पर बर्बादी हो रही है। ज़्यादातर अन्य देशों में सम्पूर्ण श्रम में महिला-श्रम का अनुपात ऊँचा है; इसके परिणामस्वरूप राष्ट्रीय लाभ में इनका योगदान सम्पूर्ण का एक अच्छा-ख़ासा अंश बनता है। अगर पश्चिमी देशों में घरेलू कामों को छोड़ बाक़ी सब तरह के महिला-श्रम को समाप्त करने के उद्देश्य से कोई क़दम उठाया जाता है तो सम्पूर्ण अर्थव्यवस्था का ताना-बाना ख़तरे में आ जाएगा, और अगर यह क़दम सफल हो जाता है तो इन देशों को बर्बादी तक ले जाएगा। जिसे पंजाब त्याग रहा है, वह इंग्लेण्ड तथा अन्य देशों में उनकी सभ्यता को बनाए रखने के लिए पक्के तौर पर एक आवश्यक तत्त्व है। ब्राह्मण और राजपूत जातियों द्वारा अपनी महिलाओं को खेतों में भी काम करने की इजाज़त न दिया जाना उनकी दरिद्रता की व्याख्या करने के लिए काफ़ी है... पीढ़ियाँ गुज़रने के दौरान इस श्रम के गंवाए जाने से हुए अकेले इस नुक़्सान ने ही भौतिक प्रगति का होना लगभग नामुमकिन बना दिया होगा। महिलाओं से प्राप्त श्रम की मदद के बिना किसी भी युरोपीय मुल्क के लिए अपने मौजूदा जीवन-स्तर को बनाए रखना मुमकिन नहीं है।[103]

बरतानवी अधिकारियों की कोशिश थी कि "उच्च आर्थिक मापदण्डों" की पश्चिमी मिसाल को प्रदर्शित करते हुए महिलाओं को खेती के काम में शामिल करने की ज़रूरत को दर्शाया जाए। "स्वाभाविक तौर पर गहरे रंगे हुए भारतीय दिमाग़ों" के लिए उनकी यह कोशिश बहुत ही हताश करने वाली रही। उन्होंने माना कि भारतीयों को अपना तर्क स्वीकार करवाने और वांछित नतीजे हासिल करवाने में उन्हें 'बहुत मुश्किल' पेश आई।[104]

5. किसान-आधारित अर्थव्यवस्था के सामाजिक-सांस्कृतिक अंजाम के रूप में विवाह और वधू-मूल्य की सूरत

खेती से सम्बद्ध अर्थव्यवस्था में महिलाओं के महत्त्व ने विवाह को एक स्वीकृत 'आर्थिक ज़रूरत' बना दिया; यहाँ तक कि एक पुरुष द्वारा राजस्व की अदायगी न कर पाने को उसकी अविवाहित अवस्था से जोड़ कर देखा जाता था क्योंकि 'अकेले आदमी' से खेती में अच्छे प्रदर्शन की आशा नहीं रखी जाती थी; और पत्नी की मौत के बाद एक मर्द को 'आधा लकवाग्रस्त' माना जाता था।[105]

महत्त्वपूर्ण है कि शादी तय करते वक़्त काम करने से सम्बद्ध एक सम्भावित बहू के गुणों की जाँच-पड़ताल की जाती थी। मान्यता थी कि वह 'हाथ-पैर की मज़बूत होनी चाहिए, ताकि खेत-क्यार का काम ठीक तरह हो सके'।[106] 'काम करने के इन गुणों' पर बल देने की वजह से लड़की की उम्र और क़द आदि पर ध्यान नहीं दिया जाता था। नतीजे के तौर पर बहुत बार लड़की उम्र में लड़के से बड़ी और कभी-कभी क़द में उससे लम्बी होती थी। ज़ाहिर है कि वधू की उम्र परिवार की श्रम-सम्बन्धी आवश्यकताओं से तय होती थी। महत्त्व इस बात का भी था कि श्रम की मांग और ज़रूरत तो वधू से होती थी न कि बेटी से। वर की तुलना में क़द और उम्र इस तरह उपेक्षित किए जाने को सद्गुण या उपलब्धि के रूप में जताया जाता था और एक स्थानीय लोकोक्ति में इसका गुणगान इस प्रकार किया गया है:

बड्डी बहू बड्डे भाग
छोटा बंदड़ा घणे सुहाग।[107]

(उम्र में या क़द में बड़ी बहू बड़ा भाग्य लाती है
और उम्र में या क़द में छोटा दूल्हा भी सौभाग्य साथ लाता है।)

हम देखते हैं कि यहाँ आम रिवाज को उलट दिया गया है जिसके तहत कम उम्र की पत्नी लाई जाती थी जिसे मर्द की ज़रूरतों के हिसाब से ढाला और अपने वर्चस्व में रखा जा सके। लेकिन रिवाज का यह उलटना भी पितृसत्ता द्वारा अपनी अलग-अलग ज़रूरतों और मांगों को पूरा करने तथा प्रभाव बनाए रखने के मक़सद को ही पूरा करता था। बड़ी उम्र की औरतों, ख़ासतौर से सासों, की भी इसमें मिली-भगत रहती थी क्योंकि

इसमें उन्हें भी अपना सीधा लाभ दिखाई देता था – वे घर के कठिन काम अपनी बहुओं के ज़िम्मे लगा सकती थीं।

बड़ी तादाद में ऐसी लोकोक्तियाँ हैं जिनमें बड़ी उम्र की, वयस्क लड़की को एक बालक-मात्र या यौवन-पूर्व आयु के लड़के के साथ विवाहित दर्शाया गया है। ऐसे में लड़की न केवल खेती सम्बन्धी एवं घरेलू कार्य करती थी बल्कि अपने पति का भी पालन-पोषण करती थी। कुछ उदाहरणः

बारह बरस की कन्या
और छटी रात का बर
मन माने सो कर।[108]
(बारह वर्ष की दुलहन
और छह दिन बड़ा दूल्हा
जो जी में आए करें।)

ऐसी ही एक और लोकोक्ति के मुताबिक़

बन्ना जोरू का खिलोना।[109]
(दूल्हा दुलहन के लिए खिलौना है।)

दूसरी ओर, सम्बद्ध महिलाओं की अनुभूति इस लोकगीत में झलकती है, जिसमें शारीरिक तौर पर परिपक्व लेकिन एक बच्चे की पत्नी होने पर मजबूर औरत की करुणाजनक विडम्बना वाली हालत तो दिखाई देती ही है, उस द्वारा सहा जा रहा कष्ट और पीड़ा भी प्रदर्शित होते हैंः

ढूंढा ढूंढा री बेग्निया से छोटा
पानी को जायूँ मेरे साथ साथ जावे
रोवे रोवे री ये तो नेज्जू पकड़ के
रोवो मत बाले सैंयाँ झीको मत बाले सैंयाँ
दूँगी दूँगी जी तुम्हें फुलिया मंगाई के
सोने को जाऊँ, मेरे साथ साथ जावे
रोवे रोवे री अम्मा अम्मा कर के
रोवो मत बाले सैंयाँ, झीको मत बाले सैंयाँ
दूँगी दूँगी जी गुड़िया मंगाए के।[110]

(मेरे विवाह के लिए एक बालक-मात्र ढूंढा गया है।
पानी लेने जाती हूँ तो मेरे साथ-साथ जाता है,
कुएँ से पानी निकालने की रस्सी पकड़ कर रोता है।
मेरे प्यारे, रो मत और झींक भी मत,

तेरे लिए मिठाई मंगवाऊँगी और दूँगी।
मैं सोने को जाती हूँ तो मेरे साथ-साथ जाता है,
अम्मा-अम्मा पुकार कर रोता है।
मेरे प्यारे, रो मत और झींक भी मत,
तेरे लिए एक गुड़िया मंगवाऊँगी खेलने को।)

यह रिवाज साफ़ तौर पर महिला के काम के उपयोग की सख़्त ज़रूरत से उपजा था मगर इसका उपहास भी किया जाता था – जैसे कि इस अतिलोकप्रिय निरर्थक कविता में, जो अब भी आमतौर पर गाँवों में सुनने को मिल जाती है, और जो इसे एक आम घटना के तौर पर रेखांकित करती हैः

गोर गड़ी भाई गोर गड़ी
बन्ना छोट्टा बहू बड़ी।[111]
(गोर गड़ी भाई गोर गड़ी
दूल्हा तो छोटा है और बहू बड़ी है।)

वधू-मूल्य

महिलाओं द्वारा अर्थव्यवस्था में अदा की गई महत्त्वपूर्ण भूमिका की वजह से आर्थिक तौर पर तंग किसानों में कन्याओं की ख़रीद-ओ-फ़रोख़्त की प्रचलित प्रथा को भी व्यापक स्वीकृति मिलने लगी थी। कुछ खाते-पीते समृद्ध परिवारों को छोड़ दें तो उनीसवीं सदी में यह प्रथा न केवल जाटों में बल्कि कृषक एवं निम्न जातियों में भी व्यापक तौर पर देखने में आती थी।[112] निम्न जातियों में वधू-मूल्य का प्रसंग एक स्थानीय लोकोक्ति में बहुत अच्छे से इस प्रकार प्रदर्शित होता थाः

नाई किस का भाई
छोरी बेच ल्यावे लुगाई।[113]
(जब वो बीवी लाने के लिए बेटी को भी बेच सकता है
तो नाई किस का भाई हो सकता है!)

इसी तरह मेव, जिन्हें बरतानवी अधिकारी 'निम्न स्तर के मुसलमान' कहते थे, स्थानीय राय के मुताबिक़ इस तरह दर्शाए जाते थेः

मेव बेटी जब दे
जब ओखली भर रुपैया रखवा ले।[114]
(एक मेव बेटी का ब्याह तब करेगा जब उसे ओखली भर रुपये दिए जाएँगे।)

महत्त्वपूर्ण है कि किसान-संस्कृति इसे एक भ्रष्ट प्रथा के रूप में नहीं दर्शाती थी। इस प्रथा का उपहास उड़ाने वाली उपरोक्त दो लोकोक्तियाँ, उस संस्कृति की द्विअर्थी

प्रवृत्ति को दर्शाती हैं। इसी द्विअर्थी प्रवृत्ति के चलते वधू-मूल्य के मसले को सिर्फ़ एक निम्न जाति या 'निम्न मुसलमानों' की ओर सरका दिया गया था। इससे इस बात की व्याख्या भी होती है कि क्यों, बरतानवी अधिकारियों के मुताबिक़, जाटों जैसी अन्य जातियों द्वारा इसके अनुकरण के बावजूद इसे एक 'शर्मनाक प्रथा' की तरह देखा जाता था और 'कुछ हद तक क्षमायाचना तथा स्पष्ट तौर पर शर्मिंदगी महसूस करते हुए' स्वीकारा जाता था। इसके बावजूद यह प्रथा बीसवीं सदी के पहले दशक में कथित तौर पर हर जगह बढ़ रही थी।[115]

पंजाब के सबसे प्रतिष्ठित अधिकारियों में से एक, मैल्कम लायल डार्लिंग ने पंजाब के विभिन्न हिस्सों के सामाजिक जीवन के विविध पहलुओं का गहन और तुलनात्मक अध्ययन किया था और उनकी मान्यता थी कि वधू-मूल्य क़ीमतों में बढ़ोतरी के साथ लगातार बढ़ता रहा थाः

> पचास के दशक में एक वधू को 50 रुपये में लिया जा सकता था, लेकिन अब न तो मैदानी इलाक़ों में और न ही पहाड़ों में लेने लायक़ कुछ भी तीन या चार सौ रुपये से कम में लिया जा सकता है, और गम्भीर महामारी हो जाए तो क़ीमत काफ़ी बढ़ सकती है। मिसाल के तौर पर रोहतक में, जहाँ 1918 में इन्फ़्लुएन्ज़ा से 10 प्रतिशत लोग मारे गए, क़ीमत 500 रुपये से बढ़ कर 2000 रुपये हो गई। दूसरी ओर हिसार में 1919-21 के लम्बे सूखे ने इसे 2000 रुपये से घटा कर 500 रुपये तक ला दिया था।[116]

व्यक्तिगत मामलों में 'मनमानी क़ीमतें' अदा की जाती थीं, ख़ासतौर से अगर लड़का किसी न किसी रूप में अक्षम हो या अगर वह उम्र में काफ़ी बड़ा हो।[117]

बरतानवी अधिकारी खेतीहर जातियों में आमतौर पर कुँआरे पाए जाने की स्थिति का कारण पत्नी-ख़रीद के रिवाज को मानते थे।[118] हालाँकि 'आमतौर पर पाए जाने वाले कुआँरों' की इस अद्‌भुत परिघटना को समझने के लिए कई कारकों की व्याख्या की ज़रूरत पड़ सकती है, जैसे कि उच्च वर्गों में निम्न स्त्री-पुरुष अनुपात, अनुलोम विवाह (यानी अपने से उच्च-वर्ग या सामाजिक रुतबे के व्यक्ति के साथ विवाह), बहुविवाह प्रथा, दहेज और पत्नी की मौत के बाद मर्द का पुनर्विवाह तथा निम्न-वर्गों में वधू-मूल्य के रिवाज आदि का होना, लेकिन यह तो तय ही है कि कुँआरों का होना सन्तोषजनक कृषि-उत्पादन के लिए अनुकूल नहीं था। नतीजतन, क़ानूनी शब्दावली में अंग्रेज़ों द्वारा पत्नी की ख़रीद को एक 'जायज़ ज़रूरत'[119] ठहराया गया जबकि यह इस बात के बावजूद हुआ कि अपने नस्लीय-सांस्कृतिक रूझान के साथ, 'बेटियों को मुआवज़े के लिए बेचने' के चलन को वे एक 'बुरा रिवाज', बल्कि एक 'बर्बर' रिवाज[120] मानते थे। खेती करने वाले व्यक्ति के लिए पत्नी के महत्त्व को समझते हुए, उन्होंने बीवी की ख़रीद के उद्देश्य से की जाने वाली अचल पैतृक सम्पत्ति की बिक्री तक को क़ानूनी स्वीकृति दे दी थी। उदाहरण के लिए, मई 1927 में करनाल के एक ज़िला न्यायाधीश ने, किसी

बीमारी से पीड़ित दिला राम नामक 30 वर्षीय व्यक्ति द्वारा विरासत में मिली अपनी धरती की बिक्री को जायज़ माना, और निर्णय इस आधार पर दिया कि "उसे स्वयं के लिए एक पत्नी ख़रीदने के मक़्सद से पैसे की ज़रूरत थी, और कुल मिला कर देखें तो यह उसके लिए एक क़ानूनी ज़रूरत बन गई थी"। लाहौर उच्च न्यायालय ने इस फ़ैसले पर अपनी मुहर लगाई और उसे उलटवाने के लिए की गई अपील को ख़ारिज कर दिया।[121] असल में तो इस व्यक्ति का बीमार या कमज़ोर होना भी ज़रूरी नहीं था। 1931 में एक अन्य मामले में 'ख़रीद से हुई पत्नी' को 'प्रथा के अनुकूल' माना गया और लाहौर उच्च न्यायालय ने विक्रेता द्वारा पैतृक धरती की बिक्री को क़ानूनी तौर पर वैध माना।[122] ज़ाहिर था कि वधुओं की ख़रीद के लिए धरती बेचे जाने को क़ानूनी समर्थन मिल जाने से उनकी बिक्री में साफ़ तौर पर दिखाई देने वाली वृद्धि को प्रोत्साहन मिला, जैसा कि बरतानवी प्रशासकों द्वारा ध्यान में लिया ही गया था।

उपनिवेशीय सरकार ने न सिर्फ़ विरासत की जायदाद पर अपनी ही क़ानूनी बंदिशों में ढील दे कर इस प्रथा को बढ़ावा दिया बल्कि सगाई के वादे को भी अदालतों के ज़रिए क़ानूनी तौर पर लागू होने लायक़ बना दिया था। मिसाल के तौर, एक लड़की के माता-पिता द्वारा सगाई तोड़े जाने की सूरत में उन पर अदालती मुक़द्दमा दर्ज किया जा सकता था जबकि इसके उलट नहीं हो सकता था। 1911 में जे.एम. डनेट ने ज़िला लुधियाना के कई ऐसे मामले दर्ज किए जिनमें हर्जाना दिए जाने के आदेश जारी किए गए थे और लड़के वालों को पैसा दिए जाने के फ़रमान जारी किए गए थे।[123] इसी तरह अम्बाला के ज़िला न्यायाधीश ने कई उदाहरण दर्ज किए जिनमें सगाई का क़रार तोड़े जाने पर अदालतों ने 40 रुपये से लेकर 300 रुपये तक हर्जाने के आदेश दिए थे। ऐसे मामलों में क़ानून के दख़ल के बारे में ए. केन्सिंग्टन का 1893 में यह मानना था:

> क़ानूनी अदालतों का डर न हो तो लड़की वाले अकसर सगाई के वक़्त दी गई रक़म को रख लिया करते थे और फिर लड़की को कहीं और बेच देते थे। यह स्पष्ट है कि सवाल का जवाब देने में सभी जातियों के लोग ख़ुद को दो तरह से बंटा हुआ पाते हैं। एक तरफ़ तो वैध अधिकार का एहसास उन्हें यह कहने को प्रेरित करता है कि सगाई पर कुछ ख़र्च नहीं आता और इसमें हर्जाने की देनदारी शामिल नहीं होनी चाहिए। लेकिन दूसरी ओर वे बहुत स्पष्ट स्वीकारोक्ति करने के नतीजों से डरते भी हैं। इस बात की पहचान तो है कि पत्नी-ख़रीद की प्रथा को कोसा जाता है लेकिन अपने आस-पास पनप रही व्यवस्था के दबाव में लोग इस ओर ज़्यादा प्रवृत्त हो रहे हैं कि क़ानूनी अदालतों की ख़तरनाक मदद लेते हुए पैसा खोने के जोखिम से ख़ुद को बचा लिया जाए।[124]

यह मिसाल उपनिवेशीय कांगड़ा के राजपूतों के बारे में जॉनथन पैरी के वृत्तांत की तर्ज़ पर एक बाज़ार की सी स्थिति दर्शाती है, जिसमें पिता अपनी बेटियों को उन पर सबसे ज़्यादा बोली लगाने वाले को सौंप सकते थे।[125] उपनिवेशीय दौर में वधुओं की बिक्री में

साफ़ तौर पर दिखाई देने वाले इज़ाफ़े की भी व्याख्या इससे होती है। इसके अलावा, वादा तोड़े जाने की सूरत में क़ानूनन हर्जाना हासिल करने का आश्रय दे कर अंग्रेज़ों ने एक स्वार्थी पिता के लालच पर उस रिवायती अंकुश को भी ख़त्म कर दिया जो हिंसा के ज़रिए बदला लेने के रूप में मौजूद रहता था।[126] लम्बे अदालती संघर्ष के बाद एक अनिश्चित रक़म की वसूली, वह भी एक ऐसी रक़म जिसे अनिच्छापूर्वक और शायद संदिग्ध, झूठे तरीक़े से ज़ाहिर किया गया हो, इस प्रथा को रोकने की बजाए प्रोत्साहित ही कर सकता था।

ध्यान देने की बात है कि बरतानवी अधिकारियों द्वारा यह मानने से इनकार करने के लिए कि इस इलाक़े में काफ़ी हद तक कन्या भ्रूण-हत्या होती थी, कई कारण दिए गए। इनमें से एक कारण वधू-मूल्य अदा किए जाने की प्रथा का भी था जबकि निम्न स्त्री-पुरुष अनुपात के लिए उन्होंने अन्य कारण दिए। देखने में तो स्थिति असल में विरोधाभासी थी। विशेष तौर पर इसलिए कि वधू-मूल्य की आधिकारिक समझ के तहत उसे 'पति को हस्तांतरित पारिवारिक अधिकार के लिए... क्षतिपूर्ति' के रूप में लिया गया था।[127] इसी तरह हाल के समय में की गई व्याख्या वधू-मूल्य को 'उस [वधू] के जाने पर परिवार को हुए उत्पादन के नुक़्सान की क्षतिपूर्ति' के रूप में लेती है।[128] हाँ, एक वोरोधाभासी बात इस व्याख्या के ख़िलाफ़ जाती है – यानी, एक ही जाति के भीतर के एक वर्ग में तो उसकी शादी की वजह से वधू की सेवाओं से वंचित होने पर उसके कुछ रिश्तेदारों की 'क्षतिपूर्ति' किए जाने का इमकान रहे जबकि उसी जाति के एक उच्च-वर्ग की क्षतिपूर्ति न की जाए बल्कि वर तथा उसके रिश्तेदारों को विवाह के समय तथा अन्य मौक़ों पर नकदी और वस्तुओं के रूप में कुछ न कुछ दिया जाए।

निम्न वर्गों में भी, जैसा कि हम जल्दी ही देखेंगे, वधू-मूल्य एक औरत को बमुश्किल ही कुछ ठोस आर्थिक महत्त्व मुहैया करवाता या उसके रुतबे को बढ़ाता था। असल में तो वधू-मूल्य किसानों के निम्न आर्थिक तबक़े में सबसे ज़्यादा प्रचलित रहा और इसी वजह से इस रिवाज को सम्मान का दर्जा भी नहीं मिला। इसी तरह थोड़ी बहुत प्रतिष्ठा और आधार वाले मध्य-स्तरीय किसान को अपने बेटे की शादी के लिए वधू-मूल्य देना पड़ता था (वधू आमतौर पर कुछ क़ीमत लेने वाले ग़रीब परिवारों में से हुआ करती थी)। साथ ही उसे अपनी बेटी की शादी के लिए दहेज भी देना पड़ता था, क्योंकि जाति के भीतर ही एक बेहतर रिश्ते की तलाश रहती थी। एक जाति-समूह के कुछ तब्क़ों का दहेज तथा वधू-मूल्य, दोनों में शामिल होना कांगड़ा और गुजरात, दोनों के राजपूतों में देखा गया है।[129] मगर राजपूतों में कुटुम्बीय अनुलोम विवाह (यानी अपने से उच्च-वर्ग या सामाजिक रुतबे के व्यक्ति के साथ विवाह) होता है जिसके फलस्वरूप कुटुम्ब में उच्च रुतबे और प्रतिष्ठा वाले सदस्यों के पास अपनी बेटियों की शादी के लिए कुटुम्बों के सीमित विकल्प होते हैं, जबकि जाटों में यह स्थिति नहीं है।

यह कारक राजपूत कुटुम्बों के बीच शादी के तहत लड़कियों के आदान-प्रदान के भी प्रतिकूल जाता है। जाटों में गोत के ऊँच-नीच की कोई श्रेणीबद्ध व्यवस्था नहीं है और इसलिए कुटुम्बीय अनुलोम विवाह की प्रथा भी नहीं है। एक जाट के पास अपनी बेटी का विवाह उस कुटुम्ब में करने की सम्भावना रहती है जिस से उसने अपने बेटे के लिए बहू प्राप्त की है।[130] क्योंकि 'सामाजिक तौर पर श्रेष्ठ' माने जाने वाले कुटुम्ब नहीं हैं, इसलिए रुतबा या तो इस बात से तय होता है कि कोई कितनी धरती का मालिक है या फिर वर के परिवार की बेहतर तथा ऊँची आर्थिक स्थिति से। उपनिवेशीय दौर के बंजर, शुष्क हरियाणा में आकांक्षा हमेशा यह रहती थी कि बेटियों या बहनों का विवाह नहरी संचाई वाले क्षेत्र में हो।[131] इसके लिए दहेज देना होता था।

स्पष्ट है कि वधू-मूल्य और दहेज की यह जोड़ी महिलाओं के अस्तित्व को एक दोहरा वित्तीय बोझ बना देती थी। इससे निकलने का एक तरीक़ा शायद वह था जो 'व्यावहारिकता' और 'सामाजिक बचाव' को आधार बनाते हुए ज़्यादातर ग्रामीण कश्मीरी पण्डितों द्वारा अपनाया गया, यानी अदला-बदली विवाह।[132] लेकिन हरियाणा और पंजाब में दादा-दादी और नाना-नानी के कुटुम्बों में विवाह की इजाज़त न होने के चलते अदला-बदली विवाह की घोर भर्त्सना की जाती है और इन्हें वधू-मूल्य से बड़ा नहीं तो उसके बराबर का कलंक माना जाता है।[133] ऐसी हालत में वधू-मूल्य को महिलाओं के प्रति ठोस सम्मान की मिसाल के तौर पर कैसे दर्शाया जा सकता था? वधू-मूल्य स्वीकार करने वालों को नीची नज़र से देखा जाता था और इसी के फलस्वरूप वे महिलाओं के प्रति अन्य लोगों के हावी नज़रिए में कोई बदलाव नहीं ला सकते थे। अपने स्तर पर वे औरत के होने को ही दोष देते थे, क्योंकि उसके होने का अर्थ था वधू-मूल्य और वधू-मूल्य का अर्थ था परिवार के लिए शर्म और बेइज़्ज़ती की पराकाष्ठा; खेतीहर लोगों में अर्थशास्त्र के मुक़ाबले इज़्ज़त की ज़्यादा अहमियत थी और यह बात वित्तीय तौर पर वंचित परिवारों के लिए भी सच थी। इसलिए महिलाओं का अर्थ था साधनों के नुक़्सान का, बह जाने का मार्ग – कुछ के लिए वित्तीय नुक़्सान और अन्य के लिए नैतिक तथा सदाचारी क्षय।

हैरत नहीं है कि अपने सकारात्मक पहलुओं में भी वधू-मूल्य किसी ठोस अर्थ में महिलाओं के लिए उच्च हैसियत नहीं ला पाया। वधू-मूल्य की प्रथा एक समय पर उत्तर भारत के ज़्यादातर हिस्सों में फैली थी मगर अब राजस्थान के कुछ टुकड़ों और अन्नना जाटों तक ही महदूद रह गई है।[134] हरियाणा में, बहुत ग़रीब और निम्न जातियों को छोड़ कर, खेतीहर जातियों में इस प्रथा का स्थान पूरी तरह दहेज ने ले लिया है। यह बदलाव बहुत पहले शुरू हो गया था और इसे टॉमस ट्रॉट्मन द्वारा व्याख्यायित आर्य/द्रविड़ परस्पर निबाह के सन्दर्भ में देखा जा सकता है।[135] टॉमस ट्रॉट्मन इण्डो-आर्य क्षेत्रों में रिश्तेदारी और विवाह के ढांचों में आए परिवर्तनों की ओर हमारा ध्यान आकर्षित करते

हैं। वे इन की व्याख्या रिश्तेदारी की बाहर से जन्मी, बहिर्जनित व्यवस्थाओं के सम्पर्क में आने से जोड़ कर करते हैं जो कुछ बातों में उच्च-जातियों की बनिस्बत निम्न-जातियों में रिश्तेदारी के लक्षणों या विशेषताओं के साथ मेल खाती हैं। एक परिवार से भाई-बहन का दूसरे परिवार के बहन-भाई से विवाह जैसी अन्य प्रथाओं के साथ-साथ वधू-मूल्य इन निम्न लक्षणों या विशेषताओं का हिस्सा था। स्वयं धर्मशास्त्र के प्रमाण से यह संकेत मिलता है कि इण्डो-आर्य समाज, जिसमें ये ढांचे और स्वरूप विकसित हुए थे, शादी के मामले को सिर्फ़ भेंट या दान के अर्थ में परिभाषित नहीं करता था बल्कि कई अन्य तरह से भी परिभाषित करता था। लेकिन मौजूदा रीति-रिवाजों को संहिताबद्ध करते समय धर्मशास्त्रों ने भी विवाह को एक ख़ास दिशा में पुनः निर्देशित कर दिया जिसके चलते परस्पर आदान-प्रदान की व्यवस्था असमानताओं और विषम सम्बन्धों की व्यवस्था में तबदील हो गई। इसलिए एक अवस्था से दूसरी में हुए इस बदलाव को विवाह-सम्बन्ध की उस व्यवस्था से परिवर्तन के रूप में देखा जा सकता है जिसे मान्यता देते हुए एक उच्चतर व्यवस्था के रूप में अपनाया गया था।

वधू-मूल्य बनाम दहेज

उपनिवेशीय समयकाल में इस परिवर्तन को एक संक्रमणकारी समाज, एक अवस्था से दूसरी की ओर बढ़ने वाले समाज, के व्यापक सन्दर्भ में देखा जा सकता है जिसके भूस्वामी समूहों, ख़ासतौर से जाटों में ऊपर की ओर गतिमान होने की महत्त्वाकांक्षा थी, जिसका अनुकरण धीरे-धीरे नीचे के तबकों तक पहुँचा। इसका अर्थ था कि जो 'आपत्तिजनक प्रथाएँ' उनकी समझ के मुताबिक़ उनकी इज़्ज़त, रुतबे और सम्पत्ति पर प्रतिकूल प्रभाव डालती हुई लगती थीं, उनमें उन्हें त्याग देने का रूझान था। वधू-मूल्य ऐसी ही एक प्रथा थी। वधू-मूल्य की अदायगी कर पाने के लिए की गई पैतृक सम्पत्ति की बिक्री को अवैध घोषित किए जाने के लिए अदालतों में चुनौतियाँ दी गईं, जो वधू-मूल्य जैसी प्रथाओं को त्यागने की कोशिशों का स्पष्ट उदाहरण हैं। निम्न एवं 'शूद्र' हैसियत से सम्बद्ध इस सांस्कृतिक प्रथा को अस्वीकृत किया जाता था, इस प्रथा का व्यवहार में अनुकरण करने वालों में अपमान और गिरावट की भावना रहती थी, और उपनिवेशीय आक़ाओं द्वारा इसकी भर्त्सना की जाती थी। इन सब बातों से यह रूझान बना कि सामाजिक स्वीकृति और पहचान की गारण्टी देने वाले, उच्च-परम्परा के किसी प्रतिमान को चुना जाए। नतीजे के तौर पर, इसके बावजूद कि वह वित्तीय संसाधन चूस लिए जाने का एक कारण है, दहेज को अब भी उसके इस सकारात्मक पहलू के साथ देखा जाता था कि इसमें पुरुष को उच्च हैसियत प्राप्त रहती है। अपने से ऊँचे रुतबे वाले परिवार में बेटी का विवाह, पत्नी देने वाले के रुतबे और प्रतिष्ठा को बनाए ही नहीं रखता था, उसे ऊपर भी उठाता था। इसके लिए एक महँगी शादी और बड़ा दहेज एक उच्च

हैसियत का विवाह-सम्बन्ध बना लेने का ही सूचक रहे हैं। साथ ही परिवार के सदस्यों के लिए स्वयं अपनी तथा परिवार की इज़्ज़त को पहले के मुक़ाबले और ऊपर उठाने के लिए एक आवश्यक निवेश भी रहे हैं।

उपनिवेशीय दौर के बाद के समयकाल में पूंजीवादी अर्थव्यवस्था ने कई माध्यमों से अपनी पैठ बना ली है। इसने उपभोक्तावाद, तड़क-भड़क वाली जीवनशैलियों तथा रुतबे वाले, आर्थिक तौर पर बेहतर हालात में पहुँचे हुए, शादी लायक़ लड़कों के लिए बढ़ती हुई प्रतिस्पर्द्धा के माध्यम से, धन-दौलत को एक नई हैसियत प्रदान कर दी है। इसके परिणामस्वरूप दहेज के लेन-देन को अब पक्के तौर पर – और पूरी तरह – रुतबे के साथ जोड़ कर, उसके एक पैमाने के तौर पर देखा जाने लगा है। इसके साथ ही, दहेज पितृसत्ता की विचारधारा के लिए एक बुनियादी सहारे का काम करता है। विरोधाभासी लेकिन फिर भी सहायक पितृसत्तात्मक प्रभावों वाले वधू-मूल्य के मुक़ाबले दहेज ज़्यादा साफ़ और महत्त्वपूर्ण तौर पर महिलाओं को अपने अधीन करता है।

6. विधवा पुनर्विवाह : करेवा का रिवाज

खेतीबाड़ी की वही ज़रूरतें जो वधू-मूल्य की इजाज़त देती थीं, विधवा-पुनर्विवाह को भी पवित्रता प्रदान करती थीं। वधू-मूल्य की ही तरह यह रिवाज भी खेती से सम्बद्ध जातियों और निम्न जातियों के बीच साझा रहा। लेकिन यहाँ के विधवा-पुनर्विवाह के रिवाज की अपनी ही विशेषताएँ थीं। यह *करेवा, करओ* या *चद्दरअन्दाज़ी* के नाम से जाना जाता था और इस रिवाज का मूल ऋगवेदिक काल के नियोग तक पीछे जाता है, जो पंजाब-हरियाणा के भौगोलिक क्षेत्र में आम रहा था और शुरुआती वैदिक आर्य-आबादियों से सम्बद्ध था।[136]

'करेवा' रंगीन कोनों की एक सफ़ेद चादर होती है जिसे पुरुष द्वारा विधवा के सिर पर डाल दिया जाता है। इसी से मान लिया जाता था कि उस पुरुष द्वारा विधवा को अपनी बीवी के तौर पर अपना लिया गया है। प्रतीकस्वरूप, इस क्रिया से विधवा एक बार फिर पुरुष की सुरक्षा में आ जाती थी – करेवा ओढ़ाने का अर्थ था कि वह उस 'मर्द की शरण' या 'छत' के नीचे आ गई है और इससे उसके जीवन में रंग भर गया है। इसके साथ ही इस मर्द द्वारा एक ऐसी औरत को अपने अधीन कर लिया जाता था जो इससे पहले काफ़ी हद तक स्वाधीन बन चुकी थी। इस रिवाज के तहत समाज से उन्हें साथ रहने की इजाज़त मिल जाती था। हाँ, इस रिवाज में कम-ज़्यादा, कुछ फ़र्क़ हो सकते थे।[137] मिसाल के तौर पर, इसी रस्म का एक रूप यह था कि भरी सभा में विधवा की कलाई में चूड़ियाँ और कभी-कभी नाक में सोने की नथ भी डाल दी जाती थी। साथ ही लाल चादर के एक कोने में एक रुपया बांध कर चादर उसके सिर पर डाल दी जाती थी। इसके बाद गुड़ या मिठाई भी बांटी जा सकती थी। महत्त्वपूर्ण है कि पुनर्विवाह के

इस रूप के साथ कोई धर्म-कर्म नहीं होता था क्योंकि रीति-रिवाज के अनुसार किसी औरत का ब्याह (धार्मिक विवाह) दो बार नहीं हो सकता था। करेवा के बाद विधवा फिर से गहने और रंगीन कपड़े पहन सकती थी – वह अपने पति की मृत्यु के बाद से प्रयोग में लाए जा रहे फीके-नीरस रंग त्याग सकती थी। कहा जाता था कि ज़िला करनाल में करेवा की इन रीतियों का पालन तब ही किया जाता था जब औरत, परिवार के ही किसी सदस्य की विधवा होती थी। बाक़ी और विधवाओं के लिए पुरुष किसी भी रीति का पालन किए बिना ही औरत को अपने घर ले जाता था।[138]

जहाँ विधवाएँ परिवार में ही रहती थीं, वहाँ साथ में रहने को ही रिश्ते की वैधता के लिए काफ़ी मान लिया जाता था और इस रिश्ते में जायज़ विवाह के सब अधिकार शामिल रहते थे। ज़िलों के रिवाज-ए-आम और अदालतों में हुए फ़ैसलों के ब्यौरे ऐसी मिसालों से भरे पड़े हैं जहाँ किसी स्वीकृत वैवाहिक धर्म-कर्म के बिना, लम्बा अरसा पति-पत्नी के तौर पर एक-साथ रहने को ही विवाह की वैधता के लिए काफ़ी मान लिया गया था।[139] लेकिन एक-साथ रहने को पुनर्विवाह के तौर पर मान लिए जाने के लिए ज़रूरी था कि इस तरह का रहना पुरुष के घर में ही हो। औरत से मुलाक़ात भर किए जाने को तो 'बदकारी' माना जाता था।[140] ध्यान देने लायक़ बात यह भी है कि एक-साथ रहने को शादी तो मान लिया जाता था, लेकिन सहवास सिर्फ़ विधवा के साथ ही हो सकता था, किसी 'अविवाहिता' के साथ नहीं। बरतानवी अधिकारियों ने यह बात दर्ज की है कि ग्रामीण लोग यह क़ुबूल करने में बहुत ही ज़्यादा 'शर्मिन्दगी और झिझक' महसूस करते थे कि 'विधवाओं के साथ विवाह के मामले में वैवाहिक धर्म-कर्म के पालन में ढील कितनी ज़्यादा हद तक आम-सामान्य हो गई है'[141]। अंग्रेज़ों के वक़्त में, एक-साथ रहने से जुड़ा यह सवाल विरासत के मुद्दे के केन्द्र में आने वाला था – इस मुद्दे पर कई मामलों के फ़ैसले आए, जैसा कि हम आगे आने वाले विवरण में देखेंगे।

अन्य रिवाजों की ही तरह करेवा के मामले में भी जाटों ने ही अगुवाई की। राजपूतों को छोड़ कर, खेती से जुड़ी बाक़ी जातियाँ उन्हीं के क़दमों पर चलीं। रिपोर्टों के मुताबिक़ ब्राह्मणों में भी करेवा का रिवाज मौजूद था।[142] मुज़फ़्फ़रगढ़ जैसे दूर-दराज़ ज़िले में भी ब्राह्मणों ने इस रिवाज के लिए समर्थन घोषित किया था। ब्राह्मणों द्वारा इसका इस तरह अपनाया जाना जेण्डर के रास्ते उलट-संस्कृतीकरण होता दर्शाता है। धरती और सम्पत्ति के महत्त्व के चलते उच्च-जातीय पवित्रता और हैसियत की माँगें ख़ारिज होकर रह गईं। इस ज़िले के सेटलमेन्ट अधिकारी ने इस ओर ध्यान दिलाया कि 'वहाँ हिन्दू क़ानून की पुस्तकों के थोड़े-बहुत ज्ञान वाला या उन पुस्तकों के नामों तक का जानकार ब्राह्मण भी बमुश्किल ही होगा।'[143] इस सूबे के ब्राह्मण, पुरोहित-वर्ग से न होकर ज़्यादातर तो धरती के मालिक थे। इसलिए वे इलाक़े के प्रभावी सामाजिक रीति-रिवाजों पर चलते थे, जबकि अन्य ब्राह्मणों के सांस्कृतिक आदर्श में पुनर्विवाह को तो बिल्कुल बर्दाश्त नहीं

किया जाता था और सती की पैरवी होती थी। अन्य हिन्दू जातियों में 'निम्न दर्जा खत्री'[144] भी इस प्रथा को मानते थे। लेकिन बनिया और कायस्थ जैसे अन्य लोग नहीं मानते थे। मुसलमानों में सैयद सबसे ऊँची जाति के थे और वे भी उच्च-जाति के हिन्दुओं की ही तरह इस प्रथा पर नहीं चलते थे[145] जबकि निम्न-जाति अछूत इसका अनुकरण करने वालों में प्रमुख थे। आंकड़ों के हिसाब से यह कहना मुश्किल है कि कितने लोग इस प्रथा को मानते थे लेकिन इतना तो साफ़ ही लगता है कि निहायत बड़ी तादाद में लोग इसका अनुकरण करते थे। दूसरी ओर, विधवा-पुनर्विवाह की प्रथा की तुलना में स्थानीय स्तर पर सती-प्रथा की निन्दा भी लोगों की भावनाओं की अभिव्यक्ति है:

मार मार के सती करना।[146]
(एक औरत को इस हद तक पीटना कि वह सती हो जाए।)

इसी भावना के महत्त्व की तरफ़ इशारा करती एक और भी ज़्यादा ताज़ा राय यह है:

पति मार के होवे सती, इसि नार ना चाहिए
तके गैर की नार, इसा भरतार ना चाहिए।[147]
(ऐसी औरत नहीं चाहिए जो पति को मार कर सती होवे
ऐसा पति नहीं चाहिए जो दूसरे की बीवी पर बुरी निगाह रखता हो।)

विडम्बना की बात है कि ये लोकोक्तियाँ सती होने वाली औरतों के ख़िलाफ़ लोगों के संदेहजनक उद्देश्यों की भी कलई खोलती हैं और सांस्कृतिक तौर पर नागवार रिवाज के बारे में एक तरह की दुविधा, यानी 'हाँ' और 'ना' वाले नज़रिए को अभिव्यक्त करती हैं। दूसरी ओर, विधवा-पुनर्विवाह को क़ुबूल न करने वाली जातियाँ उसको अपमानजनक नज़र से और उसका पालन करने वालों को नीची नज़र से देखती थीं।[148]

विधवा-पुनर्विवाह की लोकप्रिय स्वीकृति उनीसवीं सदी में दर्ज की गई एक लोकोक्ति में व्यक्त होती है, जिसे मैंने पूरे हरियाणा में इस्तेमाल होते हुए देखा। इसका प्रचलित इस्तेमाल न केवल इस परम्परा की निरन्तरता को, बल्कि उसके और ज़्यादा मज़बूत होने को दर्शाता है। इस बहुप्रचलित लोकोक्ति के अनुसारः

आ जा बेटी ले ले फेरे
यो मरग्या तो और भतेरे।[149]
(आ बेटी, शादी कर ले
ये मर गया है तो और भी कई हैं।)

'एक कन्या सहंसर वर'[150] (एक वधू के लिए हज़ार वर उपलब्ध हैं) की मान्यता वाले कृषक लोक-स्वभाव में इस विचार को उसी तरह प्रशंसित किया जाता है जैसा कि एक सदी पहले किया गया थाः

तीतर पांखी बादली बिधवा काजल रेख
वो बरसे योए घर करे या मैं नहीं बिसेख।[151]
(तीतर-पंख रंगी बादल तो बरसेगा ही
काजल लगाने वाली विधवा तो फिर से घर बसाएगी ही।)

इस इलाक़े में विधवा-पुनर्विवाह की बढ़ती स्वीकृति ने न केवल इन स्थानीय लोकोक्तियों की प्रासंगिकता बढ़ा दी है बल्कि उन्हें व्यापक स्तर पर आम इस्तेमाल में भी ला दिया है। विधवा की जल्द ही बदलने वाली हैसियत का एक और संकेत इस कहावत में मिलता हैः

खोले केस उघाड़े सिर, एक विधवा नज़र में आई।[152]
(खुले बाल और बिना ढका सिर, एक विधवा निगाह में आई।)

इस सन्दर्भ में ध्यान देने की बात है कि एक औरत के खुले बालों को बड़े पैमाने पर अमूमन उसके यौन-भाव और कामुकता के साथ जोड़ कर देखा जाना एक आम सी बात है। अपनी हैसियत में बदलाव की ओर बढ़ती एक 'विनोदी, ज़िन्दादिल विधवा' की छवि यहाँ भी दिखाई देती हैः

आलस-नींद किसाण नैं खोवै
चोर नैं खोवै खाँस्सी।
टका ब्याज मूल नैं खोवै
राण्ड ने खोवै हाँस्सी।[153]
(नींद और आलस एक किसान को नष्ट करते हैं,
चोर की पोल खोल देती है खाँसी।
ऊँचे ब्याज से मूल धन की हानि होती है
और विधवा का भांडा फोड़ देती है हँसी।)

पुरानी लोक-कहावतें विधवाओं द्वारा होली का त्यौहार खुले तौर पर मनाए जाने की प्रचलित मंज़ूरी को भी दर्शाती हैं। असल में तो उन्हें पूरे जोश के साथ इसे मनाते हुए देखा जा सकता है। मान्यता के मुताबिक़ उत्तर भारत के गाँवों में मनाया जाने वाला यह सबसे महत्त्वपूर्ण त्यौहार है, जिसे दीवाली तथा दशहरा से ऊपर का दर्जा दिया जाता है।[154] धरती से जुड़े इस त्यौहार में एक अनोखे क़िस्म के खुरदरेपन, हँसी-ठट्ठे, ढोंग और बहानेबाज़ी का मिला-जुला रूप मौजूद रहता है। महिला और पुरुष खुल कर एक-दूसरे से घुलते-मिलते हैं जिसके चलते लिंग, उम्र और हैसियत का अन्तर मिट जाता है – लेकिन ज़रूरी नहीं है कि जाति का अन्तर भी मिट जाए। पुरुषों तथा औरतों के बीच फूहड़, अश्लील क़िस्म की ऊधम-मचाई, फक्कड़बाज़ी से भरा गीत-संगीत तथा एक-दूसरे पर रंग और पानी, यहाँ तक कि गोबर भी फैंका जाना इस त्यौहार में शामिल

मनोरंजन और मज़ों का हिस्सा हैं।

भूमिकाएँ पलट जाती हैं – महिलाएँ पुरुषों को कोड़ों से पीटती हैं, उन पर गालियों की बौछार करती हैं। पुरुष भी अश्लील तुकबन्दियों या द्विअर्थी शब्दों का इस्तेमाल कर के उन्हें उकसाते हैं।[155] 'लट्ठमार होली' के रूप में मशहूर इसी तरह की होली पश्चिमी उत्तर-प्रदेश में खेली जाती है। मक्किम मैरियट इस उत्सव का एक दिलचस्प विवरण देते हैं। वे इसे विशिष्ट यौन-सम्बन्धों के खुले ड्रामाई प्रदर्शन के मौक़े के तौर पर दर्शाते हैं – ऐसे सम्बन्धों का खुले तौर पर इज़हार, जिन्हें आमतौर पर अभिव्यक्त ही नहीं किया जाएगा।[156] होली-त्यौहार के यौन-सम्बन्धी पक्ष पर टिप्पणी करते हुए विलियम क्रुक ने उनीसवीं सदी में लिखा थाः

> आख़िर में आती है इस त्यौहार के मनाने में साफ़ तौर पर शामिल अभद्रता की बात। विश्वास करने लायक़ बात लगती है कि... स्वच्छंदचारी सम्पर्क को इस रीति का एक आवश्यक अंग माना जाता था।[157]

सामाजिक बन्धनों से एक तरह की अस्थाई, वक़्ती आज़ादी के बीच विधवाओं को होली के मज़े और धूमधाम में हिस्सा लेने वालों के रूप में क़ुबूल किया जाता है। लोक-कथन के अनुसारः

काच्ची इमली गदराई सामण मै
राण्ड लुगाई मस्ताई फागण मै।[158]

(कच्ची इमली – यानी कच्ची उम्र की लड़की – सावन में पकती, परिपक्व होती है
विधवा पर फागुन, यानी बसन्त, के समय मस्ती आती है।)

ज़ाहिर है कि लोक-परम्परा में विधवाओं की कामुकता को प्रतीकस्वरूप स्वीकारा गया है – और यह अब भी जारी है। लेकिन यह स्वीकार्यता अस्थाई है, क्योंकि इसे पुनर्विवाह के माध्यम से क़ाबू में रखने की कोशिश रहती है।

सामाजिक स्तर पर एक विधवा को जिस आसानी से जगह देने की गुंजाइश बन जाती है, उसका मूल इस तथ्य में है कि उसे बहुत कम ही अपने पति की मौत का हक़ीक़ी, अलौकिक कारक माना जाता है। यहाँ याद रखने की बात है कि मज़बूत ब्राह्मणवादी परम्पराओं वाले इलाक़ों में विधवा-अवस्था को बीते जन्म में किए गए बुरे कर्मों का फल माना जाता है,[159] जबकि हरियाणा और पंजाब के ग्रामीण इलाक़ों में सांस्कृतिक तौर पर इसे बहुत ही ढीले-ढाले अन्दाज़ में 'ऐसे कर्म थे' कहकर 'क़िस्मत' के सिर डाल दिया जाता है (और क़िस्मत भी मर्द की, न कि औरत की)।[160]

इससे पहले भी, 1930 के दशक में, डार्लिंग का अवलोकन-आधारित कथन था कि विधवाओं को बदक़िस्मती का शिकार माना जाता था न कि पाप का।[161] औरत फिर से शादी कर लेती है और बस नाम भर को विधवा होने का उसका कलंक बना नहीं

रहता। महत्त्वपूर्ण है कि धार्मिक त्यौहारों और व्रतों में से एक, 'करवा चौथ', जो पत्नी द्वारा अपने पति की लम्बी उम्र की प्रार्थना के लिए रखा जाता है, पूरे मौजूदा पंजाब तथा ज़्यादातर उत्तर प्रदेश में तो फैला है, लेकिन ग्रामीण हरियाणा में इसकी कोई परम्परा नहीं है।[162] इसलिए पत्नी की प्रार्थनाओं में पति की मौत से पहले ख़ुद की मौत की प्रार्थना शामिल नहीं है, जैसा कि करवा चौथ को मानने वाले इलाक़ों में है। इसकी बजाए बेटे की लम्बी उम्र के लिए 'कोमाई का व्रत'[163] रखा जाता है। बेशक, यह परम्परा विधवा-पुनर्विवाह के रिवाज से निकली और जैसा कि आशा की जा सकती है, बेटे को प्राथमिकता और अहमियत देती है, न कि पति को।

विधवा का पुनर्विवाह या करेवा इसी रूप में चल रहा है कि विधवा को मृत पति के छोटे भाई द्वारा स्वीकारा जाता है और ऐसा न हो पाए तो पति के बड़े भाई [जेठ] द्वारा, और यह भी न हो पाए तो पति के पैतृक परिवार में से उसके भाई [चचेरे भाई] द्वारा, आदि। देवर के साथ विवाह की इस प्रथा की झलक लोक-साहित्य में काफ़ी हद तक देखने को मिलती है। हँसी-मज़ाक़ में खुले तौर पर हर उम्र की महिलाओं और उनके देवरों द्वारा इसका हवाला दिया जाता है और ऐसे विवाह का एक तरह से पूर्वाभास किया जाता है। ये सब कुछ सगे-सम्बन्धियों में आमतौर पर पाए जाने वाले हँसी-मज़ाक़ के रिश्तों का भी हिस्सा है, जो उत्तर भारत में हर जाति और वर्ग के लोगों में पाया जाता है। मिसाल के तौर परः

देवर-भाभी का प्यार हो सै
इसमें के तकरार हो सै।
(देवर-भाभी में प्यार तो होता ही है
इसमें कहा-सुनी की तो बात ही क्या है।)

इससे भी ज़्यादा स्पष्ट और दमदार लेकिन कुछ नियंत्रित, संयत ध्वनि यह हैः

राण्ड के घर में देवर मौला।[164]
(विधवा के घर में देवर का राज होता है।)

एक जानी-मानी लोक-कथा में देवर के साथ विधवा-विवाह की प्रथा को केन्द्रीय विषय के तौर पर लिया गया हैः

> एक राजा के दो बेटे थे। दोनों जंगल में जाया करते थे। एक दिन छोटे भाई ने अपनी भाभी से शादी करने के मक़सद से अपने बड़े भाई को मार डाला और उसे जंगल में ही छोड़ आया। वह अकेला वापिस चला आया तो उसकी भाभी के मन में शक पैदा हुआ। उसने अपने पति के बारे में पूछा। वह अपने पति की तलाश में जंगल गई। वहाँ उसने एक मृत शरीर के ऊपर गिद्ध मंडराते देखे। देवर ने उसे एक मरा हुआ जानवर बता कर अपनी भाभी को उसके नज़दीक न जाने की सलाह दी। भाभी फिर भी नज़दीक चली गई

और उसने पाया कि वह उसी के पति की लाश थी। अपने पति के अंतिम संस्कार के आदेश देने के बाद उसने अपने देवर को यह कहते हुए कोसाः देवर तन्ने कीड़े पड़ने चाहिएँ, तन्ने अपने भाई का घर उजाड़ कर अपना घर बसाया है।[165] (तुझे अपनी इस काली करतूत की सज़ा मिले और तुझे कीड़े पड़ें, देवर! तूने अपने भाई का घर उजाड़ कर अपना घर बसाया है।)

इस इलाक़े की मौखिक परम्परा इस तरह के देवर-भाभी गीतों में समृद्ध है। स्पष्ट है कि विवाह के इस रूप के निरन्तर बने रहने से इन गीतों की लोकप्रियता को बल मिल रहा है।

करेवा के तहत परिवार में पुनर्विवाहित विधवा की स्थिति : कमउम्र देवर और ससुर से पुनर्विवाह सम्बद्ध अदालती प्रकरण तथा नियंत्रण के तरीक़े

गाँवों में बहुत से लोग उपनिवेशीय समय में अपने घरों में हुए ऐसे करेवा विवाहों को याद करते हैं, जिनमें देवर बच्चा-मात्र था। उदाहरण के लिए, ज़िला करनाल के गाँव बांध से राम चन्दर को याद था कि जब उसकी 18-वर्षीय विधवा दादी ने उसके दादा (दादी के मृत पति के भाई) से पुनर्विवाह किया तो वह सिर्फ़ तीन साल का था। उसने पहले उसका पालन-पोषण किया और फिर अपना परिवार बनाया।[166] ऐसे ही कई उदाहरणों का हवाला लोगों की यादों से दिया जा सकता है। ये सब करेवा की प्रथा से सम्बद्ध प्रचलित लोक-गीतों में महिलाओं के बारे में दृष्टिकोण को मज़बूती देते हैं। लेकिन यह नहीं कहा जा सकता कि उम्र में बड़ा होने की वजह से पत्नी को अपने से कम आयु के पति पर कोई ख़ास असर या इख़्तियार हासिल हो जाता था : बल्कि ससुर, सास और जेठों की ताक़त तो पहले के मुक़ाबले बढ़ जाती थी क्योंकि यही ताक़त अब छोटे बेटे या छोटे भाई की तरफ़ से उसी की हिमायत में लागू की जाती थी। बड़ी उम्र के पति की सत्ता और अधिकार को परिवार में मिली हुई स्वीकार्यता के बावजूद उसकी पत्नी के रूप में वह शायद इसलिए थोड़ा-बहुत प्रभाव रख सकती थी कि पति को आसानी से अपने मुताबिक़ ढाला जा सकता था, मगर अब कमउम्र पति वाली स्थिति में वह प्रभाव भी उसके हाथ में नहीं रहता था।

दिलचस्प बात है कि उपनिवेशीय समयकाल में ससुर को भी करेवा अपने घेरे में लेता था। 1934 में ज़िला अम्बाला में एक जाट का मामला आया जिसने प्रथा के तहत दावा किया कि अपनी विधवा-पुत्रवधू के साथ उसका करेवा-विवाह जायज़ है। कई 'अहम गवाहों' ने गवाही दी कि इस तरह के विवाह 'असामान्य नहीं' थे। कई उदाहरण दिए गए कि इस तरह के विवाहों से हुए बच्चे पैतृक सम्पत्ति के उत्तराधिकारी बने थे।[167] लेकिन ससुर मुक़द्दमा हार गया। उसने लाहौर उच्च न्यायालय में अपील की। उच्च न्यायालय ने भी अपील ठुकरा दी और कहा कि एक जाट और उसकी विधवा-पुत्रवधू

के बीच करेवा-विवाह की प्रथा अवैध थी क्योंकि यह 'जाटों के विचारों के प्रतिकूल' था। लेकिन इस फ़ैसले के तहत प्रथा के हवाले से पूरे सूबे में सब पर लागू होने वाला कोई नियम प्रभाव में नहीं लाया गया। इसके कुछ ही अरसा बाद 1936 में हुए एक और मुक़द्दमे में होशियारपुर ज़िला न्यायाधीश ने बिल्कुल ही उलट रुख़ अपनाया और सबूत के आधार पर फ़ैसला दिया कि इस तरह का विवाह रिवायती तौर पर जायज़ था।[168] यह मामला ज़िला होशियारपुर की तहसील गढ़शंकर के एक जाट, जोगिंदर सिंह से सम्बद्ध था, जिसने अपने पिता दलीप सिंह द्वारा की गई 20 कनाल 7½ मरला (लगभग 10 बीघे या 2 एकड़) जद्दी ज़मीन की बिक्री को चुनौती दी थी। उसका कहना था कि यह बिक्री 'बिना सोच-विचार और ज़रूरत' के की गई थी, और इससे पैतृक सम्पत्ति को फिर से हासिल करने के उसके अधिकार को प्रभावित किए जाने की इजाज़त नहीं होनी चाहिए। पिता ने मुक़द्दमे का इस आधार पर प्रतिरोध किया कि दावेदार के पास सम्पत्ति फिर से हासिल किए जाने के अधिकार नहीं थे क्योंकि यह जद्दी ज़मीन नहीं थी। उसका आग्रह इस तर्क पर आधारित था कि वह (दलीप सिंह) और उसके दो भाई मेहर चंद की नाजायज़ औलाद थे क्योंकि मेहर चंद ने अपनी विधवा-पुत्रवधू से विवाह किया था, जो प्रथा के अनुसार नाजायज़ था। मुक़द्दमा इस बात पर टिका था कि ससुर का पुत्रवधू के साथ विवाह वैध था या नहीं और इस विवाह से पैदा हुए बच्चे जायज़ माने जाएँगे कि नहीं। लाहौर उच्च न्यायालय ने नीचे की ज़िला अदालत का 1937 का फ़ैसला यह कहते हुए बरक़रार रखाः

> प्रमाण से ज्ञात होता है कि इस तरह के विवाहों में बिरादरी मौजूद रहती थी और बेटों तथा बेटियों के विवाह जाट परिवारों में हुए हैं... ये विवाह उसी समुदाय के लिए घृणित कैसे हो सकते हैं जो समुदाय विवाह में उपस्थित हो।

इस फ़ैसले से संकेत मिलता है कि कुछ ख़ास चलन अगर प्रथा के तौर पर संस्थागत रूप ले लेते थे तो किस आधार पर अंग्रेज़ों द्वारा उसे मान्यता दी जाती थी। उनकी राय में ससुर और विधवा-पुत्रवधू के बीच विवाह को अगर सामाजिक मंज़ूरी न मिलती हो और अगर इस तरह के विवाह से होने वाले बच्चों के विवाह समुदाय के भीतर न हो सकते हों, तो प्रथागत क़ानून के तहत उसे अवैध ठहराया जाएगा।

इससे मिलते-जुलते मामलों में फ़ैसला लागू होने का प्रमाण अदालत में पेश किया गया। ऐसा ही एक मामला ज़िला होशियारपुर के राजपूत मेहतों का था, जिन्होंने ऐसे ही एक विवाह को जायज़ ठहराने के लिए ज़िले में प्रचलित प्रथागत क़ानून का सहारा लिया था। ससुर और विधवा-पुत्रवधू के बेटों के हक़ में जायदाद के अधिकार परिवर्तित किए जाने से सम्बद्ध दस्तावेज़ी सबूत भी पेश किए गए जहाँ सम्बन्धियों द्वारा उठाए गए ऐतराज़ रद्द कर दिए गए थे। इस सबको ध्यान में रखते हुए न्यायाधीशों ने यह फ़ैसला दिया :

> हो सकता है कि इस तरह के विवाहों को अब स्वीकार किए जाने की दृष्टि से नहीं देखा जाता और इसलिए वे अब दुर्लभ हो गए हैं। लेकिन इसका आवश्यक तौर पर यह अर्थ नहीं है कि वे अवैध हैं।

साफ़ ज़ाहिर है कि अंग्रेज़ों की राय में यह एक मान्य प्रथा थी – फिर अब चाहे उसका रिवाज घट ही क्यों न रहा हो। दूसरी ओर, इतना ही स्पष्ट यह है कि इस तरह के विवाहों की वैधता सन्देहजनक थी। जिन जाति-समूहों में इन शादियों को क़ुबूल किया जाता था, उन्हीं में इन शादियों पर विवाद हो रहे थे और उन्हें चुनौती दी जा रही थी। न्यायाधीशों ने साफ़ तौर पर टिप्पणी दी कि उन्हें करेवा की प्रथा 'आधुनिक विचारों' के विरुद्ध जाती दिखाई देती थी :

> जहाँ तक आधुनिक विचारों के ख़िलाफ़ जाने मात्र की बात है, मृत भाई की विधवा के साथ विवाह को बेटे की विधवा से विवाह के मुक़ाबले किसी भी तौर पर कम नफ़रत के लायक़ नहीं माना जा सकता। अगर बेटे की विधवा से विवाह को इसलिए एतराज़ के क़ाबिल माना जाता है कि पुत्रवधू बेटी के बराबर होती है, तो भाभी के साथ विवाह भी उतना ही नफ़रत लायक़ है क्योंकि भाभी बहन बराबर होती है।

ध्यान देने की बात है कि इन प्रथाओं में दिलचस्पी लेने वाले कुछ लोगों द्वारा इन्हें अपने हितों के लिए कुशलतापूर्वक, चालाकी से इस्तेमाल किया जा सकता था – और इसकी कोशिश भी की गई, ख़ासतौर से इसलिए कि उन प्रथाओं को क़ानूनी स्वीकृति मिल गई थी। हालाँकि अब इस तरह के विवाह को स्वीकार किए जाने का सवाल ही पैदा नहीं होता, उपनिवेशीय काल में देवर की तरह ससुर द्वारा करेवा-प्रथा पर दावा एक बहुत ही पेचीदा तस्वीर पेश करता है। यह विवादित प्रथा एक ख़ास इलाक़े और रुतबे के कुछ विशेष जाति-समूहों में मौजूद थी। मिसाल के तौर पर, अम्बाला और होशियारपुर क्षेत्र पंजाब के सबसे ज़्यादा पिछड़े क्षेत्रों में से थे जहाँ (जैसा कि हम देख ही चुके हैं) वधू-मूल्य की प्रथा भी ग़ैर-मामूली नहीं थी। इसी तरह, देवर के न होने पर जेठ के साथ – जिसके प्रति आदर ससुर के आदर जैसा ही था – और देवर तथा जेठ, दोनों के न होने पर ससुर के साथ करेवा की प्रथा के मूल में विधवा को कई कारणों से परिवार में बनाए रखने का तर्क था। इन कारणों में सम्पत्ति पर नियंत्रण, श्रम, विधवा की कामुकता और यौन-भाव तथा प्रजनन-क्षमता और विवाह के लिए पति-सम्बन्धी उसके चुनाव को क़ाबू में रखने जैसे कारण शामिल थे।

इस नियन्त्रण के पीछे की प्रभावशाली विचारधारा ई. जोज़फ़ द्वारा इस प्रकार दर्ज की गईः

> एक औरत, नाबालिग़ या बालिग़, हमेशा किसी न किसी के संरक्षण में रहती है। अकेली हो तो पिता के संरक्षण में, अगर वह मर चुका हो, तो दिए गए क्रमानुसार अन्य रिश्तेदारों [सभी पुरुष] के संरक्षण में। शादी होने पर भी, मुकलावे तक यही रहता है, जब वह अपने

> पति के संरक्षण में आती है; पति की मौत पर, पुनर्विवाह तक, वह पति के परिवार के संरक्षण में रहती है, वह नाबालिग़ हो चाहे बालिग़।[169]

इसलिए, विधवा का यह तय करने का हक़ कि वह शादी किस से कर सकती है, न सिर्फ़ बहुत ही सीमित और नियंत्रित था बल्कि यह अधिकार केवल उसके गुज़र चुके पति के परिवार के पास था। और हालाँकि विधवा को पुनर्विवाह के लिए मजबूर नहीं किया जा सकता था, वह उनकी सहमति के बिना कहीं विवाह करने के लिए आज़ाद नहीं थी। अगर वह अपने भूतपूर्व पति के परिवार की सहमति के बिना किसी अजनबी से शादी कर लेती थी, तो जाति-पंचायत नव-पति को मजबूर करती थी कि वह उसे छोड़ दे। या फिर नए पति को मजबूर किया जाता था कि वह विधवा के एवज़ में एक उचित रक़म उसके भूतपूर्व पति के परिवार को अदा करे। और ऐसा करते वक़्त इस बात को रेखांकित किया जाता था कि विधवा पर उसके भूतपूर्व पति के परिवार का स्वामित्व है। यह सब कुछ लत्ता-उढ़ाई विवाह के अलावा किसी भी विवाह को हतोत्साहित करने के लिए किया जाता था।[170] औरत पर और उसकी शादी के सवाल पर नियंत्रण इतना पक्का था कि यह बात खुले तौर पर क़ुबूल की जाती थी कि असल में उसे अकसर उनकी इच्छाओं के आगे झुकने को मजबूर किया जाता था।[171] ऐसे इलाक़े में इसके उलट किसी भी दावे पर विश्वास करना मुश्किल होगा, क्योंकि यहाँ तो इस बात की वकालत की जाती थी किः

ज़मीन जोई ज़ोर की
ज़ोर घटी होर की।[172]
(ज़मीन और बीवी को ज़ोर के दम पर ही क़ाबू में रखा जा सकता है
ज़ोर घटा नहीं, कि ये किसी और के हुए नहीं।)

7. विरासत का सवालः करेवा को मज़बूती देने के पीछे के व्यापक स्वार्थ

ज़मींदार वर्गों की बहुत बड़ी बहुसंख्या में करेवा का प्रचलन इस ज़रूरत से उपजा कि ज़मीन-जायदाद परिवार में ही बनी रहे। शादी के बन्दोबस्त को परिवार के भीतर ही बनाए रखने के पीछे मुख्य वजह गुज़र चुके पति की धरती के इख़्तियार को उसके ज़िन्दा भाई, या पिता के परिवार की तरफ़ के किसी सदस्य के नाम कर दिए जाने की मंशा थी। इस सूरत में पुनर्विवाह करने वाली विधवा जायदाद पर अपने सब अधिकार खो देती थी, फिर चाहे पुनर्विवाह देवर के साथ ही क्यों न हुआ हो (जबकि सीधे पारिवारिक क्रम में पुरुष वंशज न होने की सूरत में जायदाद पूरे जीवन के लिए विधवा के नाम होती थी)।[173] प्रथागत क़ानून के तहत आमतौर पर यह मान लिया जाता था कि पुनर्विवाह के बाद विधवा जायदाद पर अपना अधिकार खो देती है। इसके उलट किसी बात का दावा करने वालों को (जिनमें अलग रिवाज मानने वाली निम्न जातियाँ शामिल थीं) किसी 'विशेष रिवाज' का होना साबित करना पड़ता था।[174] पंजाब के सिख-जाट तो बहुत हद

तक इस 'विशेष रिवाज' को स्थापित कर पाए और पुनर्विवाह होने पर इस जायदाद-ज़ब्ती को रोक पाए। लेकिन उनमें भी अपवाद सिर्फ़ भाई के सन्दर्भ में रखा गया था; चचेरे भाई या उसके किसी सगोत्र सम्बन्धी के साथ करेवा का अर्थ था कि ज़ब्ती होगी और विधवा को जायदाद से वंचित होना पड़ेगा।[175] इसलिए अपने पति की मौत के बाद पुनर्विवाह पर मिलने वाला ज़मीन पर उसका सीमित अधिकार भी छिन जाता था जबकि वह लाभ भी सिर्फ़ उसके ज़िन्दा रहने तक के लिए ही था, क्योंकि आख़िरकार तो जायदाद उसके पति की पुरुष वंशावली के नाम हो जाती थी। उसके बच्चे होने की सूरत में जायदाद उसके बेटों को मिलती थी और उसे सिर्फ़ वाजिब गुज़र-बसर का अधिकार मिलता था; उसकी बेटियों और आगे उनके बच्चों को पिता से विरासत में कुछ भी मिलने का अधिकार नहीं था। बेटियों को गुज़र-बसर लायक़ अधिकार ही था – और 'उपयुक्त रूप से सगाई और विवाह' होने का अधिकार था।[176]

लेकिन विधवा के इस सीमित अधिकार को भी एक ख़तरे की तरह देखा जाता था क्योंकि वह कुछ बातों के आधार पर जायदाद के बंटवारे का दावा कर सकती थी – उदाहरण के लिए, अपने पति के उत्तराधिकारियों से गुज़र-बसर की आवश्यक रक़म हासिल न कर पाने की सूरत में।[177] गाँवों के पुरुषों द्वारा 'ज़रूरी गुज़र-बसर' की शर्त को जिस रूप में अभिव्यक्त किया गया था, उसे अंग्रेज़ों ने इस रूप में लिया कि यह उन पुरुषों द्वारा 'उस रिवाज के बारे में राय भर व्यक्त करना था जिसे वे लागू करना चाहेंगे, न कि बज़ातेख़ुद रिवाज'[178] – यानी बात रिवाज के बारे में उनकी मंशा भर से जुड़ी थी। फिर भी, उसे एक स्थापित रिवाज की तरह स्वीकारा गया और अदालतों के ज़रिए वह लागू होने लायक़ भी बन गया।

इसलिए विधवाओं द्वारा इस सन्दर्भ में की गई सब कोशिशों को उनके सम्बन्धियों द्वारा अदालतों में चुनौती दी गई और सबूत पेश करने की ज़िम्मेदारी विधवा पर आ गई।[179] इसका निहित अर्थ यह था कि प्रकट या अप्रकट तौर पर अदालत द्वारा यह रुख़ लिया गया कि विधवा को उसके पति के पितृपक्ष वाले सजातीय रिश्तेदारों द्वारा ज़रूरी गुज़र-बसर की मदद असल में दी ही जा रही थी। लेकिन यह नज़रिया असलियत के बिल्कुल उलट था और यह बात राजस्व अधिकारियों द्वारा भी क़ुबूल की गई थी। उनकी सुविचारित राय यह थी कि जब तक जायदाद बंटती नहीं थी, तब तक विधवा के लिए 'पैदावार का जायज़ हिस्सा' हासिल कर पाना मुश्किल होता था।[180] इसके अलावा नीचे के स्तर के राजस्व अधिकारी हमेशा ग्रामीण पुरुष की इस मान्यता को स्वीकार करते थे कि 'पूरा नियंत्रण मिलने पर विधवा जायदाद को बर्बाद ही करेगी', और इसलिए उनका रुख़ यह हुआ करता था कि 'महिलाएँ अपनी धरती को ख़ुद सम्भालने के लायक़ नहीं हैं'।[181] हालाँकि इस कारगुज़ारी को हमेशा 'बेबुनियाद' तो नहीं माना जाता था, बहरहाल 'जाट, सैनी, राय, कम्बोह और बेहतर खेती से सम्बद्ध कुछ अन्य जातियों' के सन्दर्भ में

इसे 'असत्य' माना गया। 'जायदाद सम्भालने के सही बन्दोबस्त' से सम्बद्ध बहुत अच्छी तरह जाँच-पड़ताल के बाद ही इन फ़ैसलों को उलटा जाता था। कुछ ऐसे मामले भी हैं जिनमें नीचे की अदालतों ने तो बंटवारे के लिए विधवा के मुक़द्दमे को ख़ारिज कर दिया, लेकिन न्यायाधीश-विशेष ने पूरी छानबीन पर उसे स्वीकार कर लिया।[182]

कुल मिला कर देखें तो ऊपर की अदालत के फ़ैसले तो मिली-जुली क़िस्म के थे मगर राजस्व-सहायकों में से ज़्यादातर बंटवारे की इजाज़त नहीं देते थे। समझा जाता था कि उनका यह फ़ैसला 'सभी जातियों में विधवा को अलग से स्वामित्व दिये जाने के विरुद्ध बहुत प्रबल भावना' के अनुकूल था।[183] यह भी देखा गया कि इस तरह के दावे 'आमतौर पर धरती को सम्भालने का अधिकार पाने के इच्छुक उस [विधवा] के ख़ुद के रिश्तेदारों के उकसावे पर किए जाते थे।' अलग से स्वामित्व होने का पक्के तौर पर यह अर्थ था कि विधवा उस धरती को किसी और के माध्यम से जुतवा सकती थी क्योंकि रिवाज के तहत कृषि सम्बन्धी सभी काम करने की छूट उसे ख़ुद को नहीं दी जाती थी। करनाल से एक मशहूर लोकोक्ति के मुताबिक़ :

ईख ने बोवें राण्ड
और पड़ें साण्ड।[184]
(विधवा ईख बो तो सकती है
लेकिन रस निकालने को तो एक ताक़तवर पुरुष [साण्ड] चाहिए।)

अलग से स्वामित्व दिया जाना यह भय भी पैदा करता था, जो 'अकसर ठोस आधार लिए होता था', कि ऐसा होने पर जायदाद के 'तबादले की कोशिश' की जाएगी।[185] विधवा अपनी गुज़र-बसर, बेटी की शादी या राजस्व की अदायगी के लिए, यानी 'सख़्त ज़रूरत' के कारणों से, जायदाद को बेच तो नहीं सकती थी लेकिन उसके स्वामित्व का तबादला कर सकती थी। कई महिलाओं ने इस शर्त का इस्तेमाल करना शुरू कर दिया था। यह इस बात से ज़ाहिर है कि उपायुक्त के सामने लगातार उन विधवाओं के ख़िलाफ़ अपील की जाने लगीं जिन पर आरोप था कि वे बिना ज़रूरत के भी जायदाद का तबादला कर रही हैं।[186] ज़िला-स्तरीय प्रथागत क़ानून के दस्तावेज़ों में जायदाद की दाख़िल-ख़ारिज प्रक्रिया से सम्बद्ध काग़ज़ात के अंशों और मुकद्दमों के वृत्तांतों की सूचियों से मालूम होता है कि अलग-अलग जातियों की विधवाओं द्वारा अच्छे-ख़ासे धन की एवज़ में धरती को या तो गिरवी रख दिया गया था या उसका तबादला कर दिया गया था। दावेदारों द्वारा जायदाद फिर से हासिल करने के लिए इन सबको चुनौती दी गई थी। दीवानी अदालतों के फ़ैसले 'हमेशा विधवाओं के ख़िलाफ़ और जायदाद फिर से हासिल करने के दावेदारों के पक्ष में' रहे थे।[187]

जायदाद फिर से हासिल करने के दावेदारों के नज़रिए की व्याख्या को एक तरह से अदालतों के रवैए को सही ठहराने के रूप में पेश किया गया। उदाहरण के लिए,

लुधियाना कस्टमरी लॉ रिपोर्ट के मुताबिक़ः

> धरती की लगातार बढ़ती हुई कमी और उसके तबादले लायक़ होने की स्थिति, जिसे हमारी व्यवस्था की ओर से प्रोत्साहन मिलता है, के नतीजतन खेती से जुड़ी सोच में यह विचार बल पकड़ रहा है कि विरासत में मिली धरती के पूर्ण मालिक का भी इसमें सीमित हित ही रहता है और यह स्वाभाविक ही है कि विधवा के कहीं ज़्यादा कमतर हक़ को बड़ी ईर्ष्या से देखा जाए।[188]

विधवाओं द्वारा अपने पतियों की मौत के बाद आर्थिक साधनों पर क़ाबू के लिए किए गए दावे ने ऐसी सूरत अख़्तियार कर ली होगी कि सरकार के लिए क़दम उठाना कई कारणों से आवश्यक हो गया होगा। द *पंजाब लैण्ड एड्मिनिस्ट्रेशन मैनुअल* के संकलनकर्ता जे.एम. डूई ने राजस्व अधिकारियों को सलाह दी कि विधवा द्वारा धरती के बंटवारे की कोशिशों को 'ठुकरा दिया जाना चाहिए'[189] (जबकि धरती पर नियंत्रण का विधवा का अधिकार *लैण्ड रेवेन्यू एक्ट* के तहत जायज़ घोषित किया गया था क्योंकि उसके पति की मृत्यु के बाद सरकार के राजस्व की अदायगी के लिए उसे ही ज़िम्मेदार ठहराया जाता था)। लेकिन इस तरह की सलाह का क़ानूनन कोई वज़न नहीं रह सकता होगा, इसलिए आधिकारिक आदेश के मुताबिक़ बंटवारे के लिए तेज़ी से बढ़ते दावों का अकेला हल इस कोशिश में था कि 'शादी विधवा को एक लंगर की तरह बांधे रखे'। *मैनुअल* के निर्देशानुसार यह 'अकेला सन्तोषजनक प्रबन्ध [हो सकता] था जिसके ख़िलाफ़ उस [विधवा] के पास कोई अपील नहीं थी।' 1870 के दशक में पंजाब में सेवारत बरतानवी अधिकारी जॉर्ज कैम्पबेल इस तरह के विवाहों में अपनी भूमिका के बारे में ज़्यादा जानकारी देते हुए यह वृत्तांत देते हैंः

> मेरी दिक़्क़त दूसरी ही तरह की थी – महिलाओं के ख़िलाफ़ दावों पर फ़ैसला लेने की। विवाद की एक ख़ास जड़ विधवाओं का अपने मृत पति के भाइयों से विवाह का फ़र्ज़ था (क़ानून के तहत, कम से कम जैसा पुरुषों द्वारा समझा गया था)। अपनी आज़ादी पर बल देने का उनका उलटा ही तरीक़ा था, यानी इस विवाह से इनकार का तरीक़ा। मुझे लगता है कि जो क़ानून मुझ द्वारा लागू किया जाता था, वह न्यायाधीश-निर्मित क़ानून था – मेरा सिद्धांत था कि अगर वे इनकार करती हैं तो इस इनकार का वाजिब कारण बताएँ। दोनों पक्ष मेरे पास आते थे और महिला पक्ष की ओर से काफ़ी शोर किया जाता था। मैं तय करता था कि वजह तर्कसंगत है कि नहीं। लेकिन अगर पुरुष भला और शालीन प्रतीत होता था, तथा औरत सिवा इसके कि 'मैं इसे पसन्द नहीं करती', कोई बेहतर कारण नहीं दे पाती थी, तो मेरी प्रतिक्रिया यह होती थी – 'क्या बकवास है? मैं यह सब नहीं सुन सकता – क़ानून का आदर तो करना ही होगा' – और कभी-कभी मैं दूसरी शादी के लिए स्थानीय तौर-तरीक़े के मुताबिक़ उन पर चादर ओढ़ा कर उनका विवाह उसी वक़्त कर देता था। जहाँ तक मेरे सुनने में आया, विवाह के बाद आमतौर पर उनका समय बहुत अच्छे से गुज़रता था।[190]

विधवा-पुनर्विवाह को सिर्फ़ देवर से विवाह के रूप में ही प्रोत्साहित करने की बेक़रारी के चलते अंग्रेज़ उसे अदालतों के ज़रिए क़ानून के तहत लाने के हक़ में भी थे। ऐसा 'विधवा को बहला-फुसला कर ले जाने वाले अजनबी के ख़िलाफ़', विधवा के भूतपूर्व पति के परिवार के हक़ में, हरजाने का फ़ैसला दे कर वैधता प्रदान करते हुए किया जा सकता था।[191] इस तरह के क़दम को 'समता' के तक़ाज़ों तथा 'कई जातियों के रिवाज और आमतौर पर लोगों के विचार' की संगति में देखा जा रहा था। लेकिन जल्द ही पाया गया कि अगर ऐसा कोई दावा अदालत के ज़रिए लाया जाता है तो 1856 का विधवा-पुनर्विवाह क़ानून XV उसे निरस्त कर देगा, क्योंकि क़ानून की धारा-Y पुनर्विवाह के लिए पूरी आयु वाली उस विधवा की सहमति को अपने ध्यान में लेती थी, जिसके विवाह को इस क़ानून के तहत न्यायसंगत और वैध समझा गया था।[192] इसलिए इस क़दम को त्यागना पड़ा। अधिकारियों ने अफ़सोस जताते हुए दर्ज किया कि इस क़ानून ने ऐसे विवाहों को वैधता प्रदान कर दी थी जो 'स्थानीय रिवाज के मुताबिक़ अवैध होते' क्योंकि 'इस मामले में जातीय भावना बहुत मज़बूती से इस बात के पक्ष में थी कि विधवा की हरकतें उसके पति के परिवार के क़ाबू में रहें।'[193] इसलिए इस सिलसिले में प्रशासनिक दिशा-निर्देशों के तहत नए सिरे से आदेश जारी किए गए। ज़िला अधिकारियों को कहा गया: 'बहुत बार एक जवान विधवा उपायुक्त के आगे अपनी पसन्द के पुरुष से शादी को मंज़ूरी दिए जाने की अर्ज़ी पेश करेगी लेकिन इस तरह के आवेदन से कोई वास्ता न रखने में ही अक़्लमंदी होगी।'[194]

इस तरह की सलाह पंजाब के आर्थिक, राजनैतिक और सैन्य महत्त्व की वजह से वहाँ लागू की गई उपनिवेशीय नीति का लाज़िमी नतीजा थी। क़ानून से जुड़ी राय को इस तरह ख़ास, चुनिंदा तरीके से अपनाए जाने के मद्देनज़र महिला अधिकारों पर बहुत ही ज़ोरदार प्रभाव पड़े, जैसा कि हम आगे चल कर देखेंगे।

जातियों और कुटुम्बों/क़बीलों तथा उनके रिवाजों के बारे में बरतानवी नज़रिया

साम्राज्यवादी सरकार ने पंजाब में 'ग्रामीण समुदाय के संरक्षण' को स्थायी नीति के रूप में अख़्तियार किया था, जबकि भारत के अन्य हिस्सों के लिए ऐसा नहीं था और इस बाबत उसके अधिकारियों में बहुत सख़्त क़िस्म के मतभेद थे।[195] राय बाबत इस तरह के मतभेद पंजाब में बहुत समय तक चलते रहे और आख़िरकार *एलिएनेशन ऑफ़ लैण्ड एक्ट 1900* में आ कर एकमत हुए। अपने घोषित उद्देश्य के लिए अंग्रेज़ों द्वारा 'कुटुम्बों/क़बीलों के जुड़े रहने' की वकालत की जाती थी न कि उनके टूटने की। अंग्रेज़ों द्वारा मौजूदा भूस्वामी जाति-समूहों के लिए विशिष्ट शब्द 'ट्राइब' के इस्तेमाल का सीधा कारण उन द्वारा इस बात को समझ लेने में था कि जाति सामाजिक तौर पर एक बांटने वाली ताक़त थी। 1881 में उनके एक बड़े विचारक डेन्ज़िल इबट्सन के

मुताबिक़ पंजाब के लिए अपनाए जाने के लिहाज़ से जाति 'बहुत ही बड़ी और एकसूत्रता से बुरी तरह अभावग्रस्त' ताक़त थी।[196] इससे भी अहम यह बात थी कि जाति के आधार पर समूहों को वर्गीकृत करने का अर्थ होता पंजाब में ऐसी सामाजिक-न्यायिक प्रणाली की व्यवस्था किया जाना जो बरतानवी भारत के अधिकतर हिस्सों में शास्त्रों और शरियत में स्थापित हिन्दू और मुस्लिम क़ानून पर आधारित थी। अंग्रेज़ों के मुताबिक़ पंजाब के 'क़स्बों और शहरों के मध्य वर्गों' में हिन्दू और मुस्लिम क़ानूनों का चलन में होना पहले ही 'कुटुम्बीय/क़बाइली एकता' के लिए नुक़्सानदायक साबित हुआ था।[197] ग्रामीण क्षेत्रों में यह 'कुटुम्बीय/क़बाइली एकता' 'कुटुम्बीय/क़बाइली रिवाजों' की ताक़त और बन्धन से ही हो सकती थी। 'केन्द्रीकृत, एकजुट क़बाइली सत्ता' के साथ-साथ अपनी सत्ता को लागू करने के लिए अंग्रेज़ों द्वारा इन क़बाइली रिवाजों को ज़्यादा मूल्यवान समझा जा रहा था।

इससे भी बढ़ कर, इन रिवायती क़ानूनों को खेती-किसानी की अर्थव्यवस्था में भूमि-स्वामित्व बनाए रखे जाने का सबसे बेहतर रूप माना जा रहा था। इसके चलते मूल निवासियों की नज़रों में बरतानवी राज न सिर्फ़ वाजिब और जायज़ दिखाई देता था बल्कि अंग्रेज़ों को एक सन्तुष्ट आबादी भी पक्के तौर पर मिल रही थी। इन जाति-समूहों को *'ट्राइब्ज़'* के तौर पर पहचान मिलने से इन्हें और इन के पूरे इलाक़े को एक विशेष दर्जा मिल गया था और अंग्रेज़ों के लिए यह मुमकिन हो गया कि वे स्थानीय, प्रभावी 'कुटुम्बीय रिवाजों' को जायज़ तौर पर इस्तेमाल में ला सकें और उन्हें अदालतों के ज़रिए लागू करवा सकें। साफ़ ज़ाहिर है कि सन् 1900 के क़ानून में पंजाब की भूस्वामी जातियों को 'खेती आधारित कुटुम्बों' के रूप में औपचारिक तौर पर श्रेणीबद्ध करना एक ऐसी नीति को औपचारिक रूप देना था जिसे काफ़ी पहले ही स्वीकारा और अपनाया जा चुका था।

इस सिलसिले में अंग्रेज़ अधिकारियों द्वारा आमतौर पर दी गई दलील यह थी कि इस सूबे की खेती से जुड़ी हुई बड़ी आबादी हिन्दू या मुस्लिम क़ानून को नहीं मानती थी। इसलिए सेटलमेन्ट अधिकारी द्वारा 'वाजिब-उल-अर्ज़' (यानी ग्राम प्रशासन के काग़ज़ात) और रिवाज-ए-आम से रिवाज-सम्बद्ध आम नियम तैयार कर लिए गए थे। ये प्रत्येक आबाद इलाक़े के स्तर पर ज़िले की प्रमुख भूस्वामी जाति के ग्राम-मुखियाओं से सलाह कर के इकट्ठे किए गए, जो 'गाँव के सबसे प्रभावशाली परिवारों के व्यक्ति' थे। इस प्रक्रिया से महिलाओं को अलग रखा गया था, जो कभी भी अधिकारियों के सामने नहीं आई थीं।[198] अधिकारियों ने इस बात को भी स्वीकार किया कि 'इकट्ठे, भरी सभा में' मौजूद बड़ी संख्या में अशिक्षित पुरुषों के बीच रिवाजों को दर्ज करना कितना मुश्किल था। उनके मुताबिक़, बहुमत का नज़रिया 'नियन्त्रित और निर्देशित करने का तथा हावी होने' का रहता था।[199] इसके अलावा इस बहुमत का मानना था कि महिलाओं

को अपनी बात रखने से वंचित रखा जाए।[200] असल में तो प्रशासकों ने दो स्थितियों के फ़र्क़ क़लमबन्द किए – एक तरफ़ तो जाति के प्रमुख लोगों द्वारा दर्शाए जाने वाले 'आदर्श रिवाज' थे और दूसरी तरफ़ 'इन रिवाजों का अमली रूप' था।[201] नतीजे के तौर पर हावी ज़मींदार वर्ग के दीवानी मामलों से जुड़े रिवाज मूल तौर पर पंजाब के प्रथागत क़ानून के तहत निश्चित किए गए जिसमें औरतों के अधिकारों को गम्भीर तौर पर प्रभावित करने वाले उत्तराधिकार, जायदाद का तबादला, शादी, ज़मीन की पट्टेदारी और गोदनशीनी आदि से सम्बद्ध रिवाज शामिल थे। दीवानी मामलों के फ़ैसले लेने के लिए पंजाब का ये प्रथागत क़ानून प्रथम नियम बन गया।[202]

बहरहाल, इन रिवाजों को देखने का बरतानवी नज़रिया, जिसे उन्होंने क़ानूनी तौर पर लाज़िम बना दिया था, महत्त्वपूर्ण है। करेवा के लिए अंग्रेज़ों ने उस धारणा का समर्थन किया

> जिसे देश के इस इलाक़े से वाक़िफ ज़्यादातर अफ़सर मानने को तैयार थे – यानी एक से ज़्यादा पति होने की प्रथा का गुप्त तौर पर मौजूद होने की धारणा। यह प्रथा स्वच्छंद सम्भोगी अवस्था के वहशी हालात से निकल आने के बाद असभ्य लोगों के विकास में सम्भवतः पहला चरण है। इसी के साथ-साथ कन्या-हत्या का भी दस्तूर है ... परिवार पहली संस्था है जिसके तहत बीवी समेत हर चीज़ का साझे तौर पर मालिकाना होता है। सबसे बड़ा भाई घर का मुखिया होता है, लेकिन छोटे भाइयों के भी अधिकार होते हैं, और जाटों में विधवा-पुनर्विवाह से जुड़े करेवा रिवाज का व्यापक तौर पर बना रहना दिखाता है कि किस तरह छोटा भाई (हालाँकि अब ज़रूरी नहीं है कि यह हमेशा छोटा भाई या कोई सगा भाई ही हो) बड़े भाई की मौत पर परिवार का मुखिया बनता है।[203]

पंजाब-हरियाणा में 'सामाजिक विकास' से सम्बद्ध अंग्रेज़ों के सरोकार कुछ ख़ास परिभाषित नहीं थे जबकि उनकी बुनियादी राजनैतिक दिलचस्पी इन सरोकार से आगे तक जाती थी। जिस 'निम्न स्तर' की सभ्यता का इशारा करेवा से मिलता था, उसे बनाए रखना ज़रूरी था क्योंकि अंग्रेज़ों का सरोकार ज़मीन पर मौजूदा किसानी समाज की पकड़ को मज़बूती देने का था; अगर विधवा को अपनी मर्ज़ी से चलने दिया जाता तो ज़मीन का टुकड़ों में बंटने से बचना, बल्कि टूटने से भी बचना, तो मुमकिन ही नहीं था।

सामाजिक असन्तुलन के ख़तरे का अंदेशा हरियाणा में तो और भी ज़्यादा था। जैसा कि हम पहले ही देख चुके हैं, खेती से सम्बद्ध अपने असुरक्षित हालात के चलते यह इलाक़ा बरतानवी भारतीय सेना में भर्ती के लिए सबसे बेहतरीन इलाक़ा साबित हुआ था। करेवा के रिवाज ने बढ़ती हुई भर्ती के लिए महत्त्वपूर्ण योगदान दिया था (और यह असुरक्षित जीवन और उतनी ही अधिक मृत्यु-दर के बावजूद था)। इस रिवाज से न केवल सेना में नौकरी की परम्परा ज़िन्दा रही बल्कि उसने मर्दों की बहादुरी से जुड़े ख़याल को भी बल दिया, जिसमें एक औरत गर्व महसूस कर सकती थी, जैसा कि इस

लोकोक्ति में दिखाई देता है:

सूरा रण में जाए के
लोहा करो निसंक
ना मोहे चढ़े रण्डापा
ना तोहे चढ़े कलंक।[204]
(सूरमा, निडर होकर युद्ध के मैदान में जाओ
तुम्हारी मौत मुझे विधवा नहीं बनाएगी
न ही इससे तुम्हारे नाम को कलंक लगेगा।)

लेकिन रंगरूटों के परिवारों के खेती से जुड़े हितों को विधवाओं के दावों की बढ़ती संख्या से ख़तरे में नहीं डाला जा सकता था। यह सामराजी सरकार के लिए बहुत महंगा पड़ सकता था। इससे न केवल उसकी सैनिक भर्ती डांवाडोल हो जाती बल्कि वह सामाजिक सन्तुलन भी बिगड़ जाता जिस की बुनियाद पर राज्य में उसका राज क़ायम था। इसके अलावा आर्थिक तौर पर भी, अगर ऐसी मांगों को मान लिया जाता तो मालिकाना ज़मीन का टुकड़े-टुकड़े और तक़सीम-दर-तक़सीम होने की प्रक्रिया को बढ़ावा मिलता और पंजाब में अन्य जगहों की तरह ही इस इलाक़े में भी छोटी, ग़ैर-किफ़ायती जोतों की तादाद बढ़ जाती।[205] इन से सूबे की खेती-किसानी से सम्बन्धित ख़ुशहाली और राजस्व की रक़म पर सीधा ख़तरा आ रहा था। इस हवाले से भी करेवा (और बहुपति) प्रथा अंग्रेज़ों के लिए बहुत ही महत्त्वपूर्ण हो निकलती है। ज़मीन की लगातार तेज़ी से बढ़ती तक़सीम और टुकड़े-टुकड़े होने की समस्या इतनी गम्भीर थी कि जून 1936 में वायसरॉय ने इस बाबत एक जाँच के आदेश दे दिए थे।[206] यही वजह थी कि सरकार ने जोतों की चकबंदी की कोशिशें भी कीं जिनके नतीजे बहुत ज़्यादा फ़ायदेमन्द नहीं रहे थे।[207] इस सामाजिक-आर्थिक माहौल में एक ओर तो विधवाओं की बढ़ती हुई मांगों और दूसरी ओर पूरी तरह खेती पर आश्रित आबादी के चलते इस समस्या को और अधिक बढ़ना ही था। इसलिए हैरत नहीं है कि बहुत ज़्यादा श्रम-आधारित अर्थव्यवस्था में उपनिवेशीय प्रशासकों की ओर से मिलने वाले मज़बूत समर्थन की मदद से यहाँ के प्रथागत क़ानून ने ज़मीन-जायदाद को औरत के हाथों में जाने से बचा कर रखा। इतना ही नहीं, बल्कि उसके श्रम और उस श्रम के पुनरुत्पादन के नियन्त्रण पर भी ज़ोर दिया।

महिलाओं के अधिकारों के प्रति बरतानवी नज़रिया

यह देखना दिलचस्प है कि महिलाओं को जायदाद के उत्तराधिकार से वंचित रखने के नज़रिए को कई बरतानवी अधिकारियों की ओर से हमदर्दी मिली, बल्कि वे इस सोच

के प्रति उत्साही भी रहे। पंजाब-हरियाणा के मुक़ाबले 'पीछे घर में [यानी ग्रेट ब्रिटन में]' महिलाओं की स्थिति के बारे में एक टिप्पणी महिलाओं के प्रति अंग्रेज़ अधिकारियों के द्विअर्थी, 'हाँ' भी और 'न' भी वाले नज़रिए को दर्शाती हैः

> ... इंग्लण्ड और वेल्स में पुरुषों के मुक़ाबले महिलाओं का अनुपात बचपन से बुज़ुर्गी तक लगातार बढ़ता ही है, और यह औरतों का ज़रूरत से ज़्यादा ध्यान रखे जाने का संकेत है, और ऐसा केवल बच्चे को जन्म देने के नाते से ही नहीं है। पंजाब में सभी धार्मिक समूहों द्वारा औरत के जीवन को नज़रअन्दाज़ करने और उसे नीची नज़र से देखने के रवैये पर समाज-सुधारक हक्के-बक्के हो सकते हैं लेकिन इंग्लैण्ड में महिलाओं का अत्यधिक लाड़ से बिगाड़ा जाना भी इससे कम व्यापक और नस्ल के भविष्य के लिए गम्भीर नतीजे लिए हुए नहीं है...[208]

'महिलाओं और पुरुषों के बीच इस बड़े असन्तुलन' को समझने की कोशिश ने उन्हें इस नतीजे तक पहुँचायाः

> पिछली आधी सदी के दौरान महिलाओं में जायदाद और अपने अधिकार के तौर पर धन हासिल करने का लगातार रूझान रहा है। परम्परा और सामाजिक रिवाज के चलते मर्द में पैसा अपनी औरत के लाभ के लिए ख़र्च करने का रूझान है, लेकिन महिला द्वारा अपना पैसा पुरुष के हक़ में ख़र्च किए जाने का कोई परम्परागत रूझान नहीं है। नतीजा यह, कि छोटे-छोटे आराम और भोग-विलास के लाभ का आनन्द उठाते हुए इंग्लैण्ड में महिलाएँ धीरे-धीरे पुरुष पर अपने फ़ायदे की स्थिति को बढ़ा रही हैं। महिला और पुरुष की तुलनात्मक मृत्यु-दर पर इस प्रक्रिया का कुछ प्रभाव तो होगा ही। पंजाब में आज़ाद औरत (यानी यतीम बेटी या विधवा) के पास प्रथागत क़ानून के तहत बस गुज़ारे भर के लिए ख़र्च का अधिकार ही होता है। ज़रूरत की स्थिति को छोड़ किसी अन्य स्थिति में वह जद्दी जायदाद का तबादला नहीं कर सकती और इस ज़रूरत को सिद्ध करने की ज़िम्मेदारी भी उसी पर डाली जाती है।[209]

बरतानवी सांस्कृतिक माहौल में पले-बढ़े लोगों के लिए औरत के उत्तराधिकारी होने और उस द्वारा जायदाद के नियन्त्रण के 'ख़तरे' साफ़ तौर पर स्पष्ट थे। वे इसका दोहराव पंजाब में नहीं चाहते थे। यह बात उन्हें अच्छी तरह मालूम थी कि पंजाब-हरियाणा की महिलाओं को विधवा होने के नाते हासिल हुआ मिल्कीयत का थोड़ा-बहुत अधिकार भी करेवा के रिवाज द्वारा छीन लिया जाता था। महिलाओं के सन्दर्भ में इस रिवाज की प्रकृति और प्रचलन से वे बख़ूबी वाक़िफ़ थे। यह बात बरतानवी बैरिस्टर-एट-लॉ एफ़.कनिंघम की समझदार, अनुभूतिपूर्ण टिप्पणी से भी ज़ाहिर होती है, जिन्होंने 1870-74 के बीच रोहतक ज़िले के गज़ेटियर का एक मसविदा तैयार किया था : 'इन हालात में महिलाओं को प्रभावित करने वाले कारणों के हवाले से करेवा को पुनर्विवाह की संज्ञा दी जा सकती है मगर इस तरह की शादियाँ अकसर सिर्फ़ मर्दों से जुड़े कारणों से ही होती हैं।'[210]

विधवा-पुनर्विवाह देखने में तो एक प्रगतिशील ख़ासियत लगती है और अंग्रेज़ प्रशासकों द्वारा इसकी तारीफ़ की जाती रही थी। लेकिन जिस रूप में इस प्रथा को बने रहने के लिए प्रोत्साहित किया गया, उससे सिर्फ़ उस सामाजिक लोकाचार को ही बल मिला जिसके तहत ज़मीन को परिवार, बिरादरी और समुदाय के भीतर ही रखा जाता था। ख़ानदानी विरासत को लेकर बरतानवी प्रशासकों के रवैये बहुत क़रीबी तौर पर उपनिवेशीय हुकूमत के मुख्य सरोकार से जुड़े हुए थे, जो मौजूदा ग्रामीण अर्थव्यवस्था और पंजाब-हरियाणा के समाज में कोई ख़लल नहीं डालना चाहती थी। यह रवैया बंगाल के समाज में हिन्दू-विधवा को सती होने से 'आज़ाद' करवाने के उनके हस्तक्षेप के बिल्कुल बरअक्स था। साफ़ है कि महत्त्वपूर्ण फ़र्क़ का सम्बन्ध सम्बद्ध जातियों के कृषि-उत्पादन में शामिल होने या न होने से था और इस बात से, कि उन्हें 'अनुशासित' किया जा सकता था या नहीं।

आर्य-समाज का करेवा से सम्बद्ध योगदान

इस इलाक़े में करेवा-प्रथा के लिए आर्य-समाज का योगदान अपनी ही तरह का रहा। उसने प्राचीनतम हिन्दू ग्रन्थों के आधार पर इसके हक़ में दलील दी और उसे स्वीकार करने वालों को अपनी ओर से सुरक्षा प्रदान की। असल में तो आर्य-समाज के उपदेशक और भजनीक वैदिक नियोग, यानी बड़े भाई की विधवा (भाभी) के साथ देवर के विवाह की प्रथा पर बल देते थे; बज़ातेख़ुद विधवा-पुनर्विवाह उनके द्वारा अपनाए गए कार्यक्रम का बमुश्किल ही हिस्सा था। असल में तो आर्य-समाज की इस इलाक़े में लोकप्रियता की एक अहम वजह इस प्रथा को उस द्वारा प्रदान की गई वैधता ही थी, जबकि ऊँची जातियों के हिन्दू, ख़ासतौर पर व्यापार से जुड़ी जातियों के लोग, इसे बहुत ही हिक़ारत की नज़र से, यहाँ तक कि दहशत के अन्दाज़ में भी, देखते थे। असल में तो आर्य-समाज का विधवा-पुनर्विवाह कार्यक्रम बाक़ी के पंजाब में बहुत सीमित ही रहा।[211]

पंजाब में आर्य-समाज के समर्थक, जो ज़्यादातर तो व्यापार से जुड़ी जातियों से ही थे, एक ओर तो पवित्र-पाकीज़ा-अक्षतयोनि विधवाओं और दूसरी ओर उन विधवाओं में फ़र्क़ करते थे जो अपने पतियों संग रह चुकी थीं या जिनके बच्चे भी थे। इनमें से दूसरे क़िस्म की विधवाओं के पुनर्विवाह पर सख़्त विरोध होता था और कई आर्य-समाजियों के लिए वे सामाजिक तौर पर नामंज़ूर रहती थीं। ज़ोर महिलाओं द्वारा बच्चों को जन्म देने की भूमिका पर रहता था। ख़ुद दयानन्द के लिए एक महिला के अस्तित्व का अकेला औचित्य मातृत्व था[212] और अगर इस भूमिका का पूरा होना बीच में ही रह जाता था, तो उसे अपनी इस भूमिका को पूरा करने में मदद किया जाना ज़रूरी था। उसकी लैंगिकता को बच्चे को जन्म देने के मक़सद से दोबारा काम में लाया जाना अपेक्षित था। नियोग को जायज़ माना जाना इसी मक़सद को पूरा करने की एक कोशिश थी।

हरियाणा में आबादी से जुड़े कारणों ने (जिन्हें बाद में इस अध्ययन में विस्तार दिया गया है) प्रजनन की इस सम्भावना और क़ाबिलियत को कभी व्यर्थ नहीं जाने दिया। इस हिसाब से आर्य-समाज द्वारा माँ के तौर पर महिला की भूमिका पर दिए जाने वाले बल और नियोग की प्रथा के साथ इस इलाक़े में पूर्ण सहमति थी। ऐसा लगता है कि महिलाओं के बारे में आर्य-समाज का मुख्य एजेण्डा इस इलाक़े की प्रभावशाली ज़मींदाराना किसानी के सामाजिक लोकाचार और प्रचलन पर आधारित था। इसलिए अकेले हरियाणा में, जहाँ आर्य-समाज ने करेवा नाम से विधवा-पुनर्विवाह के अद्भुत रूप को वैधता प्रदान की, इसे एक बड़ी कामयाबी कहा जा सकता है। यह ऊँची जाति के हिन्दुओं के बरअक्स था, जो ब्राह्मणवादी नियमावली के तहत विधवा-पुनर्विवाह को पूरी तरह नकारते थे और इस तरह के विवाह से पैदा हुए बच्चों को नाजायज़ मानते थे। इसके उलट उन्होंने विधवाओं के लिए एक बहुत ही दमनकारी व्यवस्था को अपनाया हुआ था जिसके तहत उन्हें नरक बराबर ज़िन्दगी झेलनी पड़ती थी। ख़ासतौर से बाल-विधवाओं में इस तरह की हालत ने बंगाल, महाराष्ट्र और दक्षिण में व्यापक समाज-सुधार आन्दोलनों को जन्म दिया था। इन आन्दोलनों की प्रतिक्रिया के तौर पर विधवा-पुनर्विवाह को क़ानूनी ठहराते हुए 1856 का विधवा-पुनर्विवाह क़ानून-XV सामराजी सरकार द्वारा पारित किया गया था। ग्रामीण पंजाब-हरियाणा के लिए इस क़ानून का कुछ महत्त्व नहीं था, क्योंकि करेवा न केवल व्यवहार में लागू था, बल्कि अदालतों में लागू प्रथागत-क़ानून के तहत जायज़ तौर पर मान्यता-प्राप्त था। इसलिए इस क़ानून के होने से यहाँ कोई फ़र्क़ नहीं पड़ा था। लेकिन आमतौर पर किसानी संस्कृति में जबरन होने वाली लत्ता-ओढ़ाई की तरह, जो ज़मीन को परिवार और बाप की तरफ़ की बिरादरी के भीतर बनाए रखती थी, विधवा-पुनर्विवाह क़ानून ने भी पुनर्विवाह होने की सूरत में विधवा से उसका सीमित अधिकार छीनते हुए जायदाद पर पितृसत्तात्मक पकड़ को बनाए रखा था।[213]

दिलचस्प बात यह है कि समाज सुधारक, फिर वे चाहे उत्तर में आर्य-समाजी हों या फिर पूर्व या दक्षिण भारत में अन्य, पाक-पवित्र विधवाओं या बाल-विधवाओं के पुनर्विवाह पर बल देने में तो एकमत थे मगर साथ ही उन्होंने विरासत और जायदाद के मसलों पर भी एक सोची-समझी एकमत चुप्पी साधे रखी थी।

8. विधवाओं का प्रतिरोध : लैंगिक मर्यादा तथा उदारवादी रवैये

किसान-संस्कृति में पुनर्विवाह का मक़सद किसानी की अर्थव्यवस्था को ज़िन्दा रखना था। विधवाओं द्वारा होने वाले इसके विरोध को सतह पर आने ही नहीं दिया गया। फिर भी, करेवा होने की बात से इनकार करते हुए वे अर्ज़ियाँ डालती रहीं, अदालतों के दरवाज़े भी खटखटाती रहीं और यह प्रतिरोध बहुत आम हो गया था। 1921 में बरतानवी

अधिकारियों का ध्यान इस ओर गया कि भारतीय दण्ड संहिता की दफ़ा 498 के तहत शिकायत करते हुए जुर्म सम्बन्धी मुक़द्दमे अमूमन मृत पति के भाई (यानी विधवा के देवर) द्वारा दायर किए जा रहे थे। ऐसा विधवा द्वारा की जा रही ऊपर ज़िक्र में आई कोशिश को रोकने के लिए किया जाता था। विधवा के मृत पति के भाई द्वारा इस बात पर ज़ोर दिया जाता था कि करेवा या चद्दरअन्दाज़ी की रस्म हो चुकी है जबकि विधवा द्वारा इस बात को पक्के तौर पर नकारा जाता था और उसे चुनौती दी जाती थी।[214] क्या इस नए सार्वजनिक स्थल तक पहुँच बनाने में औरत की कामयाबी और उस द्वारा इसके इस्तेमाल के पीछे वे पुरुष थे जिन्हें ऐसा करने में अपना कोई हित नज़र आता था, फिर वे चाहे जन्म के नाते से उसके साथ जुड़े हों या फिर कोई अन्य साथी हों? यह मालूम हो पाना इसलिए मुमकिन नहीं है क्योंकि इस बात की जाँच के लिए कोई सन्दर्भ-बिन्दु या हवाले उपलब्ध नहीं हैं। सतही तौर पर तो यही लगता है कि पाबंदियाँ लगाने वाला समाज पुरुष के दावों को मात देने के लिए औरत को यह आज़ादी तो नहीं ही देता होगा। विधवाओं के लिए इसका उलट साबित करना भी बहुत मुश्किल होता होगा क्योंकि, जैसा कि पहले ज़िक्र में आया है, सहवास या साथ रहने को भी करेवा के रूप में ही माना जा सकता था और माना जाता था।

लेकिन स्थिति फिर भी अस्पष्ट रहती थी क्योंकि विधवाएँ बदलचलनी या व्यभिचार को स्वीकार करने की क़ीमत पर भी करेवा को नकार रही थीं।

'बदचलनी' के ज़रिए प्रतिरोध, उसकी पेचीदगियाँ और नतीजे

इस तरह के मुक़द्दमों की भरमार पर टिप्पणी करते हुए सी.सी.गार्बेट 1910 में ज़िला करनाल के बारे में लिखते हुए कहते हैं:

> जब जायदाद वापिस लेने के दावेदार इस आधार पर तबदीली चाहते हैं कि विधवा ने पुनर्विवाह कर के जायदाद को खो दिया था, तो विधवा द्वारा उनका विरोध किया जाता है। वह विवाह फिर से होने की बात से इनकार करते हुए, ज़ोर दे कर कहती है कि वह तो अपने प्रेमी के साथ नाजायज़ रिश्ते में रह रही है और उसकी बदचलनी की वजह से उसकी ताउम्र-जायदाद होने पर रोक नहीं लग सकती। ये मामले इस वजह से मुश्किल हो जाते हैं कि औपचारिक करेवा की रस्म इतनी संक्षिप्त और साधारण होती है कि विश्वास योग्य सबूत पेश करना मुश्किल होता है। कुछ मामलों में कोई औपचारिक रस्म की ही नहीं जाती, और मृत जायदाद-मालिक के सबसे नज़दीकी पुरुष रिश्तेदार के साथ करेवा के मामले में सिर्फ़ साथ रहना ही आमतौर पर शादी का पर्याप्त सबूत होता है। इसलिए राजस्व अफ़सर के लिए उस विधवा की सही-सही स्थिति के बारे में कुछ तय कर पाना मुश्किल होता है, जो सहवास को तो स्वीकारती है मगर शादी की बात से इनकार करती है।[215]

नतीजा यह था कि विधवाओं ने अनगिनत अदालती मामलों में खुले तौर पर करेवा को नकारने का विकल्प चुना, व्यभिचारी होने के इल्ज़ाम तथा बरतानवी नज़रों में नाजायज़ बच्चों को जन्म देने की बदनामी को क़ुबूल करना तय किया, न कि पुनर्विवाह की स्वीकारोक्ति कर के जायदाद के उत्तराधिकार को छोड़ना।[216] इस ग़ैर-मामूली घटनाक्रम का सार देते हुए आर. हम्फ्रीज़ ने 1914 में यह बात दर्ज कीः

> विधवाएँ लगातार आगे आ कर क़ुबूल करती हैं कि उनकी नाजायज़ औलाद हैं। लेकिन बच्चों के बाप के साथ विवाह को वे नकारती हैं, कि कहीं अपने मृत पति की जायदाद में अपनी ज़मीन न खो दें... सम्पत्तिधारी विधवाओं के तौर पर जायदाद के मामलों में अब भी उनकी काफ़ी अहमियत थी (हालाँकि विधवा होते हुए वे सहवास की या पुनर्विवाहित होने की अवस्था में थीं)।[217]

लेकिन विधवाओं के व्यवहार के पीछे बरतानवी अधिकारियों द्वारा समझे गए कारणों से भी कहीं अधिक जटिल कारण थे। हम एक औरत द्वारा 'बदचलन होने' की बात स्वीकार किए जाने से पड़ने वाले प्रभावों को ध्यान में रखेंगे तो यह व्यवहार हमें समझ में आएगा। बदचलनी की स्वीकृति ने उसे नियन्त्रण से आज़ादी दिलाई – और यह आज़ादी आर्थिक और लैंगिक दोनों तरह की है। इस स्वीकृति ने विधवा के लिए बरतानवी प्रशासकों द्वारा समझे गए अर्थ में उत्तराधिकार और उससे मिलने वाली मुक़ाब्लतन पहले से ज़्यादा आर्थिक आज़ादी को ही सुनिश्चित नहीं किया, बल्कि लैंगिक आज़ादी को भी सुनिश्चित किया क्योंकि इस सूरत में वह अपनी पसन्द के साथी के साथ रह सकती थी न कि थोपे गए साथी के साथ, जो बहुत मुमकिन था कि पहले से ही शादीशुदा हो। सह-पत्नी की मौजूदगी और कई कारणों से उसके तथा पति के साथ लगातार चलने वाले टकराव से विधवा स्वाभाविक तौर पर बचना चाहती थी (इस टकराव और उसके कारणों की चर्चा हम आगे चल कर करेंगे)। पितृसत्ता की मांगों तथा राज्य के न्यायिक एवं प्रशासकीय तन्त्र की ओर से ज़बरदस्ती सहवास के दबाव के बीच विधवाओं द्वारा अपने हक़ों पर दिए जाने वाले ज़ोर को अंग्रेज़ों ने दर्ज किया। विधवाओं का अपने अधिकारों पर दिया गया यह ज़ोर सम्बद्ध-पुरुष की पहले से विवाहित स्थिति के ख़िलाफ़ प्रतिरोध तथा सह-पत्नी बनने में उनकी ज़बरदस्त हिचकिचाहट के रूप में उभर कर आता है। ज़ाहिर ही है कि औरत के लिए 'बदचलनी' का अर्थ पुरुष-प्रधान सत्ता द्वारा निर्मित अर्थ से अलग था।

यह तथ्य ख़ासतौर से आँखें खोलने वाला है कि एक महिला को 'अपवित्र' मान लिए जाने पर भी ज़मीन की मिल्कीयत और प्राप्त होने वाले अतिरिक्त श्रम से सम्बद्ध फ़ायदों की वजह से देवर उसे अपनी करेवा-बीवी के तौर पर अपनाने को तैयार होता था। इस बात के बाक़ायदा दर्ज उदाहरण हैं कि संढोली के गूजर और करनाल के जाट देवरों ने विधवाओं को अपनी पत्नी के तौर पर और उसके 'नाजायज़' बच्चों को अपने बच्चों के रूप में स्वीकार किया; या फिर गर्भवती महिलाओं द्वारा देवरों के साथ विवाह

किए जाने के दर्ज उदाहरण भी हैं – जबकि यह जानकारी खुले तौर पर थी कि गर्भावस्था देवरों की वजह से नहीं थी।[218] इस ऐतिहासिक मोड़ पर जेण्डर के तहत अलग-अलग नियमों की सख़्ती पर कुछ हद तक अंकुश लगा, उनकी कड़ाई में ढील आई। मौजूदा सामाजिक बन्धनों के दायरे में भी सम्पत्ति का पलड़ा भारी रहा – पाकदामनी और बदचलनी से सम्बद्ध विचार पछाड़ में आ गए। दाँव पर लगे व्यापक मुद्दों ने वैधता और नैतिकता के विचार को खैंचते-खोलते हुए अधिक फैलाव दे दिया था।

पंजाब में स्वीकार आम रिवायती चलन, जिसे अदालतों में माना गया था, इस बात के ख़िलाफ़ था कि विधवा के साफ़-दामन न होने की वजह से उस जायदाद की ज़ब्ती की जाए जिस की वह जीते-जी की हक़दार थी, और अपनी बात को सिद्ध करने की ज़िम्मीदारी इसके बरअक्स विशेष रिवाज की बात करने वालों पर डाली जाती थी।[219] हिन्दू राजपूत, ब्राह्मण और महाजन साफ़दामन न होने को और पुनर्विवाह को साथ जोड़ कर देखते थे; दोनों में से कोई भी स्थिति हो, महिलाएँ अपने सब अधिकार खो देती थीं। लेकिन खेती से सम्बद्ध बाक़ी सब जाति-समूह पुनर्विवाह और साफ़दामन न होने में फ़र्क़ करते थे; सिर्फ़ पुनर्विवाह होने पर विधवा अपने अधिकार खोती थी।[220] इसका नतीजा यह था कि साफ़दामन न पाए जाने के बावजूद मृत पतियों की जायदादें विधवाओं के जीते-जी उन्हीं के पास रहती थीं।[221] कुछ मामलों में अगर ज़ब्ती होती थी तो रिवाज-ए-आम में इंदराज यानी प्रविष्टियों के ज़रिए विशेष रिवाज को साबित किया जाता था।[222]

लेकिन पंजाब के ज़मींदार, भू-स्वामी पुरुष अपवित्र विधवा को जायदाद से अलग रखे जाने की राय में 'एकमत' थे।[223] न्यायाधीशों ने भी 'विधवा के साफ़दामन न होने पर ज़ब्ती के पक्ष में लोगों की सर्वव्यापी भावनाओं' को देखा।[224] अदालती फ़ैसलों ने पैरवी की कि यह 'घातक, हानिकर रिवाज' 'नैतिकता को उलट देने वाला है क्योंकि इसके तहत नाजायज़ गठबन्धन को ज़रूरत से ज़्यादा महत्त्व दिया जाता है', ख़ासतौर पर तब जब पुनर्विवाह का लाज़िम नतीजा जायदाद का विधवा के हाथ से निकल जाना था। उपरोक्त 'घातक, हानिकर रिवाज' का अनुमोदन करने वाले अदालती फ़ैसलों से चिन्तित बरतानवी अधिकारियों ने बदचलनी को उन कारणों में शामिल किए जाने की मज़बूत पैरवी की, जिनके चलते विधवा अपने पति की जायदाद पर अधिकार खो देती थी।[225] कई अधिकारियों ने न्यायपालिका से अनुरोध किया कि बदचलनी पर भी वही सज़ा हो जो पुनर्विवाह पर होती है। आरोपों को सिर्फ़ इसलिए ख़ारिज न किया जाए कि इस सन्दर्भ के पूर्व उदाहरण मौजूद नहीं हैं, क्योंकि उन्हें लगता था कि 'लोगों की ख़ानदानी इज़्ज़त को इतने अन्तरंग रूप से प्रभावित करने वाले मामले में खुले तौर पर मिसालें दिया जाना क़रीब-क़रीब नामुमकिन ही है जबकि रिवाज की तसदीक़ भी इसी ख़ानदानी इज़्ज़त से होती है।'[226]

इस प्रकार, दिलचस्प बात है कि अंग्रेज़ों ने अपने हाथ बंधे हुए पाए। सोच-समझ

कर एकमात्र उपयुक्त हल यह माना गया कि प्रथागत क़ानून के तहत विशेष रिवाज साबित करने की ज़िम्मेदारी को हटा लिया जाए, ताकि व्यभिचार या बदचलनी से सम्बद्ध धारा प्रभावी हो पाए[227] (यानी इस बात को साबित किए जाने की ज़िम्मेदारी को हटा लिया जाए कि कोई विशेष रिवाज है जिस के चलते विधवा के पाकदामन न होने की वजह से उसकी जायदाद-ज़ब्ती हो)। लेकिन यह इसलिए नहीं किया जा सकता था क्योंकि अत्यधिक 'सबूत' तो इसके उलट था; क्योंकि नियमों के तहत तो न्यायाधीश को शिकायतकर्ता से कहना पड़ता था कि वह बदचलनी की वजह से जायदाद ज़ब्त किए जाने के रिवाज को सिद्ध करे – जो करना मुमकिन नहीं था। इसलिए बरतानवी अधिकारियों के रूझान के तालमेल में ज़मींदार पुरुषों द्वारा बार-बार किए गए आग्रह के बावजूद रिवाजन स्थिति नहीं बदली और कई महिलाओं ने उसका फ़ायदा उठाया। न्यायपालिका को अफ़सोस था कि उसके हाथ बंधे हुए हैं, जैसा कि डिविज़नल जज की उस टिप्पणी से ज़ाहिर है जो उसने धन राम बनाम मुसम्मत मरी के मामले में 1889 में की, जिसमें 'अपवित्र विधवा' ने उत्तराधिकार के अपने हक़ों को पूरी तरह से बनाए रखा थाः

> 'मेरी सहानुभूति शिकायतकर्ता (धन राम) के साथ होने के बावजूद मुझे अफ़सोस है कि मैं कुछ नहीं कर सकता।'[228]

इस व्यावहारिक बेबसी का एक ज़ाहिर नतीजा यह था कि इन मामलों पर करेवा के मामलों के रूप में ज़ोर दिया जाए और इन्हें इस रूप में स्वीकार करने का अर्थ था कि महिला की जायदाद ज़ब्त होगी। इसलिए हैरत की बात नहीं है कि सहवास यानी साथ रहने को बार-बार करेवा के रूप में रेखांकित किया गया और करेवा के मामलों में गाँवों में दी जाने वाली 'ढील' के पहलू पर अंग्रेज़ों द्वारा ज़ोर दिया गया क्योंकि एक बार शादी या पुनर्विवाह के दर्जे को स्वीकार कर लिए जाने पर एक हिन्दू औरत किसी भी सूरत में उससे रिहाई का दावा नहीं कर सकती थी।[229] इसके बरअक्स मर्द द्वारा शादी या करेवा के ज़रिए बीवियों की संख्या पर कोई सीमा नहीं थी। दिलचस्प बात यह है कि देवर या सम्बन्धियों में से किसी की संगत में हुई बदचलनी करेवा की ही तरह आश्वस्त करने वाली प्रतीत होती थी, और इसका दावा भी आसानी से किया जा सकता था। लेकिन जलन तो शायद 'साधारण बदचलनी'[230] से होती थी, जिस सूरत में करेवा का ज़िम्मा नहीं थोपा जा सकता था और इसलिए ऐसा क़दम ज़ब्ती की वजह भी नहीं बन सकता था।

अंग्रेज़ों द्वारा पुनर्विवाह पर ज़ब्ती की स्वीकृति लेकिन बदचलनी पर नहीं, इलाक़े में ग्रामीण समाज के स्थायित्व को बनाए रखने की चिन्ता से भी बंधी हुई थी। लगता था कि बदचलनी पर ज़ब्ती न होने से इस स्थायित्व में ख़लल नहीं पड़ेगा। 1888 में साथ रहने के एक मामले (परतबा बनाम मुसम्मत फंगो) में दिए गए अदालती फ़ैसले से यह साफ़ होता हैः

> पुनर्विवाह होने पर विधवा एक और परिवार की हो जाती है जहाँ उसे अन्य अधिकार मिल जाते हैं और उसे अपने सहारे के लिए अपने पति के हिस्से की ज़रूरत नहीं रहती; वह उस हिस्से को अपने दूसरे पति के लाभ के लिए अपने साथ नहीं ले जा सकती, न ही वह अपने पहले पति के परिवार में नए पुरुष सदस्य ला सकती है जिन्हें वह अपने हिस्से की सम्भाल सौंप दे, जिस की वजह से एक दावा और झगड़ा खड़ा हो सकता है जो शायद परिवार के टूटने तक जा पहुँचे। इसलिए पुनर्विवाह होगा तो ज़ब्ती भी होगी, यह एक बहुत ही मुनासिब और आम-सामान्य रिवाज है। लेकिन साधारण बदचलनी विधवा का व्यक्तिगत क़दम भर है, जिसमें वह ख़ुद को बेइज़्ज़त करती है, मगर पहली नज़र में देखें तो किसी और को कोई चोट नहीं पहुँचाती।[231]

इसलिए 'अपवित्रता को ज़रूरत से ज़्यादा अहमियत देने' से सम्बद्ध सख़्त सदाचारी शर्तों की तरफ़ ध्यान नहीं दिया गया। बरतानवी उद्देश्यों के लिए पुनर्विवाह की क्रिया बदचलनी से बिल्कुल जुदा रही। इसलिए हालाँकि बदचलनी को ज़मींदार पुरुषों की राय और उपनिवेशीय मालिकों, दोनों द्वारा ज़ोर-शोर से बुरा-भला कहा गया, उसे अपने-अपने कारणों से माफ़ भी किया गया। ऊपर जिस मुक़द्दमे का ज़िक्र आया है, वह 'बदचलन विधवा' के हक़ में गया जबकि उसने ख़ुद को आठ महीने के नाजायज़ बच्चे की माँ होते हुए 'अपवित्र' माना।[232] दाँव पर लगी हुई जायदाद काफ़ी सारी थी; 83 घुमाव, 5 कनाल और 9 मरले (आज के दिन 37 एकड़ के बराबर), कुछ मकान और चल-सम्पत्ति भी।

इसलिए एक विधवा के लिए परिवार के बाहर राबिता रखना, चाहे वह कितना ही मुश्किल क्यों न हो, फिर भी सुरक्षित था – क्योंकि ऐसे में उस द्वारा साफ़-दामन न होने की अपनी स्थिति को खुले तौर पर स्वीकार किए जाने के बावजूद उसे उसकी आजीवन जायदाद से वंचित रखने के लिए उस पर सहवास – और नतीजतन करेवा – का आरोप नहीं लाया जा सकता था। यही कारण था कि

> जायदाद से जुड़े उसके अधिकारों को बरबाद करने के मामले में स्थानीय लोगों द्वारा दबाव डाला जाता था कि सहवास (परिवार के भीतर ही या किसी अजनबी के साथ) को पुनर्विवाह के बराबर माना जाए।[233]

साफ़ है कि कुछ विशेष रिवाजों को स्वीकार करवाने के लिए क़ानूनी मदद का सहारा लिया जा रहा था और इन सबसे महिलाओं और उनके उत्तराधिकारियों के हक़ों का अतिक्रमण होता था। एक और ऐसी कोशिश करेवा को सिर्फ़ देवर के साथ विवाह की प्रथा के रूप में परिवार के भीतर ही रखने की, और पूर्ण अजनबियों के साथ करेवा-शादियों को क़ानून द्वारा अमान्य घोषित करवाने की थी – ऐसी शादियाँ निम्न जातियों तथा उच्च जातियों में कमतर मानी जाने वाली जातियों में बहुत आम थीं। जे.विल्सन ने ज़िला सिरसा में जातीय रिवाज की सामान्य नियमावली को दर्ज करते वक़्त इस मामले में ज़मींदारों की चिन्ता पर टिप्पणी की:

उपस्थित कई जाटों को यह दर्ज करवाने की व्याकुलता और चिन्ता थी कि अगर एक आदमी करेवा के तहत अपने भाई की विधवा या चचेरे भाई की विधवा के अलावा किसी और से शादी करता है तो उस शादी को अवैध और उसकी औलाद को नाजायज़ माना जाना चाहिए तथा उसे विरासत पाने का हक़दार नहीं माना जाना चाहिए।[234]

करेवा, अन्तर्जातीय विवाह, जातीय पवित्रता और महिला की हैसियत

उच्च-जातीय ब्राह्मणवादी धर्म उच्च-जाति के मर्द और निम्न-जाति की औरत के बच्चे को नाजायज़ और तुच्छ मानता था। ज़मीन अपने हाथों में रखने के मक़सद से सम्पत्ति पुनः प्राप्त करने के दावेदारों द्वारा एक बहुत दिलचस्प तरीक़े से इस धर्म को भी अपने फ़ायदे के लिए अपनाने की कोशिश की गई। असल में कोशिश यह थी कि अन्तर्जातीय विवाहों पर क़ानूनी रोक लगे, जो न केवल निम्न जातियों में, बल्कि खेती से सम्बद्ध जातियों में भी आम थे। यह तो साफ़ है कि उच्च सत्ता का प्रतिनिधित्व करने वाली ब्रिटिश अदालतों ने लोगों के लिए कुछ ऐसे विशेष अधिकारों पर दावा करने का रस्ता खोल दिया था जो परम्परागत पंचायतों के ज़रिए हासिल नहीं हो पाते थे। इस तरह की कोशिशें सिर्फ़ सम्पत्ति के कारणों से नहीं, बल्कि भू-स्वामी, ज़मींदाराना जातियों के कुछ तब्क़ों में ऊपर की ओर उठने की लालसा की वजह से भी थीं – इन तब्क़ों ने जातीय पवित्रता को उच्च रुतबे और ऊपर की ओर उठने की गतिशीलता के साथ जोड़ कर देखना शुरू कर दिया था। उनीसवीं सदी की शुरुआत में इस तरह के कई मामले अदालतों में आए थे। सन् 1900 में साहिब दित्ता बनाम मुसम्मत बेला मुक़द्दमे में सम्पत्ति की पुनः प्राप्ति के दावेदारों ने एक जाट और एक ब्राह्मण महिला के बीच हुए करेवा विवाह को चुनौती दी और महिला के बच्चों को उनके नाजायज़ होने के दम पर उनके उत्तराधिकार से वंचित रखने की कोशिश की।[235] दलील दी गई कि 'अगर एक ब्राह्मण विधवा एक ब्राह्मण से शादी नहीं कर सकती तो उस द्वारा एक जाट से विवाह कर पाने का फ़ैसला भी क्यों दिया जाना चाहिए?' साफ़ तौर पर कोशिश यह थी कि प्रथागत क़ानून को ग़लत साबित करने के लिए महिला की हैसियत पर लागू होने वाले हिन्दू क़ानून की दुहाई दी जाए। न्यायाधीशों ने इस आग्रह को इस बुनियाद पर नकार दिया कि हालाँकि ब्राह्मण ऊँची जाति के थे, जाटों और ब्राह्मणों के बीच शादी को जाट बिरादरी द्वारा मान्यता प्राप्त थी और इस तरह के विवाहों से हुई औलाद को जायज़ उत्तराधिकारी माना जाता था। चमार जैसी निम्न जातियों से सम्बद्ध कई मुकदमों में भी इसी स्थिति को बरक़रार रखा गया।[236] यह स्वीकारा गया कि ब्राहमण से लेकर चमार तक कोई भी हिन्दू औरत करेवा विवाह कर सकती थी।[237] लेकिन ज़िला करनाल के गाँव इन्द्री के जाटों ने एक ऐसे मामले का हवाला दिया जिसमें एक आदमी को इसलिए बिरादरी से बाहर कर दिया गया था क्योंकि उसने एक ब्राह्मण से करेवा विवाह किया था। दिलचस्प बात यह है कि ब्राह्मण महिलाओं के साथ विवाह कम ही हुआ करते थे और शायद उनके

रस्मी तौर पर उच्च रुतबे की वजह से यह सम्बन्ध कुछ हद तक असहज ही होता था। एक जाट के साथ विवाहित एक ब्राह्मण से सम्बद्ध लोक-कथा में यह देखा जा सकता है।[238] शादी के कई साल और 4-5 बच्चे होने के बाद जाट अपनी ब्राह्मण बीवी से तंग आ गया। उससे छुटकारा पाने के लिए उसने पूछाः

जाट : तेरी जात के सै? (तुम्हारी जाति क्या है?)
ब्राह्मणी : अब तक के बेरा ना था? (क्या तुम्हें अब तक पता नहीं था?)
जाट : बळधों की सौं, मन्ने ना बेरा तेरी जात के सै। (बैलों की क़सम, मुझे नहीं मालूम तुम्हारी जाति क्या है)।
ब्राह्मणी : मैं तो असली बाह्मणी सूँ। (मैं तो असली ब्राह्मणी हूँ)।
जाट : (हाथ जोड़ कर) दादी, ये तो बड़ा पाप हुआ, तू जा, बहुत पाप लगा।
और चलती कर दी।

यह खेती से जुड़ी जातियों में ब्राह्मणों के रस्मन, मर्यादानुसार ऊँचे रुतबे के बारे में चेतना तो दर्शाता ही है, यह भी दर्शाता है कि इस तरह का उलटफेर जाति के सन्दर्भ में श्रेणीबद्ध व्यवस्था के विचार को प्रतिबिम्बित करता है। दूसरे शब्दों में, इस बदलाव को प्रभाव में लाने वाली रस्मन निम्न जातियाँ सच में 'पाप' कर रही थीं। यह जानकारी नहीं है कि इस तरह की शादियों के मामले में ब्राह्मणों का क्या रवैया रहता था। भारत के ज़्यादातर अन्य हिस्सों में तो लड़की का पैदाइशी परिवार इस तरह की शादी से कोई लेना-देना न रखता, और लड़की से नाता तोड़ लिया जाता।

बहुपति विवाह : 'भाइयों में औरत का साझा होना'

खेती से सम्बद्ध हरियाणा के परिवेश में विधवा-पुनर्विवाह अपनी कई विशेषताओं के साथ कई कारणों से ज़रूरी हो गया था। इस परिवेश ने महिलाओं से जुड़ी कुछ उभरती हुई प्रथाओं के प्रति एक लचीला रवैया और व्यापक स्तर पर सामाजिक रज़ामंदी का माहौल भी मुहैया करवाया। इस भौगोलिक-आर्थिक पृष्ठभूमि में एक औरत का विवाह एक परिवार में – न कि एक व्यक्ति के साथ – होने का विचार पैदा हुआ। यह पृष्ठभूमि प्रतिकूल महिला-लिंगानुपात, और वधू-मूल्य के प्रचलन की पृष्ठभूमि थी जिसमें बीवी को खेत-मज़दूर तथा प्रजनन के लिए सरमाए के तौर पर देखा जाता था। कड़वी सचाई के हिसाब से देखें तो इसका अर्थ था कि दो या तीन भाई एक बीवी को अपने बीच साझा करेंगे।[239] इस तरह महिलाओं का व्यापक और सिलसिलेवार शोषण शुरू हुआ। 1904 में ज़िला स्तर के एक ब्रिटिश अधिकारी पी.जे.फ़ेगन की टिप्पणी के मुताबिक़, 'जाटों और निम्न जातियों में यह असामान्य नहीं है कि एक औरत कई भाइयों के बीच साझी हो हालाँकि वह उनमें से सबसे बड़े भाई की ही बीवी के रूप में पहचानी जाती है।[240] लेकिन उत्तर प्रदेश और हरियाणा के बारे में उपलब्ध लोक-कथाओं में इस

चलन को 'ग़रीब ब्राह्मणों' में भी प्रचलित दिखाया जाता है जहाँ एक निम्न-जाति पत्नी दो भाइयों में साझी होती है।[241] ग्यारहवीं सदी के मुस्लिम विद्वान यात्री अल-बरूनी तथा ग़ुलाम बसीत और मुहम्मद क़ासिम फ़रिश्ता जैसे बाद के इतिहासकार भी पंजाब में इसी तरह का चलन होने का ज़िक्र करते हैं, जिसे शायद इस इलाक़े पर बारम्बार हुए हमलों और उनके परिणामस्वरूप फ़ौज में ज़रूरी ज़िम्मेदारियों के चलते मर्दों की लम्बी ग़ैर-मौजूदगी से तेज़ी मिली।[242] उनीसवीं सदी के मध्य के आते-आते ब्रिटिश निरीक्षकों ने ख़ासतौर से जाटों, गूजरों, अहीरों और लोहारों के सम्बन्ध में इस प्रथा पर टिप्पणी करना शुरू कर दिया था।[243] डार्लिंग ने इस प्रथा के बारे में बात करते हुए इसे 'बहुपति विवाह' के रूप में चिह्नित किया।[244] हरियाणा की पुरानी पीढ़ी के लोग याद करते हुए बताते हैं कि 1920 के दशक में 'भाइयों में औरत का साझा होना' एक 'आम बात' थी। याद्दाश्त के आधार पर कई गाँवों के बारे में बताया गया जहाँ शादीशुदा भाई तो एक ही था मगर बाक़ी भाइयों की उसकी पत्नी तक स्वतन्त्र पहुँच रहती थी।[245] हरियाणा में इस चलन की निरन्तरता के बारे में अब कोई प्रमाण नहीं मिलते; अकादमिक तौर पर भी यह पहलू दबा हुआ ही है। लेकिन जॉयस पेटिग्रू, पॉल हर्शमन तथा के.पी. सिंह ने दर्शाया है कि पंजाब में ख़ासतौर पर कुछ जाट-सिखों में ऐसा लगातार होता रहा है।[246]

लोक-परम्परा दर्शाती है कि उपनिवेशीय समयकाल में हरियाणा में भाइयों के बीच औरत का साझा होना एक आम बात थी। उन दिनों की एक बहुत बार दोहराई जाने वाली कहानी[247] सुनाते हुए अब भी हँसी-मज़ाक़ के साथ दर्शाया जाता है कि पुराने वक़्त में शादी के सम्बन्ध के क्या अर्थ हुआ करते थे। इसमें एक नई दुलहन की बात है जिसके चार या पाँच जेठ या देवर थे। यौन-सम्बन्धों के सन्दर्भ में सब की उस तक स्वतन्त्र पहुँच थी। शादी के पन्द्रह-बीस दिन बाद दुलहन ने अपनी सास से कहा कि वह उनमें से उसके पति की पहचान करवाए। इस पर सास गली में आ कर चिल्लाने लगी। पूछे जाने पर उसने जवाब दियाः 'मेरे लिए इस घर में रहना अब मुश्किल हो गया है। मैं चालीस साल से शादीशुदा हूँ, लेकिन अब तक मैंने किसी से यह नहीं कहा कि मुझे मेरे पति की पहचान बताई जाए। और यह पन्द्रह दिन की दुलहन अभी से अपने पति की निशानदेही करवाए जाने की बात कर रही है।' हालाँकि यह कहानी मुझे एक औरत ने सुनाई, कहा जाता है कि यह सिर्फ़ मर्दों में लोकप्रिय है। महत्त्वपूर्ण है कि हालाँकि इस कहानी के निर्माण में एक मर्द ध्वनि का हाथ रहा होगा, लेकिन इसमें औरत-ध्वनि के नाज़ुक, महीन फ़र्क़ों के स्वर भी सुनाई देते हैं जिनमें बाद की जवान पीढ़ियों की एक-विवाही उम्मीदों की झलक मिलती है। मर्द ध्वनि महिलाओं पर तीखी उपहासपूर्ण, व्यंग्यात्मक टिप्पणी के तौर पर आती है। यह ध्वनि जवान दुलहन को और अपनी उम्र तथा तजुर्बे के बावजूद सास, दोनों को ही मूर्ख और जाहिल के रूप में दर्शाती है। दूसरी ओर, मर्दों को महिलाओं के यौन-सम्बन्धी आनन्द के बारे में वाक़िफ़ पाया जाता है। हालाँकि बहुत

ही भेदभावपूर्ण तरीक़े से, लेकिन यह कहानी उन दिनों मौजूद यौन-सम्बन्धी शोषण की आम समझ और उसकी आम जानकारी को दर्शाती है – और उसकी स्वीकृति को भी।

इस शोषण के बारे में महिलाओं की वाक़फ़ियत जवान दुलहन द्वारा गाए गए एक लोकगीत में ज़्यादा सीधे और समझदार तरीक़े से उजागर होती है। यह गीत आजकल आमतौर पर सुनने में नहीं आता। अपने ससुराल में काम के बोझ का ब्यौरा देते हुए वह बताती है:

मार कूट के मैं पापन गेरी
देवर कर लिया घर का
मैं तो माड़ी हो गई हे राम
धन्धा कर के इस घर का।[248]
(मार-पिटाई सह कर मुझे
पाप में देवर की हो रहना पड़ा
घर के अन्तहीन काम के बोझ ने
मुझे बिल्कुल कमज़ोर कर छोड़ा, हे राम!)

संयोगवश, पंजाब के कुछ हिस्सों में जहाँ यह प्रथा अब भी कुछ हद तक जारी है, इसके चलन के घेरे में मौजूद महिलाओं का वर्तमान एहसास भी ऐसा ही है। पूरी तरह से शर्मसारी और ज़लालत भरे इस एहसास की एक भुक्तभोगी औरत ने उसे 'हैवानों की ज़िन्दगी' कहा जिसमें उसे यौन-सम्बन्धी 'तीन मर्दों की सन्तुष्टि' करनी पड़ती थी।[249]

जेठ-ससुर द्वारा यौन-सम्बन्ध बनाए जाने की कोशिश

स्थानीय लोक-नाटक स्वांग/सांग की एक और रागनी का मुख्य विषय जेठ द्वारा अपनी भाभी के साथ ज़बरदस्ती सम्बन्ध बनाने की कोशिश के इर्द-गिर्द है। यह कुछ इस तरह से है:

जेठ और बहू

जेठ : चंदरमा सी शान देख परी तेरे महल में आग्या।
बहू : बापाँ बरगा जेठ जले क्यूँ करण उघाई आग्या।
जेठ : भाई मेरा परदेस गया दिन कटे किस के सहारे।
बहू : पाँच सात दिन में आज्या जले मत ना बोली मारे।
जेठ : तू मेवा की पाक्की डाळी मैं खा लूँ बान सुबारे।
बहू : मत ना चोंच लगाइये पापी भरी राख्या ज़हर छुहारे।
जेठ : आशिक बन्दा माशूकों के फल तोड़ तोड़ के खाग्या।
बहू : जिसने छेड़ी बीर बिरानी, तुरन्त नतीजा पाग्या।
जेठ : मेरे कमरे में चाले नै गोरी तू बटुवा सी।

बहू : सौ मारूँगी जूत ऊत के कर रहा बदमासी।
जेठ : जूत मार चाहे पाग तार ले चाहे तुडवा दे फाँसी।
बहू : काली नागन बीर पराई मत ना समझे हाँसी।[250]

(जेठ और बहू

जेठ : तेरी चांद सी सुन्दरता का मारा मैं तेरे घर खिंचा चला आता हूँ।

बहू : मेरे पिता जैसा होकर भी द्वेष-ईर्ष्या क्यूँ रखता है और क्यूँ इस तरह आया है जैसे मुझ से लगान लेना हो, यह तुझे शोभा नहीं देता।

जेठ : मेरा भाई तो परदेस गया है, फिर कैसे कटते होंगे दिन तेरे?

बहू : वो तो कुछ ही दिनों में आ जाएगा, तू क्यूँ जलन और ईर्ष्या से भरा ताना मारता है?

जेठ : तू तो डाली पर पका हुआ मेवा है, क्यों न तुझे ब्याह-उत्सव की मिठाई की तरह चख लूँ?

बहू : दूर ही रह पापी, यह छुहारा ज़हर से भरा है।

जेठ : फल तोड़ तोड़ कर खाना, माशूक को अपना बनाना, आशिकों का तो काम ही यह है।

बहू : मगर यह न भूल कि बेगानी औरत को छेड़ने वाले को नतीजा भी भुगतना पड़ता है!

जेठ : मेरे कमरे में चल, ऐ गोरी।

बहू : बदमाश, सौ जूते मारूँगी, बदमाशी मत कर।

जेठ : जूते मार चाहे पगड़ी उतार ले चाहे फाँसी चढ़ा दे, ये तो तेरी मर्ज़ी है।

बहू : दूसरे की बीवी काली नागिन सी होती है, इसे हँसी मज़ाक़ की बात मत समझ!)

यह तो साफ़ है कि गरमजोशी से भरी ख़ुशामद और मर्द की कामेच्छा का खुला प्रदर्शन पुरुष श्रोताओं को काल्पनिक तौर पर गुदगुदाने के मक़सद से किया गया है हालाँकि भाभी द्वारा उस कोशिश को नाकाम कर दिया जाता है। लेकिन दूसरी ओर जेठ का कमोबेश दिलफ़रेब अन्दाज़ में प्रेम जताना और फुसलाना एक ऐसे सामाजिक परिवेश में होता दिखाया गया है जो इस तरह के रिश्तों-नातों की इजाज़त देता था। भाभी द्वारा इख़्तियार किया गया उच्च नैतिकता का लहजा पवित्रता और एक-विवाही प्रथा के विचार के तो अनुरूप है लेकिन विचारधारा और असल वास्तविकता के बरअक्स। हम तक पहुँचने वाली ये दो ध्वनियाँ महत्त्वपूर्ण हैं क्योंकि ये दो नज़रियों को सामने लाती हैं और दोनों पर व्यंग्य कसती हुई सुनाई देती हैं। लेकिन फिर भी, यह दो तरह की ध्वनि एक अनोखे तरीक़े से औरत के विरोध को दर्ज करती है, अपने आत्म-सम्मान और पहचान को स्थापित करने की उसकी कोशिश तथा मौजूदा हालात और क़वायद की सीमाओं में रहते हुए भी 'ना' कहने की उसकी क्षमता को दर्ज करती है।

एक बारम्बार दोहराई जाने वाली कहावत भी है, जो न केवल इस इलाक़े में, बल्कि पूरे उत्तरी भारत में थोड़े बहुत फ़र्क़ के साथ सुनने में आती है, जिसके मुताबिक़

कमज़ोर की लुगाई सब की भाभी।
(कमज़ोर आदमी की बीवी सब की भाभी होती है)।

इस लोकोक्ति का मूल पहले से चली आ रही उस प्रथा में है, जिस की बात ऊपर भी इस रूप में की गई है कि जेठ की यौन-सम्बन्धी पहुँच भाभी तक है। लेकिन इस तरह का यौन-सम्बन्धी शोषण हमेशा बिना चुनौती के नहीं जाता था। बदकारी या अवैध यौन सम्बन्ध का कम से कम एक आपराधिक मुक़द्दमा बीसवीं सदी के शुरू में हुआ जिसमें आरोपी ने अपनी अर्ज़ी में सामाजिक प्रथा का हवाला दिया जिसके तहत उसे अपने भाई की बीवी तक यौन-सम्बन्धी पहुँच की इजाज़त थी।[251]

यौन सम्बन्धी शोषण के इससे भी बदतर मामले थे। ज़िला रोहतक के प्रथागत क़ानून को दर्ज करते हुए ई.जोज़फ़ की टिप्पणी थीः

> असल बात तो यह है कि लड़की अकसर लड़के से उम्र में बड़ी होती है। बहुत बार, अदालतों में आने वाली समस्या का यही एक स्रोत होता है... कुछ गाँव, जिन का नाम लिया जाना ज़रूरी नहीं है, ऐसी बुरी शोहरत के हैं कि वहाँ जान-बूझ कर पति-लड़के के मुक़ाबले उम्र में उनसे बड़ी लड़कियाँ लाई जाती हैं ताकि लड़कों के बाप उन लड़कियों के साथ नाजायज़ आनन्द ले सकें।[252]

बहुत बार नाबालिग़ बेटे की ओर से ससुर द्वारा मामला अदालत में लाया गया कि वैवाहिक अधिकारों की बहाली के आधार पर बहू को उसकी हिफ़ाज़त में दे दिया जाए। इस तरह की बहाली इससे पहले पंचायत या बिरादरी के ही दायरे और अधिकार में थी जो वापिस न आने को तैयार पत्नी को अपने पति के घर वापिस लौटने के लिए तैयार करती थी।[253] लेकिन यह सम्बद्ध पक्ष को तैयार भर करने या मनाने तक की बात थी न कि बाध्य करने की। अपने ससुराल वापिस जाने से बेटियों द्वारा आमतौर पर इनकार करने की बात उनीसवीं सदी की इस कहावत में झलकती है :

बेटी ससुराल न जाती
मन मन गा जाती।[254]
(बेटी ससुराल नहीं जाती
बस मन ही मन में खीझती है।)

इसके अलावा, क्योंकि पंचायत नैतिक व्यवहार के संचालन में मुख्य भूमिका निभाती थी, इसलिए साफ़ तौर पर ज़ाहिर चरित्रहीनता के मामलों में नकारात्मक प्रतिक्रिया की सम्भावना बनी रहती थी। इसका नतीजा था कि जब उपनिवेशीय सरकार के तहत यह ज़िम्मेदारी न्यायपालिका ने इख़्तियार कर ली और प्रथागत चलन के अनुकूल, पति के लिए क़ानून का रास्ता उपलब्ध करवा दिया गया लेकिन पत्नी के लिए नहीं[255], तो कई मामले दर्ज किए गए। 1892 में आया एक दिलचस्प मामला मिसाल के तौर पर हमारे

सामने है।[256] अमृतसर के निवासी, जाति से गूजर, कालू नाम के एक व्यक्ति के पिता ने अपने दस साल के नाबालिग़ बेटे की ओर से लाहौर तहसील के एक गाँव में रहने वाली उसकी 30 वर्षीय पत्नी आयशा को उसकी हिफ़ाज़त में दिए जाने के लिए मुक़द्दमा किया। पत्नी पहले विधवा रही थी और 1886 में चार बरस के कालू से जब उसका विवाह हुआ था तब आयशा को 19 और 24 बरस के बीच की उम्र का माना जा रहा था। प्रथम अदालत और फिर डिविज़न स्तर की अदालत ने मुक़द्दमा ख़ारिज कर दिया। ससुर उसके बाद मामले को उच्च न्यायालय में ले गया जिसने 1892 में अपील को डीविज़नल जज के फ़ैसले का हवाला देते हुए ख़ारिज कर दिया, जिसने यह फ़ैसला दिया था :

> साफ़ है कि मुद्दई अभी 'पति' के रूप में उस पर आयद ज़िम्मेदारियों को पूरा नहीं कर सकता और इसलिए उसे अदालत से यह मदद माँगने का हक़ नहीं है कि उसकी बीवी को उसकी सुरक्षा में नहीं (क्योंकि वह सुरक्षा प्रदान ही नहीं कर सकता) बल्कि अभिभावक के संरक्षण में रहने को मजबूर किया जाए।

असल में तो जैसा पहले ज़िक्र में आया है, यौन-सम्बन्धी दृष्टिकोण से मुमकिन है कि ससुर द्वारा विधवा-पुत्रवधू से करेवा-विवाह का दावा पहले से मौजूद रिश्ते को वैध करने के लिए किया जाता हो, जिसके चलते सम्भव है कि विधवा बहू गर्भवती हो जाती हो।[257] एक पुरानी कथा इन पहलुओं पर बल देती हैः

> एक विधवा पुत्रवधू अपने ससुर से गर्भवती हो गई। उसे इस बात की चिन्ता थी कि लोग इस बारे में क्या कहेंगे। ससुर ने इसकी प्रतिक्रिया में उससे कहा कि वह उसके लिए थेगलियों भरी एक रज़ाई सिल दे। यह रज़ाई उसने अपने इर्द-गिर्द लपेट ली और घर के सामने के बरामदे में बैठ गया। उसे देखने वाले सब लोग उसे देख कर हँसने लगे और इतनी सारी थेगलियों से बनी रज़ाई पर टिप्पणी करने लगे। कुछ दिन बाद जब उन्हें उसे और उसकी रज़ाई को देखने की आदत पड़ गई तो उन्होंने हँसना और टिप्पणी करना बन्द कर दिया। तब बूढ़े ने कहा, 'लो, हो गया सब कुछ। लोगों को कुछ ही दिनों में एक बात की आदत पड़ जाती है।'[258]

साफ़ है कि एक परिवार और गोत के सभी पुरुष सदस्यों के साझा ख़ून के बंधन की विचारधारा ने एक समय पर पुत्रवधू के मृत पति के पिता (ससुर) द्वारा उसके साथ यौन-सम्बन्धों और शादी की दावेदारी को भी बर्दाश्त किया है। इस कथा का महत्त्व न केवल इस बात में है कि यह महिलाओं को दबाने वाले सामाजिक नियमों का ख़ाका खैंचती है बल्कि यह दर्शाने में भी है कि दबाने-कुचलने वाली परम्पराओं तथा यौन-सम्बन्धी शोषण की परम्पराओं को किस तरह गढ़ा और धीरे-धीरे स्वीकारा जाता है ताकि लोग बस ये समझें कि ये तो युग-युगांतर से चली आ रही हैं। क्या स्वीकारा जाना है और क्या रद्द किया जाना है, इसमें पुरुष की प्रभावशाली भूमिका भी साफ़ ज़ाहिर होती है। यहाँ पर उजागर हुए जेण्डर सम्बन्धों के दमनकारी तत्त्व तथा ताक़त के समीकरण

हमें यह समझने में मदद करते हैं कि किस तरह और क्यों शब्द 'सुसरा' को एक गाली की तरह इस्तेमाल किया जाने लगा था। इस सन्दर्भ में तो 'सुसरा' पति के पिता के लिए इस्तेमाल में आया है लेकिन पत्नी के पिता के लिए इस्तेमाल किए जाने पर भी यह एक गाली ही होता है और इसे अपमानसूचक शब्द के लायक़ एक नीच व्यक्ति के अर्थ में लिया जाता है, जिसने अपनी बेटी को दूसरे आदमी द्वारा यौन-सम्बन्धों में इस्तेमाल के लिए शादी में दिया है।[259] यानी, एक तरह से देखा जाए तो 'सुसरा' शब्द को इशारतन अपमानजनक तौर पर और भी अधिक मूर्त रूप दे दिया गया।

यह इसलिए एक दिलचस्प बात है क्योंकि ससुर और पुत्रवधू के बीच का रिश्ता तो पर्दा तथा व्यवहार और शिष्टाचार के अन्य नियमों के तहत सख़्ती के साथ एक दूसरे से दूरी रखने और परहेज़ का रिश्ता रहा है, और अब भी ऐसा ही है। हालाँकि चोरी-छिपे या चन्द लोगों की नज़र में रहते हुए इन रिश्तों के होने की जानकारी होती है, और व्यक्तिगत तौर पर इन्हें माफ़ या अनदेखा कर दिया जाता है, या फिर इन के बारे में क़यास लगाए जाते हैं और कानाफूसी होती है, लेकिन सामाजिक और सार्वजनिक तौर पर इन की निन्दा ही की जाती है।[260] इस तरह के सम्बन्धों का विरोध हमेशा ही रहा है। और ऐसी यौन-सम्बन्धी मांगों का विरोध करने वाली महिलाएँ बीते समय में भी रही हैं, जैसा कि ऊपर दी गई रागनी से स्पष्ट होता है। लेकिन ऐसी औरतों को अपने पीहर 'भेज दिया' जाता था; और यह लड़की वालों के लिए 'अन्तहीन शर्म' की बात होती थी।[261]

लेकिन इस सब में ज़िम्मेदारी जवान विधवा पर ही डाली जाती थी। बूढ़े ससुर की यौन-पिपासा को जगाने का ज़िम्मेदार भी उसे ही माना जाता था। इसका इशारा इस कहन में मिलता है:

जवान राण्ड, बूढ़े साण्ड।[262]
(जवान विधवा बूढ़े मर्दों को हवसी बना देती है।)

क्योंकि यह सामाजिक चलन अब प्रचलित नहीं है, अब यह कहावत आमतौर पर लम्पट बूढ़ों पर लागू की जाती है। लेकिन एक औरत की कामुकता और यौन-भाव को अब भी गहरे शक से देखा जाता है, जैसा कि इस कहावत से ज़ाहिर है:

औरत रहे तो आप से
नहीं जाए सगे बाप से।[263]
(एक औरत ख़ुद से ही पवित्र होती है
वर्ना तो वह अपने बाप को भी बहला-फुसला ले।)

यहाँ शायद मान कर चला जा रहा है कि औरत स्वभाव से शिकारी होती है जो स्वयं की काम-सन्तुष्टि के लिए कुछ भी कर सकती है। लेकिन साथ ही यहाँ उसकी यौन-सम्बन्धी असल ज़रूरतों को कोई पहचान नहीं दी जा रही। ज़ोर औरत की बहलाने-

फुसलाने की प्रवृत्ति पर है और ऊपर दी गई कहानी के बरअक्स ससुर द्वारा पुत्रवधू के यौन-सम्बन्धी शोषण से इनकार किया जा रहा है।

9. उत्पादन एवं पुनरुत्पादन की अर्थव्यवस्था

'यौन सम्बन्धी उदार वातावरण' की स्वीकृति खेती की अर्थव्यवस्था के उत्पादक तथा पुनरुत्पादक, दोनों पहलुओं में महिलाओं के महत्त्व को रेखांकित करती है। यह अर्थव्यवस्था ख़ास भौगोलिक-आर्थिक ज़रूरतों में से उपजी थी। तीन सहायक कारकों ने इस अर्थव्यवस्था की प्रकृति को तथा ग्रामीण पितृसत्तात्मक व्यवस्था द्वारा इसके लिए छोड़ी गई गुंजाइश को तय किया। ये तीन कारक थे – (क) पुरुषों का परदेस जाना (ख) ब्रिटिश भारतीय सेना में व्यापक पैमाने पर हुई भर्ती, तथा (ग) इस इलाक़े में जनसंख्या की आमतौर पर निम्न-स्तरीय वृद्धि।

पुरुषों का परदेस जाना और ब्रिटिश भारतीय सेना में बड़े पैमाने पर भर्ती

इस इलाक़े से बहुत बड़े पैमाने पर पुरुष काम की खोज में बाहर गए। वे पंजाब के ज़्यादा ख़ुशहाल इलाक़ों की तरफ़ गए, ख़ासतौर से नहरों की कालोनियों की तरफ़, क्योंकि ये कालोनियाँ खेती के बेहतर मौक़े उपलब्ध करवाती थीं। यहाँ उन्होंने मालिक, किराएदार और मज़दूरों के तौर पर काम किया।[264] नीचे दी जा रही तालिका 1.4 से प्रदर्शित होता है कि 1921 की हरियाणा की आबादी का 53.11 प्रतिशत किसी न किसी कारण से बाहर चला गया था, जबकि 1921-1931 के दशक के दौरान जनसंख्या-वृद्धि सिर्फ़ 6.84 प्रतिशत रही थी।

तालिका 1.4: 1920-1930 के दौरान हरियाणा के विभिन्न ज़िलों से प्रवासी हुए लोगों की संख्या (केवल पुरुष)

ज़िला	*सब कालोनियों में गए लोग*	*पंजाब के विभिन्न ज़िलों और क्षेत्रों को गए लोग*
हिसार	3057	4,46,000
रोहतक	3264	4,08,000
गुड़गाँव	2877	3,73,000
करनाल	1142	4,33,000
अम्बाला	2449	3,60,000

1921 में इन ज़िलों की कुल जनसंख्या : 37,81,742

1931 में इन ज़िलों की कुल जनसंख्या : 40,40,779

स्रोत: *सेन्सस ऑफ़ इण्डिया, पंजाब, 1931,* वॉल्युम XVII, पार्ट I, रिपोर्ट, पृ. 117, 120; तथा पार्ट II, टेबल्ज़, पृ. 6।

बाहर जा बसने के इस कारक के साथ-साथ ब्रिटिश इण्डियन आर्मी में बहुत बड़े पैमाने पर हुई भर्ती की वजह से भी हालात ख़राब हुए। इन दो कारकों के चलते समय-समय पर या अर्ध-स्थायी तौर पर मूल रूप से तनदुरुस्त मर्दों का अपने इलाक़े से बाहर जाने का नतीजा था कि पहले से ही कम अनुपात में मौजूद महिलाओं के लिए उपलब्ध पुरुषों की संख्या और भी कम हो गई। तथाकथित यौन-सम्बन्धी आज़ादी के हिसाब से इसके अपने ही तरह के प्रभाव पड़े। 1905 से 1910 तक ज़िला रोहतक के उपायुक्त एवं सेटलमेन्ट अधिकारी रहे ई. जोज़फ़ ने 'उदारवादी रवैए' को प्रोत्साहन देने में फ़ौज की भर्ती के प्रभाव पर टिप्पणी करते हुए एक मामले का हवाला दिया। हालाँकि यौन-सम्बन्धी इच्छाएँ पूरी करने की चाह के लिए इस मामले में बहुत ही आराम से औरतों को ज़िम्मेदार ठहरा दिया गया था, लेकिन इससे यौन-सम्बन्धी चलन के बारे में हमें बहुत कुछ मालूम होता है:

> मेरी जान-पहचान के एक बहुत ही प्रतिष्ठित जाट ने इसलिए फ़ौज से अपने बेटे का इस्तीफ़ा ले लिया क्योंकि अकेले रह रही उसकी बीवी पर भरोसा नहीं किया जा सकता था – जैसा कि उस व्यक्ति ने बताया, उसके सभी छोटे बेटे इस मुश्किल को सुलझाने में मदद के हिसाब से बहुत कमउम्र थे।[265]

घर से दूर फ़ौज की नौकरी करने वाले पति की ग़ैर-मौजूदगी में देवर या जेठ से बच्चों का हो जाना भी 'आम चलन' माना जाता था।[266] एक पुरानी लोकोक्ति इसके बारे में खुल कर बात करती है:

जेठ के भरोसे पेट।[267]
(जेठ की वजह से गर्भवती।)

यह तथ्य यौन-सम्बन्धों से सम्बद्ध शोषण-आधारित रिवाज का सहज-स्वाभाविक नतीजा था और उस समय के ग्रामीण समाज में इसे स्वीकार करना पड़ता था। एक लोकप्रिय स्थानीय कहानी इस स्वीकृति को दर्शाती है। वार्तालाप इस तरह होता है:

> पहला पुरुष : कितने साल बाद घर आए हो तुम?
> दूसरा पुरुष : तीन साल बाद।
> पहला पुरुष : तुम्हारे बच्चे की उम्र क्या है?
> दूसरा पुरुष : दो साल।
> पहला पुरुष : यह कैसे....?
> दूसरा पुरुष : (धीमे से) मैंने अपनी धोती घर भेज दी थी।[268]

उस समय कोशिश रहती थी कि यौन-सम्बन्धी इस आज़ादी को द्रौपदी का उदाहरण दे कर समझा दिया जाए – 'पाँच पाण्डवों की भी तो एक थी, द्रौपदी'।[269] इस बात का ज़िक्र अब नहीं किया जाता। इस चलन से व्याख्या होती है कि आबादी में से चुन

कर लिए गए लोगों के युद्ध में मारे जाने के बावजूद और घरों से इतनी बड़ी तादाद में तनदुरुस्त मर्दों की ग़ैर-हाज़री के बावजूद, जन्म-दर पर कोई गम्भीर असर क्यों नहीं पड़ा था। इस स्थिति में भी सम्बद्ध औरत के पति को ही पैदा हुए बच्चों का बाप माना जाता था, उन्हें उससे ही जन्मा माना जाता था। दिलचस्प बात यह है कि उस समयकाल के लोक-साहित्य में भी इस नज़रिए की झलक मिलती है। मिसाल के तौर पर सही और ग़लत के नैतिक सिद्धांत पर आधारित, एक दैत्य और उज्जैन के राजा विक्रमादित्य की बेताल पचीसी कथाओं को ही लें, जो लाहौर, दिल्ली, आगरा और मेरठ तथा अन्य स्थानों से हिन्दी, गुरुमुखी और उर्दू में बड़े पैमाने पर छपीं। इसी मुख्य विषय पर केन्द्रित एक कथा है[270] जिसमें विक्रमादित्य द्वारा पति को 'असल पिता' धोषित किया जाता है, न कि राजकुमारी के प्रेमी को, जिस से वह गर्भवती हुई थी। इस फ़ैसले की व्याख्या करते हुए राजा कहता है कि किसी को यह जानकारी नहीं थी कि राजकुमारी का बच्चा किस से था मगर यह सबको मालूम था कि उसने विवाह किस से किया था। इसलिए बच्चा सामाजिक तौर पर स्वीकृत पति का था, न कि बच कर निकल गए प्रेमी का। महत्त्वपूर्ण है कि यह कहानी आजकल उपलब्ध 'बेताल पचीसी' में शामिल नहीं रहती।

जनसंख्या-वृद्धि की निम्न दर और महिलाओं की पुनरुत्पादक-ऊर्जा को इस्तेमाल करने की ज़रूरत

तीसरा कारक महिलाओं की पुनरुत्पादक-ऊर्जा और ताक़त को इस्तेमाल करने की ज़रूरत का रहा है, और यह अब भी मौजूद है। इसके तीन पहलू हैं – एक, औरत के जीव-विज्ञान सम्बन्धित *(बायोलॉजिकल)*, दूसरा शारीरिक और तीसरा, सामाजिक पहलुओं से सम्बद्ध उसकी ऊर्जा का पहलू।[271] आबादी बढ़ने की निम्न दर से जुड़े जनसंख्या-सम्बन्धी कारक की वजह से यह पहलू और भी ज़्यादा महत्त्वपूर्ण हो गया था। इस इलाक़े की भौगोलिक-अर्थव्यवस्था की तासीर, जैसा कि पहले भी व्याख्या की गई है, एक विशेष क़िस्म की थी। सख़्त मौसम, बरसात की कमी या फिर बाढ़, गुज़ारे लायक़ या उससे भी कम जीवन-स्तर के साथ-साथ अकसर पड़ने वाला सूखा जिस की मियाद एक से तीन साल तक की हो सकती थी, और उसके बाद होने वाली महामारी और प्लेग, कॉलेरा, इन्फ़्लुएन्ज़ा, छोटी माता, या औपचारिक भाषा में 'बुख़ार' भर का होना – इन सब ने मिल कर मृत्यु-दर को बहुत बढ़ा दिया था। इसके अलावा स्वास्थ्य सुविधाओं की कमी और 'गाँवों की गन्दी हालत तथा प्रदूषित पानी की सप्लाई' भी इस सब में शामिल थे[272]। फ़ौज में सक्रिय नौकरी के दौरान, ख़ासतौर से विश्व-युद्धों में, मौतों ने भी मृत्य-दर को और ज़्यादा बढ़ा कर आबादी को तबाह किया था। इलाक़े में मृत्यु-दर ने सालों तक जन्म-दर को या तो शून्य से कम कर दिया था या फिर बेअसर कर दिया था।

तालिका 1.5: अम्बाला डिविज़न की जनसंख्या : 1881-1951

साल	कुल जनसंख्या	समयकाल	वृद्धि या कमी	वृद्धि या कमी का प्रतिशत
1881	38,97,604	1881-1891	+ 181762	+ 4.66
1891	40,79,366	1891-1901	+ 120162	+ 2.94
1901	41,99,528	1901-1911	− 419201	− 9.98
1911	37,80,327	1911-1921	+ 46472	+ 1.23
1921	38,27,069	1921-1931	+ 250496	+ 6.54
1931	40,77,565	1931-1941	+ 696888	+17.09
1941	47,74,453	1941-1951	+ 430165	+ 9.00
1951	52,04,618	–	–	–

स्रोत : 1881-1931 *सेन्सस ऑफ़ इण्डिया, पंजाब, 1931,* वॉल्युम XVII, पार्ट II, टेबल्ज़, पृ. 6; 1941-1951, *सेन्सस ऑफ़ इण्डिया, पंजाब, पेपसू, हिमाचल प्रदेश, बिलासपुर एण्ड डेल्हि,* वॉल्युम VIII, पृ. 12। 1951 के सेन्सस और 1931 के सेन्सस में 1901-1931 के आंकड़ों में कुछ फ़र्क़ है जिस की व्याख्या उपलब्ध नहीं है।

1901-11 के दशक में प्लेग की महामारी आई और एक ख़ास क़िस्म का घातक बुख़ार भी, जिसके चलते मृत्यु-दर जन्म-दर से भी ज़्यादा रही। जनसंख्या का स्तर इतना गिर गया कि इसे 1901 के आंकड़ों तक आने में चालीस से भी ज़्यादा साल लगे। इसका एक मुख्य कारण पुरुष के मुक़ाबले महिला-अनुपात का कम होना था जिस की वजह से कच्ची, स्थूल जन्म-दर उम्मीद से कम बनी रही। इसके अलावा, महिलाएँ बीमारी और सूखे की पहला बड़ा शिकार रहती थीं, इसलिए प्रजनन की उनकी सामर्थ्य और सम्भावनाएँ भी आंशिक तौर पर ही पूरी हो पाती थीं। इस सबके साथ-साथ बच्चों के बचने की अनिश्चितता के चलते ज़्यादा से ज़्यादा बच्चे करने का रूझान रहता था। जनसंख्या-सम्बन्धी निर्धारकों की वजह से इस इलाक़े में महिलाओं की इस भूमिका पर और भी ज़्यादा दबाव आया।[273]

'बहुत खुले, उदार नज़रियों' और 'यौन-सम्बन्धी ढीली-ढाली नैतिकता' को इस इलाक़े की सामान्य विशेषता माना जाता था। साफ़ है कि इसके पीछे महिला की पुनरुत्पादक, प्रजनन सम्बन्धी शक्तियों को मर्ज़ी मुताबिक़, चुनिन्दा तरीक़े से नियंत्रित रखने की माँग करने वाला समाज और अर्थव्यवस्था थे।[274] साथ ही विधवा-पुनर्विवाह की व्यापक व्यवस्था भी इसके पीछे थी। एक तरफ़ पुनर्विवाह और दूसरी तरफ़ उच्च मृत्यु-दर से जुड़े जनसांख्यकीय आंकड़ों सम्बन्धी दबाव के परस्पर सम्बन्ध को पश्चिमी विद्वानों द्वारा एक पूर्व-औद्योगिक समाज के सन्दर्भ में पहले ही अच्छे से स्थापित किया जा चुका है।[275]

निम्न-जाति की महिलाओं से विवाह और उस पर प्रतिक्रिया

ऊपर व्याख्या किए गए कारणों की वजह से पत्नी मिलने में आने वाली मुश्किलों का एक और दिलचस्प नतीजा निकला। इन हालात के चलते किसानी करने वाले इस इलाक़े के कई लोगों ने निम्न-जातियों से भी बीवियाँ लीं। ग्रामीण आबादी की आम भावना इस कहावत में निकल कर आती हैः

बेटा लाएगा चमारी
वो भी बहू कहाएगी हमारी।[276]
(अगर मेरा बेटा निम्न-जाति औरत से ब्याह करता है
वो तब भी हमारी बहू ही कहाएगी)

यह इस तरह की लोक-कथाओं में समृद्ध इलाक़ा है जिनमें उच्च किसान-जाति के पुरुषों तथा क्षत्रियों और राजाओं के साथ निम्न-जाति महिलाओं के विवाहित होने के विवरण हैं, जिनकी याद अब भी बाक़ी है।[277] एक प्रचलित कथा में किसान के साथ भंगन के विवाह की बात है। भंगन किसानों की बीवियों (किसानियों) के हाथों रोटियाँ लेने की आदी थी और वह इस आदत से छुटकारा न पा सकी। इसलिए उसने घर के सब आलों में रोटियाँ रखनी शुरू कर दीं और फिर ऊँची आवाज़ में 'किसानी, रोटी दियो' का अनुरोध करना शुरू कर दिया। जल्द ही उसका भेद खुल गया और पता चल गया कि वह निम्न जाति की है; लेकिन उसे बख़ुशी स्वीकार कर लिया गया और अपना बरताव ठीक करने को कहा गया।[278]

निम्न जातियों की महिलाओं से विवाह किया जाना कभी भी आम नियम नहीं बना या व्यापक पैमाने पर व्यवहार में भी नहीं लाया गया, लेकिन आर्थिक तंगी वाले किसानों को ऐसा करते पाया जाता था। उदाहरण के लिए, कहा जाता था कि एक जाट क़रीब-क़रीब जिस भी औरत से शादी कर सकता था, करने को तैयार ही रहता था।[279] अकसर ये चमार जाति की महिलाएँ होती थीं।[280] हाँ, एक हल्का सा दिखावा रखा जाता था कि लड़की उसी की जाति की है और इसकी इतनी ही हल्की सी स्वीकृति भी हो जाती थी। एक स्थानीय विश्वास के मुताबिक़ः

> जाट एक समन्दर है और जो भी दरिया इस समन्दर में पड़ती है, वो समन्दर की ही बन जाती है।[281]

एक जाट द्वारा शादी में स्वीकार की गई एक चूढ़ी या चमारन के बच्चे जाट कहाते थे हालाँकि उन्हें 'चूढ़ी के' या 'चमारन के' कहकर उनका मज़ाक़ उड़ाया जाता था।[282] उपलब्ध लोक-कथाओं और बरतानवी न्यायिक दस्तावेज़ों से यह स्पष्ट है कि ब्राह्मण भी निम्न-जाति औरतों से विवाह करते थे, और ऊपर इन सन्दर्भों के बारे में बात की ही गई है। मोटे तौर पर देखा जाए तो उनकी बीवियाँ बनीं निम्न-जाति की औरतों को खेती-

किसानी वाली जातियों द्वारा नीची नज़र से नहीं देखा जाता था। यह बात एक स्थानीय लोकोक्ति में उचित तौर पर अभिव्यक्त की गई हैः

बीरानी की के जात।[283]
(महिलाओं की कोई जाति नहीं होती।)

अपमानजनक उल्लेखों के बावजूद इस तरह की आम-सामान्य सामाजिक स्वीकृति इस वजह से है कि ये सामाजिक समूह तब जातीय पवित्रता को ज़रूरत से ज़्यादा अहमियत देने की हालत में नहीं होते थे जब इस पवित्रता का उल्लंघन एक पुरुष द्वारा किया जाता था – और न ही वे उसे ऐसा महत्त्व देते थे। इसके अलावा, इस गुज़ारा-लायक़ अर्थव्यवस्था में इस सामाजिक प्रथा को यह कहकर तार्किक तौर पर उचित ठहराया जाता था कि 'रोटी तो बन जागी, नाम तो चल जागा, दोनों का गुज़ारा हो जागा'[284] (कम से कम पेट तो भरेगा, परिवार का नाम तो बना रहेगा, दोनों किसी न किसी तरह गुज़ारा तो कर लेंगे)। जैसा कि ऊपर दर्शाया गया है, अन्य सगोत्र सम्बन्धियों की ओर से इस स्थिति को ख़ासतौर से तब चुनौती दिए जाने की कोशिश रहती थी जब सम्पत्ति और सामाजिक तौर पर ऊपर उठने के लिए गतिशील होने की उनकी इच्छा दांव पर लगती दिखे।

उपनिवेशीय समयकाल के बाद की बदली हुई सामाजिक-आर्थिक स्थितियों में जाति में इस तरह का उल्लंघन सामाजिक स्तर पर स्वीकार्य नहीं रह गया है। उन महिलाओं की ही तरह जिन्होंने इस आज़ादी का आनन्द कभी नहीं लिया था, पुरुष अब जाति के भीतर ही रहने के बहुत दबाव में रहते हैं। इसकी वजह से न केवल पुरुषों के लिए, बल्कि इससे भी बढ़ कर, निम्न-जाति महिलाओं के लिए भी मौक़े बहुत सीमित हो गए हैं, जबकि पहले उनके पास अपनी जाति से ऊपर की जातियों में विवाह करने का अवसर रहता था। ऐसी शादियों से होने वाले बच्चों की शादियाँ तय करने में आने वाली सम्भावित कठिनाइयाँ पहले देखने में नहीं आती थीं, लेकिन अब कई लोगों द्वारा उनका ज़िक्र किया जाता है।[285] उपनिवेशीय काल में निम्न जातियों से बीवियाँ करने की प्रथा पर बरतानवी अधिकारियों की त्योरियाँ चढ़ जाती थीं – उन्होंने इसे 'शादी के एक क़िस्म से बदनाम साधन' के रूप में घोषित कर रखा था।[286] खेती और फ़ौज के पेशों में तथाकथित उच्च-कोटि की खेतीहर जातियों के 'शानदार शारीरिक गठन' की तारीफ़ करने के आदी, वे इस प्रथा की वजह से आई उसकी जीव-विज्ञान सम्बन्धी शारीरिक 'बदहाली' का रोना रोते थे।[287] लेकिन स्थानीय स्तर पर एक ही माँ के बच्चों की अलग-अलग रंगत-सूरत की न केवल पूर्ण स्वीकृति बल्कि उसकी तर्कसंगत व्याख्या भी की गईः

माँ का पेट कुम्हार का आवा
कोई गोरा कोई काला।[288]

(माँ का गर्भ कुम्हार का, मिट्टी के बरतन पकाने का स्थान है
कुछ काले होकर निकलते हैं, कुछ गोरे।)

महिलाओं की प्रजनन सम्बन्धी भूमिका के महत्त्व का अन्दाज़ा अमृतसर की इस स्थानीय लोकोक्ति से लगाया जा सकता हैः

जू हत्था कुसी ना कट्या
जट्टी अदलू टिण्ड
ओ वसावे खेतियाँ
ओ वसावे पिण्ड।[289]
(एक जाट औरत, एक रहट
कभी फ़ालतू नहीं होते
रहट खेतों को बसाता है
जाट औरत गाँवों को बसाती है।)

औरत की प्रजनन सम्बन्धी क्षमताओं का महत्त्व

गर्भवती महिला को भी आँख की पुतली समझा जाता था, महत्त्व दिया जाता था। 'ओजणा' (इच्छा) नाम से लोक-गीतों का एक अलग ही समूह है जिनमें गर्भवती औरत की ख़ास तरह का भोजन खाने की इच्छाओं को पूरा करने की बात है। ऐसे ही एक लोक-गीत में उसे परिवार के पुरुषों से अनुरोध करते दिखाया गया है कि वे उसे वह सब खिलाएँ जो खाने की उसकी इच्छा हैः

सुसरे ते अरज करूँ थी मन्ने हरी-हरी दाख मंगा द्यो
थारी प्यारी को ओजणा लाग्या।
(ससुर जी, मुझे हरा-हरा सूखा अंगूर खाने को ला दो
तुम्हारी प्यारी को यह खाने की बड़ी इच्छा हो रही है।)

ससुर जवाब देता हैः

तुम लाड्डू पेड़ा खा ल्यो
हरी-हरी दाख नहीं सै
थारी प्यारी के ओजणा लाग्या।
(तुम लड्डू-पेड़े खा लो,
हरा-हरा सूखा अंगूर नहीं है
तुम्हारी प्यारी को यह खाने की बड़ी इच्छा हो रही है।)

इसी तरह, वह अपने देवर और जेठ के पास जाती है, जो उसे सूखे अंगूर के बजाए दूध पीने को और मलाई तथा खीर खाने को कहते हैं। आख़िर में वह अपने पति से

गुज़ारिश करती है, जो उसकी बात मानते हुए कहता हैः

सहराँ में दाख घणी सै
तन्ने भावें उतनी खा ल्यो
थारी प्यारी के ओजणा लाग्या।[290]
(शहरों में हरा सूखा अंगूर बहुत है
जितना चाहो खा लो
तुम्हारी प्यारी को यह खाने की बड़ी इच्छा हो रही है।)

साथ ही, महिलाओं के इन ओजणा गीतों का ताल्लुक, जैसा कि आगे दिखाया जाएगा, असलियत के साथ कम और ख़ुशफ़हमी के साथ ज़्यादा है।

एक औरत की प्रजनन-क्षमताओं को इतनी ज़्यादा अहमियत दी जाती थी कि नाकामयाबी को माफ़ी लायक़ नहीं माना जाता था। इस बाबत डार्लिंग ने अपनी डायरी में रोहतक के एक व्यक्ति द्वारा हँसते हुए की गई यह टिप्पणी दर्ज कीः 'एक बांझ औरत को कौन रखेगा, कौन है जो एक बांझ गाय को रखेगा'।[291] महिलाएँ भी सवाल उठाती हैं और मर्दों के इन जज़्बात की ही झलक देती हैंः 'एक बंजर खेत और एक बांझ औरत – कौन लेगा इन्हें?' – साथ ही वे यह भी कहती हैं – 'बच्चे न हों तो मर्द भी कहाँ से आएँगे?'

असल में तो ग्रामीण इलाक़ों में एक विधवा की बनिस्बत एक बांझ औरत को सबसे ज़्यादा मनहूस माना जाता है। यह उसकी प्रजनन-क्षमताओं से सम्बद्ध ज़िम्मेदारी को प्रतिबिम्बित करता है। कहावत के अनुसार :

निपूती के मुँह देख ले, सात उपास।[292]
(बांझ औरत का मुँह देख लिया तो मानो सात दिन बिन भोजन रहना पड़ेगा।)

मान्यता है कि सुबह एक बांझ औरत का मिलना दिन में किसी मुसीबत को बुलावा देने बराबर है।[293] एक और पुराने अन्धविश्वास के तहत एक शादीशुदा मर्द को एक बांझ औरत के हाथों भोजन नहीं लेना चाहिए – ऐसा होने पर उसे पुत्रफल नहीं मिलेगा। ऐसी स्थिति पैदा होने पर उसके तोड़ के तौर पर इलाज भी मौजूद है। असल में तो बांझपन से बचने के लिए उपनिवेशीय काल में दर्ज अनगिनत जादू, मन्त्र, और गण्डा-तावीज़ अब भी लोकप्रिय हैं और इस्तेमाल में लाए जा रहे हैं।[294] बांझ महिलाओं से सम्बद्ध अन्धविश्वासों की गूंज उसी तरह के भय में सुनाई पड़ती है जिस की ओर गाइ पोइतेविन ग्रामीण महाराष्ट्र में बांझ औरत के लिए इशारा करते हैं, जहाँ माना जाता है कि एक औरत की यौन-ऊर्जा कई बच्चों के जन्म के बाद भी कमज़ोर नहीं पड़ती तथा औरत एक 'बेक़ाबू और भयानक शक्ति' के रूप में बनी रहती है।[295] इसी तरह, अपने आप में एक बांझ महिला को समाज के लिए एक स्थाई ख़तरा माना जाता है।

ग्रामीण हरियाणा में एक बांझ औरत की तुलना एक वेश्या के साथ की जाती हैः

जने जने का मन रख ले
बेसवा रह जाए बांझ।[296]
(हर मर्द को ख़ुश रखते-रखते
वेश्या भी बांझ रह जाती है।)

इशारा इस व्यापक मान्यता की ओर है कि वेश्याएँ सैद्धांतिक तौर पर बच्चों को जन्म नहीं देतीं; इसलिए बांझ औरत को वेश्या के रूप में देखा जाता है।

बांझपन हमेशा बहुविवाह की ओर ले जाता था, और यह परिवार में उपलब्ध महिला-श्रम को बढ़ाने का ही एक तरीक़ा था। श्रम पर इस बल का अर्थ यह भी था कि कुछ बातों में बेटे से वंचित बीवी को भी बांझ ही समझा जाता था और लगभग तय था कि इसके चलते दूसरी शादी तो होगी ही। बेटे पैदा न कर पाने को एक गम्भीर दुर्भाग्य माना जाता था और जैसा कि ऊपर दर्शाया गया है, इसे बांझपन के बराबर माना जाता था, क्योंकि बेटे न होने पर श्रम उपलब्ध करवाने वाली बहुएँ भी नहीं आती थीं। इसलिए बांझपन को कभी माफ़ नहीं किया जा सकता था या नज़रअंदाज़ भी नहीं किया जा सकता था जबकि महिला की प्रजनन की शक्तियों को इस्तेमाल में लाया जाना लाज़िम माना जाता था। स्पष्ट है कि हरियाणा की महिला-किसान की न केवल उत्पादन से सम्बद्ध भूमिका बल्कि प्रजनन की भूमिका का भी उपनिवेशीय समयकाल की श्रम-आधारित अर्थव्यवस्था और इस इलाक़े की ख़ास सामाजिक-आर्थिक ज़रूरतों के लिए बहुत महत्त्व था। मानना होगा कि इस सम्बन्ध में 'यौन-सम्बन्धी उदार वातावरण' के माध्यम से या व्यापक स्तर पर विधवा-पुनर्विवाह की व्यवस्था के ज़रिए महिला की लैंगिकता और उसके यौन-भाव के नियन्त्रण ने एक अलग ही रूप ले लिया, लेकिन सामाजिक स्तर पर वह उतना ही वैध रहा जितना कि एक सख़्त ब्राह्मणवादी हिन्दू विधान के तहत यौन-भाव का नियंत्रण।

सन्दर्भ

1. इस इलाक़े में अकाल के साल इस प्रकार थे : 1753-54, 1782-83, 1802-03, 1812-13, 1817-18, 1833-34, 1837-38, 1860-61, 1868-69, 1877-78, 1890-91, 1899-1900, 1905-06, 1909-10, 1918-19, 1929-31 (3 साल), 1938-40 (3 साल)। देखिए, बोर्ड ऑफ़ इकनॉमिक इन्क्वायरी, *अ कैटल सर्वे ऑफ़ रोहतक डिस्ट्रिक्ट इन द पंजाब, सिविल एण्ड मिलिटरी गज़ेट,* लाहौर, 1935, पृ. 3-4; तथा *रिपोर्ट ऑन द फ़ैमिन रिलीफ़ ऑपरेशंज़ इन द साउथ ईस्ट पंजाब,* 1938-40, लाहौर, *सिविल एण्ड मिलिटरी गज़ेट,* 1946, पृ. 1-2।
2. प्रोसीडिंग्स ऑफ़ द पंजाब गवर्नमेंट : पी/7841/1908, देखिए *रिपोर्ट ऑफ़ द डेप्युटी कमिश्नर ऑफ़ रोहतक,* 22 सितम्बर 1906, *इण्डिया ऑफ़िस रेकॉड्ज़,* लण्डन।
3. *पंजाब डिस्ट्रिक्ट हैण्ड्बुक, करनाल, 1961,* चण्डीगढ़, गवर्नमेंट ऑफ़ पंजाब, कन्ट्रोलर, प्रिंटिंग

एण्ड स्टेशनरी, 1962, पृ. 18.

4. *फ़ाइनल रिपोर्ट ऑफ़ द थर्ड रेग्युलर् सेट्लमेन्ट ऑफ़ रोहतक डिस्ट्रिक्ट,* 1905-10, लाहौर, सिविल एण्ड मिलिटरी गज़ेट, 1910, पृ. 42।
5. *प्रोसीडिंग्स ऑफ़ द पंजाब गवर्नमेंट* : पी/7841/1908, देखिए रिपोर्ट ऑफ़ द डेप्युटी कमिश्नर, अम्बाला, टु द कमिशनर ऑफ़ डेल्हि डिविज़न, 12 सितम्बर 1906।
6. पूर्वोक्त, देखिए रिपोर्ट, 22 सितम्बर 1906।
7. ए.एम.स्टो, *कैटल एण्ड डेअरिंग, पंजाब,* लाहौर, सिविल एण्ड मिलिटरी गज़ेट, 1910, पृ. 6-7। ऐसी ही राय इससे पहले 1903 में भी व्यक्त की गई थी। देखिए, एच.टी.पीस, *ब्रीड्ज़ ऑफ़ इण्डियन कैटल, पंजाब,* कलकत्ता, सुपरिन्टेन्डेन्ट, गवर्नमेन्ट प्रिन्टिंग, 1903, पृ. 35-36।
8. स्टो, *कैटल एण्ड डेअरिंग,* पृ. 67।
9. *अ कैटल सर्वे ऑफ़ द रोहतक डिस्ट्रिक्ट,* पृ. 25, 37-38। मवेशियों के प्रजनन और पालन के लिए लाहौर जैसे इलाक़ों की तीन-चौथाई एकड़ जुताई वाली धरती के मुक़ाबले में हरियाणा के इलाक़े की आधा एकड़ बिना जुताई बरानी (बारिश पर निर्भर) चरागाह बेहतर मानी जाती थी। देखिए, स्टो, *कैटल एण्ड डेअरिंग,* पृ. 20।
10. द बोर्ड ऑफ़ इकनॉमिक इन्क्वायरी, *इकनॉमिक ऐस्पेक्ट्स ऑफ़ एनिमल हज़्बंड्री इन हिसार: अ फ़ैमिन एरिया ऑफ़ द पंजाब,* लाहौर, सिविल एण्ड मिलिटरी गज़ेट, 1945, पृ. 63-64।
11. *अ कैटल सर्वे ऑफ़ रोहतक डिस्ट्रिक्ट,* पृ. 11-12। मिलती-जुलती राय के लिए, देखें, *एनिमल हज़्बंड्री इन हिसार,* पृ. 11।
12. उदाहरण के तौर पर ज़िला करनाल में सिंचाई का कुल क्षेत्र 1901 में 38 प्रतिशत से बढ़ कर 1941 में 44.66 हो गया और ज़िला रोहतक में 24.66 से बढ़ कर 37.28 प्रतिशत। सम्पूर्ण हरियाणा तथा उसके विभिन्न ज़िलों में कुल सिंचित क्षेत्र के प्रतिशत का हिसाब *पंजाब डिस्ट्रिक्ट हैण्डबुक्स,* 1961, गवर्नमेंट ऑफ़ पंजाब, कन्ट्रोलर, प्रिंन्टिंग एण्ड स्टेशनरी, चण्डीगढ़ में किए गए पंचवर्षीय औसत आंकड़ों से लगाया गया है। देखिए, हरियाणा के विभिन्न ज़िले।
13. *द जाट गज़ेट,* साप्ताहिक समाचार-पत्र, उर्दू, रोहतक, 20 अप्रैल 1927, पृ. 5।
14. *पंजाब लेजिस्लेटिव काउंसिल डिबेट्स,* XXII, 25 फ़रवरी 1929, लाहौर, सुपरिन्टेन्डेन्ट, गवर्नमेन्ट प्रिन्टिंग, 1930, पृ. 336-37। देखिए, राजस्व के लिए सदस्य मियाँ फ़ज़्ल-ए-हुसैन द्वारा पंजाब सरकार की ओर से दिया गया उत्तर।
15. *फ़ाइव इयर प्लैन इन पोस्ट-वार डिवेल्पमंट स्कीम,* लाहौर, सुपरिन्टेन्डेन्ट, गवर्नमेन्ट प्रिन्टिंग, 1945, पृ. 1-2।
16. *अ कैटल सर्वे ऑफ़ रोहतक डिस्ट्रिक्ट,* पृ. 27। हरियाणा के इलाक़े के विभिन्न सर्वेक्षणों में शामिल पंजाब के अधिकारी बहुत समय से कहते चले आए थे कि इस इलाक़े में सिंचाई का कोई भी विस्तार मवेशियों के प्रजनन और पालन के लिए हानिकारक सिद्ध होगा। देखें, पीज़, *ब्रीड्ज़ ऑफ़ इण्डियन कैटल,* पृ. 47; स्टो, *कैटल एण्ड डेअरिंग,* पृ. 6-7; *एनिमल हज़्बंड्री इन हिसार,* पृ. 32।
17. सहायक, पूरक व्यापार खालों और हड्डियों, मांस और गोमांस, घी आदि के थे। तफ़सीली जानकारी के लिए देखिए *प्रोसीडिंग्स ऑफ़ द पंजाब गवर्नमेन्ट:* P/ 8121/ 89, अक्तूबर 1909; और देखें, *बोर्ड ऑफ़ इकनॉमिक इन्कवायरी, टैनिंग इण्डस्ट्री इन द पंजाब,* लाहौर,

सिविल एण्ड मिलिटरी गज़ेट, 1939; स्टो, *कैटल एण्ड डेअरिंग*, पृ. 38-39; *अ कैटल सर्वे ऑफ़ रोहतक*, पृ. 56।

18. *एनिमल हज़्बंड्री इन हिसार*, पृ. 44। रिपोर्ट ने दर्ज किया कि इसके उत्पादन के तरीक़े 'अपरिपक्व तथा अस्वास्थ्यकर' होने की वजह से घी का प्रबन्धन और बिक्री बिल्कुल भी तसल्लीबख़्श नहीं थे। यह भी कहा गया कि 'ख़ासतौर पर क्योंकि मार्केट की सुविधाएँ नहीं थीं', बची हुई लस्सी को फैंकना पड़ता था जिस से उत्पादन-ख़र्च बढ़ता था और इसके फलस्वरूप लाभ के लिए न के बराबर गुंजाइश रहती थी।
19. पूर्वोक्त, पृ. 43।
20. रिपोर्ट ने पशुओं के पालन-पोषण के सम्भावित ख़र्च और लाभ का अनुमान लगाने की मुश्किल को स्वीकारते हुए भी अनुमान लगाया कि 'सामान्य समय' में मात्र 25 रुपये प्रति-पशु का लाभ होता है। रिपोर्ट ने स्वीकारा कि इस अनुमान में परिवार के श्रम, बछड़े द्वारा पीया गया दूध और मॉनसून के दौरान मुफ़्त चारा की क़ीमत को शामिल नहीं किया गया। *वही*, पृ. 13। इसी तरह की राय के लिए देखिए, *अ कैटल सर्वे ऑफ़ रोहतक*, पृ. 48। अकसर अकाल और सूखे के दौरान मवेशियों के दाम में ज़बरदस्त गिरावट ने भी अतिरिक्त लाभ को कम करने में योगदान दिया।
21. *हरियाणा डिवल्पमंट कमेटी, इन्टरिम रिपोर्ट*, चण्डीगढ़, गवर्नमेंट ऑफ़ हरियाणा, 1965, पृ. 62।
22. *एनिमल हज़्बंड्री इन हिसार*, पृ. 20।
23. इस इलाक़े के विभिन्न ज़िलों के लिए दिए गए सभी खेती-सम्बन्धी आंकड़े, जब तक कि अन्यथा न कहा गया हो, *एग्रिकल्चरल स्टेटिस्टिक्स ऑफ़ ब्रिटिश इण्डिया*, 1890-1947, इण्डिया ऑफ़िस रेकॉड्ज़, लन्डन से लिए गए हैं। ज़्यादातर आंकड़े ज़िला रोहतक से हैं क्योंकि यह ज़िला लगभग पूरे इलाक़े में तरह-तरह की खेती और आर्थिक हालात से सम्बन्धित स्थिति की नुमाइंदगी करता था। बाक़ी ज़िलों से उपलब्ध आंकड़े रोहतक में इस रूझान की पुष्टि करते हैं।
24. *एनिमल हज़्बंड्री इन हिसार*, पृ. 17।
25. राजस्व एवं कृषि विभाग (कृषि एवं बाग़बानी ब्रांच), भारत सरकार, 'व्हीट प्रोडक्शन एण्ड व्हीट ट्रेड ऑफ़ इण्डिया', जनवरी 1880, पृ. 41-82A।
26. *एग्रिकल्चरल स्टेटिस्टिक्स*, 1938-39, पृ. 3-4; 1939-40, पृ. 4।
27. पूर्वोक्त, 1907-08, पृ. 6-7।
28. एम.एस. ली, *द पंजाब एण्ड द वॉर*, लाहौर, सुपरिन्टेन्डेंट, गवर्नमेन्ट प्रिन्टिंग, 1922, पृ. 7।
29. *पंजाब अफ़िशल सिलेक्शनः पी ओ एस, 5547, वॉर हिस्ट्री ऑफ़ द रोहतक डिस्ट्रिक्ट*, लाहौर, सुपरिन्टेन्डेंट, गवर्नमेन्ट प्रिन्टिंग, 1920, पृ. 1, इण्डिया ऑफ़िस रेकॉड्ज़, लन्डन।
30. पूर्वोक्त, पृ. 6। सूरमा कहलाए जाने वाली 'जातियों' या 'वर्गों' को अलग से पहचानने का सबसे बेहतर तरीक़ा उनके व्यवसाय से था। अंग्रेज़ 'अपनी ज़मीन पर ख़ुद खेती करने वाले किसान' को पसन्द करते थे जिसे स्वतन्त्र, तगड़ा, सच्चा, ईमानदार और भरोसेमन्द घोषित किया गया था। 'सही नज़रिए' वाला दरमियाना अमीर किसान उन्हें सबसे प्रिय था। इन विशेषताओं के चलते पंजाब में भूमि की मालिक जातियाँ अधिकतर राजपूत, जाट, गूजर, अहीर आदि रहीं। विस्तृत विवरण के लिए देखिए स्टीफ़न पी.कोहन, *द इण्डियन आर्मी*, डेल्हि,

ऑक्सफ़र्ड युनिवर्सिटी प्रेस, 1990, पृ. 46-54।

31. *पंजाब एण्ड द वॉर,* पृ. 61-62।
32. *पंजाब अफ़िशल सिलेक्शनः पी ओ एस, 5540, वॉर सर्विसिज़ ऑफ़ द करनाल डिस्ट्रिक्ट, अगस्त 1914-18, मार्च 1919, लाहौर,* सुपरिन्टेन्डेंट, गवर्नमेन्ट प्रिंन्टिंग, 1920, पृ. 17।
33. द बोर्ड ऑफ़ इकनॉमिक इन्क्वायरी इन पंजाब, *सोल्जर्सज़ सेविंग्स एण्ड हाओ दे यूज़ देम,* लाहौर, सुपरिन्टेन्डेंट, गवर्नमेन्ट प्रिन्टिंग, 1940, पृ. 3।
34. *रोहतक डिस्ट्रिक्ट,* जालन्धर, गवर्नमेन्ट ऑफ़ पंजाब, पब्लिक रिलेशन्ज़ डिपाट्मन्ट, 1952, पृ. 18।
35. ली, *पंजाब एण्ड द वॉर,* पृ. 61-62। मन्ट्गुमरी के ज़िला सैनिक बोर्ड के सचिव द्वारा एक दिलचस्प बात लिखित में प्रकट की गई – 1934 और 1938 के बीच ज़िला मन्ट्गुमरी में सेना के 60,000 अनुदान-प्राप्तकर्ताओं में से भर्ती के लिए 60 से भी कम आए। *सोल्जर्सज़ सेविंग्स,* 1940, पृ. 4, 7।
36. देश की आज़ादी के बाद भारतीय सेना को सबके लिए खुला छोड़ दिया गया था। किसी भी क्षेत्र, वर्ग और जाति का व्यक्ति इसमें आ सकता था। 'भर्ती कोटा' का आवंटन भारत के अलग-अलग राज्यों को किया गया था और यह भर्ती लायक़ आयु से सम्बद्ध पुरुषों के आंकड़ों की विशेष प्रतिशत के हिसाब से होता था (जबकि यह प्रतिशत सार्वजनिक नहीं किया गया था)। लेकिन इस आदर्श को फ़ौरन तो एकमुश्त पूरा नहीं किया जा सकता था। इसके अलावा, क्योंकि भर्ती के पहले वाले रूझान 'सूरमा नस्ल' वाले विचार और 'क्षेत्रीय वरीयता' पर आधारित थे, नई योजना को बहुत ही धीरे-धीरे लागू किया गया। इस प्रकार पंजाब और हरियाणा जैसे राज्यों का योगदान अन्य राज्यों के पक्ष में घटाना पड़ा हालाँकि पहले इन दो इलाक़ों से बहुत ही ज़्यादा तादाद में रंगरूट भर्ती होते रहे थे। इसका नतीजा था कि पंजाब और हरियाणा का कुल योगदान अंग्रेज़ों के समय के मुक़ाबले घट गया। लेकिन अब भी यह उनकी आबादी के प्रतिशत के स्तरों से काफ़ी ज़्यादा है। इससे सन्तुष्ट न हो कर, हरियाणा के दो मुख्य-मंत्रियों (बंसी लाल और देवी लाल) ने अत्यावश्यक तौर पर इस आवंटित भर्ती कोटा में वृद्धि की मांग उठाई। लेफ़्टिनेन्ट जनरल बी.टी. पण्डित, एड्जुटेन्ट जनरल, आर्मी हेड्क्वाटर्स, नई दिल्ली से व्यक्तिगत स्तर पर प्राप्त सूचना, 1 अप्रैल 1991।
37. दिलचस्प बात यह है कि सेना के 'खुलने' के बावजूद, मोटे तौर पर तो अब भी उन्हीं 'वर्गों' और 'जातियों' के लोगों को सेना में भर्ती किया जाता है। 'अन्यों' को उन बलों में भर्ती किया जाता है जिन का सीधा सम्बन्ध लड़ाई से नहीं है। सूचना ऊपर कथित लेफ़्टिनेन्ट जनरल बी.टी. पण्डित से प्राप्त।
38. *वॉर सर्विसिज़ ऑफ़ करनाल डिस्ट्रिक्ट,* पृ. 13।
39. कोह्न, *द इण्डियन आर्मी,* पृ. 46-47।
40. देखें *एलिएनेशन ऑफ़ लैण्ड बिल ऑफ़ 1900,* गज़ेट ऑफ़ इण्डिया, 1899, भाग V।
41. प्रताप ए. अग्रवाल इसके लिए कुछ कारण बताते हैं जैसे कि 1947 की साम्प्रदायिक घटनाओं के दौरान ज़िला गुड़गाँव को दी गई पुलिस सुरक्षा; भरतपुर, अलवर तथा राजस्थान के अन्य स्थानों से मेवों का गुड़गाँव की ओर पलायन जिसके चलते वहाँ इन की जनसंख्या को बल मिला; मेवों का पाकिस्तान जाने से हिचकिचाना; कई कारणों से पहले यहाँ से पलायन कर गए बहुत से लोगों का वापिस आना और बंटवारे के समय कुछ मुसलमान नेताओं की सकारात्मक

भूमिका। देखें उनकी पुस्तक *कास्ट, रिलिजन एण्ड पावरः एन इण्डियन केस-स्टडी*, नई दिल्ली, श्री राम सेन्टर ऑफ़ इण्डस्ट्रियल रिलेशन्ज़, 1971, पृ. 51-54।

42. देखें *सेन्सस ऑफ़ पंजाब, 1931*, वॉल्युम XVII, भाग II, तालिकाएँ, पृ. 278 तथा *स्टेटिस्टिकल एब्स्ट्रैक्ट ऑफ़ पंजाब, 1957*, चण्डीगढ़, इकनॉमिक एण्ड स्टेटिस्टिकल अड्वाइज़र टु द गवर्नमेंट ऑफ़ पंजाब, 1959, पृ. 29।

43. हाशिम अमीर अली, *द मेओज़ ऑफ़ मेवात*, न्यू डेल्हि, ऑक्सफ़र्ड एण्ड आइ.बी.एच. पब्लिशिंग कम्पनी, 1970, पृ. 54-68; और देखें इम्तियाज़ अहमद (सम्पादक), *फ़ैमिली किनशिप एण्ड मैरिज अमंग मुस्लिम्स इन इण्डिया*, नई दिल्ली, मनोहर पब्लिकेशन्स,1976 में प्रताप ए. अग्रवाल, 'किनशिप एण्ड मैरिज अमंग मेओस ऑफ़ राजस्थान', पृ. 265-296।

44. विस्तृत जानकारी के लिए देखें प्रताप ए. अग्रवाल, 'अ मुस्लिम सब-कास्ट ऑफ़ नॉर्थ इण्डियाः प्रॉब्लम्ज़ ऑफ़ कल्चरल इन्टिग्रेशन', *इकनॉमिक एण्ड पलिटिकल वीक्ली*, 10 सितम्बर 1966, I, 4, पृ. 159-61

45. यहाँ ज़िक्र किया जा सकता है कि डेंज़िल इबट्सन अपनी उत्कृष्ट रचना 'पंजाब कास्ट्स' में मेवों और गूजरों को 'गौण प्रभावशाली जनजातियों' और अन्य के साथ अहीरों को 'गौण खेतीहर तथा पशुचारी जनजातियों' के वर्गों में शामिल करते हैं। राठी (पहाड़ियों में अलग से बसे) के साथ बस जाटों तथा राजपूतों को ही अलग से, स्वयं में, 'वर्ग' की शक्ल में देखा गया। इससे शायद ब्रिटिश प्रशासकों द्वारा कुछ कम महत्त्वपूर्ण जाति-समूहों की ओर ध्यान न दिए जाने की व्याख्या होती है जबकि अन्य के बारे में विस्तृत विवरण दर्ज किए गए थे जिन्हें सेना के उद्देश्यों के लिए भी महत्त्वपूर्ण माना जाता था। देखें, उनकी कृति *पंजाब कास्ट्सः रेसिज़, कास्ट्स एण्ड ट्राइब्ज़ ऑफ़ द पीपल ऑफ़ पंजाब*, लाहौर, सुपरिन्टेन्डेन्ट, गवर्नमेन्ट प्रिंटिंग, 1916, पृ. 166-67, 190।

46. देखें, *फ़ाइनल रिपोर्ट ऑफ़ द थर्ड रेग्युलर् सेटलमेन्ट, 1903-09, ऑफ़ द गुड़गाँव डिस्ट्रिक्ट*, लाहौर, सिविल एण्ड मिलिटरी गज़ेट,1894, पृ. 2-3।

47. देखें, *सेटलमेंट रिपोर्ट ऑफ़ अम्बाला डिस्ट्रिक्ट 1893*, लाहौर, सिविल एण्ड मिलिटरी गज़ेट, 1894, पृ. 2-3।

48. *सेन्सस ऑफ़ इण्डिया, पंजाब*, 1931, वॉल्युम XVII, भाग I, रिपोर्ट, पृ. 339-40।

49. *कॉन्फ़िडेंशल फ़ाइल्स फ़्रॉम द सुपरिन्टेन्डेंट्स ऑफ़िस, रोहतक*, फ़ाइल नम्बर 26/51।

50. बोर्ड ऑफ़ इकनॉमिक इन्क्वायरी, *पंजाब विलिज सर्वेज़ः एन इकनॉमिक इन्क्वायरी ऑफ़ गिझी; अ विलिज इन रोहतक डिस्ट्रिक्ट ऑफ़ द पंजाब*, लाहौर, सिविल एण्ड मिलिटरी गज़ेट, 1932, पृ. 132।

51. 'हावी जाति' की अवधारणा और विशेषताओं के लिए देखें, एम.एन. स्रिनिवास, 'द डॉमिनेन्ट कास्ट इन रामपुरा', *अमेरिकन एन्थ्रोपॉलिजिस्ट*, फ़रवरी 1959, 61, पृ. 1-16। एम.एन. स्रिनिवास अपनी पुस्तक *कास्ट इन मॉडर्न इण्डिया एण्ड अदर एसेज़*, बॉम्बे, एशिया पब्लिशिंग हाउस, 1962, पृ. 90 में जाटों का ज़िक्र पंजाब और हरियाणा की 'हावी जाति' के तौर पर करते हैं।

52. विवरण के लिए देखें, *सेन्सस ऑफ़ इण्डिया, पंजाब एण्ड डेल्हि*, 1901, वॉल्युम XVIII, भाग I, रिपोर्ट, पृ. 324-25।

53. पूर्वोक्त, पृ. 338।

54. पूर्वोक्त, पृ. 324।
55. देखें, प्रकाश टण्डन, *पंजाबी सेन्चरी, 1857-1947,* लन्दन, चाटो एण्ड विण्डस, 1963, पृ. 63।
56. उदाहरण के लिए ज़िला रोहतक में, 1921 में कुल 27,089 पंजीकृत आर्य-समाजियों में से 23,995 जाट थे। देखें, *सेन्सस ऑफ़ इण्डिया, पंजाब एण्ड डेल्हि,* 1921, वॉल्युम XV, भाग 1, रिपोर्ट, पृ. 181।
57. पी.के. चौधरी, *कास्ट एण्ड पावर स्ट्रक्चर इन विलिज इण्डिया,* नई दिल्ली, इन्टर-इण्डिया पब्लिकेशन्स, 1987, पृ. 160।
58. पूर्वोक्त, पृ. 59।
59. ब्राह्मणों का स्थान सिख पुरोहितों द्वारा ले लिए जाने के सम्बन्ध में देखिए पॉल हर्शमन, *पंजाबी किन्शिप एण्ड मैरिज,* डेल्हि, हिन्दुस्तान पब्लिशिंग कॉरपोरेशन, 1981, पृ. 23-24।
60. हरियाणा में जाटों की लामबन्दी के लिए देखें, प्रेम चौधरी, *पंजाब पॉलिटिक्सः द रोल ऑफ़ सर छोटू राम,* नई दिल्ली, विकास पब्लिशिंग हाउस, 1984, पृ. 40-60।
61. आर. सौमरेज़ स्मिथ दर्शाते हैं कि पंजाब में निम्न जातियों से परिवर्तित होने वाले लोग हमेशा अपना नाम बदल लेते थे ताकि उन्हें थोड़ी सा ऊँचा सामाजिक रुतबा मिल पाए – उदाहरण के लिए, अद-धर्मी और रामगढ़िए। लेकिन जाटों और राजपूतों ने परिवर्तित होने पर अलग जाति-नाम कभी भी धारण नहीं किए क्योंकि उनका खेती-सम्बन्धी रुतबा काफ़ी फैला हुआ और पहचान-प्राप्त था। असल में तो स्मिथ के अनुसार 'जाट' शब्द ने उन स्थानीय जातियों को भी अपने घेरे में लिया और जज़्ब किया जो 'जाटपन' का दावा करने को तैयार थीं, लेकिन इस बात को ज़रूरत से कम पहचाना जाता है। यह बात सिखों के लिए विशेष तौर से प्रासंगिक थी, जिनकी पहचान जाटों के बहुत नज़दीक थी। देखें, स्मिथ की 'कास्ट, रिलिजन एण्ड लोकैलिटी इन द पंजाब सेन्सस', एम.लिट., समाजशास्त्र विभाग, दिल्ली विश्वविद्यालय, 1971, पृ. 86-88।
62. इबट्सन, *पंजाब कास्ट्स,* पृ. 103।
63. लूसी कैरल, 'कलोनियल पर्सेप्शन ऑफ़ इण्डियन सोसायटी एण्ड द इमर्जेन्स ऑफ़ कास्ट्(स) असोसिएशन्ज़', *जर्नल ऑफ़ एशियन स्टडीज़,* फ़रवरी 1978, xxxvii, 2, पृ. 233-50।
64. पूर्वोक्त।
65. स्मिथ, 'कास्ट, रिलिजन एण्ड लोकैलिटी', पृ. 40-42। इसी तरह 1901 की पंजाब सेन्सस रिपोर्ट पंजाब के विभिन्न क्षेत्रों में जाटों और राजपूतों के भिन्न सामाजिक रुतबे पर टिप्पणी करती है। उदाहरण के लिए, मध्य-पंजाब में एक सिख-जाट किसी और को अपने से ऊपर नहीं मानता था – एक राजपूत को भी नहीं। देखें, *पंजाब सेन्सस,* 1901, वॉल्युम XVII, भाग 1, रिपोर्ट, पृ. 338।
66. *रोहतक डिस्ट्रिक्ट गज़ेटियर,* 1910, III-A, लाहौर, सिविल एण्ड मिलिटरी गज़ेट, 1911, पृ. 68।
67. बोर्ड ऑफ़ इकनॉमिक इन्क्वायरी, *द साइज़ एण्ड डिस्ट्रिब्यूशन ऑफ़ एग्रिकल्चरल होल्डिंग्ज़ इन द पंजाब,* लाहौर, सिविल एण्ड मिलिटरी गज़ेट, 1925, पृ. 16 से लगाया गया हिसाब।
68. जय नारायण वर्मा, *हरियाणवी लोकोक्तियाँः शास्त्रीय विश्लेषण* (हिन्दी), दिल्ली, आदर्श साहित्य प्रकाशन, 1972, पृ. 123।

69. पूर्वोक्त, पृ. 96।
70. एस.डब्ल्यू. फ़ैलन, *अ डिक्शनरी ऑफ़ हिन्दुस्तानी प्रॉवर्ब्ज़,* बनारस, ई.जे.लैज़रस एण्ड कम्पनी, 1886, पृ. 119।
71. मोहराँ देवी, पत्नी भूतपूर्व सैनिक मांगे राम, गाँव झोझो चमनी, ज़िला भिवानी के साथ साक्षात्कार, 7 जनवरी 1990। इन के पास हरियाणा के सूखे क्षेत्र में 60 बीघा धरती है। होई व्रत के विवरण के लिए देखें, लूइस, *विलिज लाइफ़ इन नॉर्दर्न इण्डिया,* पृ. 218-21।
72. 1960 के दशक में 'मर्फ़ी रेडियो बेबी बॉय' का मशहूर कैलेण्डर आया था जिसे अब भी याद किया जाता है, जिसमें छोटा बच्चा मुँह में उंगली दिए दिखाई देता है, और यह राष्ट्रीय स्तर पर बहुत लोकप्रिय हुआ था और पुत्र-लालसा का प्रतीक था। आमतौर पर माना जाता है कि कोई गर्भवती महिला अगर अपने मन में एक शिशु-बालक की छवि रखती है तो उसे पुत्र ही जन्मेगा और वह उस छवि जैसा ही सुन्दर भी होगा। यह तथ्य 'छोटे बालक के कैलेण्डरों' की व्यापक लोकप्रियता को भी दर्शाता है।
73. धीर सिंह, गाँव आसोधा टोडरान, ज़िला रोहतक, के साथ साक्षात्कार, 21-27 दिसम्बर 1988; जन्म 1938, 10 बीघा धरती के मालिक।
74. सावित्री विशिष्ठ, *ब्रज और हरियाणा के लोक-साहित्य में चित्रित लोक-जीवन,* चण्डीगढ़, हरियाणा साहित्य अकादमी, 1987, पृ. 194।
75. फ़ैलन, *हिन्दुस्तानी प्रॉवर्ब्ज़,* पृ. 236।
76. पूर्वोक्त, पृ. 93। यह एक जाना-माना तथ्य है कि हरियाणा में 3 और 13 के आंकड़े अपशकुन माने जाते हैं।
77. मर्द-औरत, दोनों द्वारा अभिव्यक्त आम कहावत।
78. धीर सिंह, गाँव आसोधा टोडरान, 21-27 दिसम्बर 1988।
79. गाँवों में आमतौर पर प्रचलित। फ़ैलन, *हिन्दुस्तानी प्रॉवर्ब्ज़* पृ. 37 में भी दर्ज।
80. एम.एल. डार्लिंग, *द पंजाब पेज़ेन्ट इन प्रॉस्पेरिटी एण्ड डेट्ट,* प्रथम संस्करण, 1925, पुनःमुद्रण डेल्हि, साउथ एशिया बुक्स, 1978, पृ. 8।
81. वर्मा, *हरियाणवी लोकोक्तियाँ,* पृ. 30।
82. *हरियाणा – एक सांस्कृतिक अध्ययन,* हरियाणा सरकार, भाषा विभाग, चण्डीगढ़; 1978, पृ. 293।
83. *सेन्सस ऑफ़ इण्डिया, पंजाब,* 1931, वॉल्युम XVII, भाग 1, रिपोर्ट, पृ. 161। विवरण के लिए देखें इस पुस्तक के पृ. 170-75।
84. 1931 के ब्रिटिश भारत के विभिन्न प्रांतों में प्रति एक हज़ार पुरुषों पर महिलाओं का अनुपातः पंजाब (हरियाणा समेत) – 831; उत्तर-पश्चिमी सीमांत प्रांत – 843; संयुक्त प्रांत – 906; बिहार और ओड़िसा – 909; बंगाल – 924; मद्रास – 1025; बम्बई – 909; मध्य-प्रांत – 1000; मध्य-भारत एजेंसी – 948; राजपुताना – 908। पूर्वोक्त, पृ. 159।
85. भारत के विभिन्न राज्यों में, बढ़ते क्रम में, 1991 में एक हज़ार पुरुषों पर महिलाओं का अनुपातः अरुणाचल – 861; हरियाणा – 874; सिक्किम 880; उत्तर प्रदेश 882; पंजाब – 888; नागालैण्ड – 890; बिहार – 912; राजस्थान – 913; पश्चिम बंगाल – 917; जम्मू-कश्मीर – 923; मिज़ोराम – 924; असम – 925; मध्य प्रदेश – 932; गुजरात – 936; महाराष्ट्र – 936; त्रिपुरा – 946; मेघालय – 947; गोआ – 969; आंध्र प्रदेश – 972;

ओड़िसा – 972; तमिल नाडु – 972; केरल – 1040; अखिल भारत – 934। *सेन्सस ऑफ़ इण्डिया*, 1991, सीरीज़ 1, पेपर1 ऑफ़ 1991, प्रोविज़नल पॉपुलेशन टेबल्ज़, पृ. 71।

86. *रोहतक डिस्ट्रिक्ट गज़ेटियर*, 1910, पृ. 85।
87. *सेन्सस ऑफ़ इण्डिया, पंजाब*, 1931, वॉल्युम XVII, भाग 1, रिपोर्ट, पृ. 154। पंजाब में बारम्बार होने वाले युद्ध और बाहरी लोगों की सफल घुसपैठ से पैदा होने वाली असुरक्षा की भावना आंशिक रूप से लड़कियों की भ्रूण हत्या का कारण हो सकते हैं। देखें, सर्वदमन सिंह, *पोलिएंड्री इन एंशिएन्ट इण्डिया*, डेल्हि, मोतीलाल बनारसीदास,1988, पृ. 163-64।
88. इन कारकों तथा ऐसे ही अन्य कारणों के विवरण के लिए देखें, *सेन्सस ऑफ़ इण्डिया, पंजाब*, 1931, वॉल्युम XVII, भाग 1, रिपोर्ट, पृ. 156।
89. डब्ल्यू ई.पर्सर एवं एच.सी. फ़ैन्शॉ, *रिपोर्ट ऑन द रिवाइज़्ड लैण्ड रेवन्यू सेटलमेन्टः रोहतक डिस्ट्रिक्ट,1873-79*, लाहौर, डब्ल्यू बॉल प्रिंटर, 1880, पृ. 65.
90. *रोहतक डिस्ट्रिक्ट गज़ेटियर*, 1910, पृ. 96।
91. आर. मैकॉनची (सम्पादक), *सिलेक्टिड एग्रिकल्चरल प्रॉवर्ब्ज़ ऑफ़ द पंजाब*, डेल्हि, इम्पीरियल मेडिकल हॉल प्रेस, 1870, पृ. 264।
92. *सेन्सस ऑफ़ इण्डिया, पंजाब*, 1931, वॉल्युम XVII, भाग 1, रिपोर्ट, पृ. 27।
93. डार्लिंग, द *पंजाब पेज़ेन्ट*, पृ. 35।
94. पर्सर एण्ड फ़ैन्शॉ, *रिवाइज़्ड लैण्ड रेवन्यू सेटलमेन्ट, रोहतक*, पृ. 53।
95. डार्लिंग, द *पंजाब पेज़ेन्ट*, पृ. 35।
96. मैकॉनची, *पंजाब प्रॉवर्ब्ज़*, पृ. 241।
97. *सेन्सस ऑफ़ इण्डिया, पंजाब*, 1931, वॉल्युम XVII, भाग 1, रिपोर्ट, पृ. 217।
98. पूर्वोक्त।
99. डार्लिंग, द *पंजाब पेज़ेन्ट*, पृ. 35। साथ ही देखें, द *सेटलमेन्ट रिपोर्ट ऑफ़ द अम्बाला डिस्ट्रिक्ट*, 1893, लाहौर, सिविल एण्ड मिलिटरी गज़ेट, 1894, पृ. 12। मिलती-जुलती राय के लिए देखें, जॉर्ज कैम्बल, *मेमोआज़ ऑफ़ माइ इण्डियन करिअर* (सम्पादक), चार्ल्स ई. बनाड, वॉल्युम I, लण्डन, मक्मिलन एण्ड कम्पनी, 1893, पृ. 85।
100. *रोहतक डिस्ट्रिक्ट गज़ेटियर*, 1910, पृ. 77।
101. *सेन्सस ऑफ़ इण्डिया, पंजाब*, 1931, वॉल्युम VII, भाग I, रिपोर्ट, पृ. 217।
102. देखें, रश्ब्रुक विलियम, *इण्डिया इन 1921-22*, कलकत्ता, सुपरिन्टेन्डेन्ट, गवर्नमेन्ट प्रिन्टिंग, 1922, पृ. 222।
103. *सेन्सस ऑफ़ इण्डिया, पंजाब एण्ड डेल्हि*, 1921, वॉल्युम XV, भाग I, रिपोर्ट, पृ. 363।
104. *इण्डिया इन 1929-30*, पृ. 119।
105. डार्लिंग, द *पंजाब पेज़ेन्ट*, पृ. 53।
106. राम मेहर हुड्डा, रोहतक से साक्षात्कार, 1 जून 1986। 1933 में ज़िला रोहतक के गाँव मकड़ोली कलाँ में जन्मे, जाट कॉलेज, रोहतक के स्नातक (बी.ए.,एलएल.बी), वे 1962 से ज़िला स्तर पर वकालत करते रहे हैं। गाँव में उनकी 4-5 एकड़ पैतृक धरती है।
107. वर्मा, *हरियाणवी लोकोक्तियाँ*, पृ. 43। पत्नी की उम्र पति से अधिक होने की वजह देवर द्वारा लत्ता उढ़ाई (बड़े भाई की विधवा से देवर का विवाह) भी होती थी, जिसका विवरण आगे दिया जाएगा। विधवा-भाभी का पति होने वाले अपने देवर से चार से लेकर दस साल तक बड़ी होने

की सम्भावना हो सकती थी।

108. फ़ैलन, *हिन्दुस्तानी प्रॉवर्ब्ज़,* पृ. 32।
109. पूर्वोक्त, पृ. 35।
110. उद्धृत लोक-गीत लगभग महिलाओं तक ही सीमित था। ज़िला करनाल के गाँव बन्ध की महिलाओं द्वारा सुनाया गया। साथ ही देखें, शंकर लाल यादव, *हरियाणा प्रदेश का लोक-साहित्य,* इलाहाबाद, हिन्दुस्तान अकादमी, 1960, पृ. 331।
111. एक बहुत ही आम कहावत। यादव, पूर्वोक्त, पृ. 452 द्वारा भी दर्ज की गई।
112. डार्लिंग, द *पंजाब पेज़ेन्ट,* पृ. 49। साथ ही देखें, *रोहतक डिस्ट्रिक्ट गज़ेटियर,* 1910, पृ. 85।
113. यादव, *लोक साहित्य,* पृ. 423।
114. फ़ैलन, *हिन्दुस्तानी प्रॉवर्ब्ज़,* पृ. 160।
115. *रोहतक डिस्ट्रिक्ट गज़ेटियर,* 1910, पृ. 85। और देखें, ए. केन्सिंग्टन, *कस्टमरी लॉ ऑफ़ द अम्बाला डिस्ट्रिक्ट,* वॉल्युम X, लाहौर, सिविल एण्ड मिलिटरी गज़ेट, 1893, पृ. 5।
116. डार्लिंग, द *पंजाब पेज़ेन्ट,* पृ. 50।
117. *रोहतक डिस्ट्रिक्ट गज़ेटियर,* 1910, पृ. 91।
118. केन्सिंग्टन, *अम्बाला कस्टमरी लॉ,* पृ. 160।
119. डब्ल्यू एम. रैटिगन, *अ डाइजेस्ट ऑफ़ सिविल लॉ फ़ॉर द पंजाब चीफ़्ली बेस्ड ऑन द कस्टमरी लॉ ऐज़ प्रेज़ेंट एसर्टेन्ड,* रिवाइज़्ड बाइ हरबंस लाल सरीन एण्ड कुन्दन लाल पण्डित, सेकेण्ड एडिशन 1880, रीप्रिन्ट, अलाहाबाद, युनिवर्सिटी बुक एजेंसी, 1960, पृ. 78।
120. *पंजाब रेकॉड्र्ज़,* लाहौर, डब्ल्यू.ई. बॉल, 1910, वॉल्युम XLV, आसा रानी वर्सस सावन सिंह, पृ. 232-34; *इण्डियन केसिज़,* लाहौर, लॉ पब्लिशिंग प्रेस, 1927, वॉल्युम 99, गुज्जर सिंह वर्सस केहर सिंह, पृ. 619-20; ऑल *इण्डिया रिपोर्टर,* लाहौर सीरीज़, नागपुर, वी.वी. चिताले, 1929, पीरू वर्सस दिला राम, पृ. 377, 1931, भान सिंह वर्सस राम सिंह, पृ. 559-600।
121. ऑल *इण्डिया रिपोर्टर* 1929, लाहौर सीरीज़, पीरू वर्सस दिला राम, पृ. 377।
122. *इण्डियन केसिज़,* 1931, वॉल्युम 131, पृ. 634।
123. जे.एम. डनेट, द *कस्टमरी लॉ ऑफ़ द लुधियाना डिस्ट्रिक्ट,* रिवाइज़्ड एडिशन, वॉल्युम V, लाहौर, पंजाब गवर्नमेंट प्रेस, 1911, पृ. 16-22।
124. केंन्सिंग्टन, *अम्बाला कस्टमरी लॉ,* पृ. 4-5।
125. पैरी, *कास्ट एण्ड किन्शिप इन कांगड़ा,* पृ. 243-46।
126. पूर्वोक्त।
127. रैटिगन, *अ डाइजेस्ट ऑफ़ सिविल लॉ,* पृ. 737।
128. वधू-मूल्य और उसके सामाजिक-आर्थिक पहलुओं के विश्लेषणात्मक अध्ययन के लिए देखें, इन्दिरा राजारमन, 'इकनॉमिक्स ऑफ़ ब्राइड्प्राइस एण्ड डाउरी', *इकनॉमिक एण्ड पलिटिकल वीक्ली,* 18, 8, 19 फ़रवरी 1983, पृ. 275-79।
129. विवरण के लिए देखें, पैरी, *कास्ट एण्ड किन्शिप इन कांगड़ा,* पृ. 237-46 तथा ए.एम.शाह, 'डिविज़न एण्ड हायरार्कीः एन ओवर्व्यू ऑफ़ कास्ट इन गुजरात', कन्ट्रिब्यूशन्ज़ टु इण्डियन सोश्यॉलजी (एन एस), जनवरी-जून 1982, 16, 1, पृ. 1-33।
130. सत्य पी. शर्मा, 'मैरिज, फ़ैमिली एण्ड किन्शिप अमंग द जाट्स एण्ड द ठाकुर्स ऑफ़ नॉर्थ इण्डियाः सम कम्पैरिज़न्ज़', *कन्ट्रिब्यूशन्ज़ टु इण्डियन सोश्यॉलजी* (एन एस), 1973, VII,

पृ. 81-103।

131. पर्सर एण्ड फ़ैन्शॉ, *रिवाइज़्ड लैण्ड रेवेन्यू सेटलमेन्ट, रोहतक,* पृ. 49।
132. टी.एन. मदान, *फ़ैमिली एण्ड किन्शिपः अ स्टडी ऑफ़ द पण्डित्स ऑफ़ रूरल कश्मीर,* न्यू डेल्हि, ऑक्सफोर्ड युनिवर्सिटी प्रेस, 1989, पृ. 101-02।
133. हर्शमन, *पंजाबी किन्शिप,* पृ. 193-94।
134. कोलेंदा, 'सिब्लिंग-सेट मैरिज'।
135. इण्डो-आर्य व्यवस्था के भीतर ही निम्न तथा उच्च विवाह-प्रथाओं के विवरण के लिए देखें, टॉमस आर. ट्रॉटमन, *ड्रविडियन किन्शिप,* केम्ब्रिज, केम्ब्रिज युनिवर्सिटी प्रेस, 1981, पृ. 106-10, 288-302।
136. *नियोग* बड़े भाई की विधवा (भाभी) के साथ देवर के विवाह की प्रथा थी। बाद में, जैसे कि महाभारत के समयकाल में, *नियोग* का अर्थ कुछ ख़ास हालात में पत्नी द्वारा अपने पति के अलावा अन्य पुरुषों के साथ रहना (सहवास) था – जैसे कि पति की नपुंसकता की परिस्थिति में तथा वंश को चलाए रखने के लिए बेटों को जन्म देने के नैतिक और धार्मिक कर्तव्य के तहत ऐसी व्यवस्था, जिसका उदाहरण कुंती के मामले में देखने को मिलता है। अन्त में *नियोग* को इस मान्यता के तहत त्याग दिया गया था कि वह ब्राह्मणवादी नहीं है तथा पहले से अधिक वैवाहिक पवित्रता और समर्पण के मापदण्डों की संगति में नहीं है। बाद के धर्म-सूत्रों में ऐसी प्रथाओं की मनाही का रूझान बढ़ता गया था। विवरण के लिए देखें, गेल हिनिक सदर्लैण्ड, '*बीज* (सीड) एण्ड *क्षेत्र* (फ़ील्ड) : मेल सरोगेसी ऑर *नियोग* इन द महाभारत', *कन्ट्रिब्यूशन्ज़ टु इण्डियन सोश्यॉलजी* (एन एस), जनवरी-जून 1990, 24, 1, पृ. 71-103।
137. विवरण के लिए देखें, सी.एल.टपर, द *पंजाब कस्टमरी लॉ,* कैल्कटा, सुपरिन्टेन्डेन्ट, गवर्नमेंट प्रिन्टिंग, 1881, वॉल्युम II, पृ. 93, 123; साथ ही देखें, ई.जोज़फ़, *कस्टमरी लॉ ऑफ़ द रोहतक डिस्ट्रिक्ट,* 1910, लाहौर, सुपरिन्टेन्डेन्ट, गवर्नमेंट प्रिन्टिंग, 1911, पृ. 45।
138. जे.एम. डुई, *रिवाज-ए-आम ऑफ़ तहसील कैथल ऑफ़ परगना इंद्री इन द करनाल डिस्ट्रिक्ट,* लाहौर, सिविल एण्ड मिलिटरी गज़ेट, 1892, पृ. 6।
139. *पंजाब रेकॉड्ज़,* 1897, वॉल्युम XXXII, चन्दा सिंह वर्सस मुसम्मत कुरी, पृ. 334-38; 1900, वॉल्युम XXXV, चेत राम वर्सस मुसम्मत असु, केस नम्बर 54, पृ. 197-98; 1911, वॉल्युम XLVI, केस नम्बर 65, पृ. 249-56; *इण्डियन लॉ रिपोर्ट्स,* लाहौर सीरीज़, लाहौर, सुपरिन्टेन्डेंट, गवर्नमेन्ट प्रिन्टिंग, 1929, वॉल्युम X, सोहन सिंह वर्सस काबला, पृ. 372-80; *इण्डियन केसिज़,* 1937, वॉल्युम 166, जोगिंदर सिंह वर्सस करतारा, पृ. 719-23।
140. जोज़फ़, *कस्टमरी लॉ रोहतक,* पृ. 46।
141. आर. हम्फ्रीज़, *कस्टमरी लॉ ऑफ़ द होशियारपुर डिस्ट्रिक्ट,* वॉल्युम XXVII, लाहौर, सुपरिन्टेन्डेन्ट, गवर्नमेंट प्रिन्टिंग, 1914, पृ. 40।
142. हरियाणा डिस्ट्रिक्ट गज़ेटियर, *करनाल डिस्ट्रिक्ट, 1976,* चण्डीगढ़, गवर्नमेन्ट ऑफ़ हरियाणा, 1976, पृ. 85।
143. रैटिगन, *अ डाइजेस्ट ऑफ़ सिविल लॉ,* पृष्ठ-xvii।
144. *सेन्सस ऑफ़ इण्डिया, पंजाब एण्ड डेल्हि, 1911,* वॉल्युम 17, भाग I, रिपोर्ट, पृ. 219।
145. *करनाल डिस्ट्रिक्ट गज़ेटियर,* 1976, पृ. 85।
146. फ़ैलन, *हिन्दुस्तानी प्रॉवर्ब्ज़* , पृ. 157।

147. पूर्ण चन्द शर्मा, *हरियाणा की लोकधर्मी नाट्य-परम्परा का आलोचनात्मक अध्ययन*, चण्डीगढ़, साहित्य अकादमी, 1983, पृ. 20।
148. *रोहतक डिस्ट्रिक्ट गज़ेटियर*, 1910, पृ. 85। साक्षात्कार किए गए सब लोगों द्वारा भी इस बात की तस्दीक़ की गई।
149. पर्सर एण्ड फ़ैन्शॉ, *रिवाइज़्ड लैण्ड रेवेन्यू सेटलमेन्ट, रोहतक*, पृ. 53।
150. वर्मा, *हरियाणवी लोकोक्तियाँ*, पृ. 43।
151. प्रचलित लोकोक्ति, पुरुष और महिला, दोनों द्वारा सुनाई गई। पहले-पहल 1890 के दशक में दर्ज की गई। देखें मैकॉनची , *एग्रिकल्चरल प्रॉवर्ब्ज़*, पृ. 46।
152. ज़िला रोहतक के गाँवों डीघल और दुजाना की महिलाओं द्वारा किया गया उल्लेख। यादव, *लोक साहित्य*, पृ. 469 में भी उल्लेख।
153. यह पुरुषों में बहुत लोकप्रिय पाया गया। साथ ही देखें, यादव, *लोक-साहित्य*, पृ. 427।
154. डी.पी. सक्सेना, *रूरल-अर्बन माइग्रेशन इन इण्डियाः कॉज़िज़ एण्ड कन्सिक्वेंसिज़*, बॉम्बे, पॉपुलर प्रकाशन, 1977, पृ. 170।
155. यह पूरे हरियाणा और पश्चिमी उत्तर प्रदेश में होली का आम दृश्य है। मेरा स्वयं का अवलोकन ज़िला रोहतक के गाँव छारा में इस त्यौहार के मनाए जाने से सम्बद्ध है।
156. मक्किम मैरियट होली के उत्सव की अपनी व्याख्या एक विशेष सन्दर्भ में करते हैं। यह सन्दर्भ होली के उत्सव में महिला-पुरुष सम्बन्ध तथा जाति और वर्ग की क्रमबद्ध व्यवस्थाओं के तहत परम्परागत तौर पर प्रचलित सामाजिक नियमों और सत्ता-समीकरणों में भिन्नताओं के उलट जाने का सन्दर्भ है। देखें, मक्किम मैरियट, 'द फ़ीस्ट ऑफ़ लव', आंद्र बेतिए एण्ड टी.एन. मदान (सम्पादक), *एन्काउंटर एण्ड एक्स्पीरिएंसः पर्सनल अकाउंट ऑफ़ फ़ील्ड वर्क*, डेल्हि,विकास पब्लिशिंग हाउस, 1975, पृ. 83-98।
157. पूरे वृत्तांत के लिए देखें विलियम क्रुक, *एन इन्ट्रोडक्शन टु द पॉपुलर रिलिजन एण्ड फ़ोक्लोर ऑफ़ नर्दर्न इण्डिया*, अलाहाबाद, गवर्नमेन्ट प्रेस, 1894, पृ. 387-92।
158. महिला और पुरुष, दोनों द्वारा इस्तेमाल एक बहुत आम लोकोक्ति। मलिक, *हरियाणा लोक साहित्य* में भी दर्ज।
159. सती प्रथा के गहरे वृत्तांत और उसके पीछे की प्रभावी विचारधारा के लिए देखिए, सुदेश वैद एवं कुमकुम संगारी, 'इंस्चिच्यूशंज़, बिलीफ़्स, आइडियालॉजीज़ः विडो इमोलेशन इन कन्टेम्परेरी राजस्थान', *इकनॉमिक एण्ड पलिटिकल वीक्ली*, 27 अप्रैल, 1991, XXXVI, 17, पृ. WS2-WS18।
160. हरियाणा के उन गाँवों की महिलाओं की यह आम राय थी जिनमें मैं अपने काम के लिए 1986 से 1990 के समयकाल में गई।
161. *डार्लिंग पेपर्स*, बॉक्स नम्बर II, देखें टूर डायरी, 1930-31, पृ. 218।
162. मक्किम मैरियट, 'लिटल कम्युनिटीज़ इन एन इंडिजिनस सिविलाइज़ेशन', उन्हीं द्वारा सम्पादित *विलिज इण्डियाः स्टडीज़ इन द लिटल कम्युनिटि* में, शिकागो, युनिवर्सिटी ऑफ़ शिकागो प्रेस, 1955, पृ. 171-222।
163. विद्या वती के साथ 24 दिसम्बर 1987 को दिल्ली में साक्षात्कार। 1918 में जन्मी, रोहतक से चुने गए भूतपूर्व लोकसभा सदस्य हरद्वारी लाल से विवाहित, सोलह साल की उम्र के बाद से अलग-अलग बड़े शहरों में निवास के बावजूद वे ग्रामीण जीवन के साथ बहुत नज़दीकी तौर

पर जुड़ी रही हैं।

164. ज़िला रोहतक के गाँव आसोधा टोडरान में सुना गया लेकिन मुख्य तौर से पुरुषों के बीच। यादव, *लोक साहित्य,* में भी दर्ज, पृ. 263।
165. आसोधा टोडरान के धीर सिंह द्वारा 21-27 दिसम्बर 1988 को सुनाया गया वृत्तांत। यही कहानी यहाँ भी मिल सकती है – नादान हरियाणवी, *हरियाणा लोकगीत सन्दर्भ,* दिल्ली, देहाती पुस्तक भण्डार, 1962, पृ. 129-31।
166. साक्षात्कार, ज़िला करनाल के गाँव बांध के राम चन्दर के साथ, 20-21 अगस्त 1988; 1940 में जन्मे राम चन्दर और उसके भाई गाँव में 33 बीघा धरती (प्रत्येक के पास 11 बीघा) के मालिक हैं।
167. *इण्डियन लॉ रिपोर्ट्स,* लाहौर सीरीज़, 1934, वॉल्युम XV, जोगाहर सिंह एण्ड छतर सिंह वर्सस साधू राम, पृ. 688-93। साथ ही देखें, रैटिगन, *अ डाइजेस्ट ऑफ़ सिविल लॉ,* पृ. 82।
168. *इण्डियन केसिज़,* 1937, वॉल्युम 166, जोगिंदर सिंह वर्सस करतारा, पृ. 719-23।
169. जोज़फ़, *कस्टमरी लॉ रोहतक,* पृ. 54-55। नन्ही वधू अपनी जवानी की दहलीज़ तक अपने जन्म के परिवार के पास रहती थी; *मुकलावा* की रस्म विवाह-समारोह के कुछ साल बाद होती थी और इसका सम्बन्ध पत्नी द्वारा पति के घर में प्रवेश और स्थापित होने से था।
170. *'गुड़गाँव डिस्ट्रिक्ट जनरल कोड ऑफ़ ट्राइबल कस्टम',* (हस्तलिखित), जे. विल्सन, 1879, एमएसएस. ईयूआर. डी 188, पृ. 65।
171. जोज़फ़, *कस्टमरी लॉ रोहतक,* पृ. 45।
172. मैकॉनची , *एग्रिकल्चरल प्रॉवर्ब्ज़,* पृ. 280। यह लोकोक्ति कांगड़ा से है लेकिन आर. मैकॉनची के मुताबिक़ यह (हरियाणा समेत) पंजाब का एक 'आम, प्रचलित जज़्बा' प्रदर्शित करती है।
173. *रोहतक डिस्ट्रिक्ट गज़ेटियर,* 1910, पृ. 90। विधवा का पुनर्विवाह होने पर जायदाद पर उसका अधिकार छूटने से सम्बद्ध अदालती फ़ैसलों के लिए देखिए: *इण्डियन केसिज़,* 1931, वॉल्युम 129, पर्जी वर्सस मंगता, पृ. 767-68; *पंजाब रेकॉड,* 1893, वॉल्युम 28, केस नम्बर 74, हीरा सिंह एण्ड नत्थू वर्सस रामी, पृ. 317-21; साथ ही, 1883, वॉल्युम18, केस नम्बर 137, प्रेमा वर्सस प्रधान, पृ. 414-19।
174. *रोहतक डिस्ट्रिक्ट गज़ेटियर,* 1910, पृ. 90: हरियाणा और पंजाब के कुछ क्षेत्रों तथा विशेष कृषि-प्रधान जातियों में और निम्न जातियों में भी, जायदाद के अधिकार से वंचित होने के अलग-अलग रिवाज लागू होते थे। किसी विशेष मामले में रीति-रिवाज से सम्बद्ध लागू होने वाला नियम अदालत द्वारा तय होना होता था, और यह नियम सम्बद्ध वादीयों [मामले से सम्बद्ध दोनों तरफ़ के लोगों] पर लागू होने वाले रिवाज पर आधारित होता था। किसी भी सूरत में, आख़री फ़ैसला वैसा, एक सा ही होता था क्योंकि पंजाब-हरियाणा की कृषि-प्रधान जातियों में प्रचलित प्रथागत क़ानून के तहत बीवी की व्यक्तिगत सम्पत्ति को उसके पति की सम्पत्ति में ही विलीन हो गया समझा जाता था, और पति को भी अपनी पत्नी की कमाई, यहाँ तक कि उसके गहनों का भी, अधिकारी माना जाता था। दूसरे शब्दों में, औरत विवाह और पुनर्विवाह, दोनों स्थितियों में, चल तथा अचल सम्पत्ति पर अधिकार खो देती थी। देखें, रैटिगन, *अ डाइजेस्ट ऑफ़ सिविल लॉ,* पृ. 204, 427, 747। अलाहाबाद तथा अवध की अदालतों को छोड़ बाक़ी, यानी कलकत्ता, बम्बई और पंजाब, इस बात पर बने रहे कि औरत का इस तरह जायदाद से वंचित हो जाना आम है। निम्न जातियों में अलग प्रचलित प्रथाओं से सम्बद्ध ऐसे

मामलों के विवरण के लिए देखें, लूसी कैरल, 'लॉ, कस्टम एण्ड स्टैट्युटरी सोशल रिफ़ॉर्मः द हिन्दू विडोज़' रीमैरिज एक्ट ऑफ़ 1856', *द इण्डियन इकनॉमिक एण्ड सोशल हिस्ट्री रिव्यू,* अक्तूबर-दिसम्बर 1983, वॉल्युम 20, नम्बर 4, पृ. 363-389। साथ ही देखें, *इण्डियन केसिज़,* 1930, वॉल्युम 129, केस नम्बर 767।

175. *पंजाब रेकॉर्ड,* 1883, वॉल्युम 18, केस नम्बर 137, पृ. 414-19। और भी मुकद्दमों के लिए देखें, रैटिगन, *अ डाइजेस्ट ऑफ़ सिविल लॉ,* पृ. 203-04, 207।
176. *हिसार डिस्ट्रिक्ट गज़ेटियर,* 1907, वॉल्युम IIA, लाहौर, 1908, IIA, सुपरिन्टेन्डेन्ट, गवर्नमेन्ट प्रिन्टिंग, पृ. 229।
177. जोज़फ़, *कस्टमरी लॉ रोहतक,* पृ. 136-37।
178. केन्सिंग्टन, *कस्टमरी लॉ अम्बाला,* पृ. 26।
179. इस तरह के मुक़द्दमे बहुत आम थे। उदाहरण के लिए, देखें *पंजाब रेकॉर्ड,* 1912, वॉल्युम 13, भाग भाई वर्सस वज़ीर ख़ान, पृ. 375-79।
180. जोज़फ़, *कस्टमरी लॉ रोहतक,* पृ. 40।
181. केन्सिंग्टन, *कस्टमरी लॉ अम्बाला,* पृ. 26।
182. सी.सी. गार्बेट, *रिवाज-ए-आम ऑफ़ पानीपत तहसील एण्ड करनाल परगना इन द करनाल डिस्ट्रिक्ट,* लाहौर, सिविल एण्ड मिलिटरी गज़ेट, 1910, पृ. 12, देखें केस नम्बर 348 ऑफ़ 1900, मुसम्मत दुर्गी वर्सस शिभु ब्राह्मण ऑफ़ करनाल।
183. टी. गॉर्डन वॉकर, *द कस्टमरी लॉ ऑफ़ द लुधियाना डिस्ट्रिक्ट,* वॉल्युम V, कैल्कटा, सेन्ट्रल प्रेस कम्पनी, 1885, पृ. 120.
184. मैकॉनची, *एग्रिकल्चरल प्रॉवर्ब्ज़,* पृ. 253।
185. जे.एम. डूई, *द पंजाब लैण्ड एड्मिनिस्ट्रेशन मैनुअल,* सेकण्ड एडिशन, 1908; रीप्रिन्ट। चण्डीगढ़, गवर्नमेंट ऑफ़ पंजाब, 1971, पृ. 270-71।
186. सी.ए.एच. टाउन्सेंड, *कस्टमरी लॉ ऑफ़ द हिसार डिस्ट्रिक्ट,* वॉल्युम XXV, लाहौर, पंजाब गवर्नमेंट प्रेस, 1913, पृ. 30-34; एच.सी.बीडन, *कस्टमरी लॉ ऑफ़ द डेल्हि डिस्ट्रिक्ट,* वॉल्युम XXII, लाहौर, सिविल एण्ड मिलिटरी गज़ेट, 1911, पृ. 32।
187. जोज़फ़, *कस्टमरी लॉ रोहतक,* पृ. 70-71।
188. डनेट, *कस्टमरी लॉ लुधियाना,* पृ. 74-75।
189. डूई, *पंजाब लॉ एड्मिनिस्ट्रेशन,* पृ. 270-71।
190. कैम्बल, *मेमोआज़ ऑफ़ माइ इण्डियन करिअर,* पृ. 83-84। दिलचस्प बात है कि यह भूमिका निभाने के सिलसिले में उसकी टिप्पणी यह थीः 'लोगों के साथ मेरे काम-काज में मेरी आदतें पितृसत्तात्मक नज़रियों के बहुत नज़दीक थीं', पृ. 84।
191. *'गुड़गाँव डिस्ट्रिक्ट जनरल कोड ऑफ़ ट्राइबल कस्टम',* 1879, पृ. 65।
192. पूर्वोक्त।
193. वॉकर, *कस्टमरी लॉ, लुधियाना,* पृ. 39-51।
194. *रोहतक डिस्ट्रिक्ट गज़ेटियर,* 1910, पृ. 90।
195. सी.एल.टपर, *द पंजाब कस्टमरी लॉ,* वॉल्युम I, कैल्कटा, गवर्नमेंट प्रिन्टिंग, 1881, पृ. 17-19।
196. इबट्सन, *पंजाब कास्ट्स,* पृ. 181-82।

197. पूर्वोक्त,पृ. 179-80।
198. *ऑल इण्डिया रिपोर्टर*, प्रिवी काउंसिल, 17 अगस्त 1940, लाहौर से मुक़द्दमा, 1939 की अपील नम्बर 5, मुसम्मत सुभानी वर्सस नवाब, पृ. 21-33।
199. जी.सी.वॉकर, *कस्टमरी लॉ ऑफ़ द मेन ट्राइब्ज़ इन द लाहौर डिस्ट्रिक्ट*, वॉल्युम XIII, लाहौर, सिविल एण्ड मिलिटरी गज़ेट प्रेस, 1894, पृ. ii।
200. डूई, *रिवाज-ए-आम तहसील कैथल*, देखें प्रेफ़ेस।
201. वॉकर, *कस्टमरी लॉ लाहौर*, पृ. iii-iv।
202. टपर, *पंजाब कस्टमरी लॉ*, वॉल्युम II, पृ. 86-88, 99-100।
203. *रोहतक डिस्ट्रिक्ट गज़ेटियर*, 1910, पृ. 88।
204. फ़ैलन, *हिन्दुस्तानी प्रॉवर्ब्ज़* , पृ. 228।
205. देखें, पंजाब के वित्त-आयुक्त मैल्कम डार्लिंग द्वारा 3 जून 1936 को की गई जाँच, *डार्लिंग पेपर्स*, बॉक्स 5, एफ़. नम्बर 1.
206. पूर्वोक्त। देखें, वायसरॉय के निजी सचिव लेथ्वेट का पत्र, 3 जून 1936। पंजाब बोर्ड ऑफ़ इकनॉमिक इन्क्वायरी 1920-40 द्वारा गाँवों में किए गए सर्वेक्षणों से भी मालूम हुआ कि इस इलाक़े के अलग-अलग ज़िलों में आठ में से सात गाँवों में प्रति भूस्वामी औसत क्षेत्र पिछले 30 सालों में काफ़ी घट गया था।
207. डार्लिंग, *द पंजाब पेज़ेंट*, पृ. 240-41, 251-53।
208. *सेन्सस ऑफ़ इण्डिया, पंजाब एण्ड डेल्हि*, 1921, वॉल्युम 15, पार्ट I, रिपोर्ट, पृ. 234।
209. देखें f:n., पूर्वोक्त में, कर्नल फ़ॉरेस्टर, डायरेक्टर ऑफ़ पब्लिक हेल्थ, पंजाब के विचार, पृ. 234।
210. *रोहतक डिस्ट्रिक्ट गज़ेटियर*, 1883-84, कैल्कटा, गवर्नमेन्ट ऑफ़ पंजाब, एन.डी., पृ. 51 से।
211. विवरण के लिए देखें, केनेथ डब्ल्यू जोन्ज़, *आर्य धर्मः हिन्दू कॉन्शस्नेस इन नाइन्टींथ सेंचरी पंजाब*, डेल्हि, मनोहर पब्लिकेशन्ज़,1976, पृ. 218-19।
212. उमा चक्रवर्ती, 'व्हटएवर हैपन्ड टु द वेदिक दासी? :ओरिएंटेलिज़म, नैशनलिज़म एण्ड अ स्क्रिप्ट फ़ॉर द पास्ट', कुमकुम संगारी एण्ड सुदेश वैद (एडिटर्स), *रीकास्टिंग विमेन : एसेज़ इन कलोनियल हिस्ट्री*, न्यू डेल्हि, काली फ़ॉर विमेन, 1989, पृ. 27-87।
213. विधवाओं और पुनर्विवाह के सवाल पर प्रथागत-क़ानून तथा हिन्दू क़ानून के प्रभावों के लिए देखें, कैरल, 'लॉ, कस्टम एण्ड स्टैट्यूटरी सोशल रिफ़ॉर्म', पृ. 368-89।
214. *सेन्सस ऑफ़ इण्डिया, पंजाब एण्ड डेल्हि*, 1921, वॉल्युम XV, पार्ट I, रिपोर्ट, पृ. 244।
215. गार्बेट, *रिवाज-ए-आम पानीपत*, पृ. 38।
216. उदाहरण के लिए देखें, *इण्डियन केसिज़*, 1931, वॉल्युम 29, पर्जी वर्सस मंगता, पृ. 767-68; *पंजाब रेकॉर्ड*, 1912, वॉल्युम 13, कुरी वर्सस देस राज, केस नम्बर 102, पृ. 315-16; *पंजाब लॉ रिपोर्टर*, 1910, वॉल्युम XI, मलन वर्सस रुइया, केस नम्बर 96, पृ. 275-77; *पंजाब रेकॉर्ड*, 1893, वॉल्युम 28, हीरा सिंह वर्सस रानी, केस नम्बर 74, पृ. 317-21; 1883, वॉल्युम 18, प्रेमा वर्सस प्रधान, केस नम्बर 137, पृ. 414-19। साथ ही देखें, हम्फ्रीज़, *कस्टमरी लॉ होशियारपुर*, जिसमें किसानी से जुड़े विभिन्न जाति-समूहों से सम्बद्ध कई मामले हैं, पृ. 113-18; और बीडन, *कस्टमरी लॉ डेल्हि [दिल्ली]*, पृ. 33।
217. हम्फ्रीज़, *कस्टमरी लॉ होशियारपुर*, पृ. 113।

218. गार्बेट, *रिवाज-ए-आम पानीपत,* पृ. 7-8।
219. रैटिगन, *अ डाइजेस्ट ऑफ़ सिविल लॉ,* पृ. 201।
220. टाउनसेंड, *कस्टमरी लॉ हिसार,* पृ. 35।
221. बीडन, *कस्टमरी लॉ डेल्हि,* पृ. 33।
222. देखें, 1885, अहीर्ज़ ऑफ़ डेल्हि डिस्ट्रिक्ट, 1910 में दिए गए मुक़द्दमे; समल जाट्स ऑफ़ जलंधर डिस्ट्रिक्ट, 1912; जाट्स ऑफ़ पानीपत तहसील; रैटिगन, *अ डाइजेस्ट ऑफ़ सिविल लॉ,* पृ. 201।
223. गार्बेट, *रिवाज-ए-आम पानीपत,* पृ. 24; बीडन, *कस्टमरी लॉ डेल्हि,* पृ. 33; केन्सिंगटन, *कस्टमरी लॉ अम्बाला,* पृ. 17-18।
224. देखें, केन्सिंगटन, *कस्टमरी लॉ अम्बाला,* पृ. 17-18 में उद्धृत अदालत के मुक़द्दमे।
225. पूर्वोक्त, पृ. 17-18; 38-39। इसके साथ ही, ऐसी ही राय के लिए देखें हम्फ्रीज़, *कस्टमरी लॉ होशियारपुर,* पृ. 113।
226. केन्सिंगटन, *कस्टमरी लॉ अम्बाला,* पृ. 17-18।
227. गार्बेट, *रिवाज-ए-आम पानीपत,* पृ. 38।
228. पूर्वोक्त में ज़िक्र में आया मुक़द्दमा, पृ. 38-39।
229. जोज़फ़, *कस्टमरी लॉ रोहतक,* पृ. 40-41। इसके अलावा देखें, *गुड़गाँव डिस्ट्रिक्ट गज़ेटियर,* 1910, लाहौर, सिविल एण्ड मिलिटरी गज़ेट, 1911, पृ. 58।
230. देखें, *द पंजाब रेकॉड,* 1888, वॉल्युम 23, फ़तेह सिंह वर्सस कालू, केस नम्बर107, पृ. 306-07; साथ ही परतबा वर्सस मुसम्मत फंगो, पृ. 241-42।
231. *पंजाब रेकॉड,* 1888, वॉल्युम 23, परतबा वर्सस मुसम्मत फंगो, पृ. 241-42।
232. न्यायाधीशों ने अपने निर्णय में यह भी क़यास लगाया कि पिता ख़ुद प्रतिवादी था या शेरा तेली नाम का एक शख़्स या कोई अनजान व्यक्ति, पूर्वोक्त। साथ ही देखें, नीचे, पुस्तक का *समापन*।
233. *पंजाब रेकॉड,* 1891, वॉल्युम XXVI, सोबती वर्सस भाना, पृ. 144-47।
234. जे. विल्सन, *जनरल कोड ऑफ़ ट्राइबल कस्टम इन द सिरसा डिस्ट्रिक्ट ऑफ़ द पंजाब,* 1882, कैल्कटा, सुपरिन्टेंडेन्ट, गवर्नमेंट प्रिंटिंग, 1883, पृ. 107।
235. *पंजाब रेकॉड,* 1900, वॉल्युम XXXV, केस नम्बर 50, पृ. 184-86।
236. *पंजाब रेकॉड,* 1910, वॉल्युम XLV, मुसम्मत कौर वर्सस सावन सिंह, पृ. 232-34; 1897, वॉल्युम XXXII, चंदर सिंह वर्सस मुसम्मत मेला, पृ. 334-38ः *इण्डियन लॉ रिपोर्ट्स,* लाहौर सीरीज़, 1929, वॉल्युम V, सोहन सिंह वर्सस काला सिंह, पृ. 372-80।
237. डूई, *रिवाज-ए-आम कैथल,* पृ. 4।
238. ज़िला करनाल के गाँव बांध के सुलतान सिंह द्वारा 20-21 मई 1988 को सुनाया गया।
239. डार्लिंग, *पंजाब पेज़ेन्ट,* पृ. 51।
240. *हिसार डिस्ट्रिक्ट गज़ेटियर,* 1904, सुपरिन्टेंडेन्ट, गवर्नमेन्ट प्रिन्टिंग, लाहौर, 1908, पृ. 65।
241. देखें, *विलियम क्रुक कलेक्शन, एमएस.124,* ज़िला बहराइच के एक शिक्षक द्वारा दर्ज एक कथा। खेम लाल राठी द्वारा भी दिल्ली में 24 मई 1986 को एक पुरानी कथा के रूप में याद की गई।
242. सिंह, *पॉलिऐन्ड्री इन एन्शिएन्ट इण्डिया,* पृ. 161-65।

243. इन अंग्रेज़ों में डेंज़िल इबट्सन, एच.ए.रोज़, डब्ल्यू क्रुक, सी.एस.कर्कपैट्रिक तथा जे.एम.डूई थे। लगभग इन सब ने ही पहले के वृत्तांतों को भी उद्धृत किया और स्वयं के अवलोकनों को भी।
244. डार्लिंग, *पंजाब पेज़ेन्ट,* पृ. 51।
245. 24 मई 1986 को दिल्ली में खेम लाल राठी के साथ साक्षात्कार। 1912 में सोनीपत के गाँव राजलुगढ़ी में जन्मे राठी उच्चतम न्यायालय में वकालत करते हैं। उनका काफ़ी बड़ा संयुक्त परिवार एक समय पर 100 बीघा ज़मीन का मालिक था। वे इलाक़े की घोर ग़रीबी को इस प्रथा के लिए ज़िम्मेदार मानते थे।
246. जॉयस पेटिग्रू, *रॉबर नोबलमैनः अ स्टडी ऑफ़ द पलिटिकल सिस्टम ऑफ़ द सिख जाट्स,* लण्डन, रूटलेज एण्ड कीगन पॉल, 1975, पृ. 53; हर्शमन, *पंजाबी किनशिप,* पृ. 176-88; के.पी.सिंह, 'पॉलिऐण्ड्री'।
247. 6 जून 1986 को ज़िला रोहतक के गाँव दुजाना की छोटू देवी द्वारा सुनाई गई; 1921 में जन्मी इस महिला के मृत पति दुजाना के बड़े ज़मींदार थे। यही कहानी एम.एल.डार्लिंग द्वारा 1937 के अपने दौरों की डायरी में दर्ज की गई थी। देखें, *डार्लिंग पेपर्ज़,* बॉक्स LXI, 30 नवम्बर 1937 की डायरी, पृष्ठ106, जो पंजाब के सिखों में (जाति नहीं दी गई) भी बहुपति विवाह की प्रथा का अस्तित्व दर्शाती है।
248. यह लोक-गीत अलग से ज़िला करनाल के गाँव बांध की पुरानी पीढ़ी की महिलाओं को याद था। साथ ही देखें, नादान हरियाणवी, *हरियाणा लोकगीत संग्रह,* दिल्ली, देहाती पुस्तक भण्डार, 1962, पृ. 17-18।
249. सिंह, 'पॉलिऐण्ड्री'।
250. ज़िला सोनीपत के गाँव गोवड़ के 65 वर्षीय सांगी, स्थानीय लोक-गायक, खेम चन्द द्वारा 15 अक्तूबर 1988 को दिया गया वृत्तांत।
251. *रोहतक डिस्ट्रिक्ट गज़ेटियर,* 1910, पृ. 88। न तो मुक़द्दमे के विवरण और न ही फ़ैसले के विवरण की जानकारी है।
252. जोज़फ़, *कस्टमरी लॉ रोहतक,* पृ. 19।
253. पारस दीवान, *कस्टमरी लॉ ऑफ़ पंजाब एण्ड हरियाणा,* चण्डीगढ़, पब्लिकेशन ब्यूरो, पंजाब युनिवर्सिटी, 1978, पृ. 86।
254. फ़ैलन, *हिन्दुस्तानी प्रॉवर्ब्ज़* , पृ. 38।
255. रैटिगन, *अ डाइजेस्ट ऑफ़ सिविल लॉ,* पृ. 479-84।
256. *पंजाब रेकॉर्ड,* 1892, वॉल्युम XXVII, कालू वर्सस मुसम्मत आइशा, पृ. 429-30।
257. राम मेहर हुड्डा ने भी इस बात की तसदीक़ की है कि यह चलन पहले के वक़्त में व्यापक स्तर पर मौजूद था। लेकिन उन्होंने इसका ज़िम्मेदार 'अपरिपक्व जवान पति द्वारा शारीरिक तौर पर पूरी तरह परिपक्व अपनी पत्नी को सन्तुष्ट न कर पाने' को ठहराया।
258. विद्या वती द्वारा दिया गया विवरण। दिल्ली, 24 दिसम्बर 1987।
259. संकेतात्मक अर्थ यह है कि पत्नी का पिता एक दलाल है। देखें, कोलेन्डा, 'अनटचेबल चूढ़ाज़ थ्रू देअर् ह्यूमर'।
260. ऐसे कई मामलों के बारे में मुझे गुप्त रूप से बताया गया। पंजाब में ऐसे ही सम्बन्धों के बारे में देखें, हर्शमन, *पंजाबी किनशिप,* पृ. 185-86।

261. राम मेहर हुड्डा, रोहतक, 1 जून 1986।
262. फ़ैलन, *हिन्दुस्तानी प्रॉवब्र्ज,* पृ. 115।
263. दया कौर के साथ साक्षात्कार, सोनीपत, 12 अक्तूबर 1988; 1929 में जन्मी, उनके तीन बेटे अलग-अलग सरकारी महकमों में अच्छे रोज़गार में हैं। गाँव की ज़मीन उनके देवर और उसकी पत्नी की देखभाल में हैं। साथ ही देखें, फ़ैलन, *हिन्दुस्तानी प्रॉवब्र्ज* , पृ. 115।
264. *सेन्सस ऑफ़ इण्डिया, पंजाब,* 1931, XVII, पार्ट I, रिपोर्ट, पृ. 117, 120; तथा पार्ट II, टेबल्ज़, पृ. 6।
265. *रोहतक डिस्ट्रिक्ट गज़ेटियर, 1910,* देखें एफ़.एन. पृ. 88।
266. शांति देवी से साक्षात्कार, दिल्ली, 9 जून 1986। सोनीपत में 1921 में जन्मी शांति देवी का विवाह एक फ़ौजी से हुआ था जो भारतीय सेना में कर्नल के पद तक पहुँचे।
267. फ़ैलन, *हिन्दुस्तानी प्रॉवब्र्ज,* पृ. 114।
268. शांति देवी, दिल्ली, 9 जून 1986।
269. खेम लाल राठी, दिल्ली, 24 मई 1986।
270. *वर्नैकुलर ट्रैक्ट्स* : 1029, नम्बर 13 ऑफ़ 1874, देखें कहानी नम्बर 14, शीर्षक 'बेताल पचीसी' या 'स्टोरीज़ ऑफ़ अ डीमन', प्रकाशक – लाला प्यारे लाल, मैनेजर, हीन प्रेस, डेल्हि, कंचन भाई दास, 1874।
271. संक्षिप्त में, पुनरुत्पादन के तीन पहलुओं का यह अर्थ है : 'जीव-विज्ञान' सम्बन्धी पुनरुत्पादन में बच्चे का जन्म और बच्चे के लिए दूध दिया जाना शामिल है; 'शारीरिक' पुनरुत्पादन में शामिल है घरेलू और ग़ैर-घरेलू श्रम-शक्ति का रोज़ाना पुनर्जीवित होना; 'सामाजिक' पुनरुत्पादन हर पहलू पर लागू होने वाली श्रेणी है जिसके तहत वर्ग-सम्बन्धों को पुनरुत्पादित करने वाली वैचारिक स्थितियों का बनाए रखना शामिल है और जो सामाजिक तथा आर्थिक वस्तुस्थिति का समर्थन करती है। पुनरुत्पादन के विभिन्न पहलुओं के सार-संक्षेप के लिए देखें, लिन्न ब्राइडन तथा सिल्विया चान्ट, *विमेन इन द थर्ड वर्ल्ड : जेण्डर इशूज़ इन रूरल एण्ड अर्बन एरिआज़,* हैन्ट्स, इंग्लैण्ड, एड्वर्ड एल्गर पब्लिशिंग लिमिटिड, 1989, पृ. 10-11, 47-68, 118-19, 188-212, 240-43।
272. *रोहतक डिस्ट्रिक्ट गज़ेटियर,* 1910।
273. जनसंख्या-वृद्धि से सम्बद्ध जनसंख्या-सम्बन्धी निर्धारकों के लिए देखें, जॉन बी. वायोन एण्ड जॉन ई. गॉर्डन, *द खन्ना स्टडी : पॉपुलेशन प्रॉब्लम्ज़ इन रूरल पंजाब,* मैसाश्यूसेट्स, हार्वर्ड युनिवर्सिटी प्रेस, 1971, पृ. 207।
274. *इण्डियन लॉ रिपोर्ट्स,* लाहौर सीरीज़, 1933, वॉल्युम XIV, बसंत सिंह वर्सस भगवान सिंह, पृ. 650-63; साथ ही देखें, वॉल्युम X, सोहन सिंह वर्सस कबला ख़ान,पृ. 372-80।
275. इन अध्ययनों की एक विस्तृत चर्चा के लिए देखें, जेरेमी बोल्टन, 'लण्डन विडोहुड रीविज़िटिड : द डिक्लाइन ऑफ़ फ़ीमेल मैरिज इन द सेवेन्टीन्थ एण्ड अर्ली एटीन्थ सेन्चरीज़', *कन्टिनुइटी एण्ड चेन्ज,* दिसम्बर 1990, 5, 3, पृ. 323-56।
276. फ़ैलन, *हिन्दुस्तानी प्रॉवब्र्ज,* पृ. 37।
277. *विलियम क्रुक कलेक्शन, एम एस 124,* देखें, नथिया चंदू द्वारा सुनाई गई और ज़िला अलीगढ़ के रुदयर स्कूल के शिक्षक छजमल दास द्वारा दर्ज की गई होली के त्यौहार की कथा।
278. विद्या वती द्वारा 24 दिसम्बर 1987 को दिल्ली में सुनाई गई।

279. डालिंग, *पंजाब पेज़ेन्ट*, पृ. 51।
280. जोज़फ़, *कस्टमरी लॉ रोहतक*, पृ. 60। राम मेहर हुड्डा के मुताबिक़ निम्न-जाति महिलाएँ (ख़ासतौर पर चमारों में से) जाटों के साथ 'कन्धे से कन्धा मिला कर' खेतों में काम किया करती थीं। एक दूसरे के नज़दीक रहते हुए काम करने के अनगिनत मौक़े उपलब्ध होने की वजह से 'स्वतन्त्र तौर पर यौन-सम्बन्ध' हो जाने की स्थितियाँ हो बनती थीं। इस तरह चमार महिलाओं के बहुत से बच्चों के बाप जाट हुआ करते थे और इतनी ही बड़ी तादाद में चमारों से जाट महिलाओं के बच्चे होते थे। इस बात के चलते कई जाटों ने चमारों में से बीवियाँ कीं। उनके मुताबिक़ यह चलन अब तक जारी है (राम मेहर हुड्डा, रोहतक, 1 जून 1986)। इस बात की तसदीक़ करते हुए राम चन्दर ने एक कहानी बयान की, जिसमें एक ज़मींदार ने अपने एक जवान कमीन (निम्न-जाति) मज़दूर के गुस्ताख़ी भरे बरताव से परेशान होकर उसके बाप को जवाबदेह बनाया। ज़मींदार की ग़ुस्से भरी शिकायतों के जवाब में बाप ने कहा, 'हुज़ूर, उसकी गुस्ताख़ी इस वजह से है कि वह आप लोगों में से ही एक है। वह हम में से एक होता तो ऐसा बरताव न करता।' राम चन्दर, गाँव बांध, 20-21 अगस्त 1988।

    ज़िला रोहतक का बरतानवी सेटलमेन्ट अफ़सर ई.जोज़फ़ भी उसकी जानकारी में लाए गए एक मामले का ज़िक्र करता है जिसमें एक जाट महिला का शारीरिक सम्बन्ध एक चूढ़े से हो गया और इसी वजह से उसे घर से निकाल दिया गया। देखें, जोज़फ़, *कस्टमरी लॉ रोहतक*, पृ. 42।
281. खेम लाल राठी, दिल्ली, 24 मई 1986।
282. शमशेर सिंह के साथ साक्षात्कार, रोहतक, 23 मई 1986; शमशेर सिंह, एक जाट किसान, हरियाणा में 12 बीघा अच्छी, खेती लायक़ ज़मीन के मालिक हैं।
283. वर्मा, *हरियाणवी लोकोक्तियाँ*, पृ. 120.
284. शमशेर सिंह, रोहतक, 23 मई 1986।

    खुले तौर पर अवज्ञा की सूरत में परिवार के पुरुषों की ओर से विरोध हिंसा का रूप भी ले सकता है। देखा गया है कि माँ-बाप भी सम्बद्ध पुरुष का हुक्का-पानी बंद करने, यहाँ तक कि उसे अपनाने से इनकार करने और जायदाद से वंचित करने की धमकियाँ देते हैं। ये प्रतिक्रियाएँ करेवा विवाह के दायरे से बाहर कुंवारों द्वारा विधवाओं से विवाह की इच्छा के मामले में होने वाली प्रतिक्रियाओं से मिलती-जुलती हैं। देखें, इस पुस्तक के पृ. 323-24।
285. गाँवों में सबके द्वारा ज़ाहिर किया गया आम जज़्बा।
286. *सेन्सस ऑफ़ इण्डिया, पंजाब एण्ड डेल्हि*, 1911, वॉल्युम 17, पार्ट I, रिपोर्ट, पृ. 216।
287. डालिंग, *पंजाब पेज़ेन्ट*, पृ. 51।
288. फ़ैलन, *हिन्दुस्तानी प्रॉवर्ब्ज़*, पृ. 153।
289. मैकॉनची, *एग्रिकल्चरल प्रॉवर्ब्ज़*, पृ. 244।
290. महिलाओं में आमतौर पर इसकी जानकारी है। साथ ही देखें, यादव, *हरियाणा लोक-साहित्य*, पृ. 128।
291. *डालिंग पेपर्ज़*, बॉक्स II, टूर डायरी, 1930-31, पृ. 215, 238।
292. फ़ैलन, *हिन्दुस्तानी प्रॉवर्ब्ज़* , पृ. 174।
293. गाँवों में मर्द और औरत, दोनों द्वारा ज़ाहिर किया गया एक आम विश्वास। पूर्वोक्त भी देखें।
294. *विलियम क्रुक कलेक्शन, एम एस 132* में इनका ज़िक्र है। देखें भारतीय लोक-परम्पराओं,

लोक-साहित्य आदि (एन.डी.) पर विविध टिप्पणियाँ, पण्डित राम गरीब चौबे द्वारा विवरण। ऐसा हरियाणा, पश्चिमी तथा पूर्व उत्तर प्रदेश में साझा तौर पर पाया जाता है।

295. गाइ पोइतेविन, 'प्राइमरी हेल्थ केयर ऐज़ अ जेण्डर इश्यू', *इकनॉमिक एण्ड पलिटिकल वीकली*, 29 अक्तूबर 1988, XXIII, 44, पृ. 65-72।

296. एक आम, प्रचलित लोकोक्ति। साथ ही देखें, फ़ैलन, *हिन्दुस्तानी प्रॉवर्ब्ज़*, पृ. 113।

2

विचार और संस्कृति से जुड़े यथार्थ : ग्रामीण महिलाएँ और बदला हुआ समाज तथा अर्थव्यवस्था

उपनिवेशीय राज्य द्वारा निर्धारित पिछड़ेपन का स्थान आज़ाद राज्य में विकास ने ले लिया। इसके चलते उपनिवेशीय काल के बाद के समय में समाज और अर्थव्यवस्था में बहुत बड़े पैमाने पर बदलाव आए। इस काल ने पितृसत्ता के कुछ विशेष रूपों को जन्म दिया। इन्होंने इतिहास के विकासक्रम में विशेष रूप-आकार ले चुके रीति-रिवाजों और सांस्कृतिक प्रथाओं पर चुनिंदा तरीक़े से बल दिया और उनकी पकड़ को मज़बूत किया। इतना ही नहीं, पितृसत्ता के इन रूपों ने वैचारिक और सांस्कृतिक नियन्त्रण के नए नमूनों को भी जन्म दिया ताकि सम्भावित नए दबावों के विरुद्ध वे स्वयं को मज़बूत रख सकें। इस प्रकार एक नई सामाजिक-आर्थिक व्यवस्था में भी पितृसत्ता या पुरुष-प्रधान सत्ता का वह लचीलापन रेखांकित होता है जिसके चलते वह स्वयं को नए सांचे में ढालने और नए हालात के अनुकूल पंक्तिबद्ध होने के लिए तैयार था। राज्य, वर्ग और संस्कृति की परस्पर अन्तःक्रिया से जेण्डर के समीकरणों में भी बदलाव आया। इसकी वजह से महिलाएँ नुकसान में ही रहीं। इसकी झलक हमें महिलाओं के पिछड़ेपन से सम्बद्ध कई संकेतों के स्पष्ट तौर पर ऊपर उठते रूझानों में देखने को मिलती है – महिला-पुरुष लिंगानुपात तथा भोजन और स्वास्थ्य सुविधाओं तक पहुँच के सम्बन्ध में महिलाओं की ग़ैर-बराबरी, दहेज की बहुत ही ताक़तवार हो चुकी व्यवस्था, शिक्षा के विरुद्ध पूर्वाग्रह तथा रोज़गार और आमदनी में जेण्डर-आधारित भेदभाव इनमें शामिल हैं। जातिवाद के गहराने की वजह से कुछ विशेष प्रथागत नियम सुदृढ़ हुए। इसने भी पितृसत्ता को और अधिक बल दिया, जिस की वजह से महिलाओं में जातिगत गतिशीलता बहुत अधिक सीमित हो गई और वर्ग-विभाजन तीखे हुए। ज़रूरी फ़ैसले लेने की भूमिका में महिलाएँ बेआवाज़ सी सुनाई पड़ती हैं और कुल मिला कर देखें तो वे पितृसत्ता को मज़बूती देने में सहयोग करने को तैयार सहभागी तथा उपनिवेशीय काल की ही तरह अधीन होने की स्थिति को स्वयं पर लागू करती हुई सी नज़र आती हैं।

1. भूतकाल से कटाव : आज़ादी के बाद

खेती के मामले में उपनिवेशीय समयकाल की कमज़ोर और ख़ास उद्देश्यों से प्रेरित विकास योजनाओं से आज़ादी के बाद के समयकाल में एक तीखा अलगाव दिखाई देता है। अकेले इस अलगाव के चलते ही समकालीन हरियाणा में एक बहुत बड़ा बदलाव आया और वह समय-समय पर आने वाले लम्बे अकालों से ग्रस्त एक चरागाही और मुख्य रूप से गुज़ारा लायक़ ग्रामीण अर्थव्यवस्था से तबदील होकर अतिरिक्त अनाज-उत्पादन करने वाले भारतीय राज्यों में से एक बन गया।

आज़ाद भारत में जो बदलाव अमीर किसानों[1] के लिए अनजाने में लाभप्रद सिद्ध होने वाले थे, वे 1950 के दशक के शुरुआती काल में आए। ये भूमि-सुधार के पैकेज के तहत थे और इनका इरादा जोत में बराबरी लाने का था।[2] इन सब बदलावों ने अमीर किसानों के हाथ मज़बूत करने का काम किया।[3] इसके साथ ही राज्य ने खेती में पूंजीवादी अर्थव्यवस्था के लिए बुनियादी ढाँचा मुहैया करवाने में तथा सीधे या अप्रत्यक्ष रूप से खेती के उत्पादों की मात्रा को बढ़ाने में अहम भूमिका निभाई। 1952 से शुरू हुईं पंचवर्षीय योजनाओं ने सीधे तौर पर इसमें योगदान दिया। हालाँकि राज्य की सभी पहलक़दमियाँ पूरी तरह से कामयाब नहीं रहीं[4], उपनिवेशीय राज की समाप्ति के बाद के बीस सालों में लाए गए बदलावों ने पूंजी-आश्रित हरित-क्रान्ति को सफलतापूर्वक अपनाए जाने की बुनियाद डाल दी थी। 1960 के दशक के मध्य में खेती के लिए इस तरह की रणनीति ने एक दशक से भी कम समय में, यानी 1966-67 से 1976-77 के दौरान, एक बड़ी सफलता हासिल की, जहाँ से विकास-दर को बनाए रखा जा सकता था। इस रणनीति के तहत सिंचाई की सुविधाएँ मुहैया करवाना, बिजली के इस्तेमाल, जैविक तथा ग़ैर-जैविक खादों के अधिक इस्तेमाल के साथ-साथ खेती के पहले से बेहतर उपकरणों का प्रयोग और उच्च पैदावार देने वाली खाद्यान्न की किस्मों को लाया गया। इस सबके साथ ही सड़कों का भी एक बड़ा जाल मुहैया करवाया गया। हरियाणा, जो अनाज-उत्पादन के मामले में एक घाटे वाला तथा खाद्यान्न का आयात करने वाला राज्य रहा था, 1976-77 में केन्द्र में इकट्ठा होने वाले साझा भण्डारण के लिए 641 हज़ार टन चावल और 907 हज़ार टन गेहूँ मुहैया करवा रहा था।[5] गन्ना और कपास जैसी अन्य नकदी फ़सलें भी, जो पहले बहुत ही कम हुआ करती थीं, 1987-88 के आंकड़ों के मुताबिक़ क्रमशः 524 हज़ार टन तथा 690 हज़ार गट्ठे (170 किलोग्राम प्रति गट्ठा) रहीं। दूसरी ओर उपनिवेशीय समयकाल में एक वक़्त पर मुख्य फ़सल रहे बाजरा की पैदावार पूरे इलाक़े में गेहूँ की कुल उपज का मात्र 2 प्रतिशत तक रह गई।[6]

लेकिन इस बेमिसाल ख़ुशहाली का वितरण समान रूप से नहीं हुआ है। हरित-क्रान्ति बहुत ही चुनिंदा तरीक़े की पूंजी-केन्द्रित रणनीति होने की वजह से प्राकृतिक तौर पर कुछ ही सम्पन्न क्षेत्रों में मौजूद रही और इन क्षेत्रों में भी इसका लाभ सम्पन्न किसान

वर्ग को ही मिल पाया। नतीजा यह कि क्षेत्रीय असमानताएँ बढ़ीं। सिंचित इलाक़े तो धीरे-धीरे पक्के तौर पर विकसित होने लगे लेकिन सूखे क्षेत्र कमज़ोर ही रहे तथा इन ज़बरदस्त आर्थिक विषमताओं की वजह से असमानता और ग़रीबी और अधिक बढ़े। इस अलग-अलग तरह के प्रभाव से, जैसा कि आगे प्रदर्शित किया जाएगा, हरियाणा में विभिन्न वर्गों-जातियों और क्षेत्रों की ग्रामीण महिलाओं पर बहुत गम्भीर असर पड़े।

हरियाणा में क्षेत्रीय अन्तर, जो हमेशा ही बहुत तीखे रहे, हरित-क्रान्ति के प्रभाव में और भी ज़्यादा तीखे हो गए। इस फ़र्क़ की अच्छी-ख़ासी झलक ब्रज, राजस्थानी, पंजाबी, कौरवी (खड़ी बोली) और बांगड़ी से बहुत कुछ ग्रहण करने वाली हरियाणा की बोली में काफ़ी हद तक दिखाई देती है।[7] इसके इलाक़ों की भिन्नता स्थानीय कहावतों में प्रतिबिम्बित होती है। इन कहावतों में यह बात इस तरह व्याख्यायित होती है:

बारा कोस पै बदले बाणी, चार कोस पै पाणी।[8]

(हर बारह मील पर बोली बदल जाती है और हर चार मील पर पानी।)

बरसात के नज़रिए से भी स्थिति डाँवाँडोल और अनियमित रहती है। यह अंतिम छोर के उत्तर में 70 सेन्टीमीटर से लेकर राजस्थान के नज़दीक की पट्टी में 30 सेन्टीमीटर से भी कम के बीच रहती है। अब [1990 के दशक के शुरुआती दौर में] भी करनाल के हिस्सों में बिजाई के कुल क्षेत्र का 76 प्रतिशत सिंचाई के तहत है तो लोहारू में यह बिजाई के कुल क्षेत्र का 2 प्रतिशत ही है। भौगोलिक दृष्टि से[9] हरियाणा में अलग-अलग तरह की ज़मीन है। एक ओर हिमालय पर्वत-श्रृंखला की निचली पहाड़ियों के नज़दीक के इलाक़े हैं तो दूसरी ओर राजस्थान के साथ लगता रेगिस्तानी इलाक़ा है, जबकि सूबे का ज़्यादातर हिस्सा गंगा नदी के उपजाऊ मैदानी भू-भाग से जुड़ा हुआ है। ज़मीन की गुणवत्ता अत्यधिक उपजाऊ से पूरी तरह बंजर के बीच, सभी तरह की है। भौगोलिक दृष्टि से इन बहुत व्यापक तरह के विभाजनों और फ़र्क़ों के साथ ही फैलती हुई भौगोलिक सीमाओं को लम्बे समय से स्थानीय लोगों द्वारा पहचाना गया है और इन पर टिप्पणी की गई है:

मेरे बाप के च्यार धीहर थीं, च्यारों ब्याही च्यार कूंठाँ में
एक बागड़ में, दूजी खादर में, तीजी हरियाणा, चौथी देस में।[10]

(मेरे पिता की चार बेटियाँ थीं, चारों का विवाह चार दिशाओं में किया गया
पहली बागड़ में, दूसरी खादर में, तीसरी और चौथी हरियाणा और देस में।)

खेती की तथा आर्थिक दृष्टि से, जैसा कि अर्थशास्त्री शीला भल्ला ने व्याख्या की है, हरित-क्रान्ति ने हरियाणा का ख़ाका मुख्य तौर से तीन बड़े क्षेत्रों और दो अन्य उप-क्षेत्रों के रूप में उकेरा है।[11] सबसे समृद्ध इलाक़ा ज़िला करनाल और उसके साथ का क्षेत्र है। उसका कुल सिंचित क्षेत्र कुल बिजाई-क्षेत्र का लगभग 70 प्रतिशत है और यह सिंचाई

मुख्य तौर से नल-कूप (ट्यूबवेल) से होती है। हरित-क्रान्ति पहले इसी इलाक़े में आई थी और यहीं उसने ख़ुद को अच्छी तरह स्थापित किया। यहाँ कुल बिजाई-क्षेत्र का 26 प्रतिशत उच्च पैदावार देने वाले बीजों की किस्मों के तहत है और यहाँ मुख्य तौर से गेहूँ, धान, गन्ना, मकई और बाजरा होते हैं। दूसरा सबसे ज़्यादा ख़ुशहाल इलाक़ा हरियाणा के मध्य से होकर गुज़रने वाली पश्चिम से पूर्व एक चौड़ी पट्टी है जिसमें हिसार का ज़्यादातर इलाक़ा और ज़िला रोहतक के कुछ हिस्से आते हैं। हालाँकि इसके कुल बिजाई-क्षेत्र का 62 प्रतिशत सिंचित है, खेती के नज़रिए से यह सिंचाई किसानों को ज़रूरत की मात्रा और समय पर नहीं मिल पाती। इसका नतीजा यह है कि उच्च पैदावार देने वाले बीजों की क़िस्मों वाली फ़सलों के तहत बिजाई के कुल क्षेत्र का 14 प्रतिशत ही आता है। हरियाणा के इस दूसरे सबसे ज़्यादा ख़ुशहाल क्षेत्र में कपास, अनाज, गेहूँ, बाजरा और जवार होते हैं। चलन यह है कि किसान एक मौसम में तो कपास जैसी, सिंचाई वाली और बहुत अच्छे दाम देने वाली फ़सल बोते हैं और इसके बाद साल के दूसरे मौसम में चना जैसी, बिना सिंचाई की, काफ़ी कम दाम और उच्च पैदावार देने वाली क़िस्म की फ़सल लेते हैं।

खेती में समृद्धि और ख़ुशहाली के लिहाज़ से तीसरे दर्जे का क्षेत्र वर्षा वाले रेगिस्तान का इलाक़ा है जहाँ खेती से मिलने वाले लाभ बहुत ही कम हैं। एक लोकप्रिय स्थानीय कहावत इसी तरह के एक इलाक़े में फंसे एक बेचारे फ़क़ीर के बारे में बताती है:

कंटक देस, कठोर नर, भैंसमूत्र को नीर।
करमाँ का मार्या फिरै, बांगर बीच फकीर॥[12]
(कांटों भरी ज़मीन, कठोर लोग, भैंस के मूत्र जैसा पानी
इस बांगड़ में क़िस्मत का मारा एक फ़क़ीर मारा मारा फिरता है।)

इस बिना काम की मिट्टी का ज़िक्र एक और लोकोक्ति में आता है, जिसमें इस धरती को जोतने की व्यर्थता की बात झलकती है:

पट्टी बाहवे, बळध सराहवे
मुड़दे वारी थोड़ा ढ़हावे।[13]
(धरती को जोतता है, बैलों को हाँकता है
फिर भी फ़सल बहुत कम होती है।)

यह सूखा इलाक़ा राजस्थान की सीमा पर है; इसका कुल सिंचित-क्षेत्र कुल बिजाई-क्षेत्र का महज़ बारह प्रतिशत है और इसका छः प्रतिशत से भी कम उच्च पैदावार देने वाली क़िस्मों के बीजों के तहत आता है। यह इलाक़ा अब भी ग़रीब और प्रौद्योगिकी के हिसाब से पिछड़ा हुआ है। असल में तो हरित-क्रान्ति इसे छू तक भी नहीं गई। बाक़ी के दो छोटे इलाक़े जिन्हें खेती की तथा आर्थिक दृष्टि से चिह्नित किया जा सकता है,

बाक़ी के हरियाणा से बिल्कुल अलग-थलग पड़े हैं। इनमें से भी एक तो किसान की कमाई के लिहाज़ से हरियाणा का दूसरा सबसे ग़रीब क्षेत्र है। यह उत्तर में स्थित, अधिक बरसात, पहाड़ियों और चो का इलाक़ा है और ज़िला अम्बाला का काफ़ी बड़ा हिस्सा इसमें आता है। अंग्रेज़ों के तहत भी इस क्षेत्र की खेती के सम्बन्ध में दरिद्रता जानी-मानी थी। उदाहरण के लिए, उनीसवीं सदी में इस क्षेत्र में फ़सल की उत्पादकता में कमी पर टिप्पणी की जाती थीः

बौती बरखा होवे
खेती बर्था रोवे।[14]
(बहुत अधिक बारिश
किसान को बरबाद करती है।)

अब उच्च पैदावार देने वाले बीज की गेहूँ और कुछ धान इस इलाक़े में बोए जाते हैं, और यह आमतौर पर बारिश के दम पर होता है न कि सिंचाई के। पैदावार के लिए श्रम-आधारित तरीक़े अपनाए जाते हैं।

सब क्षेत्रों में सबसे ग़रीब क्षेत्र का एक हिस्सा राज्य के दक्षिण में स्थित है। यह क्षेत्र दिल्ली के पश्चिम के साथ लगती एक बड़ी चाप के आकार में आता है, जिसमें रोहतक के कुछ हिस्से और गुड़गाँव का एक बड़ा भाग शामिल हैं। स्थानीय सन्दर्भ में यह धरती लगातार पड़ने वाले सूखे या बाढ़ों से ग्रस्त रही है और उपनिवेशीय सरकार के तहत इसे इस प्रकार व्याख्यायित किया गया थाः

गीली गोहा, सूखी लोहा।[15]
(गीली हो तो गोबर की तरह, सूखी हो तो लोहा।)

अब यहाँ उच्च पैदावार से सम्बद्ध बीजों से होने वाली गेहूँ उगाई जाती है लेकिन यह बहुत ही सीमित पैमाने पर होता है और मुख्य उत्पादन बाजरा, जवार और मकई जैसी कम मूल्य की फ़सलों का ही है।[16]

कुल मिला कर देखें तो हरियाणा का दक्षिणी-पश्चिमी भाग अब भी नहरी और नलकूप, दोनों तरह की सिंचाई की कमी की वजह से बारम्बार पड़ने वाले सूखा और अकाल की सी स्थितियों को झेलता है। पानी ऊपर उठा कर सिंचाई करने की योजनाओं के माध्यम से इस इलाक़े के कुछ हिस्सों के लिए पानी की आपूर्ति अन्य सिंचित हिस्सों की क़ीमत पर हुई है, जिस से वे पहले से भी कम सिंचित रह गए हैं, क्योंकि पानी की कुल उपलब्धता में बढ़ोतरी नहीं हुई है। इस इलाक़े में कुएँ खोदने का काम भी कोई सामान्य प्रक्रिया नहीं है क्योंकि धरती के नीचे पानी का स्तर बहुत नीचा है। वह 150 से 250 मीटर की गहराई पर है और अधिकतर हिस्सों में पानी सिंचाई के लिए बहुत उपयुक्त नहीं है। हरियाणा के इस भाग में सिंचित-क्षेत्र का प्रतिशत बहुत ही कम है।

कुछ टुकड़ों को छोड़ कर हिसार, गुड़गाँव और महेन्द्रगढ़ ज़िलों में पानी कुल मिला कर खारा है और सिंचाई के काम के लिए मुनासिब नहीं है क्योंकि इससे मिट्टी सख़्त हो जाती है और इस वजह से उत्पादन की उसकी क्षमता और ज़्यादा घट जाती है।[17] बहुत ज़्यादा खारापन की वजह से बंजर हो गई ऐसी ज़मीन को स्थानीय भाषा में 'कल्लर' कहा जाता है और कई लोकोक्तियों में इसका ज़िक्र आता है। उनीसवीं सदी में लोकप्रिय ये लोकोक्तियाँ इस इलाक़े में अब भी ज़िन्दा हैं:

कल्लर का क्या खेत, कपटी का क्या हेत।[18]
(कल्लर खेत से किसी फ़सल की उम्मीद न रखो, और कपटी से दोस्ती की।)

एक और लोकोक्ति के मुताबिक़ :

कल्लर खेत बसीमिन खेती, होवे करमाँ सेती।[19]
(कल्लर ज़मीन से हुई फ़सल तो बस क़िस्मत का खेल है।)

कल्लर ज़मीन की मुख्य समस्या सिंचाई की है। 1971 में सरकार द्वारा करवाए गए एक सर्वेक्षण ने प्रदर्शित किया था कि कई गाँवों में औसतन कुल क्षेत्र का छः प्रतिशत से भी कम सिंचाई के तहत था।[20] अब भी स्थिति थोड़ी बहुत ही बेहतर हुई है। ज़्यादातर मामलों में पानी की कमी का अर्थ है कि खेत का बहुत छोटा सा भाग ही फ़सल के लिए इस्तेमाल किया जा सकता है। औपचारिक तौर पर क्षेत्र को गैर-फ़सली क्षेत्र की श्रेणी में रखा गया है। इस प्रकार सिंचाई हरियाणा के खेती सम्बन्धी विकास में एक बड़ी बाधा है।[21]

संक्षिप्त में – महेन्द्रगढ़, हिसार, गुड़गाँव और रोहतक ज़िलों के कुछ भाग रेगिस्तानी हैं। ये राजस्थान के बीच से होकर फैलने वाली रेगिस्तानी पट्टी का हिस्सा हैं। राज्य के कुल क्षेत्र का 9,56,000 हेक्टेयर यानी 21.77 प्रतिशत अब भी सूखे और अर्ध-सूखे क्षेत्र में आता है।[22] स्थानीय स्तर पर 'बरानी' कहलाए जाने वाले, खेती के लिए सिर्फ़ बरसात पर आश्रित, ऐसे क्षेत्र में मुख्य फ़सलों के तौर पर सिर्फ़ बाजरा, गवार, जवार, मूंग और मोठ ही हैं। उच्च पैदावार देने वाली विशेष फ़सलों और सूखी धरती की खेती को यहाँ लाया जाना अभी बाक़ी है। मौजूदा फ़सलें सूखे को बरदाश्त करने वाली हैं लेकिन फिर भी नुक़्सान के आसार रहते हैं।[23] इसके अलावा, इन फ़सलों का बिक्री-मूल्य कम और उत्पादन पर होने वाला ख़र्च अधिक होने की वजह से किसानों को नाम-मात्र का भी लाभ नहीं मिल पाता।

2. एक टेढ़ी अर्थव्यवस्था : परिवार की औरतों के श्रम की ज़रूरत

इस प्रकार कई मामलों में किसान एक गुज़ारा लायक़ अर्थव्यवस्था के दम पर जी रहे हैं। वे अपने परिवारों और मवेशियों को जैसे-तैसे खाने को कुछ दे पाते हैं और बिक्री

के लिए मुश्किल से ही कुछ बचता है। सूखे के आसार वाले क्षेत्रों में जोतों के ताने-बाने से प्रदर्शित होता है कि वे अन्य जगह के मुक़ाबले आकार में बड़ी हैं और इसलिए किफ़ायती भी हैं। लेकिन फिर भी, पानी मुहैया न होने की वजह से यन्त्र-संचालित खेती मुमकिन नहीं हो पाई है। नतीजा यह, कि किसानों से खाद, कीटनाशक आदि का प्रयोग करने की आशा नहीं रखी जा सकती। इन इलाक़ों में खेती के लिए इस्तेमाल होने वाली मुख्य ऊर्जा तथा औज़ार आदि परम्परागत हैं, जैसे कि परिवार का श्रम, लकड़ी के हल, मवेशी, प्राकृतिक खाद और बीज। महत्त्वपूर्ण है कि मुख्य तौर से इस्तेमाल होने वाला हल अब भी लकड़ी का ही होता है। कम ही किसान स्टील का हल या कोई अन्य औज़ार इस्तेमाल करते हैं; ज़मीन को बराबर करने वाले औज़ार दुर्लभ ही इस्तेमाल होते हैं और रहट भी संख्या में बहुत कम ही हैं।[24] खेती करने के तौर-तरीक़े में कोई बड़ा बदलाव नहीं आया है और यह अब भी न्यूनतम स्तर पर पूंजी-आश्रित है। बीज आदि के लिए ज़रूरत वाली पूंजी, वह चाहे नकद हो या वस्तु के रूप में, अब भी गाँव के पंसारी या साहूकार से उधार ली जाती है। परिवार के श्रम पर पूरी तरह से निर्भर, गुज़ारा लायक़ खेती से सम्बद्ध इस अर्थव्यवस्था के जारी रहने से महिलाओं की भूमिका उपनिवेशीय अर्थव्यवस्था में उनकी भूमिका की ही तरह मुख्य तौर से आर्थिक सम्पत्ति के रूप में ही रही है। हरियाणा के कुछ क्षेत्रों में, जहाँ महत्त्वपूर्ण तौर पर कुछ भी बदला हुआ नज़र नहीं आता, महिलाएँ अपनी तयशुदा भूमिकाओं में ही चल रही हैं।

हरित-क्रान्ति की रणनीति ने स्वयं को सिर्फ़ कुछ विशेष क्षेत्रों के चुनाव तक ही सीमित नहीं रखा। इसने खेती में इस्तेमाल होने वाली सामग्री के वितरण के लिए इन क्षेत्रों में तथाकथित 'विकासशील किसानों' का भी चुनाव किया। शुरुआत में ये आमतौर पर हरित-क्रान्ति के लिए आवश्यक वस्तुएँ हासिल कर पाने में मददगार बेहतरीन पूंजी वाले बड़े किसान थे।[25] धीरे-धीरे, उच्च पैदावार देने वाले बीजों की क़िस्मों से मिलने वाले लाभ जब अच्छी तरह सामने आए, तो राज्य द्वारा दिए गए पहले से अधिक प्रोत्साहन के बल पर छोटे किसानों ने भी इसी रणनीति को अपनाना शुरू कर दिया।[26] लेकिन बड़े किसानों की तुलना में उन द्वारा किया गया निवेश कम ही था। इस कमज़ोरी को उन्होंने परिवार के श्रम का इस्तेमाल कर के या मज़दूरों को भाड़े पर लगा कर दूर करने की कोशिश की। मगर सघन पूंजी पर आधारित रणनीति के मद्देनज़र इसे कामयाबी मिल पाना मुश्किल ही था। वह परिवार से हो चाहे उसके बाहर से, श्रम रसायनिक खादों का स्थान नहीं ले सकता था। यहाँ बल देने की बात यह है कि पूंजी के निवेश की कमी को परिवार के श्रम से पूरा करने की कोशिश की जा रही थी। ऐसी स्थिति में महिला के श्रम को खेती में आने से न तो रोका जा सकता था और न ही रोका गया। असल में तो इसका इस्तेमाल ज़्यादा शिद्दत के साथ होने लगा।

हरित-क्रान्ति हर प्रकार के श्रम की माँग में वृद्धि दर्शाती है, जोत का आकार चाहे

कितना ही क्यों न हो।[27] जुताई और गहाई के मामले में इस मांग की कमी को छोड़ दें तो बाक़ी सब कार्यों में श्रम की ज़रूरत में वृद्धि हुई है – मसलन कई फ़सलों की कटाई-छंटाई, बीजाई, पौधों को एक से दूसरी जगह लगाए जाने तथा नलाई में अधिक सावधानी, कीटनाशक-नियंत्रण, सिंचाई आदि कार्यों में। यह ख़ासतौर पर तब तो होता ही है जब इनमें से कुछ कार्यवाहियों, जैसे कि फ़सल की कटाई और गहाई, को एक साथ मशीन से नहीं किया जाता। इस क्षेत्र के अब भी अधूरे मशीनीकरण के चलते श्रम की अतिरिक्त आवश्यकता को हरित-क्रान्ति के शुरुआती चरणों में बढ़ता हुआ पाया गया और यह अब भी बहुत हद तक सच है – बावजूद इसके कि यह अब एक स्तर तक पहुँच कर स्थिर हो गई है।

असल में, इस माँग का और उसके साथ श्रम-सम्बन्धी ख़र्चों में होने वाली लगातार बढ़ोतरी तथा पैदावार को अधिकतम करने के लिए किए गए प्रयासों का नतीजा है कि परिवार की महिलाओं को काम करते रहना होगा। न केवल पुरुषों को बल्कि महिलाओं को भी लगता है कि जो काम पारिवारिक श्रम से हो सकता है, उसके लिए बाहर से महंगी मज़दूरी को भाड़े पर लेना पसीने की कमाई को ज़ाया करने के बराबर है। इसका नतीजा यह है कि महिलाएँ हल जोतने के अलावा खेत से सम्बन्धित लगभग हर तरह की मेहनत करती हैं : वे खेत को बीजाई के लिए तैयार करने, ढेलों को हथौड़े से तोड़ने, खेत का तटबंध बनाने, हल के पीछे चलने, बीजाई के मौसम में बीज डालने, खेत के लिए पानी का इन्तज़ाम करने, गुड़ाई, नलाई, कटाई, गहाई, अनाज के पछोड़ने और आरोपण में पुरुष की मदद करती हैं। वे खेत में काम करने वाले पुरुषों के लिए भोजन भी स्वयं ही लेकर जाती हैं और दुधारू पशुओं के लिए हरा चारा लेकर लौटती हैं। मशीनीकरण ने पुरुषों के काम के बोझ को घटाया है; उदाहरण के लिए, ट्रैक्टर का प्रयोग, जिसने हल और बैलों की जगह ले ली है। लेकिन महिलाएँ अब ट्रैक्टर को उसी तरह लादती हैं जैसे वे पहले ठेले को लादती थीं। महत्त्वपूर्ण है कि महिलाओं के काम का बोझ घटा नहीं है, बस उसका रूप बदल गया है।

हरियाणा में परिवार की महिला की मेहनत का व्यापक इस्तेमाल आमतौर पर जाति और वर्ग के विभाजनों से ऊपर उठ कर हुआ है। यह बात जाट, गूजर, अहीर, बिश्नोई जैसे प्रभावशाली खेतीहर समूहों के लिए सही है और निम्न जातियों पर भी लागू होती है। हरित-क्रान्ति से मुख्य लाभ पाने वालों में भी यह बात देखने में आई है और उनकी आमदनी में भी बहुत बड़े पैमाने पर बढ़ोतरी हुई है। असल में तो घर के बाहर हाथ का काम करने में महिलाओं की हिस्सेदारी को प्रभुत्वशाली सांस्कृतिक मानकों के मुताबिक़ परिवार की प्रतिष्ठा को कम करने वाला नहीं माना जाता। लेकिन यह हाथ का काम परिवार के खेतों में होना चाहिए क्योंकि स्वयं अपने लिए काम करने वाले लोगों को ग्रामीण समाज में मुकाब्लतन ऊँचा रुतबा दिया जाता है। माना जाता है कि अन्य लोगों

के लिए काम करने से रुतबे में गिरावट आती है।[28]

खेती के काम के प्रति इस नज़रिए की झलक हमें इस इलाक़े के लोक-साहित्य में मिलती है। एक लोकप्रिय कहानी में रानियों को खेत में राजा का हाथ बंटाते हुए दिखाया गया है। यह कथा महाभारत के समयकाल की है। बात उस समय की है जब कुरुक्षेत्र बारह साल लम्बे सूखे से ग्रस्त रहा था। बरसात तब ही हुई जब वहाँ के शासक राजा कुरू ने वर्षा के लिए यज्ञ किया। लेकिन तब तक किसान यह भी भूल चुके थे कि हल कैसे जोता जाता है। यही समय था जब कृष्ण के बड़े भाई और ख्याति-प्राप्त हलधर बलराम कुरुक्षेत्र पहुँचे। राजा ने उन्हें इस समस्या के बारे में बताते हुए उनसे मदद मांगी। बलराम ने 'पैदाइशी किसान' होने के नाते अनुरोध को स्वीकार कर लिया। उन्होंने हल जोता – और राजा ने भी। रानियों ने राजा द्वारा चलाए जा रहे स्वर्ण-हल के पीछे-पीछे चलते हुए बीजों की बुआई की। किसानों ने फिर से खेत जोतना सीखा और पूरे इलाक़े में ख़ुशहाली का राज आया।

यह लोक-कथा मुझे तब सुनाई गई जब मैं हरियाणा के किसानों की प्रसिद्ध श्रेष्ठता के पीछे के कारणों को खोज रही थी।[29] लोक-कथा इस बात को रेखांकित करती है कि जब खेती का काम राजाओं और रानियों द्वारा किया गया हो तो वह प्रतिष्ठा के ख़िलाफ़ कैसे हो सकता है? इस परम्परा के ही अनुरूप खेती के काम में हरियाणा की महिलाओं का सक्रिय तौर पर शामिल होना जारी है। जैसा कि इस कथा में प्रतीकात्मक रूप से निकल कर आता है, हल, बीज और धरती संकेती शब्द हैं जिन्हें लोगों के लोकप्रिय जगत में प्रजनन तथा खेती की गतिविधि से जोड़ कर देखा जाता है। उत्पादन और प्रजनन की शब्दावलियों को एक दूसरे के साथ घुलते-मिलते और ऊपर-नीचे होते देखा जा सकता है। इसके अलावा, क्योंकि दोनों ही कठिन हैं, दोनों में कड़ी मेहनत शामिल है, इसलिए दोनों को अदल-बदलकर भी इस्तेमाल में लाया जाता है। हरियाणा के सूखे, अकालग्रस्त इलाक़ों में खेती-सम्बन्धी थोड़े-बहुत लाभ के लिए भी सभी हाथों की ज़रूरत रहती है, इसलिए यह ख़तरा नहीं उठाया जा सकता कि परिवार की महिला-सदस्य काम करने से पीछे हट जाएँ। प्रौद्योगिकी के लिहाज़ से सबसे विकसित और 'सबसे समृद्ध' समझे जाने वाले इलाक़ों में परिवार की महिलाओं की खेती में हिस्सेदारी बाक़ी इलाक़ों के मुक़ाबले कम है। तालिका 2.1 से प्रदर्शित होता है कि 2.5 एकड़ और इससे अधिक में होने वाली खेती की जोतों के लिए यह हिस्सेदारी 19.21 प्रतिशत कम है। लेकिन इस फ़र्क़ को हैसियत में ऊपर उठने तथा प्रतिष्ठा से सम्बन्धित सरोकारों से सम्बद्ध नहीं माना जा सकता, जैसे कि आगे चल कर स्पष्ट किया गया है, और न ही कमाई के स्तरों के ऊपर उठने से सम्बद्ध माना जा सकता है। सबसे समृद्ध क्षेत्र के लिए दिए गए आंकड़े दर्शाते हैं कि जैसे-जैसे उस जोत का आकार बढ़ता है जिस पर काम हो रहा है, वैसे-वैसे ही खेती में परिवार की महिलाओं का शामिल होना भी बढ़ता है।

तालिका 2.1: परिवार के किसी व्यक्ति द्वारा मुफ़्त लगाए गए दिनों के प्रतिशत के रूप में परिवार की महिला द्वारा मुफ़्त लगाए गए दिन

कार्य में लाए गए एकड़	*अखिल-हरियाणा*	*सबसे समृद्ध इलाक़ा*
0 – 2.5	13.9	0.00
2.5 – 5	27.9	26.7
5 – 10	21.5	12.5
10 – 15	16.5	14.4
15 या अधिक	23.7	18.7
सम्पूर्ण औसत	21.9	16.2

स्रोत : शीला भल्ला, 'टेक्नलॉजिकल चेन्ज एण्ड विमेन वर्कर्ज़ : एविडेन्स फ्रॉम द एक्स्पैन्शनरी फ़ेज़ इन हरियाणा एग्रिकल्चर', *इकनॉमिक एण्ड पलिटिकल वीक्ली*, 28 अक्तूबर 1989, XXIV, 43, पृ. WS67 – WS89।

वास्तव में, तालिका इस बात पर ज़ोर देती है कि जैसे-जैसे कार्य में आ रही औसत जोत बढ़ती है, परिवार की महिलाओं का सम्बन्ध भी लगातार जारी रहता है न कि योजनाबद्ध तरीक़े से उनका काम से हटना। उदाहरण के लिए, 5 से 10 एकड़ की जोत के लिए महिलाएँ 10 से 15 या 15 से अधिक एकड़ के मुक़ाबले कम प्रतिशत काम करती लगती हैं। सबसे कम एकड़ वाले, 0 से 2.5 एकड़ के समूह में परिवार की महिलाओं का योगदान शून्य है[30], क्योंकि हरियाणा के सबसे समृद्ध इलाक़े में खेती की मज़दूरी कहीं अधिक लाभकारी है और परिवार की महिलाओं का श्रम उनकी स्वयं की ग़ैर-किफ़ायती जोत के लिए फ़ालतू हो जाता है। एक और अन्दाज़े के मुताबिक़ परिवार में महिला के श्रम का योगदान 50 प्रतिशत से कम नहीं है।[31] इसमें पशु-पालन तथा घर पर की जाने वाली खेत के लिए सहायक गतिविधियों में उसकी भूमिका शामिल नहीं है, जिसे शामिल किया जाए तो उसके योगदान का प्रतिशत काफ़ी अधिक हो जाएगा।

गाँवों से मुझे प्राप्त हुई मौखिक जानकारी और अवलोकन से भी परिवार द्वारा व्यापक स्तर पर लगाई जाने वाली मेहनत की झलक मिलती है। कुल मिला कर देखें तो 'खाते-पीते परिवारों' की महिलाओं की ओर से भी खेती के कामों में पूरा योगदान दिया जाता है।[32] महिला और पुरुष, दोनों की इस बात पर सहमति है। कुछ पुरुष यहाँ तक मानते हैं कि खेती में आए परिवर्तनों की वजह से अब महिलाएँ 'पहले से भी ज़्यादा काम' करती हैं। उदाहरण के लिए इस ओर ध्यान दिलाया जाता है कि जहाँ एक छोटे ज़मींदार की बीवी खेत से शायद एक भरोटा (चारे का एक गट्ठर) लेकर आए, बड़े ज़मींदार की बीवी को चार या पाँच भरोटे लाने पड़ेंगे।[33] इसी तरह, दावा किया जाता है कि फ़सलें बोने में आई पहले से ज़्यादा शिद्दत और खादों के पहले से ज़्यादा इस्तेमाल की वजह से वह अब खेतों में अधिक काम करती है, जिसमें नलाई, बुआई, रुपाई आदि जैसे काम शामिल हैं।

हालाँकि इस सम्बन्ध में हमारे पास कोई आंकड़े नहीं हैं, इस टिप्पणी की तस्दीक़ पंजाब में हुए एक अध्ययन से होती है जिसमें इस ओर ध्यान दिलाया गया है कि हरित-क्रान्ति के नतीजतन प्रति हेक्टेयर के हिसाब से परिवार की महिलाओं के श्रम का उपयोग बढ़ा है। जहाँ भी इसका इस्तेमाल हुआ है, यह उपयोग 22.52 प्रतिशत तक बढ़ा है।[34]

इसके बावजूद, यक़ीनन ऐसी महिलाएँ भी हैं जो खेती के काम से पीछे हट गई हैं – मिसाल के तौर पर, करनाल में, जो हरित-क्रान्ति का सबसे समृद्ध क्षेत्र है। यहाँ महिलाओं का कहना है कि ऐसा काम अब उनके 'नौकरों' द्वारा किया जा रहा है।[35] खेती के काम के लिए नौकर रखा जाना लगभग पूरी तरह से उपनिवेशीय काल के बाद की बात है। लेकिन नौकरों की संख्या अब भी काफ़ी हद तक सीमित ही है, बावजूद इसके कि उनकी संख्या 1950 के दशक में पक्के या वैसे ही साथ जुड़े हुए खेत-मज़दूरों के पाँच प्रतिशत से बढ़ कर 1972-73 में 38.66 प्रतिशत हो गई थी।[36] बहरहाल, इस बढ़ोतरी को परिवार की महिलाओं के खेती के काम से हटने के साथ सीधे-सीधे सम्बद्ध नहीं किया जा सकता। औरतों का काम से निकलना या हटना जिस हद तक भी नज़र में आता है, उसकी एक वजह हरित-क्रान्ति के दौरान खेती के उत्पाद को बहुत बड़े पैमाने पर तैयार किए जाने के काम *(प्रोसेसिंग)* को माना जा सकता है – साथ ही भाड़े के खेत-मज़दूरों और कुछ गाँवों में नौकरों के लिए पकाए जाने वाले अतिरिक्त भोजन को भी माना जा सकता है। नौकरों द्वारा काम को हाथ में ले लिए जाना का अर्थ कुछ मामलों में ज़रूरी तौर पर यह नहीं है कि महिलाओं ने काम छोड़ दिया है बल्कि इसका अर्थ तो यह है कि महिला का काम खेत से अहाते में आ गया है, जहाँ उस द्वारा की जा रही देख-रेख और सक्रिय हिस्सेदारी को अधिक मूल्यवान समझा जाता है – आवश्यक तौर पर अधिक प्रतिष्ठित चाहे न भी माना जाता हो।

फिर भी, प्रासंगिक सामग्री बिल्कुल भी उपलब्ध न होने की वजह से, यह जान पाना मुमकिन नहीं है कि परिवारों के सदस्यों में से कितनी महिलाओं ने सक्रिय तौर पर खेती का काम करना छोड़ा है। अलग-अलग जाति-समूहों की महिलाओं द्वारा इस काम में भागेदारी या इसे छोड़े जाने का संकेत देने वाला कोई जातिवार अध्ययन भी नहीं है। हाल ही में हुआ एक अध्ययन[37] इस गम्भीर कमी का शिकार है कि वह उच्च जातियों की निशानदेही करने के हरियाणा सरकार के मापदण्डों का अनुकरण करता है, जिसके तहत ब्राह्मण, राजपूत, बनिया, खत्री, सबको एक साथ ले लिया गया है, जबकि इनमें से ज़्यादातर के बारे में जानकारी है कि वे इस इलाक़े में रिवायती तौर पर महिलाओं को खेती की गतिविधियों से दूर रखते हैं – और इन्हें जाट, अहीर, गूजर, बिश्नोई और सैनी जैसी ज़मीन की मालिक जातियों के साथ ही रखा गया है, जिनकी महिलाएँ हमेशा खेत में काम करती आई हैं। यह तरीक़ा तथाकथित 'खेतीहर जातियों' से महिलाओं की वास्तविक सक्रिय भागेदारी की दर को बहुत ही संकुचित और हल्का कर देता है। लेकिन

इस कमज़ोरी के बावजूद इसी अध्ययन से यह भी प्रदर्शित होता है कि खेत की उपज को तैयार करने की प्रक्रिया *(प्रोसेसिंग)* और भण्डारण, तथा खेत में खाद बनाने (देखें तालिका 2.2) जैसे खेती-सम्बन्धी कामों के लिए जातिगत फ़र्क़ बिल्कुल भी कोई अर्थ नहीं रखते, जबकि ये सब असल में घर से बंधे हुए काम हैं।

इसी अध्ययन में दिए गए वर्गवार आंकड़ों से प्रदर्शित होता है कि खेती की ज़्यादातर गतिविधियों में धरती के आकार *(साइज़)* की श्रेणियों के अन्तर से महिलाओं की भागेदारी पर कोई ख़ास फ़र्क़ नहीं पड़ता है। इसका अर्थ है कि आमतौर पर सभी महिलाएँ ये गतिविधियाँ कर रही हैं या वे उनसे बच रही हैं – जोत से और हरित-क्रान्ति की रणनीति अपनाए जाने से इसका कोई सम्बन्ध नहीं है (देखें, तालिका 2.3 तथा 2.4)। यह ख़ासतौर से नलाई, बुआई और फ़सल-कटाई के बीच होने वाले मिट्टी से सम्बद्ध छोटे-बड़े काम, और फ़सल-कटाई जैसी गतिविधियों में देखने को मिलता है, जहाँ अलग-अलग जाति-श्रेणियों की महिलाएँ इन गतिविधियों का काम हावी और सहायक, दोनों भूमिकाओं में समान रूप से करती हैं – और प्रतिशत के हिसाब से देखें तो वे ही इस काम को अधिक करती हैं।

तालिका 2.2: खेती सम्बन्धी गतिविधियों में विभिन्न जाति-समूहों की महिलाओं की भागेदारी

(वितरण, प्रतिशत में)

गतिविधि	*उच्च जातियाँ*			*मध्य जातियाँ*			*निम्न जातियाँ*		
	ह	स	न	ह	स	न	ह	स	न
1. खेत में खाद बनाना	45.22	23.48	31.30	54.38	40.35	5.27	47.62	47.62	14.29
2. खेत-उत्पादों का भण्डारण	56.52	36.52	6.96	82.46	8.77	8.77	57.15	33.33	9.52
3. खेत-उत्पादों का तैयार किया जाना (प्रोसेसिंग)	73.04	20.87	6.09	68.42	21.05	10.53	61.90	28.57	9.53

ह : हावी भूमिका स : सहायक भूमिका न : कोई भूमिका नहीं

नोट : पाद-टिप्पणी *(फ़ुट्नोट)* 37 में व्याख्यायित, विभिन्न श्रेणियों के तहत इकट्ठा किए गए विभिन्न जाति-समूहों को ध्यान में रखा जा सकता है।

स्रोत : टी.एम. डाक तथा एम.एल. शर्मा, 'सोशल फ्रेमवर्क ऑफ़ फ़ीमेल लेबर पार्टिसिपेशन इन रूरल सेक्टर', इन टी.एम.डाक (सम्पादक), *विमेन एण्ड वर्क इन इण्डियन सोसायटी*, डेल्हि, मनोहर पब्लिकेशंज़, 1988, पृ. 25-47।

ब्राह्मणों के अपवाद को छोड़ कर, रिवायती तौर पर उच्च जातियों में से राजपूत,

बनिया और खत्री जैसे समूहों ने कभी भी अपनी महिलाओं को खेतों में काम करने की इजाज़त नहीं दी, और अब भी वे इसी प्रथा को जारी रखे हुए हैं। हरित-क्रान्ति और उसके लाभों ने इस तरह के परिवारों में महिलाओं के अलगाव और एकांत को प्रबल किया है जबकि वे पहले ही एक सीमित और अलग-थलग जीवन जी रही हैं – ऐसे, कि जैसे वे परदा में हों। यह बात अपनी जाति से ऊपर की जातियों का अनुकरण करने वाली जातियों में से गौण जातियों की महिलाओं पर भी लागू होती है। फिर भी, जो महिलाएँ खेती से सम्बद्ध कोई भी काम नहीं करतीं, उन्हें किसी भी मानक के तहत 'बेहतर' नहीं माना जाता बल्कि उन्हें इसलिए 'अलग' समझा जाता है क्योंकि 'उनके पुरुष इजाज़त नहीं देते' या उन्होंने इन महिलाओं को 'कभी भी इजाज़त नहीं दी है कि वे घर से बाहर काम कर सकें'। यह बात उन सब गाँवों में व्यापक तौर पर प्रचलित है जिनमें मैं गई। ज़िला रोहतक के गाँव छारा की एक औरत का कहना मुनासिब ही था कि 'ना कभी कराम्ते, ना किया, ना करतीं' (महिलाओं से कभी खेतों में काम नहीं करवाया जाता, न ही उन्होंने कभी काम किया है, न ही वे करती हैं)। दूसरी ओर, खेती के काम में उनकी ख़ुद की सक्रिय हिस्सेदारी को 'श्रेष्ठ' मान कर प्रंशसित भी नहीं किया जाता। पुरुषों के साथ काम करने को भी इस रूप में नहीं लिया जाता कि उन्हें आज़ादी मिल गई हो। फिर भी, उनीसवीं सदी में यह भावना कुछ हद तक देखने में आती थी, जब ऐसा लगता था कि खेती में सक्रिय महिलाएँ गतिमान रहने की अपनी आज़ादी और खेतों में काम करने की बात को महत्त्व देती थीं, उसके मूल्य को समझती थीं। एक अकेली, अलग-थलग सी पड़ी लोकोक्ति में हमें यह संकेत मिलता है:

भले बाबा बन्द पड़ी
गोबर छोड़ कशीदे पड़ी।[38]
(मेरे अच्छे पिता, मैं तो कैद में पड़ी हूँ
गोबर छोड़ कर कशीदाकारी में लगी हूँ।)

तालिका 2.3: हिस्सेदारी की प्रकृति के हिसाब से (प्रतिशत में) धरती के आकार की विभिन्न श्रेणियों के तहत खेती सम्बन्धी चुनिंदा मुख्य गतिविधियों में महिलाओं का वितरण

गतिविधि	2.5 एकड़ तक			2.6 से 5.00 एकड़			5.1 से 15.00 एकड़			15 एकड़ से अधिक		
	ह	स	न	ह	स	न	ह	स	न	ह	स	न
1. खेत तैयार करना	–	16.67	83.33	11.11	11.11	77.78	26.67	4.44	68.89	5.88	–	94.12
2. बुआई/आरोपण	35.00	23.33	41.67	22.22	35.19	42.59	6.67	35.56	57.77	20.59	29.41	50.00
3. खेत पर खाद बनाना	45.00	35.00	20.00	48.15	37.03	14.82	37.77	20.00	42.23	67.65	23.53	8.82
4. खाद डालना	1.67	43.33	55.00	7.41	27.78	64.81	2.22	33.33	64.45	–	38.24	61.76
5. नलाई/ मिट्टी की देखभाल	68.33	20.00	11.67	68.51	24.07	7.42	51.11	42.22	6.67	58.82	23.53	17.65
6. फ़सल-कटाई	65.00	25.00	10.00	46.30	37.03	16.67	28.88	35.56	35.56	50.01	38.23	11.76
7. गहाई	3.33	53.33	43.34	43.70	50.00	46.30	2.22	44.44	53.34	5.88	58.82	35.30
8. खेत-उत्पाद का भण्डारण	68.33	26.67	5.00	66.66	23.23	11.11	57.78	31.11	11.11	61.77	35.29	2.94
9. खेत-उत्पाद को तैयार करना/प्रोसेसिंग	48.33	43.33	8.34	79.63	11.11	9.26	84.45	8.89	6.66	76.47	17.65	2.88

ह : हावी भूमिका स : सहायक भूमिका न : कोई भूमिका नहीं

स्रोत : जो तालिका 2.2 का है।

तालिका 2.4: हिस्सेदारी की प्रकृति के हिसाब से (प्रतिशत में) खेत के यन्त्रीकरण के विभिन्न स्तरों पर खेती सम्बन्धी चुनिंदा मुख्य गतिविधियों में महिलाओं का वितरण

गतिविधि	न्यूनतम			न्यून			मध्यम			उच्च		
	ह	स	न	ह	स	न	ह	स	न	ह	स	न
1. खेत तैयार करना	4.08	22.45	73.47	2.22	6.67	91.11	26.31	5.26	68.43	31.43	–	68.57
2. बुआई/रुपाई	36.65	38.78	28.57	16.67	31.11	52.22	26.31	31.58	42.11	20.00	17.14	62.96
3. खेत पर खाद बनाना	48.98	34.69	16.33	47.77	33.34	18.89	47.38	26.31	26.31	48.57	17.14	34.29
4. खाद डालना	4.08	38.78	57.14	4.44	37.78	57.78	0.00	26.32	73.68	0.00	31.43	68.57
5. नलाई/ मिट्टी की देखभाल	91.84	4.08	4.08	44.45	42.22	13.33	63.16	31.58	5.26	68.57	17.14	4.29
6. फ़सल-कटाई	73.47	20.41	6.12	40.00	44.44	15.56	42.11	31.58	26.31	40.00	22.86	37.14
7. गहाई	–	61.22	38.78	5.56	50.00	44.44	0.00	42.11	57.89	5.72	45.71	48.57
8. खेत-उत्पाद का भण्डारण	75.51	12.25	12.24	70.00	24.45	5.55	52.63	42.11	5.26	40.00	51.43	8.57
9. खेत-उत्पाद को तैयार करना/प्रोसेसिंग	61.22	40.41	18.37	72.22	25.56	2.22	73.68	26.32	0.00	77.15	11.42	11.53

ह : हावी भूमिका स : सहायक भूमिका न : कोई भूमिका नहीं

स्रोत : जो तालिका 2.2 का है।

महिलाओं द्वारा खेतों में काम किए जाने को ले कर यह रवैया अब मौजूद नहीं है लेकिन अब भी अलग-अलग वर्ग या जाति के कामगारों के कार्य-क्षेत्रों के बीच के फ़र्क़ों पर मूल्याधारित व्यक्तिगत मत नहीं बनाया जाता। खेतों में काम करने या न करने के चलन को महिला और पुरुष दोनों ही, परम्पराओं और रीति-रिवाजों से निकला हुआ मानते हैं, जिन्हें हो सके तो वे बदलना नहीं चाहेंगे, लेकिन 1920 के दशक के बाद के सालों में डार्लिंग के लिए एक दिलचस्प बात सामने आई। पंजाब में उन द्वारा गाँवों की एक यात्रा के दौरान कुछ राजपूतों ने इस प्रथा पर अफ़सोस ज़ाहिर किया और कहा कि [महिलाओं को बाहर काम करने से रोकने की] यह प्रथा न होती तो उन्हें अपनी रोटी वक़्त पर मिलती, उन्हें 'भूखा न रहना पड़ता' और 'अपने सिरों पर लकड़ी लाद के न लानी पड़ती।'[39] काम के प्रति वैचारिक स्तर पर इस नज़रिए को ध्यान में रखें तो हैरत की बात नहीं है कि इस इलाक़े पर संस्कृतीकरण की प्रक्रिया का बमुश्किल ही कोई असर पड़ा था।

जहाँ तक परिवार की महिलाओं को काम में लाने की बात है हरियाणा, पंजाब के मुक़ाबले राजस्थान से ज़्यादा मिलता-जुलता है। उदाहरण के लिए, राजस्थान के जिन इलाक़ों में हरित-क्रान्ति का काम हुआ या उच्च पैदावार देने वाले बीजों से सम्बद्ध प्रौद्योगिकी को लाया गया, वहाँ परिवार की महिलाओं के श्रम के इस्तेमाल के तहत लगने वाले समय के स्तर में तीव्र वृद्धि हुई है।[40] यहाँ पर पंजाब की स्थिति को दूसरे पलड़े में रखते हुए हरियाणा के मुक़ाबले सन्तुलन के सन्दर्भ में टिप्पणी करना अप्रासंगिक नहीं होगा, ख़ासतौर से इसलिए कि हरियाणा पंजाब का हिस्सा भी रहा है। आम सहमति इस बात पर है कि पंजाब के गाँवों में महिलाओं की हिस्सेदारी की दर सबसे निम्न दरों में से है। इसका कारण हरित-क्रान्ति की कामयाबी के नतीजे के तौर पर उस इलाक़े में बढ़ी ख़ुशहाली को माना जाता है। पंजाब के नमूने के कुछ खेतों पर आधुनिकीकरण के अलग-अलग चरणों के दौरान रोज़गार के विश्लेषण से ज़ाहिर हुआ कि जिन खेतों में जुताई के लिए सिर्फ़ बैलों का इस्तेमाल होता था, वहाँ परिवार की महिलाओं के श्रम का 56 प्रतिशत इस्तेमाल होता था। नलकूपों (ट्यूबवेल) और खेतों पर मशीनों के आगमन से परिवार की महिलाओं का श्रम 46 प्रतिशत ही रह गया और जब ट्रैक्टर भी प्रयोग में आने लगा तो यह घट कर 24 प्रतिशत तक आ गया।[41] अन्य अध्ययनों ने भी इसी तरह महिलाओं द्वारा काम छोड़े जाने की बात कही है, ख़ासतौर से पूंजीवादी ज़मींदारों के नए वर्ग में। मध्यवर्गीय किसानों के परिवारों में भी उनकी घटती हुई भूमिका और सामाजिक पायदान के सिर्फ़ निचले स्तर पर उनकी लगातार भागेदारी होने की बात कही गई है।[42] इस बदलाव का एक आंशिक कारण प्रभुत्वशाली सिखों के अलग सामाजिक मूल्यों और परम्पराओं को माना गया है, जो खेत के काम में महिलाओं की हिस्सेदारी के पक्ष में नहीं होते।[43] लेकिन हरियाणा और पंजाब के बीच दिखाई देने वाले इस अन्तर के पीछे के

कारणों की और अधिक छानबीन करने की ज़रूरत है, ख़ासतौर से इस तथ्य के मद्देनज़र कि इन दो राज्यों में हावी मानदण्ड और मूल्य जाट-किसानी द्वारा निर्धारित किए जाते थे और अब भी किए जा रहे हैं।

3. पशुपालन की अर्थव्यवस्था

खेती से सम्बन्धित कुछ कार्यों के करने में वर्ग और जाति की बाधाएँ आमतौर पर बेअसर रहती हैं। लेकिन पशुपालन के काम में ये ख़ासतौर से देखने में आती हैं। खेती-सम्बद्ध काम की धुंधली और अस्पष्ट तस्वीर के मुक़ाबले इस काम का एक अधिक स्पष्ट आकलन प्रासंगिक आंकड़ों से प्रदर्शित होता है। उदाहरण के लिए, खेत के मवेशियों की देखभाल में लगी उच्च-जाति महिलाओं का 96 प्रतिशत का आंकड़ा और इसके समरूप निम्न-जातियों से 95 प्रतिशत और 15 एकड़ या उससे अधिक की जोतों के लिए महिलाओं का 97 प्रतिशत का आंकड़ा, और इसी तरह 5 एकड़ तक के लिए दिए गए आंकड़े इस काम को पर्याप्त अभिव्यक्ति देते हैं (देखें तालिका 2.5 तथा 2.6)। इसके उलट, दिलचस्प बात है कि इन्हीं आंकड़ों का इस्तेमाल करते हुए दर्शाया जा सकता है कि पशुपालन से सम्बद्ध कितना कम काम पुरुषों के हिस्से आता है।

तालिका 2.5: विभिन्न जाति-समूहों की महिलाओं द्वारा पशुपालन के काम में भागेदारी (वितरण, प्रतिशत में)

गतिविधि	*उच्च जाति*			*मध्य जाति*			*निम्न जाति*		
	ह	*स*	*न*	*ह*	*स*	*न*	*ह*	*स*	*न*
1. खेत के मवेशियों की देखभाल	95.66	4.34	0.00	77.20	22.80	0.00	95.24	4.76	0.00
2. चारा इकट्ठा करना/ उसका प्रावधान	86.09	3.48	10.43	64.91	35.09	0.00	80.95	19.05	0.00
3. मवेशियों के उत्पादों की बिक्री	67.83	10.43	21.74	87.72	3.51	8.77	66.66	9.53	23.81
4. मवेशियों की बिक्री/ख़रीद	7.83	42.61	49.56	8.77	38.60	52.63	0.00	47.62	52.38
5. मवेशियों का इलाज	62.61	15.65	21.74	75.45	5.27	19.28	38.10	33.33	28.57

ह : हावी भूमिका स : सहायक भूमिका न : कोई भूमिका नहीं

नोट : पाद-टिप्पणी *(फुट्नोट)* 37 में व्याख्यायित, विभिन्न श्रेणियों के तहत इकट्ठा किए गए विभिन्न जाति-समूहों को ध्यान में रखा जा सकता है।

स्रोत : जो तालिका 2.2 का है।

तालिका 2.6: 4 धरती के आकार की विभिन्न श्रेणियों के तहत पशुपालन के कार्य में महिलाओं की भागेदारी (वितरण, प्रतिशत में)

गतिविधि	2.5 एकड़ तक			2.6 से 5.00 एकड़			5.1 से 15.00 एकड़			5 एकड़ से अधिक		
	ह	स	न	ह	स	न	ह	स	न	ह	स	न
1. खेत के मवेशियों की देखभाल	96.66	3.34	–	100.00	0.00	0.00	93.34	6.66	–	97.06	2.94	0.00
2. चारा इकट्ठा करना/उसका प्रावधान	86.66	5.00	8.34	94.45	1.85	3.70	93.33	0.00	6.67	94.12	0.00	5.88
3. मवेशियों के उत्पादों की बिक्री	76.66	11.67	11.67	74.07	5.56	20.37	57.78	11.11	31.11	88.23	2.94	8.83
4. मवेशियों की बिक्री/ख़रीद	1.67	30.00	68.33	14.81	53.70	31.49	11.11	42.22	46.47	0.00	44.12	55.88
5. मवेशियों का इलाज	53.34	18.33	28.33	72.24	9.25	18.51	57.78	15.55	26.67	76.47	14.70	8.83

ह : हावी भूमिका स : सहायक भूमिका न : कोई भूमिका नहीं

स्रोत : जो तालिका 2.2 का है।

सभी जातियों और वर्गों की महिलाओं के पशुपालन में पूरी तरह से शामिल होने की बात एक बहुत ही लोकप्रिय लोरी में अभिव्यक्त होती है:

कल्लड़ मल्लड़ दूध बिलोवे
जाटनी का छोरा रोवै
रोवै सै रोवण दे
मन्ने दूध बिलोवण दे।[44]

(कल्लड़ मल्लड़, दूध मथ कर मक्खन निकाला जा रहा है
और जाटनी का बेटा रोता है।
'रोता है तो रोने दो', वो कहती है – 'मुझे तो दूध बिलोना है।')

[यहाँ पर शब्द 'जाटनी' किसी भी किसान औरत के लिए इस्तेमाल में आया है।]

असल में तो व्यापक स्तर पर दूध का व्यापारीकरण होने से पशुपालन को नई अहमियत मिल गई है। इसी का नतीजा है कि दूध की बिक्री के प्रति नज़रिए में न सिर्फ़ हरियाणा में बल्कि पूरे उत्तरी भारत में बहुत बड़े पैमाने पर बदलाव आया है। पहले के समय में वैचारिक स्तर पर दूध की बिक्री को बेटे को बेचने के बराबर माना जाता था मगर अब इस नज़रिए को संशोधित कर लिया गया है। हरियाणा और पंजाब, दोनों में प्रचलित एक पुरानी लोकोक्ति के मुताबिक़ :

दूध बेचा सो पूत।[45]

(दूध बेचना बेटे को बेचने जैसा है।)

साफ़ है कि भैंस के दूध और उसकी मलाई की परिकल्पना को मरदानगी के विचार से जोड़ कर देखा गया है; इसे पौराणिक भगवान कृष्ण के साथ भी सम्बद्ध किया जाता है, जिनकी मरदानगी और ताक़त गाँवों में मर्दों के बीच विमर्श का एक स्वाभाविक हिस्सा है। इस प्रकार दूध (जो बल/बेटे पैदा करता है) का बेचना, स्वयं पूत को बेचने जैसा ही है। व्यापक स्तर पर हुए व्यापारीकरण की वजह से इस बात पर दिया जाने वाला बल कुछ हद तक घट गया है लेकिन इस बात में कोई बदलाव नहीं आया है कि दूध और मलाई मुख्य तौर से पुरुषों के उपभोग के लिए होते हैं। दूध से जुड़ा यह विचार उसके उपभोग के मामले में महिलाओं को हाशिए पर धकेलने की कोशिश करता है। यह इस बात के बावजूद है कि औरत पशु तथा मानव, दोनों के दूध की मुख्य उत्पादनकर्ता है। मरदानगी की संस्कृति बमुश्किल ही महिलाओं के लिए उपभोग की गुंजाइश छोड़ती है। हिन्दी फ़िल्मों में एक रूढ़िगत तरीक़े से इस्तेमाल होने वाले दृश्य में सुहाग रात पर एक गिलास दूध दूल्हे को दिया जाता है न कि दुलहन को; माना जाता है कि दुलहन को इसकी आवश्यकता ही नहीं है। दूध प्रजनन के लिए मर्द को मिलने वाली आवश्यक ताक़त का प्रतीक है। फ़िल्मों में इस तरह के सांकेतिक दृश्य से इस मिथक और उसके साथ इस सम्बन्ध को लगातार लोकप्रियता मिलती है।

दूध की बिक्री को पूत की बिक्री के बराबर समझा जाना चाहे पुरानी बात हो गई हो, लेकिन इस लोकोक्ति को गाँवों के बड़े-बुज़ुर्गों द्वारा अब भी याद किया जाता है या हरियाणा के उन सूखे इलाक़ों में अब भी उद्धृत किया जाता है जो अभी तक व्यापक पैमाने पर दूध के उत्पादन से जुड़ी परियोजनाओं के दायरे में नहीं आए हैं। उदाहरण के लिए, ज़िला हिसार के उच्च-जाति परिवारों में दूध बेचने के ख़िलाफ़ भावना अब भी मौजूद है हालाँकि घी की बिक्री को लेकर ऐसा नहीं है।[46] पहले दूध और दूध के उत्पाद मवेशियों के मालिक द्वारा प्रयोग किए जाते थे – केवल घी ही बेचा जाता था। मक्खन निम्न-जाति की महिलाओं को उन द्वारा पशुशाला में किए गए काम की एवज़ में दे दिया जाता था। गायों और भैंसों को अब मुख्य तौर से उनका दूध बेचने के मक़सद से पाला-पोसा जाता है। 1970-71 में शुरू हुए 'ऑपरेशन फ़्लड प्रोजेक्ट' से इस बात को और भी प्रोत्साहन मिला है, जिसके चलते हरियाणा एक दूध का कटोरा बन निकला है। उदाहरण के लिए, अकेले 1978-79 में 283.5 लाख लीटर दूध की ख़रीद केवल सोसायटियों के माध्यम से हुई, जिसमें व्यक्तिगत और निजी कोशिशें शामिल नहीं हैं, और यह पाँच साल के भीतर दोगुनी से भी अधिक हो गई।[47] इसी के साथ-साथ दूध देने वाले पशुओं की गुणवत्ता और संख्या में भी बढ़ोतरी हुई है। 1972 से 1982 के बीच के एक दशक में दुधारू मवेशियों और भैंसो की कुल संख्या 41,43,100 से बढ़ कर 57,11,400 हो गई, यानी 38.85 प्रतिशत की वृद्धि। इनमें से भैंसों की संख्या 33,69,400 थी तथा मवेशियों की 23,42,000।[48]

बीते समय में गाय को ज़्यादा अहमियत दी जाती थी लेकिन यह मुख्य तौर पर नस्ल बढ़ाने के नज़रिए से होता था। अब दूध के उत्पादन पर बल दिया जाता है जिसके चलते उच्च नस्ल की गायों और भैंसों को नया महत्त्व दिया जाने लगा है, जबकि दूध-उत्पादन की बेहतर गुणवत्ता के लिए दोनों को ही जाना जाता है। मवेशियों में क़रीब दस प्रतिशत ही मिश्रित नस्ल के हैं और ये हरित-क्रान्ति के इलाक़ों में बड़ी दुग्धशालाओं के आस-पास अधिक मिलते हैं। यह मुख्य तौर से इसलिए है क्योंकि देसी गायों से कहीं ज़्यादा बेहतर होने के बावजूद, मिश्रित नस्ल के पशुओं को सख़्त पर्यावरण में नहीं रखा जा सकता। उन्हें चारों तरफ़ से बन्द तरह के सायबान में बेहतर तरह की ख़ुराक देनी पड़ती है जिसका इन्तज़ाम ज़्यादा ख़ुशहाल ज़मींदार और गऊशाला-मालिक ही कर पाते हैं। मिश्रित नस्ल को वास्तविक खेती में भी इस्तेमाल नहीं किया जा सकता क्योंकि बछड़े भारी काम नहीं कर पाते। देख-रेख पर आने वाले मुक़ाब्लतन कम ख़र्च की वजह से देसी गाएँ आर्थिक तौर पर कमज़ोर तब्क़ों द्वारा रखी जाती हैं और इनका जमावड़ा आमतौर पर सूखे इलाक़ों में रहता है। वे दूध का एक सस्ता स्रोत और बछड़ों की बिक्री के माध्यम से वापसी आय मुहैया करवाती हैं।[49] साफ़ ही है कि हरियाणा में पशुपालन और दूध-उत्पादन, वर्ग तथा जाति आधारित हैं।

बैलों का अब भी इस प्रदेश में बहुत अधिक महत्त्व है। खेती के सूखे इलाक़ों में तो ट्रैक्टर जैसे महंगे यन्त्रों और मशीन के साधनों के कम इस्तेमाल के चलते भार खैंचने वाले जानवरों का बहुत ज़्यादा इस्तेमाल देखने को मिलता ही है, हरित-क्रान्ति के उच्च प्रौद्योगिकी के प्रयोग वाले इलाक़ों में भी ज़मीन को समतल करने और बीज डालने जैसे खेत-सम्बन्धी कार्यों के लिए बैलों का इस्तेमाल जारी है। सुरेन्द्र मोहन बतरा ने प्रदर्शित किया है कि हरियाणा के एक हरित-क्रान्ति सम्बद्ध गाँव के कुल कृषि-क्षेत्र के 91 प्रतिशत में बैल के श्रम की ज़रूरत वाली फ़सलें थीं।[50] हरियाणा में गाँवों की सड़कों की बुरी हालत की वजह से यातायात का भी सबसे महत्त्वपूर्ण और सस्ता साधन बैल है। इसी के माध्यम से पैदावार का 96 प्रतिशत मण्डी में ले जाया जाता है। गन्ना पीसने जैसे उपकरण भी बैलों द्वारा ही चलाए जाते हैं।

इस इलाक़े के लिए पशुपालन की अहमियत ने इसे न सिर्फ़ सूबे में अर्थव्यवस्था का दूसरा सबसे महत्त्वपूर्ण कार्यक्षेत्र बना दिया है, बल्कि यह ग्रामीण समुदाय के कमज़ोर तब्क़ों के लिए भी जीवन का मुख्य सहारा बन कर निकला है। दिल्ली के साथ लगते हरियाणा के बड़े इलाक़े खेत-मज़दूरी से कमाई के मामले में भले ही कमज़ोर हों, भूमिहीन परिवारों में दूध और मुर्ग़ी-पालन से होने वाली पूरक कमाई के सन्दर्भ में वे समृद्ध हैं।[51] महत्त्वपूर्ण है कि भेड़-बकरियों, सूअरों, गधों आदि जैसे पशुधन को भोजन और बिक्री के लिए रखने के साथ-साथ मुर्ग़ियों का पालना ग्रामीण समाज के मुख्य तौर से निम्न वर्गों और जातियों तक सीमित है।[52] पिछले कुछ सालों में मुर्ग़ी-पालन कमाई की गतिविधि के रूप में उभर कर आया है। इसके चलते दिल्ली के आस-पास के इलाक़ों के ज़मींदार समूहों में इसे बहुत तेज़ी से व्यावसायिक तौर पर भी स्थापित किया जा रहा है। इन समूहों में गुज़ारा लायक़ खेती और शहरी बाज़ारों में ले जाने के लिए सब्ज़ियाँ उगाने के साथ-साथ पशुधन रखना मुख्य आर्थिक संसाधनों में से एक हो गया है।[53]

महिलाओं पर असर

पशुपालन, मवेशियों और मुर्ग़ी-पालन को एक बार फिर से मिले इस महत्त्व का अर्थ है कि परिवार की महिला-सदस्यों का काम बढ़ गया है – और यह हर वर्ग या जाति पर लागू होने वाली बात है। पशुपालन के लिए तो दुधारू पशुओं के बड़े और अमीर मालिकों ने कुछ न कुछ मदद बाहर से लेना शुरू कर दिया है। फिर भी 82 प्रतिशत तक काम तो परिवार के सदस्यों द्वारा ही किया जा रहा है, ख़ासतौर से महिलाओं और बच्चों द्वारा।[54] हिसार, भिवानी, सिरसा और महेन्द्रगढ़ ज़िलों के सूखे क्षेत्रों में मवेशियों की सँख्या हरित-क्रान्ति के इलाक़ों के मुक़ाबले कम है मगर अनुमान लगाया गया है कि चारे की कमी और कम कमाई की वजह से काम ज़्यादा करना पड़ता है।[55]

यहाँ भी, दोनों जगह, यानी सूखे क्षेत्र और हरित-क्रान्ति के इलाक़ों में, आर्थिक

तौर पर कमज़ोर परिवारों की महिलाओं की दशा बहुत बुरी है। उन्हें घास की तरह का मुफ़्त चारा मिलने में मुश्किल आती है जबकि पहले वह गाँव की शाम्लात की ज़मीन में या अब ज़मींदारों की निजी सम्पत्ति मानी जाने वाली बंजर धरती पर मिल जाया करता था। पहले से कहीं अधिक बंजर धरती खेती में आ जाने और गऊ-पालन के क्षेत्र में ज़मींदारों के आ जाने की वजह से महिलाओं का काम का बोझ बहुत ही ज़्यादा बढ़ गया है क्योंकि उन्हें पशुओं के लिए चारा एकत्र करने के लिए बहुत दूर-दूर जाना पड़ता है।[56] पशुओं को दुहने का काम महिलाएँ करती हैं हालाँकि कभी-कभी मर्द भी यह कर लेते हैं। दूध को संसाधन के तौर पर तैयार करने का काम, जिसमें दही, मक्खन और घी बनाना शामिल है, महिलाओं द्वारा ही किया जाता है। अन्य सब कार्यों में बच्चे अकसर महिलाओं की मदद करते हैं।

पशुओं से सम्बद्ध कार्य इस प्रकार हैं : खेतों से चारा लाना, भूसा काटना, मवेशियों के खाने के लिए चारा-मिश्रण तैयार करना, उन्हें नहलाना-धुलाना-खिलाना-पिलाना, उनके अहाते की सफ़ाई, उपले बनाना, बिटोड़ा (सूखे उपलों को क्रम से लगा कर चिना गया छान से ढका ढेर) बनाना, और कूड़े की खाद बनाना। पुरुष केवल वे काम करने लगे हैं जिन्हें प्रौद्योगिकी के आने से हाथ से किए जाने की बजाए बिजली की मदद से करना मुमकिन हो गया है, जैसे कि भूसा काटने का काम। लेकिन महिलाओं द्वारा किए जाने वाले काम ऐसे हैं जिन पर बहुत ज़्यादा समय लगता है।

पाकिस्तान में एक पंजाबी गाँव में पशु-पालन पर हुए एक समानान्तर अध्ययन से प्रदर्शित होता है कि एक औसत ग्रामीण औरत पशुओं की देखभाल के लिए रोज़ाना एक घण्टा पैंतालीस मिनट का समय लगाती है और इसके अलावा तीन घण्टे पैंतालीस मिनट का समय उनका चारा इकट्ठा करने, ले जाने और काटने में लगाती है।[57] लेकिन इस अनुमान में गोबर से सम्बद्ध वह काम शामिल नहीं है जो अकेले उन द्वारा किया जाता है। ज़मीनी स्तर पर अवलोकन से प्रदर्शित होता है कि समय लगाने से सम्बद्ध ये आंकड़े हरियाणा के इलाक़े के लिए भी कमोबेश सही ही हैं।

लेकिन इतने काम के बावजूद जहाँ तक पशुपालन और दूध-उत्पादन से सम्बद्ध खेती में उनके योगदान के लिए उन्हें पहचान मिलने की बात है, महिलाएँ एक बार फिर ग़ायब ही हैं। 1973 में ज़िला अम्बाला में गौशाला विकास कार्यक्रम की जाँच के मुताबिक़ किसी भी महिला को पशुपालन के काम में कार्यरत घोषित नहीं किया गया था।[58] असल में तो 1980 के दशक तक दुधारू पशुओं की सामान्य देख-रेख में लगने वाले मानव-श्रम की क़ीमत को दूध के उत्पादन के ख़र्च के मूल्यांकन में शामिल नहीं किया जाता था। दूध के उत्पादन को 'ख़ाली समय में चलाए जाने वाले गौण उद्योग' के रूप में माना जाता था क्योंकि 'इस काम के लिए लगाए गए श्रम पर कोई अतिरिक्त ख़र्च नहीं आता।'[59] इसके अलावा, सफ़ेद-क्रान्ति की वजह से गौशालाओं के औद्योगीकरण

के चलते एक बड़ा, उलट प्रभाव यह पड़ा है कि महिला द्वारा किए जाने वाले आर्थिक योगदान के अर्थ में महिला के महत्त्व में कमी आई है। इसका कारण यह रहा है कि गौशाला सम्बन्धी प्रोसेसिंग के पहलू में महिलाओं को दी जाने वाली प्रमुखता में बदलाव आया है। उदाहरण के लिए, घी का बनाना ग्रामीण महिलाओं का काम था। अब डेरी से सम्बद्ध काम के लिए दूध मुहैया करवाने वाले घरों में घी का उत्पादन बहुत घट गया है और इससे महिला के आर्थिक महत्त्व में एक बदलाव आ गया है, जबकि दुधारू पशुओं की बढ़ी हुई मांग को देखते हुए उसका काम तो बढ़ा ही है।

हालाँकि डेरी की सम्भाल में महिलाएँ सघन श्रम और निरीक्षण का काम करती हैं, पुरुष, जिसका काम महिला के मुक़ाबले बहुत थोड़ा है, बाज़ार में बिक्री तथा मवेशियों की ख़रीद-ओ-फ़रोख़्त से होने वाली आमदनी को इकट्ठा करने के महत्त्वपूर्ण क्षेत्र में मुख्य नियन्त्रण रखता है (देखें, तालिका 2.5 और 2.6)। इस तथ्य को ध्यान में रखा जाए तो महिला डेरी-व्यवस्था का अभिन्न अंग नहीं रह जाती। दूध और उसके उत्पादों के उपभोग के मामले में भी महिलाएँ हाशिए पर हैं, जैसा कि आगे चल कर चर्चा में आएगा।

पशु-पालन में औरत के बढ़े हुए कार्यभार में गोबर से सम्बद्ध काम ख़ासतौर पर महत्त्वपूर्ण है। यह ख़ासतौर से सफ़ेद-क्रान्ति के इलाक़ों में है जहाँ मवेशी बड़ी तादाद में एक जगह मौजूद हैं। कई सामाजिक वर्गों से सम्बद्ध महिलाओं को गोबर से जुड़े कामों में काफ़ी वक़्त बिताते देखा जा सकता है। कभी-कभी काम के बहुत ज़्यादा बोझ के मद्देनज़र परिवार की महिलाओं की मदद के लिए निम्न जाति की महिलाओं को 50 पैसे से लेकर 1 रुपया प्रतिदिन मेहनताना पर इस काम के लिए लगाया जाता है। गोबर से जुड़ा यह काम अर्थव्यवस्था के लिए ज़रूरी है क्योंकि यह भोजन पकाने के लिए ईंधन का काम करता है, जो पहले से भी ज़्यादा महत्त्वपूर्ण हो गया है। जलाने की लकड़ी और खपचियों के बाद गोबर ही भोजन पकाने के लिए दूसरा सबसे महत्त्वपूर्ण स्रोत है, यहाँ तक कि 35.57 प्रतिशत तक इसी का इस्तेमाल होता है।[60] सम्पत्ति के साझा संसाधनों और शाम्लात ज़मीन के लगातार कम होते चले जाने की वजह से जलाई जाने वाली लकड़ी के स्रोत तेज़ी से घटे हैं। हरित-क्रान्ति के साथ आने वाली प्रौद्योगिकी के प्रभावों से यह स्थिति और भी ज़्यादा गम्भीर हो गई है। कारण यह है कि अब उच्च-पैदावार देने वाले बीजों की क़िस्मों की फ़सल से प्राप्त प्रति-युनिट अनाज के अवशेष घट गए हैं और ज़रूरी नहीं है कि इसकी भरपाई प्रति-फ़सल होने वाली उपज से हो पाए। इसकी वजह से गोबर के उपयोग का महत्त्व और भी बढ़ गया है। इसके अलावा, मुख्य फ़सलों के लिए खाद के रूप में गोबर की भूमिका अब भी बहुत महत्त्वपूर्ण और फ़ायदेमन्द है। लेकिन पुरुषों द्वारा गोबर के काम को मैले काम के रूप में मूल्यांकित करते हुए उसे सिर्फ़ औरतों का काम समझने की मानसिकता नहीं बदली है। मर्द यह काम करने के बारे में सोचने को भी तैयार नहीं हैं। गोबर की धार्मिक-सांस्कृतिक पवित्रता के तहत

गोबर से निर्मित गोवर्धन की मूर्ति को महिलाओं और पुरुषों द्वारा पूजा जाता है, और इसे पशु से मिलने वाली ख़ुशहाली के हिस्से के तौर पर प्राचीन कृषक-संस्कार का सूचक माना जाता है। लेकिन इस धार्मिक-सांस्कृतिक पवित्रता के बावजूद अब तक भी गोबर का काम पुरुष का काम होने के स्तर तक नहीं उठ पाया है।[61] इसकी आंशिक व्याख्या उस तर्क के तहत की जा सकती है जिस के चलते 'निजी'/भीतर की जगह को कमतर माना जाता है क्योंकि घरेलू/महिला का क्षेत्र वह जगह है जहाँ गोबर को उपले या गोस्से के रूप में भोजन पकाने के लिए या फ़र्श और दीवारों को पोतने के काम के लिए लाया जाता है। इस अवमूल्यन ने इस बात को महत्त्व दिया है कि गोबर अपवित्र और मान-प्रतिष्ठा को घटाने वाला है न कि उसे वह पवित्रता प्रदान की गई है जिस की भावना शायद अन्यथा जागृत हो सकती थी। यह गाँवों में प्रदूषण से जुड़े विचार का द्विअर्थी, द्वंद्वात्मक पक्ष है क्योंकि गंगा-जल के साथ-साथ गोबर ब्राह्मणवादी/कृषक संस्कार के संसार में शुद्धीकरण के मुख्य घटकों में से एक है।

4. महिलाओं का खेती में श्रम : काम और मेहनताना

कुल मिला कर देखें तो जहाँ तक काम की बात है, हरित-क्रान्ति ने खेती करने वाले परिवारों की महिला-श्रमिकों को प्रभावित नहीं किया है। वे हरियाणा में हरित-क्रान्ति वाले और उससे अछूते, दोनों इलाक़ों में लगातार बहुत कुछ योगदान कर रही हैं। सच में प्रभावित तो मज़दूरी से कमाई करने वाली वे महिलाएँ हैं जो पहले से भी ज़्यादा हाशिए पर धकेली जा रही हैं।

हरियाणा में उच्च-पैदावार वाले बीजों की क़िस्मों को लाए जाने और मशीनीकरण के शुरुआती चरणों की व्याख्या अर्थशास्त्रियों ने श्रम को व्यापक स्तर पर जज़्ब किए जाने के दौर के रूप में की है। यह लगभग 1977 तक की बात है।[62] यह तो बस 1980 के दशक के आस-पास की बात है कि श्रम के समावेश की इस स्थिति में एक ठहराव आया, हालाँकि उस में कमी नहीं आई। यह हरियाणा, पंजाब और उत्तरी उत्तर-प्रदेश जैसे राज्यों में विस्तार के चरण के घटनाक्रम की वजह से हुआ जिसमें मशीनीकरण में तेज़ी लाने और श्रम-बचत के यंत्रों के उपयोग पर ध्यान दिया गया। विस्तार के दौर में अधिक सघन खेती और कई फ़सलें लेने के साथ-साथ बढ़े हुए दामों की मांग थी कि बेहतर जुताई, कटाई और अधिक पैदावार को सम्भालने के लिए अतिरिक्त मज़दूरी उपलब्ध हो। इसका अर्थ था कि अस्थाई के साथ-साथ पक्की या बंधी हुई मज़दूरी का ज़्यादा इस्तेमाल किया जाए। इनमें से पहली तरह की खेत-मज़दूरी में पुरुषों का बढ़ता प्रभाव दिखाई देता है और दूसरी तरह की मज़दूरी में पुरुषों के लगभग पूरी तरह से एकाधिकार की स्थिति दिखाई देती है। हरियाणा के अर्थव्यवस्था सम्बन्धी आंकड़ों से जानकारी मिलती है कि हरित-क्रान्ति के सबसे विकसित इलाक़े में पक्की खेत-मज़दूरी

का आंकड़ा कुल श्रम-शक्ति यानी पक्की तथा नियमित मगर कभी-कभार होने वाली अस्थाई मज़दूरी का 48 प्रतिशत है जबकि पक्की खेत-मज़दूरी में महिलाओं का प्रतिशत एक से भी कम है (देखें तालिका 2.7)। असल में तो कहा जा सकता है कि हरियाणा के विभिन्न क्षेत्रों में सम्पूर्ण महिला-श्रम अस्थाई है यानी सामान्य या सिर्फ़ मौसम के मुताबिक़ मीयादी मज़दूरी। अस्थाई मज़दूरी में भी खेती का पूरे समय का काम हमेशा पुरुष मज़दूर का ही रहा है, क्योंकि महिला-मज़दूरों को खेती के लिहाज़ से सबसे व्यस्त मौसम में ही काम पर लगाया जाता है, जैसे कि कटाई के समय।[63]

महत्त्वपूर्ण है कि पिछड़े इलाक़ों में खेत-मज़दूरी की कुल मांग कम है। उस में भी महिला-श्रम का हिस्सा और भी कम है। उदाहरण के लिए, महेन्द्रगढ़, तथा गुड़गाँव, जींद और हिसार के जिन हिस्सों में सूखी ज़मीन की खेती होती है, वहाँ अगर अतिरिक्त काम उपलब्ध हो, तो उसे करने के लिए पुरुष खेत-मज़दूर तैयार मिलते हैं, फिर चाहे उन्हें मिलने वाली मज़दूरी मौजूदा प्रचलित मज़दूरी से कुछ कम ही क्यों न हो[64]। यह एक ऐसी स्थिति है जिसमें अगर पुरुष अपनी मज़दूरी पर कम बोली लगने के लिए तैयार हैं तो महिलाएँ तो स्वाभाविक तौर पर नुक़्सान में ही रहेंगी। तालिका 2.7 से प्रदर्शित होता है कि हरित-क्रान्ति के सबसे विकसित इलाक़ों में महिला-श्रम पुरुष खेत-मज़दूरी का महज़ 15 प्रतिशत है। हरित-क्रान्ति द्वारा सबसे कम प्रभावित हुए इलाक़ों में यह प्रतिशत घट कर 8.5 रह जाती है।

महिला खेत-मज़दूरी की इस छोटी प्रतिशत के लिए रोज़गार के दिन भी पुरुष खेत-मज़दूरों के मुक़ाबले बहुत कम हैं। उदाहरण के लिए,1969-70 में पुरुषों के रोज़गार के दिनों के प्रतिशत के रूप में महिलाओं के लिए औसत प्रतिशत इस प्रकार थीः बिजाई के लिए 30.35, फ़सल-कटाई के लिए 58.9, अन्य गतिविधियों के लिए 32.00।[65] कुल मिला कर देखें तो महिला को पुरुषों के रोज़गार के दिनों का औसतन 30.6 प्रतिशत रोज़गार ही मिला। असल में तो महिला खेत-मज़दूर के रोज़गार के सालाना औसत दिनों में लगातार गिरावट आई है। उदाहरण के लिए, उस समय के संयुक्त हरियाणा और पंजाब में हरित-क्रान्ति से पूर्व समयकाल या 1964-65 में सालाना आधार पर खेत-मज़दूरी के पूरे-पूरे दिन औसतन 173 थे। एक दशक के भीतर 1974-75 में ये घट कर 131 दिन रह गए, यानी 24.27 प्रतिशत की कमी।[66] इसके अलावा, काम की कमी की वजह से काम न किए जाने के दिनों की सालाना आधार पर औसत 1964-65 में 59 दिनों से बढ़ कर 1974-75 में 88 दिन हो गई, यानी क़रीब 50 प्रतिशत की बढ़ोतरी।[67] इन द्रोनों कारकों की वजह से महिला खेत-मज़दूर की सालाना कुल कमाने की क्षमता बहुत अधिक घट जाती है। महिला कृषि-मज़दूरों में औसत मज़दूरों की संख्या 1974-75 में 0.52 व्यक्तियों से घट कर 1977-78 में 0.34 व्यक्ति हो गई, यानी 34.61 प्रतिशत कम हो गई।[68]

तालिका 2.7: लिंगानुसार खेतीहर-मज़दूर, पक्के और अस्थाईः 1972-73

		क्षेत्र 'क'			क्षेत्र 'ख'			क्षेत्र 'ग'	
	कुल	अस्थाई	पक्के	कुल	अस्थाई	पक्के	कुल	अस्थाई	पक्के
	1	2	3	1	2	3	1	2	3
1. पुरुष खेत-मज़दूर	1,26,975	54,735	72,240	1,25,873	88,129	37,744	54,683	49,863	4,820
2. कुल पुरुष खेत मज़दूरों के प्रतिशत के तौर पर अस्थाई और पक्के खेत-मज़दूर	–	43.1	56.9	–	70.0	30.0	–	91.2	8.8
3. महिला खेत-मज़दूर	22,599	21,146	1,453	23,251	23,251	–	5,084	5,084	–
4. कुल खेत-मज़दूरों के प्रतिशत के तौर पर अस्थाई और पक्की महिला खेत-मज़दूर	15.1	27.9	15.6	15.6	20.9	–	8.5	9.3	–
5. भूमिहीन मज़दूर परिवारों से महिला खेत-मज़दूरों का प्रतिशत	51.8	45.3	6.4	32.5	32.5	–	81.3	81.3	–

नोटः *क्षेत्र 'क'* – उच्च प्रौद्योगिकी वाला, कुल फ़सल-क्षेत्र का 70 प्रतिशत सिंचाई के अधीन सबसे समृद्ध कृषि-क्षेत्र, जिसका 26 प्रतिशत क्षेत्र उच्च पैदावार वाले बीजों की क़िस्मों वाला है।

क्षेत्र 'ख' – मध्यम प्रौद्योगिकी का कृषि-क्षेत्र, कुल फ़सल-क्षेत्र का 62 प्रतिशत सिंचाई के अधीन और 14 प्रतिशत क्षेत्र उच्च पैदावार के बीजों की क़िस्मों वाला है।

क्षेत्र 'ग' – निम्न प्रौद्योगिकी का कृषि-क्षेत्र, कुल फ़सल-क्षेत्र का 12 प्रतिशत सिंचाई के अधीन और 6 प्रतिशत से कम क्षेत्र उच्च पैदावार के बीजों की क़िस्मों वाला है।

स्रोत : शीला भल्ला, 'न्यू रिलेशन्ज़ ऑफ़ प्रोडक्शन इन हरियाणा', *इकनॉमिक एण्ड पलिटिकल वीक्ली,* 27 मार्च 1976, XI, 13, पृ. 1923-30 से लगाया गया हिसाब।

ध्यान देने की बात है कि 1970-71 में कुल महिला कृषि-मज़दूरों में खेत-मज़दूरी करने वाले परिवारों से आने वाली महिलाएँ 17.80 प्रतिशत थीं जबकि छोटे स्तर की खेती करने वाले परिवारों से यह प्रतिशत 19.20 था।[69] भू-स्वामी परिवारों से पुरुष और महिला, दोनों तरह के कृषि-मज़दूरों का यह बढ़ता दख़ल भूमिहीन खेत-मज़दूर परिवारों के पहले से भी ज़्यादा हाशिए पर धकेले जाने का एक कारण हो सकता है जबकि ये मुख्य तौर पर अनुसूचित जातियों से आते हैं। 1968 के एक अध्ययन ने इस तथ्य पर ज़ोर दिया कि क्योंकि छोटे, ग़ैर-किफ़ायती किसानों के परिवार मज़दूरी के लिए तैयार रहते थे, इसलिए भूमिहीन-मज़दूर परिवारों को रोज़गार से बाहर रहना पड़ रहा था।[70] ज़ाहिर है कि यह बढ़ा ही है। ज़मींदार परिवारों से कृषि-मज़दूरी में बढ़ती हुई हिस्सेदारी ख़ासतौर से उच्च और मध्यम प्रौद्योगिकी वाले कृषि-क्षेत्रों में दिखाई देती है लेकिन हरित-क्रान्ति का प्रभाव घटने के साथ ही इसमें गिरावट भी आई दिखती है। सूखे क्षेत्रों में यह और भी कम हो जाती है (देखें तालिका 2.8):

तालिका 2.8: आय के मुख्य साधन के रूप में खेती-बाड़ी करने वाले परिवारों से महिला और पुरुष की कृषि-मज़दूरी

	क्षेत्र 'क'	*क्षेत्र 'ख'*	*क्षेत्र 'ग'*
1. कुल महिला-मज़दूर (कच्ची, अस्थाई, क्योंकि पक्की हैं ही नहीं)	22,599	23,251	5,084
2. खेतीहर परिवारों से (महिलाएँ)	8,782	11,386	952
3. प्रतिशत (महिलाएँ)	38.9	49.0	18.7
4. कुल पुरुष-मज़दूर (केवल कच्चे, अस्थाई)	26,975	1,25,873	54,683
5. खेतीहर परिवारों से (पुरुष)	29,021	27,602	13,804
6. प्रतिशत (पुरुष)	22.9	21.9	25.2

नोट : तीनों क्षेत्रों के विवरण के लिए देखें तालिका 2.7

स्रोत : शीला भल्ला, 'न्यू रिलेशन्ज़ ऑफ़ प्रोडक्शन इन हरियाणा एग्रिकल्चर', *इकनॉमिक एण्ड पलिटकल वीक्ली,* 27 मार्च 1976, XI,13, पृ. A23-A30।

दोनों को एक साथ लें तो प्रौद्योगिकी, सिंचाई, उच्च पैदावार वाले बीजों और खेती से मिलने वाली पैदावार के अर्थ में सबसे विकसित दो क्षेत्रों (क्षेत्र 'क' और 'ख') में खेती से सम्बद्ध परिवारों की 44 प्रतिशत महिलाएँ कभी-कभार खेत-मज़दूरी करती पाई जाती हैं। हरित-क्रान्ति के क्षेत्र में यह 44 प्रतिशत केन्द्रीकरण स्पष्ट तौर पर उसे खेती के उन नए परिवर्तनों के साथ सम्बद्ध करता है जिन से खेत-मज़दूरी की मांग बढ़ी, जबकि निम्न-प्रौद्योगिकी वाले क्षेत्र में यह केन्द्रीकरण 19 प्रतिशत ही था। इसके अलावा नई प्रौद्योगिकी के लिए ज़रूरी, बढ़े हुए वित्तीय पूंजी-निवेश के चलते छोटे खेतों से सम्बद्ध

परिवारों में आमदनी का महत्त्व बढ़ गया। इसी कड़ी में महिलाओं को खेत-मज़दूरी के लिए पहले से भी अधिक बाहर भेजा जाने लगा – न केवल मौसम के चरम के वक़्त बल्कि नियमित तौर पर भी।[71]

खेती में काम के लिए मिलने वाली मज़दूरी की उच्च दरों ने प्रलोभन का काम किया। छोटे तथा हाशिए के किसानों और सिर्फ़ मज़दूरी पर निर्भर भूमिहीन मज़दूरों में महिला-कर्मियों के कुल उत्पादक कार्य-दिवसों के आकलन से प्रदर्शित होता है कि छोटे और हाशिए के किसानों में महिला-कर्मियों ने औसतन साल में 110 दिन काम किया, और सिर्फ़ मज़दूरी पर निर्भर भूमिहीन मज़दूरों में महिला-कर्मियों ने सालाना केवल 79 दिन काम किया, यानी 28.13 प्रतिशत का अन्तर।[72]

कृषि-मज़दूरी की इस फ़ौज की आपूर्ति (सप्लाई) की जड़ कई कारणों से जोतों के लगातार छोटे होते चले जाने में पाई जा सकती है। हरित-क्रान्ति के साथ ही पाँच एकड़ से कम की जोतों की संख्या में अत्यधिक वृद्धि हुई है – ये 1961 में 16.14 प्रतिशत थीं और 1971 में बढ़ कर 45.59 हो गईं।[73] बहुत छोटी, 2.5 एकड़ से कम की जोत के लिए करने को बहुत कुछ काम नहीं रहा है। 2.5 से 5 एकड़ की अगली श्रेणी में भी परिवार से मुफ़्त मिलने वाले श्रम की भर्ती उसकी उपलब्धता और फ़सल से सम्बन्धित अतिरिक्त कार्य करने की इच्छा को पूरी तरह खपा लिए जाने के लिए काफ़ी नहीं है।[74] हालाँकि खेती से सम्बद्ध, भाड़े के लिए उपलब्ध मुख्य श्रम-शक्ति छोटे जोत-धारकों और उनसे नीचे के स्तरों से आती है, यह बात केवल जोत के आकार से ही तय नहीं होती। परिवार के सदस्यों की संख्या, खेती या अन्य स्रोतों से आय, जोत का उपजाऊपन और उस में लगने वाला निवेश जैसे अन्य महत्त्वपूर्ण कारक भी भूमिका निभाते हैं। उदाहरण के लिए, 1973-74 में हुए एक सरकारी सर्वेक्षण से पता चला कि ज़िला भिवानी के गाँव मिर्च में 10.92 एकड़ धरती वाले परिवार की खेत-मज़दूरी से प्रति-वर्ष 210 रुपये की आय थी।[75]

इन बातों की पुष्टि काम के दौरान मेरी यात्राओं में भी हुई। ज़िला करनाल के गाँव बाँध जैसे हरित-क्रान्ति क्षेत्रों में ढाई बीघा का मालिक जाट ज़मींदार पवन सिंह और उसकी पत्नी बिमला अपने पड़ोसी और रिश्तेदारों के खेतों में मज़दूरी करते हैं।[76] इसी तरह ज़िला रोहतक के गाँव दुजाना में कई महिलाएँ न केवल अपनी ज़मीन पर काम करती हैं बल्कि अपने परिवारों की पूरक कमाई के लिए दिहाड़ी मज़दूर का काम भी करती हैं।[77]

इसलिए यह बात स्पष्ट ही है कि खेती करने वाले परिवारों से काफ़ी बड़ी संख्या में लोग इस काम के लिए शामिल होते हैं। हाँ, यह बात उतनी स्पष्ट नहीं है कि इनमें से कितने अनुसूचित जातियों के अलावा अन्य जातियों से हैं जबकि इस बात का सामाजिक महत्त्व तो है। लेकिन सम्पूर्ण हरियाणा में किसानों के बीच अनुसूचित जातियों के परिवारों

की कुल संख्या 5.18 प्रतिशत ही आँकी गई है।[78] उन सबको खेत-मज़दूर के तौर पर काम करने वाले मान लिया जाए, तो भी अन्य जातियों से बहुत बड़ी संख्या में लोग फिर भी इनमें शामिल हैं। खेत के काम में दिहाड़ी-मज़दूरी के लिए महिलाओं का शामिल होना किसानों के व्यवहार के पुराने तौर-तरीक़ों और पूर्वाग्रहों में काफ़ी परिवर्तन दर्शाता है। परिवार की महिलाओं का खेत-मज़दूर के तौर पर काम करने को बहुत बुरा समझा जाता था। इसे उनकी प्रतिष्ठा और रुतबे के साथ समझौता माना जाता था। साफ़ है कि अब रुतबे और प्रतिष्ठा की बजाए ध्यान अन्य बातों पर दिया जाने लगा है। ज़मीन की इकाइयाँ इतनी छोटी हैं कि परिवार के सब सदस्य उन पर काम नहीं कर सकते, और ज़मीन पर निर्वाह से सब सदस्यों के लिए गुज़ारे लायक़ जीवन मुमकिन नहीं है। इसलिए कमोबेश पुरुष ही हैं जो अपनी जोत को ख़ुद चलाते हैं। औरत को दिहाड़ी के लिए बाहर भेजा जाता है। यह भी मुमकिन है कि पुरुष ख़ुद के लिए शहरी केन्द्रों में रोज़गार की सम्भावना तलाशने में लगा रहता हो। तालिका 2.7 साफ़ तौर पर प्रदर्शित करती है कि खेती में लगे परिवारों में खेत-मज़दूरी महिला के मुक़ाबले पुरुषों में काफ़ी हद तक कम है – हरित-क्रान्ति से प्रभावित दो उच्च-विकसित क्षेत्रों में यह 21.55 प्रतिशत कम है; केवल हरित-क्रान्ति द्वारा सबसे कम प्रभावित इलाक़े में महिला खेत-मज़दूरों के मुक़ाबले पुरुष 6.5 प्रतिशत अधिक हैं।

असरदार, हावी भूमिका मर्द की या औरत की?

महत्त्वपूर्ण और निर्णायक बात है कि श्रम के साथ-साथ धरती का प्रबन्धन हमेशा मर्द के हाथों में रहा है और महिलाओं के हाथ में बस श्रम ही रहता रहा है। इससे यह बात निकलती है कि दबाव में भी ख़ुद को बचाए रखने के लिए परिवार परम्परागत भूमिकाओं के रूप-स्वरूप को ही बचा कर रखेगा और ज़रूरी नहीं है कि भूमिकाओं को उलटा जाएगा। इसलिए औरत तो मेहनत और श्रम में लगी रहती है और मर्द अपनी ज़मीन पर उत्पादन के प्रबन्धन और श्रम से सम्बद्ध अपनी भूमिका को बनाए रखता है। खेती से सम्बद्ध परिवारों में पुरुष के बिना, मज़दूरी के रूप में महिला की आर्थिक भागेदारी महिला की पराधीनता को रेखांकित करती है और ग्रामीण परिवार-जन में सत्ता के समीकरण को दर्शाती है जिसके तहत पुरुष तो अपनी जोत में काम करता है जबकि महिला को वह मज़दूरी के लिए भेजता है। इस तरह मर्द तो उत्पादन के प्रभुत्वशाली पूंजीवादी तौर-तरीक़े में हिस्सा लेता है, जबकि महिलाओं पर इस भागेदारी के महत्त्वपूर्ण नकारात्मक प्रभाव पड़ते हैं – महिलाओं का मज़दूरीकरण सीधे तौर पर होता दिखाई देता है। इससे मर्द द्वारा ज़मीन तथा उत्पादन के अन्य साधनों का नियन्त्रण और मिल्कियत भी रेखांकित होते हैं। इस प्रकार व्यवस्था में मज़दूर के तौर पर जज़्ब कर ली गई औरत के मुक़ाबले वह एक अलग वर्ग में खड़ा दिखाई देता है।

उनके परिवार की महिलाओं द्वारा कृषि-मज़दूरी करने से सम्बद्ध खेतीहर परिवारों के पुरुषों का यह समझौता केवल कभी-कभार और मौसमी श्रम के लिए ही है, और बंधे हुए श्रम के लिए नहीं है, हालाँकि बंधी मज़दूरी में कुछ ख़ास फ़ायदे होते हैं, जैसे कि रोज़गार की निरन्तरता का आश्वस्त होना और नियमित मज़दूरी मिलना। टॉम ब्रास बंधी मज़दूरी के प्रति ज़बरदस्त नापसन्दगी और बिना बंधे, कभी-कभार रोज़गार की इस पसन्द को दर्शाते हैं। नापसन्दगी से सम्बद्ध कारणों में बदसुलूकी, काम के लम्बे घण्टे, कम मेहनताना और बंधे मज़दूरों के लिए आज़ादी का न होना शामिल थे।[79] खेती के और घर के सब काम करने की ज़रूरत के चलते बंधा मज़दूर असल में ज़मींदार के नौकर से ज़्यादा कुछ नहीं होता। नतीजा यह कि खेती से जुड़े परिवार-जन और खेतीहर जातियाँ उसे अपने रुतबे से कम मानते हुए बंधी मज़दूरी के तहत काम करने में हिचकिचाते हैं।[80] यही कारण है कि बंधे हुए मज़दूर, पुरुष चाहे महिला, ज़्यादातर अनुसूचित जातियों से आते हैं।

खेती करने वाले परिवारों की महिलाओं द्वारा बाहर रोज़गार लेना कोई नई बात नहीं है। लेकिन अब यह जिस रूप में हो रहा है और जितनी बड़ी संख्या इसमें शामिल है, यह ज़रूर एक नई बात है। पहले का प्रचलन 'डंगवारा' नाम के रिवाज के इर्द-गिर्द था, जिसमें महिलाओं समेत खेती से जुड़े दो परिवार खेती के लिए सबसे व्यस्त समय में एक-दूसरे की मदद करते थे।[81] खेती पर दिए जाने वाले पूंजीवादी बल ने इस प्रथा को लगभग ग़ायब कर दिया है; और इसे अपनी इच्छा से दी जाने वाली परस्पर मदद की बजाए धन और वस्तुओं के ज़रिए होने वाले लेन-देन में तबदील कर दिया है। लेकिन 'डंगवारा' की कुछ अन्य विशेषताएँ अब भी देखने में आती हैं। उदाहरण के लिए, ख़ासतौर से पूरे ज़ोर-शोर से चलने वाले काम के दिनों में मज़दूरी अब भी मुहैया करवाई जाती है लेकिन प्राथमिकता के तौर पर अब यह अपने ही रिश्ते-नाते के लोगों या गाँव के ही भीतर अपनी जाति के लोगों के बीच से होता है। इस बदलाव के बारे में ज़िला करनाल के गाँव बांध में स्थानीय पुरुषों की राय मेंः

'शरमिन्दा तो महसूस करते हैं पर अब बुरा नहीं मानते।'

एक और दिलचस्प बात यह मालूम हुई कि रिश्ते-नाते की भावना बहुत है जिसके चलते मज़दूरी पर लगाने के लिए अनुसूचित जातियों के मुक़ाबले अपनी जाति के महिला-पुरुष को ही तरजीह दी जाती है। इस चलन की स्वीकृति और प्रोत्साहन के पीछे रिश्ते-नाते की बात होने के अलावा शायद एक और बात भी है – व्यावहारिकता को ध्यान में रखते हुए ऐसा शायद काम के ज़्यादा तसल्लीबख़्श नतीजों के लिए भी किया जाता है। कुछ अधिक साफ़ दिखाई देने वाले कारणों में से एक इस टिप्पणी में निहित हैः

दूसरी मटरगश्ती करती है, ये शरमाती काम ज़ादा करती है।[82]
(किसी दूसरे के खेतों में काम करने की शर्म की वजह से यह ज़्यादा काम करती है। निम्न-जाति की महिला बस वक़्त काटती है।)

साफ़ है कि ज़मींदार वर्ग के लोगों का मानना है कि मज़दूरी पर उनके लिए काम करने वाली अनुसूचित जाति की महिलाओं के मुक़ाबले अपनी जाति की महिलाओं की निगरानी कम करनी पड़ती है। काम के लिए किसे तरजीह दी जानी है, इस सन्दर्भ में खेती करने वाले मालिकों के लिए यह एक महत्त्वपूर्ण व्यावहारिक कारक बन जाता है। साथ ही उनके कमज़ोर शारीरिक गठन के चलते अनुसूचित-जाति की महिलाओं में उच्च-जाति की महिलाओं के मुक़ाबले कम बल होता है और वे मज़दूरी के काम के लिए होड़ में पिछड़ जाती हैं क्योंकि उसके लिए सख़्त शारीरिक मेहनत की दरकार होती है। ज़मींदारों का मानना है कि दिए गए समय में उच्च-जाति की महिलाएँ अनुसूचित-जाति की महिलाओं के मुक़ाबले कहीं ज़्यादा काम कर लेती हैं। उच्च-जाति की महिलाओं को काम पर लगाने के लिए एक और कारण दिया जाता है, और वह है छोटी सेवाओं (जैसे कि पानी पिलाने) में प्रदूषण या अपवित्रता का पहलू। अनुसूचित-जाति की मज़दूर के मामले में घड़े का पानी ओक से पीने के लिए घड़े से उंडेला जाएगा। लेकिन एक ग़ैर-अनुसूचित जाति के व्यक्ति द्वारा अपने लिए पानी स्वयं ले लिया जाएगा। यहाँ जाति और रिश्तों-नातों के बन्धन महिलाओं पर दोनों तरह से काम करते दिखाई देते हैं – यानी शोषण के रूप में, तथा बाज़ार की अर्थव्यवस्था की ताक़तों और सताए जाने के अन्य रूपों से सुरक्षा के सन्दर्भ में। हरित-क्रान्ति ने जाति के नियमों को तोड़ने की बजाए उन्हें न केवल अपनाया है बल्कि जातियों के भीतर वर्गों को तथा वर्गीकृत, श्रेणीबद्ध व्यवस्थाओं के भीतर, महिलाओं और पुरुषों के बीच, अलग-अलग रुतबों को भी सुदृढ़ किया है। उसने अनुसूचित जाति की महिलाओं को वास्तव में अन्य जातियों की महिलाओं के मुक़ाबले में आमने-सामने ला खड़ा किया है। इस सबसे जो उभर कर आता है, वह पितृसत्ता, जाति और वर्ग का एक अजीब और मज़बूत मिश्रण है।

महिला और पुरुष की मज़दूरी-दरों में अन्तर और उसके मुख़्तलिफ़ आयाम

महिला-पुरुष के अन्तर ने ग्रामीण इलाक़ों में काम और मज़दूरी की दरों, दोनों को तय किया है। बुनियादी तौर पर यह फ़र्क़ महिला और पुरुष कृषि-मज़दूरों के काम के तुलनात्मक आकलन, महिला कृषि-मज़दूरों द्वारा कुछ विशेष काम ही कर पाने की क्षमता और किए गए काम के लिए दिए जाने वाले मेहनताने के पीछे काम कर रही विचारधारा से निकल कर आता है। मौजूदा फ़र्क़ को हरित-क्रान्ति की प्रौद्योगिकी ने भी अलग-अलग तरह से असरंदाज़ किया है जिसके चलते पुरुषों और महिलाओं द्वारा किए जाने वाले कुछ विशेष कामों का यन्त्रीकरण हो गया है, और इस सब का असर

महिलाओं के लिए नकारात्मक ही रहा है। उदाहरण के लिए, जहाँ भी यन्त्रीकरण की वजह से काम आसान हो गया है, वहाँ परम्परागत तौर पर महिलाओं द्वारा किए जाने वाले काम पुरुषों द्वारा किए जाने लगे हैं, जैसे कि अनाज की गहाई (यानी अनाज को कूट-पीट कर दाना निकालना) और चारा की कटाई। हाथ से गहाई का काम तो महिलाओं द्वारा किया जाता है लेकिन जब बिजली-संचालित थ्रेशर या चारा-कटाई की मशीनों का इस्तेमाल होता है, तो यह काम पुरुष करते हैं और महिलाएँ उनकी सक्रिय सहायक रहती हैं। इसके अलावा पुरुष के कामों को बहुत सरल बना दिया गया है और मशीनों ने उनके काम पर लगने वाले समय को कम कर दिया है, जैसे कि जुताई के काम में। पुरुष ट्रैक्टर चलाते हैं और कम्बाइन से फ़सल की कटाई और गहाई करते हैं। यहाँ तक कि कौशल-सम्बन्धी सब कार्य तथा हरित-क्रान्ति पैकेज-प्रोग्राम के तहत लाई गई मशीनों से सम्बद्ध काम अब पुरुषों के हाथ के नीचे ही रहते हैं – जैसे कि खादों, बीजों या कीटनाशकों का भण्डारण और वितरण, या फिर पानी की आपूर्ति का प्रबन्धन आदि।

महिला को आमतौर पर पुरुष से कमतर माना जाता है और ख़ासतौर पर मशीन से जुड़े कौशल हासिल कर पाना उनके लिए एक बाधा माना जाता है। 'औरत की मत [बुद्धि] तो गुद्दी [गर्दन] के पीछे सै'[83] मानने वाला मर्द मशीनों को औरत के हाथ में देने का भरोसा नहीं करता। ज़्यादातर मर्द औरत की अक़्लमन्दी का मज़ाक़ उड़ाते हैं; कुछ इस तरह की भद्दी टिप्पणियाँ भी करते हैं कि उसकी बुद्धि तो उसकी जाँघों के बीच होती है। नतीजा यह, कि बहुत कम कौशल की दरकार वाली और आमतौर पर घिसे-पिटे तरीक़े से औरतों का काम मानी जाने वाली गतिविधियाँ, जैसे कि रुपाई, नलाई, बुआई, मिट्टी की देखभाल आदि महिलाओं के करने के लिए ही बचा कर रखी जाती हैं। इस तरह हरित-क्रान्ति से खेती-सम्बन्धी काम का और भी ज़्यादा सख़्त बंटवारा हो गया है। इससे सम्बद्ध व्याख्याएँ बहुत व्यापक हैं – एक ओर तो शरीर-विज्ञानी व्याख्या है जिसके मुताबिक़ औरत का शरीर खेती के कुछ ख़ास कामों के लिए ही उपयुक्त है और दूसरी तरफ़ मर्द-औरत के बीच 'लैंगिक अन्तर' हैं, विशेष तौर पर मशीनीकरण के सन्दर्भ में।[84]

इससे भी महत्त्वपूर्ण है इस बंटवारे का मज़दूरी पर प्रभाव। न सिर्फ़ यह कि मर्दों के लिए रखे गए कामों की ज़्यादा मज़दूरी मिलती है, पुरुषों को उन कामों के लिए भी अधिक पैसा मिलता है जो वे महिलाओं के साथ मिल कर करते हैं। मज़दूर की एक दिन की औसत कमाई की बात हो चाहे उन कार्यों की बात, जिन्हें महिलाओं के लिए विशेष माना जाता है और जिन कार्यों में वे हावी हैं, इन सभी में हरियाणा में पुरुष कृषि-मज़दूर और महिला कृषि-मज़दूर की कमाई की दरों में तीखा अन्तर दिखाई देता है। तालिका 2.9 और तालिका 2.10 से यह स्पष्ट हो जाता है।

तालिका 2.9: कृषि-सम्बन्धी कार्यों में खेती करने वाले परिवारों के पुरुष और महिला कृषि-मज़दूरों की औसत प्रतिदिन कमाई (रुपये)

	1974-75		1977-78	
	पुरुष	*महिला*	*पुरुष*	*महिला*
रुपाई	4.93	2.70	5.76	4.16
नलाई	5.23	4.67	5.50	3.50
फ़सल-कटाई	5.56	4.41	6.26	4.56

स्रोत : *रूरल लेबर एन्क्वायरी, 1977-78:* रिपोर्ट ऑन वेजिज़ एण्ड अर्निंग्ज़ ऑफ़ रूरल लेबर हाउसहोल्ड्ज़, शिमला, लेबर ब्यूरो, मिनिस्ट्री ऑफ़ लेबर, गवर्नमेन्ट ऑफ़ इण्डिया, 1988, पृ. 193-94, तालिका 3.3 (a) 1.W तथा पृ. 181-82, तालिका 3.3 (a)1.M.

ऊपर दिए गए आंकड़ों से प्रदर्शित होता है कि एक ही तरह के काम के लिए भी पुरुष और महिला कृषि-मज़दूरों की मज़दूरी में काफ़ी अन्तर है। वास्तव में, यह अन्तर तीन साल के भीतर नलाई के लिए 1974-75 में 10.70 प्रतिशत से बढ़ कर 1977-78 में 36.36 प्रतिशत हो गया और फ़सल-कटाई के लिए 1974-75 में 20.68 प्रतिशत से बढ़ कर 1977-78 में 30.57 प्रतिशत हो गया। अकेले रुपाई में इस अन्तर में कमी आई लेकिन यहाँ भी 1977-78 में महिला एक पुरुष के मुक़ाबले 15.6 प्रतिशत कम कमा रही थी।

तालिका 2.10 पुरुष और महिला की कृषि-सम्बन्धी मज़दूरी में लगातार अन्तर को दर्शाती है। महिला के लिए यह मज़दूरी 1970-71 में पुरुष से 40 प्रतिशत कम थी और 1984-85 में 23 प्रतिशत कम। इन आंकड़ों का यक़ीनन एक सकारात्मक पक्ष यह है कि 14 साल के समयकाल में दोनों की मज़दूरियों में अन्तर घटा है हालाँकि यह बराबरी पर नहीं आ सका। अन्तर का कम होना विशुद्ध, सम्पूर्ण अर्थ में महिलाओं की कृषि-मज़दूरी में बढ़ोतरी की वजह से है, जबकि इस समयकाल में पुरुष के लिए यह अन्तर 279 प्रतिशत से 191 प्रतिशत रहा है। कुछ लिहाज़ से इसे वित्तीय अर्थों में शायद महिला कृषि-मज़दूरी के पुनर्मूल्यांकन के तौर पर देखा जा सकता है। लेकिन दोनों के ही वास्तविक मेहनताने में गिरावट दिखाई देती है। महिलाओं के मेहनताने में वृद्धि केवल 1979-80 के बाद से दिखाई देती है; 1984-85 के आते-आते वास्तविक मेहनताने की दर में तीस प्रतिशत बढ़ोतरी दिखाई देती है। दूसरी ओर पुरुष कृषि-मज़दूर का वास्तविक मेहनताना लगभग लगातार ही थमा रहा। पुरुषों के कृषि-सम्बन्धी मेहनताने में ठहराव के लिए कई कारण दिए जाते हैं। एक कारक तो है कृषि-मज़दूरों, मुख्यतः पुरुषों का उत्तर प्रदेश और बिहार से हरियाणा और पंजाब में आना। एक और कारक है पिछले दशक में प्रौद्योगिकी में परिवर्तनों के चलते श्रम को जज़्ब करने में आया ठहराव। इन

दोनों के संयुक्त प्रभाव के अलावा भी कारक रहे – जैसे, धरती पर जनसंख्या का दबाव, बड़े पैमाने पर बेरोज़गारी तथा श्रम के बाज़ार का खण्डित होना क्योंकि बंधे हुए मज़दूरों को कम दामों भाड़े पर लेने की वजह से पुरुषों की कृषि-सम्बन्धी मज़दूरी महत्त्वपूर्ण तौर पर घट जाती है।[85]

जहाँ तक महिला कृषि-मज़दूर के वास्तविक मेहनताने की दर में वृद्धि का सवाल है, हालाँकि इस मामले में बेशक अधिक शोध की ज़रूरत है, दो कारक शायद इसके लिए ज़िम्मेदार माने जा सकते हैं। एक, मज़दूरों का बाहर से आना, जिनमें 96 प्रतिशत पुरुष रहे हैं[86], और दूसरा, मज़दूरों की मण्डी का खण्डित हो जाना जिसमें गतिविधि या कार्य-विशेष के आधार पर श्रम का बंटवारा होने की वजह से महिला की कृषि-मज़दूरी के लिए मांग ऊँची बनी रही है। उदाहरण के लिए, खेती से जुड़े बुनियादी काम – जैसे कि नलाई, मिट्टी की देखभाल और रुपाई – फ़सलों की पहले से ज़्यादा सघनता और नई प्रौद्योगिकी के इस्तेमाल की वजह से बहुत ज़्यादा बढ़ गए हैं, मगर फिर भी ये ऐसे काम हैं जिन्हें शरीर-विज्ञानी व्याख्या के तहत महिलाओं के साथ सम्बद्ध किया जाता है और उन द्वारा किया जाना तय होता है। यह बात घिसे-पिटे तरीक़े से इतनी पक्की हो चुकी है कि इन कामों में न सिर्फ़ यह कि महिलाओं को प्राथमिकता दी जाती है, बल्कि कई महिलाएँ ख़ुद यह मानती हैं कि ये काम वे पुरुषों से बेहतर करती हैं। और ऐसा वे मेहनताना की काफ़ी कम दरों पर करती हैं। कुछ पुरुषों को भी यही राय दोहराते हुए सुना जा सकता है। इसके अलावा पुरुष इन कामों के लिए बहुत आसानी से तैयार और उपलब्ध भी नहीं होते हैं। न सिर्फ़ यह कि इन कामों को अब 'औरत का काम' के तौर पर देखा जाता है, इन के लिए मेहनताना भी कम दिया जाता है।[87] ये दोनों कारक पुरुषों द्वारा आमतौर पर इन कामों की स्वीकृति के ख़िलाफ़ जाते हैं। लेकिन महिलाओं के कृषि-सम्बन्धी मेहनताना की दरों में चाहे जो भी सुधार हुआ हो, यह सचाई लगातार बनी हुई है कि महिलाओं की प्रतिदिन और सालाना कमाई अपने पुरुष समकक्षों की कमाई के मुक़ाबले कम है।

तालिका 2.10: हरियाणा में कृषि सम्बन्धी मेहनताना : 1970–71 से 1984–85 (रुपये)

	साल												
	1970–71	1971–72	1973–74	1974–75	1975–76	1976–77	1977–78	1978–79	1979–80	1980–81	1982–83	1983–84	1984–85
1. पुरुष कृषि-मज़दूर के लिए नकद मेहनताना की दरें	6.44	6.84	7.40	8.58	8.55	8.75	10.44	11.17	11.89	12.41	16.14	18.15	19.35
2. महिला कृषि-मज़दूर के लिए नकद मेहनताना की दरें	3.96	4.17	4.26	5.02	5.22	6.32	6.68	6.61	8.35	9.62	13.81	14.40	14.99
3. महिला बनाम पुरुष नकद कृषि-मज़दूरी का अनुपात	59.64	60.97	57.55	58.53	61.01	72.25	63.99	59.20	70.27	77.54	85.55	97.35	77.47
4. कृषि-मज़दूरी का उपभोक्ता-दाम सूचकांक (अप्रैल 1970–71 के दाम)	100	105.67	140.72	173.71	158.76	157.21	171.13	173.19	192.78	225.25	247.42	264.94	291.23
5. पुरुष कृषि-मज़दूर का वास्तविक मेहनतना	6.64	6.47	5.25	4.93	5.38	5.56	6.10	6.44	6.16	5.50	6.52	6.85	6.64
6. महिला कृषि-मज़दूर का वास्तविक मेहनताना	3.96	3.94	3.02	2.88	3.28	4.02	3.90	3.81	4.33	4.27	5.58	5.43	5.14

स्रोत : पंक्तियाँ 1 से 3, ए.वी. जोस 'एग्रिकल्चरल वेजिज़ इन इन्डिया', *इकनॉमिक एण्ड पलिटकल वीक्ली,* 25 जून 1988, XXIII, 26, पृ. A46-A58; पंक्तियाँ 4 से 6 में दी गई गणना *इण्डियन लेबर जर्नल,* दिसम्बर 1987, 28, 12, नई दिल्ली, लेबर ब्यूरो, मिनिस्ट्री ऑफ़ लेबर, गवर्नमेन्ट ऑफ़ इण्डिया, पृ. 1803 से की गई है। इन गणनाओं का आधार वही नियम हैं जो ए.वी.जोस द्वारा अपनाए गए हैं।

उत्तरी भारत में स्थितियों के बारे में एक शोध-अध्ययन[88] से प्रदर्शित होता है कि महिलाएँ मेहनताने में अन्तर को अन्याय के रूप में नहीं देखतीं और वे पुरुष के काम को 'ज़्यादा मुश्किल और मेहनत वाला' मानती हैं। इसके अलावा, वे यह भी महसूस करती हैं कि 'अगर उन्हें पुरुषों के बराबरा मेहनताना मिले तो उन्हें असमान काम के लिए समान मेहनताना मिल रहा होगा।' दिलचस्प बात है महिलाओं के काम को लेकर यह बात कर्मचारियों, उनके परिवार के सदस्यों तथा स्वयं मेहनताना पाने वालों, सब में साझा थी, फिर चाहे वे पुरुष हों या महिलाएँ। मारिया माईस द्वारा मूल्याँकन में इस गुणात्मक अन्तर की व्याख्या महिलाओं द्वारा इस्तेमाल किए जाने वाले औज़ारों के सन्दर्भ में की गई है, जिन का इस्तेमाल महिला की ख़ुद की शारीरिक ऊर्जा पर निर्भर करता है। उदाहरण के लिए, नलाई, फ़सल-कटाई, गहाई, दाने की तैयारी आदि जैसे कृषि-सम्बद्ध अधिकतर कार्य वे अपने हाथों से करती हैं। लेकिन एक पुरुष के औज़ार ऊर्जा के अन्य स्रोतों पर निर्भर करते हैं जैसे कि जल-आधारित, पशु, मशीनी, रसायनिक तथा विद्युत ऊर्जा। इसलिए हालाँकि महिलाओं के औज़ारों में पुरुषों के मुक़ाबले अधिक श्रम-सघन काम रहता है, यह ऊर्जा बोझ ढोने वाले पशुओं और मशीनों से मुक़ाब्लतन कम कार्यकुशल है और इसलिए इसे पुरुष के काम से कम 'उत्पादक' और कम मूल्यवान भी समझा जाता है।[89]

पुरुषों के काम को अधिक मूल्य दिए जाने की वजह से महिलाएँ पितृसत्तात्मक नियमों के तहत एक तरह से अधीन होने का दबाव ख़ुद पर बनाए रखती हैं। इस तरह की आत्म-छवि बेहतर तथा बराबर मज़दूरी की संयुक्त मांग को ध्वनि देने के उद्देश्य से एक लोकतांत्रिक अभियान को विकसित करने के रास्ते में स्पष्ट तौर पर बाधा का काम करती है। कुछ गाँवों में ज़मींदारों द्वारा अकसर यह बात कही जाती थी कि 'अगर हमें महिलाओं को बराबर मज़दूरी देनी है, तो क्यों न एक पुरुष को ही लिया जाए जो बेहतर तथा अधिक काम करेगा।'[90] यह उस राय को काटती हुई सी बात लगती है जिसके मुताबिक़ खेती से सम्बद्ध कुछ विशेष काम महिलाएँ बेहतर करती हैं। महिलाओं को कम पगार दिया जाना और उन द्वारा उसे स्वीकारा जाना इस विचार को मज़बूती ही देता है कि महिला का श्रम कम मूल्यवान है, फिर चाहे वह पगार पुरुष और महिला, दोनों के लिए एक ही काम से सम्बद्ध क्यों न हो। इसलिए, तमाम काम के बावजूद, भूमि पर कृषि-सम्बन्धी काम के एवज़ में महिलाएँ उस रुतबे को हासिल नहीं कर पातीं जो पुरुष को मिलता है। क्योंकि मज़दूरों के परिवार में भी, महिला की कमाई को पुरुष की कमाई के पूरक के तौर पर ही देखा जाता है। यह इस बात के बावजूद होता है कि पुरुष की कमाई अकसर बीड़ी-सिगरेट-शराब में खप जाती है और परिवार का ख़र्च तो असल में महिला की कमाई से ही चलता है। ऐसे उदाहरण, जिनमें परिवार की मुखिया महिला हो और उसकी कमाई केवल पूरक का काम न करती हो, अपवाद ही हैं और ऐसी स्थिति

के प्रभाव और नतीजे स्वयं कमाने वाली महिलाओं के दिमाग़ पर भी दर्ज नहीं ही होते।

इस विचारधारा से सम्बद्ध स्थिति का नतीजा है कि कृषि-मज़दूरी के लिए एक सीमित बाज़ार में महिला-श्रम का निम्न-मूल्यांकन किया जाता है जबकि यह बाज़ार उच्च दर्जे की बेरोज़गारी और निम्न स्तर का रोज़गार देता है। इसी के चलते महिलाओं को न केवल काम से बेदख़ल किया जाता है बल्कि इसके नतीजे के तौर पर महिलाएँ स्वयं भी श्रम-बाज़ार से ख़ुद ही निकल जाती हैं ताकि पुरुषों को काम पहले मिल पाए। 'लैंगिक द्वैतवाद' कही जाने वाली इस स्थिति के पीछे मुख्य सांस्कृतिक आधार यह है कि पुरुष रोटी-रोज़ी कमाने वाला है और इसलिए इस बुनियादी तथ्य के चलते महिला उसके अधीन रहना मंज़ूर करती है।[91] इसके साथ ही महिलाओं के काम और शरीर-विज्ञान के नज़रिए से काम करने की उनकी कमतर क्षमता के बारे में परम्परागत सामाजिक पूर्वाग्रहों का नतीजा है कि काम के लिहाज़ से हल्के मौसम में उनके लिए काम के उपलब्ध मौके बहुत ही सीमित रहते हैं और उन्हें मिलने वाली मज़दूरी भी मुक़ाब्लतन कम ही रहती है। इसके परिणामस्वरूप महिला-कृषकों के सबसे वंचित ग्रामीण तब्क़ों में से एक, यानी मज़दूरों पर प्रतिकूल प्रभाव पड़े हैं। यह इस बात के बावजूद है कि हरियाणा में उत्पादकता में तथा ज़मीन-मालिकों की कमाई के स्तरों में ज़बरदस्त वृद्धि हुई है, ख़ासतौर से हरित-क्रान्ति वाले इलाक़ों में।

5. पुरुषों का प्रवासी बनना : भौतिक और भावनात्मक प्रभाव

हरियाणा की खेती में महिलाएँ बड़े पैमाने पर दिखाई देती हैं। महिला खेत-मज़दूरों की महत्त्वपूर्ण उपस्थिति के अलावा इसकी एक और वजह है खेत पर काम के लिए परिवार से भी महिलाओं का शामिल होना – और खेती में परिवारों की महिलाओं की संख्या बढ़ते जाने का एक कारण है पुरुषों का काम के सिलसिले में गाँव छोड़ कर बाहर जाना, जिसमें गाँव ही नहीं, राज्य से बाहर जाना भी शामिल रहा है। इसके चलते परिवार से खेत पर काम करने वाली महिलाओं की संख्या बढ़ी ही नहीं, उनका खेत के काम में शामिल रहना लगातार जारी भी रहा। 'केवल पुरुषों' का प्रवासी होना भारत में ही रहते हुए काम के लिए एक जगह से दूसरी जगह जाने की एक परम्परागत विशेषता रही है। इसके तहत पुरुष उन इलाक़ों से जहाँ स्थानीय स्तर पर मौक़े बहुत कम मिलते हैं, उन जगहों को चले जाते हैं जहाँ आर्थिक तौर पर अधिक मौक़े उपलब्ध रहते हैं।[92]

खेती के दायरे से बाहर काम की तलाश – सरकारी नौकरी का आकर्षण

कई कारणों से, पुरुषों द्वारा खेती के दायरे से बाहर काम की तलाश की भी एक बहुत ही गहरी पैठ वाली परम्परा हरियाणा में रही है।[93] अंग्रेज़ों के अधीन खेती के हालात असुरक्षित रहे थे और इसके चलते आर्थिक सुरक्षा की ज़रूरत ने बहुत लोगों

को मूल्यवान मानी जाने वाली सरकारी नौकरी की तरफ़ आकर्षित किया। इस सुरक्षा से मिलने वाली सामाजिक पहचान नौकरीपेशा लोगों तथा उनके परिवारों के लिए आमतौर पर इज़्ज़त के साथ सम्बद्ध हो गई – यानी इज़्ज़त को आर्थिक सुरक्षा से मिलने वाली सामाजिक पहचान के साथ जोड़ कर देखा जाता था। इसलिए इस तरह की नौकरियों की काफ़ी मांग रहती थी। यहाँ तक कि कम वेतनमान ने भी सरकारी नौकरी के प्रति इस आकर्षण को कम नहीं किया। 1927 की सरकारी रिपोर्ट के मुताबिक़ इसका कारण यह था कि इस तरह की नौकरियाँ 'कमाई का एक नाजायज़ स्रोत' सिद्ध हुई थीं।[94]

एक प्रचलित लोकोक्ति इस जज़्बे की झलक देती है–

चाहे तन्खाह के आने चार कर दे
पर ना थानेदार धर दे।[95]
(तन्ख़्वाह के नाम पर चाहे चार आने ही मिलें
बस नौकरी मुझे थानेदार की मिल जाए।)

उपनिवेशीय समयकाल में थानेदार को ताक़त और सत्ता से जुड़े व्यक्ति के रूप में देखा जाता था। ग्रामीण हरियाणा में उपनिवेशीय दौर के बाद भी इसी तरह के प्रतीक के तौर पर 'थानेदार' का इस्तेमाल प्रचलित रहा है। ज़ाहिर है कि यह प्रतीकात्मक इस्तेमाल उपनिवेशीय समय के यथार्थ में शक्ति-सम्पन्न व्यक्ति के रूप में स्थित था। लोकोक्ति में यह इस्तेमाल सरकारी नौकरी की अभिलाषा को दर्शाता है जिसके साथ सत्ता के लाभ और पैसा कमाने के मौक़े भी आते हैं।

क़ीमतों के लगातार बढ़ते रहने पर भी कम वेतनमानों के बावजूद सरकारी नौकरियों के प्रति यह आकर्षण इसलिए ही बना हुआ है कि इसमें 'ऊपर की कमाई' के लिए अनगिनत मौक़े उपलब्ध रहते हैं।[96] सरकारी नौकरी को मिले हुए इस सामाजिक सम्मान और महत्त्व की एक झलक हमें शादी की मण्डी में देखने को मिलती है। पैतृक ज़मीन से होने वाली कमाई के अलावा, शादी के लिए, 'ऊपर की आमदनी' को सुनिश्चित करने वाली नौकरियों पर लगे हुए लड़कों की लालसा रखी जाती है। इन नौकरियों की लगातार बनी हुई लोकप्रियता की एक व्याख्या जनसंख्या में हुई बड़ी वृद्धि[97] तथा राज्य में वाणिज्य और उद्योग के सीमित विस्तार की वजह से ज़मीन पर बना दबाव भी है।[98] खेती के क्षेत्र पर ज़रूरत से ज़्यादा बोझ आने की वजह से राज्य में ज़बरदस्त बेरोज़गारी भी है। 31 दिसम्बर 1984 के आधिकारिक आंकड़ों के मुताबिक़ 4,67,600 लोग बेरोज़गार थे जिसमें निरक्षर, अर्ध-निरक्षर, स्नातक तथा उससे ऊपर के, तकनीकी योग्यता-प्राप्त लोग शामिल थे।[99] अनुमान के मुताबिक़ 1984 में औसतन 8,009 लोग प्रतिदिन रोज़गार कार्यालय में अपना नाम दर्ज करवा रहे थे।[100] जून 1989 आते-आते बेरोज़गारों की संख्या छः लाख से ऊपर यानी 6,13,885 तक जा पहुँची थी।[101] इनमें से

मैट्रिक से कम शिक्षित, निरक्षर तथा अन्य लोग 46.22 प्रतिशत थे और मैट्रिक, स्नातक से कम, स्नातक तथा उससे ऊपर के लोग 53.78 प्रतिशत थे।

अब भी बरानी, यानी बिना सिंचाई वाले इलाक़ों में, जहाँ गुज़ारे लायक़ और उससे भी नीचे का जीवनयापन होता है, बाहर की नौकरी की ज़रूरत ज़ाहिर ही है। हरियाणा की मौखिक परम्परा भी यही दर्शाती है कि कुछ इलाक़ों में अब भी भौगोलिक हालात के हिसाब से क़ायम ग़रीब अर्थव्यवस्था इस प्रवास के लिए ज़िम्मेदार है। एक लोक-गीत में एक औरत अपने पति के साथ बातचीत के दौरान उसे नौकरी के लिए बाहर न जाने का और गाँव में ही मज़दूरी पर काम करने का आग्रह करती है, तो उसे एक बहुत ही अनूठा जवाब मिलता है–

> आदमी : तो अड़े गुजारा क्यूँकर होगा करणे ने कुछ काम नहीं।
> औरत : कोई और मजूरी टोह ले यो उजड़ हो रह्या गाम नहीं।
> आदमी : म्हारे खेती क्यारी बन्द पड़ी रहे, जिब तक बरसे राम नहीं
> किते पाणी की जगहाँ बोल्थांगे, कोई लम्बरदार सतावेगा।[102]
> (पुरुष : यहाँ करने को कुछ काम ही नहीं है तो गुज़ारा कैसे होगा?
> औरत : कोई और मज़दूरी ढूँढ़ लो, गाँव उजड़ तो नहीं गया है।
> आदमी : हमारे खेत तो वीरान पड़े हैं, बरसात के आने तक वीरान ही रहेंगे।
> और बरसात हो गई तो बाढ़ आएगी और लम्बरदार ज़्यादती करेगा।)

प्रवासी होने के लिए मजबूर करने वाले कारण

आदमी द्वारा दिए गए प्रवास के कारणों से जान पड़ता है कि गाँव में गुज़ारा लायक़ जीवनयापन भी नहीं था। धरती बरसात होने तक बंजर रहती थी या बाढ़ आने पर खेती करने लायक़ नहीं रह जाती थी, और आख़िर में लम्बरदार की माँगों और उसकी ज़्यादती को सहना पड़ता था। साफ़ है कि लोक-गीत उपनिवेशीय समयकाल की याद दिलाता है जब राजस्व-सेवाओं के मातहत इस कर्मचारी के दमन को बहुत ही तीखे तौर पर महसूस किया जाता था। इस दमन का निरन्तर इस्तेमाल इस बात को रेखांकित करता है कि पुरुषों का प्रवासी होना कुछ विशेष इलाक़ों की भीषण आर्थिक ज़रूरत था।

दूसरी ओर, हरित-क्रान्ति के क्षेत्रों में जवान, शिक्षित बच्चे आमतौर पर खेती नहीं करना चाहते और बाहर नौकरी करना ज़्यादा पसन्द करते हैं। यह जज़्बा 1920 के दशक तक पीछे जाता है जब शिक्षित युवाओं को घर पर 'ख़ाली' बैठे पाया जाता था क्योंकि गाँव के बुज़ुर्गों का मानना था कि उनमें खेती के लिए 'ताक़त नहीं' बची है।[103] अब भी हालात कुछ ख़ास नहीं बदले हैं। हरित-क्रान्ति के फ़ायदेमन्द होने के बावजूद खेती को एक बेहतर जीवन के लिए मौक़े मुहैया करवाने योग्य पेशे के तौर पर देखे जाने का सवाल अब भी यूँ का यूँ खड़ा है। इस ग्रामीण सामाजिक व्यवस्था में प्रचलित मूल्यों के पैमाने पर सिर्फ़ सरकारी सेवा और स्थाई आमदनी को ही ऊँचा महत्त्व दिया जाता है।

असल में तो इन क्षेत्रों में होने वाली पहले से ज़्यादा कमाई और व्यापारीकरण ने जवान लड़कों को शहरी जीवन का चस्का लगा दिया है। यह बात एक लोक-गीत से ज़ाहिर है जिसमें पति कहता है–

तेरे दाम्मण का मार्या री बरेली नौकर जाँगा।[104]
(बरेली में मेरी नौकरी तेरी लिए दामन का साधन बनेगी।)

इसमें अपनी अनुपस्थिति की भरपाई की कोशिश की तरफ़ इशारा है, लेकिन पति ज़ोर इस बात पर देता है कि बरेली में काम कर के ही वह उसके लिए घाघरा या दामन ला पाएगा। ज़ाहिर है कि लोग-गीत उपनिवेशीय समयकाल का है जब बरेली रंगरूटों की भरती का एक बड़ा केन्द्र था और एक जाना-माना बाज़ार भी। लेकिन अब इसी गीत ने नए अर्थ हासिल कर लिए हैं। नए उपभोक्तावादी समाज ने खेती से होने वाली कमाई के अलावा अतिरिक्त आमदनी को ज़रूरी बना दिया है क्योंकि तब ही विलासिता से सम्बद्ध कुछ चीज़ें पाई जा सकेंगी। इन चीज़ों में अब महिलाओं के कपड़ों की बजाए नए रुतबे का प्रतीक ट्रांज़िस्टर हो सकता है।[105] लोक-गीत में 'दाम्मण' को शहर से हासिल की जाने वाली उपभोग की वस्तुओं का प्रतीक माना जा सकता है।

साफ़ तौर पर देखने में आ रहा है कि जवान लड़के गाँव में खेती से जुड़ा जीवन जीने के लिए तैयार नहीं हैं। हरित-क्रान्ति के क्षेत्रों में होने वाली आमदनी ने खेती की तरफ़ आकर्षित करने की बजाए जवान पीढ़ी को उससे दूर ही किया है। गाँव की महिलाओं की भी राय है कि कक्षा-दस तक पढ़ने वाले और 'नकल' के दम पर योग्यता प्राप्त करने वाले बच्चे भी बाबू-वर्ग की नौकरियाँ चाहते हैं।[106] इस बात की पुष्टि एक और अध्ययन से होती है जिसमें की गई टिप्पणी के मुताबिक़ हरियाणा में पचीस साल से कम उम्र की शिक्षित और अर्द्ध-शिक्षित ग्रामीण आबादी का एक बहुत बड़ा हिस्सा खेत के काम के अलावा काम चाहता है और यह काम उसे मिल नहीं पा रहा है। इनमें सबसे मुश्किल, 'दसवीं कक्षा में असफल' वर्ग से लेकर 'तृतीय श्रेणी में बी.ए. पास' के बीच का वर्ग शामिल है।[107]

इसलिए किसी भी तरह के रोज़गार के लिए बहुत छीना-झपटी है, फिर वह रोज़गार उच्च दर्जे का हो चाहे निम्न का, और उसका सामाजिक रुतबा भी चाहे जो हो। गाँव की आबादी में अधिक शिक्षित लोगों के लिए स्थानीय ज़िला और राज्य प्रशासन की ओर से नौकरी के सीमित मौक़े मुहैया करवाए जाते हैं। ऐसी भरती ज़्यादातर वर्ग-3 और वर्ग-4 के लिए, और कुछ वर्ग-2 के लिए होती है। बहुत ही कम तादाद में भरती सरकारी पदों के वर्ग-1 की श्रेणियों के लिए होती है।[108] बहुत से कर्मचारी नज़दीक के ज़िला मुख्यालयों पर रोज़ाना जाते हैं। ज़्यादा दूर की तैनाती हो तो हफ़्तावार जाते हैं। उनके ख़ुद के गाँवों में नौकरियाँ बहुत ही सीमित होती हैं और बहुत कम लोगों को

उनमें जज़्ब किया जा सकता है। बहुतों को गाँव, यहाँ तक कि राज्य से भी बाहर काम करना पड़ता है। राज्य के बाहर प्रवास ज़्यादातर फ़ौज, पुलिस, शिक्षण, यातायात (बस कण्डक्टर और ड्राइवर के तौर पर) और सरकारी या निजी प्रतिष्ठानों में (चपरासी और चौकीदार) नौकरी के लिए रहा है। शिक्षा में सीमित प्रगति के बावजूद हरियाणा में शिक्षित बेरोज़गारों की तादाद में भारी वृद्धि का अर्थ है कि मौजूदा नौकरियों के लिए ज़बरदस्त प्रतिस्पर्द्धा की वजह से छोटी नौकरियाँ भी आकर्षक हो जाती हैं। मौजूदा सामाजिक-आर्थिक असमानताओं और शिक्षा के बढ़ते ख़र्च की वजह से बाक़ी के देश की ही तरह हरियाणा की बहुसंख्या को भी यह मौक़ा नहीं मिलता कि अमीर वर्गों के एकाधिकार में चल रहे गिने-चुने अंग्रेज़ी माध्यम स्कूलों से शिक्षा के ज़रिए प्रतिस्पर्द्धा में शामिल होने योग्य बन पाएँ। स्वयं हरियाणा सरकार की स्वीकारोक्ति[109] के मुताबिक़, दी जा रही शिक्षा की गुणवत्ता आमतौर पर 'निम्न स्तर' की है, और बाहर (ख़ासतौर से पड़ोस में ही राजधानी दिल्ली) की ओर जा रहे लोग ज़्यादातर निम्न ओहदे की ही नौकरियाँ हासिल कर पाए हैं।

लेकिन बाहर की नौकरी के लिए दौड़ सिर्फ़ धरती पर आश्रित लोगों तक ही सीमित नहीं है। ज़िला करनाल और भिवानी के गाँवों के अध्ययन से पता चलता है कि कई कारणों के चलते गाँव के विभिन्न सामाजिक वर्गों के लोगों में नौकरियों की तलाश में गाँवों से बाहर जाने की तीव्र इच्छा है।[110] शिक्षित उच्च-वर्ग के लोग तो अलग तरह के तथा अधिक आर्थिक-सम्पन्न मौक़े चाहते ही हैं, निम्न वर्ग और जातियाँ भी गाँवों में अपने परम्परागत अपवित्र काम को छोड़ने की इच्छा से प्रेरित हैं। इसके अलावा, कई परम्परागत हस्त-शिल्पी सस्ती, फ़ैक्ट्री में बनी वस्तुओं से मिलने वाली टक्कर का सामना नहीं कर पाए हैं। नतीजा यह कि वे शहरों में अर्ध-कौशल पर आधारित और बिना कौशल के कार्यों की तरफ़ जाने लगे हैं।

दिलचस्प बात यह है कि गाँवों से प्रवास करने वाले ये ज़्यादातर लोग पुरुष ही रहे हैं। हरियाणा से प्रवास और उसकी ओर प्रवास का अर्थ है कि बड़ी तादाद में पुरुषों का शहरी इलाक़ों की ओर जाना हुआ है, हालाँकि ख़ासतौर से उच्च कमाई की नौकरियों के लिए तथा निम्न-जाति वर्ग के परिवारों के सन्दर्भ में अपवाद हमेशा रहते हैं। 1981 की आबादी की गणना में राज्य के ही भीतर प्रवास करने वाले कुल ग्रामीण पुरुषों का प्रतिशत 54.02 और भारत के अन्य राज्यों की ओर प्रवास का प्रतिशत 36.94 रहा है। इसके मुक़ाबले में ग्रामीण महिलाओं का अन्य राज्यों की ओर प्रवास सिर्फ़ 4.23 प्रतिशत रहा है।[111] राज्य के भीतर ग्रामीण महिलाओं के प्रवास का आंकड़ा हालाँकि 80.29 प्रतिशत है, लेकिन इसकी व्याख्या राज्य में विवाहों के स्वरूप से की जा सकती है जिसके मुताबिक़ गाँव की गाँव में विवाह की मनाही है।

केवल पुरुषों द्वारा प्रवास के चलते महिलाओं की प्रतिक्रिया और उन पर असर

निम्न-जातियों में परिवारों का प्रवास अधिक देखने में आता है, क्योंकि शहरी केन्द्रों में भी उनकी महिला-सदस्य परिवार की सहायता के लिए योगदान करते हुए कमाई करने लगती हैं। ज़मीन पर आधारित लोगों की ओर से ऐसा योगदान अपेक्षित या स्वीकृत नहीं होता। महिलाओं को साथ लेकर जाने में समस्याएँ बढ़ती हैं – मसलन, उनकी अनुपस्थिति में खेती से सम्बद्ध तथा अन्य काम करवाए जाने के वैकल्पिक तरीके तलाशने पड़ सकते हैं। इसके अलावा, शहर में ज़्यादातर पुरुषों के छोटे, बहुत कम कमाई वाले काम होने की वजह से और शहरी जीवन महँगा होने की वजह से महिलाओं को पीछे छोड़ना पड़ता है। अखिल-भारतीय स्तर पर सिर्फ़ पुरुषों के प्रवासी होने की जाँच-पड़ताल से जज़्बात की पेचीदगियों की व्याख्या होती है। इसमें प्रवास करने वाले पुरुषों के अपने गाँव, घर और धरती के साथ जज़्बाती लगाव से लेकर लिंग-आधारित अलहदगी और महिलाओं का गतिहीन होना तक शामिल है।[112] यही सब बातें इस इलाक़े के लिए भी प्रासंगिक हैं। इसके अलावा, बीवी को पीछे छोड़ने का रिवाज ग्रामीण संस्कृति का हिस्सा है क्योंकि सामाजिक स्तर पर इस बात का एहसास और स्वीकार नहीं है कि विवाहित जोड़ों को एक साथ रहने की भी ज़रूरत होती है। भौगोलिक दृष्टि से उनके एक साथ रहने या उनके बीच भौतिक और सामाजिक सम्पर्क के होने को असल में परदादारी में रखा जाता रहा है। मिसाल के तौर पर, आस-पास लोग मौजूद हों तो एक मर्द अपनी बीवी के साथ बात नहीं करता और बीवी अन्य लोगों की मौजूदगी में अपने पति से घूँघट करती है। जब पुरुषों से पूछा गया कि उनकी बीवी को उनके साथ चलने को क्यों नहीं कहा गया, तो उनकी राय थी – 'के ज़रूरत सै'? (ज़रूरत क्या है?) या यह भी कि, 'अच्छा ना लाग्ता, लुगाई का साथ रहणा' (अच्छा नहीं लगता कि बीवी अपने पति के साथ हो)। ऐसी संस्कृति में बीवी को साथ लेकर बाहर जाने की ज़रूरत हास्यास्पद ही प्रतीत हो सकती है।

असल में तो हरियाणा में सिर्फ़ मर्दों के प्रवास की हावी परम्परा सख़्ती भरी सामाजिक-आर्थिक ज़रूरतों और सोचे-समझे आकलन से जन्मी है। इस बात की सबसे बेहतर मिसाल शायद भगवान कृष्ण से सम्बद्ध, बातचीत के अन्दाज़ के एक बहुत ही आम और लोकप्रिय गीत के हवाले से दी जा सकती है। राधा जब कृष्ण से कहती है कि वे उसे अपने साथ द्वारका ले जाएँ तो वे उसे पीछे छोड़ कर चले जाने के कारण गिनवाते हैं। दिलचस्प बात है कि इस इलाक़े में राधा और कृष्ण को एक विवाहित जोड़े के रूप में देखा जाता है। एक ऐसे इलाक़े में यह हैरत की बात नहीं है जिसमें सहवास को परम्परागत रूप से शादी के तौर पर स्वीकार किया जाता था।[113] कृष्ण की दलील अपनी बीवी को पीछे छोड़ कर जाने वाले ग्रामीण पुरुष की सर्वप्रिय दलील है और ग्रामीण हरियाणा पर भी लागू होती है। गीत कुछ इस तरह से है–

राधा : तुम तो चले प्रभु द्वारका
राधा का दिवोला लेजो साथ
हरे मुरली कृष्ण मुरली....
कृष्ण : दोनू चालें ना सरे
घर का क्या रहे हवाल, हरे......
कौन जो छोड़े हेर के बाछड़
कौन रे काढें हेर की धार, हरे.....
राधा : पोते ते छोड़े हेर के बाछड़
बेटे ते काढें हेर की धार, हरे......
कृष्ण : कौन बिलोवे हेर का बिलोवणा
कौन काढे हेर का घी, हरे.....
राधा : बहुएँ बिलोवें हेर का बिलोवणा
धीयड़ तो काढें हेर का घी, हरे....
कृष्ण : थारा री सियालूँ झिमले
चिमकेगा गोरी, हरे......
राधा : सियालूँ तो तार बहू के घर धरी
चालाँ रे साँवलिया हेर के साथ, हरे.....
कृष्ण : थारे तो बालक कांधा घेर लिये
रोवें सतहाड़ा राजलदे सुभागा, हरे.....
राधा : बालक तो घालाँ प्रभु पालणे
चालाँ रे साँवलिया हेर के साथ, हरे....
कृष्ण : थारा तो ज़ेवर राधा बाज्जण
बाजेगा माँझल रात, हरे.....
राधा : ज़ेवर काढ डिब्बे धराँ
चालाँ रे साँवलिया हेर के साथ, हरे.....
कृष्ण : दोनू चालें ना सरे।[114]

(**राधा :** तुम तो चले द्वारका
राधा को भी साथ ले चलो
कृष्ण : दोनों के एक साथ जाने से कैसे काम चलेगा?
घर को कौन सम्भालेगा?
मवेशियों को कौन देखेगा?
गायों की धार कौन निकालेगा?
राधा : हमारे पोते मवेशियों को सम्भालेंगे
बेटे गायों की धार निकालेंगे।
कृष्ण : लस्सी कौन बिलोएगा?

घी कौन तैयार करेगा?

राधा : हमारी बहुएँ लस्सी बिलोएँगी,
हमारी बेटी घी बनाएगी।

कृष्ण : तुम्हारे चमकते कपड़े
सबको आकर्षित करेंगे।

राधा : चमकते कपड़े तो बहुएँ पहन लेंगी
साँवरिया, मैं तो तुम्हारे साथ चलूँ।

कृष्ण : तुम्हारे बच्चे
कांधे लग कर रो रहे हैं।

राधा : मैं बच्चों को पालने में लिटा दूँगी,
साँवरिया, मैं तो तुम्हारे साथ चलूँगी।

कृष्ण : तुम्हारे ज़ेवर टिमटिमाते हैं, ओ राधा!
वो रात के अन्धेरे में टिमटिमाएँगे।

राधा : ज़ेवरों को मैं निकाल कर डिब्बे में रख दूँगी
तुम्हारे साथ चलूँगी मैं।

कृष्ण : दोनों साथ चलेंगे, तो कैसे काम चलेगा?)

कृष्ण द्वारा राधा को छोड़ कर जाने के लिए दी गई सब दलीलों का राधा बहुत ही कारगर तरीक़े से सामना करती है। लेकिन कृष्ण का 'दोनू चालें ना सरे' बना रहता है। गीत में राधा के आकर्षक पहरावे और ज़ेवरों के ज़िक्र के माध्यम से राधा के यौनाकर्षण को रेखांकित करते हुए राधा को पीछे छोड़ कर जाने का एक कारण दर्शाया गया है। लेकिन साथ ही प्रवास करने वाले पुरुष द्वारा घर पर छोड़े गए, महिलाओं द्वारा ज़रूरी तौर पर किए जाने वाले पशु-पालन और घरेलू कामों पर भी बल दिया गया है। पहले पंजाब का हिस्सा रहे, साथ लगते कांगड़ा क्षेत्र के पहाड़ी बोली से प्रभावित एक और लोक-गीत में उसके खेती-सम्बद्ध काम पर ज़ोर दिया गया है। कांगड़ा में भी पुरुषों द्वारा बाहर काम पर जाने के लिए काफ़ी बड़े पैमाने पर प्रवास दिखाई देता है।[115] 1984 के अम्बाला ज़िला गज़ेटियर में दर्ज यह गीत इस प्रकार है–

मुंजो भी ले चल कान्वो मेरे बाँके दिए छाजुवे
आऊँ गलाँ दिया सच ओ मेरे बाँके दिये छाजुवे
आप्पू तो जांदा म्ना नौकरी ते चाकरी
मिंजो नू देये जांदा खुरपा रो दात्री।[116]
(मुझे भी ले चल साथ, ओ मेरे बाँकू के चाचूआ*
मैं कहती हूँ सच, ओ मेरे बाँकू के चाचूआ
आप तो जाता है नौकरी और चाकरी
मुझे दे जाता है खुरपा और दातरी।

*यहाँ 'चाचूआ' का इस्तेमाल इस सन्दर्भ में 'बापू' या पिता के लिए किया गया है कि वर्तमान हिमाचल प्रदेश के कांगड़ा में – और शायद हरियाणा के भी कुछ इलाक़ों में – अपने पिता के लिए 'चाचा' का इस्तेमाल उन बच्चों द्वारा किया जाता रहा है जो अपने से बड़े, चचेरे भाइयों की देखा-देखी अपने पिता को चाचा कहकर सम्बोधित करते हैं। ऐसा सन्दर्भ जम्मू के डोगरी लोक-गीत में भी मिलता है।)

जिस समाज में काम की ऐसी संस्कृति हो कि महिला कुछ दिनों के लिए भी अपने माँ-बाप के घर तक न जा सकती हो, वह इस बात से कैसे सहमत हो सकता था कि औरत अपने प्रवासी पति के साथ चली जाए? यह बात 1983 में रिकॉर्ड किए गए, गुड़गाँव के एक और लोकगीत में भी निकल कर आती है, जिसमें बहू के अपने पीहर जाने पर सास को ऐतराज़ होता है। बहू जब उससे इजाज़त लेती है, तो सास उसे खेत और घर के काम की याद दिलाती है–

गोड़ाई कौन करेगा
अनाज कौन पीसेगा
कौन, ओ मेरी बहू, मेरा सिर धोएगा
और कसार कौन भूनेगा?[117]

ज़ाहिर है कि एक औरत द्वारा की गई धरती, मवेशियों और घर की देख-रेख से ही यह मुमकिन हो पाता था कि पुरुष बाहर मिलने वाले काम के मौक़े हाथ में ले पाए। बाहर चले गए पुरुषों द्वारा छोड़ा गया खेती का पूरा काम परिवार की महिला के ज़िम्मे आ जाने से महिलाओं के काम का बोझ और भी अधिक बढ़ गया है। इस तरह पुरुषों के प्रवासी हो जाने से खेत के काम में महिलाएँ और भी अधिक दिखाई देने लगी हैं। बाहर का काम गाँव के नज़दीक ही मिलने से पुरुष अकसर आते तो रहते हैं, ख़ासतौर पर उस समयकाल में जब खेती का काम अपने चरम पर होता है, लेकिन उनके आने से यह नहीं होता कि महिलाएँ खेती का काम करना छोड़ देती हों। पुरुष बताते हैं कि अधिक ख़ुशहाल इलाक़ों और जोतों में भी, प्राप्ति और उगाही, अनाज की ख़रीद-ओ-फ़रोख़्त, सौदों और उधार के निपटारे, थ्रेशर और छिड़काव के लिए मशीन का प्रबन्ध करने, मशीन की मरम्मत और डीज़ल, खाद आदि की ख़रीद जैसे मामले हल करने के बाद जहाँ तक हो सके, वे अपने ज़िम्मे के अधिक से अधिक काम लेती हैं।[118]

पुरुषों के प्रवास का महिलाओं पर भावनात्मक प्रभाव

पुरुषों के प्रवास की वजह से खेती के काम में महिलाओं की पहले से अधिक हिस्सेदारी ने उनमें भावनात्मक तौर पर वंचित होने के एहसास को बिल्कुल भी कम नहीं किया है। अतिरिक्त काम के बोझ ने शायद इस एहसास को और अधिक बढ़ाया ही है। पति के दूर रहने की सूरत में औरत के साथ दुर्व्यवहार की सम्भावना ने भी इस

एहसास के गहराने में अपनी भूमिका निभाई है।[119] इस इलाक़े और उत्तर-प्रदेश, बिहार तथा राजस्थान में बहुत अधिक कृषीय-आर्थिक भिन्नताएँ हैं, लेकिन इन सब क्षेत्रों की ग्रामीण महिलाओं की मौखिक परम्पराओं में साफ़ तौर पर दिखाई देने वाली समानताएँ भी हैं जिनकी झलक हमें बिदेसिया और बिरहा गीतों में देखने को मिलती है।[120]

गुणवत्ता और भावना की गहराई के लिहाज़ से ये बहुत समृद्ध हैं। इन सब गीतों का साझा प्रेरणा-स्रोत उत्तर-प्रदेश और दक्षिण-पूर्व पंजाब या हरियाणा में प्रचलित राधा-कृष्ण की दन्त-कथा है। उपनिवेशीय शासनकाल के पहले से प्रचलित ये गीत 1870 के दशक में विभिन्न केन्द्रों, ज़्यादातर दिल्ली और उसके आस-पास, 'बारह-मासा' (यानी साल के बारह महीने गाए जाने वाले) गीतों के रूप में व्यापक स्तर पर प्रसारित हुए।[121] इनका ज़ोर 'पिया बिन राधा' पर है। इन आमतौर पर कामोत्तेजक गीतों से प्रबल शारीरिक तड़प के बिम्ब उभरते हैं। बड़े पैमाने पर हुए प्रवास की सचाई ने जुदाई के इस केन्द्रीय विषय को ज़िन्दा रखा है, हालाँकि राधा-कृष्ण की प्रतीकात्मकता अब उतनी नहीं रही है। इसकी बजाए अब लोक-कहावतों और गीतों में एक ज़्यादा सीधा और स्पष्ट नज़रिया देखने को मिलता है – मिसाल के तौर पर, बहुत बार उद्धृत एक कहावत के अनुसार :

पति बिना ऐ सखी पत्नी सूनी।[122]

एक अन्य लोक-गीत में शिकायत है :

रोती छोड़ गया था, काढ क्यों ना जान ले गया
ओ परदेसी, बांध मेरे साथ क्यों ना हाड ले गया।[123]
(तू मुझे रोती छोड़ गया था, मेरी जान क्यों न ले गया?
ओ परदेसी हुए मेरे पति, जान निकल जाती तो मेरी हड्डियाँ ही अपने साथ ले जाता!)

भावनात्मक तौर पर वंचित रहने की इस बात को रेखांकित करता एक और लोक-गीत कुछ इस तरह हैः

लाए चले थे भंवर हो पीपली, हाँ जी कोई हो गई
घणी छाएँ, बैठें कि रुत चले नौकरी
छोड़ चले थे भंवर हो बाछड़ी, हाँ जी कोई हो गई
लाग्गड़ गए, दूहन की रुत चले नौकरी
पाँच बरस की भंवर हो बियाही, हाँ जी कोई हो गई
सेर जुआन, घालण की रुत चले नौकरी।[124]
(लाए थे ब्याह के भर्ता जब, पीपल की कोंपल थी, जो अब पेड़ हो गई
छाँव तले आराम करने का आया वक़्त, तो चले नौकरी तुम
छोड़ कर गए थे बछड़ी, जो अब गाय हो गई

गाय को दोहने की ऋतु आई है तो जाते हो नौकरी तुम
पाँच बरस की जिसे ब्याह के लाए थे, अब जवान हो गई
प्रेम करने का वक़्त आया है, तो चले नौकरी तुम।)

दो और लोक-गीत उसके अकेलेपन की भावनाओं को प्रदर्शित करते हैं:

जिस दिन साजन चाल पड़े
मन्ने तालों का न्हाणा छोड़ा
मेरी याणी सी उमर, साजन ने आना छोड़ा
जिस दिन से साजन चाल पड़े
मन्ने रसोई का जाना छोड़ा
जिस दिन ते साजन चाल पड़े
मन्ने फुलका का खाना छोड़ा
मन्ने महलाँ का जाना छोड़ा
मन्ने सेजाँ का सोना छोड़ा
मेरी याणी सी उमर, मन्ने साजन ने छोड़ा।[125]
(जिस दिन से तुम गए ओ साजन
मैंने तालाब में नहाना छोड़ दिया
मेरी नादान उम्र में जब से साजन गए
मैंने रसोई में जाना छोड़ दिया
खाना छोड़ दिया
बड़े घरों में जाना-घूमना छोड़ दिया
सेज पर सोना छोड़ दिया
जिस दिन, मेरी नादान उम्र में, मेरे साजन, गए तुम!)।

दूसरा लोक-गीत इस प्रकार है :

मत जाओ पिया परदेस
दखे मैं हो मर जाऊँगी
अन्न ना खायूँ माशे चार
पवन के फटकार उड़ जाऊँगी
पतली कमर लम्बे केश
पवन के फटकार उड़ जाऊँगी
अन्न ना खायूँ माशे चार
सोने के कांटे तुल जाऊँगी
मत जाओ पिया परदेस

देखो हो मैं मारी जाऊँगी।[126]
(मत जाओ पिया परदेस
बिन तुम्हारे मैं मर जाऊँगी
अन्न नहीं खाऊँगी चार माशा भी
और हवा के आगे उड़ जाऊँगी
मेरी पतली कमर और लम्बे बाल
हवा मुझे उड़ा ले जाएगी
सुनार के कांटे पर तुल जाऊँगी
मत जाओ पिया परदेस
देखो मैं तो मारी जाऊँगी।)

परदेस की कमाई को दुत्कारा भी जाता है। वार्तालाप के रूप में एक और परम्परागत लोक-गीत पति की मौजूदगी की अहमियत को तथा औरत के प्यार को रेखांकित करता है, जिसका स्थान एक मनीऑर्डर नहीं ले सकता–

औरत : तू पलटन में चाल पड़्या
इब कौन मेरे लाड़ लडावेगा
आदमी : तेरे आपे लाड लड़े जा
जिब तेरे घर मनीऑर्डर आवेगा
औरत : तेरे मनीऑर्डर की नहीं जरूरत
मने चाहवत दाम नहीं।[127]
(**औरत :** अब जबकि तुम फ़ौज में जा रहे हो
कौन मुझे प्यार करेगा?
आदमी : जब तुझे मनीऑर्डर मिलेगा
सब तुझ से लाड करेंगे
औरत : ऐसे मनीऑर्डर की मुझे ज़रूरत नहीं
क्योंकि प्यार मेरे के दाम नहीं।)

अपने पति के साथ रहने के लिए औरत अपनी सबसे मूल्यवान चीज़ यानी अपने ज़ेवर तक बेचने को तैयार है। पंजाबी भाषा से कुछ प्रभावित, ज़िला अम्बाला में रिकॉर्ड किए गए एक लोक-गीत में हमें यह देखने को मिलता है:

तुसी तो चले राजा नौकरी
हम भी चलेंगे तुम्हारे साथ
सावन रुत आ उतरी
मत्थे का टीका बेच के
गाड़ी का भाड़ा कर दूँ पूरा

कानाँ के कांटे बेच के
भर द्यूँगी रेलों का भाड़ा
हम भी चलेंगे तुम्हारे साथ।[128]
(सावन की ऋतु आ गई है
और तुम, मेरे राजा, नौकरी को जाते हो
मैं भी चलूँगी तुम्हारे साथ।
बस के किराए के लिए
बेच दूँगी माथे का टीका
ट्रेन के किराए के लिए
बेच दूँगी कानों के कांटे
मैं भी चलूँगी तुम्हारे साथ।)

मगर भावना के स्तर पर इस तरह वंचित रहने के बावजूद महिलाएँ इस बात में सर्वसम्मत हैं कि उनके पति अपनी नौकरियों पर बने रहें। दुचित्तेपन और दोनों तरह की भावना की इस स्थिति को जन्म देने वाले कई कारक हैं, जिनमें सबसे महत्त्वपूर्ण हैं आज़ाद भारत के समय में आसानी से उपलब्ध यातायात की सुविधाएँ; अलग-अलग मौक़ों पर, जैसे कि छुट्टियों, त्यौहारों, खेती के सबसे व्यस्त मौसम के दौरान, पुरुष का आते-जाते रहना और अपने गाँव तक के लिए बस दो-एक घण्टे का आसान सफ़र। कुछ लोगों के लिए घोर आर्थिक ज़रूरत ने भी इस स्वीकृति को मुमकिन बनाया है।

6. काम करने से सम्बद्ध सांस्कृतिक पैमाने : महिला-शिक्षा के साथ टकराव

एक और कारक के चलते खेती के काम में महिलाओं की काफ़ी ज़्यादा शिरकत बनी रही है। महिलाओं के लिए काम करने से सम्बद्ध कुछ पैमाने सांस्कृतिक तौर पर हावी रहे हैं। महिला हमेशा से ही खेती के काम में बराबर की साझीदार रही है। लेकिन यह माँग उसकी शादी के बाद ही उठती है और यह साझेदारी व्यवहार में भी उसकी शादी के बाद ही आती है। हरियाणा में पत्नी और माँ की भूमिकाएँ तो शादी से तय और रेखांकित होती ही हैं, खेती तथा पशुओं की देखभाल के काम से सम्बद्ध भूमिका के साथ भी ऐसा ही है। खेती के काम में औरत की भागेदारी इस सांस्कृतिक समझ का नतीजा है कि यह 'उनका काम है' और उन्हें तो यह करना ही है।

खेती के काम के प्रति उनके नज़रिए के बारे में जब उनसे सवाल किए जाते हैं, तो महिलाएँ लगभग एकमत होकर कहती हैं: 'हमारे घर (खेत) का काम सै, कैसी शर्मिन्दगी?'[129] 'हमारा खेत' की धारणा साफ़ तौर पर दिखाई देती है। औरत धरती को सिर्फ़ पुरुष की मिल्कीयत के रूप में नहीं बल्कि परिवार की सम्पत्ति के रूप में देखती है। हावी विचार का ज़ोर इस बात पर रहता है कि जो धरती का मालिक है, वह उस पर

काम भी करे क्योंकि खेती सबसे बेहतर नतीजे तब ही देती है जब उसके मालिक ख़ुद खेत पर काम करते हैं। उनीसवीं सदी की कई कहावतें, जिन का ज़िक्र अब तक भी किया जाता है, यही दर्शाती हैं–

जिस खेती पर खसम ना जावै
वो खेती खसम नू खावै।[130]
(मालिक खेत पर काम नहीं करता
तो खेत उसे खा जाता है)

एक और कहावत में कहा गया हैः

सारी खेती उसकी जो आपू बावै हल
उसकी आधी जिस की बैल बाई का बल
उसकी आधी ना सारी जो कोई बैठे पूछे
कहाँ चलें म्हारे हल।[131]
(पूरी खेती उसकी जो ख़ुद चलावे खेत पर हल
उसकी खेती आधी जिसका खेत जोते बैल
उसकी खेती न आधी न पूरी जो बस बैठे और पूछे
कहाँ चलें हमारे हल।)

इस जज़्बे को महिलाएँ पूरी तरह समझती हैं। उनमें से ज़्यादातर अपने खेत में काम करने से मिलने वाली व्यक्तिगत सन्तुष्टि को स्वीकारती हैं। यह भावना खेती करने वाली लगभग सब जातियों में व्याप्त है क्योंकि परम्परागत तौर पर अमीर भी अपनी ज़मीन पर काम करने को बुरा नहीं कहते। अम्बाला की एक पुरानी लोकोक्ति बल देती है :

खेती, पाली, बन्दगी और घोड़े का तंग
चारों आप ही कीजिये, चाहे लाखों लोग हों संग।[132]
(खेती, ग्वाले का काम, भगवान की वन्दना और घोड़े की ज़ीन कसना
ये चार काम ख़ुद ही करो, साथ करने वाले चाहे लाखों हों।)

इस कहावत की पुष्टि करते हुए महिलाओं ने कहा, "बेशक पैसा हो जाए, सब काम करती हैं।"[133] यानी, पैसा हो, तो भी सब औरतें काम करती हैं। महिलाओं को ख़ुद इस बात का एहसास नहीं है कि ग्रामीण अर्थव्यवस्था में उनकी एक अभिन्न भूमिका है, इसलिए वे इसे रुपये-पैसे से सम्बन्धित बात नहीं समझतीं – असल में तो इसे कमाई के काम के तौर पर देखा ही नहीं जाता। "हमारा काम सै" की अवधारणा इसे आर्थिक योगदान की बजाए नैतिक कर्तव्य बना देती है।

यह एक सचाई है कि ख़ासतौर से हरित और श्वेत-क्रान्ति आने के बाद से महिलाएँ

खेती और घर के काम में ज़्यादा समय लगा रही हैं। उनकी आर्थिक भागेदारी पर कोई सवाल नहीं उठाया जा सकता। लेकिन महत्त्वपूर्ण बात उन द्वारा किया गया काम नहीं बल्कि उसके मूल्यांकन से जुड़ी बात है जिसमें कोई ख़ास बदलाव नज़र नहीं आ रहा। उनके काम का बोझ बढ़ने से उनके आर्थिक योगदान को देखने के नज़रिए और उनके काम के मूल्य को आंकने में कोई फ़र्क़ नहीं आता, ख़ासतौर पर पुरुषों के योगदान और काम के आकलन के सम्बन्ध में। विरोधाभास की बात तो यह है कि ख़ासतौर से परिवार की महिलाएँ सिर्फ़ 'पुरुषों के काम' को आमदनी लाने वाला काम समझती हैं और अपने काम को नहीं। ऐसा उनकी इस जागरूकता के बावजूद है कि वे ख़ुद कितनी मेहनत करती हैं – जबकि यह जागरूकता उनमें हमेशा रही है। इस बात का सबूत हमें पहले भी मिलता था। मिसाल के तौर पर, उनीसवीं सदी की इस लोकोक्ति को ही लीजिए:

जेवड़े से नारा घिसना है।[134]

(रस्सी से बंधे हुए बड़े बछड़े की तरह, औरत को काम करना और सहना है।)

महिलाओं की स्वयं की अनुभूतियाँ इस लोकोक्ति में साफ़ तौर पर अभिव्यक्त होती हैं। इस लोकोक्ति को अब भी याद किया जाता है और महिलाओं द्वारा घर और खेत में किए जाने वाले 'कमरतोड़' काम की मिसाल देने के लिए उद्धृत किया जाता है। अपने ज़मीनी काम के दौरान जिन गाँवों में मेरा जाना हुआ, जवान हों या बड़ी उम्र की, महिलाएँ अपने दिन-प्रतिदिन के काम को सूचीबद्ध करने को तैयार थीं।[135] एक अन्य विद्वान ने भी हरियाणा में महिलाओं के इस एहसास को दर्ज किया है कि उन पर काम का अत्यधिक बोझ रहता है।[136] फिर भी, संस्कृति और विचार की बहुत मज़बूत पकड़ ने महिलाओं को अपने ही सांचे में ढाल लिया है। उन्होंने काम के बोझ को अपना नैतिक कर्तव्य मानते हुए इस तरह आत्मसात कर लिया है कि वे इसे अपने कई कामों में से ही एक छोटा सा भाग मान कर स्वीकार कर लेती हैं। इसलिए महिलाएँ अपने काम को पुरुष द्वारा किए गए मुख्य काम के पूरक के तौर पर देखती हैं। दूसरी ओर पुरुष मानते हैं कि काम करना महिलाओं की सेहत के लिए ज़रूरी है। आमतौर पर सुनने में आता है कि 'काम करने से औरत तनदुरुस्त रहे सै'।[137]

सेहत को काम के साथ जोड़ने के पुरुषों के इस तर्क ने काम की संस्कृति को और भी ज़्यादा कड़ा बना दिया है। इसी तर्क के तहत, जैसा कि हम आगे देखेंगे, नई प्रौद्योगिकी के आने से काम का बोझ घटने के फ़ायदे से भी औरत को वंचित रखा जाता है। अगर औरत इस तर्क को उलटने के मक़्सद से काम से हाथ खैंचती है, तो उसके इस बरताव की बहुत ज़ोर-शोर से निन्दा की जाती है। दूसरी ओर इस कार्य-संस्कृति को पुरुषों द्वारा लगातार उलटा जाता है – उनके पास बहुत सा ख़ाली वक़्त रहता है, उन्हें हुक्का पीते, ताश खेलते या इधर-उधर बस यूँ ही टहलते देखा जा सकता है। यानी काम करने की बात सिर्फ़ महिलाओं पर ही लागू की जाती है। यह विडम्बना की बात

है, ख़ासतौर से इसलिए कि पुरुष को तो निठल्ला नहीं, बल्कि घर के लिए कमा कर लाने वाला माना जाता है।

शिक्षा बनाम खेती का काम : लड़कियों की शिक्षा के प्रति नज़रिया

शिक्षा को इस रूप में देखा जाता है कि वह खेती के काम को नैतिक कर्तव्य के तौर पर लिए जाने की मान्यता को तोड़ सकती है। वह इस मान्यता को भी तोड़ सकती है कि खेती का काम तो औरत की पसन्द का काम है, एक ऐसा काम है जिसके प्रति उस में एक क़ुदरती, अन्तर्निहित जुड़ाव की भावना है। ग्रामीण क्षेत्रों में जवान शिक्षित पुरुषों को किसी भी तरह का छोटा, निम्न-स्तरीय काम करने से हिचकिचाते हुए देखा जा सकता है। शिक्षित महिलाओं का भी यही नज़रिया माना जाता है। इस वजह से ग्रामीण क्षेत्रों में महिला-शिक्षा की बुराई की जाती है, उसकी निन्दा की जाती है।[138]

लड़कियों को शिक्षित करने पर होने वाला एतराज़ नया नहीं है। 1930-31 में डार्लिंग द्वारा पंजाब-हरियाणा के पुरुषों के दर्ज किए गए कथनों में महिला-शिक्षा पर उनके एतराज़ के सन्दर्भ में एक बहुत ही सारगर्भित अन्तर्दृष्टि मिलती है।[139] ज़िला रोहतक के ग्रामीणों की राय थी कि शिक्षा महिलाओं को 'कम आश्रित' बना देगी; पंजाब के मध्य में स्थित ज़िले के लोगों का डर था कि इससे औरतें 'अपने पतियों की मालिक' हो जाएँगी; औरों ने शंका ज़ाहिर की, कि शिक्षित महिलाएँ 'परदा करने से इनकार कर देंगी'; कुछ को आशंका थी कि शिक्षित महिलाएँ 'परदा करने से इनकार कर देंगी'; कुछ के लिए शिक्षा का अर्थ था 'लड़कियों को भटके हुए रास्ते' पर चलना सिखाना। इन एतराज़ों के अलावा, जो अब भी यूँ के यूँ हैं, मुख्य ज़ोर खेत और घर, दोनों से सम्बन्धित काम पर है। आज गाँवों में आमतौर पर सबके बीच यही बात चलती है कि

> *ज़्यादा पढ़ी-लिखी लड़कियाँ के काम करैं सैं*
> *और के काम कर सकैं सैं?*[140]
> (अधिक शिक्षित लड़कियाँ क्या काम करती हैं
> और क्या काम कर सकती हैं?)

ख़ासतौर से बड़ी उम्र की महिलाएँ लड़कियों को पढ़ाने की ज़रूरत को ही नहीं समझ पातीं। वे इसे एक ग़ैर-ज़रूरी ख़र्च मानती हैं। उन्हें लगता है कि शिक्षा की वजह से लड़कियाँ खेत और घर के काम से बचती हैं। असल बात तो यह है कि खेती के काम में महिलाओं की शिरकत निहायत ज़रूरी है और उन्हें शिक्षा की ख़ातिर काम से बख़्शा नहीं जा सकता। महिला के लिए तयशुदा और स्वीकृत सामाजिक-सांस्कृतिक-सामुदायिक भूमिका में शिक्षा का वैसे भी कुछ योगदान नहीं रहता।

इस बात की तरफ़ ध्यान देना भी दिलचस्प है कि कई जवान औरतों को भी यह नहीं लगता कि उनकी बेटियों के लिए शिक्षा की कुछ अहमियत है जबकि इसे बेटों के लिए

महत्त्वपूर्ण माना जाता है, क्योंकि उनसे नौकरी करने की उम्मीद रखी जाती है।[141] यहाँ तक कि लोक-गीत भी लड़कों को शिक्षित किए जाने की ज़रूरत के इर्द-गिर्द घूमते हैं। एक लम्बे लोक-गीत में एक औरत को उसके ससुर, जेठ, देवर से लेकर पति तक, सब पुरुष रिश्तेदार सलाह देते हैं कि वह अपने बेटे को स्कूल भेजे। इस मश्विरे का निचोड़ हमें इन पंक्तियों में मिलता है:

लड़के ने गुरुकुल घाल
लड़के के हिर्दे में ज्ञान सै
पिया पोथी ल्यादे हो, वेद की
पढ़ मेरा लड़का बन विद्वान
लड़के के हिर्दे में ज्ञान सै।[142]
(लड़के को स्कूल भेज दे
वो बुद्धिवान है
उसे ज्ञान, जैसे कि वेद, की पुस्तक ला दे
पढ़ कर वह बनेगा विद्वान
लड़का बुद्धिमान है।)

इस तरह की भावना लड़कियों के लिए व्यक्त नहीं की जाती – उनके मामले में 'बुद्धिमता' का पैमाना बिल्कुल ही अलग है।

महिला-शिक्षा के सन्दर्भ में आर्य-समाज की स्थिति

आर्य-समाज का दावा है कि उसने महिलाओं के लिए शिक्षा को बढ़ावा देने के उद्देश्य से बहुत कुछ किया है।[143] लेकिन ग्रामीण हरियाणा में उसकी सफलता किस हद तक रही है, यह एक बहस का मुद्दा है और जाँच-पड़ताल का भी। मौजूदा प्रमाणों से तो लगता है कि उपनिवेशीय काल में आर्य-समाज की कोशिशें पंजाब तक सीमित रहीं और हरियाणा में ऐसा कुछ देखने को नहीं मिला। आर्य-समाज का नेतृत्व पंजाब की रस्मी तौर पर उच्च मानी जाने वाली जातियों और व्यापारी समुदाय से था और कमोबेश जाट समुदाय में से उपजी हरियाणा की किसानी से उसे महिला-शिक्षा के लिए बमुश्किल ही मदद मिली। इसकी वजह यह थी कि जिन कारणों से महिलाओं के लिए शिक्षा को इतनी शिद्दत से प्रचारित और स्वीकार किया जा रहा था, वे, जैसा कि कन्या महाविद्यालय, जालन्धर पर मधु किश्वर के पथ-प्रदर्शक काम में निकल कर आता है, इस क्षेत्र के लिए प्रासंगिक ही नहीं थे।[144] मिसाल के तौर पर, महिला-शिक्षा के सवाल के केन्द्र में विधवा-पुनर्विवाह का मुद्दा था। शिक्षा को विधवाओं को बचाने के एक माध्यम के तौर पर देखा जा रहा था क्योंकि उन्हें 'वेश्यावृत्ति के लिए भरती के एक तैयार मैदान' की तरह समझा जा रहा था जिस से परिवार के ढांचे के स्थायित्व को ख़तरा था। हरियाणा में विधवाओं

की समस्या नहीं थी जिसके चलते इस उपाय की ज़रूरत ही महसूस नहीं हो रही थी।

इससे भी बढ़ कर एक बात और थी। पंजाब के शहरी, शिक्षित पुरुष की संगिनी और सहायक 'आधुनिक औरत' की काल्पनिक भूमिका का आधार महिला के विक्टोरियन मॉडल में था, जिसमें 'अच्छे, सभ्य तौर-तरीक़ों' और 'अच्छे आचरण' पर बल रहता था और जिसने उनीसवीं सदी के ज़्यादातर भारतीय शिक्षाविदों को प्रभावित किया था। हरियाणा में इसकी कोई मांग ही नहीं थी। इस क्षेत्र में बहुत ही कम स्तर के शहरीकरण की वजह से और पुरुष-शिक्षा के चलते पुरुष-किसान, 'अधिकतर निरक्षर', आर्य-समाजियों में इस बात की कोई गूंज सुनाई नहीं दी।[145] पंजाब में उच्च जाति, मध्य-वर्गीय महिला को उसके एकांत भरे निजी जीवन से निकाल कर खुले, सार्वजनिक माहौल में लाने के लिए भी शिक्षा को ज़रूरी माना जा रहा था। यहाँ पर किसान महिला के लिए यह 'सार्वजनिक स्थान' पहले से ही उसके खेतों में मौजूद था (हालाँकि, जैसा कि दिखाया जा चुका है, वह उसके निजी स्थान का ही विस्तार था)। उसे अपने पति के सच्चे 'सहायक साथी' के रूप में माना जा सकता था।

इसके अलावा, हरियाणा में यह स्थिति भी नहीं थी कि ईसाई मिशनरियों के प्रभाव की प्रतिक्रिया में महिलाओं की शिक्षा को बढ़ावा दिया जा रहा हो, जबकि पंजाब में ईसाई मिशनरियों का प्रभाव वहाँ के उच्च वर्ग और जाति के घरों के ज़नाना में दाख़िल हो चुका था। 'किसान संस्कृति' की मौजूदगी और ईसाई प्रभाव से 'धर्म' को किसी तरह का 'ख़तरा' न होने की सूरत में महिला-शिक्षा को एक उद्धारक के तौर पर नहीं देखा जा सकता था। नतीजे के तौर पर आर्य-समाज की गुरुकुल-शाख़ाएँ, जिन का इस पूरे ख़ित्ते में दबदबा था और जो पंजाब वाले इलाक़े में महिला-शिक्षा के उद्देश्यों के लिए बहुत सक्रिय थीं, यहाँ बस कुछ ही पाठशालाएँ स्थापित करने तक सीमित रहीं। और इनमें भी लगातार शिष्यों और गुरुओं, दोनों की कमी बनी रही।[146] हाँ, पुरुषों के गुरुकुलों को कहीं अधिक समर्थन मिला। मगर हरियाणा में कथित तौर पर जाति-रहित आर्य-समाज जैसी संस्था में भी जाति का कारक खुले तौर पर सक्रिय और शिक्षा-प्रणाली को प्रभावित करता हुआ नज़र आता था, जिसके चलते अछूत विद्यार्थी नुक़सान में रहते थे।[147]

महिलाओं की शिक्षा पर आर्य-समाज तो पूरा बल देता था मगर हरियाणा के सामाजिक वातावरण ने इसे एक खुले सवाल की तरह छोड़ दिया। इसलिए ग्रामीण परिवेश के छोटे नगरों में विकसित हुए नेतृत्व से प्रेरित होकर जब लाहौर, जालन्धर, अमृतसर और अन्य जगहों पर स्कूल खोले जा रहे थे, धन इकट्ठा किया जा रहा था, महिलाओं के लिए नई तरह की पाठ्यचर्या की योजना बनाई जा रही थी[148],तो हरियाणा में इसकी गूंज तक भी नहीं सुनाई दी। इसी लिए, हालाँकि इस इलाक़े के पहली पंक्ति के नेता और आर्य-समाजी चौधरी छोटू राम ने पंजाब में महिला-शिक्षा के लिए 5000 रुपये की बड़ी रक़म दान में दी,[149] उनके ख़ुद के क्षेत्र में यह मक़सद उपेक्षित ही रहा।

शिक्षा से जुड़े अन्य सन्दर्भ

आर्य-समाज के अलावा सनातन-धर्म सभा और अलग-अलग जाति-आधारित संस्थाएँ जैसे कि जाट, यादव, वैश्य, सैनी और ब्राह्मण महासभाओं ने भी अपने-अपने जाति-समूहों के क्षेत्रों में शिक्षण-संस्थाएँ स्थापित कीं; कांग्रेस और यूनियनिस्ट दलों के साथ-साथ फ़ौज से जुड़े लोग भी शिक्षा के लिए धन एकत्र करने में सक्रिय थे।[150] लेकिन ये सब कोशिशें भी अपने आप में काफ़ी नहीं थीं और वैसे भी ये पूरी तरह से पुरुष-शिक्षा के सन्दर्भ और उद्देश्य से ही जुड़ी थीं। दूसरी ओर, शिक्षा को बढ़ावा देने के लिए ब्रिटिश सरकार की कोशिशें न के बराबर थीं। असल में तो शिक्षा को लाए जाने पर ब्रिटिश अधिकारियों की ओर से त्योरी चढ़ाने के तेवर रहते थे क्योंकि इसे 'खेती करने वालों के लिए अनुपयुक्त' माना जाता था और 'उनके पेशे से उन्हें दूर भगाए जाने के लिए' ज़िम्मेदार ठहराया जाता था।[151] अंग्रेज़ों के दृष्टिकोण से देखें तो शिक्षित ज़मींदारों का खेती और पशु-पालन से अलगाव इस क्षेत्र की अर्थव्यवस्था को ख़तरे में ही डाल सकता था।[152] यह कारक और उसके साथ ही यह ख़तरा कि निरन्तर बेरोज़गारी के चलते शिक्षित लोगों की असन्तुष्टि राजनैतिक उथल-पुथल की शक्ल ले सकती थी, किसी भी सूरत अंग्रेज़ों के अनुकूल नहीं थे। अंग्रेज़ों के अधीन रहते हुए महिला-शिक्षा के भी किसी रूप में फलने-फूलने के आसार नहीं थे – हरियाणवी महिलाओं द्वारा पुरुषों के साथ खेतों में 'कंधे से कंधा मिला कर' काम किए जाने को प्रशंसित करने वालों से यह आशा कैसे की जा सकती थी कि वे उन्हें स्कूल भेजेंगे? उन्हें लगता था कि अगर शिक्षा पुरुषों को खेती से दूर भगाती है, तो महिलाएँ भी उसे जारी रखने के लिए प्रेरित नहीं होंगी। इन हालात में अंग्रेज़ भी बमुश्किल ही सरकार-समर्थित शिक्षा को प्रेरित करने के लिए कोई ठोस कदम उठाने की ओर आकर्षित होते थे।

शिक्षा पर इतना कम ज़ोर दिए जाने की हालत में हैरत नहीं है कि आज़ादी के फ़ौरन बाद हरियाणा में साक्षरता-दर पुरुषों के लिए 15.76 प्रतिशत और महिलाओं के लिए 2.98 प्रतिशत थी।[153] साक्षरता की इस घोर कमी ने आमतौर पर व्यापक इस लोकोक्ति को एक विशेष स्थानीय सन्दर्भ दे दिया–

काला अक्षर भैंस बराबर।[154]

आज़ादी के बाद भी सरकार ने शिक्षा की ओर कोई ख़ास ध्यान नहीं दिया। पहले बीस सालों तक सरकार के मुख्य अनुदानों का ज़ोर पंजाब वाले हिस्से पर ही रहा और इसी का नतीजा था कि हरियाणा में साक्षरता की दर कुल आबादी का 19 प्रतिशत ही रही जबकि बाक़ी के पंजाब में यह 27 प्रतिशत थी।[155] 1966-67 में पंजाब का दो राज्यों में विभाजित हो जाने के बाद, साक्षरता-दर काफ़ी बढ़ी लेकिन यह अब भी पुरुष और महिला दोनों के लिए बहुत ही कम है, ख़ासतौर से महिलाओं के लिए। यह अन्तर शहरी

के मुक़ाबले ग्रामीण इलाक़ों में तो और भी ज़्यादा है (देखें तालिका 2.11)।

तालिका 2.11: हरियाणा में 1981 में ग्रामीण और शहरी साक्षरता-दरें

	पुरुष	*महिलाएँ*	*कुल*
ग्रामीण	43.44	15.37	30.33
शहरी	64.95	47.35	56.86
कुल	48.20	22.27	36.14

स्रोत : *स्टेटिस्टिकल हैण्डबुक ऑफ़ हरियाणा*, 1988-89, चण्डीगढ़, इकनॉमिक एण्ड स्टेटिस्टिकल ऑर्गनाइज़ेशन, प्लैनिंग डिपार्ट्मेन्ट, गवर्नमेन्ट ऑफ़ हरियाणा, 1989, पृ. 12-13।

इस इलाक़े में महिला-साक्षरता के प्रतिशत में उपनिवेशीय समयकाल के 2.98 से लेकर 22.27 तक हुई ज़बरदस्त बढ़ोतरी बहुत कम तसल्ली देने वाली है। एक लड़की के पक्ष में बात करते हुए आर्य-समाज के उपदेशकों और भजनियों द्वारा गाया जाने वाला एक बहुत लोकप्रिय लोक-गीत इन हालात में बेहतरी लाने की दलील देता है:

कह कन्या हाथ कर जोड़
गन्दे रिवाजों को छोड़
मुझे विद्या का ज़ेवर पहरा दो, पिता जी।[156]
(हाथ जोड़ कर कहती है बेटी
गन्दे रिवाजों को छोड़ो
मुझे विद्या का ज़ेवर पहना दो, हे मेरे पिता।)

इस लोक-गीत का इशारा स्कूल जाने की उम्र वाली उन लड़कियों की ओर है जो शिक्षा हासिल करने का अरमान रखती हैं। शिक्षित हो पाने का यह जज़्बा मुझे उन गाँवों में काफ़ी हद तक दिखाई दिया जिनमें मैं गई। लेकिन ऐसा लगता है कि इस इच्छा को बहुत से माता-पिता की ओर से सकारात्मक प्रतिक्रिया नहीं मिलती थी।

इस पृष्ठभूमि के चलते हरियाणा में महिलाओं की साक्षरता के निम्न स्तरों को समझना मुश्किल नहीं है। 1981 की जनसंख्या-गणना के आंकड़ों से पता चलता है कि ग्रामीण पुरुषों की साक्षरता-प्रतिशत 43.44 थी जबकि महिलाओं के लिए यह 15.37 थी, यानी ग्रामीण-पुरुषों के आंकड़े के मुक़ाबले में 64.61 प्रतिशत कम।[157] साक्षरता के इन निम्न-स्तरीय आंकड़ों के साथ ही उच्च-शिक्षा में महिलाओं की भागेदारी के भी गिरते आंकड़े देखने को मिलते हैं। 1987-88 के आंकड़ों के हिसाब के मुताबिक़[158] प्रवेश से सम्बद्ध कक्षा 1 से 5 (आयु-समूह 5-11 साल) में ग्रामीण लड़कियों का प्रतिशत 67.4 था जो कक्षा 6 से 8 (आयु-समूह 11 से 14 साल) के लिए घट कर 41.1 और सेकेण्डरी स्तर यानी कक्षा 9 से 12 (आयु-समूह 14-17 साल) के लिए और भी घट

कर 12.4 प्रतिशत तक आ गया। स्पष्ट है कि जैसे-जैसे शिक्षा का स्तर बढ़ता है, और बालिग़ होने की अवस्था के साथ मेल खाता है, लड़कियों को घर और खेती में मदद के लिए पढ़ाई से हटा लिया जाता है।

हरियाणा में विभिन्न श्रेणियों के घरों में पुरुषों और महिलाओं के शैक्षिक स्तरों में अन्तर को दर्शाने वाले 1978 के एक गहन सरकारी सर्वेक्षण से यह जानकारी मिलती है[159]: छोटे किसानों में – 32.60 प्रतिशत पुरुष और 9.22 प्रतिशत महिलाएँ; सीमांत किसानों में – 29.73 पुरुष और 11.68 महिलाएँ; भूमिहीन मज़दूरों में – 21.84 प्रतिशत पुरुष और 4.30 प्रतिशत महिलाएँ। न सिर्फ़ यह कि इससे पुरुषों और महिलाओं की साक्षरता में बड़ा अन्तर दिखाई देता है, बल्कि जोत का आकार और आमदनी घटने के साथ ही घटती हुई प्रतिशत भी देखने में आती है। इन आंकड़ों से ज़मींदारों और भूमिहीनों की महिलाओं की साक्षरता के बीच चौंकाने वाला 58.85 प्रतिशत का अन्तर दिखाई देता है। साफ़ ज़ाहिर है कि आर्थिक तौर पर कमज़ोर तब्क़ों के पास महिला-शिक्षा पर ख़र्च करने को बहुत ही कम संसाधन होते हैं, ख़ासतौर पर तब जब वे कम आयु में ही कमाई करने वाले सदस्य बन जाते हैं।

जिनके पास संसाधन उपलब्ध हैं, उनमें मुझे शिक्षा के प्रति दो तरह का नज़रिया देखने को मिला। उनके लिए लड़की को कक्षा-आठ या मैट्रिक तक भी स्कूल भेजना असामान्य नहीं है। इसके अलावा, उनके बीच आमतौर पर यह राय सुनने को मिलती है कि शिक्षित लड़की शादी के बाद परिवार के बच्चों की कम से कम शुरुआती शिक्षा की देख-रेख तो कर पाएगी। यह भी देखा गया कि कई मामलों में सबसे छोटी बेटी को पढ़ने का मौका मिल जाता है;[160] बड़ी बेटियों को अपने से छोटे भाइयों-बहनों का ध्यान रखने की ज़िम्मेदारी निभानी पड़ती थी। सात या आठ साल की लड़की को अपने छोटे भाइयों-बहनों की देखभाल करते देखना कोई अजब बात नहीं है। महिलाओं से इस बात की पूछताछ पर कि ब्ड़े बच्चों को शिक्षा से वंचित क्यों रखा गया, लगभग हमेशा ही यह प्रतिक्रिया मिली है कि 'वे पढ़ना नहीं चाहते'। पढ़ाई की बजाए घर के काम में रहने की बात पर उनकी प्रतिक्रिया होती है कि 'और क्या करना है उन्हें?' कुल मिला कर देखें तो हरियाणा में महिला-शिक्षा की हालत भारत के अन्य ग्रामीण इलाक़ों में मौजूद हालात से अलग नहीं है, जहाँ साक्षरता-दर कम है, नामांकन भी कम है, शिक्षा छोड़े जाने की उच्च-दर है, सेकेण्डरी स्तर की उम्र में शादी का दबाव है और शिक्षा पर किए जाने वाले ख़र्च के मामले में तरजीह लड़कों को दी जाती है।

7. खपत और ख़र्च के रूप-स्वरूप : औरतों की आवाज़ और अधिकार

बहुत ही साफ़ तौर पर स्पष्ट है कि इस इलाक़े के सामाजिक-आर्थिक हालात में आए बदलावों के बावजूद महिलाओं का काम घटा नहीं, बल्कि यह तो बढ़ा ही है, ख़ासतौर

पर हरित-क्रान्ति से फ़ायदा मिलने वाले क्षेत्रों में। फिर भी, इस लाभकारी, उत्पादक काम का कुछ भी आर्थिक मूल्य नहीं माना जाता और इसे 'कमतर', 'दूसरे दर्जे का' या 'पूरक' काम का स्थान दिया जाता है। इसका मूल्य पूरी तरह से अदृश्य होने की वजह से महिलाओं को इसका कुछ भी आर्थिक महत्त्व नहीं दिया जाता और न ही उन्हें कोई सामाजिक रुतबा मिलता है जबकि ऐसा होने पर ही उन्हें कोई निर्णायक आवाज़ मिल पाएगी। इस सम्बन्ध में सबसे अधिक उजागर होने वाली बात उपभोग और खपत या ख़र्च के विकसित हो रहे तौर-तरीक़ों में महिलाओं की राय और आवाज़ की प्रासंगिकता की बात है। यह अमर्त्य सेन द्वारा प्रतिपादित 'पात्रता' [हक़दार होने] के सिद्धांत के साथ गुंथी हुई बात है, जिसे बाद में उन्होंने तथा हैना पपानेक ने महिलाओं से सम्बद्ध करते हुए और अधिक विकसित किया।[161]

यह सिद्धांत कुछ विशेष संसाधनों पर उन विशेष श्रेणियों के लोगों की पात्रता या हक़ की बात करता है, जिन्हें इस सन्दर्भ में सामाजिक और सांस्कृतिक तौर पर मान्यता मिली हुई है। पात्रता से सम्बद्ध विचार न्याय मिलने और उसके फैलाव के बारे में उन मान्यताओं की व्यवस्था का हिस्सा हैं जो लोगों की विभिन्न श्रेणियों के तुलनात्मक महत्त्व पर आधारित हैं – यानी न्याय का मिलना किसी श्रेणी के तुलनात्मक महत्त्व और प्रभाव पर निर्भर है। नतीजे के तौर पर, जैसा कि आगे आने वाले विवरण से स्पष्ट होगा (और जो पहले भी दर्शाया जा चुका है) भोजन, चिकित्सा और शिक्षा के क्षेत्रों में संसाधनों के बंटवारे में सख़्त क़िस्म की असमानताएँ देखने को मिलती हैं। और ये असमानताएँ सत्ता, ताक़त तथा संसाधनों तक पहुँच से सम्बद्ध मौजूदा असमानताओं से उपजी हैं – यानी सत्ता, ताक़त और संसाधनों तक किस की कितनी पहुँच है, इससे यह निर्धारित होता है कि किसे ग़ैर-बराबरी का सामना करना पड़ता है और किसे नहीं।

कुल मिला कर देखें तो इस इलाक़े की महिलाएँ खेती और पशुपालन के काम में कमोबेश पूरी तरह से शामिल रहती हैं। वे बच्चों को जन्म देने तथा उनकी देखभाल के साथ-साथ अन्य घरेलू ज़िम्मेदारियाँ भी निभाती हैं। इन बातों को ध्यान में रखें तो उनके भोजन की मात्रा और पौष्टिकता का सम्बन्ध महत्त्वपूर्ण हो जाता है। इसी तरह महिलाओं के कल्याण और स्वास्थ्य-देखभाल की व्यवस्था और उन द्वारा उसका इस्तेमाल भी महत्त्वपूर्ण हो जाता है क्योंकि इन सब पर ही उनका बने रहना और उनका सुख निर्भर हैं। ये अधिकार या पात्रताएँ महिलाओं के लिए बहुत ही महत्त्वपूर्ण हैं। ये बचपन में समाजीकरण की महत्त्वपूर्ण प्रक्रिया का हिस्सा हैं, जिसके तहत वंचितों द्वारा मौजूदा व्यवस्था की वैधता को स्वीकार कर लिया जाता है और वे इस असमान बंटवारे में सहअपराधी हो जाते हैं, और इसी के चलते इन असमानताओं से जेण्डर-आधारित तथा घर-परिवार के भीतर की असमानताएँ भी रेखांकित होती हैं।

'पात्रता' की अवधारणा भोजन, उसके बंटवारे और उसे ग्रहण किए जाने में सबसे

खुले तौर पर देखाई देती है। भोजन के मामले में यह न सिर्फ़ इसलिए बहुत चौड़े में दिखाई देती है क्योंकि घरेलू काम में मदद के लिए किसी नौकर को रखे जाने की रिवायत न होने[162] की वजह से भोजन से सम्बद्ध काम परिवार की महिलाएँ ही व्यापक और पूरे तौर पर करती हैं बल्कि इसलिए भी, कि परिवार के बजट का एक बहुत बड़ा हिस्सा भोजन पर लगाया जाता है। 1969-70 से 1984-85 तक हरियाणा के किसानों के भिन्न-भिन्न वर्गों की नुमाइंदगी करने वाले समूहों के पारिवारिक बजट का एक सरकारी सर्वेक्षण हुआ। इससे जानकारी मिलती है कि घरेलू ख़र्च का 56 से 60 प्रतिशत के बीच ख़र्च भोजन पर होता है।[163] 1973-74 के विवरण से औसत सालाना ख़र्च के फैलाव के दो छोर इस प्रकार प्रदर्शित होते हैं – एक ओर ज़िला गुड़गाँव के गाँव सोंध में 16 हेक्टेयर ज़मीन के मालिक परिवार में कुल 18,343.04 रुपये के ख़र्च में से भोजन पर 9,858.04 रुपये का ख़र्च था तो दूसरी ओर ज़िला करनाल के गाँव फ़ुरलत के 1.76 हेक्टेयर के मालिक एक अन्य परिवार के कुल 3,195 रुपये के ख़र्च में से 1,609 रुपये भोजन पर ख़र्च हुआ।[164] प्रतिशत के हिसाब से यह अन्तर इतना व्यापक नहीं है, यानी गाँव सोंध में 53.74 प्रतिशत और गाँव फ़ुरलत में 50.35 प्रतिशत। साफ़ है कि ग्रामीण क्षेत्रों में कुल ख़र्च का आधे से ज़्यादा भोजन पर होता है।

ज़ाहिर है कि अधिक आय वाले अमीर किसान भोजन पर अधिक ख़र्च करते हैं और उनमें से कुछ शेख़ी बघारते हुए 'शहरी लोगों का भोजन' भी ले पाते हैं।[165] यह शेख़ी बिना औचित्य के भी नहीं है। महत्त्वपूर्ण है कि इसमें ग्रामीण पृष्ठभूमि के उन गतिशील पुरुषों की बदली हुई ख़ुराक शामिल है, जिन्होंने शाकाहारी के तौर पर पलने-बढ़ने के बावजूद अण्डा, गोश्त और मुर्ग़ा का सेवन करना शुरू कर दिया है। उनमें उस लोकोक्ति की कुछ भी याद बाक़ी नहीं रह गई है जिसके मुताबिक़ माँसाहार और शराब पीने को फ़िज़ूलख़र्ची के साथ-साथ नैतिक तौर पर निन्दनीय माना जाता था:

खावे माँस होवे नास
पीवे शराब होवे खराब।[166]
(मांस खाओगे तो बरबाद हो जाओगे
शराब पीओगे तो हो जाओगे ख़राब।)

लेकिन अब भी, निम्न-जातियों के अपवाद को छोड़ दें तो पाएँगे कि घर पर मांसाहारी भोजन नहीं बनाया जाता। नए हासिल किए गए स्वाद का शौक़ तो शहरों में बड़ी तेज़ रफ़्तार से बढ़ने वाले रेस्तराँ और ख़ासतौर से शहरों के बाहरी इलाक़ों के ज़्यादातर गाँवों और क़स्बों के ढाबों में पूरा किया जाता है।[167] महत्त्वपूर्ण है कि 1976 में ग्रामीण हरियाणा में गोश्त और अण्डों के उपभोग वाले परिवारों का प्रतिशत 5.18 और 3.39 था जबकि शहरों में यह 12.42 और 11.17 था।[168] हिसाब लगाया गया कि ये ग्रामीण परिवार भोजन के अपने कुल बजट का सिर्फ़ 0.27 प्रतिशत गोश्त और मुर्ग़ी-

उत्पादों पर ख़र्च करते थे।[169] एक बात और – मांसाहारी भोजन हालाँकि ग्रामीण समाज के एक बहुत ही छोटे से तब्क़े तक सीमित बड़ा बदलाव है, इसका उपभोग लगभग पूरी तरह से पुरुषों द्वारा ही किया जाता है। परिवार की महिलाओं का इस बदलाव से अब भी परिचय नहीं है। 1984-85 में हरियाणा की मुख्य तौर से शाकाहारी रंगत इस बात में दिखाई देती है कि भोजन पर होने वाले परिवार के कुल ख़र्च का 80 प्रतिशत दूध, दालों, अनाज और चीनी पर होता है। अमीरों और छोटे आकार के परिवारों में भी बहुत कम ही लोग सब्ज़ियों, फलों, पशु-उत्पादों और वनस्पति तेल के क़ीमती आहार का ख़र्च वहन कर पाते हैं।[170]

इसके अलावा, सब्ज़ियों और फलों का खान-पान तुलनात्मक दृष्टि से शहरी केन्द्रों के पास स्थित गाँवों में ही अधिक है और कम फ़ायदेमन्द जगह स्थित गाँवों में गिनी-चुनी संख्या के अमीर परिवारों में ही सन्तोषजनक उपभोग किया जाता है।[171] बाक़ी के 90 प्रतिशत लोग मुक़ाब्लतन दरमियाने स्तर के आहार पर गुज़र-बसर करते हैं जिसमें रोटी तथा छोटी मटर, उड़द, मूंग, अरहर, मसूर जैसी दालें शामिल रहते हैं, जिन से बच्चों और बड़ों की प्रोटीन की मुख्य ज़रूरत पूरी होती है। हाल ही के अध्ययन ध्यान दिलाते हैं कि हरित-क्रान्ति के प्रभाव के तहत इस आहार का मिलना भी पक्के तौर पर सुनिश्चित नहीं है क्योंकि कम उत्पादन देने वाली दालों को उच्च-उत्पादन देने वाले खाद्यान्नों और अन्य व्यावसायिक फ़सलों से कड़ी टक्कर मिल रही है, जिसके चलते दालों के तहत आने वाली ज़मीन बहुत कम हो गई है। इस सबके रहते हरियाणा के पुरुषों और महिलाओं, दोनों के पौष्टिकता-आधारित स्वास्थ्य पर बहुत गहरा प्रभाव पड़ा है, ख़ासतौर से महिलाओं के स्वास्थ्य पर, जैसा कि अभी प्रदर्शित किया जाएगा। लेकिन मौजूदा खान-पान पहले के उस खान-पान से तो कहीं दूर है जिसमें राबड़ी या रोटी (अधिकतर बाजरा की, जिसे गेहूँ के मुक़ाबले कम अहमियत दी जाती है), प्याज़ और छाछ या दूध और उसके उत्पाद शामिल थे।[172] इस 'पहले से बेहतर' घर के भोजन को ज़्यादातर तो अलग-अलग क़िस्म की दालों, उपलब्ध हों तो सब्ज़ियों, मगर मुख्य तौर पर मसालों और बाजरा की जगह गेहूँ के आटे के इस्तेमाल के सन्दर्भ में देखा जाता है। हाँ, महिलाओं के काम के लिहाज़ से देखें तो यह नहीं कहा जा सकता कि इस बदलाव की वजह से वह ज़रूरी तौर पर बढ़ा ही है। यह बढ़ा भी है तो वहाँ, जहाँ मसालों और अनाज को अब भी हाथों का इस्तेमाल कर के ही पीसा जाता हो और ज़मींदार परिवारों द्वारा खेती का मेहनताना भोजन के रूप में दिए जाने का रिवाज हो।[173]

महिलाएँ, भोजन और उस तक उनकी पहुँच तथा इस बाबत पुरुषों का नज़रिया

परिवार के बजट का एक बड़ा हिस्सा भोजन पर ख़र्च होने के बावजूद सम्पूर्ण ग्रामीण भारत में मौजूदा समस्याओं में से एक समस्या 'महिलाओं के कुपोषण और

थकान भरी हक़ीक़त' की है, और इसे व्यापक स्तर पर स्वीकार भी किया जाता है।[174] हरियाणा में महिलाओं के लिए महत्त्वपूर्ण, निर्णायक कारक अब भी बहुत ही बुनियादी क़िस्म का है, यानी पौष्टिकता को तय करने वाले भोजन का उन तक पहुँच पाना। जैसा बाक़ी के भारत में होता है, वही हरियाणा में भी है। यहाँ भी औरत सबसे बाद में भोजन करती है और अधिक मात्रा में भोजन के सबसे बेहतरीन तत्त्व परिवार के पुरुषों के हिस्से आते हैं। ग्रामीण क्षेत्रों में पति और पत्नी द्वारा एक साथ भोजन किए जाने की बात की स्वीकृति नहीं है – पति-पत्नी ही क्यों, पुरुष और महिलाएँ एक साथ बैठ कर खा लें, यह भी स्वीकार्य नहीं होता। 1930 के दशक के हरियाणा में अगर कोई ऐसी कोशिश करता था तो उसे 'नवाब' कहकर उसका मज़ाक़ उड़ाया जाता था।[175]

यह नज़रिया बदला नहीं है। पुरुषों और महिलाओं के एक साथ खाने को अब भी सामाजिक तौर पर स्वीकृति नहीं मिलती। यह मुख्य तौर पर इसलिए है कि पुरुष के सबसे पहले भोजन करने की बात, और सबसे बेहतर भोजन उसे मिलने की बात उस विचारधारा पर आधारित है जिसके मुताबिक़ वह कर्मदाता है, और यह विचार अब तक बदला नहीं है। दूसरी तरफ़, औरत को जो मिल जाए, उसी में सन्तुष्ट रहना होता है। आदर्श के तौर पर महिलाओं को अकसर कहा जाता है–

देख बिरानी चोपड़ी क्यों ललचावे जी
रूखी-सूखी खा के, ठण्डा पानी पी।[176]

(पराए के ऐश्वर्य को देख कर मन को लालच में न आने दे,
जो भी रूखा-सूखा उपलब्ध है, उसी में सन्तोष रख।)

हैरत की बात नहीं है कि उनीसवीं सदी की एक कहावत जो अब कुछ ख़ास याद नहीं की जाती, महिलाओं की मौजूदा मानसिकता में अब भी ज़िन्दा है–

मरद का दिखाया ना खाइये
मरद का लाया खाइये।[177]
(अपने पति की मौजूदगी में भोजन न करना
मगर वह जो भी लाए, वह खाना।)

इस रिवाज पर बरतानवी संकलनकर्ता की व्यक्तिगत टिप्पणी दिलचस्प है : 'भारतीय प्रथा, जो उनके घरों को ख़ुश रखती होगी।' धरातल पर काम करते हुए मैंने यह पाया कि जहाँ भी पुरुष मौज़ूद रहते थे, महिलाएँ हमेशा ही पुरुषों की तरफ़ पीठ कर के, नज़र चुरा कर खाती थीं। एक प्रचलित स्थानीय लोकोक्ति के अनुसार :

मरद का नहाना, औरत का खाना बराबर है।[178]
(मर्द के नहाने तथा औरत के खाने में कुछ ही समय लगता है।)

ग्रामीण पुरुष नहाने का काम आमतौर पर आनन-फानन में तमाम कर डालने के लिए बदनाम हैं; यही बात औरत के भोजन करने पर लागू होती है।

मगर इस लोकोक्ति में छुपी हुई असल बात तो औरत द्वारा भोजन करने में लगाए जाने वाले वक़्त की नहीं बल्कि उसके हिस्से आने वाले बहुत ही कम भोजन की बात है।

सांस्कृतिक चलन के हिसाब से देखें तो परिवार में महिलाओं के मुक़ाबले पुरुषों के हक़ में भोजन के बंटवारे की बात सब जातियों और वर्गों पर लागू होती है। ख़ुद महिलाओं के बीच भोजन करने के सन्दर्भ में सत्ता को दर्शाती एक ख़ास व्यवस्था है जिसमें सास और जेठानी सीढ़ी में सबसे ऊपर के पायदान पर पाई जाती हैं। अन्तर पर आधारित भोजन के बंटवारे की यह व्यवस्था सामाजिक विभाजनों को प्रतिबिम्बित करती और रचती है। इसमें परिवार के भीतर सत्ता और रुतबे की श्रेणियों से सम्बद्ध एक सन्देश है। एक प्रचलित लोकोक्ति इस बात को बहुत सही ढंग से दर्शाती है–

सास गई गाँव, बहू कहे मैं के के खाऊँ।[179]
(सास तो गई है गाँव, बहू कहे क्या-क्या न खा लूँ मैं?!)

बच्चों में भी भोजन से सम्बद्ध श्रेणी-आधारित एक ख़ास व्यवस्था है। मिसाल के तौर पर, मुमकिन है कि एक जेठानी के बेटे को जेठानी खाने के लिए ज़्यादा दे दे। महिलाओं में प्रचलित एक कहावत इसी बात को अभिव्यक्त करती है–

जेठानी का भैंसा असर धन्न धन्न।[180]
(जेठानी का बेटा भैंसे की तरह मोटा है, खान-पान का असर ज़ाहिर है।)

महिलाओं के बीच इस श्रेणीबद्ध व्यवस्था के बावजूद सभी महिलाओं को भोजन के मामले में पुरुषों के मुक़ाबले भेदभाव झेलना पड़ता है, फिर चाहे उनका रुतबा और उम्र चाहे कुछ भी हो। ऐसा भी नहीं है कि एक औरत इन बने-बनाए नियमों को तोड़ने की कोशिश न करती हो। उनीसवीं सदी की एक लोक-कहावत इस भेदभाव तथा औरत द्वारा उसे चतुराई से मात दिए जाने, दोनों बातों को प्रदर्शित करती है–

तीन पाव की तीन पा खाईं
सवा सेर की एक
जेठ निपूता तीनों खा गया
मैं सन्तोकन एक।[181]
(एक-एक पाव की तीन रोटी
और पाँच पाव की एक
मेरा अभागा जेठ खा गया तीन
और मुझ सन्तोषी के हिस्से आई एक।)

मगर असल बात तो यह है कि औरत के हिस्से आई एक ही तो सबसे बड़ी रोटी थी!

औरत द्वारा लुक-छुप कर बेहतर खाना खाने की कोशिशें कई चुटकुलों और कहानियों का केन्द्रीय मुद्दा हैं और इन से बहुत कुछ प्रकट होता है। यह कहानी बहुत ही लोकप्रिय है। पुरुषों और महिलाओं, दोनों में जानी जाती है।[182] यह एक लुगाई के बारे में है जो रोटी बनाते वक़्त अपने लिए सबसे अच्छी रोटियाँ अपने घाघरे में छिपा लिया करती थी। एक पुरुष ने यह देखा तो कहा, 'दादी, अन्न संकट तो मिट जागा लेकिन चूतड़ पर का दाग ना मिटेगा।' एक और इतनी ही मशहूर और लोकप्रिय कहानी है 'कुएँ झेरे में'।[183] यह सुनाए जाने का मौक़ा आमतौर पर तब बनता है जब महिलाओं पर शक किया जाता है कि वे सबसे बढ़िया भोजन छिप कर खा रही होंगी। एक औरत को जब बार-बार उसका पति अपने साथ खाने के लिए बुलाता है (जो असल तो एक अनहोनी बात है), तो वह जवाब देती है–

मैं तो कुएँ झेरे में पड़ लूँगी।
(मैं तो बचा-खुचा खा लूँगी।)

पति को शक हुआ तो उसने बीवी पर नज़र रखी और उसे वह खाते हुए देख लिया, जो उसने छुपा कर रखा था। अगले दिन उसने फिर अपनी पत्नी को साथ खाने के लिए बुलाया और फिर से उसे वही जवाब मिला। अब पति ने कहा, 'अरी खा ले, तेरे कुएँ झेरे में तो मैं पड़ चुका' (अरी खा ले, तेरा बचा-खुचा तो मैं खा चुका)।

ये चुटकुले और कहानियाँ दिखाते हैं कि वक़्त बीतने के साथ औरतों ने पुरुषों द्वारा भोजन के बड़े से बड़े हिस्सों को अपने हाथ में रखे रहने की चाल का सामना चतुराई से किया है। एक अन्य स्तर पर, व्यावहारिक कठिनाइयों, सांस्कृतिक माहौल और ग्रामीण इलाक़ों में खान-पान की प्राथमिकताओं के चलते इन मज़ाक़िया क़िस्सों को बस आंशिक तौर पर सफल कोशिशें ही कहा जा सकता है, जिन्हें आख़िरकार पुरुषों द्वारा मात दे दी जाती है। ये क़िस्से-कहानियाँ भोजन के मामले में बनी श्रेणीबद्ध व्यवस्था के विरुद्ध नाराज़गी को भी अभिव्यक्त करते हैं। लेकिन इस तरह के क़िस्से और चुटकुले कुल मिला कर पुरुष ध्वनि का विमर्श हैं, इसलिए ये उनके मुताबिक़ चलने से इनकार करने वाली औरत को बहुत ही सूक्ष्म तरीक़े से किसी एक विशेष घिसे-पिटे सांचे में ढाल कर पितृसत्तात्मक व्यवस्था पर ही बल देते हैं। इस सब में संकेत यह है कि महिलाएँ अपने लिए कोई अलहदा, गुप्त स्थान बचा कर रखती हैं, जबकि ऐसा होती भी है कि नहीं, यह कहना मुश्किल है क्योंकि परिवार की श्रेणीबद्ध व्यवस्था में महिला और पुरुष, दोनों की तरफ़ से सख़्त छानबीन रहती है।

असल में तो भोजन के मामलों में महिला को आमतौर पर चोर समझा जाता है। पूरे उत्तरी भारत में उसे बिल्ली के साथ सम्बद्ध किया जाता है, और बिल्ली को चोर माना जाता है। इन दोनों के बीच का यह सम्बन्ध प्राचीन समयकाल से चली आ रही एक

पौराणिक कथा पर आधारित है, जिसके मुताबिक़ बिल्ली असल में एक ब्राह्मणी थी। उसकी मौजूदा दुर्दशा उसका भाग्य है जो उसके साधू-तबीयत पति के श्राप का नतीजा है। पति ने पत्नी द्वारा बार-बार चोरी किए जाने पर क्रोध में आ कर यह श्राप दिया था। तब से ही घरेलू बिल्ली को भी उसी तरह चोर माना जाता रहा है, जैसे कि औरत को।[184] कहानी का एक और पहलू भी है – ब्राह्मणों की महिलाओं को 'लालची' होने की घिसी-पिटी छवि में ढालने के ज़रिए उनके विरुद्ध रोष प्रदर्शित होता है, क्योंकि ब्राह्मणों को रस्म-मुताबिक़ उच्च-जाति माना जाता है, जबकि इस इलाक़े में उनके हिस्से आने वाली यह एकमात्र श्रेष्ठता है।

ग्रामीण पुरुष अकसर इस शब्दावली का भी प्रयोग करते हैं कि 'घी कहाँ गया खिचड़ी में'[185]? इशारा इस ओर होता है कि चोरी-छिपे खाना औरत की जन्मजात फ़ितरत है। इन लोक-कथाओं से यह भी संकेत मिलता है कि मर्दों ने परिवार में औरत के लिए भोजन के बंटवारे की सही-सही स्थिति को आत्मसात कर लिया है – 'चोरी' का सवाल असल में तो अधिकार के सवाल के साथ सीधे तौर पर जुड़ा हुआ है। इस सवाल का जवाब देने को कोई भी तैयार नहीं होता – बल्कि इसे पहचाना भी नहीं जाता – कि एक औरत अपने ही घर में 'चोरी' करने पर बाध्य क्यों होती है? कोशिश रहती है कि इस बात को या तो हँसी में उड़ा दिया जाए या फिर इसे औरत की चोरी करने की स्वाभाविक प्रवृत्ति मान कर बात को ख़त्म कर दिया जाए। यह मान्यता इतनी गहरी है कि बहुत पहले से ही औरत के बरताव को क़ाबू में रखने की कोशिशें शुरू हो जाती हैं। इसलिए अगर किसी लड़की को अपनी बारी से बाहर कुछ भी खाते हुए देखा जाता है या, जैसा कि आमतौर पर व्याख्या की जाती है, खाना चोरी करते देखा जाता है, तो उसे फ़ौरन सख़्त सज़ा दी जाती है ताकि भविष्य में वह फिर ऐसा कुछ न करे। लेकिन लड़के के इसी तरह के बरताव को भगवान कृष्ण की कहानियों का हवाला देते हुए वाजिब ठहराया जाता है – कृष्ण की बचपन की चोरियाँ प्यार की नज़र से देखी जाती हैं, उन्हें एक प्यारे चोर के रूप में सराहा जाता है।

दूध की 'अर्थव्यवस्था' और उस में महिलाओं का स्थान

ग्रामीण पुरुषों का इस बात पर ज़ोर देना कि 'लुगाई छुप-छुपा कर खाती है'[186] या उस पर यह इलज़ाम कि वह अपने पति और बच्चों के मुक़ाबले बेहतर भोजन खाती है, का मूल इस बात में है कि वह सिर्फ़ भोजन पकाती ही नहीं है, बल्कि इससे भी महत्त्वपूर्ण, मुख्य तौर से शाकाहारी हरियाणा में, घी और दूध पर उसका नियन्त्रण रहता है। ख़ासतौर पर गाँवों में संयुक्त परिवारों के व्यवहार को ध्यान में रखें[187] तो यह इलज़ाम विश्वसनीय नहीं लगता, क्योंकि इस माहौल में तो प्रत्येक की नज़र दूसरे के चाल-चलन पर हर वक़्त रहती है, और जेण्डर तथा क्रमबद्ध व्यवस्था के नियमों का बहुत सख़्ती

से पालन होता है। ख़ासतौर पर दूध के मामले में औरत के लिए कुछ भी छूट लेने की गुंजाइश काफ़ी कम रहती है। जैसा कि हम देख ही चुके हैं, श्वेत-क्रान्ति से हुए उच्च स्तर के व्यापारीकरण के चलते कई गाँवों से बहुत सा दूध शहरी केन्द्रों में जाता है और परिवार के लिए दूध की मात्रा उतनी ही कम हो जाती है। मिसाल के तौर पर हरियाणा में भोजन पर कुल ख़र्च में से दूध पर ख़र्च का प्रतिशत 1971-72 में 63.08 प्रतिशत था जो 1975-76 में घट कर 55.96 रह गया और 1984-85 में और अधिक घट कर 50.17 प्रतिशत तक आ गया था।[188] ख़र्च की घटती प्रतिशत की तस्दीक़ प्रति-दिन, प्रति-पुरुष दूध के उपभोग में गिरावट से होती है जो 1971-72 में 789 ग्राम से घट कर 1975-76 में 778 और 1984-85 में 512 ग्राम रह गई थी। इन दोनों प्रतिशतों को जोड़ कर देखने पर स्पष्ट हो जाता है कि दूध और उसके उत्पादों के व्यापारीकरण और शहरी उपभोक्ताओं के बीच उसकी खपत तथा एक फैलती हुई मार्केट के जाल के चलते जिसमें दूध की ख़रीद, प्रोसेसिंग और वितरण शामिल थे, ग्रामीण इलाक़ों में दूध का उपभोग काफ़ी घट गया था।[189] 30 जुलाई 1975 से जून 1976 के समयकाल के राष्ट्रीय नमूना सर्वेक्षण *(नैश्नल साम्पल सर्वे)* के मुताबिक़ शहरी हरियाणा के 94.87 प्रतिशत के मुक़ाबले ग्रामीण हरियाणा के 83.65 प्रतिशत परिवारों में तरल दूध का उपभोग देखने में आया था और दूध के उत्पादों के उपभोग की रिपोर्ट 15.44 प्रतिशत ग्रामीण परिवारों से थी जबकि शहरों के लिए यह 37.53 प्रतिशत था।[190]

आंकड़ों से शहरी और ग्रामीण सन्दर्भ में ख़ासतौर पर दूध के उत्पादों के उपभोग के स्वरूपों में सीधे तौर पर अन्तर दिखाई देते हैं। इसके अलावा चारे तथा अर्क़ों के उच्च दामों की वजह से मवेशियों की देखभाल भी ज़्यादा ख़र्चीली हो गई और इसका प्रभाव उनके दूध की गुणवत्ता और उत्पादन पर भी पड़ता है। मिसाल के तौर पर मवेशियों का एक आहार, बिनौला, दूध में घी की मात्रा को समृद्ध करता है। व्यावसायिक खेती के फैलाव के साथ-साथ पशुओं की देखभाल की तरह के अन्य ख़र्चों ने चारे की लागत को और अधिक बढ़ा दिया है और प्रति-क्विंटल दूध-उत्पादन के ख़र्च को 1969-70 में औसतन 76.41 रुपये से 1984-85 में 227.58 रुपये तक बढ़ा दिया है, यानी 197.84 प्रतिशत की बढ़ोतरी।[191] लेकिन बड़े शहरों और मुख्य राजमार्गों से जुड़े शहरी केन्द्रों की तेज़ी से हुई वृद्धि ने दूध की मांग को बहुत बड़े पैमाने पर बढ़ा दिया है। इस मांग को पूरा करने वाले विशाल डेयरी-समूहों ने इस व्यवस्था में शामिल लोगों के लिए लागत को सन्तुलित कर दिया है। इसी का नतीजा है कि दूध, जिसे उसके पौष्टिक गुणों के लिए बहुत मूल्यवान समझा जाता था, अब अपने आर्थिक लाभ के मद्देनज़र और भी अधिक मूल्यवान हो गया है।

आर्थिक दृष्टि से इस व्यापारीकरण का अर्थ है कि ग्रामीण परिवारों में काफ़ी मात्रा में धन आया है। 1984-85 में अनुमानित था कि दूध और दूध के उत्पादों से होने

वाली कमाई हरियाणा के ज़मींदारों की कुल औसत सालाना कमाई का 5.69 प्रतिशत थी।[192] लेकिन यह सब धन पुरुष के नियन्त्रण में है। पहले, जब दूध बेचा नहीं जाता था, महिलाएँ उसका और उसके उत्पादों का उपभोग करती थीं, फिर चाहे वह परिवार के भीतर की क्रमबद्ध व्यवस्था के तहत ही हो, जैसा कि कुछ बड़ी उम्र की महिलाओं द्वारा स्वीकारा गया। बदले हुए हालात में जहाँ तक दूध की बात है, महिलाएँ हाशिए पर हैं और दूध की बिक्री से मिला धन भी उनके नियन्त्रण में नहीं है। उनके लिए अगर कुछ बचता है, तो वह है पशुओं की श्रम-आधारित देखभाल और दूध तथा दूध के उत्पादों का उत्पादन। इससे ग्रामीण समाज में श्रम के बंटवारे और हैसियत-आधारित क्रमबद्ध-व्यवस्था को ही बल मिलता है। यह मरियम शर्मा और उर्मिला वंजानी द्वारा व्याख्यायित 'जेण्डर-आधारित आन्तरिक उपनिवेशीकरण' को भी स्थापित करता है, जो कई स्तरों पर होता है। आधुनिक डेयरी व्यवस्था की कार्य-प्रणाली और पूंजी में इज़ाफ़े के स्तर पर यह आन्तरिक उपनिवेशीकरण शहर में महिलाओं के सस्ते श्रम और सघन काम पर आश्रित पुरुष-नियन्त्रित प्रोसेसिंग और मार्केटिंग (विक्रय) केन्द्रों में होते हुए देखा जा सकता है,[193] साथ ही घर पर और व्यक्तिगत परस्पर स्तर पर भी यह होता है।

इस प्रकार व्यापारीकरण से यह हुआ है कि एक अनुमानित मात्रा में दूध घरेलू उपभोग के लिए बचा रहता है और उपभोग के मामले में महिलाएँ सबसे पीछे आती हैं। यहाँ इस ओर ध्यान दिलाना होगा कि सांस्कृतिक दृष्टि से देखें तो दूध तथा लस्सी और घी जैसे दूध के उत्पादों का उपभोग आमतौर पर बाक़ी जातियों के मुक़ाबले कुछ विशेष जाति-समूहों में अधिक है, जैसे कि जाटों और राजपूतों में।[194] इन दो जाति-समूहों से फ़ौज में बड़ी संख्या में भरती होती रही है, और अब भी होती है। इस बात को ध्यान में रखा जाए तो पहले ज़िक्र में आई 'लड़ाकू नस्ल' की अवधारणा और उसके नतीजे में निकली साहसी, निडर पुरुषों की 'मरदाना' संस्कृति तथा उसके साथ दूध तथा दूध के उत्पादों का एक साफ़-स्पष्ट सांस्कृतिक सम्बन्ध स्थापित किया जा सकता है – दूध के उत्पादों में ख़ासतौर पर मलाई और घी से उनकी ताक़त और प्रजनन-क्षमता का सम्बन्ध बनाया जाता है। सांस्कृतिक कारक इन जातियों की महिलाओं को भी अच्छी ख़ुराक मिलना तय कर ही देते हैं और वे शायद इस मामले में उतनी वंचित न हों जितनी कि अन्य जातियों, जैसे कि बनिया, ब्राह्मण और अनुसूचित जातियों समेत निम्न जातियों की महिलाएँ। पुरानी जजमानी व्यवस्था का टूटना कई कारणों से हुआ है लकिन एक कारण दूध का व्यापारीकरण भी रहा है। और अनुसूचित जातियों के लिए पुरानी जजमानी व्यवस्था के टूटने का अर्थ है कि सालाना आधार पर ज़मींदारों द्वारा उन्हें परम्परागत तौर पर दी जाने वाली छाछ तथा अन्य भोजन का मिलना बन्द हो गया। इसकी वजह से अनुसूचित जातियाँ, ख़ासतौर से महिलाएँ और बच्चे सख़्त कुपोषण का शिकार हुए हैं।[195]

दूध-उत्पादन बढ़ने के बावजूद दूध के उपभोग के नज़रिए से महिलाओं को फ़ायदा

न मिलने की बात हरियाणा तक ही सीमित नहीं है। राजस्थान में किया गया एक अध्ययन भी इसी नतीजे पर पहुँचता है।[196] असल में तो यह एक अखिल-भारतीय तस्वीर है। दूध और दूध के उत्पादों तक पहुँच बनने के सवाल पर दूध के उच्च उपभोग वाले परिवारों में भी महिलाएँ और बच्चियाँ हमेशा कमोबेश वंचित ही रहती हैं।[197] इसके अलावा, दूध का वितरण परिवार में सत्ता की व्यवस्था और जेण्डर-भूमिकाओं से भी निर्धारित होता है। मिसाल के तौर पर, देखा गया है कि हरियाणा में कई ग्रामीण परिवारों में यह वितरण पूरी तरह सास के नियन्त्रण में रहता है और जैसा कि कहा जाता है, यह बेटे और जमाई के लिए अलग से रखा जाता है।[198]

इन सब कारणों से ग्रामीण महिलाओं में 'चा' (चाय) को पसन्द किए जाने की बात समझ में आती है।[199] जब उनसे बहुत बारीकी के साथ सवाल-जवाब हुए, तो ज़्यादातर महिलाओं ने इस बात पर ज़ोर दिया कि उन्हें दूध के मुक़ाबले चाय ज़्यादा पसन्द है। कुछ ने तो इस हद तक कहा कि अब दूध उन्हें पचता नहीं है। बड़ी उम्र की औरतें जवान औरतों पर इलज़ाम लगाती हैं कि वे चाय को इस मक़सद से लेती हैं कि इस बहाने दूध में चाय की पत्ती को काढ़ा जा सकता है – या यूँ कहें कि इस बहाने दूध का उपभोग दूसरे तरीक़े से कर लिया जाता है। इसके अलावा यह भी कहा जाता है कि चाय में सरदी-ज़ुकाम जैसी तकलीफ़ों को दूर करने के गुण हैं। हाल में हुए एक अध्ययन से इस बात की तस्दीक़ होती है और इस ओर ध्यान दिलाया गया है कि किस तरह चाय हरियाणा के अधिकतर गाँवों में न केवल बड़ों के लिए बल्कि कमउम्रों के लिए भी नियमित खान-पान का हिस्सा बन गई है।[200] यह माना जाता है कि माँ का दूध पीते बच्चों को छोड़ कर 2 साल से ऊपर के 90 प्रतिशत से भी ज़्यादा बच्चों द्वारा दूध के स्थान पर सम्पूर्ण या आंशिक तौर पर चाय पी जाती है (यह अलग बात है कि इस सन्दर्भ में इन बच्चों के जेण्डर की जानकारी नहीं दी गई है)।

ग्रामीण इलाक़ों में अंग्रेज़ों द्वारा लाए जाने के समय से 'चा' की एक लम्बी कहानी है। पंजाब और हरियाणा में पुरानी पीढ़ी की महिलाएँ उन दिनों को बहुत शिद्दत से याद करती हैं जब दूध बेचा नहीं जाता था बल्कि घर पर ही इस्तेमाल के लिए रखा जाता था और वे दूध पिया भी करती थीं। वे याद करती हैं कि किस तरह उस दौर में चाय के पैकेट मुफ़्त में दिए जाते थे और सब लोग इस बात को कितने शक से देखा करते थे। उन्हें दीवारों पर चिपके पीले रंग के इश्तहार भी याद हैं जिन पर देवनागरी और उर्दू-सम्बद्ध लिपि में 'चाय पियो, ख़ूब दिन जियो' छपा रहता था।[201] 'गर्मियों में चाय ठण्डक पहुँचाए!' – गाँवों में चाय को लोकप्रिय बनाने के लिए चाय बेचने वाले इस नारे का सहारा लिया करते थे।

खान-पान में नाबराबरी : महिलाओं का उसके प्रति नज़रिया

फिर भी, यह तो मुमकिन है कि औरतें भोजनकालों के बीच खाती-पीती हों क्योंकि भोजन वे ही बनाती हैं। ऊपर ज़िक्र में आई लोक-कथाओं द्वारा प्रमाणित होता है कि कुछ महिलाएँ तो ऐसा करती ही हैं। लेकिन कुल मिला कर देखें तो ऐसा लगता है कि सांस्कृतिक और वैचारिक अनुकूलन, जिसमें खान-पान सम्बन्धी कुछ पाबन्दियाँ भी शामिल हैं, इस बात को पूरी तरह न भी नकारता हो तो कम से कम सीमित और संकुचित तो करता ही है। एक पुरानी लोक-कहावत में इस विचारधारा के हावी रूझान का सार है :

नार सुलख्नी कुटुम्ब छिकावे
आप तले की खुर्चन खावे।[202]

(एक अच्छी घरवाली पूरे परिवार को तसल्ली से भोजन करवाती है
और बचा-खुचा खाना ख़ुद खाती है।)

यह स्थानीय लोकोक्ति न केवल प्रचलित है बल्कि इसके विचार का अर्थ वास्तव में स्पष्ट तौर पर झलकता है। महिलाओं का व्यवहार सम्पूर्ण परिवार के कल्याण की दिशा में होता है, उस में पुरुष सदस्यों का विशेष ध्यान रखा जाता है और महिलाओं में व्यक्तिगत कल्याण या व्यक्तिगत लाभ की कोई स्पष्ट समझ नहीं होती – इस तथ्य पर समाजशास्त्रियों ने काफ़ी टिप्पणी की है और इसे नाबराबरी के औचित्य के रूप में भी इस्तेमाल किया गया है। लेकिन जैसा कि अमर्त्य सेन द्वारा ध्यान दिलाया गया है, न सिर्फ़ भोजन बल्कि अन्य संसाधनों के बंटवारे में भी नाबराबरी को नकारा नहीं जा सकता।[203] मेरा ख़ुद का अध्ययन भी दिखाता है कि परिवार में भोजन के बंटवारे में भेदभाव के बारे में महिलाओं को बहुत ही कम एहसास रहता है। उनके साथ बातचीत से पता चलता है कि भोजन के बारे में उनकी भावनाएँ अन्तर्विरोधी और कई बार तो समस्याजनक होती हैं। लेकिन यह एहसास उन सब में साझा तौर पर पाया गया कि अन्य सदस्यों के मुक़ाबले वे काफ़ी कम में भी गुज़ारा कर लेती हैं।

बड़ी उम्र की महिलाओं से जवान महिलाओं के बारे में अकसर यह सुनने को मिला – 'खूब खावैं सैं' (वो ख़ूब [यानी बहुत] खाती हैं) या जवान औरतों का ख़ुद के बारे में यह कहना भी सुनने को मिला कि 'ठीक खावैं सैं' (हम पर्याप्त मात्रा में खाती हैं)।

साफ़ है कि वैचारिक-सांस्कृतिक नियमों और पैमानों ने महिलाओं को अपनी ग़ैर-बराबरी के तईं छिपे रूप में सहअपराधी बना दिया है – वे इस अपराध में निहित तौर पर शामिल रहती हैं – क्योंकि वे अपने हिस्से में आए अल्प भोजन को स्वीकार ही नहीं करतीं, उसे उचित भी ठहराती हैं। उनके जवाबों की गूँज पुरुषों के जवाबों में भी काफ़ी हद तक सुनाई देती है। औरतों को इस बारे में काफ़ी एहसास था कि पुरुष अलग तरह का भोजन लेते हैं, ख़ासतौर से जब वे घर से बाहर होते हैं। वे कई पुरुषों की खानपान-सम्बन्धी बदल चुकीं और तेज़ी से बदलती हुई आदतों के बारे में भी जानती थीं लेकिन

उन्होंने इस बात को कुछ अहमियत नहीं दी – न तो गुणवत्ता के लिहाज़ से और न ही पौष्टिक मूल्य के लिहाज़ से।

बहरहाल, यह स्पष्ट तौर पर सम्भव है कि रिवाज और व्यावहारिक तौर पर ढाल लिए जाने के चलते औरत के लिए भोजन खाना मुमकिन न हो पाए, और यह उसके इस एहसास के बावजूद है कि बाद में शायद उसे इसका मौक़ा न मिले। असल में तो पंजाब, हरियाणा और उत्तर-प्रदेश में खाना बनाते वक़्त भी भोजन चखने के विरुद्ध नियम हैं, यहाँ तक कि नमक की मात्रा जाँचने के लिए भी भोजन को चखा नहीं जा सकता, सूँघ कर ही इसका अन्दाज़ा लगाया जा सकता है।[204] औरत के बरताव को सांस्कृतिक तौर पर स्थापित कर देने वाली ये बातें तब तो शायद इतनी महत्त्वपूर्ण न हों अगर भोजन बंटने के लिए काफ़ी मिक़दार में मौजूद हो लेकिन भोजन सीमित मात्रा में हो और यह बात महिलाओं तथा बच्चियों के ख़िलाफ़ जाती हो तो ये कारक महत्त्वपूर्ण और निर्णायक हो जाते हैं।

8. महिलाओं के दिमाग़ में कुछ ख़ास विचारों का बैठाया जाना : पौष्टिकता और स्वास्थ्य सम्बन्धी प्रभाव

इस भेदभाव की स्वीकृति के लिए महिलाओं को जन्म से ही दिमाग़ी तौर पर बहुत सूक्ष्म तरीक़े से तैयार किया जाता है और इसमें खान-पान से सम्बद्ध मानसिक तैयारी भी शामिल रहती है। माँ द्वारा छोटी बच्ची का पालन-पोषण हमेशा से ही न्यूनतम स्तर का होता रहा है। दूसरी ओर, यह दृश्य गाँवों में आमतौर पर देखने में आता है कि माँ के खेत से लौटने पर चार-पाँच साल के लड़के दूध माँगते हैं और उन्हें वह मिल भी जाता है। माँ का दूध पिलाए जाने को गर्भधारण की रोकथाम का परम्परागत तौर पर स्वीकार्य क़ुदरती तरीक़ा माना जाता रहा है, इसलिए छोटी बच्ची से बहुत जल्दी ही माँ का दूध छुड़वाने की क़वायद के पीछे जल्दी से जल्दी एक लड़का होने की इच्छा भी होती है; जबकि छोटी बच्ची को लम्बे समय तक माँ का दूध पिलाया जाना बच्ची के लिए प्रतिरक्षण का एक प्राकृतिक माध्यम है। पूरक आहार उपलब्ध न होते हुए भी माँ का दूध बहुत जल्द छुड़ाए जाने का अर्थ है कि बच्ची को इस प्रतिरक्षण से वंचित रखा जाता है।

सांस्कृतिक स्तर पर देखें तो हम पाते हैं कि दूध पिलाने और छुड़ाने से सम्बद्ध चलन जाति और वर्ग के अनुसार बदलते हैं। लम्बे दौर तक माँ का दूध पिलाया जाना खेती से जुड़ी जातियों में आम है। वे बेहतर स्वास्थ्य के लिए बच्चों को माँ का दूध पिलाते हैं। दूसरी ओर, हरियाणा की कारोबारी जातियों में माँ का दूध जल्दी छुड़ाए जाने की प्रथा आम है।[205] उपनिवेशीय समयकाल में माँ के दूध के व्यावसायीकरण के हवाले से हमें सुनने को मिलता है कि अमीर बनिया-लड़कों को अपना 'पौष्टिक, भरपूर दूध' पिलाने के लिए जाटनियों को रखा जाता था, क्योंकि विश्वास यह था कि बच्चा 'जाटनी के दूध से ठाडूढा होगा' (जाटनी के दूध से तगड़ा बनेगा)।[206] दूसरी ओर अनुसूचित जातियों

और अन्य निम्न वर्गों में माँ का दूध लम्बे समय तक न पिलाए जाने से सम्बद्ध कारणों में से एक कारण ग़रीबी है। लेकिन लड़कियों के मुक़ाबले लड़कों को ज़्यादा लम्बे समय तक माँ का दूध पिलाए जाने में वर्ग और जाति का भेद ख़त्म हो जाता है। माँ का दूध अपर्याप्त मात्रा में पिलाए जाने या बिल्कुल न पिलाए जाने को बच्चों की मृत्यु के एक मुख्य कारण के तौर पर स्वीकार किया गया है। यह जाना जाता है कि माँ का दूध बच्चे के जीने या मरने के लिए महत्त्वपूर्ण है। इसके माध्यम से विकास के लिए पौष्टिक तत्त्व ही नहीं बल्कि प्रतिरक्षा को बढ़ाने वाले तत्त्व भी बच्चे तक पहुँचते हैं, जो उसे वातावरण में रोग-संक्रमण के बड़े ख़तरों से लड़ने में मदद करते हैं।

खाने के मामले में लड़की के मुक़ाबले लड़के के साथ बेहतर व्यवहार करने का रूझान हरियाणा और पंजाब में एक स्वीकार कर ली गई सचाई है।[207] धीरे-धीरे, अपने पूरे बचपन के दौरान लड़की यह मानते हुए बड़ी होती है कि परिवार में भोजन बंटने के बाद बच गया भोजन तो महिला को ही खाना होता है न कि पुरुषों को। यह ख़ुद को वंचित रखने और आत्म-त्याग की विचारधारा को एक तरह से मन में बैठाने की बात है जिस की झलक हमें बचा-खुचा भोजन खाने की बात करने वाली महिला की कहानी में देखने को मिलती है। वैचारिक तौर पर इस तरह ढल जाने की बात एक बच्ची अपनी माँ और दादी-नानी से जज़्ब करती है। इसी के चलते उसके लिए बड़े होने पर किसी अन्य तरह का व्यवहार करने के बारे में सोच पाना तक मुमकिन नहीं हो पाता। इस फ़र्क़ के बारे में बेटियों को ख़ासतौर पर उनकी माँ दवारा हमेशा एहसास दिलाया जाता है। ऐसा ख़ासतौर से काम और खाने के मामले में ससुराल और उसकी मांगों तथा अपेक्षाओं का हवाला देते हुए किया जाता है।

पंजाब में हाल ही में लड़कियों और लड़कों के बीच भोजन के बंटवारे के बारे में हुए एक अध्ययन के आंकड़ों से इन बातों की पुष्टि होती है। इससे जानकारी मिलती है कि लड़कियों को अनाज अधिक दिया जाता है जबकि लड़कों को अनाज के साथ अधिक दूध और चिकनाई या चरबी भी दिए जाते हैं।[208] यह इसलिए है क्योंकि पूरे उत्तरी भारत में दूध और चिकनाई को सबसे मूल्यवान और महँगे भोजन-पदार्थों के रूप में देखा जाता है और छोटे लड़कों के लिए बचा कर रखा जाता है। इस सम्बन्ध में लड़कियों की कमतर हालत का अन्दाज़ा एक महिला द्वारा दर्शाई गई एक आम बात से बहुत अच्छी तरह से लग जाता है। यह आम चलन की बात है कि परिवार की गाय या भैंस का दूध निकाला जाता है तो वह लड़कों द्वारा उसी समय धार के साथ सीधा पी लिया जाता है। लेकिन यही मांग जब लड़की अपने 'बापू' से करती है तो उसे यह कहकर डरा दिया जाता है कि "भाज जा, तेरे मूँछ जम जागी"[209] (भाग जा, वरना तेरे मूँछ उग आएँगी)।

लड़की की खाने-पीने की आदतों को हमेशा क़ाबू में रखने की कोशिश रहती आई है। मिसाल के तौर पर, उनीसवीं सदी की एक कहावत से लड़कियों के गुड़ खाने को

नियन्त्रण में रखे जाने के बारे में पता चलता है:

गुड़ खाएगी तो आएगी अन्धेरे में।[210]

(यह गुड़ खाएगी तो अन्धेरा होने के बाद घर आएगी।)

हालाँकि अब लड़कियों को गुड़ खाने की कोई मनाही नहीं है, ग्रामीण इलाक़ों में गुड़ खान-पान का एक महत्त्वपूर्ण तत्त्व है और जिन घरों में अच्छे खान-पान की गुंजाइश रहती है, वहाँ इसे आमतौर पर घी के साथ खाया जाता है। घी आमतौर पर लड़कों के लिए अलग से रखा जाता है और उनकी जिस्मानी सेहत और जल्द से जल्द बढ़ने-बड़े होने के लिए ज़रूरी समझा जाता है जबकि लड़कियों को गुड़ खाने के लिए इसलिए उत्साहित नहीं किया जाता क्योंकि मान्यता है कि यह महिलाओं की कामुकता बढ़ाता है। पंजाब और हरियाणा में एक औरत को गुड़ और घी बच्चे को जन्म देने के बाद दिए जाते हैं ताकि वह फिर से ताक़त हासिल कर पाए और अपनी प्रजनन-शक्ति को बनाए रख पाए। महत्त्वपूर्ण है कि गुड़ खान-पान के 'गरम' पदार्थों की सूची में शामिल एक पदार्थ है जिन्हें ग्रामीण हरियाणा में खाने के लिए एहतियातन वर्जित रखा जाता है। इन पदार्थों में कई तरह का खान-पान शामिल है – जैसे, खाने-पीने की खट्टी, मसालेदार, तली हुई और अति-मीठी चीज़ों तथा मक्खन और घी से लेकर लाल मिर्च और इमली-आधारित व्यंजन और भोजन तक। इसी तरह छाछ, दही और ठण्डे पेयजलों समेत 'ठण्डे' भोजन की एक और सूची भी है। 'गरम' और 'ठण्डे' भोजन का विचार ताप से जुड़ा हुआ नहीं है बल्कि ऐसे भोजन इस बात से परिभाषित होते हैं कि खाने-पीने की कौन-कौन सी चीज़ें शरीर में 'गरमी' लाती हैं और किन-किन से ठण्डक मिलती है।[211] कहने को तो ये क़िस्में सब पर लागू होने की हैं, ख़ासतौर से बच्चों के लिए, लेकिन लागू मुख्य तौर से महिलाओं पर की जाती हैं। जब सिर्फ़ औरतों पर होने वाली इस सख़्ती को लेकर सवाल किया गया तो जवाब मिला – "लड़के के मान्ने सैं"?[212] (लड़के कब मानते हैं?)।

महिलाओं को ले कर भय कई तरह के हैं। इनमें अनियमित माहवारी (मासिक धर्म) और उसके नतीजतन होने वाला बाँझपन से लेकर बहुत तेज़ी से उभरने वाला यौन-भाव शामिल है जिस से मर्दों का ध्यान उनकी तरफ़ ग़ैर-वाजिब तरीक़े से आकर्षित हो सकता है और लड़की की बदनामी बुरे चरित्र वाली के रूप में हो सकती है।[213] एक बार फिर, बड़ी उम्र की औरतें कमउम्र महिलाओं को क़ाबू में रखने से जुड़े राज़ के गुप्त जानकार के तौर पर दिखाई देती हैं – इस बार कामुकता और यौन-भावना के सम्बन्ध में। नियन्त्रण की ज़रूरत की यह स्वीकार्यता महिलाओं को एक नियन्त्रित और सीमित ख़ुराक दिए जाने की बात के लिए भी तर्क प्रदान करती है।

ग्रामीण महिलाओं की सेहत के लिए भोजन से सम्बद्ध इस सांस्कृतिक और वैचारिक शिकंजे के सख़्त नतीजे निकलते हैं। यहाँ इस बात की ओर ध्यान दिलाना सही होगा कि हरियाणा में पौष्टिकता की और अस्वस्थ रहने की स्थिति पर आंकड़ों की कमी है। इस

वजह से इस बारे में कुछ भी अन्दाज़ा लगा पाना मुश्किल है कि महिलाओं की सेहत से सम्बद्ध ये नतीजे कितने व्यापक हैं। इसके साथ-साथ एक ही क्षेत्र की – और ज़िलों के भी विभिन्न सामाजिक-आर्थिक वर्गों की – महिलाओं द्वारा भोजन के माध्यम से हासिल की जाने वाली ऊर्जा और प्रोटीन आदि में भी महत्त्वपूर्ण अन्तर हैं। ख़ुराक की भिन्नताओं को लेकर भी अन्तर हैं। और हालाँकि ग्रामीण इलाक़ों में सभी जातियों और वर्गों की महिलाओं के प्रति भेदभाव मौजूद है, यह भी सच है कि समृद्ध, अधिक अमीर, खेती से जुड़ी महिलाएँ ग़रीब निम्न-जाति /वर्ग की महिलाओं और पुरुषों के मुक़ाबले पौष्टिकता के लिहाज़ से बेहतर ख़ुराक लेती हैं। मिसाल के तौर पर, पूर्वी पंजाब में हुए एक अध्ययन से पता चलता है कि रामदासियों और अन्य निम्न जातियों की लड़कियों के आहार की पौष्टिकता का स्तर लड़कों के मुक़ाबले बहुत कम था। लेकिन ज़्यादा अमीर जाटों में लड़कियों के लिए ख़ुराक से सम्बद्ध भेदभावपूर्ण प्रथाओं के बावजूद यह अन्तर कम था और पौष्टिकता के लिहाज़ से स्तर भी ऊँचा था।[214]

हरियाणा में नवजात बच्चियों और छोटे बच्चों में बढ़ते कुपोषण और मरणशीलता की समस्या की झलक हमें सब आयु-समूहों की महिलाओं में मृत्यु की साफ़ तौर पर उच्च दर में देखने को मिलती है - केवल पैंतालीस साल से ऊपर वाले आयु-समूह पर यह बात लागू नहीं होती, जिस में महिलाओं की मृत्यु-दर पुरुषों के मुक़ाबले 7 प्रतिशत कम थी। (देखें तालिका 2.12)। लेकिन इस आयु-समूह में भी 1978 में ज़िला हिसार में निम्न आर्थिक श्रेणी के परिवारों के एक गहन अध्ययन में महिलाओं के लिए कोई फ़ायदा नहीं प्रदर्शित होता। इनमें छोटे किसानों से लेकर भूमिहीन मज़दूरों के परिवार शामिल थे। मिसाल के तौर पर, 35 से 60 बरस की पुरुष आबादी कुल पुरुष आबादी का 19.17 प्रतिशत थी जबकि महिलाओं के लिए यह 19 प्रतिशत था; 60 बरस से अधिक के पुरुष कुल पुरुष आबादी का 1.70 प्रतिशत थे और महिलाओं में यह 0.67 प्रतिशत था, यानी पुरुषों के मुक़ाबले महिलाओं के बचने की कम सम्भावनाएँ थीं।[215]

तालिका 2.12: हरियाणा में 1981 में आयु और लिंगानुसार मृत्यु की प्रतिशत

आय-समूह (साल)	*पुरुष*	*महिला*	*अन्तर (प्रतिशत)*
0-4	19.3	22.7	+3.4
5-14	6.1	6.5	+0.4
15-44	15.4	18.6	+3.2
45 और उससे ऊपर	59.2	52.2	-7.0

स्रोत : *वाइटल स्टेटिस्टिक्स ऑफ़ इण्डिया 1981,* न्यू डेल्हि, रजिस्ट्रार-जनरल, इण्डिया, मिनिस्ट्री ऑफ़ होम अफ़ेअर्ज़, गवर्नमेन्ट ऑफ़ इण्डिया, 1984, पृ. 19, स्टेटमेन्ट XVII।

महिलाओं के साथ चिकित्सा-सम्बन्धी भेदभाव

जहाँ तक महिलाओं को चिकित्सा सम्बन्धी देखभाल उपलब्ध होने की बात है, इसका एक संकेत हमें ग्रामीण हरियाणा में दर्ज हुए इलाज से सम्बद्ध आंकड़ों और आधिकारिक तौर पर प्रमाणित मौतों से मिलता है। 1981 में इस तरह की 88,769 महिला-मौतों में से 2,554 यानी 8 प्रतिशत की ही डाक्टरी तौर पर तस्दीक़ हुई थी। इसके मुक़ाबले में पुरुषों की चिकित्सा के आधार पर तस्दीक़शुदा मौतों की संख्या 4,557 यानी महिलाओं के मुक़ाबले 78.42 प्रतिशत अधिक थी।[216] इन आंकड़ों से महिलाओं के साथ भेदभाव और चिकित्सा-सम्बन्धी उपेक्षा के बारम्बार लगाए जाने वाले आरोप की पुष्टि होती है।

महिलाओं के ख़िलाफ़ यह चिकित्सा सम्बन्धी भेदभाव उनके जन्म से भी पहले एम्नियोसेन्टीसिस (भ्रूण लिंग-निर्धारण) के रूप में शुरू हो जाता है। जन्म के बाद यह भेदभाव बढ़ जाता है। तालिका 2.13 से प्रदर्शित होता है कि 0-4 साल के आयु-समूह में मृतक बच्चियों की आधिकारिक तौर पर प्रमाणित, तस्दीक़ हुई प्रतिशत लड़कों से 18.72 कम थी; 5 से 14 साल के आयु-समूह में यह 23.34 प्रतिशत कम और 15 से 49 साल के आयु-समूह में 17.70 प्रतिशत कम थी। अगली दो श्रेणियों में यानी 50 से 60 और उससे ऊपर की आयु, जिन्हें बच्चे पैदा करने की उम्र से अधिक वाली श्रेणियाँ माना जाता है, यह अन्तर क्रमशः 42.76 प्रतिशत और 32.57 प्रतिशत हो जाता है।

तालिका 2.13: नागरिक पंजीकरण योजना 1981 के तहत हरियाणा में आयु और लिंग के मुताबिक़ मौतें

	आयु 0-4	*आयु 5-14*	*आयु 15-49*	*आयु 50-59*	*आयु 60 और उससे ऊपर*
पुरुष	10,157	3,020	9,701	4,328	24,210
महिला	8,255	2,315	7,983	2,477	16,323

स्रोतः *स्टेटिस्टिकल एब्स्ट्रैक्ट ऑफ़ हरियाणा,* 1984-85, चण्डीगढ़, गवर्न्मेंन्ट ऑफ़ हरियाणा, इकनॉमिक एण्ड स्टेटिस्टिकल ऑर्गनाइज़ेशन, प्लैनिंग डिपार्ट्मेंन्ट, 1986, पृ. 92-93.

इन आंकड़ों को जब हम 1981 में हरियाणा में आयु और लिंग के अनुसार मौतों की प्रतिशत के साथ रख कर देखते हैं (जैसा कि तालिका 2.12 में दिया गया है जिसके मुताबिक़ 44 साल तक के सब आयु-समूहों से सम्बद्ध महिलाओं में अधिक मौतें हुई हैं), तो पुरुषों के मुक़ाबले महिलाओं के लिए उपलब्ध चिकित्सा सम्बन्धी सुविधाओं के मामले में भेदभाव दिखाई देता है। हरियाणा में हद दर्जा सीमित चिकित्सा सुविधाओं को ध्यान में रखा जाए[217] तो हम पाते हैं कि 1984 में भी प्रति एक लाख लोगों पर

अस्पतालों में 68 बिस्तर ही उपलब्ध थे और महिलाओं के लिए बिस्तरों की संख्या पुरुषों के लिए उपलब्ध संख्या के मुक़ाबले 15 प्रतिशत कम थी।[218] महिलाओं की बीमारियों को प्राथमिकताओं में सबसे पीछे रखा जाता है, क्योंकि उन्हें या तो अनदेखा और उपेक्षित किया जाता है या ज़्यादा से ज़्यादा घर में ही अन्धविश्वास, और विश्वास पर आधारित टोटकों के माध्यम से इलाज किया जाता है।[219] हाल ही में हरियाणा के ज़िला अम्बाला के तीन चुने हुए गाँवों में 300 उत्तरदाताओं के एक अध्ययन से पता चलता है कि लोग चिकित्सा की ओर तब ही ध्यान देते हैं जब रोग के लक्षण इतने गम्भीर हो जाते हैं कि व्यक्ति शारीरिक तौर पर बेबस हो जाए।[220] जाति और वर्ग के हिसाब से देखें तो उच्च जातियों और वर्गों के मुक़ाबले अनुसूचित जातियों और निम्न वर्गों के लोग अकसर गम्भीर बीमारियों तक के लिए स्वास्थ्य सुविधाओं का बहुत कम इस्तेमाल करते हुए मिले।[221] इन निष्कर्षों में यह बात भी शामिल की जा सकती है कि महिलाओं में आमतौर पर अपनी बीमारियों के बारे में बहुत ही कम एहसास रहता है। यह बात सभी जातियों और वर्गों पर लागू होती है। चिकित्सा सम्बन्धी देखभाल हासिल करना उनकी प्राथमिकता में बहुत नीचे रहता है। ज़मीनी स्तर पर मेरे काम में यह निकल कर आया कि महिलाओं के रोगों और बीमारियों को 'जीवन का एक हिस्सा' मानते हुए स्वीकार कर लिया जाता है। इसके अलावा महिला-स्वास्थ्य पर चर्चा सिर्फ़ प्रजनन की प्रक्रिया के सन्दर्भ में की जाती है, उसके सुख-कल्याण के हर अन्य पहलू को अनदेखा किया जाता है और घरेलू नुस्ख़ों तक ही सीमित रहा जाता है। मेरे देखने में कुल मिला कर यह आया कि बीमार होने के नज़रिए से महिलाओं को बहुत कम ही देखा जाता है और बहुत कम ही उन्हें पर्याप्त डॉक्टरी देखभाल मिल पाती है – उन्हें हस्पताल में भी बीमारी के बिल्कुल आख़री मोड़ पर ही दाख़िल करवाया जाता है।

गर्भावस्था से सम्बद्ध महिलाओं के सेहत सम्बन्धी हालात

14 से 44 साल के बीच के समयकाल में, जो महिलाओं की प्रजनन-क्षमता का सबसे समृद्ध समय होता है, उनमें मृत्यु की बहुत उच्च दर रहती है।[222] इस समयकाल में ही 96.84 प्रतिशत बच्चे जन्म लेते हैं। ये मौतें कई कारणों से होती हैं। इन कारणों में नज़रअन्दाज़ किया जाना, चिकित्सा-सम्बन्धी सुविधाओं का न होना, कई बच्चों को जन्म देना, अकसर गर्भधारण करना, आमतौर पर कमज़ोरी रहना आदि शामिल हैं। लेकिन एक महत्त्वपूर्ण कारण पौष्टिकता से सम्बद्ध है, ख़ासतौर से उच्च प्रजनन-दर के मद्देनज़र। ग्रामीण हरियाणा में प्रति विवाहित महिला जन्म लेने वाले औसत न्यूनतम बच्चों की संख्या 5.3 है।[223] इसमें वे गर्भावस्थाएँ शामिल नहीं हैं जिन का अन्जाम भ्रूण-हत्या, गर्भपात या शिशु की मृत्यु के रूप में होता है। बारम्बार गर्भावस्था में रहने की वजह से माँओं को कुपोषण का शिकार होना पड़ता है और यह माँओं की उच्च मृत्यु-दर

का कारण बनता है। महिला को गर्भ में अपने बच्चे के लिए आवश्यक पौष्टिक तत्त्वों के वास्ते स्वयं के शारीरिक संसाधनों पर निर्भर रहना पड़ता है।[224] महिलाओं की मौत की एक आम वजह बच्चे का जन्म या प्रसव है, और हाल में आए हरियाणा के सब ज़िलों के विवरणों में इस बात को संज्ञान में लिया गया है।[225]

कुछ भी हो, गर्भवती और दूध पिलाती महिलाओं को पोषण के हिसाब से सबसे असुरक्षित समूहों में माना जाता है। ज़िला करनाल के हरित-क्रान्ति क्षेत्र के एक क्लिनिक ने गर्भवती महिलाओं की लाल रक्त-कोशिकाओं (हीमोग्लोबिन) का स्तर सामान्य से बहुत कम होने की बात की तस्दीक़ की है और इसका सीधा सम्बन्ध पोषण-सम्बद्ध कमियों की वजह से ख़ुद-ब-ख़ुद होने वाले गर्भपातों, समय से पहले होने वाले जन्मों और भ्रूण-हत्या की उच्च दर से है।[226] यह तस्दीक़ भी की गई कि अच्छे खाते-पीते घरों से भी, लगभग दो-तिहाई गर्भवती महिलाओं में लाल रक्त-कोशिकाओं की संख्या बहुत कम थी और डॉक्टरों को हैरत थी कि गर्भपातों की संख्या इससे अधिक क्यों नहीं रही।[227] साफ़ तौर पर समस्या सिर्फ़ चिकित्सा से सम्बद्ध नहीं है बल्कि स्वास्थ्य और पोषण की भी है। लेकिन महिलाओं के कुपोषण की यह सचाई केवल हरियाणा तक सीमित नहीं है बल्कि पूरी तीसरी दुनिया की कड़वी सचाई है।

फिर भी, गर्भवती और दूध पिलाने वाली महिलाओं की ख़ुराक के पोषण-सम्बन्धी महत्त्व का मूल्यांकन करना नामुमकिन है। यह मूल्यांकन कर पाना ख़ासतौर से इसलिए नामुमकिन हो जाता है कि वे स्वयं अपने पोषण के स्तरों को एक ख़ास तरह से ही देखती और तय करती हैं। औरत क्योंकि भोजन पकाने से जुड़ी हुई है, तो जैसा कि हम ने पहले देखा है, मर्द तो यह मान कर चलते हैं कि वह ख़ुद ही अच्छी तरह से खा रही होगी; महिला द्वारा खाए जा रहे भोजन के बारे में उदासीनता की व्याख्या इस बात से की जा सकती है कि पुरुष यह मान कर चलता है कि औरत ख़ुद अपना ध्यान रख सकती है। कम से कम उसकी ख़ुराक को लेकर कोई चिन्ता नहीं दर्शाई जाती। ज़्यादा से ज़्यादा (निम्न वर्ग/जाति को छोड़ कर) यह तो हो सकता है कि महिलाओं द्वारा किसी विशेष भोजन के लिए अनुरोध को कभी-कभार पूरा कर दिया जाए लेकिन उसके नियमित भोजन पर तो ध्यान नहीं ही दिया जाता। पहले ज़िक्र में आए कुछ लोक-गीत जो आज भी लोकप्रिय हैं, गर्भवती औरत की भोजन सम्बन्धी इच्छाओं की पूर्ति होते हुए दिखाते हैं लेकिन इन से यह भी प्रदर्शित होता है कि उसे पुरुषों से भोजन के लिए गुहार लगानी पड़ती है क्योंकि उससे सम्बद्ध ख़रीद पर तो महिला का कोई नियन्त्रण नहीं होता। ग्रामीण महिलाओं की आम राय है कि उसकी इन इच्छाओं की पूर्ति सिर्फ़ उसकी पहली गर्भावस्था के दौरान की जाती है – बेटा पैदा होने की सूरत में मुमकिन है कि उसे कुछ ज़्यादा समय के लिए भी खाने-पीने को मिल जाए। बाद की गर्भावस्थाओं को यह कहते हुए एक आम घटना की तरह लिया जाता है कि 'बच्चों को जन्म तो सब औरतें

देती हैं, इसमें क्या ख़ास है'।

कुपोषण के हालात : ग़रीबी रेखा से नीचे रहते लोग

हाल ही में हुए कुछ अध्ययनों में इस सचाई की ओर ध्यान दिलाया गया है कि उत्तर प्रदेश की ग्रामीण महिलाओं को 'खाने के लिए कम भोजन मिलता है' और वे कुपोषण का शिकार हैं।[228] हो सकता है कि यह बात हरियाणा में महिलाओं के कुछ तबक़ों के लिए सही न हो। लेकिन कुल मिला कर देखें तो हमें याद रखना होगा कि अच्छे खाते-पीते घरों को छोड़ दें तो कई परिवारों की महिलाओं को पुरुषों और बच्चों की ख़ातिर अकसर भूखा रहना पड़ता है और असल में तो ऐसे परिवारों की संख्या बढ़ रही है। ज़िला गुड़गाँव के 15 चिह्नित गाँवों के 1979-80 के एक आधिकारिक नमूना सर्वेक्षण[229] से पता चला है कि सर्वेक्षण के लिए अपनाए गए मापदण्डों के मुताबिक़ आबादी का 37.7 प्रतिशत लोग ग़रीबी-रेखा से नीचे रहते हैं। प्रतिशत के हिसाब से ग़रीबी-रेखा से नीचे के परिवारों की संख्या जहाँ एक ओर एक गाँव में न्यूनतम 21.6 प्रतिशत थी तो एक अन्य गाँव में 69.8 प्रतिशत थी – यानी यह फैलाव 21.6 और 69.8 प्रतिशत के बीच का था। इसमें सिर्फ़ बेरोज़गार और खेत-मज़दूर ही शामिल नहीं थे बल्कि ग़ैर-किफ़ायती जोतों के छोटे किसान भी शामिल थे जिन की प्रति-व्यक्ति आय ग़रीबी-रेखा से बहुत नीचे थी। ज़िला अम्बाला के 168 गाँवों में हुए एक अन्य, 1981-82 के नए सर्वेक्षण[230] से निकल कर आया कि सर्वेक्षित परिवारों में से 71 प्रतिशत ग़रीबी-रेखा से नीचे के थे। जाति के हिसाब से, इनमें से 42.3 प्रतिशत अनुसूचित जातियों से थे और 57.7 प्रतिशत अन्य जातियों से। वर्ग के लिहाज़ से 2.5 एकड़ से 5 एकड़ के बीच के यानी छोटे किसानों के बीच से 14.41 प्रतिशत थे; 2.5 एकड़ और उससे कम के यानी सीमान्त किसान में 14.41 प्रतिशत और भूमिहीन खेत-मज़दूरों के बीच से 28.26 प्रतिशत थे; बाक़ी के 43.18 प्रतिशत ग़ैर-कृषि मज़दूर परिवारों से थे। हरियाणा के ग्रामीण इलाक़ों में ग़रीबी-रेखा से नीचे की आबादी के लिए दिए गए आधिकारिक आंकड़ों के मुताबिक़ 1983-84 में ये कुल मिला कर 15.2 प्रतिशत थे।[231] अन्य विद्वानों ने ग़रीबी-रेखा से नीचे के आंकड़ों को मोटे तौर पर खेती करने वाली जनसंख्या का 45 प्रतिशत आंका है।[232] इन परिवारों के यथार्थ और सचाई का महिलाओं के लिए क्या अर्थ है, यह बात टिप्पणी की मोहताज नहीं है।

9. बढ़ता उपभोक्तावाद और शहरीकरण: विकसित होते पुरुष-नियन्त्रित केन्द्र

ग्रामीण परिवार के लिए भोजन के बाद सबसे अधिक ख़र्च कपड़ों पर होता है। 1967-68 और 1984-85 के बीच यह परिवार के कुल बजट के 11 और 13.54 प्रतिशत के बीच रहा।[233] 'कपड़ों' के इस सामान्य शीर्षक के तहत केवल आम और ख़ास मौक़ों

के कपड़े ही नहीं आते बल्कि सजने-सँवरने का सामान, नहाने-धोने का साबुन, सिर का तेल, कंघे, जूते-चप्पल आदि ज़रूरत की चीज़ें भी शामिल हैं। 1973-74 में हुए इस ख़र्च के विश्लेषण से ज़ाहिर होता है कि जिनकी आय अधिक है, वे पहनावे पर भी उतना ही अधिक ख़र्च करते हैं।[234] मिसाल के तौर पर, ज़िला भिवानी के गाँव जावा में 3.64 हेक्टेयर ज़मीन के मालिक एक परिवार ने 3,628 रुपये 35 पैसों के कुल ख़र्च का 4.16 प्रतिशत या 151 रुपये कपड़ों पर ख़र्च किए। इसी तरह ज़िला गुड़गाँव के गाँव सन्ध में 16 हेक्टेयर ज़मीन के मालिक एक अन्य परिवार ने 18,343 रुपये 4 पैसों के कुल ख़र्च का 12.38 प्रतिशत या 2,271 रुपये कपड़ों पर ख़र्च किए। तालिका 2.14 दो गाँवों में कपड़ों पर सालाना तुलनात्मक ख़र्च का विश्लेषण प्रस्तुत करती है।

तालिका 2.14: रुपयों में 'कपड़ों' पर ख़र्च : 1973-74

	गाँव जावा	गाँव संध
कुल ख़र्च	151.00	2271.00
कपड़े	75.00	1829.00
बिस्तर	36.00	50.00
प्रसाधन/साज-सज्जा	15.00	23.00
जूते-चप्पल	15.00	218.00
विविध/फुटकर	10.00	151.00

स्रोत : *फ़ैमिली बजट्स ऑफ़ कल्टिवेटर्ज़ इन हरियाणा, 1973-74,* चण्डीगढ़, इकनॉमिक एण्ड स्टेटिस्टिक्ल ऑर्गनाइज़ेशन, प्लैनिंग डिपार्टमेन्ट, गवर्नमेन्ट ऑफ़ हरियाणा, 1976; अपेन्डिक्स IX, VII, XIV, XVIII, IX में दिए गए आंकड़ों से लगाया गया हिसाब; साथ ही देखें टेबल 2.3 (b), पृ. 9।

'पहनावे' पर होने वाले ख़र्च का एक बहुत बड़ा हिस्सा कपड़ों पर ख़र्च होता है। मिसाल के तौर पर 1984-85 में इस पर होने वाले कुल ख़र्च का 63.44 प्रतिशत कपड़ों पर हो रहा था।[235] लेकिन समर्थन सादगी और संयम के आदर्श को दिया जाता है–

मोट्टा खाना और मोट्टा पहनना अच्छा हो सै।[236]

(मोटा भोजन करना और ऐसे ही कपड़े पहनना अच्छा होता है।)

यह आदर्श ख़ासतौर से कुँवारी लड़कियों के लिए रखा गया है:

बाप के घर बेटी गूदड़ लिपटी अच्छी।[237]

(पिता के घर में तो सबसे बेहतर है कि बेटी सादा और मोटे सूत के कपड़े पहने।)

हक़ीक़त में, जिनके पास ख़र्च करने की गुंजाइश होती है, साफ़ तौर पर देखने में आता है कि वे कपड़ों पर ख़र्च करते हैं, बेहतर पोशाक में दिखाई देते हैं। दूसरी ओर,

सच यह भी है कि ज़्यादातर मर्द सर्दियों में बस एक मोटा खेस ओढ़े रहते हैं। एक तरफ़ सजधज दिखाई देती है तो दूसरी तरफ़ इस कहावत की सचाई भी हमारे सामने ही है कि 'डोलड़े का राछ सै, ओढ़े चाहे बिछाए'।[238] (मोटे कपड़े का अस्त्र है, ओढ़ा जाए चाहे बिछाया जाए)।

ख़रीद-फ़रोख़्त और ख़र्च आदि के फ़ैसलों पर पुरुष-नियंत्रण

लेकिन इसमें से किसी भी ख़र्च के बारे में फ़ैसला महिलाओं द्वारा नहीं लिया जा सकता क्योंकि बाज़ार से ख़रीद-फ़रोख़्त का विशेष अधिकार आमतौर पर पुरुष के पास ही रहता है। एक छोर की राय यह थी कि औरत को तो दहेज में लाए गए कपड़ों या फिर उसके माँ-बाप द्वारा समय-समय पर उपहारस्वरूप दिए गए कपड़ों में ही गुज़ारा करना होता है; कपड़े ख़रीदे जाते हैं तो बस बच्चों और पुरुषों के लिए ही, और महिलाओं के लिए तो बहुत कम ही।[239] हालाँकि इस बात में सचाई नहीं दिखाई देती, फिर भी यह स्थिति बहुत कुछ बयान करती है – कपड़ों की ख़रीदारी में भी महिलाएँ सबसे पीछे रखी जाती हैं। इसके अलावा कपड़े दहेज के तौर पर लाए गए हों चाहे बाद में, उनके वितरण में सबसे अधिक प्रभाव सास का रहता है क्योंकि महिलाओं में वह सबसे बड़ी होती है।[240] इस वितरण में तरजीह किसे दी जाती है, इस बात का अन्दाज़ा यहीं से लगाया जा सकता है कि दुलहन द्वारा दहेज में अपने लिए लाए गए पहनावों में से अपनी मर्ज़ी और पसन्द का कुछ भी चुनने की छूट ननदों (दूल्हे की बहनों) के पास रहती है।[241]

परिवार के पुरुष-मुखिया द्वारा अपने हाथ में रखे गए ख़र्च का एक और मद मकान का ख़र्च है। खेत के लिए मशीनरी लाने के अलावा दूसरी प्राथमिकता एक पक्का मकान हासिल करने की होती है। 'पक्की रोटी और पक्की हवेली' – हरियाणा के पुरुष के दो महत्त्वपूर्ण अरमानों का यही प्रचलित सार है। इसे उस कमी को पूरा किए जाने के रूप में देखा जा सकता है जो पहले के कच्चे घर और बहुत ही कम तथा सीमित ख़ुराक के चलते महसूस की जाती होगी। अनुमान है कि 1969-70 और 1984-85 के बीच एक किसान-मालिक का परिवार अपने घरेलू बजट का औसतन चार से पाँच प्रतिशत मकान के इन्तज़ाम पर ख़र्च करता था।[242] एक पक्का मकान होने की इच्छा और उसके लिए धन अलग से रखने के बावजूद हर व्यक्ति यह हासिल नहीं कर पाता। पाँच एकड़ और उससे कम की जोत वाले किसानों में से दो-तिहाई अब भी ऐसे कच्चे घरों में रहते हैं जिनकी देखभाल करना भी एक महंगा काम है।[243] भूमिहीन मज़दूरों में से भी 87 प्रतिशत लोग कच्चे मकानों में रहते हैं। असल में तो सीमांत किसानों या उनसे ऊपर के किसानों के परिवार ही पक्का मकान बनाने की पहलक़दमी ले सकते हैं हालाँकि उसका भी एक हिस्सा कच्चा ही रहता है।[244]

घरों में बैठक का स्वरूप, उपभोक्तावादी संस्कृति के प्रभाव और महिलाओं की स्थिति

पक्के मकानों की सबसे लोकप्रिय बनावट में एक बैठक यानी घर के प्रवेश पर पुरुषों के बैठने के लिए खुली जगह होती है। यह 'मरदानगी के प्रतीक' की तरह है, और महिलाओं की पहुँच से बिल्कुल बाहर है – यह सिर्फ़ और सिर्फ़ पुरुषों के इस्तेमाल की जगह है।[245] बैठक केवल पुरुषों के लिए होने पर यह बल इस बात का प्रतीक तो है ही कि ख़र्च के नए स्वरूपों का रूझान पुरुषों की तरफ़ है बल्कि इससे स्थान और जगह के सामाजिक गठन एवं व्यवस्था के बारे में भी पता चलता है जिसके तहत लिंगभेद के आधार पर महिलाओं को भौतिक-शारीरिक तौर पर अलग-थलग रखने की बात निकल कर आती है – महिलाएँ तो घर, यानी मकान के अन्दरूनी हिस्से तक ही सीमित रहती हैं।

अब निम्न जातियों और वर्गों में भी जिन लोगों के पास ख़र्च करने की क़ाबिलियत है, 'पुरुष स्थान' के रूप में बैठक बनाने का रिवाज शुरू हो गया है। यह बात इन समूहों में प्रचलित उस लोकाचार के बरअक्स है जिसके तहत एक ही कमरे या दो कमरों के युनिट वाले घर को पुरुष और महिला आमतौर पर साझा रूप से इस्तेमाल करते आए हैं। लेकिन ज़मींदार समूहों के लिए भी बैठक एक 'विलासिता' ही है – यह 5 एकड़ से अधिक जोत के किसानों में ही देखने को मिलती है; इससे नीचे केवल 13 प्रतिशत के पास ही बैठक होती है।[246] इसका रूप-आकार भी अब बदल गया है – पहले की बैठक में परिवार के पुरुषों और महमानों के लिए बिछी हुई खाटों के अलावा दुधारू पशुओं के लिए भी जगह होती थी मगर अब इस तरह की बैठक कम देखने में आती हैं। अब इसकी बनावट शहरी तर्ज़ पर दिखाई देती है – गद्देदार कुर्सियों और मेज़ों के साथ मुमकिन हो तो खड़े पंखे और ट्रांज़िस्टर-रेडियो भी रहते हैं। ये सब आधुनिक होने के प्रतीक हैं और इसलिए परिवार के सामाजिक रुतबे और प्रतिष्ठा के सूचक माने जाते हैं। जिन परिवारों ने अब बैठक बनवाई हैं, उनमें से 76 प्रतिशत में कुर्सियाँ और मेज़ हैं।[247] ट्रांज़िस्टर-रेडियो भी काफ़ी आम है और इसे ही मनोरंजन का मुख्य साधन माना जाता है। टेलिविज़न का होना ज़्यादा हाल की बात है और यह अब भी गाँव के कुछ ही खाते-पीते परिवारों तक सीमित है।

1984-85 में सर्वेक्षित 80 परिवारों में से चार में ही टेलिविज़न था। इसके अलावा टेलिविज़न दहेज का भी एक हिस्सा अभी हाल ही में बना है। ग्रामीण हरियाणा के अमीर परिवारों में इसने हैसियत और रुतबे के प्रतीक के रूप में रेडियो का स्थान ले लिया है।

हैसियत के अन्य प्रतीकों में साइकिल, कलाई-घड़ी, महिलाओं के लिए सिलाई की मशीन, यहाँ तक कि मिट्टी के तेल का स्टोव भी है। लेकिन हम पाते हैं कि हैसियत के

इन प्रतीकों की ख़रीद और उन्हें हासिल किए जाने का सन्दर्भ पुरुष-प्रधान और पुरुष-निर्देशित है। सिलाई-मशीन को छोड़ ऊपर ज़िक्र में आई बाक़ी सब चीज़ें पुरुषों की निगरानी में रहती हैं और विशेष तौर पर उन्हीं के लिए आरक्षित स्थानों में रखी जाती हैं। ये चीज़ें महिलाओं द्वारा लाए गए दहेज के सामान का हिस्सा रही हों, तो भी ये महिलाओं की पहुँच से बाहर होती हैं। और उनके लिए इन तक पहुँच बनाना मुमकिन हो, तब भी उन्हें इन सहूलियात का इस्तेमाल नहीं करने दिया जाता। मिसाल के तौर पर, एक औरत रेडियो नहीं चला सकती। वह बस घर के ज़नाना हिस्से में रहते हुए उसे सुन भर सकती है।[248] लेकिन इसे फिर भी पहले के प्रचलित नज़रिए के मुक़ाबले बदलाव के रूप में देखा जा सकता है जब फ़िल्मी गीतों को उनके 'बुरे प्रभाव' के चलते जवान लड़कियों के लिए 'हानिकारक' और 'ग़ैर-मुनासिब' समझा जाता था[249] – उपभोग के नए स्वरूपों ने, जिनमें ख़ासतौर से बाज़ार, त्यौहार और जीवन-चक्र से जुड़े जश्न, लाउड्स्पीकरों का इस्तेमाल आदि शामिल हैं, इन पाबंदियों और बंदिशों को तोड़ा है। लेकिन जिन घरों में टेलिविज़न है, उनमें भी घूँघट और बड़ी तादाद में मर्दों के होने की वजह से महिलाओं द्वारा यह सीमित तौर पर ही देखा जाता है। कार्यक्रमों का समय भी महिलाओं के काम के समय के साथ टकराता है, फिर चाहे ये खेती से जुड़े हुए काम हों या फिर घरेलू काम।[250] गाँवों में यह बात भी बार-बार सुनने को मिलती है कि 'टी.वी. देखने से आँख़ें ख़राब हो जाती हैं'। साथ ही, टी.वी. मुख्य तौर से मनोरंजन के लिए देखा जाता है[251], जिसके चलते परम्परागत नज़रिए के साथ इसका टकराव होता है क्योंकि मान्यता यह है कि महिलाओं और बच्चों को मनोरंजन से बच कर रहना चाहिए। यही नज़रिया सिनेमा के प्रति भी है। पश्चिमी उत्तर-प्रदेश में जवान पीढ़ी की महिलाओं को 'पसन्द' है कि उनके पुरुष फ़िल्म देखने के लिए उन्हें अपने साथ लेकर जाएँ[252] और ऐसा ही नज़रिया ग्रामीण हरियाणा में भी देखने को मिलता है लेकिन पुरुषों द्वारा इसका कड़ा विरोध होता है, हालाँकि सब जवान मर्द स्वीकार करते हैं कि उन्हें फ़िल्में देखने का बहुत शौक़ है।

इस ख़र्च में से ज़्यादातर का सम्बन्ध गाँवों में ख़ासतौर से हरित-क्रान्ति के बाद से आए नए क़िस्म के उपभोक्तावाद के साथ है। हरियाणा में शहरीकरण लगातार जारी रहा है और आकार में बहुत बड़े गाँवों की संख्या भी बड़े पैमाने पर बढ़ी है। इन दोनों के साथ उपभोक्तावाद का सीधा सम्बन्ध है। बीस साल के भीतर, यानी 1961 और 1981 के बीच, हरियाणा में क़स्बों की कुल संख्या 61 से बढ़ कर 81 हो गई है। इस समयकाल में शहरी आबादी के विकास का सूचकांक दोगुना से भी अधिक हो गया है।[253] इसी के साथ हरियाणा में बहुत छोटे गाँवों की संख्या में ध्यान देने योग्य कमी आई है और बड़े तथा बहुत बड़े गाँवों की संख्या बढ़ी है (देखें तालिका 2.15)। 1981 के आते तक 57 गाँव पूरी तरह और 18 गाँव आंशिक तौर पर क़स्बों में मिला लिए गए थे।

तालिका 2.15: 1961 और 1981 में हरियाणा के गाँव का आकार (साइज़)

आबादी	*गाँवों की कुल संख्या*		*गाँव की कुल आबादी का प्रतिशत*	
	1961	*1981*	*1961*	*1981*
बहुत थोड़ी (500 से कम)	2,756	1,499	11.83	4.16
थोड़ी (500-999)	1,873	1,776	2.13	12.90
बड़ी (1000-5000)	1,969	3,229	59.42	66.30
बहुत बड़ी (5000 तथा अधिक)	72	241	7.35	16.60
कुल	6,670	6,745		

स्रोत : *स्टेटिस्टिक्ल एब्स्ट्रैक्ट ऑफ़ हरियाणा*, 1968-69, पृ. 10-11, 1984-85, पृ. 39।

एक औसत गाँव के आकार में इस बढ़ोतरी के साथ ही बहुत अलग-अलग तरह की 'आधुनिक' वस्तुओं और सेवाओं का आना भी हुआ है जिनमें पेट्रोल और डीज़ल पम्प, ठण्डे गोदाम, मरम्मत की दुकानें, खाने-पीने के स्थान, फ़र्निचर और कपड़े की दुकानें, दर्ज़ी आदि शामिल हैं। उपभोग की वस्तुओं की बिक्री वाली परचून की दुकानों की संख्या बढ़ी है और बिक्री की चीज़ों की संख्या भी बहुत व्यापक हो गई है। बड़े गाँवों में मिलने वाली वस्तुओं की विविधता और गुणवत्ता बड़े शहरों में किसी छोटे से शॉपिंग सेन्टर में मिलने वाली चीज़ों से कुछ अलग नहीं है।[254] 1966 में दुकानों की आधिकारिक संख्या केवल 43,554 थी। 1988 में यह बढ़ कर 1,29,996 हो गई।[255] दुकान को परिभाषित करने के पैमाने तय न किए जाने के कारण यह कम ही सम्भावना है कि एक गाँव और उसके आस-पास के इलाक़े में तेज़ी से फैलने वाली छोटी दुकानों को इसमें शामिल किया गया होगा – जबकि इन्हें भी शामिल कर लिया जाता तो दुकानों की संख्या और भी ज़्यादा बढ़ जाती। इन दुकानों का इतना तेज़ी से फैलना ख़ासतौर से हरित-क्रान्ति के इलाक़ों में किसानों की ख़रीद की क्षमता के बढ़ने की प्रतिक्रिया में हुआ। यातायात की सुविधाओं के व्यापक फैलाव के साथ व्यापारी अपनी वस्तुएँ दूर-दराज़ गाँवों की दुकानों और मेलों में भी बेच पाते हैं। इसके अलावा हरियाणा के कुल 835 गाँव 0-3 या 3-5 किलोमीटर के दायरे में हैं।[256] मौजूदा ढांचागत सुविधाओं के भीतर यह फ़ासला, ख़ासतौर से व्यापारिक आदान-प्रदान की प्रक्रियाओं में न के बराबर है, जबकि ये आदान-प्रदान अब केवल एक 'संयोगवश होने वाली घटना' नहीं रह गए हैं।[257] बढ़ते हुए शहरीकरण, सेवाओं के सेक्टर (ख़ासतौर पर व्यापार और बैंकिंग) की प्रगति, ढांचागत सुविधाओं में बेहतरी, व्यापार एजेंसियों के बढ़ने, साक्षरता, टेलिविज़न नेटवर्क के फैलाव और औद्योगिक उत्पादों के बारे में बेहतर जागरूकता का नतीजा है कि ग्रामीण क्षेत्रों में उपभोग और विलासिता की चीज़ों पर ख़र्च होने लगा है।

1991 में बिरला इकनॉमिक रिसर्च फ़ाउण्डेशन द्वारा ग्रामीण भारत में उपभोग-ख़र्च पर किए गए अध्ययन से पता चलता है कि भोजन को छोड़ कर उपभोग के अन्य उत्पादों पर ख़र्च 1960-61 से 1973-74 तक कुछ हद तक स्थिर रहने के बाद ख़ासतौर से 1980 के दशक के आख़री सालों में महत्त्वपूर्ण तौर पर बढ़ा है।[258] यह बात ख़ासतौर से पंजाब और हरियाणा जैसे खेती में आगे बढ़े हुए राज्यों, और महाराष्ट्र, गुजरात, तमिल नाडु तथा आंध्र प्रदेश और पश्चिमी उत्तर-प्रदेश के हिस्सों के लिए सच निकली और इस तरह ख़रीद की नई हासिल की गई ताक़त एक और नए कारक के रूप में उभर कर आई। यह बढ़ोतरी खाद्य-तेल, चीनी और नमक जैसे भोजन के कुछ मदों के लिए भी सच है हालाँकि कुल मिला कर देखें तो इस रिपोर्ट के मुताबिक़ भोजन के पदार्थों पर उपभोग का ख़र्च इन ग्रामीण इलाक़ों में घटा था। साफ़ है कि कई तरह के कारक सक्रिय रहे हैं, जिसके नतीजे के तौर पर शहरी उपभोक्तावादी संस्कृति ग्रामीण इलाक़ों में भी लोकप्रिय ढंग से फैली। इसके पीछे कुछ हासिल करने की हसरत और शहरों का अनुकरण, दोनों का ही हाथ रहा है।

मनोरंजन-स्थलों का फैलता प्रभाव; मर्दों का ग़लबा

इसी तरह का फैलता प्रभाव मनोरंजन के सार्वजनिक-स्थलों की ज़बरदस्त बढ़ोतरी में देखने को मिलता है। 1966-67 में राज्य के बनने पर इन की संख्या 50 थी, जो 1980-81 में बढ़ कर 113 हो गई। खान-पान के सार्वजनिक-स्थलों की संख्या का तो अन्दाज़ा लगाना ही मुश्किल है और यही बात इनका प्रयोग करने वाले लोगों की बढ़ती संख्या पर भी लागू होती है।[259] इसने आमदनी के ख़र्च किए जाने में एक और नया आयाम जोड़ दिया है, जिसमें से महिलाओं को बाहर रखा जाता है। इन मनोरंजन-स्थलों का प्रयोग करने वालों की संख्या में ज़बरदस्त इज़ाफ़े की झलक मनोरंजन-टैक्स से हुई कमाई में बढ़ोतरी में देखने को मिलती है। हालाँकि आंशिक रूप से यह टैक्स में की गई वृद्धि की वजह से भी है, लेकिन यह 1966-67 में 50,14,000 रुपये से बढ़ कर 1980-81 में 5,42,51,000 रुपये हो गई। इसी तरह प्रदर्शन-टैक्स 1966-67 में 1,97,000 रुपये से बढ़कर 1980-81 में 51,44,000 रुपये हो गया।[260] इस सब में ध्यान देने लायक़ बात यह भी है कि मनोरंजन-स्थलों पर एकाधिकार लगभग पूरी तरह से पुरुषों का रहता है। आंकड़ों से पता चलता है कि इन चौदह सालों में मनोरंजन-टैक्स की वसूली में ग्यारह गुना और प्रदर्शन-टैक्स में छबीस गुना से भी ज़्यादा बढ़ोतरी हुई। महत्त्वपूर्ण है कि आधिकारिक आंकड़ों के मुताबिक़ व्यापार, होटल और रेस्तराँ का सेक्टर कृषि के बाद दूसरे सबसे महत्त्वपूर्ण सेक्टर के रूप में निकल कर आया है। 1988-89 के आंकड़ों के अनुसार मौजूदा दामों पर राज्य के प्रदेशीय उत्पादों में उसका हिस्सा 16.89 प्रतिशत है और मैन्युफ़ैक्चरिंग यानी विनिर्माण सेक्टर का हिस्सा 15.2

प्रतिशत है।[261]

इससे भी ज़्यादा अहम बात यह है कि चाय, ठण्डे पेय-पदार्थों, ढाबों तथा खान-पान के अन्य स्थलों पर उपलब्ध शराब और माँसाहारी भोजन से लेकर सिनेमा-घरों तथा कुछ गाँवों में खुल गए वीडियो-पार्लर समेत उपभोग के ये स्वरूप पहले से मौजूद हुक्का-सेवन, आग के इर्द-गिर्द बैठने, ताश खेलने और बढ़ती संख्या में शराब के अड्डों में शराब पीने जैसी पूरी तरह से पुरुषों की सामाजिक प्रक्रियाओं में आ जुड़े हैं।[262] इन सब का झुकाव पुरुष की ओर होने की वजह से सार्वजनिक क्षेत्र में पुरुषों के एकत्र होने के केन्द्र और अधिक व्यापक हुए हैं। इसी के चलते महिलाओं की गतिशीलता नियंत्रित रही है। वे निजी और काम से सम्बद्ध क्षेत्रों तक ही सीमित रही हैं और यह अब तो और भी अधिक बढ़ गया है। हरियाणा में महिलाएँ खेतों और गलियों में दिखाई तो देती हैं लेकिन यह मौजूदगी बस यूँ ही, बेइरादा इधर-उधर घूमने जैसी नहीं है। उनकी गतिशीलता एक हद तक ही स्वीकारी जाती है और यह किसी स्वीकृत उद्देश्य के दायरे के भीतर रहते हुए ही हो सकती है। इसलिए इतनी बड़ी संख्या में पुरुषों की लगातार मौजूदगी घूँघट की विचारधारा और व्यवहार को ही बल प्रदान करती है।

हुक्का तथा बीड़ी-सिगरेट-शराब से मिलती चुनौती

पहले के दिनों में पुरुषों के इकट्ठा होने की दो सबसे आम जगहें हुक्के के इर्द-गिर्द और आग के इर्द-गिर्द रहती थीं। 1930 के दशक में एफ़.एल.ब्रेन ने इस इलाक़े में उन दृश्यों को बहुत ही जीवन्त तरीक़े से अपने कैमरे में क़ैद किया था।[263] एक तस्वीर में हुक्का दिखाया गया है और नीचे लिखा है – 'इस देवता को पूरे पंजाब में पूजा जाता है।' एक अन्य तस्वीर में गाँव के पुरुषों का एक समूह आग सेकते हुए दिखाई देता है, और तस्वीर के नीचे लिखा हैः 'पंजाब के गाँवों का एक और रिवाज। काम के बेहतरीन घण्टे आग के पास बैठ कर और खाद बनने लायक़ बहुत सी सामग्री बरबाद कर के काट दिए जाते हैं।' बीड़ी-सिगरेट पीना भी अब बहुत आम हो गया है लेकिन हुक्के का दबदबा जारी है। पुरुषों के किसी भी समूह का हावी प्रतीक वही है। किसान परिवारों की उम्रदराज़ महिलाएँ हुक्के के छोटे रूप हुक्की या नारियल (जिसे धूम्रपान के उपकरण के रूप में परिवर्तित कर लिया जाता है) का इस्तेमाल अपने घर में गोपनीय तौर पर करती हैं। मज़दूर वर्ग की महिलाओं में बीड़ी पीने का चलन है। पुरुषों में हुक्का पीने को एक ज़रूरत के तौर पर देखा जाता है और इसके बारे में जब भी बात होती है, शौक़ से की जाती है। इसके साथ एक ख़ास क़िस्म की रूमानियत जुड़ी हुई हैः

हुक्का हर का लाडला, सब का राखे मान
भरी सभा में यों फिरे ज्यों गोपी में कान्ह।[264]
(हुक्का सब का लाडला है और सब का मान रखता है,

भरी सभा में यूँ घूमता है जैसे कि गोपियों में कृष्ण।)

यह पुरानी कहावत अब भी लोकप्रिय है। लेकिन हुक्के को ख़तरा है कि उसकी जगह अब बहुत तेज़ी से शराब के अड्डे लेने लगे हैं। परिवार या बिल्कुल लगते पड़ोस के लिए घर में ही शराब निकालने का काम उपनिवेशीय समयकाल से पहले के वक़्त से चला आ रहा है। फिर ख़ासतौर से उपनिवेशीय काल में इसकी जगह ज़्यादा दमदार, असरदार, नशीली और आदत में ढालने वाली विशुद्ध, ख़ालिस शराब ने ले ली। इस शराब का उपभोग बहुत ही ज़्यादा है (तालिका 2.16) और बढ़ भी रहा है।

तालिका 2.16: हरियाणा में शराब का उपभोग : 1966-1985

वर्ष	*देसी शराब (शराब में अल्कोहल की मात्रा के मापदण्ड के तहत लिटर)*	*विदेशी शराब*	*वाइन और बीयर (थोक में लिटर)*
1966-67	14,20,345	50,785	1,46,994
1984-85	1,19,97,529	58,44,105	67,83,549

स्रोत : *स्टेटिस्टिक्ल एब्स्ट्रैक्ट ऑफ़ हरियाणा, 1984-85,* चण्डीगढ़, गवर्नमेन्ट ऑफ़ हरियाणा, इकनॉमिक एण्ड स्टेटिस्टिकल ऑर्गनाइज़ेशन, प्लैनिंग डिपाट्र्मेन्ट, 1986, पृ. 514।

इस सारी शराब का उपभोग हरियाणा में ही नहीं होता – हरियाणा से बीयर और अन्य क़िस्म की शराब अन्य राज्यों को भी निर्यात की जाती है। लेकिन अगर हम सिर्फ़ ठर्रा यानी देसी शराब के आंकड़े भी लें तो 18 साल में 745 प्रतिशत बढ़ोतरी हुई है जबकि इसी समयकाल में आबादी की वृद्धि 30 प्रतिशत से भी कम है। इसमें राज्य में बड़े पैमाने पर विशुद्ध की जा रही अवैध शराब शामिल नहीं है।[265] शराब के उपभोग में यह बढ़ोतरी एक दूसरे से जुड़े हुए कई कारणों के चलते हुई है और ये कारण विभिन्न वर्गों और जातियों के लिए विशिष्ट हैं। एक महत्त्वपूर्ण और निर्णायक कारक ख़ासतौर से ग्रामीण इलाक़ों में उपभोक्ताओं में यह एहसास है कि भुगतान करने या अदायगी और ख़र्च करने की उनकी क्षमता बढ़ गई है।[266] उपनिवेशीय समयकाल में शराब के उपभोग पर बरतानिया की भारतीय फ़ौज का बहुत ही निर्णायक प्रभाव था क्योंकि बरतानवी फ़ौज में शराब हमेशा ही बहुतायत में उपलब्ध रहती थी। फ़ौज के रंगरूट जब अपने गाँव आते थे तो यारों-दोस्तों के साथ पीने के लिए रम और व्हिस्की की बोतलें हमेशा साथ लाते थे। घर में निकाली हुई शराब के मुक़ाबले इनका प्रभाव अधिक था।[267] शराबख़ोरी इसलिए महत्त्वपूर्ण हो जाती है क्योंकि उसका सम्बन्ध 'लड़ाकू जातियों' की लड़ाकू, जुझारू विरासत से जोड़ा जाता है। साथ ही, बाक़ी सब सरोकारों से ऊपर माने जाने वाले मरदानगी के सरोकार से भी इसे सम्बद्ध किया जाता है। दिलचस्प बात यह है कि ऊँची जातियों और वर्गों के सीधे मुक़ाबले में निम्न जातियों तथा वर्गों में शराब की लोकप्रियता

के लिए दो कारण दिये जाते हैं, और ये हैं आर्थिक अभाव तथा स्वाभीमान की कमी।

शराब के उपभोग में इज़ाफ़े को अप्रत्यक्ष तौर पर राज्य की आबकारी नीति और बढ़ती संख्या में परचून की दुकानों को मिलने वाले लाइसेंसों से भी प्रोत्साहन मिला है।[268] मौजूदा चलन से साफ़ ज़ाहिर है कि प्रति दस किलोमीटर के दायरे में एक शराब का ठेका लाइसेंस मिलने पर स्थापित हो रहा है। हर तीन किलोमीटर में परचून की छोटी दुकानें भी खुली हैं।[269] 1990-91 के सरकारी आंकड़ों के मुताबिक़ इसी का नतीजा है कि इस छोटे से राज्य में देसी शराब के 820 और भारत निर्मित विदेशी शराब के 370 बिक्री-केन्द्र हैं।[270] गाँवों के लोगों की ख़रीद की बढ़ती हुई ताक़त के चलते अब पहली बार देसी शराब के बिक्री-केन्द्रों को रम और जिन बेचने की भी इजाज़त होगी। ठेकों की सालाना नीलामी में लगाए जा रहे दामों में बढ़ोतरी से शराब की इन दुकानों की पैसा कमाने की क्षमता की झलक मिलती है। मिसाल के तौर पर, ज़िला सोनीपत के नाहरी गाँव में 1982-83 में एक ठेके की नीलामी का दाम 1 लाख रुपये था जो एक साल के भीतर 1983-84 में बढ़ कर पाँच लाख हो गया।[271] साफ़ है कि शराब की बिक्री से होने वाला निजी लाभ और राज्य को मिलने वाला राजस्व विशाल है। शराब का एक स्थानीय ठेकेदार शेख़ी मारते हुए बोला कि शराब से राज्य को अपने राजस्व का पचास प्रतिशत मिलता है और इस पर लगाम कस दी गई तो 'स्कूल शिक्षकों को उनकी तनख़्वाहें नहीं मिलेंगी।'[272]

इस लिहाज़ से कहा जा सकता है कि शराब के उपभोग को प्रोत्साहित करने में राज्य का भी हाथ रहा है। मिसाल के तौर पर, 1966-67 में देसी शराब में अल्कोहल की मात्रा के मापदण्ड के तहत उस पर प्रति-लिटर 17.60 रुपये का टैक्स लगा था। 1970-71 में इसे घटा कर 8 रुपये कर दिया गया और दस ही साल बाद 1980-81 में बढ़ा कर 11 रुपये कर दिया गया जो 1966-67 के हिसाब से अब भी बहुत कम था।[273] इसलिए देसी शराब की बिक्री और उपभोग पर इसका असर हैरत पैदा करने वाली बात नहीं है। इसी तरह 1966- 67 से 1980-81 तक प्रति-बोतल बीयर पर आबकारी 1 रुपया थी और फिर 50 पैसे कर दी गई। अब 1984-85 से यह 1 रुपया 50 पैसा प्रति-बोतल है। इसके अलावा, शराब की बिक्री की नई नीति[274] के तहत ठेकों को राज्य-पुलिस की सीधी निगरानी में कर दिया गया है। स्थानीय पुलिस स्टेशन का उन पर कोई नियन्त्रण या अधिकार नहीं है। ठेकेदारों को शराबख़ाना खोलने की इजाज़त भी दे दी गई है यानी अपने ग्राहकों को दुकान पर ही पीने की सुविधाएँ देने की इजाज़त दे दी गई है, जो पहले नहीं थी। उपभोक्ताओं को घर पर भी ग्यारह बोतलें रखने तक की इजाज़त है।

आसानी से उपलब्ध होने और घर पर भी रखने की छूट के चलते शराब के उपभोग को काफ़ी हद तक प्रोत्साहन मिला है। इस बढ़ते ख़तरे के चलते कुछ ग्राम-पंचायतों ने अपनी ग्राम-सभा की सीमाओं के भीतर शराबबन्दी के हक़ में प्रस्ताव पारित किए हैं।

1990 तक इनमें से पचास प्रस्ताव ही स्वीकार किए गए थे और बाक़ी अभी जाँच के इन्तज़ार में थे। अन्य ग्राम-पंचायतें भी शायद शराबख़ोरी पर अधिक मज़बूती से बात करतीं लेकिन ठेकों के बने रहने में अब उनका भी दाँव लगा हुआ है। राज्य ने हाल ही में आदेश दिया था कि एक ग्राम-पंचायत या नगरपालिका के क्षेत्र में प्रति-बोतल बिक्री पर 1 रुपया पंचायत या नगरपालिका कोष में जमा करवा दिया जाएगा। साफ़ है कि धन को लेकर राज्य (राजनीतिज्ञों और प्रशासकों, दोनों), पुलिस, पंचायत और ठेकेदार के हितों की सांठ-गांठ हो गई है और यह शराब पीने वालों की लगातार बढ़ती संख्या के बल पर ही फलती-फूलती है।

पुरुषों द्वारा शराब का बढ़ता उपभोग – महिलाओं पर प्रभाव

पूंजीवादी उपभोक्तावादी अर्थव्यवस्था के प्रतीक के रूप में शराब के उपभोग का यह पहलू महिलाओं को भावनात्मक, शारीरिक और आर्थिक तौर पर प्रभावित करता है। शराब के ठेकों का यह जाल पूरे उत्तरी भारत में एक लगातार बढ़ती समस्या है। हरियाणा और उत्तर-प्रदेश की महिलाएँ खुले तौर पर शिकायत करती हैं कि किस तरह उनके पति शराब पर पैसा बरबाद कर के अपनी सेहत को भी बरबाद कर रहे हैं।[275] शराब तथा नशीले पदार्थों के व्यापक फैलाव से घरों में तनाव रहता है, पारिवारिक ख़र्च के लिए पैसा कम पड़ जाता है, अकसर झगड़े होते हैं और हिंसा भी होती है। स्पष्ट है कि महिला के जीवन की तेज़ी से घटती गुणवत्ता का एक बड़ा कारण शराब है और यह बात हर क्षेत्र, जाति और वर्ग के बारे में सच्ची है। असल में तो जितनी ज़्यादा ग़रीबी होगी, उतना ही बुरा असर महिलाओं और बच्चों पर होता है। शराब के उपभोग के व्यापक स्तर पर बढ़ते ख़तरे के चलते ही 1985 में महिलाएँ विरोध करने के लिए एक साथ आईं। ज़िला सोनीपत के नाहरी गाँव में कई पुरुषों के साथ कुछ महिलाओं ने शराब के ठेके के विरुद्ध प्रदर्शन किया और ठेके को बन्द करना पड़ा।[276] नाहरी गाँव के साथ ही ज़िला सोनीपत का गाँव फ़िरोज़पुर बोंगर और ज़िला कुरुक्षेत्र में गाँव भोर सैदाँ इस विरोध के अहम केन्द्रों के रूप में निकल कर आए। बहुत जोश और आशावाद तथा दिलचस्पी लेने वाले कई संगठनों की कोशिशों के बावजूद विरोध की यह मुहिम ज़ोर नहीं पकड़ पाई।[277] इस पूरे प्रकरण की कोई विद्वतापूर्ण जाँच होना अभी बाक़ी है। महात्मा गांधी द्वारा राष्ट्रीय मुक्ति आन्दोलन के दौरान शराब-विरोधी मुहिम के लिए गुंजाइश बनाए रखने के पीछे की बारीकी की बातों और उनके सूक्ष्म-भेदों को नकारा नहीं जा सकता। इन्हें भी ध्यान में रखना होगा। इस तथ्य के चलते महिलाओं का विरोध राजनीतिक व्यवहार के 'वाजिब' दायरों में शुमार होता है और असल में तो ज़रूरी नहीं है कि इसे मरदाना सांस्कृतिक मानकों के उल्लंघन या मरदाना 'राजनैतिक' दायरे में प्रवेश की कोशिश के तौर पर देखा जाए। दिलचस्प बात है कि गाँवों में कई पुरुष शराबख़ोरी के ख़िलाफ़

आवाज़ बुलन्द करते रहे हैं और इस ओर ध्यान दिलाते रहे हैं कि ऐसा नहीं है कि सभी मर्द शराब पीते हों; उनके मुताबिक़ हो सकता है कि परिवार में बस एक पुरुष ही शराब पीता हो। उन्होंने इस विरोध को अपना पूरा-पूरा समर्थन दिया है और महिलाओं को सक्रिय होने के लिए प्रोत्साहित करते रहे हैं।

10. प्रौद्योगिकी और घर का काम : महिलाओं का नियन्त्रण का सीमित दायरा

अब तक की चर्चा से निकल कर आने वाली एक अहम बात यह है कि बेहतर उत्पादन से हासिल खेती की कमाई का इस्तेमाल महिलाओं द्वारा या उनके लिए नहीं किया गया है। मिसाल के तौर पर, महिलाओं की राहत के लिए घर पर इस्तेमाल किए जाने वाले ऐसे उपकरण नहीं ख़रीदे जाते जिन से उनके वक़्त और ऊर्जा की बचत हो। यह इसके बावजूद है कि ऐसे उपकरण बाज़ार में आसानी से उपलब्ध हैं और वे हों तो महिलाओं पर घर के काम का बोझ घटेगा। हाल ही में हुए कई अध्ययनों से संकेत मिलता है कि ग्रामीण महिलाओं के लिए अब भी मुख्य तौर से परम्परागत उपकरण और औज़ार ही इस्तेमाल में लाए जा रहे हैं और टेक्नॉलजी यानी प्रौद्योगिकी का स्तर अब भी 'बहुत ग़ैर-तसल्लीबख़्श' है।[278]

घर में इस्तेमाल होने वाले आधुनिक उपकरणों ने बमुश्किल ही ग्रामीण परिवारों में प्रवेश पाया है और किसान औरतें अब भी किसी मशीनी मदद के बिना या बहुत कम ऐसी मदद से काम करती हैं। 1984-85 में 80 सर्वेक्षित परिवारों[279] में से केवल 8 के पास प्रेशर-कुकर थे; 24 परिवार कोयले की इस्त्री (प्रेस) का प्रयोग करते थे जबकि बिजली से संचालित इस्त्री का इस्तेमाल बहुत ही सीमित था और 3 परिवारों के पास रेफ्रिजरेटर था। लेकिन दहेज में लाई गई सिलाई मशीनें बहुत बड़ी संख्या में थीं। सर्वेक्षण में यह जानकारी भी मिली कि 50 प्रतिशत के पास मिट्टी के तेल से चलने वाले भोजन बनाने के स्टोव थे। मगर ज़रूरी नहीं है कि कोई वस्तु किसी के पास है तो उसका इस्तेमाल भी होता ही हो। व्यवहार में मेरे ज़मीनी स्तर के काम में निकल कर आया कि मिट्टी के तेल के स्टोव होने के बावजूद बड़ी संख्या में मिट्टी के चूल्हे आम इस्तेमाल हो रहे हैं और हल्की, उठाने योग्य अंगीठी, धुँआ-रहित चूल्हों और गोबर गैस का भी न के बराबर इस्तेमाल होता है।[280] ग्रामीण इलाक़ों में मिट्टी के तेल का इस्तेमाल मूल रूप से रौशनी के लिए होता है क्योंकि केवल 35.58 प्रतिशत परिवार ही बिजली का उपयोग करते हैं; बाक़ी 60.03 प्रतिशत परिवार मिट्टी का तेल तथा 1.39 प्रतिशत परिवार अन्य साधन प्रयोग में लाते हैं।[281] 1 प्रतिशत से भी कम ग्रामीण परिवार मिट्टी के तेल का इस्तेमाल भोजन पकाने के लिए करते हैं।

ग्रामीण हरियाणा में भोजन पकाने के लिए ऊर्जा के विभिन्न स्रोतों का इस्तेमाल ज़मीनी स्तर पर हुए मेरे काम की पुष्टि करता है। भोजन पकाने के लिए इस्तेमाल होने

वाली ऊर्जा का, प्रतिशत के हिसाब से वितरण इस प्रकार हैः ईंधन की लकड़ी और छोटे टुकड़े : 47.76; उपले : 35.57; मिट्टी का तेल : 0.78; बुझे हुए पत्थर का कोयला : 0.66; गैस, कोयला, तेल या प्राकृतिक गैस : 0.23; गोबर गैस : 0.50; चारकोलः 0.07; अन्य : 14.43।[282] भोजन पकाने के लिए बुनियादी प्रौद्योगिकी उपलब्ध न होने की वजह से महिलाओं का बहुत सा वक़्त और ऊर्जा ईंधन इकट्ठा करने में लगते हैं। ज़मींदार ग्रामीण परिवार ईंधन के लिए अकसर किराए के मज़दूरों की मदद से अपनी ही ज़मीन के पेड़ों, खेतों में अपनी फ़सलों के अवशेषों और अपने ही मवेशियों के गोबर पर निर्भर कर सकते हैं। लेकिन ग़रीब परिवारों की महिलाओं को ईंधन की लकड़ी की कमी का सामना करना पड़ता है, और यह ख़ासतौर से फ़सल के अवशेषों और गोबर की उपलब्धता पर हरित-क्रान्ति की प्रौद्योगिकी के प्रभाव के चलते हो रहा है।[283]

प्रौद्योगिकी के इस्तेमाल के प्रति नकारात्मक नज़रिया

पुरुषों का रूझान प्रौद्योगिकी में निवेश करने का नहीं है – इसी से प्रौद्योगिकी के इतने कम इस्तेमाल की व्याख्या की जा सकती है, हालाँकि यह भी सही है कि बेहतर घरेलू-प्रौद्योगिकी के बारे में महिलाओं का ज्ञान बहुत ही कम है। हाल ही में हुए एक अध्ययन से पता चलता है कि 1.9 प्रतिशत महिलाओं में ही इस ज्ञान की झलक मिलती है।[284] मगर जिन वस्तुओं के बारे में उन्हें जानकारी होती है और जो उनके लिए आसानी से उपलब्ध होती हैं, उनके सम्बन्ध में भी फ़ैसला लेने में उनकी कोई सुनवाई नहीं होती। मिसाल के तौर पर, हरियाणा के कुछ गाँवों में नया धुआँरहित चूल्हा लाने की कोशिशें नाकाम हो गईं।[285] यह नया चूल्हा महिलाओं की सेहत के लिए ख़तरे को बहुत घटा देता है। इसका इस्तेमाल किया जाए तो धुएँ से काले पड़ने वाले भोजन पकाने के बरतनों को रगड़-रगड़ कर साफ़ करने में व्यर्थ जाने वाला समय भी बच सकता है। छूट के बाद केवल 25 रुपये में पड़ने वाला यह चूल्हा सिर्फ़ इसलिए नहीं चल पाया कि पतियों द्वारा इसे ख़रीदे जाने की इजाज़त नहीं दी गई।[286] दूसरे विश्व-युद्ध के दौरान पश्चिमी एशिया में व्यापक अनुभव से निकल कर आए और ज़िला रोहतक में खेती करने वाले फ़ौज से सेवानिवृत्त एक अफ़सर की मिसाल हमारे सामने है जिन्होंने अपनी बात पर ज़ोर देते हुए कहा कि क्रीम निकालने वाला उपकरण ख़रीदने के उनके प्रस्ताव को उनकी पत्नी द्वारा ठुकरा दिया गया था।[287] दिलचस्प बात यह है कि उन्होंने अपनी पत्नी के इनकार को स्वीकाना 'तय कर लिया' था। यह सच हो चाहे न हो, मगर इस मिसाल से न सिर्फ़ यह प्रदर्शित होता है कि पुरुषों द्वारा महिलाओं की ज़रूरतों और सहूलियत को बहुत कम तरजीह दी जाती है बल्कि यह भी साफ़ दिखाई देता है कि ख़ुद महिलाओं ने भी मेहनत से बचाने वाली प्रौद्योगिकी के प्रति इस तरह के नज़रिए को आत्मसात कर लिया है।

एक बात और भी है – महिलाओं के काम से जुड़े सांस्कृतिक मूल्यों में मेहनत

को अच्छी सेहत का पर्याय माना जाता है और इसी तर्क के आधार पर उन्हें आधुनिक प्रौद्योगिकी से मिलने वाले लाभ से वंचित रखा जाता है – यहाँ तक कि ज़रूरत से ज़्यादा काम करने को भी औरत की सेहत के लिए अच्छा माना जाता है। कुछ पुरुष यह सुझाने की हद तक जाते हैं कि पुराने दिनों में जब आटा और दाल की पिसाई घर में ही की जाती थी, तब महिलाएँ कहीं ज़्यादा सेहतमन्द रहती थीं।[288] यहाँ इस ओर ध्यान दिलाना मुनासिब होगा कि आटा अब भी घर पर हाथ की चक्की से ही पीसा जाता है – न केवल दूर-दराज़ के गाँवों में, बल्कि खेती से सम्बन्धित विकसित प्रौद्योगिकी वाले कुछ गाँवों में भी। 1977 में पन्द्रह प्रतिशत आटा इसी तरह के गाँवों में हाथ से ही पीसा जा रहा था।[289] स्थिति में अब भी थोड़ा-बहुत बदलाव ही आया है। धरातल पर किए गए मेरे काम से प्रदर्शित होता है कि जिन घरों में बाज़ार में तैयार किया गया आटा ख़रीदा जाने लगा है, उनमें भी दलिया या दाल आदि की पिसाई के लिए चक्की का ही इस्तेमाल किया जाता है।

महिलाओं को मूलभूत प्रौद्योगिकी मुहैया न करवाए जाने का एक और खुले तौर पर दिखाई देने वाला उदाहरण पानी लाने से सम्बद्ध है जबकि इसमें भी उनका बहुत सा समय और ऊर्जा लगते हैं। ग्रामीण हरियाणा में अब भी पेयजल के मूल स्रोत कुएँ हैं। 1973-74 में पानी का 65.41 प्रतिशत कुओं और ट्यूबवेलों (नलकूपों) से आता था; टूटियों से केवल 7.06 प्रतिशत आता था और अन्य स्रोतों से 27.53 प्रतिशत।[290] इसके दस साल बाद, 1983 में, कुओं से अब भी 50 प्रतिशत पानी मिल रहा था, टूटियों से 23 प्रतिशत तथा अन्य स्रोतों से 27 प्रतिशत। अन्य स्रोतों में तालाब, सरोवर, जलाशय, नहरें, नदियाँ, चश्मे आदि शामिल हैं, जिन का इस्तेमाल जानवरों और कुछ निम्न जातियों तथा वर्गों द्वारा किया जाता है। ये सेहत के लिए गम्भीर तौर पर ख़तरनाक होते हैं। हालाँकि टूटियों से गाँवों के लिए मुहैया पानी का 23 प्रतिशत मिलता है लेकिन ये व्यक्तिगत तौर पर या घर में उपलब्ध साधन नहीं हैं। ये सार्वजनिक तौर पर कुछ मुख्य स्थानों पर लगाए गए नलके हैं जिनमें तयशुदा समय पर पानी मिलता है और इन्हें बन्द करने या रोकने की कोई सुविधाएँ नहीं हैं। इसकी वजह से पानी खुली नालियों में खड़ा रहता है और नाली के दोनों तरफ़ की ख़ाली जगह को शौच के लिए इस्तेमाल किया जाता है, जिस से सेहत के लिए गम्भीर ख़तरा बना रहता है। दूसरी ओर कुओं के अत्यधिक इस्तेमाल का अर्थ है कि औरतों को दूर-दूर से घर के लिए तथा अन्य तरह से प्रयोग होने के लिए पानी भर-भर कर सिर पर ढो कर लाना पड़ता है।

घर के ये काम इतने बोझिल और वक़्त लेने वाले होते हैं कि औरतों का एक ऐसा पति मिलने का सपना, जो इन कामों में उनका हाथ बंटाए, एक दुर्लभ और अनुभव-आधारित एहसास भरी कहावत में प्रकट होता है –

ल्या दे बांदी ऐसा नर, पीर, बावर्ची, भिश्ती, खर।[291]

(मुझे ऐसा पति ला दो, जो सन्त, बावर्ची, भिश्ती, कुली, सभी कुछ हो।)

सांस्कृतिक तौर पर इस सपने का पूरा होना नामुमकिन है, क्योंकि अपनी पत्नी को घर के काम में मदद करने को तैयार किसी भी मर्द को रण्डिया (यानी पत्नी का नौकर) के तौर पर बदनाम किया जाता है – और यह एक ऐसा दाग़ है जो मिटाए नहीं मिटता।

घर के अलग-अलग तरह के ख़र्चों पर नियंत्रण का सवाल

शहर की उपभोक्तावादी संस्कृति द्वारा ग्रामीण इलाक़ों को प्रभावित करने की बात का सबसे साफ़ और स्पष्ट संकेत त्यौहारों, शादियों, पैदाइश और अंतिम यात्राओं, तथा धार्मिक और सामाजिक मौक़ों पर रस्मी तौर पर दिए जाने वाले उपहारों से मिलता है। अपने गाँव में और आस-पास के गाँवों में अपनी ही जाति के भीतर एक परिवार की प्रतिष्ठा ऐसे मौक़ों पर होने वाले मनोरंजन और खान-पान की शान-ओ-शौकत के आधार पर बनती है। पैदाइश से मौत तक के जीवन-चक्र से सम्बद्ध रस्मों में होने वाले इस तरह के प्रदर्शन को धन-दौलत का सूचक माना जाता है।

एक औसत किसान-मालिक के बजट का तीसरा सबसे अधिक ख़र्च सामाजिक और सांस्कृतिक ज़िम्मेदारियों पर होता है। 1977-78 में यह अनुमानित ख़र्च परिवार के कुल बजट का 4.47 प्रतिशत था और समझा जाता था कि यह चार साल में दोगुना हो गया था।[292] 1984-85 आते तक यह परिवार के कुल बजट का 10.72 प्रतिशत हो गया था।[293] 1990 के दशक के शुरुआती सालों में ख़र्च-सम्बन्धी व्यवहार पर किए गए एक अध्ययन से जानकारी मिलती है कि इस मद पर लगातार ज़्यादा पैसा ख़र्च किए जाने की सम्भावना है। नमूने के तौर पर सर्वेक्षित परिवारों में से आधे से ज़्यादा ने कहा कि उनकी आमदनी बढ़ जाती है तो वे उसे सामाजिक उद्देश्यों के लिए ख़र्च करना चाहेंगे।[294] इस ख़र्चे को आमतौर पर महिलाओं के अधिकार-क्षेत्र का हिस्सा माना जाता है – मर्दों का दावा है कि इस मामले में महिलाओं को अपनी तरह से ख़र्च करने की पूरी छूट रहती है।[295] लेकिन दावा चाहे कुछ भी किया जाए, यहाँ भी महिलाओं के पास आज़ादी से कुछ करने की छूट होती नहीं है क्योंकि ऐसे कर्तव्यों की पूर्ति के लिए धन तो पुरुषों द्वारा ही तय किया जाता और मुहैया करवाया जाता है। मौक़ा मिले तो महिलाएँ शायद इस पैसे को पति के रिश्तेदारों को देने या महमानों तथा अलग-अलग सामाजिक मौक़ों पर ख़र्च करने की बजाए कहीं और ख़र्च करना चाहेंगी, जबकि पुरुषों को लगता है कि यह ख़र्च छवि और प्रतिष्ठा बनाए रखने के लिए ज़रूरी है।[296]

अब हम नकद कमाई पर महिला के नियन्त्रण के सवाल पर आते हैं। महिला को जब-तब पैसा सम्भालने को मिलता रहता है – असल में तो आमतौर पर वह उसी के पास सुरक्षित रहता है।[297] लेकिन उसका ख़र्च बहुत सख़्ती से नियन्त्रित रहता है क्योंकि उसका बंटवारा तो पुरुष के ही विशेष अधिकार में रहता है। यह दिखाते हुए कि किस

तरह छोटी रक़मों के लिए भी औरत से पूरा-पूरा हिसाब लिया जाता है, उनीसवीं सदी में दर्ज की गई अम्बाला की एक पुरानी लोकोक्ति ऐसी ही हक़ीक़त पेश करती है :

लेखा मावाँ धीयाँ दा
बख़्शिश लक्ख लखेती।[298]

(लाखों की बख़्शीश दे दी जाए तो भी
माँ-बेटी से हिसाब की जवाबदेही तो होगी।)

इस बात की पुष्टि करते हुए हरियाणा के कुछ पुरुषों ने इस ख़याल का इज़हार किया कि 'औरत अपनी मरज़ी से ख़र्च नहीं कर सकती, औरत की चलत को गलत मानते हैं'।[299] महिलाओं से पूछा गया तो जवाब में उन्होंने कहा

रण्डी मांगै रुपैया, ले मेरी मैया
मैं मांगूँ पैसा, चल बे साली कैसा।[300]

(वेश्या एक रुपया मांगे तो फट दे दिया जाता है
और मैं एक पैसा भी मांगती हूँ तो दुत्कारी जाती हूँ।)

खेत-मज़दूरी से कमाई करने वाली महिलाओं का भी नकद धन और उसके ख़र्च के तौर-तरीक़ों पर कोई नियन्त्रण नहीं रहता। महिलाओं के नेतृत्व में चलने वाले परिवारों को छोड़ बाक़ी सब मामलों में पैसा लगभग ख़ुद से ही पुरुष के हाथ में चला जाता है और उसकी मिल्कियत बन जाता है।[301]

फिर भी, ज़्यादातर ग्रामीण पुरुष इस बात पर ज़ोर देते हैं कि महिलाएँ कुछ धन और उत्पाद छुपा कर रखती हैं और परिवार के पुरुषों की घर से अनुपस्थिति के वक़्त घर का अनाज चुपचाप बेच कर पैसा कमाती हैं। कहा जाता है कि इसके लिए टोकणी में अनाज भर कर किसी जान-पहचान के व्यक्ति या सम्भावित ख़रीदार के घर ले जा कर आधे दाम पर बेच दिया जाता है, फिर वह चाहे कोई बनिया हो या खत्री।[302] हाल ही में किए गए एक काम में इसी तर्ज़ पर देखा गया है कि हरियाणा के गाँव में 'अक़्लमन्द पुरुष' अपनी बैठक में अनाज का भण्डारण करते हैं, ताकि घर-परिवार की महिलाएँ ख़ुद पर ख़र्च करने के उद्देश्य से उसे किसी विक्रेता के यहाँ बेच न दें।[303] इस तरह की बिक्री उत्तर-प्रदेश के ग्रामीण इलाक़ों में भी व्यापक स्तर पर होते देखी गई है।[304] ग्रामीण भारत में अन्य जगह देखा गया है कि ज़रूरत से ज़्यादा उत्पादन करने वाले परिवारों की औरतें अकसर अपने पतियों की जानकारी के बिना अनाज बेच देती हैं।[305] पुरुषों को कभी-कभी इस बात का इल्म होता है मगर वे जतलाते हैं कि उन्हें इसकी कोई जानकारी नहीं है क्योंकि परिवार की कमाई पर तो इसका कोई ख़ास असर पड़ता नहीं और उत्पाद तथा आय पर उनकी पकड़ को ज़ाहिर तौर पर कोई चुनौती नहीं मिलती।

हरियाणा की महिलाएँ चाहे ज़ोर-शोर से इस बात से इनकार करती हों लेकिन वे भी

शायद ऐसा करती ही हैं। इस चलन से निकल कर यह आता है कि उत्पाद और पैसे पर उनका बिल्कुल भी नियन्त्रण नहीं है जबकि उन्हें इसकी ज़रूरत रहती है। इसी के चलते, जिन परिवारों में ज़रूरत से ज़्यादा उत्पादन होता है, उनमें मर्दों के निरंकुश नियन्त्रण के ख़िलाफ़ महिलाओं की ओर से कुछ हद तक विरोध होता है। अन्य परिवारों में ख़र्चा गुज़ारा लायक आर्थिक स्तर से निर्देशित होता है। नकदी चाहे जितनी भी उपलब्ध हो, इस बात का इमकान नहीं रहता कि वह महिलाओं को दी जाएगी, और न ही उसको ख़र्च करने में उनकी कोई पूछ होती है।

पुरुषों के प्रवास की सूरत में औरत की स्थिति

पुरुषों के प्रवासी होने की सूरत में भी महिलाएँ फ़ैसले लेने की भूमिका में नहीं आई हैं और न ही वे अपने मर्दों या परम्परागत मूल्यों के नियन्त्रण से आज़ाद हुई हैं। याद रखने की बात है कि पुरुषों के परदेस जाने की प्रक्रिया के बावजूद यह कभी नहीं होता कि ग्रामीण परिवार में एक भी मर्द न रहे क्योंकि पुरुषों में से ही किसी न किसी के द्वारा कमान सम्भाली जाती है। इसके अलावा परिवार के मुखिया को तो मुनासिब आदर दिया ही जाता है क्योंकि उसी की इजाज़त के चलते पत्नी और बच्चे वहाँ रुके रह सकते हैं और उसी ने पति की ग़ैर-मौजूदगी में उनकी देखभाल की ज़िम्मेदारी ली होती है। इसके चलते शायद बीवी को अपनी सास (पति की माँ) या जेठ (पति के बड़े भाई) की बीवी के कठोर अनुशासन के तहत रहना पड़ता है। उत्तर-प्रदेश की पहाड़ियों में हाल ही में किए गए एक अध्ययन के मुताबिक़ खेती और घर से सम्बद्ध फ़ैसले लेने में अब भी पुरुष ही हावी भूमिका में रहते हैं। यह इस बात के बावजूद है कि पुरुष भारी संख्या में प्रवासी हो जाते हैं और परम्परागत तौर पर वे जुताई तथा बाज़ार में उत्पाद की बिक्री को छोड़ खेती की बाक़ी गतिविधियों से ख़ुद को सम्बद्ध नहीं रखते – काम का मुख्य बोझ औरतों पर ही आता है।[306]

हरियाणा में पुरुषों का परदेस जाना मुक़ाब्लतन काफ़ी कम है लेकिन इससे सीमित हद तक ही सही, दिन-प्रतिदिन के ख़र्चों के नियन्त्रण से मिलने वाली थोड़ी-बहुत छूट और ख़ुदमुख़्तारी का संकेत मिलता ही है। महिलाएँ पुरुष सदस्यों की अनुपस्थिति में पैसा सम्भाल सकती हैं लेकिन उसका पूरा हिसाब-किताब तो उन्हें देना होता है। पैसे का यह अभाव पहले दिए गए विवरण में बहुत ही साफ़ तौर पर प्रदर्शित होता है जिसके तहत हम ने देखा था कि उसके पति की सहमति हो तो एक महिला ख़ुद के ज़ेवरात तक बेचने को तैयार रहती है ताकि वह अपने पति के साथ जाने के लिए अपना किराया भर सके। यहाँ भी अपने ससुराल के ज़ेवरात पर असल में उसका कोई नियन्त्रण नहीं होता – सिर्फ़ मायके से मिले ज़ेवरात ही उसके क़ाबू में होते हैं। इसके इस्तेमाल के लिए भी वह कम ही स्वाधीनता से काम ले सकती है और उसे अपने पति की इजाज़त लेनी

पड़ती है।[307] खेती से होने वाली कमाई पर तो उसका नियन्त्रण नहीं ही होता जबकि खेती से सम्बद्ध पैदावार में औरत की मेहनत की भी उतनी ही भूमिका होती है जितनी कि पुरुष की – पति प्रवास कर गया हो तब तो काम में औरत का योगदान साफ़ तौर पर उससे भी ज़्यादा होता है।

फ़ैसले लेने के अधिकार की सीमाएँ

अगर हम इस बात को ध्यान में रखें कि महिलाओं को पैसा सम्भालने का या ख़र्च के प्रबन्धन का मौक़ा बमुश्किल ही मिलता है तो हाल ही में हुए कुछ अध्ययनों में सुझाई गई इस बात पर सहमत होना मुश्किल है कि खेती में उनकी व्यापक हिस्सेदारी वाली भूमिका के मद्देनज़र हरियाणा की महिलाओं के पास फ़ैसले लेने की बहुत ज़्यादा शक्तियाँ हैं। फ़ैसला लेने की शक्तियों का यह फैलाव फ़सलों के चुनाव से लेकर नए बीज, खाद और कीटनाशक लाने, खेत-मज़दूरों को लगाने और ज़मीन की ख़रीद-ओ-फरोख़्त तक का देखा गया है।[308] लेकिन ये अध्ययन बहुत ही सीमित हैं और हरियाणा की ग्रामीण महिलाओं के लिए किए जा रहे इतने व्यापक दावों के समर्थन में किसी भी तरह के सांख्यिकीय आंकड़े या विश्लेषण प्रस्तुत नहीं करते – इन दावों पर जाने का अर्थ यह मान लेना होगा कि मौजूदा सामाजिक प्रथाएँ और रीति-रिवाज पूरी तरह संशोधित कर दिए गए हैं।

फ़ैसले लेने में महिलाओं की भूमिका या ग़ैर-मौजूदगी को समझने के लिए पहले चर्चा में आई 'अधिकार' की अवधारणा को उपयोगी तरीक़े से विस्तार दिया जा सकता है। मौजूदा सामाजिक-सांस्कृतिक सन्दर्भ और सत्ता की श्रेणीबद्ध व्यवस्था तथा समाजीकरण की प्रक्रिया ऐसी नहीं है कि महिलाएँ फ़ैसले लेने के लिए अधिकृत हों। फ़ैसले लेने की प्रक्रिया मूल रूप से पुरुष के अधिकार-क्षेत्र में आती है। भोजन, मकान, पहनावे से लेकर मनोरंजन और सामाजिक-सांस्कृतिक मौक़ों पर होने वाले ख़र्च से सम्बद्ध फ़ैसले लेने की प्रक्रिया के पूर्व वृत्तांत में हम दिखा ही चुके हैं कि महिलाओं की बहुत कम पूछ होती है, क्योंकि अगर उन्हें कुछ अधिकार होता, तो ख़र्च करने के रूप-स्वरूप काफ़ी अलग तरह के रहे होते। आगे आने वाला वृत्तांत इस एहसास को मज़बूती देता है क्योंकि जहाँ महिलाओं को फ़ैसले लेने की स्थिति में माना जाता है, वहाँ भी उनके लिए कोई ख़ास गुंजाइश नहीं छोड़ी जाती। यह गुंजाइश दिखाई भी देती है तो वह पारिवारिक व्यवस्था में बड़ी उम्र की महिलाओं तक ही सीमित रहती है। फ़ैसले लेने में महिलाओं की यह सीमित भूमिका हरियाणा सरकार द्वारा करवाए गए एक असामान्य और दिलचस्प अध्ययन में निकल कर आती है। यह अध्ययन उन फ़ैसलों के बारे में है जिन्हें लेने की इजाज़त महिलाओं के पास रहती है और जिनकी पुष्टि सांख्यिकीय आंकड़ों से होती है। 1978 में 447 परिवारों का सर्वेक्षण (देखें तालिका 2.17) हुआ जिसमें छोटे किसानों

से लेकर भूमिहीन मज़दूरों तक की निम्न आर्थिक श्रेणियाँ शामिल थीं, और इससे मालूम हुआ कि फ़ैसले लिए जाने में ग्रामीण महिलाओं की बिल्कुल भी कोई भूमिका नहीं थी। इनमें शिक्षा, विवाह, घर-परिवार के ख़र्च, खेती की जायदाद और मशीनरी, कर्ज़ा तथा उधार, सम्पत्तियों, उत्पादों, अनाज, मवेशियों, दूध और दूध के उत्पादों की बिक्री जैसे व्यापक क्षेत्र शामिल हैं।

तालिका से स्पष्ट है कि ग्रामीण महिलाओं की आवाज़ का बहुत कम या फिर न के बराबर महत्त्व है, जबकि पुरुषों की आवाज़ हर मुद्दे पर निर्णायक होती है। महिलाओं की महत्त्वपूर्ण भूमिका केवल विवाह के मामलों में दोनों की 'संयुक्त आवाज़' के माध्यम से 32.22 प्रतिशत की हद तक और थोड़ा-बहुत घर-परिवार के ख़र्च में 25.50 प्रतिशत की हद तक प्रदर्शित होती है। बाक़ी मसलों पर इस संयुक्त आवाज़ का प्रतिशत लगभग 16 तक ही रहता है।

तालिका 2.17: घर-परिवार के विभिन्न मसलों पर निर्णय लेने में छोटे किसानों, सीमांत किसानों और भूमिहीन मज़दूरों के परिवारों की ग्रामीण महिलाओं की भूमिका*

विवरण	*पुरुष*	*स्त्रियाँ*	*दोनों*
1. शिक्षा			
लड़कों के लिए	79.86	3.58	16.56
लड़कियों के लिए	79.86	3.58	16.56
2. विवाह			
लड़कों के लिए	63.53	4.25	32.22
लड़कियों के लिए	63.53	4.25	32.22
3. घर-परिवार का ख़र्च	70.25	4.25	25.50
4. खेती की सम्पत्ति और मशीनरी की ख़रीद	81.21	2.91	15.88
5. कर्ज़ा तथा उधार	80.54	2.68	16.78
6. सम्पत्तियों, उत्पादों, अनाज, मवेशियों, दूध और दूध के उत्पादों की बिक्री	80.54	2.68	16.78

कुल घर-परिवार = 447

स्रोत : *इन्टिग्रेटिड रूरल डिवेल्पमंट,* हिसार, हरियाणा, वॉल्युम III. डायरेक्टोरेट ऑफ़ प्रोजेक्ट-कम-प्लैन फ़ॉर्मुलेशन, हरियाणा, एग्रिकल्चरल युनिवर्सिटी, हिसार, मार्च 1978 (मिमियोग्राफ़ – स्टेंसिल प्रतिलिपि); पृ. 98-100।

हरियाणा में इसी समयकाल का कोई ऐसा अध्ययन नहीं है जो ज़रूरत से ज़्यादा पैदावार लेने वाले ज़मींदारों या हरित-क्रान्ति की रणनीति सफलतापूर्वक अपनाने वालों

से सम्बन्धित हो। लेकिन जैसा कि पहले संकेत दिया गया है, यह तो स्पष्ट ही है कि हरित-क्रान्ति पुरुष की पितृसत्तात्मक या उद्यम-सम्बन्धी भूमिका पर ज़ोर देते हुए पुरुष-प्रधान पूर्वाग्रह के सांस्कृतिक तक़ाज़ों को मानते हुए ही चली है। हरित-क्रान्ति ने खेती-सम्बन्धी प्रौद्योगिकी के बढ़ते स्तरों, मशीनों के नियन्त्रण और बाहर की दुनिया के साथ सम्बन्ध जैसे कारकों के ज़रिए पहले से ही हावी पुरुष की स्थिति को और ज़्यादा मज़बूती प्रदान की है। बचे हुए अनाज के निपटान के समय, स्थान, दाम और ख़रीदार व्यक्तियों या एजेंसियों से सम्बद्ध फ़ैसले भी पुरुष द्वारा ही लिए जाते हैं। दूसरी ओर महिला अपने सीमित तजरुबे और ज्ञान की वजह से जटिल काम और व्यापार में भाग लेने में भी बहुत कम सक्षम रह जाती है। खेती में पूरी भागेदारी के बावजूद अन्य सभी सार्वजनिक क्षेत्रों में उसकी स्थिति अलग-थलग बनी रहती है। इस बात को ध्यान में रखें तो उन लोगों के साथ सहमत होना मुश्किल हो जाता है जो खेती में महिला की निर्णय लेने सम्बन्धी शक्तियों की बात पर बल देते हैं।[309] असल में तो जैसा कि उर्सुला शर्मा ने ध्यान दिलाया है, हरित-क्रान्ति ने खेती को ज़्यादा 'मरदाना' पेशा बना दिया है[310] जिसके चलते फ़ैसले लेने में महिलाओं के लिए गुंजाइश छोड़े जाने के मौक़े बहुत कम हो गए हैं।

इस बात से तो इनकार नहीं किया जा सकता कि कुछ महिलाओं के पास ख़ासतौर पर घर-बार के मुद्दों में राय देने का अधिकार है लकिन यह किस हद तक का है, इस बारे में पक्के तौर पर कुछ नहीं कहा जा सकता। परिवार-जन के दायरे में फ़ैसला लेने की बात किस के ज़िम्मे आती है, यह विश्लेषित करना भी मुश्किल है। इसके अलावा, परिवार के भीतर कुछ हद तक ताक़त हासिल कर पाने से पहले भी महिलाओं को काफ़ी लम्बे समय तक काम करना पड़ता है। परम्परागत तौर पर परिवार की जवान औरतों और बहुओं की स्थिति नीची रही है और जब तक वे सास के दर्जे तक नहीं पहुँचतीं, पंजाब और हरियाणा में महिलाओं को कम ही अधिकार और ताक़त की इजाज़त रहती है।

परिवार के भीतर प्रभावशाली होने की सूरतें

लेकिन परिवार के भीतर एक औरत को दो स्थितियों में ताक़त मिल सकती है। माँ के तौर पर एक औरत अपने बच्चों, ख़ासतौर से बेटों पर, जो पुरुष के रूप में औपचारिक सत्ता और ताक़त के स्रोत होते हैं, बहुत बड़ा प्रभाव हासिल कर सकती है। और एक सास के रूप में वह जवान औरतों पर ताक़त और सत्ता का प्रभाव पा सकती है। वह व्यवहार, पोशाक और बोलचाल के नियम तय करती है, घरेलू जीवन को नियंत्रित करती है और दबाने वाली उसी व्यवस्था को दूसरों पर लागू करती है जिसका अनुकरण करने को वह ख़ुद मजबूर रही थी। वह अपने प्रभुत्व पर तो ज़ोर देती है और उसे बरक़रार रखती ही है, अपने बेटों की बीवियों और बच्चों पर अपने बेटों के प्रभुत्व को बनाए रखने के ज़रिए

घर-बार में पितृसत्ता की संस्था को एक दिशा देने में भी वह सबसे प्रभावशाली रहती है – तुलसी पटेल ग्रामीण राजस्थान के अपने अध्ययन में इस बात की ओर हमारा ध्यान खींचती हैं।[311] परिवार के भीतर उसी की पहुँच अचल सम्पत्ति तक होती है और नकदी, ज़ेवरात और अनाज की हिफ़ाज़त भी वह करती है।[312] खेती या परिवार में किए जाने वाले काम भी वही ज़िम्मे लगाती है; खेती, पशुपालन और घर-बार के भारी और मुश्किल काम बहु के ज़िम्मे होते हैं और हल्के, निगरानी के काम ख़ुद सास के पास रहते हैं। जवान बीवी के जीवन के बहुत ही महत्त्वपूर्ण मुक़ाम पर, पति के साथ उसके सम्पर्क और आदान-प्रदान को सास द्वारा नियंत्रित किया जाता है। ऐसा करते हुए वह स्वयं की स्थिति को पहुँचने वाले 'ख़तरों' के बारे में पूरी तरह जागरूक रहती है। दिलचस्प बात है कि जिस समय ग्रामीण युवा औरत की उत्पादक एवं प्रजनन सम्बन्धी शक्तियाँ चरम पर होती हैं, उस समय घरेलू समूह में उसकी ख़ुद की ताक़त सबसे नीचे के स्तर पर होती है।[313] बड़ी उम्र की महिलाओं के लिए पितृसत्ता की जकड़ कुछ हद तक कम सख़्त हो जाती है। मिसाल के तौर पर, घूँघट के चलन की पकड़ साफ़ तौर पर कमज़ोर हो गई दिखती है – बड़ी उम्र की महिलाएँ घूँघट कम करती हैं और गाँव में कम लोगों से करती हैं। इसमें हम हुक्के के इस्तेमाल की बात भी जोड़ सकते हैं।

मानवजाति-विज्ञान सम्बन्धी प्रमाण से संकेत मिलता है कि जैसे-जैसे महिलाओं की उम्र बढ़ती है और वे मासिक धर्म (माहवारी) बन्द होने वाली उम्र तक पहुँचती हैं, वे ज़्यादा निडर और कम नियंत्रित होने लगती हैं। उनके पास अब पुरुष द्वारा इस्तेमाल की जाने वाली भाषा के इस्तेमाल की छूट होती है जो पहले नहीं थी, और वे अब यौन-सम्बन्धी हल्के-फुल्के मौखिक आदान-प्रदान या तथाकथित 'अश्लील' टिप्पणियाँ भी कर लेती हैं, जिन्हें पुरुष रियायत भरी ख़ुशमिज़ाजी से सुन लेते हैं।[314] इस सब का अर्थ है कि पारिवारिक इकाई के भीतर भी एक सिलसिलेवार बन्दोबस्त है जिसमें कम उम्र की औरतें बड़ी उम्र की औरतों, ख़ास कर सास के पूरे नियन्त्रण में रहती हैं और बड़ी उम्र की औरतें व्यक्तिगत आज़ादी का भी कहीं अधिक आनन्द ले सकती हैं।

लगता है कि फ़ैसले लेने वालों के सीधे और नज़दीकी सम्पर्क में रहने की वजह से कम से कम बड़ी उम्र की औरतें तो कुछ न कुछ प्रभाव और अनौपचारिक ताक़त का इस्तेमाल कर ही लेती हैं। लेकिन फ़ैसले लिए जाने के सम्बन्ध में इस प्रभाव और अनौपचारिक ताक़त का चाहे जो भी महत्त्व हो, इस के इस्तेमाल और हद का अन्दाज़ा लगाना मुश्किल है। यह इसलिए कि महिलाएँ असल में तो सत्ता की स्थिति में नहीं हैं। बेहतर से बेहतर स्थिति यह होती है कि वे कुछ हद तक महत्त्वपूर्ण प्रभाव डाल सकती हैं मगर यह भी समझाते-बुझाते हुए अपनी बात मनवाने के रूप में ही हो पाता है। यह भी पक्का नहीं है कि औरत द्वारा अपने प्रभाव का इस्तेमाल किए जाने पर वह किसी के फ़ैसले को बदलवा पाती है कि नहीं। उसका कामयाब होना या न होना इस बात पर

निर्भर करता है कि परिवार में उसका ख़ुद का दर्जा क्या है और फ़ैसला लेने वालों के साथ उसका सम्बन्ध क्या है। क्योंकि मर्द ही अधिकार और ताक़त की स्थिति में होते हैं, एक औरत के नज़रिए से सम्भावना यह होती है कि वह पत्नी, माँ, बहन या बेटी के नाते एक पुरुष के फ़ैसलों को प्रभावित कर पाए। लेकिन रणनीति 'पुरुषों के माध्यम से काम करने' की होती है, वह चाहे पति हो या फिर बेटे, भाई या पिता।

एक क्षेत्र में ज़रूर महिलाओं के पास फ़ैसला लेने सम्बन्धी राय रखने की गुंजाइश या सलाह-मश्विरे का हक़ रहता है। यह विवाह (देखें तालिका 2.17) तथा घर-परिवार के बाहर के सम्बन्धियों के साथ रिश्तों के नियमन के मामले में होता है। लेकिन रिवाज के तहत, जैसा कि ज़िला अम्बाला के सेटलमेन्ट ऑफ़िसर केन्सिंग्टन ने शादियों से सम्बन्धित फ़ैसले लेने के सन्दर्भ में 1893 में दर्ज किया था[315] कोई भी औरत अपनी औलाद का विवाह ख़ुद से तय नहीं कर सकती थी क्योंकि शादी तय करने का अधिकार बाप के पास रहता था। बाप बुज़ुर्ग औरतों से 'सलाह कर सकता था', उसकी बीवी को भी 'सूचित' किया जा सकता था, लेकिन आख़री फ़ैसला उसी का होता था। उसकी मौत पर विधवा के पास शादी तय करने का अधिकार रहता था मगर यह पुरुष रिश्तेदारों के सलाह-मश्विरे से ही हो सकता था। यह नियम अब भी व्यावहारिक तौर पर जारी है। लेकिन जब विधवा एक पुरुष सदस्य से 'सलाह करती है' तो ताक़त का समीकरण ड्रामाई अन्दाज़ में बदल जाता है। मिसाल के तौर पर, ताक़त साफ़ तौर पर पुरुष के पास ही रहती है – वही फ़ैसला लेता है और महिलाओं की राय तो बस नाम मात्र के लिए ले ली जाती है, उनकी राय बांधने वाली नहीं होती। जब एक विधवा को पुरुष सदस्यों के सलाह-मश्विरे से और उनकी राय के आधार पर कुछ तय करना होता है तो सत्ता और शक्ति पुरुष सदस्यों के हाथ में चली जाती है – विधवा उनसे 'राय' भर लेती है मगर फ़ैसलाकुन आख़री आवाज़ तो मर्दों की ही होती है।

इस तरह शादी के मामलों में फ़ैसला लेने का विधवा का अधिकार दिखावे भर के लिए रहता है। शक्ति के ये बदलते समीकरण उस वैचारिक लक्षण में निहित हैं जिसके तहत महिला को हमेशा कमज़ोर, मातहती वाली हालत में और किसी पुरुष के संरक्षण में रहना होता है और इसके चलते वह अपने बच्चों के बारे में कोई भी महत्त्वपूर्ण फ़ैसला नहीं ले सकती हालाँकि एक विधवा होने के नाते रस्मी तौर पर उसके पास यह अधिकार है। इसके अलावा एक ऐसे समाज में जहाँ पुरुष सदस्यों का बच्चों पर पूरा नियंत्रण होता है और जहाँ एक त्याग दी गई या तलाक़शुदा या पुनर्विवाह करने वाली विधवा औरत को अपने बच्चे बाप के पास छोड़ देने पड़ते हैं, परिवार के पुरुष सदस्य ही बच्चों के सम्बन्ध में आख़री फ़ैसला लेते हैं, फिर वह चाहे शिक्षा की बात हो या शादी की। एक पुरुष (जैसे कि पति) की ग़ैर-मौजूदगी या मौत के मामले में भी विधवा को आवश्यक तौर पर कोई अधिकार नहीं मिलता क्योंकि यह अधिकार अपने आप ही पारिवारिक व्यवस्था

में पंक्तिबद्ध अगले पुरुष के हाथ में चला जाता है।

फिर भी, मानवजाति-विज्ञान के विशेषज्ञ शादी सम्बन्धी बातचीत में महिलाओं को इससे बड़ी भूमिका देते ही हैं।[316] पुरुषों और महिलाओं के जीवन-चक्रों के सन्दर्भ में उनके रुतबे पर नज़र डालें तो इस इख़्तलाफ़-ए-राय को सुलझाया जा सकता है – इन जीवन-चक्रों के तहत वरिष्ठ पुरुषों और वरिष्ठ महिलाओं, दोनों के लिए एक भूमिका है। लेकिन ऐसा भी नहीं है कि इस भूमिका को कोई चुनौती ही न दी जाती हो और न ही ऐसा है कि फ़ैसला हमेशा बाध्य करने वाला हो। बड़ी उम्र के वरिष्ठ पुरुष को उसके परिपक्व होते बेटे द्वारा चुनौती दी जा सकती है जिसके नतीजे के तौर पर हो सकता है कि बाप और बेटे के बीच आक्रामकता पैदा हो जाए – या फिर वरिष्ठ महिला को भी कम-उम्र औरतों से चुनौती मिल सकती है।[317] इसे समझने की कुंजी शायद माँ-बेटे के सम्बन्ध में है, जिसके तहत माँ की एक भूमिका बनती है। लेकिन क्योंकि पूरी तरह से फ़ैसलाकुन आवाज़ें सुनाई नहीं देतीं, इसलिए सबसे बेहतर है कि इन फ़ैसलों को संयुक्त फ़ैसलों के तौर पर ही लिया जाए।

इसके अलावा जहाँ तक शादी की बात है, गाँवों में पुरुषों और महिलाओं, दोनों द्वारा अनगिनत उदाहरण दिए जाते हैं जिनमें महिलाएँ लगभग हमेशा ही चाहती हैं कि उनके जन्म के मूल परिवार में से किसी न किसी महिला की शादी उनके वैवाहिक घर-परिवार के पुरुष सदस्यों में से किसी एक के साथ हो जाए। यह शायद वे इस लिए करती हैं ताकि वे अपने विवाह वाले परिवार में अन्य महिलाओं के – और शायद पुरुषों के भी – मुक़ाबले अपनी अलग-थलग अवस्था में ख़ुद को मज़बूत कर पाएँ। हालाँकि शादी की रिश्तेदारी क़ायम करने में कुछ [गोत्र सम्बद्ध] वैवाहिक सम्बन्धों से बचने की व्यवस्था और जाने-पहचाने सम्बन्धों के माध्यम से बहुएँ तलाशने की ज़रूरत इसे एक आम-सामान्य तौर-तरीक़ा बना देते हैं, लेकिन महिलाओं के बहुत ही नज़दीकी रिश्तों, जैसे कि बहनों या चाचा आदि की बेटियों के प्रति असहमति का रुख़ रहता है। कुछ कामयाबियों के बावजूद इस तरह के ज़्यादातर प्रस्तावों को रद्द किया जाता रहा है। मर्द और बुज़ुर्ग औरतें खुले तौर पर उन 'ख़तरों' की बात करते हैं जो एक ही परिवार की दो महिलाओं के 'इकट्ठे होने' से पैदा हो सकते हैं। हालाँकि पुरुषों द्वारा महिलाओं के बीच परस्पर खटपट और झगड़ों की शिकायतें अकसर की जाती हैं, लेकिन वे जान-बूझ कर किसी भी ऐसे सुझाव को ख़ारिज कर देते हैं जिस से सामंजस्य या तालमेल की आमद होती हो। लगता है कि महिलाओं, ख़ास कर युवा महिलाओं के बीच सामंजस्य की यह कमी या फूट पुरुषों और महिलाओं, दोनों को रास आती मालूम होती है। औरत बनाम औरत के विषय से सम्बद्ध लोक-कथाओं की भरमार एक वास्तविक सामाजिक सचाई को प्रतिबिम्बित करती है।

11. फ़ैसले लेने पर पाबंदियाँ : हावी औरत की अवधारणा

फ़ैसले लेने के मामले में औरत हाशिए पर रहती है और उसकी इस स्थिति की पुष्टि आमतौर पर स्वीकृत इस मान्यता से होती है कि औरत में राय देने की क़ाबिलियत नहीं होती। इस इलाक़े में इस विचार को ध्वनि देने वाली कई लोकोक्तियाँ और कहावतें हैंः

नौकर सेत्ती मात्ता उपावे, घर त्रिया की चाले सीख
कह घाघा जी तीन चूतिया, गाँव गोरवे बोवे ईख।[318]

(नौकर से सलाह लेने वाले, औरतों की सीख पर चलने वाले
और गाँव की सीमा पर ईख बोने वाले, घाघा जी कहते हैं कि ये तीनों मूर्ख हैं।)

इससे रिवायती तौर पर पुरुषों को दी जाने वाली सलाह की ही तस्वीर उभरती है, जिसके मुताबिक़ः

त्रिया तुझ से जो कहे, मूल ना तू वो मान।

(औरत चाहे जो भी सलाह दे, उसे बिल्कुल भी मत मान।)

या

त्रिया मत पर जो चलें वो नर हैं निरज्ञान।[319]

(एक औरत की सलाह पर चलने वाले मूर्ख होते हैं।)

आजकल इसी अर्थ की और भी अधिक लोकप्रिय कहावत का अकसर हवाला दिया जाता हैः

औरत की सलाह पर जो चले, वो चूतिया।[320]

(अपनी बीवी की सलाह पर चलने वाला व्यक्ति बेवक़ूफ़ होता है।)

'चूतिया' शब्द का इस्तेमाल गाली के तौर पर ऐसे मर्द के लिए किया जाता है, जिसे एक औरत की तरह कमज़ोर और डरपोक माना जाता हो। इसलिए उन पुरुषों को बेवक़ूफ़ समझा जाता है जो एक औरत की सलाह के मुताबिक़ चलते हैं – जबकि सलाह देने को तो श्रेष्ठता और ताक़त तथा सत्ता की निशानी के तौर पर देखा जाता है। औरत की सलाह के मुताबिक़ चलने को 'औरत राज' की दिशा में जाने बराबर समझा जाता है और जिस भी घर को इस नज़र से देखा जाता है, समझ लें कि उसे हमेशा ही लानत-मलामत का सामना करना पड़ेगा। इस स्थिति की व्याख्या स्थानीय स्तर पर पुरुषों की इस राय से होती है कि 'जिस घर में औरतों की चलती है, उस में रिश्ता भी नहीं करते हैं, कहते हैं कि उसमें मर्द की मूँछ नहीं होती'।[321] यानी उस परिवार के साथ शादी का रिश्ता नहीं किया जाता जिसमें औरत हावी हो, और पति कमज़ोर। शायद इसी कड़वे सच और सार्वजनिक निन्दा की वजह से महिलाएँ यह एहसास दिलाने से कतराती हैं कि अपने परिवार में उनके पास ताक़त है या उन्होंने अपने पति को किनारे लगा रखा है।

सब हालात में वे पूरी तरह से अधीन और सहायक भूमिका में दिखाई देती हैं। मिसाल के तौर पर, एक 'हावी' औरत भी अपने पति से तीन क़दम पीछे चलने वाली, सिर पर उससे भी ज़्यादा बोझ उठाने वाली 'दब्बू औरत' की बनी-बनाई छवि में ढल कर रहती है। यह दृश्य ग्रामीण भारत में कहीं भी देखा जा सकता है।[322]

यह नज़रिया पुरुष के बरताव को भी अपने सांचे में ढाल लेता है, और उसे एक हद में बांध कर रखता है। मिसाल के तौर पर, माँ के साथ बीवी के झगड़े में बीवी का साथ देने वाले मर्द को 'जोरू का ग़ुलाम' कहा जाता है। इसी तरह अगर एक औरत दबंग दिखाई देती है, तो पति को कमज़ोर घोषित कर दिया जाता है।[323] सांस्कृतिक तौर पर मूल्यवान प्रभाव पुरुष के अधीन ही रहता है; उसे हथियाने वाली औरत और उसे ऐसा करने की इजाज़त देने वाला मर्द, दोनों का ही मज़ाक़ उड़ाया जाता है, दोनों ही निन्दा के पात्र बनते हैं। पूरे हरियाणा में एक बहुत ही लोकप्रिय, बार-बार दोहराए जाने वाले चुटकुले में इस बात पर ज़ोर दिया जाता है कि क्योंकि असल में ऐसा नहीं है, इसीलिए फ़ैसला लेने की ताक़त औरतें अपने हाथ में रखती हैं और पुरुषों पर अपने प्रभाव का इस्तेमाल करती हैं। चुटकुले का एक तबदील रूप कुछ इस तरह से है:

> कई मर्दों के बीच बैठे एक मर्द ने कहा कि जो कोई भी अपनी बीवी की इच्छा के मुताबिक़ चलता है, अपना हाथ ऊपर उठा दे। एक को छोड़ बाक़ी सब ने हाथ उठा दिए। सब ने जानना चाहा कि यह पुरुष अपनी बीवी का हुक्म मानने से ख़ुद को कैसे रोकता है। इस पर वह मर्द कहता है कि वह तो सच में वैसा ही करता है जैसा उसकी बीवी उसे करने को कहती है। यह पूछे जाने पर कि अगर ऐसा है तो उसने हाथ क्यों नहीं उठाया, वह बोला, 'मुझे जाने दो, बीवी से पूछ कर आता हूँ कि हाथ उठाऊँ कि नहीं'।

इस चुटकुले पर पुरुष हमेशा ठहाका लगा कर हँसते हैं। चुटकुले में इस विचार की खिल्ली उड़ाई गई है कि कभी ऐसा भी हो सकता है – ऐसा होने की तो कल्पना भी नहीं की जा सकती। इसी तरह उत्तरी भारत के ग्रामीण दर्शकों पर हिन्दी सिनेमा के प्रभावों के बारे में एक दिलचस्प अध्ययन से निकल कर आया कि 'फ़िल्म में जब-जब महिला किरदार मर्द किरदारों पर हावी दिखाई देती थीं, लोगों की अपने आप से हँसी छूट जाती थी।'[324]

जिस सांस्कृतिक व्यवस्था की मान्यता हो कि 'लुगाई आदमी की जूती हो सै'[325] (औरत एक आदमी की जूती बराबर होती है) और नैतिकता, ज्ञान तथा बुद्धिमता में औरत मर्द से कमतर होती है, स्वाभाविक ही है कि वहाँ इन परिचित मूल्यों के उलट जाने पर हँसी छूटेगी। ऐसी व्यवस्था में औरत की सलाह पर चलने को असंगत और विघटनकारी ही माना जाएगा। असल में तो अकसर दी जाने वाली सलाह यही होती है कि 'लुगाई नै सिर पर ना धरा करैं' और 'लुगाई की अकल तैं काम ना चालै' – दोनों में कहा यही जा रहा है कि औरत की सलाह पर ध्यान नहीं देना चाहिए।

पुरुष की सलाह या हुक्म पर बेझिझक, दब कर चलने की बजाए अपनी बात पर थोड़ा-बहुत भी ज़ोर देने और राय व्यक्त करने वाली औरत का मज़ाक़ उड़ाया जाता है और उसे नीचा दिखाया जाता है। उसे एक चुनौती के तौर पर लेते हुए पुरुष की तंज़ भरी टिप्पणी इस लोकोक्ति में देखने को मिलती है :

'नंगी बूच्ची सम ते ऊँची'[326] (एक बेशर्म औरत सबसे उच्चतर होती है, क्योंकि आप उसे इससे ज़्यादा शर्मसार नहीं कर सकते)। जो औरत बहस करती है, उसके लिए इलाज के तौर पर कहा जाता है : 'भौंकने दो'[327], जिसमें निहित है कि 'उसकी बात सुनने की कोई ज़रूरत नहीं है।' दूसरा इलाज यह सुझाया जाता है – 'राण्ड के मार' (पीटो बेशर्म को!)।

कहने को तो यह अब पहले के मुक़ाबले घट रहा है लेकिन औरतों को पीटा जाना बेशक ग्रामीण संस्कृति का हिस्सा है, जिसे औरतें स्वाभाविक तौर पर स्वीकार कर लेती हैं। इस बात को एक लोकप्रिय लोकोक्ति में सारगर्भित विचार के माध्यम से समझा जा सकता है:

जोरू खसम की लड़ाई क्या?[328]
(पति-पत्नी के बीच झगड़ा तो सामान्य बात है।)

यह लोकोक्ति पूरे उत्तर भारत में आम है। इससे ज़ाहिर होता है कि लड़ाई होने में कुछ हर्ज नहीं माना जाता हालाँकि असल में, और अकसर, यह शारीरिक हिंसा के रूप में होती है। इसके अलावा, पति-पत्नी की लड़ाई को निजी मामला मान लिया जाता है। सास-बहू की लड़ाई में तो हो सकता है कि पड़ोसी हस्तक्षेप करें (जबकि इसमें अकसर सास द्वारा बहू की पिटाई होती है) लेकिन पति-पत्नी की लड़ाई में बीच-बचाव आमतौर पर नहीं ही किया जाता।[329] असल बात तो यह है कि शायद अपने पति के क्रोध से डर की वजह से पत्नी ख़ुद भी बाहरी हस्तक्षेप को नापसन्द करती है। उदाहरण दिए जाते हैं कि किस तरह हस्तक्षेप का इशारा भर भी पत्नी के लिए ज़ोर-शोर से यह कहने के लिए काफ़ी होता है कि

म्हारा मरद सै, कुछ भी करे, तन्ने क्या?[330]
(मेरा मर्द है, कुछ भी करे, तुम्हें क्यों चिन्ता है?)

इस सन्दर्भ में पड़ोसी एक आम, स्थानीय लोकोक्ति को बहुत ही अनूठे तरीक़े से लागू करते हैं, जिसके मुताबिक़

मियाँ-बीवी राज़ी तो क्या करेगा क़ाज़ी?[331]
(जब पति-पत्नी आपस में राज़ी हैं, तो किसी दूसरे के हस्तक्षेप की क्या ज़रूरत है?)

लोग नतीजा यह निकालते हैं कि जब औरत अपनी पिटाई को स्वीकार कर रही है तो वे कौन होते हैं हस्तक्षेप करने वाले?

असल में तो ग्रामीण समाज ने हमेशा ही पत्नी की पिटाई को अपनी मंज़ूरी दी है। ज़िला रोहतक के गाँव छारा के एक 70 साल के हरियाणवी पुरुष ने याद करते हुए कहा, 'पति अपनी बीवी को पीटता था या परिवार में बहू की पिटाई होती थी तो इसे ठीक माना जाता था'। डार्लिंग इस बात का ज़िक्र करते हुए कि गाँवों के पुरुष क्यों अकसर अपनी बीवियों की पिटाई करते थे, अपनी डायरी में उन ख़ुलासों का हवाला देते हैं जो पुरुषों द्वारा अपने 'ठीक बरताव' को वाजिब ठहराने के उद्देश्य से किए गए थे। यह डार्लिंग द्वारा पंजाब और हरियाणा के गाँवों के 1930-31 के दौरों की बात है, और यह भी साफ़ ज़ाहिर है कि डार्लिंग 'मर्दों की शिकायतों' के पक्ष में दिखाई देते हैं:

> उन (महिलाओं) के पास अपने पुरुषों के लिए दिक़्क़त पैदा करने के कितने ही तरीक़े हैं। इनमें सबसे आम बात उस समय बच्चों को थप्पड़ मारने और उन्हें रुलाने की है जब पति काम कर के घर लौटता है और शांति से हुक्का पीना चाहता है (जबकि यह मारना-रुलाना पति के घर से बाहर जाने तक के लिए मुल्तवी किया जा सकता है) या फिर वे पति के लिए खेत में रोटी देर से लाती हैं, या वे उसके लिए अच्छा भोजन नहीं पकातीं या घर आए किसी मेहमान की वे इस बहाने से बेइज़्ज़ती करती हैं कि उसके आगे परोसने के लिए घर में कुछ भी नहीं है। एक मर्द नाराज़गी में उसे पीटेगा नहीं तो और क्या करेगा।[332]

यहाँ महिलाओं को पीटने के वाजिब कारण के तौर पर 1930 में ब्रेन द्वारा दी गई व्याख्या भी जोड़ी जा सकती है – और वह है 'बच्चों की उपेक्षा'।[333]

औरतों पर हिंसा : पहले का नज़रिया और मौजूदा स्थिति

महिलाओं की पिटाई को इतनी सामान्य बात माना जाता था कि ऐसा करने का कोई तर्कसंगत कारण देने की ज़रूरत ही नहीं समझी जाती थी। इसे एक दस्तूर का सा दर्जा मिल गया था। यहाँ तक कि इस प्रचलन के बारे में बहुत से लोकप्रिय क़िस्से हैं। 78 साल के एक पुरुष ने अपने बचपन के वक़्त की एक कहानी इस तरह सुनाई–

> एक जाट अपनी बीवी को हमेशा कोई भी ओछा बहाना लेकर पीटता रहता था – मिसाल के तौर पर इसलिए, कि उसने अच्छा खाना नहीं बनाया था या गाय को पर्याप्त चारा नहीं दिया था, वग़ैरह-वग़ैरह। बीवी पहले से ज़्यादा सावधान हो गई और जल्द ही उसके पति के बहाने ख़त्म हो गए। लेकिन उसे पीटने की लत में उसने बैलों को उलटा, हल की तरफ़, इस मक़सद से जोतना शुरू कर दिया कि यह देख कर उसकी बीवी कुछ तो टिप्पणी करेगी। मगर बीवी ने कहा, 'जुत जा भाई, जोकन तेरा धणी जुतावे' (उसी तरह जुत जाओ, बैलों, जैसे तुम्हारा स्वामी चाहे)। देर शाम तक पति कोई बहाना न ढूंढ़ पाया। रात होने को हुई तो उसने गरमी की वजह से अपनी बीवी को कहा कि वह उसकी खाट छत पर डाल दे। छत पर पहुँच कर उसने पूछा, 'आकाश में वो सफ़ेद राही के सै?' (आसमान में वो आकाश-गंगा क्या है?)। बीवी ने जवाब दिया, 'यो तो भूतों की राही सै'

(यह तो भूतों का रास्ता है)। पति ने कहा, 'तन्नै भूताँ की राही नीचे मेरी चारपाई डाल दी और भूत मेरे ऊपर पड़ गया तो?' (तूने भूतों के रास्ते में मेरी चारपाई बिछा दी, भूत मेरे ऊपर गिर गया तो?) और फिर उसे बुरी तरह पीटने लगा।[334]

आज की आम राय के मुताबिक़ इस तरह की या इस हद तक की पिटाई अब बहुत कम प्रचलित है। महिलाओं और पुरुषों, दोनों का आमतौर पर ख़याल है कि पिछले कई सालों में यह घटता चला गया है। अंग्रेज़ प्रशासकों की सोची समझी राय में 'दो आने की इज़्ज़त' तो महिलाओं को अंग्रेज़ शासन की वजह से ही मिल पाई, ख़ासतौर से उसकी फ़ौज के प्रभाव की वजह से।[335] दिलचस्प बात है कि यही समझ अब भी मौजूद है; शिक्षित पुरुष मानते हैं कि 'पश्चिमी संस्कृति के प्रभाव के तहत महिलाओं का सम्मान किया जाता है और उन्हें ऊँचा स्थान प्राप्त है'; साथ ही उन्हें यह भी लगता है कि 'केवल देहाती और अशिक्षित लोग ही महिलाओं को पीटते हैं'।[336] लेकिन इस सबके बावजूद ग्रामीण इलाक़ों में हमेशा यह मान्यता रही है कि 'औरत पर हाथ उठाना अच्छा नहीं'।[337] साफ़ है कि सांस्कृतिक दुचित्तेपन, 'हाँ' भी और 'न' भी की स्थिति के तहत मूल्यों के अलग-अलग समूहों के लिए गुंजाइश छोड़ी जा रही थी, श्रेय देने की बात आई तो वह चाहे औपनिवेशिक-सांस्कृतिक प्रभावों को ही दे दिया गया।

लेकिन महिलाएँ अब भी पिटाई को लेकर पुरुषों के मनमौजी व्यवहार के बारे में शिकायत करती हैं। बड़ी उम्र की औरतें यह कहते हुए इसकी पुष्टि करती हैं कि 'आप हारे, बहू को मारे' (हारता ख़ुद है, मगर पीटता बहू को है)।[338] शराब पीने की बढ़ी हुए लत को भी इसके एक कारण के तौर पर देखा जाता है। हिंसा को बर्दाश्त कर लिया जाता है और सामान्य माना जाता है लेकिन 'उठे लात, बैठे घूँसा'[339] (उठता है तो लात और बैठता है तो घूँसा मारता है) की तर्ज़ पर पिटाई को अब सामान्य मान कर स्वीकारा नहीं जाता। कुछ औरतें तो अपने पीहर से रिश्तेदारों, ख़ास कर भाइयों को बुला लेती हैं या कम से कम उन्हें बुलाने की धमकी तो देती ही हैं। शिक्षित महिलाएँ तलाक़ की धमकी भी दे देती हैं हालाँकि अभी यह बहुत ही कम होता है। कुछ मामलों में पुलिस को ख़बर कर दी जाती है।[340] महिलाएँ अकसर अपने माँ-बाप के पास लौट जाती हैं और पति के पास वापिस जाने से इनकार कर देती हैं। ऐसे हालात में स्थिति को परिवारों की संयुक्त बैठक के ज़रिए ही सुधारा जा सकता है या ज़्यादा संगीन मामलों में जातीय पंचायत के माध्यम से। पुरुष को कुछ हद तक तिरस्कार तो सहना पड़ता है, जो शायद पहले नहीं हुआ करता था। पिटने वाली कुछ औरतें इसे अपने कर्म और भाग्य पर डाल देती हैं – 'हरामज़ादा मारे सै, के करें, ऐसे करम थे'[341]।

कुल मिला कर देखें तो महिलाएँ इस मुद्दे पर अपनी राय देने में चुप रहना पसन्द करती हैं। बड़ी उम्र की महिलाओं का तो मानना है कि यह सच में कम हो गया है; कुछ तो यह भी कहती हैं कि अब महिलाएँ पिटाई को चुपचाप नहीं सहतीं बल्कि करारा

जवाब देती हैं। कम-उम्र औरतें कहती हैं कि सब कुछ पुरुष पर निर्भर करता है – कुछ मर्द बीवी को पीटते हैं और कुछ नहीं पीटते। पुरुषों की ओर से कई तरह के जवाब आते हैं, जिन का विस्तार पिटाई बाबत पूरी तरह इनकार करने से लेकर दूसरे छोर पर टाल-मटोल वाले जवाब तक का है। कुछ ने स्वीकार किया कि उन्होंने 'औरतों को लीक पर रखने के लिए' यदा-कदा 'दो-एक थप्पड़' तो मारे हैं। अन्य का कहना था कि महिलाएँ उन्हें 'उकसाती हैं' और पिटाई को 'बुलावा' देती हैं या यह, कि 'जो ज़्यादा बोलती है वही पिटती है'[342] – यही बात इस लोकोक्ति में सारगर्भित है:

मेरी बिल्ली और मुझे ही म्याऊँ।[343]

12. घूँघट : वैचारिक तथा भौतिक दबाव

हिंसा के माध्यम से एक औरत को सीधे, भौतिक स्तर पर काबू करने के अलावा कुछ सांस्कृतिक दबाव और बंदिशें भी हैं जो उसे न केवल वैचारिक तौर पर नियन्त्रित करते हैं बल्कि सुनिश्चित करते हैं कि फ़ैसले लेने में उसकी हिस्सेदारी न हो, यहाँ तक कि ये दबाव उसकी तरफ़ से ऐसी हिस्सेदारी की कोशिश को एक अजीब ढंग से शारीरिक स्तर पर रोकते हैं। पर्दा-प्रथा इनमें सबसे महत्त्वपूर्ण है। उपनिवेशीय काल में, 1893 में ज़िला अम्बाला के एक सेटलमेन्ट अधिकारी के मुताबिक़ पर्दा न करने वाली औरत के बारे में मान कर चला जाता था कि वह नैतिकता के पैमाने पर खरी नहीं उतरती। ग्रामीण पुरुषों की राय थी कि ऐसी स्थिति में उसे घर से निकाला जा सकता है।[344] लोगों के बीच यह धुर सिरे की, चरमपंथी राय तो अब प्रचलित नहीं है लेकिन अब भी पर्दा न करने वाली औरत को नंगी और बेशर्म, यहाँ तक कि बदमाश तक कहा जाता है। आरोप लगता है कि वह 'छाती दिखाती फिरती है'।[345] यौन-सम्बन्धी हवाले खुले तौर पर दिए जाते हैं। इस्तेमाल में लाई जाने वाली भाषा अलहदा, अलग-थलग रखे जाने की विचारधारा की ही पुष्टि करती है और उसका अनुकरण न करने वालों पर आलोचना के अन्दाज़ में फ़ैसला सुनाया जाता है। प्रचलित हावी विचारधारा के तहत मर्दों की प्रतिक्रिया अकसर मौखिक तौर पर आक्रामक हो सकती है, या अशोभनीय बरताव वाली भी।

परदा को इस इलाक़े में घूँघट के नाम से जाना जाता है और इसका आधार वे नियम हैं जिन का पालन करते हुए एक औरत और उसके पुरुष सम्बन्धियों को एक दूसरे से सम्पर्क की एक ख़ास दूरी बनाए रखनी होती है। शादीशुदा औरतें अपने पति के रिश्तेदारों की मौजूदगी में घूँघट करती हैं और अन्य लोगों की मौजूदगी में अपने पति के सामने भी। 'शिष्टाचार' और श्रेणी के लिहाज़ से भी पुरुष सम्बन्धियों से घूँघट किया जाता है – गाँव के अधिकतर बड़े पुरुषों से और कुछ महिला सम्बन्धियों से भी, ख़ासतौर पर सास या सास की श्रेणी में आने वाली महिलाओं से।[346]

घूँघट क्रमबद्ध व्यवस्था *(हायरार्की)* का सन्तुलन बनाए रखता है, ख़ासतौर से

उनके बीच जो घर के भीतर और बाहर हैसियत और दर्जे में एक दूसरे के नज़दीक हों। घर के भीतर यह वैसी ही सामाजिक क्रमबद्ध व्यवस्था पर मंज़ूरी की मुहर लगाता है जो बाहर के समाज की दुनिया में देखने को मिलती है।[347] घूँघट महिलाओं के पास बहुत कम गुंजाइश छोड़ता है कि वे इस क्रमबद्ध व्यवस्था को खण्डित कर पाएँ या परिवार के भीतर सामंजस्यपूर्ण और एकजुट सम्बन्धों के नाज़ुक बन्धनों में कुछ ख़लल डाल पाएँ। यह संयोग की बात नहीं है कि बेटों में दरार या परिवार में फूट या अनबन के कोई भी संकेत हों तो दोष बीवियों की मौजूदगी पर धरा जाता है। ख़लल डालने और असन्तोष पैदा करने की सम्भावना से परिपूर्ण इस मौजूदगी को घूँघट के माध्यम से नियन्त्रित किए जाने की कोशिश की जाती है, फिर चाहे यह उपस्थिति ज़रूरी भी मानी जाती है।

एक अन्दाज़े के मुताबिक़ हरियाणा की 72.61 प्रतिशत महिलाएँ पर्दा करती हैं।[348] दिलचस्प बात है कि न तो आर्यसमाजियों ने और न ही अन्य समाज-सुधारकों या अग्रणी बुद्धिजीवियों ने ग्रामीण समाज में अब भी व्याप्त इस बड़ी विसंगति की ओर कोई विशेष ध्यान दिया है।[349] इस प्रथा से बचने की छोटी से छोटी कोशिश की भी बहुत सख़्त आलोचना की जाती है। इस तरह की कोशिशें ख़ुद महिलाओं में भी चुटकुलों और हास्य-व्यंग्य का निशाना बन गई हैं। एक औरत द्वारा सुनाई गई एक दिलचस्प कहानी इसी की मिसाल है:

> छोटे से गाँव चटवाल में एक बाप ने अपने बेटे को बड़े ही रूखेपन से हुक्म दिया कि वह अपनी बहू से अच्छी तरह घूँघट करने को कहे। बहू बोली: 'भाई कह दे मेरे सुसरे से कि जैसा तेरा चटवा सै, उतना तो काढे रही सूँ और बड़ोदा-बटाना हो तो एक गज़ का काढ लूँ' (मेरे ससुर से कह दो कि उसके गाँव चटवाल जितना घूँघट तो कर ही रखा है, बड़ोदा-बटाना जैसा बड़ा गाँव हो तो गज़ भर लम्बा घूँघट कर लूँ)।[350]

बदलते परिवेश के साथ घूँघट का बदलता स्वरूप : शहर में बसी हुई और खेत में काम करती महिलाओं में घूँघट से सम्बद्ध सीमित बदलाव

घूँघट को ऊपर उठाया जा सकता है। शायद और भी ऊपर उठा लिया गया हो लेकिन इससे छुटकारा तो अभी दूर की बात है। जैसा कि कहानी से ही संकेत मिलता है, औरत अपना घूँघट एक हद तक ही उठाती है, उससे ज़्यादा नहीं। नज़रियों में अस्पष्टता तो साफ़ दिखाई देती है। धुंधलापन और भ्रम की सी हालत दिखती है जिसमें दोनों तरह के अर्थ निकलते दिखाई देते हैं। परतन्त्रता की स्वीकृति है और इसलिए आज्ञापालन भी है मगर इसके साथ ही थोड़ा-बहुत विरोध भी है। सामाजिक मर्यादा और शिष्टाचार का मुद्दा होने की वजह से शहरों में बसी हुई, पढ़ी-लिखी महिलाएँ भी गाँवों में रहने वाले अपने सास-ससुर को मिलने पर घूँघट या पर्दा करती हैं। ये औरतें तब भी पर्दा करती हैं जब उनके पतियों के पुरुष-रिश्तेदार गाँव से उन्हें मिलने के लिए शहर आते हैं।

हालाँकि इन शिक्षित शहरी महिलाओं से यह आशा नहीं की जाती कि वे पर्दा करेंगी, लेकिन जब वे ऐसा करती हैं तब सब की तरफ़ से उनकी ख़ूब तारीफ़ होती है। यह ख़ास तरह का समर्थन और अनुमोदन साफ़ तौर पर एक दोधारी हथियार की तरह है। एक ओर तो यह इस प्रथा का अनुकरण करने वालों की प्रशंसा की ओर इशारा करता है, फिर वह अनुकरण चाहे सांकेतिक ही क्यों न हो; दूसरी ओर इस अनुमोदन में इस प्रथा का अनुकरण न करने वालों की सख़्त निन्दा झलकती है। लेकिन यह प्रशंसा निरक्षर, अर्ध-निरक्षर या ग्रामीण महिलाओं के हिस्से नहीं आती। मान लिया जाता है कि उनके लिए तो यह प्रशंसा भाव पहले से ही है – वे तो मानो पहले से ही क़ाबू में हैं। इसलिए यह हैरत की बात नहीं है कि हरियाणा में पढ़े-लिखे पुरुषों और महिलाओं ने भी इस चलन के ख़िलाफ़ आवाज़ नहीं उठाई है। पर्दा जिस विचारधारा को उजागर करता है, वह पढ़े-लिखे और अनपढ़ दोनों तरह के पुरुषों को रास आती है क्योंकि इसके तहत महिला के ऊपर पुरुष का प्रभुत्व और नियंत्रण रहता है या उस में औरत को कुछ महत्त्वपूर्ण क्षेत्रों से अलग-थलग रखा जाना और कमतर समझा जाना शामिल है। इसलिए पर्दा या घूँघट महिलाओं पर पुरुष के अधिकार और ताक़त का ही प्रतीक नहीं है, बल्कि एक ऐसी असलियत की नुमाइंदगी करता है जो बदले हुए सामाजिक-आर्थिक माहौल में भी क़ायम है।

पर्दा या घूँघट को अलगाव के एक प्रतीक के रूप में स्वीकार तो कर ही लिया गया है, आमतौर पर यह भी माना जाता है कि इसी की वजह से निजी और सार्वजनिक क्षेत्रों के बीच एक सरहद सी बना दी गई है, जिसके तहत सार्वजनिक क्षेत्र को पुरुषों के लिए अलग से आरक्षित कर दिया गया है[351] – इस क्षेत्र में बस वे ही सक्रिय रहते हैं। लेकिन हरियाणा में पर्दा या घूँघट की वजह से, घूँघट में छिपे अपने चहरों के बावजूद, महिलाएँ पुरुषों के साथ खेत में काम करने से नहीं रुकी हैं और न ही घूँघट की वजह से वे अलग-थलग पड़ी हैं। खेती के काम में महिलाओं की हिस्सेदारी की ज़रूरत रहती है और खेती को एक आर्थिक गतिविधि के रूप में तरजीह दी जाती है, जिस से नतीजा यह निकलता है कि अगर महिलाओं को असल में इससे अलग रखा जाता है तो खेती का काम ग़ैर-किफ़ायती और ख़र्चीला हो जाता है – इसके चलते घूँघट किए जाने के रिवाज में भी बदलाव आया है। खेत के काम के लिए बाज़ुओं और कन्धों को खुल कर इस्तेमाल किए जाने की ज़रूरत रहती है जबकि काम करते समय घूँघट के अपनी जगह से जाने-अनजाने अचानक हिल जाने और चेहरा दिखाई दे जाने का ख़तरा बना रहता है। इन मजबूरियों के चलते खेत में घूँघट की शक्ल बदल गई है। जिस रूप में अब घूँघट किया जाता है, उसे ढाट्ठा कहा जाता है, जिसमें चहरे और सिर को इस तरह बांधा जाता है कि बस आँखें ही दिखाई देती हैं। नतीजा यह, कि सीना बिना घूँघट के रहता है क्योंकि ओढ़नी को कन्धों के पीछे फैंक दिया जाता है और वह गर्दन के साथ बिल्कुल

सट जाती है, यूँ मानें कि गर्दन से लिपटी रहती है। कुछ औरतों को पानी लाते समय या घरेलू काम करते वक़्त भी घूँघट के इसी रूप में देखा जा सकता है। बाक़ी सब मौक़ों पर आमतौर से पूरे चेहरे को ढकते हुए अलग-अलग लम्बाई का घूँघट किया जाता है। इस बात का ख़ास ध्यान रखा जाता है कि बड़े पुरुष सम्बन्धियों की मौजूदगी में चेहरा और सीना, दोनों ढके रहें।

स्थानीय लोगों की नज़र में घूँघट का रिवाज इज़्ज़त देने के लिए है – पर्दा उनसे किया जाता है, जिन्हें इज़्ज़त का हक़दार माना जाता है। संकेत यह भी है कि इसका अनुकरण करने वाली औरत शर्म-लिहाज़ वाली औरत होती है।

एक औरत की शालीनता को 'आँख की शर्म' के रूप में परिभाषित किया जाता है। उससे आशा की जाती है कि वह गाँव के बड़े-बुज़ुर्गों को सीधे तौर पर आँख से आँख मिला कर नहीं देखेगी। हाँ, काम के स्थान पर उसकी बेपर्दा आँखों को न केवल काम की ज़रूरतों के तहत स्वीकार कर लिया जाता है, बल्कि इसलिए भी, कि उसका सम्पर्क होता भी है तो ज़्यादा से ज़्यादा अन्य महिलाओं या निम्न जाति और वर्ग के पुरुषों से ही होता है। लेकिन कुछ पुरुष ढाट्ठे पर भी ऐतराज़ उठाते हैं। काम के दौरान इसके फ़ायदे को तो वे दरकिनार नहीं करते लेकिन उनका मानना है कि औरत की शालीनता को बचाए रखने के लिए यह नाकाफ़ी है। ढाट्ठे के बढ़ते चलन पर अफ़सोस ज़ाहिर करते हुए वे कहते हैं, 'जब आँख की शर्म नहीं रखती तो क्या रहता है?' (आँख की शर्म ही न रही, तो बचा क्या?)।

अहम बात है कि स्थानीय समझ के तहत पुरुष और महिला दोनों ही ढाट्ठे के मुक़ाबले घूँघट के रिवाज को उच्चतर मानते हैं। इसके अलावा मुक़ाब्लतन बड़ी उम्र की वे औरतें, जिनकी शादी हुए कुछ साल हो चुके हैं और जिनके बच्चे भी हैं, ढाट्ठा करती हुई ज़्यादा दिखाई देंगी। कमउम्र महिलाएँ तो लगभग पूरा वक़्त घूँघट में ही दिखाई देती हैं, ख़ासतौर से इसलिए भी कि उनके घर के काम और पशुपालन और खेती से जुड़े काम घर पर ही होते हैं और उनसे खेत में जा कर काम करने की आशा नहीं की जाती।

घूँघट के चलन की दो सूरतों के अलग-अलग पहलू

घूँघट के चलन की ये दो अलग सूरतें घूँघट के न सिर्फ़ यौन-सम्बन्धी बल्कि सम्प्रेषण और संवाद सम्बन्धी आयाम पर भी बल देती हैं। घूँघट को औरतों के यौन-सम्बन्धी नियंत्रण के एक ऐसे प्रतीक के तौर पर देखना जो महिलाओं को उन पुरुषों से अलग रखता है जिनके साथ यौन सम्बन्धों को बहुत ज़्यादा तिरस्कार की नज़र से देखा जाता है,[352] इस व्यापक चलन की बस एक आंशिक व्याख्या है। इसे महिलाओं की केवल यौन-सम्बन्धी शालीनता के प्रतीक के रूप में भी नहीं स्वीकारा जा सकता, क्योंकि हो सकता है कि यह अकसर चेहरे को तो ढकता हो मगर सीने को नहीं। काम

पर और घर में, महिलाओं को चेहरा घूँघट में रख कर, शिशुओं को सीने से लगा कर दूध पिलाते हुए देखा जाना एक आम बात है। बेपर्दा सीने और पर्दानशीन चेहरे की छवि हमें चाहे कितनी भी विरोधाभासी क्यों न लगे, स्थानीय राय में महिला और पुरुष दोनों ही, इस छवि में कोई विरोधाभास नहीं देखते। पॉल हर्शमैंन इसे बरताव के दो अलग ख़ानों के तौर पर व्याख्यायित करते हैं – एक, माँ-बच्चे के परस्पर पोषण के रिश्ते के तौर पर और दूसरा, औरत तथा वरिष्ठ पुरुष के बीच परस्पर दूरी और सम्पर्क से बचाव के रिश्तों के रूप में।[353] दोनों में से किसी भी स्थिति में नियमों और मूल्यों का कोई उल्लंघन नहीं है, न ही प्रतीकात्मक व्यवस्था के ख़िलाफ़ जाने का कोई जज़्बा है। हम देख ही चुके हैं कि घूँघट के ढाट्टा वाले रूप में सीना नज़रों के सामने होता है। इसके बावजूद ढाट्टे की लोकप्रिय स्वीकृति और इस्तेमाल की आंशिक व्याख्या शायद इस बात से की जा सकती है कि स्तनों को मुख्य तौर से लालन-पोषण के प्रतीक के रूप में जाना जाता है।

घूँघट के रिवाज और व्यवहार के सन्दर्भ में एक और महत्त्वपूर्ण पहलू है जो महिलाओं के लिए इसके और भी व्यापक निहितार्थ का संकेत देता है। उर्सुला शर्मा घूँघट के इस सन्दर्भ की व्याख्या करते हुए उत्तर भारत के व्यापक ग्रामीण समुदाय की सामाजिक और राजनैतिक बुनतर के तहत घूँघट के चलन का विश्लेषण करती हैं। उत्पादन की प्रक्रिया और उसके नियंत्रण का इस सामाजिक-राजनैतिक संरचना के साथ सीधा जुड़ाव है, और इसमें वर्ग तथा जाति, दोनों से सम्बद्ध आयाम भी शामिल हैं।[354] मिसाल के तौर पर, घूँघट के इस व्यापक सन्दर्भ का एक प्रभाव यह है कि छोटी उम्र की महिलाओं का बड़े पुरुषों के साथ परस्पर आदान-प्रदान सीमित हो जाता है। यह ख़ासतौर पर उच्च जाति के बड़े पुरुषों के सन्दर्भ में सच है, जिनके पास घर पर ही नहीं बल्कि समुदाय में भी सबसे ज़्यादा ताक़त रहती है। इसका अर्थ है कि पर्दानशीन निम्न-जाति महिला उच्च-जाति पुरुष के सामने दोहरी कमज़ोरी का सामना करती है – एक तो वह निम्न जाति की है; दूसरे, घूँघट में रहते हुए उसके पास परस्पर मेल-जोल और संवाद के लिए भी कोई गुंजाइश नहीं रहती। असल में तो परस्पर आदान-प्रदान और सम्प्रेषण में यह बड़ी बाधा सभी शादीशुदा, घूँघट में रहने वाली औरतों के लिए महत्त्वपूर्ण हो जाती है, फिर वे चाहे किसी भी जाति और वर्ग से क्यों न हों।

नियंत्रण के अलग-अलग स्वरूप और घूँघट

ज़मींदार वर्गों के सन्दर्भ में महत्त्वपूर्ण है कि औरत को बेटी और बहन के रूप में रिवाजन सम्पत्ति के अधिकारों से वंचित रखा गया है। आज की तारीख़ में क़ानूनी तौर पर महिला को इस मामले में सक्षम बना दिया गया है मगर लम्बे दौर से चला आ रहा यह रिवाज इस क़ानूनी संरक्षण को भी बेकार बना देता है (जैसा कि आगे चल कर प्रदर्शित किया जाएगा)। शादीशुदा औरत होने पर ही उसे अपने पति की सम्पत्ति में अधिकार

मिलता है जिसे वह अपना मानते हुए उस पर काम करती है। इसके अलावा, सम्पत्ति पर पूरा और एकाधिकारी नियंत्रण उसे एक विधवा के रूप में ही हासिल हो पाता है, जो (जैसा कि पहले दिखाया गया है) उपनिवेशीय समयकाल में भी उसके लिए ठोस और असल रूप में था मगर बस उसके जीवनकाल तक ही रहता था। इसका अर्थ है कि घूँघट इस बात को पक्का करता है कि एक शादीशुदा औरत की प्रभावशीलता उस क्षेत्र में सबसे ज़्यादा घिरी रहे जिसमें उसका असरअंदाज़ होना सबसे ज़्यादा ख़तरनाक है – यानी जहाँ वह बीवी है, न कि बहन या बेटी। इसके अलावा, हालाँकि महिलाएँ उत्पादक प्रक्रिया में एक महत्त्वपूर्ण भूमिका निभाती हैं, और उत्पाद को नियंत्रित करने में उनका हित और दिलचस्पी भी है लेकिन इसका नियंत्रण वे नहीं करतीं और न ही उसे नियंत्रित करना उनका फ़र्ज़ समझा जाता है। उत्पादन का औपचारिक नियंत्रण पुरुषों, ख़ासतौर पर बड़े पुरुषों के पास रहता है। इस प्रकार, घूँघट महिलाओं को इस नियंत्रण-प्रक्रिया से बाहर रखने के एक तरीक़े के तौर पर मौजूद है। इसकी वजह से वे अपनी बात पर ज़ोर देने में, या फिर परिवार में चाहे गाँव में चाहे बाहर, नियंत्रणकर्ता-पुरुषों के बीच के किसी भी रिश्ते में असरदार हस्तक्षेप करने में बेअसर रहती हैं। बात चाहे आर्थिक संसाधनों पर नियंत्रण की हो या फिर फ़ैसले लेने पर नियंत्रण की, एक शादीशुदा औरत अपने पुरुष-सम्बन्धियों के लिए एक बड़ा ख़तरा हो सकती है, और घूँघट इन सम्बन्धियों के लिए सम्भावित ख़तरे से बचाव का प्रभावशाली साधन बन जाता है।

घूँघट साफ़ तौर पर सामाजिक शिष्टाचार के प्रतीक के तौर पर निकल कर आता है। यह औरत पर अपने से बड़े पुरुषों और महिलाओं के साथ मुलाक़ातों में बरताव का ख़ामोश, निष्क्रिय और विनयशील, बाअदब तौर-तरीक़ा थोपता है। औरत के पर्दे में, यानी नियंत्रण में होने से निजी और सार्वजनिक, सब क्षेत्रों में पुरुष को वरीयता मिलती है। महिलाओं पर घूँघट के इस प्रतीकात्मक नियंत्रण का अन्दाज़ा हम पीहर में उनके व्यवहार से लगा सकते हैं जहाँ उन पर घूँघट की पाबन्दी नहीं होती और इसी के फलस्वरूप उनकी जिस्मानी हरकतों और बरताव में अनौपचारिकता से लैस आज़ाद अभिव्यक्ति झलकती है। अपनी अविवाहित अवस्था में या शादी के बाद अपने पैदाइशी घर में जाने पर घूँघट के ख़तरे से आज़ाद औरत बेशर्मी का या किसी के प्रति असम्मान की भावना का इल्ज़ाम उठाए बिना मुक़ाब्लतन ज़्यादा आज़ादी से रह सकती है।

व्यापक सामाजिक-राजनैतिक सन्दर्भ

घूँघट ताक़त न होने का प्रतीक है। औरत के लिए ताक़त का यह अभाव घरेलू और उत्पादक क्षेत्र तक ही सीमित नहीं है बल्कि अधिक औपचारिक और व्यापक सामाजिक-राजनैतिक क्षेत्रों तक जाता है। मिसाल के तौर पर, महिलाएँ जाति या ग्राम-पंचायत का हिस्सा कभी नहीं रहीं हालाँकि बहुत बार महिलाओं से जुड़े मुद्दे भी फ़ैसले के लिए इनमें

आते हैं। ये मसले अकसर दूसरी जाति के पुरुष के साथ भाग कर शादी करने वाली महिला या अपने ही गाँव के किसी व्यक्ति के साथ भाग गई औरत से सम्बद्ध होते हैं या अपने पति के घर वापिस जाने से इनकार करने वाली या पति द्वारा त्याग दी गई शादीशुदा औरत या अनौपचारिक तलाक़ से सम्बद्ध होते हैं।[355] ये संस्थाएँ पूर्ण तौर पर मर्दों की संस्थाएँ हैं और महिलाएँ इन के फ़ैसले मानने को बाध्य होती हैं। उन्हें अब भी आमतौर पर चौपाल में प्रवेश की इजाज़त नहीं होती, जहाँ पंचायत के बैठने का रिवाज है – चौपाल महिलाओं की पहुँच से बाहर है। यह उनके अलगाव, अधीनता और कमतरी के हालात का प्रतीक है। हाल ही में हुए एक अध्ययन[356] से प्रदर्शित होता है कि महिलाओं ने अपने समाजीकरण की उस प्रक्रिया को स्वीकार कर लिया है जिसके तहत उन्हें जाति-पंचायतों आदि से अलग रखा जाता है। यह इसके बावजूद है कि इस तरह की जाति-पंचायतें अकसर उनसे सम्बन्धित मुद्दों पर फ़ैसले देती हैं, और उन्हें इस बात का एहसास भी है। मिसाल के तौर पर, गाँवों में पाँच साल से ऊपर की महिलाएँ और लड़कियाँ कभी भी पुरुषों के समूहों के साथ नहीं बैठतीं, चाहे सामान्य बातचीत हो रही हो या पंचायत में सोच-विचार चल रहा हो। नतीजे के तौर पर गाँव की राजनीति में भाग लेने की उनकी सामर्थ्य बहुत ज़्यादा सीमित हो जाती है। बल्कि इस विचार को स्वीकार करने का समाजीकरण भी उनमें बहुत जल्द शुरू हो जाता है कि किसी भी प्रकार की राजनीति एक पुरुष की ही चिंता का विषय है। बाद में, आगे चल कर, घूँघट से सम्बद्ध भौतिक और वैचारिक दबाव और पाबंदियाँ भी सामने आती हैं। इन पाबंदियों और मजबूरियों के बारे में उनका कहना था, 'हम बड़े पुरुषों की सभा में बोलने की हिम्मत नहीं कर सकतीं'। पंचायत के फ़ैसलों के बारे में उन्हें भी लगता था कि 'हमें इन मामलों में पड़ने की ज़रूरत नहीं है, बेहतर है कि ये मर्दों के हवाले रखे जाएँ'। 'यह हमारा काम नहीं है, यह मर्द का काम है' या 'हमें इन मामलों का कोई ज्ञान नहीं है' – यह बात आमतौर पर दोहराई जाती थी। दूसरी ओर पुरुषों द्वारा परम्परा और रिवाज के आधार पर इसकी पैरवी की जाती है। बैठकों में आने का जोखिम उठाने वाली किसी भी औरत से बहुत ही रूखे और व्यंग्य भरे अन्दाज़ में पूछा जा सकता है, 'क्या तुम मर्द हो?', और 'तुम्हारा यहाँ क्या काम?' कहते हुए उसे बाहर किया जा सकता है। महिलाओं को बैठक की कार्यवाहियों में शामिल नहीं होने दिया जाता और सिर्फ़ गवाह के तौर पर आने की इजाज़त होती है, वह भी पर्दे में।

गाँव, खण्ड और ज़िला स्तर पर आज़ाद भारत की क़ानूनी परिषदें या पंचायती राज संस्थाएँ पूर्ण रूप से लोकतांत्रिक संस्थाएँ हैं। लेकिन यहाँ भी ग्रामीण महिलाओं की नुमाइंदगी कुछ ख़ास नहीं है। कई तरह से उन्हें इस विचार को स्वीकार करने के लिए सामाजिक तौर पर ढाल लिया गया है कि फ़ैसले लेना तो पूरी तरह से मर्द का अधिकार-क्षेत्र है। हाल ही के अध्ययनों से जानकारी मिलती है कि वोट डालने की राजनैतिक

प्रक्रिया में महिलाओं द्वारा भाग लिए जाने की दर बहुत कम है।[357] कारण कई हैं, जिनमें घरेलू ज़िम्मेदारियों से लेकर राजनीति के प्रति उदासीनता या राजनीति पुरुष का कार्यक्षेत्र होने का विचार शामिल हैं। आँकड़ों से यह भी पता चलता है कि यह हिस्सेदारी बड़ी उम्र के आयु-समूह के मुक़ाबले कम आयु-समूह यानी 35 साल के आस-पास की महिलाओं की ओर से अधिक रही है और गाँवों के मुक़ाबले शहरी शिक्षित महिलाओं की हिस्सेदारी अधिक रही है। ग्रामीण महिलाएँ वोट देती हैं तो भी व्यापक तौर पर माना जाता है कि वे पुरुषों की मरज़ी के मुताबिक़ वोट देती हैं, वह चाहे उसका पति हो, भाई हो या फिर पिता। 1984 के एक अध्ययन से ज़िला सोनीपत के ग्रामीण इलाक़ों में कई वर्गों की महिला वोटरों से इस तथ्य की पुष्टि हुई है। 29 साल की एक गृहिणी की राय की गूँज उन सब की बातों में सुनने को मिली जिन से बात की गई थी – इस गृहिणी के मुताबिक़ 'हम ने बाहर की बातों का के बेरा, जिसे मरद-माणस कहें उसी की गेर दी'[358] (हमें बाहर की बातों का क्या ज्ञान, हमारे पुरुष जिसे वोट डालने को कहते हैं, उसी को डाल देती हैं)। लेकिन 1966 से 1990 तक का चुनावों से सम्बद्ध मेरा अनुभव, जिस की पुष्टि मीडिया में व्यक्त विचारों से होती है,[359] बताता है कि परिवारों में वोट एक ही जगह नहीं डाले जाते, जिस से ज़ाहिर होता है कि शायद गुप्त मतदान के अधिकार से उत्साहित और प्रेरित होकर महिलाएँ अब स्वतन्त्र तौर पर भी वोट डालती हैं। यह पहलू हरियाणा में चुनावों पर हुए सभी मौजूदा अकादमिक अध्ययनों से ग़ायब है। लेकिन इससे पहले कि किसी भी पक्के नतीजे पर पहुँचा जा सके, इस सन्दर्भ में बहुत सा काम करने की ज़रूरत रहेगी।

13. पुरुष का नज़रिया : पेश किए गए विचार और हक़ीक़त

दिलचस्प बात तो यह है कि पुरुषों द्वारा ताक़त और सत्ता के इस्तेमाल के बावजूद और इस बात के बावजूद कि फ़ैसला लेने का अधिकार भी उन्हीं के पास रहता है, ग्रामीण पुरुष 'औरत की आक्रामकता' और घर-परिवार के मामलों में उसके 'हावी' होने की बात पर ज़ोर दिए रहते हैं। कुछ गहनता से पूछ-ताछ की गई तो जवाब में बचने की कोशिश की जाती रही और जो बातें निकल कर आईं, उनका निचोड़ कुछ इस तरह का रहाः मेहमानों के प्रति औरत का विरोध, अपने 'भाई और जमाई' को खुले तौर पर तरजीह देना, पति द्वारा किसी न किसी उद्देश्य से अन्न-दान की इच्छा या अपनी बहन या अन्य रिश्तेदारों को उपहार और रस्मी भेंट देने के समय उसका 'हस्तक्षेप', अकसर नाराज़ रहना और तंग करना, काम करने से इनकार आदि। पुरुषों द्वारा ज़िक्र में लाए गए महिलाओं के इस अनौपचरिक प्रभाव और 'ताक़त' का मूल्यांकन करना मुश्किल है। ये ठोस सबूत के दायरे में नहीं आते जिस से उसकी ताक़त को प्रदर्शित किया जा सके, न ही कोई विशेष फ़ैसला लेने के अधिकार को और उसकी आज्ञा का पालन

होने को दर्शाते हैं, या ऐसा भी नहीं है कि ये दूसरों पर इस्तेमाल की गई 'ताक़त' को दर्शाएँ, जिसका इस्तेमाल कहा जाता है कि औरत करती है। दूसरे शब्दों में, ऐसा कोई वास्तविक, ठोस प्रमाण नहीं है जो औरत के पराधीन दर्जे में किसी भी बड़े बदलाव की तरफ़ इशारा करे। ग्रामीण महिलाओं के जीवन की हक़ीक़तों में हमें मर्दों के दावों की कोई गूँज नहीं सुनाई देती।

एक हावी, नियन्त्रणकारी औरत का विचार नया नहीं है। मूल तौर पर औरत के यौन-सम्बन्धी कौशल और दिलेरी से सम्बद्ध, पुरुष के भय से निकला यह विचार लगभग हमेशा से ही सब समाजों, इलाक़ों, देशों और इतिहास-कालों में मौजूद रहा है।[360] मगर पुरुष द्वारा इतने ज़ोर-शोर से और अकसर हास्य-व्यंग्य के रूप में प्रस्तुत किए जाने वाले, औरत के हावी होने के इस दावे का लेना-देना औरत की यौनिकता से सम्बद्ध पुरुष के छुपे हुए भय से उतना नहीं है जितना कि कुछ विशेष ऐतिहासिक हक़ीक़तों से है। ग्रामीण हालात की ऊपर दी गई हक़ीक़त से ऐसा लगता है कि औरत के हावी होने का पुरुषों का यह कथन औरत की अन्तर्निहित क़ाबिलियत और उस में छुपी सम्भावनाओं के बारे में मर्द की चेतना से पैदा होता है; और वह उन्हें हँसी में उड़ा कर सीधे या अप्रत्यक्ष तौर पर नियंत्रित करते हुए औरत के दावे को ख़त्म करने की कोशिशों से पैदा होता है। आज़ादी के बाद के सामाजिक-राजनैतिक तथा क़ानूनी बदलावों ने इसे एक स्पष्ट तौर पर दिखाई देने वाली सम्भावना बना दिया है। सामाजिक स्तर पर ये बदलाव एक ओर तो औरतों के लिबास जैसे सतही बदलावों में झलकते हैं तो दूसरी ओर उपभोक्तावादी चीज़ों की उनकी माँगों में। हाल ही का एक हरियाणवी गीत ऐसी ही एक 'सख़्त' माँग की तस्वीर पेश करता है:

ऊँची एड्डी बूँट बिलायती पहरण खातर ल्यादे
जे तेरे बस की बात नहीं तो म्हारे घराँ ख़ँदा दे
बाग बेक दे बिर्सा बेक दे, मन्ने रमझोला घड़ा दे
जे तेरे बस की बात नहीं तो म्हारे घराँ खँदा दे
बैल बेक दे भैंस बेक दे, साड़ी जम्पर ल्यादे
जे तेरे बस की बात नहीं तो म्हारे घराँ खँदा दे
नौहरे बेक दे महल बेक दे, मोटर-कार मँगा दे
जे तेरे बस की बात नहीं तो म्हारे घराँ खँदा दे।[361]

(मुझे ऊँची एड़ी के विलायती जूते पहनने को ला दे
यह तेरे बस की बात न हो तो मुझे मेरे पीहर भेज दे
बाग़ बेच दे, विर्से में मिली ज़मीन बेच दे
लेकिन मुझे पैरों के घुँघरू गढ़वा दे
यह तेरे बस की बात न हो तो मुझे मेरे पीहर भेज दे

बैल बेच दे भैंस बेच दे, मुझे साड़ी-जम्पर ला दे
यह तेरे बस की बात न हो तो मुझे मेरे पीहर भेज दे
खलिहान बेच दे महल बेच दे मोटर-कार मंगवा दे
यह तेरे बस की बात न हो तो मुझे मेरे पीहर भेज दे।)

अतिश्योक्ति भरा होने के बावजूद यह गीत औरत की साज-सज्जा और कपड़ों आदि से सम्बद्ध माँगों को अभिव्यक्त तो करता ही है। ग्रामीण पुरुषों और बड़ी महिलाओं द्वारा इस सम्बन्ध में आमतौर पर त्योरी चढ़ा ली जाती है, मगर इस तरह की चीज़ों की इच्छा होने की पुष्टि कमउम्र महिलाओं द्वारा की गई है।[362]

इस सबके साथ गुंथे हुए, गाँवों में इससे कहीं अधिक गम्भीर क़िस्म के बदलाव भी देखने में आते हैं। इनका सम्बन्ध भाग कर की गई शादियों से और प्रमी-जोड़ों के भाग जाने से है, जो आमतौर पर अन्तरजातीय या एक ही गाँव के लड़का-लड़की के बीच होता है, जिन्हें परम्परागत तौर पर प्रतिबंधित रिश्ते माना जाता है। इस पाबंदी की बात करते हुए जे.एम.डूई ने 1892 में कहा था : 'एक ही गोत और जाति की लड़की के साथ सम्बन्ध होने को सगे-सम्बन्धी के साथ अन्तः प्रजनन बराबर यौन-सम्पर्क माना जाता है और एक गाँव के सब ज़मींदार आमतौर पर एक ही गोत के होते हैं'।[363]

अन्तर्जातीय विवाह तथा ख़ुद ही की गई शादी के प्रति विरोध का नज़रिया

व्यापकता में सम्पूर्ण गाँव के बाशिन्दों को सिद्धांत रूप में एक-दूसरे के साथ सम्बद्ध, रिश्ते में जुड़ा हुआ माना जाता है। हालाँकि गाँव से बाहर शादी से सम्बद्ध सिद्धांत में कुछ छूट रहती है, आम राय अब भी ऐसे विवाहों के सख़्त विरोध में है। जहाँ तक अन्तर्जातीय विवाह की बात है, इस पर लगातार बढ़ती पाबंदियों को स्वीकार ही किए जाने का रूझान है। अन्दाज़ा है कि ग्रामीण हरियाणा में अनुमानित 93.6 प्रतिशत लोग इसके ख़िलाफ़ हैं।[364] इन पाबंदियों को स्वीकार किए जाने को लेकर दिया जाने वाला एक कारण औपनिवेशिक समयकाल में ऊपर की ओर गतिमान समूहों द्वारा इस प्रथा के ख़िलाफ़ लगाया गया 'ग़ैर-क़ानूनी' होने का आरोप है। अन्य कई कारण भी दिए जाते है। इनमें इस तरह की शादियों का 'कम समय के लिए और अस्थाई रहना' या 'सांस्कृतिक भिन्नता' की वजह से एक-दूसरे के साथ सामंजस्य में आने वाली मुश्किलें तथा 'आने वाली पीढ़ियों के लिए पहचान की समस्याएँ' और महत्त्वपूर्ण तौर पर 'रक्त की शुद्धता' बनाए रखने की आवश्यकता शामिल हैं।

फिर भी, लगभग सभी गाँवों में इस तरह के कुछ न कुछ विवाह तो हुए बताए ही जाते हैं। कुछ मामलों में लड़कियों के भाग जाने के चलते परिवारों को शर्म के मारे गाँव छोड़ कर जाना पड़ा। ज़िला भिवानी के गाँव कदामा के एक बनिया परिवार के साथ ऐसा ही हुआ। बाद में लड़की की तलाश बम्बई में जा कर ख़त्म हुई और उसे गोली से मार

दिया गया।[365] 1986 में ज़िला भिवानी के गाँव खेड़ी में भागी हुई लड़की को पकड़ कर वापिस लाया गया और चार महीने के गर्भ के बावजूद एक बूढ़े मर्द के साथ उसकी शादी कर दी गई और गर्भपात करवा दिया गया। इस तरह के कई मामलों में हिंसा होती है और लड़की को रास्ते से हटा दिया जाता है।[366] बल्कि इज़्ज़त लूटने और अपहरण समेत जिन मामलों को 'यौन सम्बन्धी जुर्म' के रूप में सूचीबद्ध किया जाता है, उन्हें औपचारिक तौर पर भी इस रूप में स्वीकार किया गया कि वे 'और कुछ नहीं बल्कि प्रेम प्रसंग थे जिनमें अग़वा की गई महिलाओं की सहमति थी' मगर उन्हें अपहरण और भगा ले जाने के मामलों के रूप में रिपोर्ट किया गया।[367]

जाति और गाँव के समुदाय इस तरह की शादियों को अब भी स्वीकार नहीं करते। 'हुक्का-पानी बन्द' का डर बहुत ही साफ़ तौर पर मौजूद है और इस तरह के तानों का भी डर है कि 'तू के बोल्ले सै, तेरी बेटी ने ऐसा किया' (तुम कह ही क्या सकते हो, तुम्हारी बेटी ने तो यह किया और यह....)। कई मामलों में तो परिवार के सदस्यों के लिए इस तरह के आरोपों के संग जीना दूभर हो जाता है। परिवार का पुरुष अपना ग़ुस्सा अपनी बीवी यानी लड़की की माँ पर निकालता है कि उसने लड़की की निगरानी ध्यान से नहीं की।[368] भागी हुई औरत को इस रूप में चित्रित किया जाता है कि वह 'मुँह को कालख लगा गई'। इसमें पुराने समय की उस सज़ा की तरफ़ इशारा है जब किसी पुरुष के चेहरे को काला कर के बेइज़्ज़त किया जाता था।

ध्यान देने की बात है कि औपनिवेशिक काल में एक अनब्याही लड़की द्वारा भाग कर शादी कर लिए जाने को वैध विवाह होने की क़ानूनी स्वीकृति नहीं मिली हुई थी क्योंकि इसमें अभिभावक की 'सहमति' शामिल नहीं रहती थी।[369] यह औपनिवेशिक आधिकारिक रवैया उस स्थानीय रिवाज के तहत ढल कर काम कर रहा था जिसमें नाबालिग़ या बालिग़ महिलाएँ हमेशा किसी न किसी पुरुष सदस्य के संरक्षण में रहती थीं। क़ानूनी स्तर पर स्थिति अब बहुत बदल गई है क्योंकि 'नाबालिग़' और 'बालिग़' अब क़ानूनी श्रेणियाँ हैं। इसके बावजूद स्वयं किए गए विवाहों को न केवल ग्रामीण हरियाणा में बल्कि पूरे उत्तरी भारत में 'हमारी संस्कृति' और 'हमारे धर्म' के ख़िलाफ़ माना जाता है।

विधवा पुनर्विवाह को भी अब देवर द्वारा लत्ता-उढ़ाई वाले उसके शुद्ध रूप में नहीं देखा जाता क्योंकि विधवाएँ अब बाहर विवाह करना भी पसन्द करने लगी हैं, जैसा कि हम आगे चल कर देखेंगे। इसी सिलसिले में महिलाओं की शिक्षा को भी जोड़ा जा सकता है, फिर वह चाहे कितनी भी सीमित क्यों न हो – जैसा कि हम देख ही चुके हैं, शिक्षा को बहुत ही शक की निगाह से देखा जाता है और महिलाओं द्वारा भाग कर शादी कर लेने के बढ़ते हुए चलन के लिए ज़िम्मेदार ठहराया जाता है। इस स्थिति को स्वर्गीय नर सिंह भजनी द्वारा वार्तालाप के एक टुकड़े के रूप में बहुत ही दिलचस्प तरीक़े से चित्रित

किया गया है और इसे गाँवों में अब भी बहुत लोकप्रिय अन्दाज़ से सुनाया जाता है। ज़िला रोहतक के गाँव भापड़ोदा में स्थित यह वार्तालाप गाँवों में व्यापक स्तर पर मौजूद इस सोच और शिक्षा के साथ उसके हास्यास्पद जुड़ाव को उजागर करता है–

भापड़ोदा गाँव वाले : भाई तू कहे तो सै कि लड़कियाँ ने पढ़ावाँ, पर भाई ये तो पढ़ा दी ना, तो भाज जाँगी किसी के साथ।

(भापड़ोदा गाँव के लोग : भाई तुम कहते हो कि हम लड़कियों को पढ़ाएँ लेकिन इन्हें पढ़ा दिया तो ये तो किसी के साथ भाग जाएँगी।)

नर सिंह : मैं कहन लाग रहा भाई तुम्हारे गाँव से बीस राण्ड भाज रही हैं, ये सब एम.ए. पास गई थीं?[370]

(नर सिंह : मैं कहता हूँ तुम्हारे गाँव से बीस राण्ड भागी हैं, क्या वे सब एम.ए. पास थीं?)

सामाजिक व्यवस्था द्वारा महिलाओं पर नियंत्रण के आयाम : महिलाओं की प्रतिक्रिया

इस समाज की स्थिरता रिश्तेदारियों और कुटुम्बों की विशाल व्यवस्था पर आधारित है और महिला की लैंगिकता का नियंत्रण इस व्यवस्था के अस्तित्व के केन्द्र में रहा है। जेण्डर की संरचनाओं के बड़े ढाँचे के भीतर उत्पादन और वितरण सम्बन्धी फ़ैसलों पर नियन्त्रण बनाए रखते हुए महिलाओं के प्रजनन, और उत्पादन के लिए उनके श्रम को नियंत्रित किया जाता है। महिला की यौन-भावना और लैंगिकता को नियंत्रित करने की इन कोशिशों को 'हुक्म मानने से इनकार करने वाली' और 'आज़ाद' महिलाओं की तरफ़ से चुनौती का सामना करना पड़ रहा है। मगर इस नियंत्रण में आने वाली किसी भी तरह की रुकावट या टूटन को एक विद्रोह और पुरुष की सत्ता के नज़रिए से बेचैनी और परेशानी का सबब माना जाएगा, फिर वह चाहे आंकड़ों के हवाले से कितनी भी छोटी रुकावट क्यों न हो। बेचैनी से भरे इन अंदेशों के साथ ही महिलाओं को मिले क़ानूनी अधिकारों को भी जोड़ा जा सकता है – यानी तलाक़ और जायदाद पर बराबर का हक़ मिल जाने के अधिकार। ये दोनों मुद्दे, जैसा कि मैं आने वाले अध्याय में संकेत दूँगी, पितृसत्ता और पितृवंशीयता की पकड़ के ख़िलाफ़ आग भड़काने का काम कर सकते हैं। अपने अधिकारों और ख़ुद में छुपी हुई सम्भावनाओं के बारे में महिलाओं की विकसित होती समझ पुरुषों द्वारा स्थापित नियमों के लिए तबाही ला सकती है। औपचारिक शिक्षा को दबाए रखने पर भी इस तरह की स्व-शिक्षा को कब तक बाहर रखा जा सकता है?

इकट्ठा होते चले आ रहे इन सब कारकों ने पुरुषों में असुरक्षा की भावना पैदा कर दी है। हावी बीवी वाले मर्द के भविष्य के बारे में उनकी कल्पना एक अजीब-ओ-ग़रीब, हैरतअंगेज़ भविष्य की कल्पना है – मुमकिन है कि यह सिर्फ़ डर और भय को दूर करने के लिए ही नहीं हो रहा हो बल्कि इस तरह के नतीजे आने के ख़िलाफ़ विरोध को

एकजुट करने के लिए भी हो रहा हो। पुरुष की प्रभुत्वशाली, हावी राय चाहे जो भी हो, अपने उत्थान के लिए और पितृसत्तात्मक, परम्परागत, वैचारिक तथा सांस्कृतिक विरोध के ख़िलाफ़ अपने दावे को दर्ज कर पाने के लिए ग्रामीण महिलाओं का ख़ुद से आगे आना अभी बाक़ी है।

सन्दर्भ

1. यहाँ अमीर किसानों को ज़रूरत से ज़्यादा उपज लेने वाले किसानों के तौर पर लिया गया है – वरना तो उन्हें चिह्नित करने के लिए परिभाषा की समस्याओं के चलते बड़े और छोटे किसानों की अवधारणा के साथ काम करना बहुत मुश्किल है। ज़रूरत से ज़्यादा उपज लेने वाले किसानों को अमीर किसान मान कर जोतों के आकार की तुलना करने पर भी किफ़ायती जोत का माप कई कारकों पर निर्भर करते हुए एक क्षेत्र से दूसरे में भिन्न होगा। उदाहरण के लिए, सिंचाई से महत्त्वपूर्ण फ़र्क़ पड़ सकता है क्योंकि इससे कई फ़सलें लिए जाने के माध्यम से ज़मीन की प्रभावी पैदावार में बढ़ोतरी होती है – और दरअसल, प्रभावी तौर पर, जोत का आकार बढ़ जाता है। ज़ाहिर है कि कुछ छोटी जोतें कारगर हो सकती हैं, जबकि कुछ कारगर नहीं हो सकतीं और ग़ैर-किफ़ायती भी रह सकती हैं।
2. भूमि-सुधार के इस पैकेज में यह सब शामिल था : *द ईस्ट पंजाब युटिलाइज़ेशन ऑफ़ लैण्ड एक्ट*, 1949; *द पंजाब ऑक्युपैंसी टेनैन्ट (वेस्टिंग ऑफ़ प्रोप्राइटरी राइट्स) एक्ट* 1952; *द पंजाब एबोलिशन ऑफ़ आला मल्कियत एण्ड तालुकदारी राइट्स एक्ट (पंजाब एक्ट IX ऑफ़ 1953)*; *द पंजाब सिक्योरिटी ऑफ़ टेन्योर्स एक्ट*, 1953; *पटियाला एण्ड ईस्ट पंजाब स्टेट्स यूनियन एबोलिशन ऑफ़ बिस्वेदारी ऑर्डिनेन्स*, 1954; *द पेप्सू टेनैन्सी एण्ड एग्रिकल्चरल लैण्ड्स एक्ट* 1955। ज़मींदारी के ख़ात्मे, उच्चतम सीमा लागू करते हुए ज़मीन के बंटवारे और पट्टेदारों की सुरक्षा के मक़्सद से लाए गए इन क़ानूनों को यहाँ भी उसी तरह सीमित कामयाबी मिली जैसे कि भारत में अन्य जगहों पर। साथ ही, ज़मीन की बिचौलिया मिल्कीयत को रद्द करने पर ज़ोर देने वाले खेती सम्बन्धी सुधारों के लिए क़दमों और स्वयं किसानों के लिए अधिकारों को तय करने के प्रयासों की हरियाणा में बमुश्किल ही कोई प्रासंगिकता थी क्योंकि जोतों के इस तरह के स्वरूप यहाँ पर पहले से मौजूद थे। विस्तृत विवरण के लिए देखें पी.सी.जोशी, *लैण्ड रिफ़ॉर्म्स इन इण्डियाः ट्रेंड्स एण्ड पर्स्पेक्टिव्स*, न्यू डेल्हि, अलाइड पब्लिशर्स, 1975, पृ. 89-117; डब्ल्यू लादेजिंस्की, 'लैण्ड सीलिंग्स एण्ड लैण्ड रिफ़ॉर्म्स', *इकनॉमिक एण्ड पलिटिकल वीक्ली*, 5-7 फ़रवरी 1972, VIII, वार्षिक अंक, पृ. 401-08; साथ ही, *रिपोर्ट ऑफ़ द नैश्नल कमिशन ऑन एग्रिकल्चर*, पार्ट 15, न्यू डेल्हि, गवर्नमेन्ट ऑफ़ इण्डिया, 1976, पृ. 65, 76।
3. आज़ाद भारत में एक बदला हुआ परिदृश्य था जिसमें कृषि पर बल दिए जाने और कृषि दामों में लगभग निरंतर बढ़ोतरी के हालात थे। भूमि के मालिकाना हक़ की अधिकतम सीमा (हदबंदी) और पट्टेदारों से जुड़े उपनियमों से सम्बद्ध भूमि-सुधारों के सम्भावित प्रभाव भी नज़र में थे। इस सब के बीच भूमि-अधिग्रहण और लालचीपन को प्रोत्साहन मिला। इसके साथ-साथ राज्य द्वारा खेती से सम्बन्धित एक मज़बूत, सकारात्मक वातावरण, सिंचाई की सुविधाओं और सब्सिडी प्रदान करवाने से सम्बद्ध पहलक़दमियों का नतीजा था कि न केवल मालिकों द्वारा व्यापक पैमाने पर ज़मीन का पुनर्ग्रहण हुआ बल्कि अमीर ज़मींदारों ने अधिक से अधिक ज़मीन ख़रीदना

शुरू कर दिया। उदाहरण के लिए, आज़ादी के बाद के शुरुआती सालों, यानी 1951-52 से 1960-61 के बीच हरियाणा के पाँच ज़िलों में ज़मीन की बिक्रियों की कुल संख्या में 314.69 प्रतिशत बढ़ोतरी हुई। अन्य महत्त्वपूर्ण कारणों के अलावा ज़मीन की इस तरह की बिक्रियों के चलते छोटी जोतों की संख्या में ज़बरदस्त वृद्धि हुई। 1971 के सेन्सस के मुताबिक़ पाँच एकड़ या उससे कम की जोतों की संख्या लगभग चार गुना तक बढ़ गई यानी 1961 में 16.14 प्रतिशत से 1971 में 45.59 प्रतिशत तक। ज़ाहिर है कि ज़मीन के बंटवारे में ग़ैर-बराबरी न केवल बनी रही बल्कि वह तीखी भी हुई; कम हाथों में अधिक ज़मीन जमा हो रही थी। 1976-77 के आते-आते यह ग़ैर-बराबरी बहुत ही सीधे तौर पर दिखाई देने लगीः हरियाणा में काम में आ रही जोतों का 30.83 प्रतिशत एक हेक्टेयर से भी कम तक आ गया; 39.78 प्रतिशत जोतें एक से चार हेक्टेयर के बीच थीं – ये दोनों श्रेणियाँ मिला कर 70.61 प्रतिशत बनता था, जो राज्य में खेती के लिए इस्तेमाल होने वाली कुल ज़मीन का 25 प्रतिशत था। काम में आ रही चार से दस हेक्टेयर के बीच की जोतें 16.90 प्रतिशत यानी खेती लायक़ कुल ज़मीन का 30 प्रतिशत थीं; 10 हेक्टेयर और इससे अधिक 12.49 प्रतिशत थीं, जो खेती लायक़ कुल ज़मीन का 44 प्रतिशत बनता है। अगर हम आमतौर पर मान्य चार हेक्टेयर की जोत को किफ़ायती जोत के तौर पर लें तो 1976-77 में काम में लाई जाने वाली जोतों का केवल 29.39 प्रतिशत ही किफ़ायती था। ऊपर दिए गए विवरण के लिए देखें शीला भल्ला, 'चेन्जिज़ इन एकरेज एण्ड टेन्योर स्ट्रक्चर लैण्डहोल्डिंग्स इन हरियाणा,1962-72', *इकनॉमिक एण्ड पलिटिकल वीक्ली,* 19 मार्च 1977, XII, 12, पृ. A2-A15; जसबीर सिंह, *एग्रिकल्चरल ज्यॉग्रफ़ी ऑफ़ हरियाणा,* कुरुक्षेत्र, विशाल पब्लिकेशन्स, 1976, पृ. 173-80; *स्टेटिस्टिकल एब्स्ट्रैक्ट ऑफ़ हरियाणा,* 1981-81, पृ. 86-87।

4. भूमि सुधारों के अलावा 1950 के दशक में सामुदायिक विकास परियोजनाएँ और विस्तार सेवाएँ भी लाई गईं। इनमें से कोई भी बहुत कामयाब नहीं हुई। देखें, योजना आयोग की *प्रोग्राम इवैलुएशन ऑर्गनाइज़ेशन* द्वारा जारी की गई श्रृंखला, *ऐनुअल इवैलुएशन रिपोर्ट्स ऑन द वर्किंग ऑफ़ द कम्युनिटी प्रोजेक्ट्स एण्ड एन. ई. एस. ब्लॉक्स,* 1960-61, न्यू डेल्हि, गवर्नमेन्ट ऑफ़ इण्डिया, 1963। साथ ही देखें, फ्रैन्सीन आर.फ्रैंकेल, *इण्डिया'ज़ ग्रीन रेवल्यूशन : इकनॉमिक गेन्ज़ एण्ड पलिटिकल कॉस्ट्स,* प्रिंस्टन युनिवर्सिटी प्रेस, 1971, पृ. 3-11।
5. *स्टेटिस्टिक्स ऑफ़ इकनॉमिक डिवेलप्मंट हरियाणा, 1977-78,* चण्डीगढ़, गवर्नमेन्ट ऑफ़ हरियाणा, 1979, पृ. 1-2।
6. *स्टेटिस्टिकल हैण्डबुक ऑफ़ हरियाणा 1988-89,* चण्डीगढ़, इकनॉमिक एण्ड स्टेटिस्टिकल ऑर्गनाइज़ेशन, प्लैनिंग डिपाट्र्मेन्ट, हरियाणा, 1989, पृ. 35-36।
7. हरियाणवी बोली के विस्तृत विश्लेषण और उस में झलकते अलग-अलग क्षेत्रों के लिए देखें, शंकरलाल यादव, *हरियाणा प्रदेश का लोक साहित्य,* पृ. 81-109।
8. भीम सिंह मलिक, *हरियाणा लोक साहित्यः संस्कृति सन्दर्भ,* पिलानी, राजस्थान, चित्रा प्रकाशन, 1981, पृ. 77।
9. भौगोलिक हालात, मिट्टी की गुणवत्ता और भौगोलिक-जलविज्ञान सम्बन्धी स्थितियों के विवरण के लिए, देखें गौतम महाजन, 'ज्यॉग्रफ़िकल प्रॉब्लम्ज़ इन हरियाणा', *जर्नल ऑफ़ हरियाणा स्टडीज़,* कुरुक्षेत्र, 1973, V, 1-2, पृ. 56-63।
10. मलिक, *हरियाणा लोक साहित्य,* पृ. 77।

11. हरियाणा की खेती एवं आर्थिक स्थिति से सम्बद्ध क्षेत्रों और पाँच भाग में उनके विभाजन की पूरी व्याख्या के लिए देखें, शीला भल्ला, 'आइलैण्ड्स ऑफ़ ग्रोथः अ नोट ऑन हरियाणा एक्स्पीरियेन्स एण्ड सम पॉसिबल इम्प्लिकेशन्ज़', *इकनॉमिक एण्ड पलिटिकल वीक्ली*, 6 जून 1981, XVI, 23, पृ. 1022-30। ऐसी ही अन्य जानकारी के लिए उनके अन्य लेख भी देखें – 'न्यू रिलेशन्स ऑफ़ प्रडक्शन इन हरियाणा एग्रिकल्चर', *इकनॉमिक एण्ड पलिटिकल वीक्ली*, 27 मार्च 1976, XI, 13, पृ. A23-A30; 'चेन्जिज़, इन एकरेज एण्ड टेन्योर स्ट्रक्चर लैण्डहोल्डिंग्ज़ इन हरियाणा, 1962-72', *इकनॉमिक एण्ड पलिटिकल वीक्ली*, 19 मार्च 1977, XII, 12, पृ. A2-A15।
12. मलिक, *हरियाणा लोक साहित्य*, पृ. 77।
13. पूर्वोक्त।
14. आर. मैकॉनची (सम्पादक), *सिलेक्टिड एग्रिकल्चरल प्रॉवर्ब्ज़ ऑफ़ द पंजाब*, डेल्हि, इम्पीरियल मेडिकल हॉल प्रेस, 1870, पृ. 21।
15. पूर्वोक्त, पृ. 16।
16. *इकनॉमिक इम्पैक्ट ऑफ़ ड्राउट इन हरियाणा – अ सर्वे*, न्यू डेल्हि, गवर्नमेंट ऑफ़ इण्डिया, मार्केटिंग एण्ड इकनॉमिक रिसर्च ब्यूरो, 1971 (स्टेंसिल मशीन से प्रतिलिपि), पृ. 60। इस सर्वेक्षण के मुताबिक़ एक नमूने के गाँव में किसानों को प्रतिदिन एक बीघा ज़मीन की सिंचाई के लिए आठ बैलों की ज़रूरत रहती थी। इस प्रकार न केवल एक कुआँ खोदने का ख़र्च हैसियत से बाहर था, ऐसे गहरे कुओं से सिंचाई करना भी बहुत ही महँगा पड़ता था, पृ. 13।
17. *इकनॉमिक्स ऑफ़ फ़ार्मिंगः हरियाणा*, 1968-69, चण्डीगढ़, इकनॉमिक एण्ड स्टेटिस्टिकल ऑर्गनाइज़ेशन, प्लैनिंग डिपार्ट्मेंट, गवर्नमेन्ट ऑफ़ इण्डिया, 1970, पृ. 12।
18. मैकॉनची, *पंजाब प्रॉवर्ब्ज़*, पृ. 18।
19. पूर्वोक्त।
20. *इकनॉमिक इम्पैक्ट ऑफ़ ड्राउट*, पृ. 12।
21. जल-संसाधनों के आवंटन से सम्बद्ध पंजाब के साथ हरियाणा के झगड़े को भविष्य में राज्य के विकास और उसके उपेक्षित कृषि क्षेत्र की ज़रूरतों के सन्दर्भ में देखना होगा। एक मुख्य मांग पानी की है। विस्तृत विवरण के लिए देखें, प्रेम चौधरी, 'रिटर्न ऑफ़ बंसी लालः वाटर इज़ हरियाणा'ज़ रिअल प्रॉब्लम', *स्टेट्स्मैन*, डेल्हि एण्ड कैल्कटा, 12 जुलाई 1986, पृ. 8।
22. *इकनॉमिक इम्पैक्ट ऑफ़ ड्राउट*, पृ. 11।
23. हरियाणा सरकार के मुताबिक़ 1968-69 के सूखे से 86.17 लाख क्विन्टल फ़सलों का 51.40 करोड़ रुपयों का नुक़्सान हुआ था। इससे 21.23 लाख एकड़ क्षेत्र प्रभावित हुआ। पूर्वोक्त।
24. 1982 के आंकड़े दर्शाते हैं कि हरियाणा में लोहे के 1,90,373 हलों के मुक़ाबले 5,49,855 लकड़ी के हल थे। देखें, *स्टेटिस्टिकल एब्स्ट्रैक्ट ऑफ़ हरियाणा, 1988-89*, चण्डीगढ़, इकनॉमिक एण्ड स्टेटिस्टिकल ऑर्गनाइज़ेशन, प्लैनिंग डिपार्ट्मेंट, गवर्नमेन्ट ऑफ़ हरियाणा, 1990, पृ. 241।
25. इस रणनीति के पीछे का तर्क यह था कि सीमित आधुनिक साधनों का सघन प्रयोग किसी एक क्षेत्र में उन द्वारा किया जाए जो उनका अधिकतम इस्तेमाल करने की स्थिति में थे, न कि एक बड़े क्षेत्र में तथा कई किसानों में फैलाया जाए, क्योंकि इससे बहुत कम फ़ायदा मिलने की गुंजाइश दिखाई देती थी। देखें, बिप्लब दास गुप्त, 'इण्डियन ग्रीन रेवल्यूशन', *इकनॉमिक एण्ड*

पलिटिकल वीक्ली, 1977, एनुअल नम्बर, XIII, 6-7 तथा 8, पृ. 241-60।

26. एम. प्रहलादछ्र, 'इन्कम डिस्ट्रिब्यूशन एण्ड इफ़ेक्ट्स ऑफ़ द ग्रीन रेवल्यूशन इन इण्डिया : अ रिव्यू ऑफ़ एम्पिरिकल एविडेन्स', *वर्ल्ड डिवेलप्मंट*, नवम्बर 1983, 11, पृ. 927-44।
27. विवरण के लिए, देखें ऐन व्हाइट्हेड, 'इफ़ेक्ट्स ऑफ़ टेक्नलॉजिकल चेन्ज ऑन रूरल विमेनः अ रिव्यू ऑफ़ अनैलिसिस एण्ड कॉन्सेप्ट्स', इन इफ़्तिख़ार अहमद (सम्पादक), *टेक्नॉलजी एण्ड रूरल विमेन : कन्सेप्चुअल एण्ड एम्पिरिकल इशूज़*, लण्डन, जॉर्ज एलन एण्ड अन्विन, 1985, पृ. 27-64; तथा बीना अगरवाल, 'विमेन एण्ड टेक्नलॉजिकल चेन्ज इन एग्रिकल्चर : द एशिअन एण्ड एफ्रिकन एक्पीरिएंस', वही, पृ. 67-114।
28. टी.एम. डाक एण्ड एम.एल. शर्मा, 'सोशल फ्रेमवर्क ऑफ़ फ़ीमेल लेबर पार्टिसिपेशन इन रूरल सेक्टर', इन टी.एम. डाक (सम्पादक), *विमेन एण्ड वर्क इन इण्डियन सोसायटी*, डेल्हि, मनोहर पब्लिकेशन्ज़, 1988, पृ. 25-47।
29. ज़िला करनाल के बांध गाँव में सुनाया गया वृत्तांत। यह लोक-कथा इंदु रॉय चौधरी के संकलन *फ़ोक टेल्स ऑफ़ हरियाणा*, न्यू डेल्हि, स्टर्लिंग पब्लिशर्ज़, 1974, पृ. 43-44 में भी शामिल है।
30. शीला भल्ला, 'न्यू रिलेशन्ज़ ऑफ़ प्रोडक्शन'।
31. शांति चक्रवर्ती, 'फ़ार्म विमेन लेबरः वेस्ट एण्ड एक्स्प्लॉयटेशन', *सोशल चेन्ज*, न्यू डेल्हि, मार्च-जून 1975, नम्बर 1 तथा 2, पृ. 9-16।
32. साक्षात्कार, रत्नी, ज़िला रोहतक का गाँव छारा, 5 दिसम्बर 1988; 38 साल की रत्नी 8 किल्ले या 40 बीघा ज़मीन के मालिक सीता राम की पत्नी है।
33. पूर्वोक्त। साथ ही धीर सिंह, गाँव आसोधा टोडरान, 21-27 दिसम्बर 1988। उनकी पत्नी ज्ञानो देवी ने अपने पति द्वारा कही गई बातों की तस्दीक़ की।
34. रमेश चन्द, डी.एस. सिद्धू तथा जे.एल. कौल, 'इम्पैक्ट ऑफ़ एग्रिकल्चरल मॉडर्नाइज़ेशन ऑन लेबर यूज़ पैटर्न इन पंजाब विद स्पेशल रेफ़रेन्स टु विमन लेबर', *इण्डियन जर्नल ऑफ़ एग्रिकल्चरल इकनॉमिक्स*, बॉम्बे, जुलाई-सेप्टेम्बर 1985, XL, 3, कॉन्फ़रेन्स नम्बर, पृ. 252-59।
35. ज़िला यमुनानगर के गाँवों लापरा, कैथ और कलानौर में धरातल पर किया गया काम, 9-12 अगस्त 1990, तथा गाँव बांध, ज़िला करनाल, 21-27 अगस्त 1988।
36. शीला भल्ला, 'न्यू रिलेशन्ज़ ऑफ़ प्रोडक्शन'। दिलचस्प बात है कि लेखक द्वारा 'समृद्धि' और प्रौद्योगिकीय विकास के विभिन्न स्तरों के हिसाब से चिह्नित किए गए तीन क्षेत्रों में पक्के तौर पर मौजूद खेतीहर मज़दूर कुल खेतीहर मज़दूरों का केवल 25.52 प्रतिशत हैं। इनमें से भी नौकरों का प्रतिशत इस प्रकार था – क्षेत्र 'क' : 44.1, क्षेत्र 'ख' : 43.3, क्षेत्र 'ग' : 28.6। तीन क्षेत्रों के वर्गीकरण के लिए देखें, तालिका 2.7।
37. देखें, डाक, *विमेन एण्ड वर्क*। यह अध्ययन जातियों को वर्गीकृत करने के लिए हरियाणा सरकार के सामाजिक कल्याण विभाग का अनुकरण करता है, जिसके तहत उन्हें इस प्रकार वर्गीकृत किया गया है:

    उच्च जातियाँ : ब्राह्मण, राजपूत, बनिया, खत्री, जाट, अहीर, गूजर, बिश्नोई, सैनी;

    मध्य जातियाँ : सुनार, खाती, दर्ज़ी, कुम्हार, नाई, झीमर, लोहार, जोगी और धोबी;

    निम्न जातियाँ : सभी अनुसूचित जातियाँ, चमार, बाल्मीकि, सांसी, बावरिया, खटीक, जुलाहा, मज़हबी सिख तथा अन्य।

इस वर्गीकरण को किताब में दर्ज नहीं किया गया है लेकिन इस किताब के लेखक तथा सम्पादक द्वारा व्यक्तिगत तौर पर मुझे बताया गया था।

38. एस.डब्ल्यू.फ़ैलन, *अ डिक्शनरी ऑफ़ हिन्दुस्तानी प्रॉवब्र्ज़*, बनारस, ई.जे. लैज़रस एण्ड कम्पनी, 1886, पृ. 39।
39. *डार्लिंग पेपर्ज़*, बॉक्स LX, रस्टिकस लॉकिटर टूर डायरी, 16 जनवरी से 16 फ़रवरी 1928, पृ. 119 और उसका पिछला भाग।
40. ए.के.रे, आइ.वी. रंगराव एण्ड बी.आर. अतरी, 'इम्पैक्ट ऑफ़ टेक्नलॉजिकल चेन्जिज़ ऑन इकनॉमिक स्टेटस ऑफ़ फीमेल लेबर', इण्डियन जर्नल ऑफ़ एग्रिकल्चरल इकनॉमिक्स, जुलाई-सेप्टेम्बर 1985, वॉल्युम XL, नम्बर 3, पृ. 244-52।
41. रॉबर्ट ओ. व्हाइट एण्ड पॉलीन व्हाइट, *द विमेन ऑफ़ रूरल एशिया*, बोल्डर, कॉलोरेडो, यू.एस.ए., वेस्ट व्यू प्रेस, 1982, पृ. 186 में उद्धृत।
42. उर्सुला शर्मा, 'विमेन्ज़ पार्टिसिपेशन इन एग्रिकल्चर इन इण्डिया', *करन्ट एन्थ्रोपॉलजी*, एप्रेल 1982, 23, 2, पृ. 194-96।
43. मार्टिन एच. बिलिंग एण्ड अर्जन सिंह, 'मेकनाइज़ेशन एण्ड द व्हीट रेवल्यूशनः इफ़ेक्ट्स ऑन फ़ीमेल लेबर इन पंजाब', *इकनॉमिक एण्ड पलिटिकल वीक्ली*, 26 दिसम्बर 1970, V, 52, पृ. A169–A171।
44. एक बहुत आम लोरी। साथ ही देखें, नादान हरियाणवी, *हरियाणा लोकगीत संग्रह*, दिल्ली, देहाती पुस्तक भण्डार, 1962, पृ. 132-33।
45. बड़ी उम्र के ज़्यादातर हरियाणावासियों द्वारा आमतौर पर उद्धृत।
46. राव एण्ड शर्मा, 'प्रॉब्लम्ज़ ऑफ़ मार्जिनल फ़ार्मर्ज़ एण्ड लैण्ड्लेस कल्चरल लेबरर्ज़', पृ. 54।
47. *स्टेटिस्टिकल एब्स्ट्रैक्ट ऑफ़ हरियाणा 1985-86*, चण्डीगढ़, इकनॉमिक एण्ड स्टेटिस्टिकल ऑर्गनाइज़ेशन, प्लैनिंग डिपार्ट्मेंट, गवर्नमेन्ट ऑफ़ हरियाणा, 1987, पृ. 285। हरियाणा को अपनी विश्व-प्रसिद्ध भैंसों और हरियाणा की गाय का गृह-स्थान होने का गौरव प्राप्त है। मुर्रा नस्ल की भैंस दूध-उत्पादन में सब नस्लों में आगे है; इनमें से कुछ तो दूध देने के अपने एक समयकाल में 3,500 किलो से भी अधिक दूध देती हैं।
48. *स्टेटिस्टिकल एब्स्ट्रैक्ट ऑफ़ हरियाणा 1988-89*, पृ. 267।
49. सुरेन्द्र मोहन बतरा, 'द प्लेस ऑफ़ लाइवस्टॉक इन द सोशल एण्ड इकनॉमिक सिस्टम ऑफ़ अ विलिज इन हरियाणा', पीएच.डी. थीसिस, डिपार्ट्मेन्ट ऑफ़ सोश्आलजी, डेल्हि युनिवर्सिटी, 1981, पृ. 297।
50. पूर्वोक्त, पृ. 214-16। साथ ही देखें, शांति जॉर्ज, *ऑपरेशन फ़्लडः एन अप्रेज़ल ऑफ़ करन्ट इण्डियन डेअरि पॉलिसी*, डेल्हि, ऑक्सफ़र्ड युनिवर्सिटी प्रेस, 1985, पृ. 85।
51. शीला भल्ला, 'एग्रिकल्चरल ग्रोथः रोल ऑफ़ इन्स्टिट्यूश्नल एण्ड सुपरास्ट्रक्चरल फ़ैक्टर्स', *इकनॉमिक एण्ड पलिटिकल वीक्ली*, नवम्बर 1977, XII, 45-46, पृ. 1898-1905।
52. मुर्ग़ियों की संख्या 1972 और 1982 के बीच 9,600 से बढ़ कर 2,01,400 हो गई। *स्टेटिस्टिकल एब्स्ट्रैक्ट ऑफ़ हरियाणा 1988-89*, पृ. 267।
53. स्टैन्लि ए. फ्रीड एण्ड रूथ फ्रीड, *शांति नगरः द इफ़ेक्ट्स ऑफ़ अर्बनाइज़ेशन इन अ विलिज इन नॉर्थ इण्डिया*, न्यू यॉर्क, एंथ्रोपलॉजिकल पेपर्ज़ ऑफ़ द अमेरिकन म्यूज़ियम ऑफ़ नैचरल हिस्ट्री, 1976, पृ. 7, 13-15।

54. *फ़ैमिली बजट्स ऑफ़ कल्टिवेटर्ज़ इन हरियाणा, 1984-85।* चण्डीगढ़, इकनॉमिक एण्ड स्टेटिस्टिकल ऑर्गनाइज़ेशन, प्लैनिंग डिपाट्मंट, गवर्नमेंट ऑफ़ हरियाणा, 1987, पृ. 26।
55. शांति जॉर्ज, *ऑपेरेशन फ़्लड,* पृ. 152।
56. मारिया मईस, *इण्डियन विमेन इन सब्सिस्टेन्स एण्ड एग्रिकल्चरल लेबर,* जनीवा, इन्टरनैश्नल लेबर ऑफ़िस, 1986, पृ. 81।
57. सीमीं अनवर, फ़ैज़ बिल्क़ीस, 'द ऐटिट्यूड्स, एनवायरनमेन्ट एण्ड एक्टिविटीज़ ऑफ़ रूरल विमेन : अ केस स्टडी ऑफ़ झोक सयाल', रूथ बी. डिक्सन, *रूरल विमेन एट वर्क : स्ट्रैटेजीज़ फ़ॉर डिवेलप्मंट इन साउथ एशिया,* बाल्टिमोर एण्ड लण्डन, जॉन हॉप्किन्स युनिवर्सिटी प्रेस, 1978, पृ. 50 से उद्धृत।
58. एस.एस. त्यागी, 'इवैल्युएशन ऑफ़ द स्माल फ़ार्मर्ज़ डिवेलप्मंट एजेन्सी : अ पायलट स्टडी ऑफ़ अम्बाला डिस्ट्रिक्ट', अप्रकाशित रिसर्च रिपोर्ट, एग्रिकल्चरल इकनॉमिक्स रिसर्च सेन्टर, युनिवर्सिटी ऑफ़ डेल्हि, 1973, पृ. 56।
59. *फ़ैमिली बजट्स ऑफ़ कल्टिवेटर्ज़ इन हरियाणा, 1972-73,* चण्डीगढ़, इकनॉमिक एण्ड स्टेटिस्टिकल ऑर्गनाइज़ेशन, प्लैनिंग डिपाट्र्मेन्ट, गवर्नमेंट ऑफ़ हरियाणा, 1976, पृ. 17।
60. *नैश्नल साम्पल सर्वे, थर्टी एट्थ राउंड,* जनवरी-दिसम्बर 1983, नम्बर 336ः रिपोर्ट ऑन सोर्सिज़ ऑफ़ ड्रिंकिंग वाटर एण्ड एनर्जी यूज़्ड फ़ॉर कुकिंग एण्ड लाइटिंग, न्यू डेल्हि, डिपाट्मंट ऑफ़ स्टेटिस्टिक्स, 1988, पृ. 9, टेबल 3। भोजन पकाने के लिए ऊर्जा के विभिन्न स्रोतों के विवरण के लिए देखें इस पुस्तक के पृ. 220-21।
61. ग्रामीण उत्तरी भारत के अधिकतर हिस्सों में मनाया जाने वाला गोवर्धन का यह लोकप्रिय त्यौहार दीवाली के बाद आता है। मैरिअट द्वारा 'गोवर्धन' शब्द के मूल स्रोत और अर्थ को 'गोबर + धन' यानी 'गाय के गोबर का धन' के रूप में चिह्नित किया गया है। यह शायद एक महत्त्वपूर्ण बात है कि गोवर्धन की मूर्ति या छवि केवल महिलाओं द्वारा बनाई जाती है। देखें, मक्किम मैरिअट, *विलिज इण्डिया : स्टडीज़ इन द लिटल कम्युनिटी,* शिकागो, द युनिवर्सिटी ऑफ़ शिकागो प्रेस, 1955, पृ. 197-222।
62. शीला भल्ला, 'टेक्नलॉजिकल चेन्ज एण्ड विमेन वर्कर्ज़ः एविडेन्स फ्रॉम द एक्स्पैन्शनरी फ़ेज़ इन हरियाणा एग्रिकल्चर', *इकनॉमिक एण्ड पलिटिकल वीक्ली,* 28 अक्तूबर 1989। XXIV, 43, पृ. WS67-WS78।
63. बिलिंग एण्ड सिंह, 'मेकनाइज़ेशन एण्ड द व्हीट रेवल्यूशनः इफ़ेक्ट्स ऑन फ़ीमेल लेबर इन पंजाब', *इकनॉमिक एण्ड पलिटिकल वीक्ली,* 26 दिसम्बर 1970, V, 52, पृ. A169-A174।
64. ए.सी. गंगवार एण्ड एम.वी. जॉर्ज, 'रूरल अनइम्प्लायमंट इन हरियाणा', *ईस्टर्न इकॉनमिस्ट,* 27 जुलाई 1973, 16(4), पृ. 159-63।
65. गीता सेन, 'विमेन वर्कर्ज़ इन ग्रीन रेवल्यूशन' इन लुर्द बेनेरिया (सम्पादक), *विमेन एण्ड डिवेलप्मंट,* न्यू यॉर्क, प्रेगर पब्लिकेशन्स, पृ. 29-64।
66. *रूरल लेबर एन्क्वायरी, 1974-75,* फ़ाइनल रिपोर्ट ऑन इम्प्लायमंट एण्ड अनइम्प्लायमंट ऑफ़ रूरल लेबर हाउसहोल्ड्ज़, चण्डीगढ़, लेबर ब्यूरो, मिनिस्ट्री ऑफ़ लेबर, गवर्नमेन्ट ऑफ़ इण्डिया, 1981, पृ. 140, 143, तालिका 3.3 (a), 1M तथा 3.3 (a) L.W.
67. पूर्वोक्त, देखें तालिका 3.6 (a) 1.W.
68. *रूरल लेबर एन्क्वायरी, 1977-78;* रिपोर्ट ऑन वेजिज़ एण्ड अर्निंग्ज़ ऑफ़ रूरल लेबर

हाउसहोल्ड्ज़, पृ. 125-26, तालिका 2.9 (a.).1.; *रूरल लेबर एन्क्वायरी, 1974-75,* पृ. 80-81, तालिका 2.9 (a.).1

69. गीता सेन, 'विमेन वर्कर्ज़'।
70. बी. सिवारमन, 'प्रॉब्लम्ज़ ऑफ़ एग्रिकल्चरल लेबर', द नैश्नल कमिशन ऑन लेबर, दिसम्बर 1968ः कॉन्फ़रेन्स ऑन एग्रिकल्चरल लेबर, 1968 में प्रस्तुत किए गए पेपर, पृ. 182-85 (मिमियोग्राफ़ – स्टेन्सिल-मशीन प्रतिलिपि)।
71. गीता सेन, 'विमेन वर्कर्ज़'; तथा शीला भाटिया, 'न्यू रिलेशन्ज़ ऑफ़ प्रोडक्शन'।
72. *इन्टिग्रेटिड रूरल डिवेलप्मंट,* वॉल्युम III, पृ. 79-80.
73. इन कारणों के लिए देखें शीला भल्ला, 'न्यू रिलेशन्ज़ ऑफ़ प्रोडक्शन'; साथ ही, 'एग्रिकल्चरल ग्रोथ'। और देखें, पृ. 135, पाद टिप्पणी *(फ़ुट्नोट)* 3 तथा पृ. 376.
74. शीला भल्ला, 'टेक्नलॉजिकल चेन्ज एण्ड विमेन वर्कर्ज़'।
75. *फ़ैमिली बजट्स ऑफ़ कल्टिवेटर्ज़ इन हरियाणा,* 1973-74, चण्डीगढ़, इकनॉमिक एण्ड स्टेटिस्टिकल ऑर्गनाइज़ेशन, प्लैनिंग डिपाट्मंट, गवर्नमेन्ट ऑफ़ हरियाणा, 1976, अपेन्डिक्स VII, पृ. 46-51।
76. पवन सिंह और उनके भाई अभय सिंह को विरासत में अपने पिता से ढाई-ढाई बीघा ज़मीन मिली थी। लेकिन अभय सिंह कोई मज़दूरी नहीं करते क्योंकि उनके बड़े हो चुके बेटे समय-समय पर उन्हें पैसा भेजते हैं। एक बेटा दिल्ली सशस्त्र पुलिस बल में है और दूसरा दिल्ली परिवहन निगम में।
77. छोटू देवी (गाँव दुजाना) ने कई ऐसे उदाहरण गिनवाए जिनमें महिलाएँ दिहाड़ी के तौर पर '20 रुपये प्रति दिन कमाती थीं'। इसी तरह के उदाहरण ज़िला करनाल में भी मिले। दिलचस्प बात है कि 'ब्राह्मणी' यानी ब्राह्मण महिलाओं द्वारा खेत-मज़दूरी किए जाने की बात कई लोगों ने बताई।
78. *सेन्सस ऑफ़ हरियाणा, 1981,* सीरीज़ 6, वॉल्युम I, पार्ट III, A & B, जनरल इकनॉमिक टेबल्ज़, पृ. 156-57 तथा पार्ट IX, स्पेशल टेबल्ज़ फ़ॉर शिड्यूल्ड कास्ट्स, पृ. 6-7।
79. टॉम ब्रास, 'क्लास स्ट्रगल एण्ड द डीप्रोलेटेरियनाइज़ेशन ऑफ़ एग्रिकल्चरल लेबर इन हरियाणा (इण्डिया)', *जरनल ऑफ़ पेज़न्ट स्टडीज़,* अक्तूबर 1990, 18, 1, पृ. 36-37। भारत के विभिन्न हिस्सों से आने वाली सूचनाओं के मुताबिक़ पक्के कृषि मज़दूरों की संख्या घट रही है। हरियाणा में भी यही रूझान दिखाई देता है हालाँकि यहाँ यह देश के बाक़ी हिस्सों के मुक़ाबले कम है। यह जानकारी मुझे शीला भल्ला द्वारा दी गई है।
80. *रिपोर्ट ऑन इन्टेंसिव टाइप स्टडीज़, 1967-68,* पृ. 7.2-7.8, 12.6।
81. हरपाल सिंह, रतन सिंह और राम चन्दर, गाँव बांध, ज़िला करनाल, 21-22 अगस्त 1988।
82. ज़िला करनाल के गाँव बांध में किया गया काम, 21-27 अगस्त 1988।
83. यह प्रचलित कहावत बहुत पहले भी प्रयोग में लाई जा रही थी। उनीसवीं सदी में यह 'औरत की अक़्ल गुद्दी पीछे होती है' के रूप में दर्ज की गई थी। देखें फ़ैलन, *हिन्दुस्तानी प्रॉवर्ब्ज़,* पृ. 22।
84. सुनन्दा कृष्णमूर्ती, 'वेज डिफ़रेन्शियल्ज़ इन एग्रिकल्चर बाइ कास्ट, सेक्स एण्ड ऑपरेशन', *इकनॉमिक एण्ड पलिटकल वीक्ली,* 10 दिसम्बर 1988, XXIII, 50, पृ. 2651-57।
85. एच.एस. सिद्धू, 'वेज डिटर्मिनेशन इन द रूरल लेबर मार्केटः द केस ऑफ़ पंजाब एण्ड हरियाणा', *इकनॉमिक एण्ड पलिटिकल वीक्ली,* 24-31 दिसम्बर 1988, XXIII, 52-53, पृ. A147-A150।

86. एस.मुखोपाध्याय, 'इन्टर-रूरल लेबर सर्कुलेशन इन इण्डियाः एन अनैलिसिस', एशियन इम्प्लायमंट प्रोग्रैम वर्किंग पेपर, आइ.एल.ओ.-ए.आर.टी.ई.पी., न्यू डेल्हि, 1987।
87. ज़िला यमुनानगर के गाँव लापड़ा, कैथ और कलानौर में 8-10 अगस्त 1990 को भूमिहीन कृषि-मज़दूरों के साथ-साथ ज़मींदारों द्वारा रखी गई राय जो इन गाँवों में व्याप्त आम राय पाई गई।
88. लीला कस्तूरी, 'पॉवर्टी, माइग्रेशन एण्ड विमेन्ज़ स्टेटस', अप्रकाशित रिपोर्ट, आइ.सी.एस.एस. आर., 1981 (बिना पृष्ठ-क्रमांक के)।
89. माईस, *इण्डियन विमेन,* पृ. 55।
90. ज़िला यमुनानगर के गाँवों लापड़ा, कैथ और कलानौर में 8-12 अगस्त 1990 को ज़मींदारों द्वारा व्यक्त आम राय।
91. देखें, गाइ स्टैण्डिंग – रोहिणी नय्यर, 'फ़ीमेल पार्टिसिपेशन' में उद्धृत।
92. देखें, सुरिन्दर जेटली, 'इम्पैक्ट ऑफ़ मेल माइग्रेशन ऑन रूरल फ़ीमेल्ज़', *इकनॉमिक एण्ड पलिटिकल वीक्ली,* 31 अक्तूबर 1987, XXII, 44, पृ. WS47-WS53।
93. विवरण के लिए देखें, प्रेम चौधरी, 'द एड्वान्टेजिज़ ऑफ़ बैकवर्ड्नेसः कलोनियल पॉलिसी एण्ड एग्रिकल्चर इन हरियाणा', *इण्डियन इकनॉमिक एण्ड सोशल हिस्ट्री रिव्यू,* अक्तूबर-दिसम्बर 1986, 23, 3, पृ. 236-88।
94. *रिपोर्ट ऑन अनइम्प्लायमंट इन द पंजाब,* 16 अप्रैल 1927, लाहौर, गवर्नमेन्ट ऑफ़ पंजाब, सिविल एण्ड मिलिटरी गज़ेट, 1928, पृ. 16-17।
95. मलिक, *हरियाणा लोक-साहित्य,* पृ. 86।
96. सोनीपत में 18 अक्तूबर 1988 को 35-वर्षीय सब डिविज़नल एंजिनियर दलबीर सिंह मलिक के साथ साक्षात्कार। वे तथा उनके दो भाई ज़िला रोहतक के गाँव मोखरा में 60 बीघा ज़मीन के मालिक हैं जिस की देखभाल उनके चाचा और चाची करते हैं।
97. 1947 के बाद के हरियाणा में 1951 से 1981 के बीच आबादी की दर में बहुत तेज़ी से बढ़ोतरी हुई। 1951 और 1961 के बीच यह 34.17 प्रतिशत बढ़ी, 1961 से 1971 के बीच 31.53 प्रतिशत और 1971 से 1981 के बीच 28.75 प्रतिशत। देखें, *स्टेटिस्टिकल एब्स्ट्रैक्ट ऑफ़ हरियाणा,* 1968-69; 1970-71; 1985-86।
98. *इम्प्लायमंट ट्रेंड्ज़ एण्ड मैनपावर सिचुएशन इन हरियाणा,* चण्डीगढ़, गवर्नमेन्ट ऑफ़ इण्डिया, 1969, पृ. 5। पिछले 22 सालों यानी 1968-69 से 1989-90 तक हुए औद्योगिक विकास के बावजूद यह मूल्यांकन बमुश्किल ही बदला है। हाल के आधिकारिक आंकड़ों से पता चलता है कि राज्य की अर्थव्यवस्था में निर्माण, उत्पादन आदि समेत सेकेण्डरी सेक्टर का हिस्सा असल में एक जगह आ कर रुक गया है। मौजूदा क़ीमतों पर यह 1980-81 में 19 प्रतिशत और 1988-89 में 19.2 प्रतिशत था। देखें, *इकनॉमिक सर्वे ऑफ़ हरियाणा,* 1989-90, चण्डीगढ़, इकनॉमिक एण्ड स्टेटिस्टिकल ऑर्गनाइज़ेशन, प्लैनिंग डिपार्ट्मंट, गवर्नमेन्ट ऑफ़ हरियाणा, 1990, पृ. 1।
99. *स्टेटिस्टिकल एब्स्ट्रैक्ट ऑफ़ हरियाणा,* 1984-85, पृ. 476-77।
100. *द टाइम्ज़ ऑफ़ इण्डिया,* डेल्हि, 25 अक्तूबर 1988, पृ. 8। उद्धृत आंकड़े राज्य के श्रम एवं बेरोज़गारी निदेशालय द्वारा प्रकाशित रिपोर्टों से लिए गए हैं।
101. *इकनॉमिक सर्वे ऑफ़ इण्डिया,* 1989-90, पृ. 15-17।

102. यादव, *लोक-साहित्य,* पृ. 408।
103. *डार्लिंग पेपर्ज़,* बॉक्स LX, लोकीटर रस्टिकस टूर डायरी, 16 जनवरी-16 फ़रवरी , 1928, पृ. 132-33.
104. मलिक, *हरियाणा लोक-साहित्य,* पृ. 35.
105. मौजूदा समय के ज़िला अधिकारियों के मुताबिक़ 'छोटा ट्रांज़िस्टर सबके लिए एक फ़ैशन बन गया है।' *हरियाणा डिस्ट्रिक्ट गज़ेटियर,* गुड़गाँव डिस्ट्रिक्ट, 1983, चण्डीगढ़, गवर्नमेन्ट ऑफ़ हरियाणा, 1983, पृ. 124.
106. मूर्ति देवी, ज़िला रोहतक के गाँव मोखरा में स्कूल शिक्षक, 7 अगस्त 1986.
107. शीला भल्ला, 'आइलैण्ड्स ऑफ़ ग्रोथ'।
108. यह तथा इसके बाद आने वाली जानकारी सोनीपत के दलबीर सिंह मलिक द्वारा 18 अक्तूबर 1988 को मुहैया करवाई गई। वे इस क्षेत्र के सेवारत सब वर्ग के लोगों के निकट सम्पर्क में हैं।
109. *हरियाणा डिवेलप्मंट कमेटी, इन्टरिम रिपोर्ट,* पृ. 42।
110. सरिता मेहरा, 'सोशल मोबिलिटी इन रूरल हरियाणा', पीएच.डी. थीसिस, रूरल सोश्यॉलजी, हरियाणा एग्रिकल्चरल युनिवर्सिटी, हिसार,1982, पृ. 147, 247।
111. *सेन्सस ऑफ़ हरियाणा,* 1981, सीरीज़ 6, पार्ट II, स्पेशल रिपोर्ट एण्ड टेबल्ज़, पृ. 47-61।
112. जेट्ली, 'इम्पैक्ट ऑफ़ मेल माइग्रेशन'।
113. देखें, अध्याय-1, पृ. 74-75, 94।
114. हरियाणवी, *हरियाणा लोक-गीत,* 1962, पृ. 107-08।
115. कांगड़ा की अर्थव्यवस्था हरियाणा के नज़दीक और समानांतर अर्थव्यवस्था है। जॉनथन पी.पैरी ने इसे 'निर्वाह वाली अर्थव्यवस्था' की संज्ञा दी है। इसकी विशेषताओं में आबादी की उच्च सघनता, गुज़ारा लायक़ खेती तथा अपर्याप्त धरती है जो लोगों के लिए आवश्यक गुज़ारे का जीवन उपलब्ध करवाने के लिए भी काफ़ी नहीं है। इसी का नतीजा था कि बहुत बड़ी संख्या में पुरुषों ने काम के लिए बाहर की ओर देखना शुरू किया। देखें, *कास्ट एण्ड किन्शिप इन कांगड़ा,* न्यू डेल्हि, विकास पब्लिशिंग हाउस, 1979, पृ. 34-35।
116. हरियाणा डिस्ट्रिक्ट गज़ेटियर, *अम्बाला डिस्ट्रिक्ट, 1984,* चण्डीगढ़ गवर्नमेन्ट ऑफ़ हरियाणा, 1985, पृ. 69।
117. *गुड़गाँव डिस्ट्रिक्ट गज़ेटियर,1983,* पृ. 121. गज़ेटियर में हरियाणवी बोली में पाठांतर नहीं दिया गया है।
118. सुलतान सिंह, गाँव बांध, 20-21 मई 1988। 35 वर्षीय सुलतान सिंह पानीपत के एक बैंक में चपरासी हैं। उनकी पत्नी उनके माता-पिता के साथ गाँव में रहती है और खेती की देख-रेख करती है। इस जानकारी की पुष्टि कई अन्य लोगों द्वारा की गई जो उनकी ही तरह करनाल, जींद और गुड़गाँव आदि में नौकरी करते हैं जबकि उनकी बीवियाँ पूरी तरह से खेती के काम में संलग्न हैं।
119. ज़िला जींद के गाँव डिघाना में राम कुमार और बीर मती के साथ 9-10 सितम्बर 1988 को साक्षात्कार। राम कुमार एक फ़ौजी हैं और उनकी पत्नी बीर मती गाँव में उसकी 3-4 एकड़ धरती की देखभाल करती हैं। साथ ही, ज़िला रोहतक के गाँव मोखरा में 7 अगस्त 1988 को बलवान सिंह के साथ साक्षात्कार। बलवान सिंह फ़ौज में सूबेदार हैं; छः भाइयों की संयुक्त 25 बीघा धरती है।

120. इन गीतों में दूर परदेस में रह रहे प्रियतम का ज़िक्र है और पीछे छूट गई महिलाओं की उदास और अकेली ज़िन्दगी की झलक है। देखें, सक्सेना, *रूरल-अर्बन माइग्रेशन,* पृ. 175-78। राजस्थान और उत्तर-प्रदेश के ग्रामीण इलाक़ों में ऐसे ही गीतों के लिए, देखें साहब लाल स्रीवास्तव, *फ़ोक कल्चर एण्ड ओरल ट्रैडिशन,* न्यू डेल्हि, अभिनव पब्लिकेशन्ज़, 1974, पृ. 28-33।
121. इन बारह-मासा में से कई इण्डिया ऑफ़िस लाइब्रेरी में मौजूद हैं, देखिए *वर्नैकुलर ट्रैक्ट्स* (हिन्दी), नम्बर 1138, 1875, 1876। मुख़्तलिफ़ देवताओं की तारीफ़ में गीत के रूप में तैयार किए गए छन्दों में राधा-कृष्ण का केन्द्रीय विषय सबसे लोकप्रिय रूपों में से एक है।
122. हरियाणवी, *लोकगीत,* पृ. 80।
123. ये दो पंक्तियाँ 70 वर्षीय धन्नो देवी द्वारा ज़िला जींद के गाँव शर्जाबाद में 9-10 सितम्बर 1988 को गाई गईं। कई जवान महिलाओं को भी इस गीत के बारे में जानकारी थी और उन्होंने बिना झिझक यह सुनाया भी।
124. यादव, *लोक-साहित्य,* पृ. 219-20।
125. हरियाणवी, *लोक-गीत,* पृ. 89-90।
126. यादव, *लोक-साहित्य,* पृ. 408।
127. वही, पूर्वोक्त।
128. *अम्बाला डिस्ट्रिक्ट गज़ेटियर, 1984,* पृ. 68। 'टीका' शादीशुदा महिलाओं का माथे का ज़ेवर होता है।
129. यह जवान और बूढ़ी, सब महिलाओं की टिप्पणी थी।
130. पुरुषों और महिलाओं, दोनों द्वारा आमतौर पर उद्धृत कहावत। मैकॉनची, *पंजाब प्रॉवर्ब्ज़,* पृ. 180।
131. वही, पृ. 181।
132. वही, पृ. 181।
133. ज़िला भिवानी के गाँव झोझो चमनी तथा ज़िला रोहतक के गाँव छारा में अभिव्यक्त राय।
134. फ़ैलन, *हिन्दुस्तानी प्रॉवर्ब्ज़,* पृ. 114।
135. ग्रामीण महिलाओं में 'सख़्त जीवन' का एहसास सार्वभौमिक था, सब में पाया जाता था। गाँव मोखरा में 7 अगस्त 1986 को मूर्ति देवी की तरह की कुछ महिलाओं ने यह बात शहरी महिलाओं के साथ तुलना करते हुए कही।
136. मधु किश्वर, 'नेचर ऑफ़ विमेन्ज़ मोबिलाइज़ेशन इन रूरल इण्डियाः एन एक्स्प्लोरेटरी एस्से', *इकनॉमिक एण्ड पलिटिकल वीक्ली,* 24-31 दिसम्बर 1988, XXIII, 52-53, पृ. 2754-63।
137. ऐसे ही विचार उत्तर प्रदेश के बागपत ज़िला के ग्रामीण पुरुषों द्वारा 9-18 जुलाई 1990 के दरमियान व्यक्त किए गए।
138. हरियाणा में हाल ही में हुए एक अध्ययन से इस समझ की पुष्टि होती है लेकिन सिर्फ़ स्नातक या उससे अधिक योग्यता-प्राप्त लड़कियों के लिए। तालिकाबद्ध आंकड़ों से प्रदर्शित होता है कि निरक्षरों और दसवीं तक शिक्षितों में खेती और पशुपालन के काम में एक सी, ऊँचे स्तर की दिलचस्पी है लेकिन स्नातकों और उनसे अधिक शिक्षितों के मामले में ऐसा नहीं है। फिर भी शिक्षा का स्तर दरकिनार, पशुपालन और घर से जुड़ी खेती की गतिविधियों में महिलाएँ हावी भूमिका में दिखाई देती हैं। देखें, डाक और शर्मा, 'सोशल फ्रेमवर्क ऑफ़ फ़ीमेल लेबर'।

139. *डार्लिंग पेपर्ज़,* बॉक्स नम्बर 11, टूर डायरी, 1930-31, पृ. 73, 228, 244।
140. जिन गाँवों में मेरा जाना हुआ, वहाँ ज़्यादातर पुरुषों और महिलाओं का यह दृष्टिकोण था। मुझ से अकसर पूछा जाता था कि 'इतनी ज़्यादा पढ़ी-लिखी होते हुए' मैं क्या काम करती हूँ। गाँव मोखरा की भरती देवी गाँव के स्कूल में पढ़ाने वाली अपनी बहू मूर्ति देवी की निन्दा करने में बहुत सख़्ती से पेश आ रही थीं। उनका 46 वर्षीय बेटा बलवान सिंह मलिक रोहतक के कृषि-उद्योगों में काम करता है और हफ़्ते के आख़िर में ही घर आता है।
141. *भिवानी डिस्ट्रिक्ट गज़ेटियर,* 1982, पृ. 70।
142. हरियाणवी, *लोकगीत,* पृ. 123।
143. ज़िला रोहतक के गाँव सिंहपुरा के रघबीर सिंह का साक्षात्कार, 6-7 अगस्त 1988; 1923 में जन्मे, गाँव के सरपंच रहे रघबीर सिंह सिंहपुरा गुरुकुल के प्रधान और सक्रिय आर्य-समाजी हैं। यह दावा आमतौर पर अन्य आर्य-समाजियों द्वारा भी किया गया था।
144. पंजाब में आर्य-समाज और महिलाओं की शिक्षा से सम्बद्ध इस विवरण का स्रोत – मधु किश्वर, 'आर्य-समाज एण्ड विमेन्ज़ एजुकेशन : कन्या महाविद्यालय, जालन्धर', *इकनॉमिक एण्ड पलिटिकल वीक्ली,* 26 अप्रैल 1986, XXI,17, पृ. WS9-WS24। साथ ही देखें, उन्हीं का लेख 'द डॉटर्ज़ ऑफ़ आर्यवर्त', जे.कृष्णमूर्ती (सम्पादक), *विमेन इन कलोनियल इण्डियाः एस्सेज़ ऑन सर्वाइवल, वर्क एण्ड द स्टेट,* डेल्हि, ऑक्स्फ़र्ड युनिवर्सिटी प्रेस, 1989, पृ. 78-113।
145. प्रेम चौधरी, *पंजाब पॉलिटिक्सः द रोल ऑफ़ सर छोटू राम,* डेल्हि, विकास पब्लिशिंग हाउस, 1984, देखें चैप्टर V।
146. हरद्वारी लाल द्वारा दी गई जानकारी जिस की पुष्टि कई अन्य लोगों ने की। साक्षात्कार, हरद्वारी लाल, दिल्ली, 19 मार्च 1985।
147. प्रेम चौधरी, *पंजाब पॉलिटिक्स,* चैप्टर V।
148. केनेथ डब्ल्यू. जोन्ज़, *आर्य धर्मः हिन्दू कॉन्शस्नेस इन द नाइन्टीन्थ सेन्चरी पंजाब,* डेल्हि, मनोहर पब्लिकेशन्ज़, 1976, पृ. 103-04।
149. किश्वर, 'कन्या महाविद्यालय'।
150. इन कोशिशों के विवरण के लिए तथा ख़ासतौर से धार्मिक और जाति-प्रेरित शिक्षा को बढ़ावा देने के ब्रिटिश कारणों के लिए देखें, प्रेम चौधरी, *पंजाब पॉलिटिक्स,* चैप्टर V।
151. *रिपोर्ट ऑन अनइम्प्लायमंट इन द पंजाब,* 16 अप्रैल 1927, पृ. 13।
152. 1927 की गवर्नमेन्ट सर्वे रिपोर्ट ने एक उपायुक्त के प्रमाण को स्पष्ट तौर पर दर्ज कियाः 'मैं अकसर ज़मींदारों के मैट्रिक पास किए हुए बेटों से मिला हूँ जो गाय का दूध निकालने या हल चलाने में असमर्थ थे।' वही।
153. *बेसिक स्टेटिस्टिक्स ऑफ़ पंजाब,* 1956, चण्डीगढ़, गवर्नमेन्ट ऑफ़ पंजाब, 1958, पृ. 147। 1951 के आंकड़े आज़ादी के तुरन्त बाद के समयकाल को प्रतिबिम्बित करते हैं और बाद के समय में ज़िलों की सरहदों में आए बदलावों को अपने ध्यान में नहीं रखते।
154. वर्मा, *हरियाणवी लोकोक्तियाँ,* पृ. 30।
155. हरियाणा के क्षेत्र में शिक्षा पर कुल ख़र्च 1963-64 में 483.29 लाख रुपये या 32.8 प्रतिशत था जबकि पंजाब में यह 765.74 लाख रुपये या कुल खर्चे का 52 प्रतिशत था। देखें, *हरियाणा डिवेलप्मंट कमेटी, फ़ाइनल रिपोर्ट,* चण्डीगढ़, गवर्नमेन्ट ऑफ़ हरियाणा, 1966, पृ. 135।

156. ज़िला रोहतक के गाँव किलोई के 1919 में जन्मे एक भजनी छतर सिंह द्वारा ये पंक्तियाँ सुनाई गईं।
157. *स्टेटिस्टिकल हैण्डबुक ऑफ़ हरियाणा,* 1988-89, पृ. 12-13 ।
158. *स्टेटिस्टिकल एब्स्ट्रैक्ट ऑफ़ हरियाणा,* 1988-89, पृ. 727 ।
159. *इन्टिग्रेटिड रूरल डिवेलप्मंट, हिसार,* वॉल्युम III, पृ. 61-62, 66।
160. गाँव झोझो चमनी की मोहराँ देवी की चार बेटियाँ और दो बेटे हैं। केवल दो बेटों और सबसे छोटी बेटी ने ही शिक्षा प्राप्त की है।
161. अमर्त्य सेन ने उसके क़ानूनी पक्ष के सन्दर्भ में पात्रता से सम्बद्ध इस सिद्धांत का इस्तेमाल अकालों के विश्लेषण के लिए किया था। देखें, उनकी किताब *पॉवर्टी एण्ड फ़ैमिन्ज़ः एन एस्से ऑन एन्टाइटल्मेन्ट एण्ड डेप्रिवेशन,* न्यू यॉर्क, ऑक्सफ़र्ड युनिवर्सिटी प्रेस, 1981, पृ. 1-8। इसके पश्चात उन्होंने घर के भीतर बंटवारे/आवंटन में 'वैधता' से जुड़े विचारों के लागू होने की बात को शामिल करते हुए अपने नज़रिए को अधिक विस्तार दिया है। हैना पपानेक ने संसाधनों में हिस्सेदारी के सामाजिक-सांस्कृतिक हक़ के सिद्धांत को पुख़्ता करते हुए इस बहस को और आगे बढ़ाया है। देखें, पपानेक, 'टु ईच लेस दैन शी नीड्स, फ्रॉम ईच मोर दैन शी कैन डूः ऐलोकेशन्ज़, एन्टाइटल्मेन्ट एण्ड वैल्यू', इन इरीन टिंकर (सम्पादक), *पर्सिस्टेन्ट इनइक्वैलिटीज़ः विमेन एण्ड वर्ल्ड डिवेलप्मंट,* न्यू यॉर्क, ऑक्सफ़र्ड युनिवर्सिटी प्रेस, 1990, पृ. 162-81। साथ ही देखें, अमर्त्य सेन, 'जेण्डर एण्ड को-ऑपरेटिव कॉन्फ़्लिक्ट्स', वही, पृ. 123-49।
162. घरेलू नौकर रखे जाने को बीते समय में अमीरी की निशानी समझा जाता था। क़स्बों में सिर्फ़ उच्च-वर्ग के लोग और गाँवों में कुछ ज़मींदार, घर के काम के लिए नौकर रखते थे। अब शहरी इलाक़ों में उन्हें आमतौर पर रखा जाने लगा है जबकि ग्रामीण इलाक़ों में रिवायत बमुश्किल ही बदली है। देखें, *जींद डिस्ट्रिक्ट गज़ेटियर,* 1986, पृ. 140।
163. *फ़ैमिली बजट्स,* देखें 1969-70 से 1984-85।
164. *फ़ैमिली बजट्स,*1973-74, अपेन्डिक्स VII, पृ. 46-51।
165. यह आम राय है जिसका सार ज़िला करनाल के गाँव बांध और ज़िला रोहतक के गाँव आसोधा टोडरान के धीर सिंह द्वारा पेश किया गया।
166. मैकॉनची, *पंजाब प्रॉवर्ब्ज़,* पृ. 204।
167. ये ढाबे मूल रूप से पंजाबियों द्वारा खोले गए थे, जिनमें से कुछ ने 1947 के बंटवारे के बाद हरियाणा में शरण ली थी और वे ही तन्दूरी मुर्ग़ आदि जैसे लज़ीज़ पंजाबी व्यंजन लोगों के बीच लाए थे। उनके पकवानों के लिए, देखें, प्रनव खुल्लर, 'ढाबाज़ ऑफ़ अम्बाला', *द हिन्दुस्तान टाइम्ज़,* न्यू डेल्हि, 13 फ़रवरी 1991, पृ. 13।
168. *नैश्नल साम्पल सर्वे, थर्टिअथ राउण्ड,* जुलाई 1975-जून 1976, नम्बर 281/10, रिपोर्ट ऑन लाइवस्टॉक नम्बर एण्ड प्रोडक्ट्स, स्टेटः हरियाणा, पृ. 9-10।
169. *फ़ैमिली बजट्स, 1975-76,* पृ. 12। 1984-85 में भी यह प्रतिशत केवल 0.30 तक ही पहुँचा। *फ़ैमिली बजट्स, 1984-85,* पृ. 20-21।
170. 1984-85 में भोजन की अलग-अलग चीज़ों पर प्रतिशत के हिसाब से ख़र्च इस प्रकार थाः दूध और दूध के उत्पाद, 50.17; दालें, 21.35; चीनी और गुड़, 8.11; सब्ज़ियाँ, 3.53; फल, 1.90; खाद्य-तेल, 2.88; दालें, 2.79; नमक और मसाले, 1.68; शराब और तम्बाकू, 2.04;

फुटकर, 3.79. देखें, *फ़ैमिली बजट्स, 1984-85,* पृ. 20-21।

171. सुरिन्दर के. अगरवाल, *जियो-ईकॉलोजी ऑफ़ मालन्यूट्रिशन : अ केस-स्टडी ऑफ़ द हरियाणा चिल्ड्रन,* न्यू डेल्हि, इन्टर-इण्डिया पब्लिकेशन्ज़, 1986, पृ. 103-06।
172. प्रेम चौधरी, द *अड्वान्टेजिज़ ऑफ़ बैक्वड्नेंस।*
173. कुछ गाँवों में यह रिवाज नहीं है, मिसाल के तौर पर ज़िला रोहतक के गाँव दुजाना में। अन्य गाँवों में भी लागत को ध्यान में रखते हुए इस रिवाज का चलन घट रहा है।
174. राजाम्मल पी. देवदास, 'रोल ऑफ़ विमेन इन मॉडर्न एग्रिकल्चर', *इण्डियन फ़ार्मिंग,* नवम्बर 1975, 25 (B), 15-17, पृ. 31-33।
175. डार्लिंग पेपर्ज़, बॉक्स LVI, डायरी, 1930-34, पृ. 7 और उसका पीछे का पृष्ठ।
176. गाँवों में अकसर सुना गया; साथ ही, देखें वर्मा, *हरियाणवी लोकोक्तियाँ,* पृ. 26।
177. फ़ैलन, *हिन्दुस्तानी प्रॉवब्र्ज़,* पृ. 156।
178. ज़िला जींद के गाँव दिघाना में सुनी गई। यह उनीसवीं सदी में दर्ज की गई थी। देखें, वही, उपरोक्त।
179. हर उम्र की महिलाओं में लोकप्रिय। ज़िला रोहतक के गाँव छारा में सुनी गई। फ़ैलन, *हिन्दुस्तानी प्रॉवब्र्ज़,* पृ. 211 में भी दर्ज।
180. ज़िला करनाल के गाँव बांध में सुनी; फ़ैलन, *हिन्दुस्तानी प्रॉवब्र्ज़,* पृ. 120 में भी दर्ज।
181. फ़ैलन, *हिन्दुस्तानी प्रॉवब्र्ज़,* पृ. 239। पाव, सेर का चौथा हिस्सा होता है, और सेर एक किलो से कुछ कम होता है।
182. एक बहुत लोकप्रिय कहानी, जो मुझे अलग-अलग गाँवों में अलग-अलग पुरुषों से लगभग इसी रूप में सुनने को मिली, सिवा इसके कि शब्द 'लुगाई' की जगह एक ब्राह्मणी, जाटनी, किसानी या एक ज़मींदारनी ने ले ली। मलिक, *हरियाणा लोक-साहित्य,* पृ. 111 में भी दर्ज।
183. पहले-पहल मेरे बचपन में हरद्वारी लाल की ज़ुबानी सुनी।
184. *विलियम क्रुक कलेक्शन, एम.एस. 131,* उत्तर प्रदेश के ग्रामीण इलाक़ों पर राम ग़रीब चौबे की टिप्पणी। हरियाणा के गाँवों में ख़ासतौर पर 70 साल से अधिक उम्र के कुछ लोगों को यह कथा याद है।
185. रघबीर सिंह, गाँव सिंहपुरा, 6-7 अगस्त 1988।
186. शमशेर सिंह और उनकी पत्नी अंगूरी देवी, रोहतक, 23 मई 1986।
187. *जींद डिस्ट्रिक्ट गज़ेटियर, 1986,* पृ. 44। साथ ही देखें, डाक और शर्मा, 'सोशल फ्रेमवर्क ऑफ़ फ़ीमेल लेबर'।
188. दूध के उपभोग और उस पर ख़र्च के लिए देखें, *फ़ैमिली बजट्स,* 1971-72, पृ. 7; 1975-76, पृ. 12-14; 1984-85, पृ. 20, 23।
189. 'ऑपरेशन फ़्लड प्रोग्राम' के बाद दूध का ग्रामीण से शहरी केन्द्रों की ओर निकल जाने के लिए देखें, एस.एन.मिश्रा तथा आर.ले.ऋषि, *लाइव्स्टॉक डिवेलप्मंट इन इण्डियाः एन अप्रेज़ल,* न्यू डेल्हि, विकास पब्लिशिंग हाउस, 1989, पृ. 135-36।
190. नैश्नल साम्पल सर्वे, *थर्टिअथ राउण्ड,* पृ. 9-10, टेबल (2)।
191. देखें, *फ़ैमिली बजट्स,* 1969-70, पृ. 8; 1984-85, पृ. 27।
192. *फ़ैमिली बजट्स,* 1984-85, पृ. 4।
193. मरियम शर्मा और उर्मिला वंजानी, 'विमेन्ज़ वर्क इज़ नेवर डनः डेअरि डिवेलप्मंट एण्ड हेल्थ

इन द लाइव्ज़ ऑफ़ रूरल विमेन ऑफ़ राजस्थान', *इकनॉमिक एण्ड पलिटिकल वीक्ली,* 29 अप्रैल 1989, XXIV,17, पृ. WS38-WS45।

194. सुरिंदर के. अगरवाल, *जियो-ईकॉलजी ऑफ़ माल्न्यूट्रिशन,* पृ. 45-46।
195. *पंजाब न्यूट्रिश्नल डिवेलप्मंट प्रोजेक्ट,* पृ. 54।
196. शर्मा एण्ड वंजानी, *'विमेन्ज़ वर्क इज़ नेवर डन'।*
197. एम.च्चेन, के.मित्रा, जी.ऐह्लेया, ए.ढोलकिया, पी.लोअ, ए.राओ, *इण्डियन विमेनः अ स्ट्डी ऑफ़ देअर रोल इन दं डेअरि मूवमंट,* न्यू डेल्हि, शक्ति बुक्स, 1986, पृ. 13।
198. ज़िला भिवानी के गाँव झोझो चमनी में सुना गया।
199. रोहतक की अंगूरी देवी ने महिलाओं के बीच आमतौर पर चाय की इस पसन्द का सार रखा, 23 मई 1986।
200. यह ग्रामीण महिलाओं द्वारा आमतौर पर की गई टिप्पणी थी। साथ ही देखें, सुरिन्दर के. अगरवाल, *जियो-ईकॉलजी ऑफ़ माल्न्यूट्रिशन,* पृ. 104।
201. विद्या वती और राज कुमारी, दोनों को यह नारा याद है। हरद्वारी लाल भी गाँवों में चाय बेचने वालों द्वारा चाय को लोकप्रिय बनाने के लिए उनकी इश्तहारबाज़ी को याद करते हैं। ओमी मनचन्दा को शहर में ऐसा होना याद है।
202. एक आम लोक-कहावत, जो महिलाओं द्वारा औरों को, अधिकतर जवान महिलाओं को, भोजन की चोरी के लिए दोष देते हुए अकसर उद्धृत की जाती है; या, ज़्यादातर जवान लड़कियों या नई ब्याही बहुओं को सलाह के तौर पर कही जाती है। फ़ैलन द्वारा भी दर्ज की गई – फ़ैलन, *हिन्दुस्तानी प्रॉवर्ब्ज़,* पृ. 171।
203. जोस्लिन किंच तथा अमर्त्य सेन, 'इण्डियन विमेनः वेल्बींग एण्ड सर्वाइवल', अप्रकाशित पेपर आइ.सी.एस.एस.आर., एन.डी., में वीणा दास और राल्फ़ निकलस। उनके नज़रिए के सम्पूर्ण आलोचनात्मक विश्लेषण के लिए देखें, अमर्त्य सेन, 'जेण्डर एण्ड कोऑपरेटिव कॉन्फ़्लिक्ट्स'।
204. विद्या वती, दिल्ली, 24 दिसम्बर 1987; राज कुमारी, 5 फ़रवरी 1990 ।
205. सुरिन्दर के. अगरवाल, *जियो-ईकॉलजी ऑफ़ माल्न्यूट्रिशन,* पृ. 45-46, 109।
206. देखें, *वर्नैकुलर ट्रैक्ट्स,* 1103, 'खुशाल चंद और हीरा', लाहौर, 1876।
207. ओमी मनचंदा 1940 के मध्य दशक के दौरान अपनी युवावस्था को याद करती हैं जब दूध के ऊपर की मलाई हमेशा लड़कों को दी जाती थी, लड़कियों को नहीं। हरियाणा में दाल आदि ख़ूब सारे घी के साथ लड़कों को दिए जाते हैं, लड़कियों को कभी भी नहीं।
208. मॉनिका दास गुप्ता, 'सिलेक्टिव डिस्क्रिमिनेशन अगेन्स्ट फ़ीमेल चिल्रन इन रूरल पंजाब, इण्डिया', *पॉपुलेशन एण्ड डिवेलप्मंट रिव्यू,* मार्च 1971, 31, 1, पृ. 77-100।
209. गाँव छारा की रत्नी द्वारा 5 दिसम्बर 1988 को दिया गया विवरण। इस बात की पुष्टि परिवार के सदस्यों द्वारा की गई, जो इसे एक चुटकुले की तरह लेते थे।
210. फ़ैलन, *हिन्दुस्तानी प्रॉवर्ब्ज़,* पृ. 93। कहावत से असल में दो पाबन्दियाँ प्रदर्शित होती हैं – एक तो गुड़ के खाए जाने पर और दूसरी घर देर से लौटने पर। ग्रामीण इलाक़ों में घर लौटने का सही समय 'सूरज छिपने' से पहले का माना जाता है क्योंकि यही वह समय है जब पुरुष आमतौर पर काम कर के घर लौटते हैं। कहावत के निहितार्थ ये हैं कि एक महिला अगर सूरज छिपने से पहले नहीं लौटती तो वह ठीक चरित्र की नहीं है।
211. 'खाने की गरम चीज़ों' में ये सब आते हैं: गोश्त, मछली, आलू, बैंगन, प्याज़, मेथी, आम;

छोटी मटर, मोठ और अरहर जैसी दालें; कॉफ़ी, चाय, मसाले और ऐलोपैथी की दवाएँ। 'ठण्डे भोजन' में ये सब होते हैं : दही, छाछ, बिना मलाई का दूध, मक्खन, सन्तरे, सेब, गन्ने का रस, मूली, पालक, कद्दू, गेहूँ, चावल और जौ। देखें, सुरिन्दर के. अगरवाल, *जियो-ईकॉलजी ऑफ़ माल्न्यूट्रिशन,* पृ. 112; तथा *डायरिआ इन रूरल इण्डियाः अ नेशनवाइड स्टडी ऑफ़ मदर्ज़ एण्ड प्रैक्टिश्नर्ज़, नॉर्थ ज़ोन,* मिनिस्ट्री ऑफ़ हेल्थ एण्ड फ़ैमिली प्लैनिंग, न्यू डेल्हि, विज़न बुक्स, युनिसेफ़, 1990, देखें हरियाणा, पृ. 33-73।

212. गाँव छारा में रत्नी तथा अन्य महिलाओं की टिप्पणी।
213. बच्चियों के लिए विशेष ख़ुराक के माध्यम से लड़कियों में उभरते यौन-भाव के नियन्त्रण और सम्भावित मातृत्व के लिए देखें, लीला दूबे, 'ऑन द कन्स्ट्रक्शन ऑफ़ जेण्डरः हिन्दू गर्ल्ज़ इन पैट्रिलीनियल इण्डिया', *इकनॉमिक एण्ड पलिटिकल वीक्ली,* 30 अप्रैल 1981, XXII,18, पृ. WS11-WS19।
214. एफ़.जे. लेविन्सन, *एन इकनॉमिक अनैलिसिस ऑफ़ माल्न्युट्रिशन अमंग यंग चिल्ड्रन इन रूरल इण्डिया,* केम्ब्रिज, कॉर्नेल युनिवर्सिटी प्रेस, 1972, पृ. 91-92।
215. *इन्टिग्रेटिड रूरल डिवेलप्मंट,* मार्च 1978, पृ. 52-53।
216. *वाइटल स्टेटिस्टिक्स ऑफ़ इण्डिया,* 1981, पृ. 112-25, टेबल 17 (a)।
217. जून 1989 में स्वास्थ्य सेवाओं के लिए हरियाणा के आंकड़े इस प्रकार थेः चिकित्सा का एक उपकेन्द्र 5,284 की जनसंख्या के लिए सेवारत था जबकि राष्ट्रीय स्तर पर तयशुदा पैमानों के मुताबिक़ 3000 की जनसंख्या पर एक उपकेन्द्र होना चाहिए; 35,000 की आबादी पर एक प्राइमरी स्वास्थ्य केन्द्र था जबकि राष्ट्रीय मानक 10,000 की आबादी पर एक ऐसे केन्द्र का है। एक सामुदायिक स्वास्थ्य केन्द्र 3.53 लाख की आबादी पर था जबकि राष्ट्रीय मानक 80,000 आबादी का है। देखें, *रूरल हेल्थ स्टेटिस्टिक्स इन इण्डिया फ़ॉर द क्वाटर् एन्डिंग जून 1989*। न्यू डेल्हि, रूरल हेल्थ डिविज़न, डायरेक्टोरेट ऑफ़ जनरल हेल्थ सर्विसिज़, मिनिस्ट्री ऑफ़ हेल्थ एण्ड फ़ैमिली प्लैनिंग, 1989, पृ. 8, 45-46।
218. *स्टेटिस्टिकल एब्स्ट्रैक्ट* 1984-85, पृ. 137-44।
219. देखें, *समापन,* पृ. 357।
220. डी.एन. कक्कड़ तथा सक्षम चोपड़ा, 'द कल्चरल कॉन्टेक्स्ट ऑफ़ ईटिऑलजी ऑफ़ इल्नेस एण्ड मेडिकल केअर' इन एम.एल.शर्मा एण्ड टी.एम.डाक (सम्पादक), *कास्ट एण्ड क्लास इन अग्रेरियन सोसायटीः डायनमिक्स ऑफ़ रूरल डिवेलप्मंट,* डेल्हि, अजन्ता पब्लिकेशन्ज़, 1985, पृ. 179-91।
221. उत्तर भारत में स्वास्थ्य केन्द्रों की बुरी छवि, उदासीन चिकित्सक अधिकारियों और ग़रीब गाँववासियों में भेदभाव के एहसास के लिए देखें, देबबर बैनर्जी, 'रूरल सोशल ट्रांसफ़ॉर्मेशन एण्ड चेंजिज़ इन हेल्थ बिहेवियर', *इकनॉमिक एण्ड पलिटिकल वीक्ली,* XXIV, 26, 1 जुलाई 1989, पृ. 1474-80।
222. *वाइटल स्टेटिस्टिक्स ऑफ़ इण्डिया,* 1981, टेबल 10।
223. *सेन्सस ऑफ़ हरियाणा,* 1981, सीरीज़ 6, पार्ट II, स्पेशल रिपोर्ट एण्ड टेबल्ज़, पृ. 36।
224. *पंजाब न्यूट्रिश्नल डिवेलप्मंट प्रोजेक्ट,* पृ. 29।
225. मिसाल के तौर पर, देखें *महेन्द्रगढ़ डिस्ट्रिक्ट गज़ेटियर,* 1988, पृ. 285।
226. कान्ता पुरी द्वारा दी गई जानकारी। वे ग्रामीण करनाल में, ख़ासतौर से गाँव मधुबन के क्लिनिक्स

तथा अर्पण आश्रम द्वारा इस गाँव में स्थापित परोपकारी हस्पताल के साथ जुड़ी रही हैं।

227. माँओं और बच्चों में अस्वस्थता और उच्च मृत्यु-दर के सबसे अहम कारणों में से एक अनीमिया है। देखें, *एनुअल रिपोर्ट,* 1980-90, न्यू डेल्हि, मिनिस्ट्री ऑफ़ हेल्थ एण्ड वेल्फ़ेयर, गवर्नमेन्ट ऑफ़ इण्डिया, 1990, पृ. 218।
228. गोविन्द केलकर, 'द इम्पैक्ट ऑफ़ द ग्रीन रेवल्यूशन ऑन विमेन्ज़ वर्क पार्टिसिपेशन एण्ड सेक्स रोल्ज़' में उद्धृत अध्ययन – ट्राइपार्टाइट एशियन रीजनल सेमिनार, रूरल डिवेलप्मंट एण्ड विमेन, महाबलेशवर, भारत, 6-11 अप्रैल 1981 में प्रस्तुत, अप्रकाशित पेपर।
229. *एरिया पोटेन्श्यल-कम-पॉवर्टी लाइन सर्वे ऑफ़ सोहना ब्लॉक इन गुड़गाँव डिस्ट्रिक्ट,* चण्डीगढ़, गवर्नमेन्ट ऑफ़ हरियाणा, 1981 (मिमियोग्राफ़ – स्टेन्सिल प्रतिलिपि)।
230. *इन्कम जनरेशन प्लैन फ़ॉर फ़ैमिलीज़ बिलो पॉवर्टी लाइन इन सिलेक्टिड क्लस्टर्ज़ ऑफ़ विलिजिज़, 1981-82, अम्बाला डिस्ट्रिक्ट,* डिस्ट्रिक्ट रूरल डिवेलप्मंट एजेंसी, एन.डी. (मिमियोग्राफ़ – स्टेन्सिल प्रतिलिपि), पृ. 10-11।
231. *हेल्थ इन्फ़र्मेशन इन इण्डिया, 1989,* न्यू डेल्हि, सेन्ट्रल ब्यूरो ऑफ़ हेल्थ इन्टेलिजेन्स, डायरेक्टोरेट ऑफ़ जनरल हेल्थ सर्विसिज़, मिनिस्ट्री ऑफ़ हेल्थ एण्ड फ़ैमिली वेल्फ़ेयर, 1989, पृ. 289, टेबल 17.1।
232. देखें, उत्सा पटनायक, *पेज़ेन्ट क्लास डिफ़्रेन्शिएशन,* पृ. 152-58।
233. *फ़ैमिली बजट्स,* 1967-68, पृ. 5; 1984-85, पृ. 15।
234. *फ़ैमिली बजट्स,* 1973-74, पृ. 8।
235. *फ़ैमिली बजट्स,* 1984-85, पृ. 26।
236. यह गाँवों में कही जाने वाली बहुत आम बात है। साथ ही देखें, जय नारायण वर्मा, *हरियाणवी लोकोक्तियाँः शास्त्रीय विश्लेषण,* दिल्ली, आदर्श साहित्य प्रकाशन, 1972, पृ. 27।
237. वही, पृ. 57।
238. वही, पृ. 27।
239. गाँव आसोधा टोडरान के धीर सिंह और उनकी पत्नी ज्ञानो देवी का कथन; 27 दिसम्बर 1988।
240. रेनी हर्शौन, *विमेन इन प्रॉपर्टी – विमेन ऐज़ प्रॉपर्टी,* लण्डन, क्राउन हेल्म, 1989, पृ. 62-73।
241. हरियाणा और पंजाब में आमतौर पर देखा गया रिवाज।
242. *फ़ैमिली बजट्स,* 1969-70, पृ. 5; 1984-85, पृ. 14-15।
243. *इन्टिग्रेटिड रूरल डिवेलप्मंट,* पृ. 85।
244. वही, पृ. 82-84. मकान में कमरों की संख्या आर्थिक रुतबे पर निर्भर करती है। छोटे किसानों और उनसे कम सम्पन्न किसानों की बहुसंख्या के पास ज़्यादा से ज़्यादा दो कमरे होते हैं।
245. एस.के. चन्धोक, *नेचर एण्ड स्ट्रक्चर ऑफ़ रूरल हैबिटेशन,* न्यू डेल्हि, कॉन्सेप्ट पब्लिशिंग कम्पनी, 1990, पृ. 168-78, 223-25।
246. *इन्टिग्रेटिड रूरल डिवेलप्मंट,* पृ. 82-84।
247. *फ़ैमिली बजट्स,* 1984-85, पृ. 37।
248. मल्कीत कौर, 'इमर्जिंग स्टेटस रोल ऑफ़ रूरल विमेन इन द कॉन्टेक्स्ट ऑफ़ चेंजिंग टेक्नॉलजी इन हरियाणा', अप्रकाशित थीसिस, कॉलेज ऑफ़ बेसिक साइंस एण्ड ह्यूमैनिटीज़, रूरल सोश्यॉलजी, हरियाणा एग्रिकल्चरल युनिवर्सिटी, हिसार, 1982, पृ. 161।
249. राज कुमारी याद करती हैं कि किस तरह बहुत ही मशहूर पार्श्व-गायक सहगल को पंजाब में

'बोतल पीने वाला' के रूप में बदनाम किया जाता था और उनके गीतों को महिलाओं के लिए 'बहुत ज़्यादा नागवार' और 'गैर-इज़्ज़तबख़्श' समझा जाता था जबकि सहगल ख़ुद एक पंजाबी थे। बात यहाँ तक थी कि जब वे पंजाब आते थे तो उनके ख़ुद के परिवार की महिलाओं को भी उनके गीत सुनने या उनसे मिलने नहीं दिया जाता था।

250. नीरा देसाई, 'रीइन्फ़ोर्स्मेन्ट ऑफ़ सबॉर्डिनेशन ऑफ़ विमेनः एन अनैलिसिस ऑफ़ मीडिया पोर्ट्रेयल ऑफ़ विमेन', नैश्नल कॉन्फ्रेन्स ऑफ़ विमेन्ज़ स्टडीज़,1981 में प्रस्तुत शोध-पत्र, पृ. 22-24, एस.एन.डी.टी. युनिवर्सिटी, बॉम्बे।

251. रेखा भगत और पी.एन.माथुर, *मैस मीडिया एण्ड फ़ार्म-विमेन,* न्यू डेल्हि, इन्टलेक्चुअल पब्लिशिंग हाउस, 1989, पृ. 58-59।

252. फ़ाएडरर एण्ड लुट्ज़, *द हिन्दी फ़िल्म,* पृ. 47-58।

253. *सेन्सस ऑफ़ हरियाणा, 1981,* पार्ट II-A तथा पार्ट II-B, जनरल पॉपुलेशन टेबल्ज़ एण्ड प्राइमरी सेन्सस एब्स्ट्रैक्ट, पृ. 26, 28।

254. शीला भल्ला, 'आइलैण्ड्स ऑफ़ ग्रोथ'।

255. *स्टेटिस्टिक्ल एब्स्ट्रैक्ट,* 1988-89, पृ. 471।

256. *जींद डिस्ट्रिक्ट गज़ेटियर, 1986,* पृ. 143-44।

257. एस.पी. सिन्हा, 'प्रोसेसिज़ एण्ड पैटन्र्ज ऑफ़ अर्बन डिवेलप्मंट इन हरियाणा, 1901-1971', आइ.सी.एस.एस.आर., प्रोजेक्ट रिपोर्ट, ज्यॉग्रफ़ी डिपाट्र्मेंट, कुरुक्षेत्र युनिवर्सिटी, कुरुक्षेत्र, एन.डी., पृ. 331-33।

258. देखें, द *हिन्दुस्तान टाइम्ज़* संवाददाता का 'रूरल मार्केट ऑन द राइज़', 18 फ़रवरी 1991 का अंक, पृ. 16।

259. *स्टेटिस्टिक्ल एब्स्ट्रैक्ट,* 1988-89, पृ. 526।

260. वही, पृ. 525। ग्रामीण और शहरी हरियाणा के लिए अलग-अलग आंकड़े नहीं हैं।

261. *इकनॉमिक सर्वे ऑफ़ हरियाणा,* 1989-90, पृ. 2।

262. ढाबों का मुख्य तौर से पुरुषों के एकत्र होने के केन्द्रों वाली बात पंजाबी की एक लोकोक्ति में झलकती हैः 'ढाबा एक वेश्या की तरह होता है, जितना आप उसे संवारते हैं, उतनी ही ज़्यादा संख्या में ग्राहक उसकी ओर आकर्षित होंगे।' ढाबों में शाकाहारी और माँसाहारी भोजन मिलने से लेकर शराब मिलने और दलाली का काम होने तक की गतिविधियाँ होती हैं। इन के ग्राहकों में बहुमत वाहन-चालकों (ज़्यादातर ट्रक) का नहीं है जैसा कि आमतौर पर माना जाता है, बल्कि गाँवों के पुरुष हैं। देखें, प्रणव खुल्लर, 'ढाबाज़ ऑफ़ अम्बाला', द *हिन्दुस्तान टाइम्ज़,* न्यू डेल्हि, 13 फ़रवरी 1991, पृ. 13।

263. *ब्रेन कलेक्शन,* एफ़ 152/33, इण्डियन विलिज लाइफ़ एल्बम, सी 1930, नम्बर 35, 36।

264. *वर्नैकुलर ट्रैक्ट्स,* 1103। इस कहावत का इस्तेमाल 'खुशाल चन्द और मीरा' शीर्षक की एक कहानी में किया गया है, लाहौर,1876।

265. *सिरसा डिस्ट्रिक्ट गज़ेटियर, 1988,* पृ. 304। अवैध तौर पर शराब निकालना इतना अधिक बढ़ गया है कि इसे रोकने के लिए पुलिस को अलग-अलग मौक़ों पर छापे मारने पड़े हैं लेकिन इसका कोई लाभ नहीं हुआ है। वही, पृ. 303-04।

266. *सिरसा डिस्ट्रिक्ट गज़ेटियर, 1988,* पृ. 303-04। साथ ही देखें, *हिसार डिस्ट्रिक्ट गज़ेटियर, 1987,* पृ. 233।

267. हरद्वारी लाल द्वारा दी गई जानकारी जिस की तस्दीक़ सभी गाँवों में बड़ी उम्र के कई गाँववासियों ने की।
268. इस बात की पुष्टि सभी डिस्ट्रिक्ट गज़ेटियर्ज़ से होती है। मिसाल के तौर पर देखें, *सिरसा डिस्ट्रिक्ट गज़ेटियर, 1988,* पृ. 72, 303-04।
269. गाँव छारा (ज़िला रोहतक) के ठेकेदार यशवीर सिंह द्वारा 9 दिसम्बर 1988 को दी गई जानकारी; 1960 में जन्मे, गाँव दुल्हेड़ा के शराब-ठेकेदार और ईंटों के भट्ठे के मालिक, ये ज़िला रोहतक के गाँव छारा में रहते हैं। दिलचस्प बात है कि उनके पेशे के मद्देनज़र उनके गोत्र-नाम 'ठाकरान' को 'ठेकेदार' में बदल दिया गया है।
270. देखिए, *ट्रिब्यून* ब्यूरो की रिपोर्ट, 'रम, जिन थ्रू ठेकाज़ इन हरियाणा', *ट्रिब्यून,* चण्डीगढ़, 13 फ़रवरी 1990, पृ. 3।
271. मुकुल द्वारा लिखी गई, 'शराब विरोधी आन्दोलन' शीर्षक के तहत सूचनाओं से भरपूर लेखों की एक शृंखला हरियाणा में शराब के उपभोग से सम्बद्ध समस्या के बारे में है। देखें, *नवभारत टाइम्स,* नई दिल्ली, 18 मई 1987, पृ. 3; 19 मई 1987, पृ. 3; 20 मई 1987, पृ. 3।
272. यशवीर सिंह ठेकेदार, गाँव छारा, 9 दिसम्बर 1988।
273. *स्टेटिस्टिकल एब्स्ट्रैक्ट, 1984-85,* पृ. 514।
274. आगे दी जा रही जानकारी *ट्रिब्यून,* चण्डीगढ़ के 13 फ़रवरी 1990 अंक के पृ. 3 से ली जा रही है। इसकी पुष्टि यशवीर सिंह ठेकेदार द्वारा की गई है।
275. हरियाणा में व्यक्त की गई आम राय। यही बात उत्तर-प्रदेश के ज़िला बागपत के आस-पास के इलाक़े में ज़मीनी स्तर पर काम करते समय भी सामने आई – 9 से 18 जुलाई 1990।
276. विवरण के लिए देखें मुकुल के लेख, वही। साथ ही देखें, भरत डोगरा, 'विलिज विमेन वर्सस लिकर कॉन्ट्रैक्टर्ज़', *इकनॉमिक एण्ड पलिटिकल वीक्ली,* 30 नवम्बर 1985, वॉल्युम XX, नम्बर 48, पृ. 2112 तथा *द टाइम्ज़ ऑफ़ इण्डिया,* न्यू डेल्हि, 2 अक्तूबर 1989, सेक्शन 2, पृ. 6 में छपा हरियाणा में ठेकों पर उनका लेख।
277. ज़िला रोहतक और सोनीपत से कई पुरुषों को लगता था कि शराबख़ोरी के ख़िलाफ़ विरोध में महिलाएँ ख़ुद से, अकेली कुछ नहीं कर सकती थीं। उनका इस बात पर ज़ोर था कि महिलाओं के पीछे की असली ताक़त उन्हें प्रोत्साहित करने वाले उन्हीं के परिवारों के पुरुष थे। व्याख्या के तौर पर ध्यान इस ओर आकर्षित किया जाता है कि सब पुरुष शराब नहीं पीते, बल्कि उनमें से कुछ पर तो परिवार के अन्य पुरुषों की शराबख़ोरी की आदत का प्रतिकूल प्रभाव पड़ता है। मुहिम बमुश्किल ही चल पाई क्योंकि स्थानीय राय के मुताबिक़ ठेकेदार, उनके ठेकों के बन्द हो जाने के बावजूद गुप्त तौर पर बढ़े हुए दामों पर शराब मुहैया करवाते रहे। इस तरह पूरी मुहिम का उद्देश्य नाकाम कर दिया गया। उसे या तो बन्द ही किया जाता या फिर वह धीरे-धीरे स्वयं समाप्त हो जाती।
278. जे. ग्रोवर तथा एस. शर्मा, 'टेक्नॉलजी टु द एड ऑफ़ रूरल विमेन', कुरुक्षेत्र, 1981, 29(17), पृ. 26; आरती दत्त, 'युनाइटिड नेशन्ज़ कॉन्फ़रेन्स ऑन अ डेकेड ऑफ़ विमेन', *सोशल वेल्फ़ेयर,* 1980, 27(7), पृ. 22।
279. *फ़ैमिली बजट्स,* 1984-85, पृ. 36-37।
280. *इंटिग्रेटिड रूरल डिवेलप्मंट,* पृ. 83।
281. *नैश्नल साम्पल सर्वे,* थर्टी-ऐट्थ राउण्ड, पृ. 15, 23, टेबल्ज़ 5 और 9।

282. वही।
283. बीना अग्रवाल, 'अण्डर द कुकिंग पॉट'।
284. मल्कीत कौर, 'इमर्जिंग स्टेटस रोल'।
285. मधु किश्वर, 'नेचर ऑफ़ विमेन्ज़ मोबिलाइज़ेशन इन रूरल इण्डियाः एन एक्स्प्लोरेटरी एस्से', *इकनॉमिक एण्ड पलिटिकल वीक्ली,* XXIII, 52-53, पृ. 2754-63।
286. चूल्हे की बिक्री की शुरुआती सफलता का एक कारण उन दिनों में बहुत सी शादियों का होना था, जब यह नया चूल्हा पुरुषों के लिए प्रतिष्ठा का प्रतीक बन गया था। इसे परिवार के विकासशील होने के प्रतीक के रूप में देखा जाता था। देखें, *मानुषी,* 1986, नम्बर 35, पृ. 26।
287. शांति चक्रवर्ती, 'फ़ार्म विमेन लेबर'।
288. ज़िला सोनीपत के गाँव गोवड़ के खेम चन्द ने इस बात को पुरुषों में आमतौर पर प्रचलित भावना के रूप में व्यक्त किया, 15 अक्तूबर 1988.
289. एम. शर्मा, 'साइंस एण्ड टेक्नॉलजी फ़ॉर द बेटरमेन्ट ऑफ़ रूरल विमेन', *कुरुक्षेत्र,* 1977, 25(12), पृ. 4-5.
290. *नैश्नल साम्पल सर्वे, थर्टी एट्थ राउण्ड,* पृ. 21, टेबल 8; पृ. 7, टेबल 1.
291. वर्मा, *हरियाणवी लोकोक्तियाँ,*, पृ. 127।
292. *फ़ैमिली बजट्स, 1978-79,* 1974-75 की तुलना में। देखें टेबल्ज़ 2.3 (a) तथा 2.3 (b)।
293. *फ़ैमिली बजट्स, 1984-85,* टेबल 3.1।
294. बाक़ी ख़र्चों में एक-तिहाई ने भोजन पर और 15 प्रतिशत ने सामाजिक उद्देश्यों के लिए तथा भोजन पर ख़र्च करना चुना। देखें, सुरिन्दर के. अगरवाल, *जियो-ईकॉलजी ऑफ़ मैल्न्युट्रिशन,* पृ. 94-95।
295. हरपाल सिंह और रतन सिंह, गाँव बांध, 20-21 अगस्त 1988।
296. हालाँकि महिलाएँ ऐसी कोई इच्छा होने की बात क़ुबूल नहीं करतीं, मर्दों का इसरार है कि यह उनके साथ झगड़े का एक मुख्य कारण है। इस बात को आगे चल कर अधिक विस्तार से रखा गया है।
297. अन्य महिलाओं के अलावा गाँव शर्जाबाद की 50 वर्षीय खज़ानी देवी; गाँव बांध की 42 वर्षीय कलावती और 40 वर्षीय शांति द्वारा इस प्रथा की पुष्टि की गई।
298. मैकॉनची, *पंजाब प्रॉवर्ब्ज़,* पृ. 209।
299. हरपाल सिंह और रतन सिंह द्वारा की गई टिप्पणी, जिस की तस्दीक़ कई गाँवों में बहुत लोगों द्वारा की गई।
300. दया राम, सोनीपत, 12 अक्तूबर 1988। ऐसी ही एक लोकोक्ति के लिए देखें, फ़ैलन, *हिन्दुस्तानी प्रॉवर्ब्ज़,* पृ. 193।
301. ज़िला रोहतक के गाँव दुजाना की ज़्यादातर अनुसूचित जातियों की महिला खेत-मज़दूरों के साथ बातचीत। ऐसी ही बातें ज़िला करनाल के गाँव बांध में भी हुईं।
302. ज़िला रोहतक के गाँव दुजाना के 44 वर्षीय सुरेन्द्र पाल सिंह और 47 वर्षीय धरम पाल सिंह के साथ 6 जून 1986 को हुआ साक्षात्कार। दोनों भाइ 25 बीघा ज़मीन के मालिक हैं।
303. चन्धोक, *नेचर एण्ड स्ट्रक्चर ऑफ़ रूरल हैबिटेशन,* पृ. 235।
304. मिल्रेड स्त्रूप लुश्विंस्की, 'द इम्पैक्ट ऑफ़ सम रीसेन्ट इण्डियन गवर्नमेन्ट लेजिस्लेशन ऑन द विमेन ऑफ़ एन इण्डियन विलिज', *एशियन सर्वे,* 1963, 3, पृ. 573-83।

305. टी. पद्मसिनि एण्ड ए. सूरी, 'फ़ार्म विमेन एण्ड होम मैनेजमेन्ट', *इण्डियन फ़ार्मिंग,* नवम्बर 1975, 25 (8), पृ. 55-56।
306. ए.के. सिंह, जे.एस. शर्मा, डी.के सिंह, 'पार्टिसिपेशन ऑफ़ रूरल विमेन इन एग्रिकल्चर इन द हिल्ज़ ऑफ़ उत्तर प्रदेश', *जर्नल ऑफ़ रूरल डिवेलप्मंट,* 1988, 7(3),पृ. 289-97।
307. डोरैन जेकबसन दलील देती हैं कि किस तरह व्यावहारिक स्तर पर ज़ेवरात का नियन्त्रण बड़ी उम्र की महिलाओं के हाथ में रहता है न कि छोटी उम्र की महिलाओं के, हालाँकि अन्तिम फ़ैसला तो पुरुषों के हाथ में ही होता है। मायके के ज़ेवरात पर उसका थोड़ा बहुत नियन्त्रण भी असाधारण हालात में ही होता है जैसे कि अलग होने की स्थिति में या अनौपचारिक तलाक़ की हालत आदि में। बाक़ी सब स्थितियों में पति की स्वीकृति ज़रूरी होती है। देखें, उनका लेख, 'विमेन एण्ड ज्यूलरी इन रूरल इण्डिया' – गिरि राज गुप्ता (सम्पादक), *फ़ैमिली एण्ड सोशल चेन्ज इन मॉडर्न इण्डिया,* न्यू डेल्हि, विकास पब्लिशिंग हाउस, 1976, पृ. 136-83।
308. मिसाल के तौर पर देखें, लक्ष्मी देवी अचन्ता, 'रोल ऑफ़ रूरल विमेन इन एग्रिकल्चरल डिवेलप्मंट', *कुरुक्षेत्र,* 16 अक्तूबर 1982, XXXI, 2, पृष्ठ15-20।
309. लेकिन अलग-अलग वर्गों से पुरुषों का सर्वसम्मति से कहना था कि वे अपनी महिलाओं से सलाह करते हैं हालाँकि वे ऐसा करने के लिए ख़ुद को बाध्य नहीं समझते। असल में पुरुषों के लिए महिलाओं की भूमिका बस इतनी है कि पुरुष यह जाँचना चाहते हैं कि उनकी राय के प्रति महिला का क्या रुख़ है।
310. उर्सुला शर्मा, 'विमेन्ज़ पार्टिसिपेशन इन एग्रिकल्चर इन इण्डिया', *करन्ट एन्थ्रोपॉलजी,* एप्रल 1982, 23, 2, पृ. 194-96।
311. तुलसी पटेल, 'विमेन्ज़ वर्क एण्ड देअर् स्टेटसः डायलेक्टिक्स ऑफ़ सबॉर्डिनेशन एण्ड असशन', *सोशल एक्शन,* एप्रल-जून 1987, 37, पृ. 126-49।
312. वही। साथ ही देखें, उर्सुला शर्मा, 'विमेन एण्ड देअर् अफ़ाइन्ज़ः द वेल एज़ अ सिम्बल ऑफ़ सेपरेशन', *मैन,* जून 1978, 13, 2, पृ. 218-33।
313. तुलसी पटेल, 'डोमेस्टिक ग्रुप, स्टेटस ऑफ़ विमेन एण्ड फ़र्टिलिटी', *सोशल एक्शन,* ऑक्टोबर-डेसेम्बर 1982, 32, पृ. 363-79। पटेल इस बात की ओर भी ध्यान दिलाती हैं कि किस तरह सास द्वारा जवान बहू पर बड़ा परिवार बनाने का अत्यधिक दबाव डाला जाता है जबकि बहू शायद इसके लिए तैयार न हो। ग्रामीण समाज में उसकी महत्त्वपूर्ण भूमिका के बावजूद एक जवान औरत के हाथ में किसी भी तरह के नियंत्रण की ताक़त न होने के पीछे काम करने वाले सांस्कृतिक कारकों के लिए देखें, वही, पूर्वोक्त।
314. महादेव एल. आप्टे, *ह्यूमर एण्ड लाफ़्टरः एन एंथ्रोपलॉजिकल अप्रोच,* लण्डन, कॉर्नेल युनिवर्सिटी प्रेस, 1985, पृ. 79-81। हरियाणा में इस तरह का व्यवहार देखने में आए, यह कोई असामान्य बात नहीं है।
315. ए. केन्सिंग्टन, *कस्टमरी लॉ ऑफ़ अम्बाला डिस्ट्रिक्ट,* वॉल्युम X, लाहौर, सिविल एण्ड मिलिटरी गज़ेट, 1893, पृ. 3।
316. हर्शमैन, *पंजाबी किनशिप,* पृ. 160-61.
317. वही, पूर्वोक्त, पृ. 57-67, 189।
318. आमतौर पर उद्धृत की जाने वाली लोक-कहावत। साथ ही, देखें यादव, *लोक साहित्य,* पृ. 445।

319. फ़ैलन, *हिन्दुस्तानी प्रॉवर्ब्ज़,* पृ. 171, 174।
320. वही, पूर्वोक्त, पृ. 22।
321. गाँव छारा के सीता राम की टिप्पणी, जिस की गूँज सब जगह सुनने को मिली।
322. इसी तरह की बात के लिए देखें, व्हाइट एण्ड व्हाइट, *विमेन ऑफ़ रूरल एशिया,* पृ. 138।
323. 1930 के दशक के पंजाब-हरियाणा में अगर एक महिला कोई ऐसा पेशा इख़्तियार कर लेती थी जिसे पुरुषों का समझा जाता था, तो उसके पति या परिवार के अन्य पुरुषों को कमज़ोर जाना जाता था। इसी दशक में लाहौर में साहूकारी करने वाली एक औरत के बारे में गाँवों के पुरुषों की राय थी कि उसका पति कमज़ोर था। *डार्लिंग पेपर्ज़,* बॉक्स नम्बर II, टूर डायरी, 1930-31, पृ. 78।
324. यह ग्रामीण बनाम शहरी से सम्बद्ध केन्द्रीय विषय पर बनी फ़िल्म 'दो रास्ते' का सन्दर्भ है। जाँच करने वाले अध्ययन-समूह ने उत्तर-प्रदेश के आगरा ज़िले के गाँव मोरेना के दर्शकों की प्रतिक्रियाएँ दर्ज कीं। देखें, फ़्लीड्रर एण्ड लूत्ज़, *द हिन्दी फ़िल्म,* पृ. 56।
325. मैन एण्ड मैन, 'स्टेटस वर्सस वर्क एण्ड रोल ऑफ़ जाट विमेन', डाक (सम्पादक), *विमेन एण्ड वर्क,* पृ. 155-90।
326. वर्मा, *लोकोक्तियाँ,* पृ. 116।
327. गाँव दुजाना के सुरेन्द्र पाल सिंह, 6 जून 1986।
328. एक पुरानी लोकप्रिय लोकोक्ति। उनीसवीं सदी में दर्ज – फ़ैलन, *हिन्दुस्तानी प्रॉवर्ब्ज़,* पृ. 124।
329. उनीसवीं सदी की एक लोकोक्ति के मुताबिक़ 'सास-बहू की हुई लड़ाई, करे पड़ोसन हाथा-पाई' (सास-बहू की लड़ाई होती है तो पड़ोसी तो बीच में आएँगे ही), वही, पूर्वोक्त, पृ. 211।
330. ज़िला सोनीपत के गाँव बिधान की शकुन्तला की टिप्पणी। ऐसी ही टिप्पणियाँ ज़िला रोहतक के गाँवों दुजाना और छारा में भी सुनने को मिलीं।
331. सुरेन्द्र पाल सिंह और धर्म पाल सिंह, गाँव दुजाना, 6 जून 1986।
332. *डार्लिंग पेपर्ज़,* बॉक्स नम्बर II, टूर डायरी, 1930-31, पृ. 48।
333. *ब्रेन कलेक्शन,* एफ़ 152/33, इण्डियन विलिज लाइफ़ एल्बम, सी-1930, नम्बर 27।
334. खेम लाल राठी द्वारा दिया गया विवरण, नई दिल्ली, 24 मई 1986।
335. *डार्लिंग पेपर्ज़,* बॉक्स नम्बर II, टूर डायरी, 1930-31, पृ. 226 ।
336. शहरी और ग्रामीण, दोनों तरह के कई शिक्षित हरियाणवी पुरुषों द्वारा व्यक्त की गई राय।
337. वही। साथ ही देखें, फ़ैलन, *हिन्दुस्तानी प्रॉवर्ब्स,* पृ. 22 ।
338. मूर्ति देवी, गाँव मोखरा, 7 अगस्त 1986 । साथ ही देखें, फ़ैलन, *हिन्दुस्तानी प्रॉवर्ब्स,* पृ. 15 ।
339. फ़ैलन, *हिन्दुस्तानी प्रॉवर्ब्स,* पृ. 320 ।
340. राम मेहर हुड्डा द्वारा 1 जून 1986 को रोहतक में दी गई जानकारी। वे तलाक़ से सम्बन्धित मामलों के विशेषज्ञ हैं।
341. ज़िला सोनीपत के गाँव बिधान में सुनी गई।
342. गाँव गोवड़ के खेम चन्द, 15 अक्तूबर 1988। उनकी बात में बहुत से ग्रामीण पुरुषों की राय का सार है।
343. वही। साथ ही देखें, फ़ैलन, *हिन्दुस्तानी प्रॉवर्ब्स,* पृ. 1।
344. केन्सिंग्टन, *कस्टमरी लॉ अम्बाला डिस्ट्रिक्ट,* पृ. 9।
345. गाँव मोखरा में मूर्ति देवी तथा अन्य महिलाओं की टिप्पणियाँ, 7 अगस्त 1986।

346. उर्सुला शर्मा, 'विमेन एण्ड देयर अफ़ाइन्ज़'।
347. मैण्डलबॉम, *विमेन्ज़ सेक्लूज़न एण्ड मेन्ज़ ऑनर,* पृ. 74।
348. *टुवड्र्ज़ इक्वालिटिः रिपोर्ट ऑफ़ द कमिटी ऑन द स्टेटस ऑफ़ विमेन इन इण्डिया,* डेसेम्बर 1974, न्यू डेल्हि, गवर्नमेंट ऑफ़ इण्डिया, डिपार्ट्मंट ऑफ़ सोशल वेल्फ़ेयर, मिनिस्ट्री ऑफ़ एजुकेशन एण्ड सोशल वेल्फ़ेयर, 1975, पृ. 61।
349. खेम लाल राठी, नई दिल्ली, 24 मई 1986। वे ख़ुद को आर्यसमाजी मानते हैं और उपनिवेशीय काल के समय से हरियाणा के ग्रामीण इलाक़ों में आर्यसमाज के काम से वाक़िफ़ हैं। उनकी 70 वर्षीय पत्नी खज़ानी देवी ने भी इस टिप्पणी की पुष्टि की। ज़िला रोहतक के गाँव सिंहपुरा के रघबीर सिंह ने भी यही राय व्यक्त की।
350. ज़िला रोहतक के गाँव छारा की 36 वर्षीय शकुन्तला द्वारा 3-4 अगस्त 1988 को दिया गया विवरण।
351. उमा चक्रवर्ती, 'पतिव्रता', *सेमिनार,* नई दिल्ली, फ़रवरी 1986, 318, पृ. 17-21।
352. महिलाओं पर यौन-सम्बन्धी नियन्त्रण के प्रतीक के तौर पर पर्दा या घूँघट के लिए देखें, हर्शमैन, *पंजाबी किनशिप,* पृ. 158, 174-75; उर्सुला शर्मा, 'विमेन एण्ड देयर अफ़ाइंज़'; मैण्डलबॉम, *विमेन्ज़ सेक्लूज़न,* पृ. 1.।
353. हर्शमैन, *पंजाबी किनशिप,* पृ. 74-75।
354. उर्सुला शर्मा, 'विमेन एण्ड देअर अफ़ाइन्ज़'।
355. गाँव सिंहपुरा के एक बहुत सम्मानित बुज़ुर्ग और भूतपूर्व सरपंच रघबीर सिंह व्यक्तिगत तौर पर इस तरह के कई मामलों की पुष्टि का ज़िम्मा लेते हैं जो अलग-अलग पंचायतों में फ़ैसले के लिए सामने आए।
356. लीला कस्तूरी, 'पॉवर्टी, माइग्रेशन एण्ड विमेन्ज़ स्टेटस'।
357. बेअंत कौर ढिल्लों, 'प्रोफ़ाइल ऑफ़ विमेन वोटर्ज़ इन सेग्मेन्ट मण्डी डबवाली सिरसाः पार्ल्यामिंट्री कॉन्स्टिचुएंसी ऑफ़ डेसेम्बर 1984 इलेक्शन्ज़', एम.फ़िल डिस्सर्टेशन, महर्षि दयानन्द युनिवर्सिटी, रोहतक, जनवरी 1986, पृ. 120-22; मदन गांधी, 'इलेक्शन्ज़ इन हरियाणाः अ केस स्टडी ऑफ़ जून 1977 असेम्ब्ली इलेक्शन्ज़', आई.सी.एस.एस.आर. रिपोर्ट, महर्षि दयानन्द युनिवर्सिटी, रोहतक, फ़रवरी 1983, पृ. 120-21।
358. बीरमति, *'मतदान व्यवहार के निर्धारक तत्त्वः सोनीपत संसदीय उप-चुनाव (दिसम्बर 1983) का अध्ययन'।* एम.फ़िल शोध-निबन्ध, महर्षि दयानन्द विश्वविद्यालय, रोहतक, अगस्त 1984, पृ. 186-87।
359. उदाहरण के लिए, देखें सुधीर कालिया की रिपोर्ट, 'हरियाणा विमेन फ़ॉर राजीव', *टाइम्ज़ ऑफ़ इण्डिया,* न्यू डेल्हि, 30 अप्रैल 1991, पृ. 7। इस रिपोर्ट में महत्त्वपूर्ण है कि इस ओर ध्यान दिलाया गया है कि महिलाओं ने अपने पुरुषों के हुक्म पर कान धरने से इनकार कर दिया था।
360. मिशेल ज़िम्बालिस्त रोसाल्दो एवं लूईज़ लैम्फ़ियर द्वारा सम्पादित संग्रह *विमेन, कल्चर एण्ड सोसायटी,* कैलिफ़ोर्निया, स्टैन्फ़र्ड युनिवर्सिटी प्रेस, 1974 में छपे अधिकतर लेख विभिन्न समयकालों में विभिन्न समाजों के तहत इस पहलू के बारे में बात करते हैं।
361. यादव, *लोक साहित्य,* पृ. 180। गाँवों में सुने गए इस गीत में कई और बातें भी शामिल कर ली गई हैं, जिनमें प्रसाधन एवं साज-सज्जा की अलग-अलग चीज़ों से लेकर इलेक्ट्रॉनिक उपकरण तक शामिल हैं।

362. जवान उम्र की सब महिलाओं ने, जैसे कि ज़िला रोहतक के गाँव अकोपुर की 18 वर्षीय मीना; ज़िला जींद के गाँव शर्जाबाद की 24 वर्षीय शकुन्तला; ज़िला सोनीपत के गाँव बीधन की 24 वर्षीय सावित्री और 24 वर्षीय संतोष, साज-सज्जा के सामान और कपड़ों के लिए अपनी पसन्द को दर्शाया।
363. जे.एम. डूई, *रिवाज-ए-आम ऑफ़ तहसील कैथल ऑफ़ परगना इंद्री इन द करनाल डिस्ट्रिक्ट,* लाहौर, सिविल एण्ड मिलिटरी गज़ेट, 1892, पृ. 7।
364. सरिता मेहरा, *'सोशल मोबिलिटी इन रूरल हरियाणा'*, पृ. 175।
365. गाँव झोझो चिमनी की मोहराँ देवी द्वारा दिया गया विवरण, 7 जून 1990 (अनुरोध किए जाने पर नामों का ज़िक्र नहीं किया जा रहा)।
366. वही। सब गाँवों में विभिन्न जाति-समूहों से कई मामले गुप्त रूप से मेरे साथ साझा किए गए।
367. *महेन्द्रगढ़ डिस्ट्रिक्ट गज़ेटियर,* 1988, पृ. 233। साथ ही देखें *गुड़गाँव डिस्ट्रिक्ट गज़ेटियर,* 1983, पृ. 505।
368. गाँव शर्जाबाद की धन्नो देवी द्वारा सारगर्भित किया गया आम बरताव का तौर-तरीक़ा, 9-10 सितम्बर 1988।
369. सी.ए.एच. टाउनसेन्ड, *कस्टमरी लॉ ऑफ़ द हिसार डिस्ट्रिक्ट* (सिवा सिरसा तहसील के), वॉल्युम XXV, लाहौर, पंजाब गवर्नमेंट प्रेस, 1913, पृ. 12-21।
370. ज़िला रोहतक के गाँव भापड़ोदा के 42 वर्षीय आर्यसमाजी राम सिंह द्वारा 12 अगस्त 1988 को दिया गया वर्णन।

3

विचारधारा और संस्कृति के बन्धन : ग्रामीण महिलाएँ और क़ानून

मर्दों का प्रभुत्व और महिलाओं पर नियंत्रण बढ़ने का अर्थ था कि बरतानवी राज की समाप्ति के बाद के काल में उनके साथ भेदभाव, उन्हें अधिकार से वंचित रखा जाना और ताक़त के समीकरणों का ध्रुवीकरण और भी ज़्यादा बढ़ गए। हरियाणा के सामाजिक-आर्थिक हालात में बहुत बड़े पैमाने पर आए बदलावों के साथ भी इन सब का सीधा जुड़ाव है। हाल के समय में आई ख़ुशहाली का प्रभाव चाहे अलग-अलग तरह का रहा हो, इसने महिलाओं की उत्पादक और प्रजनन सम्बन्धी क्षमताओं के सन्दर्भ में उन्हें नियन्त्रित करने के महत्त्व को और भी अधिक बढ़ा दिया है। इस नियन्त्रण की सख़्त अहमियत और इसकी तरफ़ फ़ौरी तौर पर ध्यान देने की ज़रूरत इस वजह से भी बढ़ गई कि आज़ाद भारत के राज्य द्वारा महिलाओं के हक़ में हस्तक्षेप किया गया। यह उत्तराधिकार के सवालों और विवाह के मामलों को लेकर उठाए गए क़ानूनी क़दमों से साफ़ ज़ाहिर हो रहा था।

आज़ादी के फ़ौरन बाद भारतीय सरकार ने कुछ ढाँचागत बदलाव लाने की कोशिश की ताकि इन मसलों पर महिलाओं को जिन मजबूरियों का सामना करना पड़ता है, उन्हें दूर किया जा सके। प्रथा के तहत प्रचलन का इस तरह उलट दिया जाना पितृसत्तात्मक और पितृवंशीय हितों के लिए एक चुनौती था। इसी के चलते महिलाओं को ज़्यादा सख़्ती से नियंत्रित करने की ज़रूरत और भी बढ़ गई, ख़ासतौर से इसलिए भी कि इन हक़ों के लागू होने का समयकाल इस क्षेत्र की बढ़ती हुई ख़ुशहाली का दौर भी रहा। लेकिन इस सबसे निकल कर यह आया कि आधुनिक और विकासशील तत्त्वों के प्रवेश का किसान औरतों पर 'दकियानूसी' और 'ग़ैर-विकासशील' प्रभाव पड़ा। यह हमें सांस्कृतिक नियंत्रण के कई चुनिन्दा तौर-तरीक़ों की लामबन्दी में देखने को मिलता है – जैसे कि, उत्तराधिकार के दावों का स्थान दहेज द्वारा ले लिया जाना और देवर संग विधवा का जबरन विवाह, जिस सब में भारत के राज्य ने भी उपनिवेशीय राज्य की ही तरह सक्रिय तौर पर सहपराधी और सहायक की भूमिका निभाई है। इसका नतीजा यह है कि महिलाएँ अपने उत्तराधिकार के दावों पर ज़ोर नहीं दे पाई हैं, न ही उन्हें लागू करवा पाई हैं। ताज़ा

तौर पर प्रदान किए गए तलाक़ समेत विवाह सम्बन्धी नए अधिकारों और पुनर्विवाह की परम्परा को भी पितृसत्ता ने इस रूप में इस्तेमाल किया है कि महिलाओं को उनके दावों से वंचित रखा जा सके। यहाँ वर्ग, पितृसत्ता और राज्य एक साझा उद्देश्य के साथ आपस में सम्बद्ध ढाँचों के रूप में साफ़ तौर पर उभर कर आते हैं। इसके परिणामस्वरूप निकल कर आए दबावों और बंदिशों का मुक़ाबला तो किया गया है और उन्हें चुनौती भी दी गई है, लकिन फिर भी ये दबाव महिला-समर्थक क़ानून से हासिल होने वाले सम्भावित अच्छे नतीजों को नकारने और प्रभावहीन बनाने में कामयाब हो पाए हैं।

1. क़ानून का ढांचा बनाया जाना : रिवाज को पलटा जाना

महिलाओं को प्रभावित करने वाली सामाजिक-आर्थिक विसंगतियों को ठीक करने के लिए क़ानूनी क़दम उठाने की कोशिशें आज़ादी से बहुत पहले शुरू हो गई थीं। महिलाओं के सम्बन्ध में जागरूकता और प्रतिबद्धता की शुरुआत उनीसवीं सदी के सांस्कृतिक-राष्ट्रवादी चरण से मानी जा सकती है। भारत के समाज-सुधारकों में महिला की स्थिति के बारे में ताज़ा जागरूकता ने राष्ट्रवादियों की दुखती रग पर हाथ रख दिया था, जबकि औपनिवेशिक शासन ने समाज-सुधारकों की इस जागरूकता को हवा देते हुए इसे भारतीय पुरुष और भारतीय सभ्यता को बदनाम करने के एक औज़ार के तौर पर इस्तेमाल किया था।[1] बाद के समय के राष्ट्रीय नेतृत्व ने उनीसवीं सदी के समाज-सुधारकों से एक ऐसी विचारधारा विरासत में पाई थी जो महिलाओं की प्रगति को सामाजिक और राजनैतिक विकास के संकेत के रूप में देखती थी। 1930 के दशक की शुरुआत के आते-आते अखिल भारतीय महिला सम्मेलन और भारतीय महिलाओं की राष्ट्रीय परिषद ने महिलाओं की अधिकारहीनता और मजबूरी की स्थितियों का क़ानूनी तौर पर ख़ात्मा किए जाने के बारे में सोचना शुरू कर दिया था – इस में उत्तराधिकार से लेकर विवाह तक से सम्बद्ध स्थितियाँ शामिल थीं।[2] इसके बाद की बहस और भागदौड़ का ही नतीजा था कि 1940 के दशक के शुरुआती सालों में हिन्दू कोड बिल (हिन्दू संहिता विधेयक) सामने आया। लेकिन राष्ट्रीय नेतृत्व राजनैतिक दृष्टि से ऐसे नाज़ुक समय में महिलाओं की मांगों को प्राथमिकता देने में हिचकिचा रहा था और यह मामला आज़ादी मिलने के समय तक टलता रहा। आज़ादी के बाद भी कटे-बदले इस बिल को बहुत ही उथल-पुथल भरे रास्ते से होकर गुज़रना पड़ा और 1955-56 में टुकड़ों-टुकड़ों में, लम्बे विरोध के बाद ही क़ानूनी रूप दिया जा सका था।

हिन्दू उत्तराधिकार अधिनियम, 17 जून 1956 को क़ानून का रूप लेकर लागू होने वाले हिन्दू कोड बिल का हिस्सा था।[3] इसके तहत हिन्दुओं में बिना वसीयत किए मर जाने वाले व्यक्ति के उत्तराधिकारी से सम्बद्ध क़ानून को संशोधित और संहिताबद्ध किया गया। उत्तराधिकार के क़ानून में बुनियादी और बहुत बड़े बदलाव लाए गए जो बीते

समय के बिल्कुल बरअक्स थे। इस क़ानून के अनुच्छेद-44 ने इसके प्रावधानों को बहुत प्रभावी बना दिया। इसके तहत हिन्दुओं पर लागू होने वाले इससे पहले के उत्तराधिकार सम्बन्धी क़ानून के सभी नियमों को निरस्त कर दिया गया, वे चाहे हिन्दू क़ानून से सम्बद्ध हों या किसी भी रिवाज की विषयवस्तु य़ा नियम हों या फिर अंग्रेज़ों के राज़ में अब के पाकिस्तानी पंजाब समेत अविभाजित पंजाब में किसी भी ऐसे चलन से सम्बद्ध हों जिसे क़ानून के बराबर मान लिया जाता था। इस क़ानून का अनुच्छेद-14 महिलाओं पर लागू होता था और इसमें उन्हें पुरुष सदस्यों के साथ उत्तराधिकार के बराबर हक़ दिए गए थे।[4] इस क़ानून ने पहली बार बेटियों, बहनों, विधवाओं और माँओं को इस क़ाबिल बनाया कि उन्हें ज़मीन विरासत में मिल पाए और उनके पास उसके निपटान के सम्पूर्ण मालिकाना अधिकार भी हों। इससे पहले विधवाओं को मिले हुए मिल्कियत के सीमित अधिकार को अब पूर्ण और बिना शर्त मिल्कियत के रूप में तबदील कर दिया गया था।

1956 के क़ानून को व्यापक स्तर पर काला क़ानून के तौर पर जाना गया – ग्रामीण भारत की बहुत गहरी परम्पराओं और संस्कृति को संज्ञान में न लिए जाने की वजह से पूरे उत्तरी भारत के ज़मींदारों की तरफ़ से नाराज़गी व्यक्त करते हुए इसका पुरज़ोर विरोध हुआ। इस क़ानून के आने के बाद पंजाब-हरियाणा के ग्रामीण इलाक़ों में आमतौर पर भारतीय राष्ट्रीय कांग्रेस की तीखी आलोचना का जज़्बा दिखाई दिया। अधिकतर शहरी, 'सत्ताधारी ब्राह्मण और बनिया कांग्रेसवाले' इस आरोप का निशाना बने कि वे ग्रामीण समस्याओं को नहीं समझते थे।[5] असल में तो यह क़ानून कांग्रेस के प्रति बड़ी तादाद में ज़मींदारों की सख़्त नफ़रत की एक अहम वजह बन गया था।[6]

महिलाओं के उत्तराधिकार से जुड़े हक़ों के लिए बनाया गया यह क़ानून प्रभावी तौर पर अविभाजित बरतानवी पंजाब के ग्रामीण इलाक़ों में सदियों से चली आ रही परम्पराओं और रिवाजों को उलटाने की कोशिश था जिनके तहत उत्तराधिकार सख़्ती से पुरुष वंशावली तक ही सीमित था। उपनिवेशीय बरतानवी सरकार को यह प्रथा स्वीकार करने से होने वाले राजनैतिक लाभ का एहसास था और इसलिए उसकी ओर से इस प्रथा के चलते रहने और उसे मज़बूती दिए जाने का भरोसा दिलाया गया था। इसलिए लम्बे दौर से चली आ रही स्थापित प्रथा का अब इस तरह उलट दिया जाना इतना आसान नहीं था। पुरुषों ने तो इसका सख़्त विरोध किया ही क्योंकि इस क़ानून से उनके हित बहुत ही ज़बरदस्त तरीक़े से प्रभावित हुए बल्कि लगता है कि महिलाओं ने भी इसे लागू किए जाने का विरोध किया। यह उनके लिए कितना ही फ़ायदेमन्द क्यों न हो, लेकिन संस्कृति और विचारधारा के स्तर पर लम्बे दौर में उन द्वारा आत्मसात कर लिए गए प्रचलन ने उन्हें इस नवाचार को स्वीकार करने से रोका और उन्होंने इस नए क़दम का हिस्सा बनने से इनकार कर दिया। यह दिलचस्प बात है कि परम्परा के ख़िलाफ़ जाने का उकसावा और उस में दरार डाले जाने का काम चाहे कितने ही सीमित स्तर पर हुआ हो, यह ख़ुद

पुरुषों की ओर से हुआ हालाँकि दिखावे के लिहाज़ से यह उन्होंने महिलाओं की तरफ़ से, उनकी हिमायत में किया।

उपनिवेशीय शासन के समय के हालात : महिलाओं के उत्तराधिकार सम्बन्धी अधिकार

उपनिवेशीय शासन की बात करें तो अंग्रेज़ों ने तय किया था कि सभी दीवानी मामलों में हिन्दुओं और मुसलमानों के पर्सनल लॉ की बजाए रिवाज या प्रथा को फ़ैसले लेने के लिए पहला नियम मान लिया जाए। इससे पंजाब-हरियाणा की महिलाओं के उत्तराधिकार के हक़ों के साथ गम्भीर तौर पर समझौता किया गया था, जबकि भारत में अन्य जगह हिन्दुओं और मुसलमानों के पर्सनल लॉ के आधार पर फ़ैसले लिए जाते थे न कि प्रथा के आधार पर। जैसा कि पहले ही संकेत दिया जा चुका है, ज़मींदार जातियों के नेतृत्वकारी पुरुष सदस्यों के दावे पर आधारित प्रथा को क़ानूनी तौर पर बाध्यकारी मान लिया गया था। गाँव की ज़मीन पर उन पूर्वजों के पुरुष वंशजों का मालिकाना हक़ माना जाता था जो मूल रूप से यहाँ आ कर बसे थे और जिन्होंने उस पर काम किया। इसलिए स्थानीय जातीय समूह या क़बीले के सदस्यों के तौर पर पितृ-पक्ष से सम्बद्ध वंशजों को ही सम्पत्ति के वापसी अधिकार प्राप्त थे। ज़मीन को आमतौर पर इस समूह से बाहर, अलग कर के नहीं दिया जा सकता था। इसके चलते हितों का बुनियादी टकराव बेटी और बहन के साथ होता था न कि विधवा के साथ। जैसा कि चर्चा की जा चुकी है, विधवा के पास तो ज़मीन के सीमित अधिकार थे और उसकी मौत पर ये अधिकार वापिस उसके पति के सगोत्र पुरुष-सम्बन्धियों को मिल जाते थे।

मूल रूप से इसका अर्थ यह था कि क्योंकि बेटियाँ और बहनें अपने पतियों के माध्यम से ताज़ा ख़ून और कुल/वंश की नई राहों की शुरुआत करती हैं, इसलिए उन्हें क़ानूनी तौर पर उत्तराधिकार के हक़ों के दायरे से बाहर रखने की ज़रूरत थी। यह इसलिए ज़रूरी था ताकि ज़मीन अपने सबसे नज़दीकी रिश्तेदार-समूह के पास ही रहे। इसी के चलते समाज के उस व्यापक 'जातीय' ढाँचे को बनाए रखा जा सकता था जिसके दम पर अंग्रेज़ों ने पंजाब में अपने अधिकार की व्यवस्था का निर्माण किया था।[7] और इसी के चलते जोतों के ग़ैर-किफ़ायती, आर्थिक तौर पर नुक़्सानदायक विभाजन को रोका जा सकता था। इसलिए पंजाब-हरियाणा की प्रथा को प्रथागत अधिकारों के संकलनकर्ताओं तथा बाद के क़ानूनविदों द्वारा स्वीकार कर लिया गया, जिसके तहत 'नियम के तौर पर बेटियों और उनके बेटों के साथ-साथ बहनों और उनके बेटों को उनके सगोत्र पुरुष सम्बन्धियों द्वारा अलग रखा गया'।[8] इसे आम-सामान्य प्रथा के तौर पर स्वीकार कर लिया गया था। इसके उलट सिद्ध करने का ज़िम्मा इसे चुनौती देने वाले पर रहता था।

जहाँ तक बेटी और बहन के रूप में महिला के अधिकारों और उनके हनन की बात है, 1913 में ज़िला हिसार के सेटलमेन्ट ऑफ़िसर सी.ए.एच.टाउनसेन्ड ने एक बहुत ही सारगर्भित बात कही थी जिसे उसके पूर्ण रूप में यहाँ देना वाजिब होगाः

> यहाँ मैं ध्यान दिलाना चाहूँगा कि 1840 की सेटलमेन्ट [सम्पत्ति-हस्तांतरण की व्यवस्था] में इलाक़े के विभिन्न गाँवों के तैयार किए गए वाजिब-उल-अर्ज़ [यानी ग्राम-प्रशासन के काग़ज़ात] में दो ही बिन्दुओं पर बात हुई है – सरकार के अधिकार और ज़मींदार। उत्तराधिकार, हस्तांतरण या महिलाओं के अधिकारों के बारे में कुछ भी नहीं कहा गया है। उपलब्ध सभी प्रमाणों से पता चलता है कि अब के मुक़ाबले में तब ये अधिकार कहीं अधिक व्यापक थे। इसका कारण जानने के लिए हमें बहुत दूर जाने की भी ज़रूरत नहीं है। उस समय देश बहुत ही अस्थिर हालत में था और समय-समय पर पड़ने वाले अकालों से बरबाद था। किसानों की ओर से बहुत मांग थी और क्योंकि जीवन और जायदाद तब इतने सुरक्षित नहीं थे जितने कि अब, बाहर के लोगों को गाँवों में लाने में आमतौर पर लोग ख़ुश ही रहते थे। इलाक़े के जाटों और राजपूतों के गाँवों के इतिहास की ध्यानपूर्वक जाँच, ख़ासतौर से राजपूत गाँवों की जाँच, से पता चलता है कि आज के ज़मींदार बड़ी संख्या में बेटियों और बहनों के वंशज हैं। तब इस बात पर अगर बन्दिशें थीं भी तो बहुत कम थीं कि एक ज़मींदार, जिसका कोई बेटा नहीं है, अपनी ज़मीन अपनी बहनों के बेटों या बेटियों को दे दे, बशर्ते कि वे गाँव में आ कर बस जाएँ।
>
> 1863 की सेटलमेन्ट में तैयार की गई वाजिब-उल-अर्ज़ में हमें एक बदलाव देखने को मिलता है; इनमें उत्तराधिकार और हस्तांतरण के पात्रों के सम्बन्ध में बात की गई है और उनके अधिकार के बारे में भी बात की गई है जिन का क़ब्ज़े पर सबसे पहला हक़ है। फिर भी, हालाँकि तब उन अधिकारों की कुछ सीमाएँ घोषित तौर पर मौजूद थीं, वे किसी भी सूरत इतनी सीमित नहीं थीं जितनी कि अब कही जाती हैं।
>
> हम पाते हैं कि हाल ही में हुई 1910 की सेटलमेन्ट में इन बिन्दुओं पर प्रथागत क़ानून काफ़ी विकसित है। आमतौर पर महिलाओं के अधिकार, कम से कम ज़मीन से सम्बद्ध तो ज़रूर ही, पहले से काफ़ी सीमित हो गए हैं, और यही बात हस्तांतरण और उत्तराधिकार के अधिकारों पर भी सामान्य तौर पर लागू होती है, ख़ासतौर से पैतृक ज़मीन पर। इसका कारण स्पष्ट ही है। यह इलाक़ा अधिक ख़ुशहाल हो गया है (मुख्य तौर पर नहरी सिंचाई के यहाँ तक पहुँचने की वजह से)। ज़मीन की क़ीमत बढ़ गई है और लोग अजनबियों के गाँव में आने और उनकी पैतृक ज़मीनें हासिल करने के बहुत ज़्यादा ख़िलाफ़ हैं।
>
> इलाक़े के इस इतिहास का ही नतीजा है कि मेरी राय में, जहाँ तक सामान्य तौर पर ज़मीन के हस्तांतरण के दम पर महिलाओं के अधिकारों, और ख़ासतौर से बेटी, बहन या उनके वंशजों को हस्तांतरण पर प्रतिबन्धों की बात है, लोगों की मान्यता है कि वे अब भी मौजूद हैं। मौजूदा प्रथाओं से भी ज़्यादा, लोग कुछ हद तक वही कहते हैं जो वे भविष्य के लिए चाहते हैं।
>
> किस वजह से लोगों ने इस तरह बढ़ा-चढ़ा कर कहा है, वह स्पष्ट ही है। दामाद

> हमेशा अल्पसंख्या में ही रहते हैं – और वे हैं, जो अपनी ज़मीन को बेटियों या बहनों को हस्तांतरित करना चाहते हैं। इसलिए यह कहना और मानना जवाब देने वालों की बहुसंख्या के हित में जाता था कि हस्तांतरण के अधिकारों पर उससे भी ज़्यादा बंदिशें हैं जितनी कि शायद अभी असल में हैं, चाहे सामान्य तौर पर या विशेष तौर पर बेटियों या बहनों के लिए। जहाँ तक स्वयं हासिल की गई जायदाद की बात है, जहाँ तक मेरा अन्दाज़ा है, ख़ासतौर पर किसी मालिक के पास हस्तांतरण सम्बन्धी ताक़त और अधिकार उतने सीमित नहीं हैं जितने कि लोगों द्वारा बताए गए हैं।[9]

पंजाब के अन्य हिस्सों से प्राप्त सूचनाओं के मुताबिक़ वहाँ भी ऐसा ही प्रचलन दिखाई देता है जिसमें बेटियों या बहनों और उनके रिश्तेदारों को ज़मीन की खेती के लिए बुलाया गया क्योंकि ज़मीन बहुतायत में थी और उसे जोतने के लिए हाथ कम थे।[10] फिर ज़मीन का मूल्य बढ़ जाने की वजह से और ज़मीन पर एक बहुत बड़ी जनसंख्या के निर्भर होने से पुरुष सगोत्र सम्बन्धियों ने अपने दावे ठोकने शुरू कर दिए जिसका नतीजा यह हुआ कि महिलाओं के अधिकार सीमित हो गए, यहाँ तक कि उन्हें अधिकारों से अलग भी रखा जाने लगा। बरतानवी प्रसाशकों के विचार में ज़मीन को अपने जातीय समूह के भीतर ही रखे रहने की यह प्रथा एक अच्छी प्रथा थी। उन्होंने इसे बढ़ावा दिया। उनकी राय में इस तरह का रिवाज 'किसान जनसमूह के अच्छे के लिए ही व्यवहार में आएगा।'[11] ज़ाहिर है कि परम्पराओं को नई शक्ल दी जा रही थी, यहाँ तक कि बदला भी जा रहा था।

महिलाओं के सम्पत्ति-अधिकारों पर फ़ैसले लेने के लिए समय-समय पर जब भी रिवाज-ए-आम को आधार बनाया गया तो न्यायपालिका द्वारा गाँवों में ज़मींदार पुरुषों की (ख़ासतौर से बेटी के अधिकारों के प्रति) राय की बदलती प्रकृति पर भी टिप्पणी की गई। मिसाल के तौर पर, पंजाब उच्च न्यायालय के मुख्य न्यायाधीश क्लार्क 1906 में न्यायाधीश रीड के साथ सहमत होते हुए कहते हैं:

> बरतानवी शासन में जैसे-जैसे ज़मीन का मूल्य बढ़ रहा है, ज़मींदार महिलाओं को उत्तराधिकार से अलग रखने के लिए बेचैन होते चले जा रहे हैं। वे बेटियों के ख़िलाफ़ पुरज़ोर तरीक़े से नियम बताने को तैयार हैं लेकिन अगर रिवाज इतनी मज़बूती से स्थापित है, तो यह अजीब ही बात है कि रिवाज-ए-आम के संकलन जैसे मौक़े पर वे इस बिन्दु पर एक भी उदाहरण देने की हालत में नहीं होते, जबकि तफ़सील से पूछताछ हो रही हो और अहमियत रखने वाले पुरुषों से उम्मीद की जाती हो कि वे अपने जवाब सोच-समझ कर ध्यान से देंगे।[12]

हालाँकि (दीवानी मामलों समेत) रिवाज-ए-आम में दर्ज प्रथाओं के हवालों से सम्बद्ध हिदायतें दी गई थीं, लेकिन समय में पीछे जाएँ तो 1892 में भी ऐसा नहीं था कि ये निर्देश 'दीवानी अदालतों द्वारा हमेशा अपनाए जा रहे थे।'[13] दूसरे शब्दों में, दीवानी अदालतों में रूझान बदलती हुई स्थानीय प्रभावी राय पर ध्यान दिए जाने का था। इस राय का

रुख़ ज़मीन और विरासत में महिलाओं के अधिकारों को पूरी तरह रोकने का न भी हो तो उनके अधिकारों को काफ़ी हद तक जोखिम में डालने का तो ज़रूर था। इसी से उस गड़बड़ की व्याख्या होती है जो एक जैसे मामलों के सन्दर्भ में भी क़ानूनी स्तर पर काफ़ी हद तक दिखाई देती है। एक ही जाति-समूह में भी परस्पर-विरोधी फ़ैसले सुनाए जा रहे थे। मिसाल के तौर पर, 1890 में, ज़िला पानीपत के जौरासी क़स्बा की एक जाट महिला लाडो का मामला ही लें। अपने पिता की मौत के बाद नज़दीकी सगोत्र सम्बन्धियों के न होने की वजह से उसने ज़मीन की खेती और प्रबन्धन करना शुरू कर दिया था। इसे अदालत में उसके बहुत ही दूर के, सत्रह दर्जे हटे हुए, सगोत्र सम्बन्धियों द्वारा चुनौती दे दी गई। राजस्व अधिकारियों ने बेटी के हक़ में फ़ैसला दिया मगर 'इसलिए नहीं कि ज़मीन पर अधिकार उसका था' बल्कि इसलिए कि 'ज़मीन असल में उसके क़ब्ज़े में थी।'[14] उसी साल ज़िला पानीपत के गाँव छपरियाँ के गूजरों के मामले का हवाला भी दिया जा सकता है जब राजस्व अधिकारियों ने इसी तरह बहुत दूर के सगोत्र सम्बन्धियों के दावों के ख़िलाफ़ जाते हुए ज़मीन मृत ज़मींदार की बेटी बीर देई के हक़ में तबदील कर दी थी।[15]

इस तरह की मिसालों में न्यायपालिका द्वारा इस प्रचलित कहावत का सहारा लिया जाता था कि 'क़ब्ज़ा हो, रिवाजन न हो, वारिस है' (रिवाज न होने के बावजूद असल क़ब्ज़ा है तो मानो कि अधिकार है)। लेकिन कुल मिला कर देखें तो पैतृक और ख़ुद हासिल की गई, दोनों तरह की सम्पत्ति से बेटी को अलग रखे जाने को जजों द्वारा मान्यता दी जाती थी।[16] इस तरह के रिवाज के बावजूद, निम्न जातियों के लिए भी रिवाज से भिन्न इस हक़ीक़त को वैध माना गया था। मिसाल के तौर पर, नाइयों में उभर कर आने वाले कुछ मामलों का फ़ैसला खेतीहर जातियों के दर्ज रिवाजों के मुताबिक़ किया गया और जजों ने निर्णय दिया कि बेटियाँ को पिता की जायदाद नहीं मिल सकती थी।[17] मुसलमान भी पंजाब के 'जातीय क़ानून' से निर्धारित होने का दावा करते थे, जो जायदाद के मामलों में महिला के उत्तराधिकार को बाहर रखता था। यह मुस्लिम पर्सनल लॉ के बरअक्स था जो जायदाद का एक हिस्सा महिलाओं को दिए जाने की इजाज़त देता था जो बाप की जायदाद से बेटे को मिलने वाले हिस्से के आधे के बराबर था।[18] बेटियाँ अकसर मुस्लिम लॉ के तहत अपना हिस्सा पाने के लिए अदालत का दरवाज़ा खटखटाती थीं और अदालत उनके दावों को ख़ारिज कर देती थी।[19]

पंजाबी-हरियाणवी ग्रामीण जीवन के हिस्से के तौर पर महिलाओं को विरासत से बाहर रखे जाने के रिवाज को करीब एक सदी के बरतानवी शासन ने क़ानूनी तौर पर स्थापित कर दिया। महिलाएँ इतने लम्बे अरसे तक सम्पत्ति से पूरी तरह अलग रहने वाले रिश्ते में रहीं कि 1956 में क़ानूनी तौर पर समर्थ बनाए जाने पर भी एकदम से इसे स्वीकार करना उन्हें बहुत मुश्किल लगा। सांस्कृतिक और नैतिक तौर पर उन्हें सम्पत्ति

से अलग रखने वाली हावी विचारधारा की वजह से यह और भी ज़्यादा मुश्किल हो गया।

2. सांस्कृतिक विचारधारा: पराया धन बनाम विरासत के दावे

औरत को उसके बचपन से ही जिस परम्परा के तहत पाला-पोसा जाता रहा है – और अब भी पाला-पोसा जाता है – उसके मुताबिक़ वह 'पराया धन' है यानी किसी और की सम्पत्ति या धन है। आमतौर पर शुरुआती बचपन में ही उसकी शादी कर दी जाती है।[20] वह अपनी पैदाइश के घर को अपने घर की तरह कभी नहीं देखती और अपने पिता की जायदाद को भी अपनी नहीं बल्कि अपने भाई की जायदाद के रूप में देखती है क्योंकि उसका वंश-समूह उसके पिता का नहीं बल्कि उसके पति वाला माना जाता है। जैसा कि हिन्दुओं में होता है, उसकी शादी वंशावली के हिसाब से रिश्तेदारी में कुछ क़दम हट कर, वर्जित समूहों के अलावा किसी अन्य समूह में की जाती है।[21] उसे किसी अन्य वंश-समूह का हिस्सा माना जाता है और वह ख़ुद भी ऐसा ही मानती है और इसलिए उसकी पैदाइश के परिवार में सहज-स्वाभाविक तौर पर उसके कोई अधिकार स्वीकार नहीं किए जाते।

रस्मों में झलकती पराया धन होने की तस्वीर

पराया धन होने का उसका दर्जा शादी से सम्बन्धित रस्मों से साफ़ ज़ाहिर हो जाता है। मिसाल के तौर पर, कन्यादान (कुंवारी कन्या का दान) के विचार को ब्राह्मणवादी धर्म और शास्त्रों में महादानों में से एक माना गया है क्योंकि यह दान दानकर्ता के लिए धार्मिक अर्थ में बहुत अच्छा, पुण्य से जुड़ा हुआ दान माना जाता है।[22] यह पंजाब और हरियाणा के ग्रामीण हिन्दुओं में विवाह की रस्मों का अभिन्न हिस्सा है – और ऐसा इसके बावजूद है कि उन पर कभी भी मज़बूत ब्राह्मणवादी प्रभाव नहीं रहा है। कन्यादान के महत्त्व का मूल्यांकन पूरे उत्तरी भारत में प्रचलित, इस लोकप्रिय स्थानीय कहावत से हो सकता है:

सोना को दान, चांदी को दान, और कन्या को दान, दुहेला हो राम।[23]
(सोना, चांदी और कन्या का दान बहुत ही दुर्लभ, कठिन काम है।)

कन्यादान को धार्मिक परोपकार का काम माना जाता है। इसलिए उससे सम्बद्ध विचारधारा के तहत यह भी कहा जाता है कि कन्या के बदले में कुछ लिया नहीं जा सकता। दिलचस्प बात है कि हालाँकि वधू-मूल्य (जैसा कि अध्याय-1 में दिखाया गया है) कन्यादान के विचार के साथ सीधे टकराव में है और वह ग़ैर-कन्यादान विवाह के बिल्कुल अनुरूप है, इसके बावजूद, धर्मशास्त्र के आदेश के तहत कन्यादान-विवाह के सबसे निम्न रूप के तौर पर उसके लिए जगह बनाई जा सकती है।[24] कन्या पति को भेंटस्वरूप दी जाती है और उसके बाद उसकी पूरी ज़िम्मेदारी कन्यादान करने वाले से

पति और उसके परिवार के पास चली जाती है।[25] दानकर्ता के अब उस पर कोई अधिकार नहीं रहते, उसके प्रति सिर्फ़ कर्तव्य रहते हैं। सम्बद्ध विचारधारा से इस बात को और मज़बूती मिलती है कि उसकी पैदाइश के घर से औरत का औपचारिक सम्बन्ध लगभग पूरी तरह टूट जाए।

बिदाई की रस्म के समय गाए जाने वाले बिदाई-गीत कन्या के दृष्टिकोण से गाए जाते हैं। उनमें वह सबके सामने, बहुत ही सजीव तरीक़े से, पराया हो जाने की स्वीकृति दर्शाती है। अपने माता-पिता का घर छोड़ते समय दुलहन कहती है:

यो घर ले मेरा जामी, छोड़ी तरी देह्ळी।[26]
(मुझे जीवन देने वाले मेरे पिता, ले, मैं तेरे घर की दहलीज
हमेशा के लिए छोड़ चली।)

एक अन्य बिदाई-गीत में लड़की अपनी शादी के बाद जल्द से जल्द वापिस बुला लिए जाने की गुज़ारिश करती है तो उसकी भाभी उसे डांटते हुए कहती है:

बेबे कौन यहाँ तेरा काम।[27]
(बहन, अब तूँ यहाँ की नहीं है, अब तेरा यहाँ क्या काम!)

गीत इस बात का ज़िक्र करता है कि वह अपने 'वैध स्वामियों' के पास जा चुकी है। लम्बे समय तक माँ-बाप के पास 'सुरक्षित रहती आई' लड़की के जाने के बाद अब उनका 'बोझ हल्का हो गया' है।

बिदाई की रस्म के वक़्त होने वाले संस्कार भी इस स्थिति को रेखांकित करते हैं। विवाह की रीति पूरी हो जाने के बाद जब दुलहन अपने पति के साथ 'अपने घर' जाती है, तो उसे अपने पति द्वारा भेंट किए गए कपड़े पहनने होते हैं। यह इस बदलाव का प्रतीक है कि वह पिता की वंशावली की बेटी होने की स्थिति से अपने पति के वंश-समूह में पत्नी होने की स्थिति में आ गई है। इसके बाद से वह अपने पिता के घर में बस एक मुलाक़ाती ही होगी।

सांस्कृतिक विचारधारा के सामाजिक-आर्थिक प्रभाव

जन्म से ही औरत को अपने तरीक़े से ढालने वाली इस सांस्कृतिक विचारधारा के सामाजिक-आर्थिक प्रभाव रहे हैं। ख़ुद को अपनी पैदाइश वाले परिवार का हिस्सा न समझने की वजह से वह कल्पना भी नहीं कर पाती कि उस परिवार की सम्पत्ति में उसका भी कोई हिस्सा है। इसलिए, न सिर्फ़ यह कि परिवार के पुरुष सम्पत्ति पर उसके अधिकार को स्वीकार नहीं करते और उसे वे स्वयं के लिए आरक्षित कर लेते हैं बल्कि महिलाओं का समाजीकरण भी इस रूप में नहीं होता कि वे उसे अपना अधिकार मानें। सांस्कृतिक तौर पर एक औरत इस रूप में रहने की आदी हो चुकी होती है कि वह अपने पति के

परिवार का हिस्सा है। इसलिए औरत सिर्फ़ अपने पति की सम्पत्ति में अपना हिस्सा देख पाती है। अपनी पैदाइश वाले परिवार की सम्पत्ति पर दावा करने की बात को वह इस शक्ल में देखती है कि इसका अर्थ दो जगह से हिस्सा लेना होगा – वह सवाल खड़ा करती है कि वह दो जगह से हिस्सा क्यों ले?[28]

साफ़ है कि हालाँकि सम्पत्ति के एक से दूसरे हाथ में जाने और वंशावली के पितृवंशीय सिद्धांत को 1956 के अधिनियम के तहत क़ानूनी तौर पर त्याग दिया गया था, पितृवंशीय विचारधारा अब भी हावी बनी हुई है। महिलाएँ पुरुषों द्वारा पुरुषों को ज़मीन विरासत में दिए जाने के 'आदर्श तौर-तरीक़े' को असल में स्वीकार करती हैं। क़ानूनी स्थिति चाहे जो भी हो, ऐसा लगता है कि औरत ने ख़ुद भी इस बात को स्वीकार नहीं किया है कि वह अन्य दावेदारों के साथ विरासत के अधिकार की बराबर हक़दार है।

भाई-बहन का रिश्ता और उसके आयाम

1956 के क़ानून के तहत महिलाओं को दिए गए विरासत में बराबर के अधिकार को मूल रूप से भाई के ख़िलाफ़ बहन के दावे के तौर पर देखा जाता है। यह भाई-बहन के बीच प्यार और एकजुटता की उस मज़बूत सांस्कृतिक परम्परा को चुनौती देता है जिसे ख़ासतौर से ग्रामीण इलाक़ों में रेखांकित किया जाता है। इस तरह के रिश्ते को मिलने वाली कोई भी चुनौती, जो सम्भावित बेक़ाइदगियों की तरफ़ इशारा करते हुए 'बहन-चोद' की गाली में प्रतिबिम्बित होती हो, गाँव में ख़ून-ख़राबा और हिंसा होने के लिए काफ़ी होती है।[29] अहम बात यह है कि बहन की इज़्ज़त को तो इस हद तक मूल्यवान आंका जाता है, लेकिन उसकी भौतिक अवस्था को नहीं; बहन-भाई के बीच के सम्बन्ध की नैतिक पवित्रता पर तो बल दिया जाता है, लेकिन बहन के विरासत के अधिकारों के ठोस, भौतिक मिज़ाज पर नहीं। नैतिक पवित्रता के इस रिश्ते का गीतों, त्यौहारों, लोकोक्तियों और अन्य रस्मों में गुणगान किया जाता है। जन्म के वक़्त बना यह रिश्ता और बन्धन आदर्श तौर पर मौत और उसके बाद तक भी बना रहता है।

बहन-भाई के रिश्ते से जुड़े त्यौहार और उनसे सम्बद्ध रस्में सबसे महत्त्वपूर्ण त्यौहारों और रस्मों में गिने जाते हैं। बहन अपने भाई की इज़्ज़त करती है और उसके लिए शानदार भविष्य और लम्बी उम्र की दुआ करती है। इनमें रक्षा-बन्धन और भाई-दूज के सालाना त्यौहार शामिल हैं – भाई-दूज मुख्य तौर पर बनिया और ब्राह्मण समुदायों द्वारा मनाया जाता है। रक्षा-बन्धन में पोंहची-बंधाई; भाई-दूज में आरती के साथ भाई के माथे पर पवित्र तिलक लगाया जाना; भाई को मिठाई खिलाने का रिवाज; भाई द्वारा बहन को पैसों या तोहफ़ों के साथ अपना आशीर्वाद दिया जाना – ये सब उन दोनों के बीच ताउम्र रहने वाले रिश्ते की निशानियाँ मानी जाती हैं। ये त्यौहार भाई द्वारा बहन को जीवन भर मुहैया करवाई जाने वाली सुरक्षा को उजागर करते हैं। ननद द्वारा भाभी की कलाई

पर राखी बांधा जाना कोई ग़ैर-मामूली बात नहीं है। इस तरह भाभी को भी भाई (यानी भाभी के पति) की ही श्रेणी में, उसके बराबर रखते हुए, सुरक्षा प्रदान करने वाले और उपहार देने वाले के रूप में लिया जाता है।[30] काम-काज से जुड़े रिश्ते में निम्न-जाति की महिलाओं की तरफ़ से उच्च-जाति के पुरुषों से इसी तरह अपनी प्रतीकस्वरूप सुरक्षा का अनुरोध रहता है। रस्मी धागा अर्पित किया जाता है हालाँकि बांधा नहीं जाता और उच्च-जाति के पुरुष रिवाज के तौर पर उसके एवज़ में कुछ पैसा देते हैं।

उपनिवेशीय समयकाल के बाद भी, ख़ासतौर से उत्तरी भारत में, बहन की इस सामाजिक भूमिका पर बल दिया जाता रहा है। जो आदर-सत्कार और आशा बीवी और माँ की सामाजिक भूमिका के साथ जुड़े हैं, उन्हें बहन की सामाजिक भूमिका के साथ भी सम्बद्ध किया जाने लगा है। ग्रामीण और शहरी इलाक़ों में दीवारों पर सजावट के लिए टाँगे जाने वाले लोकप्रिय कैलेण्डरों में भाई-बहन के रिश्ते को केन्द्रीय विषय के रूप में दिखाए जाने का चलन है, जिसमें इसकी बख़ूबी झलक मिलती है। पैट्रिशिया ओबरॉय एक कैलेण्डर की ओर ध्यान आकर्षित करती हैं जिसमें राखी बांधने की रस्म का पालन करते हुए भाई-बहन दिखाए गए हैं। जंग और खेतीहर ख़ुशहाली के पसमंज़र में राखी बांधने की राजपूत/क्षत्रिय/ग़ैर-ब्राह्मण परम्परा पर बल देते इस तरह के कैलेण्डर[31] हरियाणा, पंजाब और दिल्ली के बहुत से लोगों के घरों को सजाने के लिए प्रयोग किए जाते हैं। 1960 के दशक के बाद से इन इलाक़ों में कैलेण्डरों की एक झड़ी सी लग गई जिनमें बहनें फ़ौजी जवानों को राखी बांधती हुई और तिलक लगाती हुई दिखाई जाती थीं। इस तरह के कैलेण्डरों के प्रचलन में इन इलाक़ों की सूरमा परम्परा का भी हाथ रहा है जिसे युद्ध से और ज़्यादा मज़बूती मिलती रही है। ये छवियाँ महिलाओं की बहन के रूप में पहचान को बढ़ाने, उसे ऊपर उठाने और सक्रिय तौर पर प्यार के बन्धनों की पैरवी का काम करती हैं और भौतिक सुरक्षा की जगह आध्यत्मिक क़िस्म की सुरक्षा का प्रतीक हैं। पैट्रिशिया ओबरॉय सुझाती हैं कि ये छवियाँ भूतकाल और वर्तमान काल की हावी पितृसत्तात्मक विचारधाराओं के ख़िलाफ़ प्रतिरोध का स्थल हैं। मगर असल में तो ऐसा लगता है कि ये घातक पितृसत्तात्मक बन्दिशों और सीमाओं को आगे बढ़ाने का काम करती हैं, ख़ासतौर पर तब जब इन्हें विरासत के सवाल से सम्बद्ध नई सामाजिक पृष्ठभूमि के सन्दर्भ में देखा जाए। जैसा कि एक लोकप्रिय पंजाबी मिथक से हमें मालूम होता है, इस रिश्ते में किसी भी तरह के विचलन या उसके उलट जाने को कलियुग-आगमन की पक्की निशानी माना जाता है:

ना माँ पुत्त नूँ देख के राजी
ना पुत्त माँ नूँ देख के राजी
भ्रा किहा ना मैनूँ भैण दिस्से
भैण किहा ना मैनूँ भ्रा दिस्से।[32]

(जब माँ बेटे को देख कर ख़ुश न हो
न ही बेटा माँ को देख कर ख़ुश हो
जब भाई बहन को बहन मानने से इनकार कर दे
और बहन भाई को भाई न माने।)

परम्परा पर चलते हुए भाई जीवन भर न केवल अपनी बहनों के प्रति कर्तव्य में बंधे होते हैं बल्कि बहन के बच्चों के प्रति भी उनका कर्तव्य रहता है। बच्चों का मामा होने के नाते ज़िन्दगी के अलग-अलग पड़ावों से जुड़ी रस्मों के मौक़ों पर वे रीति-रिवाज निभाते हुए भेंट और उपहार देते हैं।[33] यह दोहरा रिश्ता इस लोकप्रिय कहावत में बहुत अच्छे से अभिव्यक्त होता हैः

माँ री मेरा मामा आया
आण दे, भाई ते मेरा सै।[34]
(मामा आया है, माँ
आने दे, भाई तो मेरा है)

उत्तर भारत में बच्चों के बीच मामा का प्रचलित सम्बन्ध उपहार लाने वाले व्यक्ति का है। इस एक कारण से ही उसे बहुत प्यार किया जाता है और उसके आने का इन्तज़ार बहन और उसके बेटों को रहता है। असल में तो मामा से हर तरह की मदद की उम्मीद एक अधिकार और कर्तव्य के तौर पर रहती है। इस रिश्ते को प्रतीकस्वरूप दर्शाती उत्तर-प्रदेश की एक स्थानीय कहावत है जिसे हरियाणा और पंजाब में भी करीब-करीब उसी रूप में दोहराया जाता है : 'माँ का भाई अपनी बहन के बेटे को अपनी अकेली भैंस ले जाने से भी नहीं रोक सकता'[35] – जबकि दूधारू पशु परिवार के आर्थिक संसाधनों और ख़ुशहाली का प्रतीक है।

भाई का सद्‌भाव एक औरत के लिए महत्त्वपूर्ण है क्योंकि वह चाहती है कि अपनी शादी के बाद वह इस स्थिति में रहे कि ज़रूरत पड़ने पर वह उसकी मदद – या कुछ और भी – ले सके। हालाँकि वह उस वंश-समूह की हो गई मानी जाती है जिसमें उसकी शादी हुई है, वह समूह उसे अपना स्वीकारने में काफ़ी समय लेता है।[36] शादी के बाद बहू के तौर पर परिवार के व्यवस्था-क्रम में उसका दर्जा सबसे कमतर होता है। धीरे-धीरे ही वह उस क्रम में ऊपर की ओर उठ पाती है। ऐसा होने तक वह असुरक्षित ही महसूस करती है और उसे अपने जन्म वाले घर की याद रह-रह कर आती है। एक जवान और अनुभवहीन दुलहन के तौर पर वह एक अजनबी परिवार में प्रवेश करती है जो उसे विरोधी की तरह दिखाई देता है। गाँव की जाति, समूह आदि से बाहर विवाह करने की प्रथा उसके अकेलेपन को और अधिक बल देती है। अपने ससुराल के परिवार में उसका सीमित, पाबंदियों भरा, काम के बोझ वाला जीवन अपने जन्म के परिवार में बिताए जीवन से बिल्कुल अलग होता है – वह पीहर जाती है तो घूँघट करने की कोई

ज़रूरत नहीं होती, उसे ज़्यादातर काम से ख़ाली रखा जाता है, यहाँ तक कि बच्चों की देखभाल भी उसकी भाभी या माँ जैसी अन्य महिलाएँ अपने ज़िम्मे ले लेती हैं। अपनी एकरस ज़िन्दगी जीते हुए मायके के इन दौरों की यादों में घिरे रहना उसे अच्छा लगता है; उसके लिए यह अपनी नीरसता से बच निकलने का रास्ता है – अपनी मर्ज़ी से तो वह बच निकलने के इस रास्ते से कभी भी अलग न हो।[37]

अपने भाइयों से अलग होने वाली और उनके साथ तनाव भरे सम्बन्ध रखने वाली औरत का 'ससुराल में आदर नहीं होता'।[38] असल में तो वह अपने भाइयों से मिले धन और उपहारों का प्रदर्शन करते हुए अपने मायके और उसकी 'उदारता' की तारीफ़ करने में कोई कसर नहीं छोड़ती। एक बहुत ही लोकप्रिय कहावत में इस बात का ज़िक्र आता है:

नीम के निमोली लागा, सावन कद आवेगा
आए री मेरी माँ का जाया, के के चिज्जी लावावेगा?[39]
(नीम पे निमोली आ गईं, सावन भी आता ही होगा
मेरा भाई आएगा तो क्या-क्या उपहार लाएगा?)

इसी तरह एक और लोक-गीत में एक बहन अपने भाई से अलग-अलग तरह की चीज़ें रस्मी तोहफ़ों के तौर पर लाने की इल्तिजा करती है। भाई अपनी सफ़ाई में कहता है कि इतना कुछ ला पाना उसके बस की बात नहीं है:

जिनके हे जिज्जी इतना ना हो
वे क्यूँ आवे हैं जिज्जी भातई?[40]
(ऐ मेरी बहन, जिनके पास बहुत कुछ नहीं है
वो कैसे भातियों की तरह ख़ूब खर्च कर के भेंट-उपहार लाएँ?)

बहन जवाब देती है:

अपनी रे बीरा अपनी जोयण ने बेची
तू आइये मेरा भातई।
(चाहे अपनी बीवी बेचनी पड़े
लेकिन तुम भातियों की तरह ख़ूब भेंट-उपहार लेकर आना।)

भाई के न होने पर तो बहुत ही बुरा महसूस किया जाता है:

सूनी है भाई बिन बहन।[41]
(बिना भाई, बहन के लिए सूनापन रहता है।)

3. बदलती परम्पराएँ: पुनर्विवाह और तलाक़

भाई या भाइयों के साथ आवश्यक लगाव और इन सम्बन्धों को पोषित करने की ज़रूरत उपनिवेशीय समयकाल के बाद और भी अधिक बढ़ गई है क्योंकि अपनी पैदाइश के

परिवार के साथ, ख़ासतौर से भाई के साथ, अच्छे सम्बन्ध बनाए रखने का महत्त्व एक और तरह से बढ़ गया है। ऐसा पुनर्विवाह यानी विधवाओं की दोबारा शादी की बढ़ती लोकप्रियता की वजह से है।

इस इलाक़े में विधवा-पुनर्विवाह का रिवाज अब सिर्फ़ देवर द्वारा लत्ता-ओढ़ाई वाले रूप में नहीं रह गया है, जैसा कि उपनिवेशीय काल में था जब विधवा के मृत पति का परिवार और राज्य, दोनों पुनर्विवाह के इस रूप के अलावा किसी भी अन्य रूप को पसन्द नहीं करते थे और किसी भी अन्य रूप में पुनर्विवाह होने पर सक्रिय हस्तक्षेप करते थे। महत्त्वपूर्ण है कि अपनी मूल सादगी में विवाह के दोनों रूप, पुनर्विवाह और करेवा, एक दूसरे से बहुत मिलते-जुलते हैं। पुनर्विवाह में अहम रस्म दूल्हा और दुलहन द्वारा एक दूसरे को जयमाला पहनाने की है। फेरे लिए जाने की इजाज़त नहीं होती – जब तक कि विधवा पाकदामन, यानी 'सम्भोगहीन' न हो। जानकारी के मुताबिक़ अकेले बनिये ही ऐसे हैं जो एक जवान बेऔलाद विधवा, 'जो अपने पति के साथ नहीं रही है', का विवाह सामान्य तौर पर होने वाली रस्मों के साथ करते हैं।[42] साथ ही, पुनर्विवाह एक ऐसा वैवाहिक-सम्बन्ध है जो ब्याह के बराबर सन्तुष्टि नहीं दे सकता, और पुनर्विवाह में दूल्हों में लगभग हमेशा ही किसी न किसी रूप में कमी होती है।[43] जैसा कि 1982 के एक हरियाणा डिस्ट्रिक्ट गज़ेटियर द्वारा ध्यान दिलाया गया है, परम्परागत तौर पर इसकी आलोचना करने वाले जाति-जागरूक राजपूतों, बनियों और ब्राह्मणों में भी पुनर्विवाह को लोकप्रियता मिल गई है। इसके अलावा, अन्य किसान जातियों की ही तरह उन जातियों में भी पुनर्विवाह के तौर पर पहली पसन्द देवर के साथ शादी के रूप में करेवा है और जब 'भाइयों में से कोई भी अपनी विधवा भाभी को पत्नी के तौर पर स्वीकार नहीं करता, तब ही उनकी जाति में कहीं पुनर्विवाह किया जाता है।'[44]

इसका मतलब है कि पुनर्विवाह अब सिर्फ़ विधवा के चल बसे पति के परिवार का ही सरोकार नहीं रह गया है। इस सम्बन्ध में विधवा की पैदाइश का परिवार भी आवश्यक तौर पर महत्त्वपूर्ण हो गया है क्योंकि अगर विधवा या उसके पति के भाइयों में से कोई भी करेवा के लिए तैयार नहीं है, तो उसके लिए दूसरा वर उसके पीहर द्वारा ही तलाश किया जाएगा। हाल के सालों में देवर द्वारा लत्ता-ओढ़ाई की प्रथा बीच-बीच में टूटती रही है क्योंकि कई मामलों में जवान, बेऔलाद विधवाएँ अपने माँ-बाप के पास वापिस चली जाती हैं और फिर से शादी कर लेती हैं।

भाई की अहमियत और उसके साथ अच्छे सम्बन्धों का महत्त्व

ऐसे में पुनर्विवाह की व्यवस्था आमतौर पर भाई द्वारा करवाई जाती है और इसकी बढ़ती हुई लोकप्रियता की झलक लोक-कथाओं और स्थानीय लोकोक्तियों में भी देखने को मिलती है। 'राण्ड कौन'[45] शीर्षक की एक छोटी सी लोक-कथा एक विधवा के

पुनर्विवाह में भाई की भूमिका का ख़ाका खैंचती है। इसमें एक औरत के पति, बेटे और भाई को एक बड़ा जुर्म करने का ज़िम्मेदार ठहराया जाता है। राजा उनमें से दो को मृत्यु-दण्ड दे देता है। वह औरत से कहता है कि वह जिसे बचाना चाहती है, उसका चुनाव कर ले। वह अपने भाई का चुनाव करते हुए कहती है, "अगर मेरा भाई मर गया तो मैं उसे कभी भी वापिस नहीं ला पाऊँगी क्योंकि जिस स्रोत से वह पैदा हुआ था, वह अब सूख चुका है। वह ज़िन्दा रहता है तो मैं शादी तो फिर से कभी भी कर सकती हूँ और बेटे को जन्म भी दे सकती हूँ।' एक लोकप्रिय कहावत में इसी कहानी का सार मौजूद है:

राण्ड ते वा जिसके मर जाँ भाई
खसम ते और भी कर ले।[46]

(एक महिला असल में तो भाई की मौत पर विधवा होती है
पति तो कोई और भी हो सकता है।)

ये लोकप्रिय कथा और लोकोक्ति उन रिश्तों के कम महत्त्व पर ज़ोर देती हैं जो हासिल किए जा सकते हैं – और विधवा होने की अस्थाई, चार-रोज़ा अवस्था पर भी ज़ोर देती हैं।

असल में तो एक औरत के लिए उसके भाई और भाई के बेटों की जानें उसके अपने पति और बेटे/बेटों की जानों से कम अहमियत नहीं रखतीं। इस बात की झलक हमें इस आशीर्वाद में देखने को मिलती है जो आमतौर पर किसी जवान औरत को उम्र में उससे बड़ी महिलाओं द्वारा दिया जाता है:

बेबे बहू, बुढ सुहागन हो
तेरे बेटा हो, तेरे भाई-भतीजे जीवें।[47]

(दुआ है कि तुम्हारा लम्बा वैवाहिक जीवन हो
आशीष है कि तुम बेटे को जन्म दो, तुम्हारे भाइयों और भतीजों की लम्बी उम्र हो।)

ससुराल में नई दुलहन के आगमन पर गाए जाने वाले एक और गीत में सास की ओर से बहू के भाई और भाई के बेटों को आशीष देते हुए उसे आशीर्वाद दिया जाता है:

जियो हे तेरे भाई भतीजे बन्ना रहे भरतार
मेरे बेटे की बेल बढ़ाई जाम्मे हे राजकँवार।[48]

(तेरे भाई और भतीजे लम्बी उम्र पावें, तेरे पति की भी लम्बी आयु हो
मेरे बेटे की वंश परम्परा चालू रखना, राजकुमार को देना जन्म।)

इस तरह के सांस्कृतिक माहौल में अपने भाई के बरअक्स बहन का जायदाद के लिए दावा एक खुल्लम-खुल्ला भटकाव और बुद्धि-भ्रष्टता माना जाएगा और इसे एक 'अस्वाभाविक कृत्य' कहा जाएगा।[49] जैसा कि पंजाब में हुए एक अध्ययन से पता चलता है, ग्रामीण हल्कों में राय इस बात के इतना ज़्यादा ख़िलाफ़ है कि 'लड़की इतनी शर्म

भरे कृत्य के बाद अपने बाप के घर में शायद फिर कभी अपना चेहरा तक दिखाने की हिम्मत नहीं करेगी।'[50]

भाइयों के साथ अच्छे सम्बन्ध बनाए रखने की ज़रूरत इस एहसास से भी पैदा होती है कि शादी का रिश्ता ऐसा रिश्ता है जिसमें कभी भी मुश्किलें आ सकती हैं – पति की तरफ़ से नहीं तो पति के परिवार की ओर से। असल में तो परिवार के सबसे बड़े पुरुष सदस्य की तरफ़ से महिलाओं के लिए हर वक़्त लागू होने वाले निर्देश ये रहते हैं कि छोटी लड़कियों को ज़्यादा आनन्द में न रखा जाए क्योंकि बाद के जीवन में शादी के पश्चात उसे अपने ससुराल में बहुत सख़्त बरताव का सामना करना ही पड़ेगा। बचपन से ही उसे 'आदत डाल दी जानी' होती है कि वह इस तरह के बरताव को बहुत ही शांत तरीक़े से बिना किसी बदले या प्रतिकार के स्वीकार कर ले।[51] ससुराल और उसके बीच लगातार रहने वाला यह तनाव कई लोक-गीतों में केन्द्रीय विषय के तौर पर अकसर देखने को मिलता है। अपने भाई को शिकायत करने वाली एक लड़की के बारे में एक लोक-गीत इस सचाई की ओर बहुत ही सजीव तरीक़े से ध्यान आकर्षित करता है:

सासू तो बीरा चूल्हे की आग
ननद भादों की बिजली
सुसरा तो बीरा काला सा नाग
देवर साँप सँपोलिया
जेठा तो रे बीरा बिच्छू का डंक
उपले पात्थन डस जाए जी
राजा तो रे बीरा मेहन्दी का पेड़
कदी रचे रे कदी ना रचे।[52]
(ओ मेरे भाई मेरी सास तो चूल्हे की आग है
ननद भादों में पड़ने वाली बिजली
और ससुर तो मेरा काला नाग है
देवर साँप-सँपोलिया
और जेठ, मेरे भाई, बिच्छू है
डसने को हर वक़्त तैयार
पति मेरा मेहन्दी के पेड़ जैसा है
जिसका रंग कभी तो चढ़ता है और कभी नहीं।)

यहाँ महिला और पुरुष, दोनों को ही जवान दुलहन के लिए सम्भावित मुश्किलें पैदा करने वालों में शामिल किया गया है, यहाँ तक कि वह अपने पति का भी भरोसा नहीं करती कि वह उसका पक्ष लेगा।[53] भाई के साथ भावनात्मक सम्बन्ध बनाए रखने

की उसकी इच्छा इस बात से रेखांकित होती है कि औरत टकराव की इस सम्भावना का सही आकलन करते हुए इसे स्वीकार कर लेती है। हालाँकि नैतिकता के हवाले से पति और भाई दोनों को ही महिला की सुरक्षा करने वालों के रूप में देखा जाता है, लोक और मौखिक परम्पराओं के मुताबिक़ औरत की समझ पति पर प्रेमी के रूप में और भाई पर सुरक्षा करने वाले के रूप में बल देती है।[54] असल में तो भाई ही उसे उसके पति से बचा सकता है। इसीलिए वही उसकी 'असली सुरक्षा करने वाले', उसके पति से 'उसके हित' बचा कर रखने वाले और 'उसके और उसके पति के हितों' को अन्य लोगों से बचा कर रखने वाले के रूप में उभरता है।[55]

बीवी के भाई की नकारात्मक छवि

बहनोई (बहन के पति) के सम्बन्ध में साला (पत्नी के भाई) की स्थिति ग़ैर-बराबरी की और दर्जे में कमतर है – इसलिए, असल में तो रिवाज के तहत पत्नी के भाई को प्रदान की गई यह ताक़त रिश्ते के सन्तुलन के हिसाब से उसके बिल्कुल बरअक्स और उलट जान पड़ती है। असल में तो 'साला' शब्द को पूरे उत्तरी और पूर्वी भारत में गाली के रूप में इस्तेमाल किया जाता है क्योंकि उसने अपनी बहन को एक अन्य व्यक्ति के आनन्द और भोग के लिए यौन-सम्बन्धी साझेदार के रूप में दिया है – इसीलिए उसे गाली लायक़ समझा जाता है।[56]

यह इलाक़ा इस तरह की लोकोक्तियों से भरा पड़ा है जिनमें बीवी के भाई का चित्रण परेशानी पैदा करने वाले शरारती शख़्स के रूप में किया जाता है। उसे आमतौर पर एक तकलीफ़देह इन्सान समझा जाता है और उसकी इसी स्थिति के चलते उसके प्रति नाराज़गी और रोष का भाव पैदा होता है :

> *सारा जहान एक तरफ़, लुगाई (या जोरू) का भाई एक तरफ़।*
> (बीवी के भाई का पलड़ा कुल जहान से भारी होता है।)

ग्रामीण हरियाणा में यह रोष एक बहुत ही लोकप्रिय लोकोक्ति में झलकता है:

> *भीत में आला, घर में साला*
> *के करे कुछ ना कुछ चाला।*[57]
> (दीवार में छोटी झाँकी, घर में साला
> करता है कुछ न कुछ झमेला।)

साला जब मामा वाली भूमिका में होता है, तब भी उसे गाली वाला अर्थ लेने से नहीं बख़्शा जाता। यह सिर्फ़ इसलिए नहीं है कि साला और मामा का दर्जा अपनी बहन को पत्नी-रूप में सौंपने वाले का है और इसलिए कमतर है[58] बल्कि इसलिए भी, कि मामा के तौर पर वह अपनी बहन के बेटे के साथ प्रेम का एक मज़बूत बन्धन स्थापित करता

है।[59] बहन के पति को बाहर के – और 'कमतर' – व्यक्ति की इस तरह की पकड़ बनने से दिक़्क़त महसूस होती है। वह इसे अपनी पितृवंशीय विचारधारा और प्रभाव के लिए एक ख़तरा मानता है। ताक़त के एक 'अनावश्यक' प्रतीक के रूप में देखे जाने की वजह से 'मामा' भी 'साला' की ही तरह नकारात्मक अर्थ लिए हुए होता है।

बहन के घर में भाई की सबसे साफ़ तौर पर दिखाई देने वाली भूमिका उसके वैवाहिक मामलों से सम्बद्ध है। जब भी उसकी शादी में कोई समस्या आती है, एक औरत अपने मनोबल और आर्थिक सहायता के लिए अपने भाई का सहारा लेती है। यह ज़रूरत इसलिए भी बढ़ गई है क्योंकि शादियाँ टूटने के मामले अब बढ़ रहे हैं।

1955 के क़ानून के प्रति नज़रिया : तलाक़ को लेकर स्थिति और उसके अलग-अलग रूप

1955 के हिन्दू विवाह अधिनियम के तहत तलाक़ को क़ानूनी तौर पर वैधता मिल गई थी। इस अधिनियम के अन्तर्गत एक हिन्दू पुरुष और महिला निम्नलिखित बुनियादों पर तलाक़ के लिए अदालत जा सकते हैं[60]: अगर औरत या पुरुष किसी दूसरे पुरुष या औरत के साथ सम्बन्ध में है; वह अब हिन्दू नहीं है; तलाक़ की अरज़ी डाले जाने के तीन साल पहले से दिमाग़ी तौर पर अस्वस्थ हो; या इतने ही अरसे के लिए कोढ़ की बीमारी के असाध्य रूप से या एक व्यक्ति से दूसरे को लग जाने वाले किसी यौन-रोग से पीड़ित हो; किसी धार्मिक व्यवस्था का हिस्सा बन कर दुनिया त्याग दी गई हो; सात साल से उसके जीवित होने की कोई ख़बर न हो; न्यायालय द्वारा अलग रहने के पारित आदेश के बाद दो साल या इससे अधिक समय से साथ रहना शुरू न किया हो; इस दौरान दाम्पत्य अधिकारों की आरम्भिक स्थिति में लौटने के आदेश का पालन न किया गया हो। दो और आधार भी हैं जिनके दम पर पत्नी तलाक़ की माँग कर सकती है, यानी अगर वह इस अधिनियम के लागू होने से पहले अपने पति की दो या उससे अधिक बीवियों में से एक है; या अगर उसका पति बलात्कार, व्यभिचार या वहशीपन का दोषी रहा है।

इस अधिनियम के प्रति ग्रामीण लोगों की तरफ़ से बहुत तीव्र नाराज़गी रही है। समकालीन हालात पर टिप्पणी करने वाले भजनियों और प्रचारकों ने इस अधिनियम के आने के बाद ड्रामाई अन्दाज़ में रचे गए और प्रचारित किए गए एक वार्तालाप में इस क़ानून के प्रति पैदा हुए क्रोध और तिरस्कार को इस तरह अभिव्यक्त किया:[61]

एक बूढ़ी औरत, नर सिंह भजनी से: *'बेटा नर सिंह, हिन्दू कोड बिल के सै?'*
(बेटा नर सिंह, हिन्दू कोड बिल क्या है?)
भजनी : *'ताई, आज तू मेरे ताऊ के पास, कल उसे छोड़ तू मेरे घर आ जा, यो हिन्दू कोड बिल सै'।*
(ताई, आज तू मेरे ताऊ के पास रहती है, कल तू उसे छोड़कर मेरे पास आकर रहने लग

जा। हिन्दू कोड बिल का यह मतलब है।)

ऐसा नहीं है कि पहले के समय में तलाक़ नहीं होता था लेकिन ऐसे मामले बहुत ही कम हुआ करते थे और लगभग हमेशा ही मर्द की तरफ़ से होते थे। वह 'त्याग' के नाम से प्रचलित प्रथा के माध्यम से अपनी बीवी को नापाक होने के नाम पर (और धर्म-परिवर्तन पर भी) घर से निकाल सकता था, जो व्यावहारिकता में तलाक़ ही की स्थिति हो बनती थी, जिस से शादी अपने आप से ही ख़त्म हो जाती थी; या फिर, आमतौर पर, मर्द अपनी बीवी को उसके माँ-बाप के घर छोड़ आता था और कभी वापिस नहीं बुलाता था।[62] औरत के लिए पैसे-धेले की बात का तय होना कभी होता भी था तो उसका कोई ज़िक्र अंग्रेज़ों के दस्तावेज़ों में तो नहीं मिलता। शादी समाप्त किए जाने की कोई औपचारिक कार्यवाही नहीं होती थी और पति तथा पत्नी दोनों किसी और के साथ सम्बन्ध बनाने के लिए आज़ाद होते थे, जो वे कर ही लेते थे। एक बार शादी या पुनर्विवाह की स्थिति को स्वीकार कर लिया जाता था, तो एक हिन्दू औरत किसी भी वजह से उससे छुटकारे का दावा नहीं कर सकती थी। इसलिए इस क़ानून से औरत को मिलने वाला अधिकार पुरुष के क्रोध का निशाना बनता है। ऊपर ज़िक्र में आई भजनी की अभिव्यक्ति से यह बात साफ़ ज़ाहिर होती है।

पुरुषों द्वारा 1955 के क़ानून का विरोध किए जाने के पीछे के अन्य सामाजिक-आर्थिक कारणों के अलावा एक और कारण भी रहा है – वह है ग्रामीण पुरुषों के नज़रिए में रचा-बसा सांस्कृतिक पूर्वाग्रह। एक महिला को तलाक़ की पहलक़दमी का अधिकार दे दिए जाने का अर्थ था कि पुरुष-सत्ता और पति के लिए आदर से सम्बद्ध स्थापित सांस्कृतिक नियमों का उल्लंघन किया जा रहा है। इस नज़रिए का बरतानवी प्रशासकों ने बहुत मज़बूती से समर्थन किया था और क़ानूनी फ़ैसलों द्वारा इसकी पुष्टि की गई थी। न्यायपालिका की राय में 'अपने पुरुष के विरुद्ध एक महिला की इच्छा मात्र' शादी को रद्द किए जाने के लिए 'काफ़ी नहीं' थी।[63] और इस तरह के हालात में उसे दूसरी शादी में दाख़िल होने की इजाज़त नहीं दी जा सकती थी। इसे 'दण्ड संहिता (द्विविवाह) की धारा 494 के तहत अपराध' माना गया; औरतों की इस तरह की दूसरी शादियों को 'सार्वजनिक नीति के विरुद्ध और अदालतों द्वारा अमान्य' घोषित किया गया था।

1932 के एक मुक़द्दमे में दिया गया फ़ैसला बरतानवी प्रशासकों और ग्रामीण पुरुषों की हावी राय को प्रतिबिम्बित करता है जबकि इस मामले में रिवाज भी इस तरह के विवाह को मान्यता देता था:

> अगर एक बीवी अपने पति को जब चाहे और बिना किसी औपचारिकता के छोड़ सकती हो, तो विवाह के बन्धन का कोई प्रभाव ही नहीं रहेगा और जिस जाति में समाज की ऐसी अवस्था की इजाज़त दे दी जाती है, उस में मर्द और औरत के बीच परस्पर सम्बन्ध जानवरों के स्तर तक गिर जाएँगे.... एक औरत को अपने पति को अपनी मर्ज़ी से छोड़ने

> और उसकी सहमति के बिना दोबारा शादी करने की इजाज़त देने वाला जाति का रिवाज अनैतिकता और दुराचार की दृष्टि से खोखला है।[64]

इसी तरह के विचार रखने वाले ग्रामीणों की तरफ़ से बीसवीं सदी के मध्य में भी महिलाओं को तलाक़ का विशेष अधिकार दिए जाने का विरोध होना लाज़िम था। तलाक़ को वैध मान लिए जाने के बाद भी, ज़िला अदालतों में तलाक़ की इजाज़त दे दिए गए लोगों की संख्या एक प्रतिशत से भी कम है।[65] अदालत तक जाने वाले गिने-चुने लोग भी ज़्यादातर शिक्षित हैं और बहुविवाह के विरुद्ध की गई व्यवस्था के बारे में जानते हैं। असल में तो औपचारिक तलाक़ को पढ़े-लिखे लोगों के साथ जोड़ कर देखा जाने लगा है और शिक्षित महिलाओं को सामाजिक नियम तोड़ने का ज़िम्मेदार ठहराया जाता है।[66]

क़ानूनी तलाक़ को बहुत गम्भीर क़दम के तौर पर लिया जाता है। तलाक़ की कार्यवाही से होने वाला तजरुबा और उस पर आने वाले ख़र्च ने इसे बदनाम कर दिया है। लेकिन अनौपचारिक तौर पर अलग हो जाने को (जिसे 'छोड़ देना' कहा जाता है) अब भी रिवाज के तौर पर निम्न और ऊँची जातियों और वर्गों द्वारा स्वीकार किया जाता है।[67] इस चलन को जाति-पंचायत या गाँव के बड़े-बुज़ुर्गों की पंचायत द्वारा या दोनों तरफ़ के कुनबे के बड़े-बुज़ुर्गों की सभा द्वारा वैधता प्रदान की जाती है। महिला का अधिकार समाप्त हो जाने की सूरत में उसकी फिर से शादी हो जाने तक के लिए उसकी रक़म बाबत कुछ न कुछ फ़ैसला-समझौता कर लिया जाता है। माँग होने पर दहेज की चीज़ें भी वापिस की जाती हैं या फिर यह इच्छा व्यक्त की जाए तो इसके एवज़ में अन्दाज़े से उनकी क़ीमत के बराबर धन दे दिया जाता है। ज़्यादातर 'बड़े आदमियों' की पंचायत आमतौर पर महिला के पैतृक परिवार के 'रुतबे' को आधार बना कर धन की अदायगी से सम्बन्धित बातें तय करती है।[68] इसी का नतीजा है कि 'माड़ी [कमज़ोर] हालत' वाली महिलाओं को समझौते के तहत बहुत ही कम रक़म मिलती है। सभी मामलों में महिला के परिवार की चिन्ता क्षतिपूर्ति के लिए इतनी नहीं होती जितनी कि लड़की को पुनर्विवाह की अवस्था में फिर से स्थापित करने की होती है।

इस प्रथा को सामाजिक तौर पर मान्यता-प्राप्त तलाक़ की वैधता मिली हुई है। दिलचस्प बात यह है कि हिन्दू विवाह क़ानून की धारा 29(2) भी तलाक़ के प्रथागत तरीक़ों को बचा कर रखती है। इसका अर्थ है कि हालाँकि प्रथागत क़ानून के तहत तलाक़ के किसी औपचारिक रूप का प्रावधान नहीं है, जाति या ग्राम पंचायत के माध्यम से, पारिवारिक अदालतों से, पति-पत्नी द्वारा निजी लिखित या मौखिक समझौते या त्याग-पत्र अथवा फ़र्क़तनामा जैसे निंदक दस्तावेज़ के ज़रिए यह लिया जा सकता है।[69] सभी लोग कथित तौर पर परस्पर सहमति से काम करते हैं। महत्त्वपूर्ण है कि रिवाज के तहत हुआ यह तलाक़ क़ानूनी अदालतों द्वारा प्रभावी किए गए वित्तीय समझौते से बहुत मिलता-जुलता है। जब अलग होने के इस क़दम को इनमें से किसी भी स्थानीय संस्था

द्वारा औपचारिक रूप दे दिया जाता है तो दोनों पक्ष फिर से शादी करने के लिए आज़ाद होते हैं। इस तरह के इन्तज़ाम के तहत बच्चे अगर बहुत कमउम्र न हों तो आमतौर पर बाप और उसके रिश्तेदारों के साथ रहते हैं। अगर वे बहुत छोटे होते हैं तो बाप को उनकी देख-रेख के लिए कुछ न कुछ रक़म-अदायगी करनी होती है। महत्त्वपूर्ण है कि दोबारा की गई शादी में महिला को तो स्वीकार कर लिया जाता है लेकिन उसके बच्चों को नहीं।

एक औरत ख़ुद भी अपने पति को छोड़ सकती है और अगर वह अपनी शादी से ख़ुश नहीं है तो अपने माँ-बाप के घर लौट सकती है, और अपने ससुराल वापिस जाने से इनकार कर सकती है। कई महिलाओं के बारे में हमें जानकारी मिलती है कि उन्होंने यह क़दम उठाया, फिर वे चाहे जिन भी कारणों से अपनी शादी की स्थिति को झेल न पाई हों। 1955 के क़ानून से पहले इस बात के बारे में सोचा भी नहीं जा सकता था। इसीलिए उनके इस 'दुस्साहस' को इस अधिनियम से निकलने वाले प्रभावों से जोड़ कर देखा जाता है। ग्रामीण इलाक़ों में इस तरह के तलाक़ के मामले सीधे तौर पर 1955 के अधिनियम से सम्बद्ध नहीं हैं बल्कि बदले हुए समाज और उसकी उपभोक्तावादी मांगों से जुड़े हैं। दहेज की प्रथा, 'छोड़ देने' के चलन के प्रमुख कारण के तौर पर सामने आई है – या फिर महिला को इतना स्ताया और तंग किया जाता है कि वह अपने आप ही अपने पति को छोड़ देती है।[70] लेकिन ज़्यादातर ग्रामीण महिलाएँ तलाक़ या अनौपचारिक 'छोड़ देना' को एक बड़ी समस्या के रूप में देखती हैं। ज़िला रोहतक के गाँव दुजाना की एक महिला ने इसे इस तरह सारगर्भित किया:

काना मुझ को भाए नहीं
काने बिन सुहाए नहीं।[71]
(काना मुझे अच्छा नहीं लगता
लेकिन काने बिना कुछ अच्छा भी नहीं लगता।)

यह लोकोक्ति पिछले ज़माने की बात करती है लेकिन आज के यथार्थ को भी प्रतिबिम्बित करती है।

ज़्यादातर तलाक़शुदा औरतें फिर से शादी कर लेती हैं, लेकिन तलाक़ से पैदा होने वाली असुरक्षा की भावना महिलाओं के लिए बहुत स्वाभाविक है। फिर से शादी की स्थिति में उन्हें अपने जन्म-सम्बद्ध परिवार के रिश्तेदारों की सहायता ज़रूरी तौर पर चाहिए होती है। अकसर अशिक्षित और बिल्कुल अप्रशिक्षित, नौकरी के मौक़ों से पूरी तरह वंचित एक महिला अपने पति पर, और इस रिश्ते के अभाव में भाई पर आश्रित रहती है। इस निर्भरता से भाई के साथ उसके लगाव को बल मिलता है और वह प्रभावी तौर पर भाई/भाइयों द्वारा नियंत्रित अपने मूल परिवार के साथ अपने विकल्प खुले रखने की एहतियात बरतती है। जायदाद में उस द्वारा अपने हिस्से पर दावा न करने के सवाल पर किसी भी पूछताछ की प्रतिक्रिया में वह एक ख़ास तरह से आक्रामक हो जाती है,

मानो यह कह-पूछ कर कोई उसे अनैतिक होने की सीख दे रहा होः 'बेबे गलत सीख मत दे'[72] (बहन, मुझे ग़लत सलाह मत दो)। भाई का 'सद्भाव' खो देना मनोवैज्ञानिक और नैतिक, दोनों स्तरों पर बहुत बड़ी बात मानी जाती है जबकि उसके बदले में ज़्यादा कुछ हासिल होने की आशा नहीं होती। जैसा कि एक औरत ने गुप्त रूप से कहा, 'जायदाद पर दावा किया भी जाता है तो मेरा भाई तो उससे वंचित होगा ही, साथ ही जायदाद मेरे पति के पास चली जाएगी।'[73] प्रभावी तौर पर वह और उसका भाई, दोनों उससे वंचित रह जाएँगे। इस सचाई के पीछे वह एहसास छिपा है जिसका सार ज़िला करनाल के गाँव बांध में सुनाई गई एक पुरानी लोकोक्ति में मौजूद हैः

भाई सा साहू ना भाई सा बैरी।[74]

(न तो कोई भाई जैसा साधू स्वभाव हो सकता है, और न ही उस जैसा कोई विरोधी।)

लेकिन जब महिलाओं से विरासत पर उनके भाइयों को छोड़ अन्य सगोत्र पुरुष-रिश्तेदारों के दावों के बारे में राय माँगी गई, तो साफ़ तौर पर दोहरी स्थिति देखने को मिली। उनमें से कई इस राय की थीं कि 'वो के म्हारे भाई ना हैं?' (वे क्या हमारे भाई नहीं हैं?); वर्गीकृत भाइयों के बारे में अधिकतर महिलाओं की वही राय थी जो ख़ून के रिश्ते के भाइयों के बारे में थी। लेकिन असल में ऐसी महिलाओं के उदाहरण, जिन्होंने भाई न होने की सूरत में विरासत पाने के लिए अपना दावा पेश किया, ऊपर दिए गए महिलाओं के कथन को झूठा साबित करते हैं। आगे के पृष्ठों में हम ऐसे उदाहरण देखेंगे।

4. सांस्कृतिक दलील : दहेज बनाम विरासत

औरत को उसके विरासत या उत्तराधिकार के अधिकारों से वंचित रखे रहने के लिए ग्रामीण पुरुषों द्वारा लगभग सर्वसम्मति से यह दलील दी जाती है कि लड़कियों को विरासती सम्पत्ति के हिस्से के तौर पर अपनी शादी के समय दहेज मिल जाता है। कुछ मानव-विज्ञानी इस हद तक भी गए हैं कि वे विवाह के समय औरत को एक तरह से मृत्यु-पूर्व मिलने वाली चल-सम्पत्ति की इस 'विरासत' को भाइयों को मिलने वाली अचल-सम्पत्ति के एवज़ में – और उसके बराबर की – सम्पत्ति मानते हैं।[75] कई विद्वानों द्वारा इस नज़रिए का प्रभावशाली तरीक़े से खण्डन किया गया है।[76] इस खण्डन की अहम बात यह दर्शाने में है कि एक गाँव की औरत को दहेज के रूप में मिलने वाली तथाकथित जायदाद से उस अर्थ में धन नहीं उत्पन्न होता जैसे कि धरती से होता है। ग्रामीण पंजाब, हरियाणा और उत्तर-प्रदेश में इस बात की कल्पना भी मुमकिन नहीं है कि बेटी को दहेज धरती की शक्ल में दिया जाए।[77] धरती को दहेज के रूप में अप्रत्यक्ष तौर पर, हेर-फेर करते हुए, एक ही तरह इस्तेमाल किया जा सकता है। यह उस सूरत में हो सकता है जब संरक्षक या अभिभावक को इस बात के लिए बाध्य कर दिया जाए कि वह दहेज के लिए आवश्यक धन जुटाने और/या शादी के ख़र्चे पूरा करने के मक़सद

से धरती बेच दे। उपनिवेशीय प्रशासन के अधीन एक विधवा के पास उसके गुज़र चुके पति की ज़मीन के सिर्फ़ सीमित अधिकार हुआ करते थे। लेकिन उसे अपनी ज़मीन या उसका एक हिस्सा हस्तांतरित करने की इजाज़त थी ताकि वह अपनी बेटी का दहेज तैयार कर सके और शादी के ख़र्चे पूरे कर सके – हालाँकि धरती बेचने की इजाज़त उसे नहीं होती थी।[78] आम आदमी की समझ में एक औरत का हक़ बस दहेज का ही है; इशारतन कहा जाता है कि रिवाज के हिसाब से बेटियों का अधिकार देखभाल किए जाने का और 'मुनासिब सगाई और शादी' कर दिए जाने का है।[79]

पुरुषों द्वारा दलील दी जाती है कि लड़कियों की शादियों के बढ़ते ख़र्चों और दहेज की माँगों की वजह से वे अकसर कर्ज़दार हो जाते हैं। इस दलील का इस्तेमाल महिलाओं के विरासत सम्बन्धी अधिकारों के मामले में उनके ख़िलाफ़ फ़ैसले के तौर पर किया जाता है। सभी जातियों और वर्गों में दहेज की रक़म के बढ़ने का रूझान रहा है। यह पूरे उत्तरी भारत में बहुत ही आम और व्यापक सांस्कृतिक रूझान का हिस्सा है। छोटे ज़मींदारों, और भूमिहीनों तथा निम्न जाति/वर्ग की श्रेणियों में शादी के बढ़ते हुए ख़र्चों और दहेज की व्यवस्था का ही एक नतीजा है कि उन्हें भारी ऋण चुकाने की स्थिति का सामना करना पड़ता है। निम्न जातियों/वर्गों के लोग ज़मींदारों से या तो ऊँची ब्याज-दरों पर पैसा उधार लेते हैं या फिर उन्हें सामन्ती क़िस्म की ऋण-व्यवस्था का बन्दी होना पड़ता है। यह बात उन इलाक़ों में भी देखने में आ रही है जहाँ खेती में पूंजीवादी विकास या बढ़ता हुआ व्यापारीकरण हो रहा है।[80]

कर्ज़दारों के लिए इसका अर्थ होता है कि उन्हें पक्के या अनुबन्धित मज़दूर की अवस्था में रहना पड़ सकता है जो असल में भयभीत करने वाली स्थिति होती है क्योंकि इसमें बहुत कम मज़दूरी, काम के लम्बे घण्टे और आज़ादी की कमी रहती है। अनुसूचित जातियों के लोगों को 1980 के दशक में संवैधानिक पंचायत द्वारा इंदिरा गांधी विकास परियोजना के तहत ज़मीन के टुकड़े दिए गए थे लेकिन उन्हें दहेज के ख़र्च के चलते ज़मीन बेचनी पड़ी और अब वे फिर से भूमिहीन हो गए हैं।[81] अन्य छोटे ज़मींदार अपने से अधिक अमीर भाइयों की देखा-देखी शादी और दहेज पर अपनी हैसियत से ज़्यादा खर्च करते हैं। बिलआख़िर उन्हें या तो अपनी ज़मीन बेचनी पड़ती है या इतने अधिक कर्ज़दार हो जाते हैं कि उनकी उत्पादन सम्बन्धी प्रक्रियाएँ स्थाई तौर पर नुक़्सान की या कम से कम हमेशा के लिए दबाव की हालत में आ जाती हैं।

ख़र्चीली और दिखावे वाली शादियाँ : रोकने के प्रयास और विफलता के कारण

बहुत ख़र्चीली और दिखावे वाली शादियों का रिवाज इसलिए फैल गया है क्योंकि उपनिवेशीय समयकाल में भी यह 'सामाजिक रुतबे का प्रतीक'[82] बन गया था। लेकिन इस प्रथा का सामाजिक विरोध भी जल्दी ही रूप लेने लगा था। अलग-अलग गाँवों

और जातीय पंचायतों ने दहेज और शादियों पर ज़रूरत से ज़्यादा ख़र्च के विरोध में कई प्रस्ताव पारित किए। 1870 के दशक के बाद से हिन्दी और उर्दू दोनों में इस तरह के कई प्रस्ताव लाहौर, दिल्ली, मेरठ और उसके आस-पास के इलाक़े में भी प्रकाशित किए गए।[83] 1930-31 में डार्लिंग ने भी ऐसी कई पंचायतों का हवाला दिया जो शादियों पर ख़र्च कम करने, तथा दहेज और बेटियों की बिक्री पर नियंत्रण के लिए सक्रिय थीं – ख़ासतौर से जाटों में।[84] इनमें से कई ने शादी के ख़र्च को 100 रुपये तक सीमित रखने के लिए और बरातियों की संख्या कम रखने के प्रस्ताव पारित किए। इस तरह की कोशिशें जारी रही हैं।

आज़ादी के बाद से विभिन्न जातियों और गोतों की कई सभाओं में इसी तरह की कोशिशें इन प्रथाओं को नियंत्रित करने के लिए अलग-अलग गाँवों में हुई हैं।[85] मिसाल के तौर पर, 1974 में सगाई के लिए एक रुपये का परम्परागत आदर्श नियम एक जाट पंचायत द्वारा लागू किए जाने की कोशिश की गई थी – इसके साथ ही एक चादर, सवा सेर मिठाई, ग्यारह बराती, दुलहन के लिए एक सोने का गहना (अंगूठी), एक-चौथाई तोला चाँदी, घर के लिए ग्यारह बरतन, दुलहे के लिए 101 रुपये और उसके पिता के लिए ग्यारह रुपये दिए जा सकते थे।[86] लेकिन इस सब का कुछ लाभ नहीं हुआ। 17 जून 1983 को गाँव गोहाना में विभिन्न जातियों की खाप और सर्वखाप पंचायतों ने परम्परागत नियमों को तोड़ने वाले सब लोगों पर ग्यारह हज़ार रुपये का जुर्माना और उनका हुक्का-पानी बंद करने के प्रस्ताव पारित किए लेकिन इनका भी कुछ नतीजा नहीं निकला।[87] बिरादरी के तथाकथित नेताओं ने इन फ़ैसलों का पालन नहीं किया – शादियों पर बड़े पैमाने पर ख़र्च करना उनके लिए गर्व और रुतबे की बात है।

महत्त्वपूर्ण है कि उपनिवेशीय काल में बिरादरी के इन नेताओं ने ऊपर उठने की आकांक्षा के तहत गतिशील होने के लिए जातीय सुधार की मुहिम चलाई थी। कम से कम देखने में तो ऐसा लगता है कि उपनिवेशीय काल के बाद के समय में यही प्रभुत्वशाली अमीर समूह बदतरीन सामाजिक बुराइयों के ख़ात्मे के लिए सैद्धांतिक तौर पर अब भी प्रतिबद्ध हैं। लेकिन इस दिशा में सचमुच प्रेरित होने और आगे बढ़ने का जज़्बा जातीय व्यवस्था के नीचे के पायदान पर स्थित लोगों से आता है। छोटा किसान जानता है कि इतने अधिक ख़र्चीले रिवाज उसे ज़मीन की बिक्री तक, यहाँ तक कि भूमिहीन होने तक ले जा सकते हैं। इसलिए वह बदलाव के लिए ख़ुद को प्रतिबद्ध महसूस करता है और यह बात आर्थिक तौर पर कमज़ोर अन्य लोगों पर भी लागू होती है, ख़ासतौर से हरियाणा के उन इलाक़ों में जो अब भी पिछड़े हुए हैं।[88] मगर वे आर्थिक कारणों से ही नहीं बल्कि सामाजिक कारकों से भी प्रेरित होते हैं। उनकी इन कोशिशों को एक जाति – जैसे कि जाटों – की तेज़ी से ग़ायब होती समतावादी भावना को फिर से हासिल कर पाने की कोशिश के तौर पर देखा जा सकता है, जिस की आंतरिक श्रेणीबद्ध

व्यवस्था और उस में मौजूद स्तरों की अलग-अलग तहें पहले से भी ज़्यादा स्पष्ट तौर पर तथा ध्रुवीकृत तरीक़े से नज़र आने लगी हैं, और यह ख़ासतौर से हरित क्रान्ति की ख़ुशहाली आने के साथ हुआ है। लेकिन क्योंकि आर्थिक तौर पर कमज़ोर होने की वजह से वे इन फ़ैसलों को लागू किए जाने का आह्वान करने में अकेले हैं तथा ज़्यादा ख़ुशहाल और अमीर – मगर फ़ैसलों पर अमल न करने वाले – तब्क़ों से इसमें उन्हें कोई मदद नहीं मिलती, इसलिए ऐसी सभी कोशिशें बेकार जाती हैं।

ऐसे हालात में यह समझना आसान ही है कि अनुशासन लागू करने या दोषियों को कठघरे में लाने सम्बन्धी क्या कठिनाइयाँ हैं। अब से पहले इस तरह की कोशिशों को कामयाबी मिलने के पीछे सामाजिक संसार में जाति और गाँव के नेताओं की ताक़त और प्रभाव का हाथ रहा था, जिसे इस बात से भी प्रोत्साहन मिला कि अंग्रेज़ों के अधीन खेती से सम्बद्ध मंद अर्थव्यवस्था में उनकी ख़ुद की आर्थिक बचत न के बराबर रहती थी। यानी ख़ुद की बचत न होने के चलते उनके लिए भी ख़र्चों पर नियंत्रण ज़रूरी रहता था। लेकिन महत्त्वपूर्ण क्षेत्रों में पूंजीवादी अर्थव्यवस्था के विकास तथा हरित-क्रान्ति और 1960 तथा 1970 के दशकों की प्रगति के चलते होने वाली ज़बरदस्त आर्थिक बचत की वजह से अब सामाजिक ख़र्च की सब हदें टूट गई हैं। बहुत बड़े पैमाने पर शादी की तैयारियाँ और उत्सव तथा बहुत ज़्यादा दहेज का लेन-देन कुछ विशेष वर्गों के लिए प्रतिष्ठा और रुतबे का प्रतीक बन गए हैं। इस तरह औरतों को एक ऐसे रिवाज के नतीजे भुगतने पड़े हैं जिसे अधिकतर तो पुरुषों की सोच और विचार की वजह से मज़बूती मिली है।

एक मोटे हिसाब के तहत जिन लोगों के लिए यह 'रक़म जुटा पाना बमुश्किल ही मुमकिन हो पाता था',1984 में उनके लिए एक विवाह पर कम से कम 25,000 रुपये का ख़र्च आता था। दहेज में दी जाने वाली चीज़ों में एक रेडियो, एक ट्रांज़िस्टर-कैसेट प्लेयर, सोने और चांदी के गहने, फ़र्नीचर और कपड़े शामिल रहते थे।[89] एक अन्दाज़े के मुताबिक़ उत्तरी भारत में बेटी की शादी पर आने वाला ख़र्च 1990 के दशक के शुरुआती दौर से पहले के पचास साल में आमतौर पर दस गुना बढ़ गया था।[90] ख़र्चे केवल क़ीमतों के बढ़ने की वजह से नहीं बढ़े बल्कि इसलिए भी बढ़े कि दहेज में दी जाने वाली सम्भावित चीज़ों की सूची में नई-नई चीज़ें जोड़ने का रूझान हो गया है। उपनिवेशीय समयकाल के बाद के सालों में छपने वाले कैलेण्डरों के माध्यम से दहेज के लिए इस तरह की चीज़ों की लोकप्रियता के हक़ में दलील दी जाती रही है और उसे प्रसारित किया जाता रहा है। कैलेण्डर ग्रामीण इलाक़ों में सजावट का लोकप्रिय साधन हैं, और इनमें शादी के समय महिलाओं को उनके उपभोग के लिए दी जाने वाली उन चीज़ों की पैरवी की जाती है जिनके बारे में माना जाता है कि ये तो दी ही जानी चाहिएँ।[91] कैलेण्डर से दिए जाने वाले इस सन्देश को रेडियो, टेलिविज़न और सिनेमा के ज़रिए

विज्ञापनों ने भी बल प्रदान किया। दहेज पर होने वाला ख़र्च अब दोनों तरफ़ के सम्बद्ध लोगों के असली या मान लिए गए दर्जे से भी तय होने लग गया है और खर्च करने की उनकी ताक़त से भी। मिसाल के तौर पर, 1987-88 में एक 'काफ़ी हद तक अमीर किसान' शादी पर 2 से 3 लाख रुपये ख़र्च करने के लिए जाना जाता था और दहेज के सामान में कार भी देने को तैयार रहता था। अब इससे भी ज़्यादा अमीर किसानों का एक वर्ग है जिनके बारे में जाना जाता है कि वे घर में इस्तेमाल होने वाले सब आधुनिक यंत्र दहेज में देने को तैयार रहते हैं। कुछ शादियों के बारे में यह भी डींग मारी जाती है कि वे 'किसी भी बड़े नगर या शहर में होने वाली शादियों का मुक़ाबला करती हैं'।[92] इस रास्ते पर चलने की थोड़ी-बहुत ताक़त भी रखने वाले कुछ लोग ऐसा करने की कोशिश करते हैं, बाक़ी पहले की ही तरह चलते हैं।

दहेज की बदलती हुई छवि

दहेज को पहले तिरस्कार की नज़र से देखा जाता था। उसे लालच का एक रूप माना जाता था। लेकिन आज उसे एक नई तरह की वैधता मिल गई है। इस बात को समझने के लिए हरियाणा के कॉलेज-विद्यार्थियों द्वारा ज़ोर-शोर से की जाने वाली, घमण्ड भरी उस माँग को ही देखना काफ़ी है जिसमें वे 10 से 15 लाख रुपये तक दहेज की माँग रखते हैं – यह माँग और रक़म शादी के वक़्त उनकी नौकरी की हैसियत पर निर्भर करती है।[93] यह भी महत्त्वपूर्ण है कि क़ानून के तहत प्रतिबन्धित होने के बावजूद (जैसा कि आगे चर्चा होगी) गाँवों में बहू द्वारा लाए गए दहेज को ज़्यादातर परिवारों द्वारा खुले तौर पर प्रदर्शित किया जाता है।[94] जो भी कोई दहेज का इस तरह प्रदर्शन नहीं करता, उसके बारे में ख़ुद-ब-ख़ुद यह मान लिया जाता है कि वह 'कमीनों के घर' ब्याहा गया है और दिखाए जाने लायक़ उसको कुछ भी नहीं मिला है।

इस रिवाज को बहुत हद तक वैधता महिलाओं ने स्वयं ही प्रदान कर दी है क्योंकि ग्रामीण महिलाओं ने दहेज को जायदाद के स्थान पर स्वीकार कर लिया है जबकि जायदाद पर उनका दावा अब क़ानूनी तौर पर स्थापित हो चुका है। इस स्वीकृति की शायद सबसे बेहतर व्याख्या लीला दूबे द्वारा की गई है जो हमारा ध्यान इस ओर दिलाती हैं कि बेटी को परिवार की अस्थाई सदस्य के तौर पर देखा जाता है और बेटे को स्थाई सदस्य के तौर पर।[95] इसलिए महिलाओं का मुख्य सरोकार स्वयं को नए परिवार में स्थापित करने और एक रुतबा हासिल करने का रहता है। दहेज को इस प्रक्रिया में आवश्यक योगदान के रूप में देखा जाता है। इसके अलावा, शादी में होने वाले भारी ख़र्चे को ध्यान में रखते हुए महिलाओं का रूझान दहेज को, न कि जायदाद को, अपने वाजिब अधिकार के रूप में देखने का रहता है। उनसे सीधे तौर पर उनके विरासत के अधिकार के बारे में कुछ पूछा जाता है तो उनकी नाराज़गी साफ़ तौर पर दिखाई देती है

और उनकी तरफ़ से उलटा सवाल भी किया जाता है – 'क्या हमारी शादी हमारे भाइयों ने नहीं करवाई?' उनके विचार से विवाहित महिला पैतृक सम्पत्ति का अपना हिस्सा पहले ही, शादी के समय नकदी और वस्तुओं की शक्ल में ले चुकी होती है, 'इसलिए और ज़्यादा हिस्से का सवाल ही कैसे उठता है?'

शायद इसी बात को ध्यान में रखते हुए कुछ महिलाओं ने अब कहना शुरू कर दिया है कि 'उन्हें दहेज में क्या और कितना कुछ चाहिए।'[96] और भी हैं जिन्हें लगता है कि उन्हें उतना नहीं मिला जितना उनके लिए काफ़ी होता, और उतना नहीं मिला जितना उनकी बहनों को मिला था। बड़ी उम्र की औरतें 'ज़्यादा बेशर्म' कमउम्र महिलाओं के बारे में शिकायत करती हैं, जिन्होंने इस दलील के साथ कुछ ख़ास चीज़ों की माँग करना शुरू कर दिया है कि वे ऐसा 'अपने मायके की प्रतिष्ठा बनाए रखने के लिए' कर रही हैं। महत्त्वपूर्ण है कि पुरुष और महिला, दोनों का मानना है कि बिना दहेज के 'कोई भी अच्छा रिश्ता नहीं किया जा सकता।'[97] दहेज में दी गई चीज़ें इस बात का पैमाना बनना शुरू हो गई हैं कि रिश्ता कितना अच्छा है या नहीं है।[98]

इसी का नतीजा है कि जिस इलाक़े में विधवाओं को भी फिर से शादी करने में कोई मुश्किल नहीं आती रही, वहाँ के ज़मींदार वर्गों को अपनी लड़कियों की शादी के लिए दुलहे मिलना मुश्किल हो रहा है। यह मुख्य तौर से एक ओर तो प्रतिष्ठा और रुतबे को अहमियत देने की वजह से है, और दूसरी ओर दहेज के लिए हद से ज़्यादा माँगों की वजह से। ग्रामीण इलाक़ों में इस बात पर लगभग पूरी तरह सर्वसम्मति है कि लड़कियों की 'अच्छी तरह' शादी कर पाना सबसे मुश्किल कामों में से एक है। इस बात के भी भरे-पूरे सबूत हैं कि उत्तरी भारत में जवान शादीशुदा लड़कियों की बढ़ती हुई मौतों के पीछे दहेज की माँगें हैं।[99] दिलचस्प बात है कि हरियाणा में यह परिघटना वर्ग-आधारित है; निम्न वर्ग अभी तक इसके दायरे में नहीं आए हैं।

एक ओर तो विरासत एक अधिकार के रूप में है; दूसरी ओर पिता और/या भाइयों की तरफ़ से सद्भावना या विश्वास के रूप में बाज़ार की माँगों के मुताबिक़ ढलता दहेज है और साथ ही महिलाओं के 'दर्जे', उनके स्थान बाबत पुरुषों के सरोकार हैं। ग्रामीण महिलाओं के दिमाग़ में इन दोनों के बीच कोई विरोधाभास नहीं है।[100] महिलाओं का समाजीकरण इस तरह से हुआ है कि वे दहेज की प्रथा को आत्मसात कर लेती हैं। इसलिए उनका यह नज़रिया इस प्रथा को और आगे बढ़ाने में ही मददगार होता है। इस स्थिति को इस वजह से भी बल मिला है कि पुरुष सदस्य अब परम्परागत उपहार देने के अपने 'कर्तव्यों' को पूरा करने के मामले में और भी ज़्यादा सावधान हो गए हैं, यह चाहे दहेज की बात हो या किसी त्यौहार की।[101]

मधु किश्वर दहेज की प्रथा को तब तक बनाए रखने के पक्ष में बात करती हैं जब तक कि महिलाओं के विरासत के अधिकार सक्रिय तौर पर लागू नहीं हो जाते – उनकी

दलील है कि दहेज महिलाओं को उनके पिता की सम्पत्ति में हिस्सा देता है, और यही समझ महिलाओं की भी है। लेकिन हमारे विश्लेषण से ज़ाहिर होता है कि क्यों इस दलील को स्वीकार नहीं किया जा सकता।[102] असल में तो जब तक पितृसत्तात्मक नज़रिए के तहत विरासत सम्बन्धी अधिकारों का स्थान लेने वाले दहेज की स्वीकृति को समाप्त नहीं किया जाता, तब तक विरासत के क़ानून की कामयाबी की उम्मीद नहीं की जा सकती। दहेज का जारी रहना पितृसत्ता द्वारा दहेज पर थोपी गई वैधता के रूप में काम करता है और महिलाओं द्वारा इसे स्वीकार कर लिया जाता है। दूसरी ओर, यह भी सही है कि एक रिवाज के तौर पर दहेज बहुत हद तक उत्तराधिकार के क़ानून और उसके परिणामस्वरूप महिलाओं के सम्भावित दावों पर भी निर्भर करने लग गया है, हालाँकि उसके लेन-देन के कई अन्य कारण भी हैं। ऐसा लगता है कि चाहे अनजाने में ही सही, इस क़ानून ने ग्रामीण समाज में इस रिवाज को फिर से बल प्रदान कर दिया है।

1961 का दहेज प्रतिबंध क़ानून : असफल क्यों?

इस पृष्ठभूमि से हमें इस बात के लिए एक मूल्यवान संकेत मिलता है कि क्यों 1961 का दहेज प्रतिबंध क़ानून सफल नहीं हो पाया जबकि यह इस असंगति को दूर करने की राज्य द्वारा पहली बड़ी कोशिश थी।[103] इसके अलावा 1961 के क़ानून में मौजूद इससे बच निकलने के रास्ते भी इतने खुले तौर पर दिखाई देने वाले थे कि इसके कामयाब होने की कोई कोशिश हो ही कैसे सकती थी।[104] नतीजा यह, कि दहेज के लेन-देन में होने वाली बढ़ोतरी को रोका नहीं जा सका और यह क़ानून तो ज़िन्दा रहा ही नहीं।

हरियाणा सरकार ने 1976 के अधिनियम XXVIII के तहत 1961 के क़ानून को संशोधित किया।[105] यह उस क़ानून की साफ़ तौर पर दिखाई देने वाली कमियों को दूर करने के लिए नहीं था जिनकी वजह से यह निष्फल रहा था बल्कि विभिन्न जाति-पंचायतों द्वारा इस रिवाज के ख़िलाफ़ हर साल पारित किए जाने वाले प्रस्तावों और सिफ़ारिशों को मान्यता देने के लिए था। इस संशोधन में शादी से पहले किए जाने वाले और शादी की रस्मों तथा इन्तज़ामात पर ख़र्च समेत 5000 रुपये के कुल वैध ख़र्च की सीमा तय की गई थी। शादी से पहले या शादी के समय नकद, गहनों-ज़ेवरों, कपड़ों या अन्य वस्तुओं के रूप में दिए गए उपहारों को प्रदर्शित किए जाने पर भी रोक लगाई गई थी और बारात के सदस्यों की संख्या 25 तक और बैण्ड-बाजा वालों की संख्या 11 तक सीमित कर दी गई थी। जाति-सभाओं के पावन प्रस्तावों की ही तरह ये धाराएँ भी मोटे तौर पर सिफ़ारिशी ही रहीं और ज़्यादातर लोगों द्वारा खुले तौर पर उनका उल्लंघन किया जाता रहा और बस उन द्वारा ही इनका अनुकरण किया गया जो शादी पर भारी ख़र्च करने की हालत में नहीं थे।

1961 के क़ानून की नाकामी और लगभग पूरी तरह उसको लागू न किए जाने की

हालत साफ़ तौर पर सबके सामने थी लेकिन भारत सरकार ने इस नाकामी को 1982 में ही कहीं जा कर स्वीकारा।[106] इस स्वीकृति के दो साल के भीतर और 1961 के क़ानून के पारित होने के 23 साल बाद दहेज के क़ानून के लिए एक संशोधन लाया गया जो 2 अक्तूबर 1985 को लागू हुआ।[107] लेकिन एक बार फिर, दहेज 'लेने' और 'देने' की सज़ाएँ हालाँकि ज़्यादा सख़्त कर दी गईं, कमियों को दूर करने की कोशिशें आधी-अधूरी ही रहीं।[108] नतीजा यह, कि दहेज से सम्बद्ध बुनियादी समस्या जस की तस है। इसमें उसकी परिभाषा, उसे साबित करने में आने वाली क़ानूनी दिक़्क़तें, और शादी से पहले, शादी, और शादी के बाद के सालों में व्यावहारिक तौर पर जारी रहने वाले उसके विभिन्न रूप-सवरूप शामिल हैं। इसके छिपे हुए पहलुओं को भी ध्यान में रखना होगा, जो 'शादी के सम्बन्ध में' की शब्दावली के तहत बयान की गई क़ानूनी परिभाषा के जाल में आने से बचे रहते हैं। इसी का नतीजा है कि दहेज के क़ानून के पारित होने के बाद से, 1990 के दशक की शुरुआत तक के 30 सालों में जो थोड़े-बहुत मामले दर्ज हुए, वे ग्रामीण इलाक़ों में अब भी व्यापक पैमाने पर मौजूद और बढ़ रहे दहेज के रिवाज की असलियत की झलक बमुश्किल ही देते हैं।

5. सांस्कृतिक दबाव और मजबूरियाँ: पूर्वाग्रह – और विरासत के दावों को मात

ज़मींदार वर्गों में दहेज के बढ़ते हुए लेन-देन और विरासत से सम्बद्ध महिलाओं के अधिकारों के बीच बहुत नज़दीक का सम्बन्ध हो बना है। दहेज के लेन-देन में हुई इस बढ़ोतरी का इतना ही नज़दीकी सम्बन्ध इस बात से भी है कि यह सम्भावना बिल्कुल भी नहीं है कि विरासत में उसे मिलने वाली ज़मीन को एक शादीशुदा औरत अपने 'क़ब्ज़े में ले ले' – यह न तो भौतिक स्तर पर और न ही सामाजिक-सांस्कृतिक बुनावट के स्तर पर मुमकिन है। ऐसा ख़ासतौर से इसलिए भी है कि पूरे उत्तरी भारत में प्रथा के अनुसार गोत्रांतर आधारित शादी अपने गाँव और समुदाय से बाहर की जाती है। इससे हमें इस बारे में भी मूल्यवान संकेत मिलता है कि राज्य द्वारा महिलाओं के लिए लाया गया विरासत सम्बन्धी क़ानून लगभग पूरी तरह असफल क्यों हो गया। दूसरे शब्दों में, औरतों को धरती विरासत में मिलने का प्रभावी तौर पर अर्थ यह होगा कि ज़मीन का उत्तराधिकार उसके पति का हो जाएगा, क्योंकि जब तक वह अपने पति और परिवार के साथ अपनी पैदाइश के घर में रहना नहीं शुरू करती, तब तक वह अपनी विरासत को अपने हाथ में नहीं ले पाती। उत्तरी भारत के ग्रामीण सन्दर्भ में इसका अर्थ है कि महिला का पति घर-जमाई हो जाए। हरियाणा, पंजाब और उत्तर-प्रदेश में ज़मींदार जाति-समूहों में घर-जमाई के ख़िलाफ़ सांस्कृतिक पूर्वाग्रह इतना मज़बूत है कि इसके इर्द-गिर्द कई तरह के चुटकुले और कहानियाँ बुने जा चुके हैं। यह लोकोक्ति अकसर सुनने में आती है:

सोहरे के घर जमाई कुत्ता
बहन के घर भाई कुत्ता।[109]
(ससुर के घर रहने वाला जमाई और
बहन के घर रहने वाला भाई दोनों कुत्ते बराबर हैं।)

आमतौर पर, सामान्य हालात में, जमाई को आदर और सम्मान दिया जाता है – ख़ासतौर से जब वह अपनी बीवी के गाँव जाता है। यह आदर उसे सिर्फ़ अपनी बीवी के सबसे निकट सम्बन्धियों से ही नहीं मिलता बल्कि उसके जातीय वर्ग के रिश्तेदारों से भी मिलता है, जैसे कि उसकी वंशावली से सम्बद्ध पुरुषों और गाँववासियों से। ग्रामीण पुरुषों द्वारा अकसर यह स्थानीय लोकोक्ति सुनाई जाती हैः

सुसराल सुख की सार
जो रहे दिन दो-चार।
(ससुराल सुख का तत्त्व यह है
कि वहाँ बस दो-चार दिन का ही रहना हो।)

इस लोकोक्ति के पीछे की भी एक कहानी है। एक जमाई अपने ससुराल गया तो उसे सब आराम मुहैया करवाए गए – उसी ने उपरोक्त लोकोक्ति की पहली पंक्ति लिखी। उसके साले को जब समझ में आया कि उसके बहनोई को तो घर से बहुत लगाव हो गया है, जबकि वह नहीं चाहता था कि बहनोई बहुत दिनों तक रुके, तो उसने लोकोक्ति की दूसरी पंक्ति जोड़ी।[110] एक जमाई का घर-जमाई बन जाना और नतीजे के तौर पर उसकी प्रतिष्ठा और रुतबे में गिरावट आ जाना 1876 के बाद से प्रकाशित लोक-साहित्य का एक मुख्य विषय रहा है।[111]

विरासत के मामले में घर-जमाई की स्थिति

असल में तो हरियाण, पंजाब और उत्तर-प्रदेश में जमाई को बटेऊ या मेहमान कहा जाता है और उसका मान-सम्मान मेहमान बने रहने में ही होता है – यानी जमाई रहने में, न कि घर-जमाई रहने में। सगोत्र रिश्तेदार यह नहीं चाहेंगे कि एक बाहर के व्यक्ति को उनकी सम्पत्ति का हिस्सा मिल जाए। इसलिए अगर वह अपनी बीवी के घर जा कर घर-जमाई की तरह रहने लग जाता है तो उसे नीची नज़र से देखा जाएगा और काफ़ी शर्म भी महसूस होगी। 'घर-जमाई' शब्द ख़ुद में एक गाली की तरह का हो गया है। इसे एक व्यक्ति के लालच के साथ जोड़ कर देखा जाता है जो कन्यादान के बाद अपनी बीवी को उसके पैतृक घर से ले जाने की बजाए उसके साथ वापिस वहीं आ जाता है। उसे समय से चले आ रहे सामाजिक रिवाज और नियम को उलट देने का दोषी माना जाता है। इससे भी महत्त्वपूर्ण बात यह है कि उसके इस क़दम से सगोत्र रिश्तेदारों के

अधिकारों के साथ समझौता होता है।

घर-जमाई को कमीन माना जाता है, जिसका शाब्दिक अर्थ एक निम्न जाति का व्यक्ति है। निम्न जातियाँ भी गाँव से बाहर शादियों के उस नियम को तो मानती हैं जिसका अनुकरण ज़मींदार वर्गों द्वारा किया जाता है लेकिन इन जातियों में घर-जमाइयों को अपनी बीवियों के गाँवों में, वे जहाँ चाहें, 'आज़ादी से घूमते-फिरते और बसते' हुए देखा जाता है – या अपने सास-ससुर के साथ भी बसते देखा गया है। इस वजह से उन्हें 'बुरे' नहीं माना जाता और न ही उन्हें उस गिरे हुए रुतबे को झेलना पड़ता है जो ज़मींदार जातियों के घर-जमाइयों के हिस्से आता है।[112] हरियाणा की निम्न-जातियों में घर-जमाई का वही दर्जा है जो पश्चिमी उत्तर-प्रदेश में चूहड़ों में उन्हें मिलता है, जहाँ उनके आवास का अर्थ है वह स्थान जहाँ उन्हें बेहतरीन मौक़ों का लाभ उठाने को मिल सकता है – फिर वह चाहे उनकी पत्नियों के पैतृक गाँव या घर में ही क्यों न हो।[113]

निम्न-जातियों में ससुराल में घर-जमाई के तौर पर रहते हुए दामाद को मिलने वाली सुविधा का अर्थ यह भी था कि उसका कोई भाई न होने की हालत में बेटी आसानी से सम्पत्ति की उत्तराधिकारी बन सकती थी। लेकिन उच्च जातियों की मिसाल और रिवाज का अनुकरण करते हुए ऐसे मामलों में सगोत्र रिश्तेदारों ने बेटी के उत्तराधिकार को चुनौती दी है और उसे विरासत से वंचित रखने में कामयाबी पाई है (जबकि पहले यह दी जाती थी) क्योंकि उपनिवेशीय अदालतें ज़मींदारों के रिवाजों को ही मान्यता देती थीं। स्पष्ट है कि निम्न जातियों में दामाद के इस अधिकार ने, जिसके तहत उस द्वारा अपनी पत्नी की ओर से सम्पत्ति पर क़ाबिज़ होने को रिवाजन वैधता प्राप्त थी, ज़मींदार जातियों को अपने उन दामादों को कमीन का दर्जा देने के लिए प्रेरित किया है जो निम्न-जाति दामाद की तरह व्यवहार करते हों।

इसलिए ज़मींदार जातियों में घर-जमाई को एक ऐसा व्यक्ति माना जाता है जिसने अपने ससुर से मिलने वाली ख़ुशहाली की ख़ातिर (एक निम्न जाति की तरह) अपने माँ-बाप के घर को त्याग दिया है और इसीलिए उसे एक चूतिया माना जाता है जो अपनी बीवी का सहारा बनने की बजाए उसी के घर की खाता है। अपना भविष्य संवारने के लिए अपनी बीवी के घर आ जाने वाले व्यक्ति का ख़ाका लोक-साहित्य में भी इस तरह खैंचा जाता है कि जैसे वह एक कमतर और ग़रीब परिवार से हो।[114] 'घर-जमाई' शब्द परजीवी का पर्याय बन गया है जो लालची, शोषणकर्ता और हड़पने वाला है, जिसे वहाँ होने का कोई अधिकार नहीं है, जहाँ वह है। एक लोकप्रिय लोकोक्ति के अनुसारः

जाट, जमाई, भांजा, रेबाड़ी, सुनार
कभी न होंगे आपणे, सलूक करो सौ बार।[115]
(जाट, जमाई, भांजा, चरवाहा, सुनार
कभी अपने नहीं होंगे, चाहे कितना ही अच्छा व्यवहार कर लो।)

अपने पति को अपने पैतृक घर ले आने वाली बेटी या बहन को महिलाओं की ओर से सबसे ज़्यादा मिलने वाली सलाह यह होती है कि वे अपने लिए इस तरह के अपमान वाले दर्जे से बच कर रहें। इसलिए स्वाभाविक है कि औरतें भी अपने पति को घर-जमाई के रूप में नहीं देखना चाहेंगी। इस लोकप्रिय सलाह के मुताबिक़ः

लड़की तो अपने ससुराल में ही अच्छी लगती है।[116]
(एक लड़की के लिए सही स्थान उसका ससुराल ही है।)

इस तरह के 'सत्यकथन' इस क्षेत्र की रागनियों में बहुत खुले तौर पर बिखरे पड़े हैं, और इनमें सलाह दी जाती है किः

सयानी ननद, बहन और बेटी अपने घर अच्छी सै।[117]
(सयानी हो चुकी ननद, बहन और बेटी का अपने घर में होना
ही अच्छा लगता है।)

पुरानी कथाओं में भी इस बात पर बल दिया जाता है कि लड़की का मुकलावा जल्दी से जल्दी कर दिया जाए, और इस बारे में चेतन रहने को कहा जाता है कि शादीशुदा लड़की लम्बे समय के लिए अपने पैतृक घर में न रहे।[118]

सम्पत्ति फिर से हासिल करने के दावेदारों की सहमति से बेटी या बहन के ज़रिए उत्तराधिकार की इजाज़त कभी-कभी दे दी जाती थी, लेकिन इससे घर-जमाई के विरुद्ध उग्र भावना को कम किए जाने में कोई मदद नहीं मिली, जो अपनी बीवी के माध्यम से अपने ससुर की सम्पत्ति का उत्तरधिकारी बन सकता था। यह भावना उनीसवीं सदी के उपनिवेशीय शासन में रिवाज-ए-आम की प्रविष्टियों/इन्दराज में भी दर्ज की गई थी।[119] शायद यही वजह है कि बरतानवी अधिकारियों ने घर-जमाई को विशेष अधिकार देने वाला कोई 'मान्य रिवाज' दर्ज नहीं किया। हाँ, चल-सम्पत्ति पर उसके अधिकार को ध्वनि और मान्यता दी गई – मगर धरती पर अधिकार को नहीं। इस बात का सार 1893 में दर्ज की गई एक पुरानी कहावत में मिलता हैः

भों भाइयों, थाल जवाइयों।[120]
(भूमि भाइयों-रिश्तेदारों को, बाकी सम्पत्ति जमाइयों को।)

असल में तो बीते समय में घर-जमाई को जब भी स्वीकार किया गया, बेटी के बेटे की ख़ातिर किया गया था। बेटी या तो अपने पति की अनुपस्थिति में उस के एवज़ में रहती थी या फिर धरती उसके पास बेटे की निगरान के रूप में रहती थी – दोनों सूरतों में उसकी भूमिका तो बस एक 'वाहक-नली' जैसी थी।[121] औरत को फ़ायदा होता भी था तो वह संयोग से ही होता था। दूसरे शब्दों में, इस इन्तज़ाम के तहत कुछ किया भी जाता था तो इस स्थिति से बचा जाता था कि सम्पत्ति सीधे तौर पर बेटी को मिल जाए हालाँकि वारिस का प्रावधान रखने के पीछे तर्क ज़रूर था। ऐसे मामलों में भी बदनामी दामाद

की – यहाँ तक कि उसके बेटे की भी – होती थी। यह इसलिए था कि बेटी का बेटा होने के बावजूद 'घुसपैठिया' अपनी माँ के पिता (यानी नाना) के सगोत्र सम्बन्धियों से अलग गोत की वंशावली को स्थापित करता था और इसलिए वह भी अपने पिता जितना ही अलोकप्रिय रहता था। अपमानजनक तरीक़े से 'भांजे की औलाद' (बहन के बेटे की औलाद) के रूप में परिचित, ग्रामीण इलाक़ों में उसे अब भी आमतौर पर 'बाहर का व्यक्ति और पैतृक जायदाद को हथियाने वाला' माना जाता है'।[122] कोई भांजा (बहन का बेटा) न होने की सूरत में बेटी की मौत पर ज़मीन दानकर्ता के सजातीय पुरुष सम्बन्धियों के पास वापिस चली जाती थी।[123] ज़मीन सीधे घर-जमाई को भेंट दिए जाने पर भी कई मामलों में वह बीवी की मौत पर वापिस हो जाती थी। इसलिए यह चलन आमतौर पर बहुत कम ही देखने में आता था। अब भी ज़्यादातर मामलों में औरत धरती या तो नाममात्र रक़म के बदले अपने पिता के सबसे नज़दीकी सजातीय सम्बन्धियों को दे या बेच देती है या ऐसा न हो पाए तो भांजे की औलाद पर ज़मीन बेचने का दबाव डाला जाता है।[124] महत्त्वपूर्ण है कि इस शब्दावली या मुहावरे पर निम्न-जातियों में कोई विशेष प्रतिक्रिया नहीं होती।

लेकिन ऐसा नहीं है कि सांस्कृतिक दबावों और प्रचलित पूर्वाग्रहों के चलते जमाई द्वारा अपनी बीवी की तरफ़ से दावा पेश किया जाना पूरी तरह बंद ही हो गया हो। उपनिवेशीय प्रशासन ने कई ऐसे मामले दर्ज किए जिनमें घर-जमाई को ससुर की मौत के बाद घर से बेदख़ल कर दिया गया और ज़बरदस्ती ज़मीन से वंचित रखा गया या बस आधी ज़मीन ही दी गई[125] जबकि कुछ मामलों में तो ज़मीन घर-जमाई के पास बीस साल या उससे भी अधिक समय से थी। यह भावना अब भी नहीं बदली है। विरासत पर दावा करने वाले दामाद को विरोध का सामना करना ही पड़ता है। 1956 के क़ानून के बाद की एक स्थानीय कहावत संक्षिप्त में इस बात को प्रदर्शित करती है:

जहाँ तेरा मोड़ टकराया था
वहीं भरोटा टकराएगा।[126]

(जिस दरवाज़े से तूने दुलहे का मुकुट पहन प्रवेश किया था
उसी दरवाज़े से तू सिर पर चारे का गट्ठा उठाए प्रवेश करेगा।)

ज़ाहिर है कि जमाई के लिए कही गई इस बात के निहितार्थ ये हैं कि अपनी ससुराल में अब उसका स्वागत या सम्मान नहीं होगा। अगर वह लम्बे अरसे के लिए ससुराल में आता है तो अपनी बीवी की ओर से किए जाने वाले उसके सम्भावित दावों की वजह से उसे शक की निगाह से देखा जाता है, जबकि पहले इसे बस बोझ की बात माना जाता था। यह पितृसत्ता के भीतर का एक दिलचस्प विरोधाभास है कि सम्पत्ति के मामले में पुरुषों के बीच ही विभाजन दिखाई देता है। सम्पत्ति रहनी तो 'पुरुष' के नियंत्रण में ही चाहिए लेकिन ज़ाहिर है कि यह पुरुष कोई भी 'पुरुष' तो नहीं हो सकता।

1956 के क़ानून के बाद यह जल्दी ही स्पष्ट हो गया कि दामाद अपनी पत्नी के माध्यम से दावा कर सकता था – और कुछ ने तो किया भी। कई कारकों ने इसमें अपना योगदान दिया, जैसे कि आज़ादी के बाद के काल में जनसंख्या में हुई ज़बरदस्त वृद्धि और इसके नतीजे के रूप में धरती पर आया दबाव; साथ ही गुज़ारा लायक़ और उससे भी कम जीवन-स्तर जो आमदनी और ज़मीन के दामों में ज़बरदस्त बढ़ोतरी के साथ-साथ जारी रहा जबकि यह बढ़ोतरी पिछली करीब एक-चौथाई सदी यानी पचीस सालों में कई सौ-गुना हुई। मिसाल के तौर पर, ज़िला रोहतक के गाँव दुजाना में 1988 में एक कील्ला या 5 बीघा उपजाऊ धरती की क़ीमत करीब-करीब 35,000 रुपये के बराबर थी; इस धरती की क़ीमत करीब बीस साल पहले एक हज़ार रुपये से भी कम थी।[127] ज़िला करनाल हरित-क्रान्ति का केन्द्र रहा है और यहाँ एक कील्ले की क़ीमत हरित-क्रान्ति से पहले 2,000 से 4,000 रुपये प्रति कील्ला से बढ़ कर 50,000 रुपये से एक लाख या उससे भी अधिक तक पहुँच गई थी। इधर दिल्ली के इर्द-गिर्द के हरियाणा के इलाक़ों और हरियाणा के बड़े शहरों में खेती की धरती के दामों में अद्‌भुत बढ़ोतरी हुई है। शहरी फैलाव की मांगों के चलते एक बीघा के दाम भी कल्पना से बाहर की हदें छूते हैं। धरती और आमदनी की इस भूख को कुछ और कारकों से भी बल मिला – एक ओर तो बढ़ते हुए सामाजिक खर्चों तथा दूसरी ओर पहले से ज़्यादा मज़बूत हुए दहेज के रिवाज तथा शहरी जीवन और उपभोक्तावाद का स्वाद चख चुकी नई पीढ़ी की सामाजिक मांगों से इसे बल मिलता है। इन सब ने मिल कर चुम्बकीय आकर्षण का काम किया और कुछ पुरुषों ने अपनी पत्नियों की ओर से विरासत के क़ानून को व्यावहारिकता में इस्तेमाल किया।[128]

दामाद द्वारा 'बिना भाई की' अपनी बीवी के हिस्से की ज़मीन को अपने क़ब्ज़े में लेने के लिए उसके घर जा कर आबाद होने के कुछ उदाहरणों को ध्यान में लिया जा सकता है। इसके अलावा, 1956 के क़ानून के बाद कई मामलों में बहनों ने सगोत्र रिश्तेदारों के दावों को चुनौती देते हुए कामयाबी से अपने उत्तराधिकार का दावा पेश किया। अहम बात है कि ये सब मामले ऐसे थे जिनमें बहनों ने भाइयों को चुनौती नहीं दी थी, क्योंकि उनका भाई तो था ही नहीं, मगर दूर के सगोत्र रिश्तेदारों के विरोध में धरती पर अपने दावों को प्रभावी बनाया। 1956 के क़ानून के जल्द बाद ही पंजाब से एक मुक़द्दमे का हवाला दें तो हमें इसकी एक मिसाल देखने को मिलती है। इसमें एक बहन ने अपने उत्तराधिकार का दावा कामयाबी से हासिल किया।[129] 1960 में आए इस फ़ैसले का ताल्लुक़ ज़िला अमृतसर के गाँव-तहसील सुलतानविंड के कुछ ज़मीन के टुकड़ों पर विरासत के अधिकार से था। सम्बद्ध ज़मीनों का आख़री पुरुष मालिक साहिब सिंह था और उसकी मृत्यु दिसम्बर 1918 में हो चुकी थी। उसकी विधवा निहाल कौर के पास उत्तराधिकार आया लेकिन उसके जल्द बाद उसके पुनर्विवाह पर उसे उन ज़मीनों से

वंचित कर दिया गया और वे साहिब सिंह की माँ, किशन कौर को मिल गईं। 12 नवम्बर 1942 को किशन कौर की भी मृत्यु हो गई। उसकी मृत्यु पर साहिब सिंह की बहन जेओ और साहिब सिंह के पितृपक्ष के रिश्तेदार उजागर सिंह के बीच ज़मीनों की मिल्कीयत को लेकर विवाद खड़ा हो गया। जेओ ने मालिकाना के लिए अदालत में मुक़द्दमा कर दिया और अदालत ने उसके दावे को सही मानते हुए आदेश दिया।

महिलाओं को उत्तराधिकार से बाहर रखे जाने और उस पर क़ाबिज़ रहने की कोशिशें – एक पेचीदा तस्वीर

1956 के क़ानून के बाद इसी तरह के कई फ़ैसलों ने स्पष्ट कर दिया कि बेटियों या बहनों को धरती के उत्तराधिकार से वंचित नहीं रखा जा सकता। यहाँ इस बात पर भी ज़ोर देना ज़रूरी है कि ये सब मामले उन हालात से सम्बद्ध हैं जिनमें महिलाओं के भाई नहीं थे। हरियाणा विधान सभा के एक सदस्य द्वारा तो लोगों के उस 'लालच' की तस्दीक़ भी की गई जो 1956 के क़ानून के बाद चाहते थे कि उनके बेटों की शादी सिर्फ़ उन लड़कियों के साथ हो जिनके कोई भाई नहीं थे।[130] इस क़ानून ने जमाई का घर-जमाई बन जाने की सम्भावना को न सिर्फ़ क़ानूनी तौर पर एक सम्भावना बना दिया बल्कि कुछ मामलों में तो असल में ऐसा हुआ भी। लेकिन इतने लम्बे समय से पुरुष हितों को संरक्षित करती चली आई सांस्कृतिक विचारधारा इतनी ताक़तवर है कि कुछेक लोगों की कोशिशों से इसमें सेंध लगाना कहाँ मुमकिन है। इसलि7ए इस तरह की कोशिशों के उदाहरण किसी न किसी परम्परा के होने तक ही सीमित रहे हैं। लेकिन इन दुर्लभ मिसालों की कामयाबी भी, जैसा कि पहले भी हम देख चुके हैं, सम्पत्ति वापिस हासिल करने के दावेदारों (उत्तरभोगियों) की सहमति और अच्छी भावना पर निर्भर रही है, जबकि यह सहमति और भावना मददगार क़ानून के बावजूद अकसर उपलब्ध नहीं रही है।

कुछ मामलों में जब दामाद द्वारा अपनी पत्नी की ओर से विरासत पर दावा किया गया तो गाँववालों द्वारा पति-पत्नी दोनों का बहिष्कार किया गया है और यह तब तक जारी रहा जब तक उन्होंने दावा वापिस नहीं ले लिया।[131] इस ज़बरदस्त विरोध के समक्ष पश्चिमी उत्तर प्रदेश के एक गाँव की महिला ने अपने पति की 'इजाज़त' तक लिए बिना ज़मीन के अपने हिस्से को अपने भाई के नाम कर दिया जबकि वह अदालत में लम्बी कारवाई के बाद महिला के नाम की गई थी।[132] ग्रामीण इलाक़ों के हिसाब से यह एक अभूतपूर्व क़दम था। नीचे दिया जा रहा हरियाणा का मामला इस तरह की कोशिशों के हश्र को दर्शाता है।[133]

गाँव कासण्डी के एक पुरुष का विवाह एक विधवा की एकमात्र बेटी से हुआ, जिसके बाद वह 1982 में ज़िला करनाल के गाँव बांध में आ बसा जहाँ उसकी पत्नी को अपनी माँ से विरासत में ज़मीन मिली थी। पुरुष की ख़ुद की जोत जो बहुत छोटी

थी, बटाई पर दे दी गई। यह इन्तज़ाम बहुत मुश्किल से चला और दो साल बाद इसका ख़ात्मा हो गया। उसकी पत्नी के सगोत्र पुरुष-सम्बन्धियों ने उसे शांति से बसने नहीं दिया। उसे खुले तौर पर ताने दिये जाते थे और छोटी-छोटी बात पर, कोई भी बहाना ले कर, उसके साथ झगड़े किए जाते थे। सामाजिक तौर पर, उसे देख कर कोई भी ख़ुश नहीं था। उसके खेतों में जानवर छोड़ दिए जाते थे, फ़सलें बरबाद हो जाती थीं, पानी की नालियाँ बन्द कर दी जाती थीं और पानी का रास्ता बदल दिया जाता था; पड़ोस के ट्यूबवेलों से दो घण्टों के लिए किए गए सिंचाई के विशेष प्रबन्ध आधे घण्टे बाद ही बेअसर हो जाते थे। पूरी तरह से लाचारी की हालत में उसने ज़मीन अपने ही तंग करने वालों यानी अपने मृत ससुर के सजातीय पुरुष रिश्तेदारों को बहुत ही कम दामों पर बेच दी और वापिस अपने गाँव जा बसा।

जमाई द्वारा उत्तराधिकार का दावा जताने की कोशिश पर स्थिति सम्भावित हिंसा और ख़ून-ख़राबे की हो सकती है। सितम्बर 1989 में हरियाणा विधान सभा के सदस्यों ने ऐसे मामलों में हिंसा, यहाँ तक कि क़त्ल की बात को भी खुले तौर पर स्वीकारा।[134] पाकिस्तान के पंजाब के ग्रामीण इलाक़ों में भी ऐसे ही हालात हैं। पाकिस्तान में क़ानून के अधिकारियों के लिए अकसर गवाह तैयार करना और दोषियों के विरुद्ध कारवाई के लिए सबूत इकट्ठा करना भी नामुमकिन हो जाता है क्योंकि इस तरह के जुर्म बिरादरी की मिली-भगत से किए जाते हैं।[135]

फिर भी, हरियाणा के दृश्य पर नज़र रखने वाले कुछ पुरुष यह रूझान देखने पर आमादा हैं कि ज़मीन पर दावा क़ायम करने के मक़सद से दामाद अपनी बीवियों के गाँवों में जा बसते हैं।[136] संयोग से हरियाणा विधान सभा द्वारा भी यही दृष्टिकोण रखा गया है।[137] मगर मैं ऐसे किसी रूझान की तस्दीक़ नहीं कर पाई हूँ। इस तरह के मामलों की संख्या से सम्बद्ध असल आंकड़े उपलब्ध नहीं हैं। लेकिन असल आंकड़ों की बात से भी बढ़ कर महत्त्वपूर्ण यह है कि इस तरह के मामलों के सच में होने की सम्भावना ने ज़मींदारों में भय पैदा कर दिया है। इस असल भय ने ज़मींदारों को अपने बचाव में पहले से क़दम उठा लेने के लिए प्रेरित किया है ताकि इस तरह की कोई सम्भावना असल रूप ले ही न सके, वे अपने नियंत्रण को प्रभावी बना पाएँ और (महिलाओं के दृष्टिकोण से) क़ानून के मददगार प्रभावों को मिटा सकें। कई वकील इस बात की पुष्टि करते हैं कि क़ानून के लागू होने के इमकान को पहले से ही ध्यान में रखते हुए परिवार के पुरुष-सदस्य सम्भावित उत्तराधिकारी-महिलाओं को उनके पास इसलिए अपने साथ लेकर आते हैं कि वे ज़मीन पर उत्तराधिकार का अपना हक़ अपने भाइयों के नाम कर दें।[138] अदालत में 'लिखत-पढ़त' (यानी अधिकारों को औपचारिक रूप देने) से पहले आम-सामान्य सवालों में से एक यह होता है – 'तुम ख़ुश होकर भाइयों को दे रही हो?'[139] (क्या तुम [ज़मीन] अपनी ख़ुशी से भाइयों को दे रही हो?)।

इस दौरान पुरुष सदस्यों के हक़ में कई उपहार-पत्र/वसीयतनामे और बिक्री सम्बन्धी दस्तावेज़ दर्ज किए गए। उसके बाद से यह व्यवहार कमोबेश चल ही रहा है। कुछ मामलों में ज़मीन ख़ुद-ब-ख़ुद लड़की के नाम दर्ज कर दी जाती है मगर असल में भाई के क़ब्ज़े में रहती है। लेकिन वह अपने उत्तराधिकार को हमेशा समाप्त नहीं कर पाती, जैसा कि उसके भाई चाहते हैं, क्योंकि गाँवों में आम सहमति के मुताबिक़ शादी की उम्र बालिग़ होने की उम्र से बहुत कम होती है। अगर वह अपने उत्तराधिकार को छोड़ भी देती है तो शादी के बाद उसे इस वजह से ताने झेलने पड़ते हैं कि उसने अपनी ज़मीन 'इतनी उदारता के साथ दे दी'।[140] लेकिन इसका भी एक रास्ता निकाल लिया गया है, जो अकसर अपनाया जाता है। इसके तहत, होने वाले पति और उसके परिवार से पहले ही मंज़ूरी ले ली जाती है कि लड़की अपने उत्तराधिकार के लिए दावा नहीं करेगी।[141] कई बार यह मंज़ूरी मिल जाती है – शायद इसलिए कि उनकी भी बेटियाँ होती हैं और वे पहले से ही मिसाल क़ायम करने से डरते हैं और साफ़ दिखाई देने वाले दोहरे मापदण्ड रखने बाबत समाज के तानों से भी डरते हैं। महत्त्वपूर्ण है कि उत्तर प्रदेश के ज़िला मेरठ के एक मामले में लड़के के माँ-बाप ने उस द्वारा अपनी पत्नी की ओर से उत्तराधिकार के लिए दायर किए गए एक मुक़द्दमे का विरोध किया और उसे मुक़द्दमा वापिस लेने के लिए मनाने की कोशिश की।[142] लेकिन ऐसे मामलों में, जहाँ सहमति आसानी से नहीं मिलती, व्यवहार में तो पिता और भाई का नियंत्रण ही हावी रहता है।

मेवों में महिलाओं के विरासती हक़ों की स्थिति

महिलाओं के विरासत सम्बन्धी अधिकारों के बारे में टालमटोल के ये दाँवपेच हरियाणा के मुसलमानों में भी प्रचलित हैं, ख़ासतौर पर गुड़गाँव (तथा राजस्थान के हिस्सों) में केन्द्रित मुसलमानों में, जो मेव के रूप में जाने जाते हैं। उत्तराधिकार के सवालों पर वे अब भी हिन्दुओं के प्रथागत रीति-रिवाजों का ही पालन करते हैं, जैसा वे उपनिवेशीय समयकाल में किया करते थे।[143] उनमें भी सम्पत्ति बड़ी कड़ाई से पुरुष वंशावली के तहत ही विरासत में दी जाती है और मेव महिलाओं का अपने पिता की जायदाद पर कोई दावा नहीं होता – यहाँ तक कि पुरुष उत्तराधिकारी न होने की सूरत में भी नहीं। औरत को उत्तराधिकार मिलने का एक ही रास्ता है – उसके पिता की वसीयत के ज़रिए।

लेकिन अपने पिता की वसीयत के आधार पर भी पिता की जायदाद के लिए दावा करने वाली महिला को अपने सहवंशीय, ख़ून के रिश्तेदारों के विरोध का सामना करना पड़ता है। 1970 के दशक में शादीशुदा महिलाओं द्वारा क़ानूनी तौर पर अदालतों के ज़रिए विरासत के अपने अधिकारों का दावा करने के कुछ मामले सामने आए।

गाँववासियों की तरफ़ से इसका इतना विरोध हुआ कि उसके बाद ऐसी कोई कोशिशें नहीं की गईं।

अहम बात यह भी है कि हालाँकि मेवों पर इसलामीकरण का काफ़ी प्रभाव पड़ा है, फिर भी उन्होंने चाचा या मौसी, मामा या भुआ से होने वाले भाइयों-बहनों के बीच शादी को स्वीकार नहीं किया जैसा कि अन्य मुसलमानों में होता है। मेव ऐसी सब शादियों को अंतःप्रजनन/सगोत्र यौन-सम्बन्ध के खाते में डालते हैं और अपने गाँव से बाहर अन्तर-गोत्र विवाह के रिवाज का पालन जारी रखे हुए हैं।[144] मेवों द्वारा शादी के इस सिलसिले को नकारने का अर्थ है कि ज़मीन से जुड़ी जायदाद को पुरुष वंशावली में ही बनाए रखने के लिए वे अब भी स्थापित और जाने-पहचाने प्रथागत क़ानून का ही अनुसरण करना पसन्द करते हैं और एक अलग चलन को अपनाना पसन्द नहीं करते, क्योंकि इसका एक जैसा प्रभाव भी ज़मीन-जायदाद को ख़ानदान और वंशावली में बनाए रखने का ही है, जैसा कि उत्तर प्रदेश की एक केस-स्टडी से पता चलता है।[145] पाकिस्तान के मुस्लिम पंजाब में भी, जैसा कि ज़ेकिए एग्लर तथा हमज़ा ए. अलवी द्वारा रिपोर्ट किया गया है, महिलाओं को उनके विरासत के अधिकारों से वंचित करने के मक़सद से ज़मींदारों द्वारा इसी तरह के दावपेंच अपनाए गए हैं हालाँकि शरीअत ने उन्हें हमेशा इन अधिकारों का हक़दार माना है और मानता है। उत्तरी भारत के हिन्दू और मुसलमान ज़मींदारों की ही तरह पाकिस्तान के ज़मींदार भी अपनी मौत के बाद धरती में अपने हिस्से को औरतों के हिस्से आने की इजाज़त देने की बजाए अपने जीते जी ही अपने बेटों के नाम कर देते रहे हैं। अन्य कई ऐसे लोग हैं जिन्होंने अपनी बेटियों की शादियों से भी पहले उन परिवारों के साथ जायदाद के दावों के बारे में समझौते कर लिए जिनमें उन्होंने बेटियों का विवाह किया। कुछ मौक़ों पर बहनों ने ख़ुद अपनी सम्पत्ति अपने भाइयों के नाम यह कहते हुए कर दी कि उन्होंने ज़मीन भाइयों को बेच दी है और पैसा वसूल कर लिया है।[146]

विरासत से वंचित औरत : पुरुष-प्रधान नियंत्रण की लगातार मज़बूत जकड़

अन्य मामलों में, महिलाओं को पतियों के 'लालच' या 'ज़रूरत' के मुताबिक़ चाहे-अनचाहे क़दम उठाने पड़ते हैं। साफ़ ज़ाहिर है कि 1956 के क़ानून ने औरत को विरासत का अधिकार तो दे दिया है लेकिन इसके चलते एक ओर उसके पति के हित और दूसरी ओर उसके पिता और भाइयों के हित के बीच हिंसात्मक टकराव की सम्भावना पैदा हो गई है। नतीजा यह हुआ है कि औरतों को नियंत्रित करने की ज़रूरत और भी ज़्यादा महत्त्वपूर्ण हो गई है। ग्रामीण इलाक़ों में पितृसत्ता की मज़बूत पकड़ को ध्यान में रखें तो औरत पर पुरुष का यह नियन्त्रण उसके पूरे जीवन में कभी भी ढीला नहीं पड़ता, वह चाहे बालिग़ हो या नाबालिग़। सिर्फ़ नियंत्रणकर्ता बदल जाता है – पिता और भाई से यह नियंत्रण पति और उसके बेटे के हाथ में चला जाता है। नियंत्रण तथा

निर्भरता की यह विचारधारा असल में तो सदियों से व्यवहार में चली आ रही है। इसका व्यावहारिक रूप हमें इस बात में दिखाई देता है कि ग्रामीण महिलाओं की पहचान मोटे तौर पर उनके पारिवारिक रिश्तों से बंधी हुई है जिसमें औरत की निर्भरता अधिक और व्यक्ति के रूप में उसकी पहचान कम दिखाई देती है। मिसाल के तौर पर, एक औरत को 'गिरधारी की छोरी', 'ननकू की लुगाई', 'राम चन्दर की बहू' या 'किशन की माँ' कहकर पुकारा जाएगा।

इन सब पारिवारिक रिश्तों में उसका ख़ुद का नाम तो कहीं भुला ही दिया गया है या खो गया है।[147]

निर्भरता और नियंत्रण की ऐसी विचारधारा औरत को किसी भी तरह के फ़ैसले लेने की शक्तियों का अधिकार न के बराबर ही देती है। जैसा कि पहले भी प्रदर्शित किया गया है, एक औरत के पास फ़ैसले लेने की कम ही गुंजाइश रहती है, वह चाहे उसके निजी जीवन से सम्बद्ध गहनों के निपटान, परिवार के मामलों में पैसे के आवंटन की बात हो या फिर पशु-पालन और कृषि-उत्पादन की अर्थव्यवस्था में या कृषि में हुई अतिरिक्त बचत के बंटवारे की बात। अपवाद तो हमेशा होते हैं लेकिन इस बात के इमकान कम ही होते हैं कि कोई औरत विरासत के अपने अधिकारों को सक्रिय करने बाबत पूरी तरह से स्वतन्त्र फ़ैसला ले पाए।

विचारधारा के स्तर पर, अपने भाई और पति पर निर्भरता के रिश्तों की सचाई की ताक़त उसे स्वतन्त्र तौर पर सम्पत्ति-धारक होने से रोकती है। उसके सम्पत्ति-धारक होने में कोई संस्थागत या क़ानूनी रुकावटें न होने की सूरत में भी यही होता है। पहली स्थिति में वह अपने हक़ को समाप्त कर देती है और दूसरी स्थिति में वह अपने अधिकार का दावा पेश करती है – दोनों ही हालात में वह एक साधन से अधिक कुछ नहीं है; ज़मीन असल में पुरुष के अधिकार में ही रहती है।

लेकिन इस सख़्त और कड़े ढांचे में भी कुछ आवाज़ें तो सुनाई देती हैं : एक असहमति की, खण्डन करती आवाज़ और दूसरी, खुले तौर पर असन्तुष्टि भरी आवाज़। मिसाल के तौर पर, कुछ औरतों ने विरासत का दावा करने के लिए पतियों की तरफ़ से आने वाले दबाव का सामना यह कहते हुए किया कि

> *तू पहले अपनी बहनों का हक़ दे, मैं फिर अपना हक़ लूँगी।*[148]
> (तुम पहले अपनी बहनों को उनका हिस्सा दो, फिर मैं अपना
> हिस्सा भी माँग लूँगी।)

इस तरह वे अपने पति को दबाव में ले आती हैं और अपने भाइयों की क़ीमत पर अपना दावा सक्रिय करने की सहमति को रोक लेती हैं। फ़ैसला ख़ुद उन पर छोड़ दिया जाता है तो बहुत मुमकिन है कि वे अपना हिस्सा अपने भाइयों के पास ही रहने देंगी। बात की गई तो मालूम हुआ कि भाई और पति में से किसी एक को प्राथमिकता देने की

बात पर वे भाई को प्राथमिकता देती हैं। इस सिलसिले में ऊपर दिए गए हवाले में औरत के इस एहसास को ध्यान में रखना चाहिए कि ज़मीन तो उसके पति को मिलेगी जबकि ख़ुद उसे भाइयों की सद्भावना और ज़मीन पर अपने दावे, दोनों से ही हाथ धोना पड़ेगा।

खुले तौर पर असन्तुष्ट कुछ महिलाओं के बारे में सुना गया कि उनका कहना है

> *हमें भात थोड़ा दिया, छूछक थोड़ा दिया, हमारे नाम ज़मीन है, हम तो लेंगे।*[149]
> (हमें शादी के मौक़े पर और अन्य सामाजिक अवसरों पर जो भी दिया गया, कम ही दिया गया। मगर ज़मीन हमारे नाम है तो हम लेंगे ही।)

इसके साथ ही यह भी कहा जाता है:

> *कोई लेती नहीं, पर लटकाए रखती हैं।*
> (कोई भी लड़की कुछ नहीं लेती मगर मुद्दे को लटकाए रखती हैं।)

फिर भी, ये असन्तुष्ट आवाज़ें इस बात का सबूत नहीं हैं कि शादीशुदा औरतें विरासत के अपने अधिकारों को लागू करवा रही हैं। ज़रूरी नहीं है कि ये दावे औरतों द्वारा ख़ुद किए जा रहे हों या अपने अधिकारों पर ज़ोर दिए जाने के लिए किए जा रहे हों। इसके अलावा, जब भी ऐसी चुनौतियाँ आती हैं, और विरासत का दावा करने के लिए नीचे की अदालतों का दरवाज़ा खटखटाया गया है, लगभग फ़ौरन ही अदालत से बाहर समझौता कर लिया जाता है। मैं दो ऐसे मामलों तक पहुँच पाई जिनमें शादीशुदा बेटियों ने अपनी विरासत के दावे के लिए अदालत की मदद ली। फ़ौरन, अदालत से बाहर समझौता कर लिया गया और उन्होंने अपने दावे वापिस ले लिए।[150] इसलिए कोई भी मुक़द्दमे दर्ज नहीं हैं। इसके अलावा, यह भी साफ़ है कि एक हाथ से दूसरे में पैसा जा रहा है, ज़मीन नहीं। विरासत के सवालों से निपटने वाले वकीलों की सोची-समझी राय के मुताबिक़ 1956 के क़ानून की स्पष्टता ने ये सब 'समस्याएँ' पैदा की हैं।[151] यह क़ानून महिलाओं के विरासत के अधिकारों के बारे में बहुत साफ़ है, और इसीलिए अगर ऐसा दावा किया जाता है तो महिलाओं को उससे वंचित नहीं रखा जा सकता।

6. विधवा का पूर्ण अधिकार : उपनिवेशीय काल के बाद करेवा की ताक़त बढ़ना और उसके नतीजे

हम देख चुके हैं कि सांस्कृतिक और विचारधारा सम्बन्धी दबाव साफ़ तौर पर इस बात के ख़िलाफ़ काम करते हैं कि बेटी और बहन के रूप में एक औरत द्वारा अपनी विरासत का दावा पेश किया जाए। आगे हम देखेंगे कि असल में तो औरत के पास सीधे तौर पर ज़मीन हासिल कर पाने का काफ़ी हद तक एक ही तरीक़ा है – वह है विधवा के रूप में ज़मीन पर उसके उत्तराधिकार का हक़। उपनिवेशीय काल के बाद के समय में सीधे और पूर्ण तौर पर सम्पत्तिभोगी के रूप में विधवा – न कि बेटी या बहन – एक बड़े

ख़तरे की तरह निकल कर आती है। बदली हुई स्थिति उस समय उजागर होकर सामने आई जब सगोत्र पुरुष सम्बन्धियों द्वारा अलग-अलग बुनियादों पर विधवाओं के हक़ों को चुनौती देते हुए अदालत में कई मुक़द्दमे दायर किए गए। मिसाल देने के लिए कुछ ही मुक़द्दमों का अध्ययन काफ़ी होगा।

विधवाओं के हक़ों के लिए कारगर 1956 का हिन्दू उत्तराधिकार क़ानून

ऐसा ही एक मामला 1961 में पंजाब उच्च न्यायलय में सुनवाई के लिए आया – जय राम देवी बनाम तोता राम एवं हरदेओ राम।[152] यह मामला 1959 में विधवा जय राम देवी द्वारा ज़मीन गिरवी रखे जाने से सम्बद्ध था। इसे सम्पत्ति वापिस हासिल करने के दावेदारों द्वारा चुनौती दी गई। इस बीच हिन्दू उत्तराधिकार क़ानून 1956 व्यावहारिक तौर पर लागू हो गया था और इसी वजह से मुक़द्दमे को चलाए जाने योग्य नहीं पाया गया। फ़ैसले ने यह साफ़ कर दिया कि हिन्दू उत्तराधिकार क़ानून 1956 के सक्रिय होते हुए सम्पत्ति अगर एक सीमित मालिक के रूप में हिन्दू विधवा के हाथ में है, तो वह उसकी पूरी मालिक बन जाएगी, और

> ऐसा क़ानून के अनुच्छेद-14 के प्रावधान के तहत होगा। नतीजे के तौर पर विधवा के पूर्ण मालिक बन जाने के बाद सम्पत्ति में वापिस हासिल किए जाने से जुड़ा कोई अधिकार नहीं बचेगा। इसलिए सम्पत्ति फिर से हासिल किए जाने के दावेदार द्वारा सम्पत्ति-वापसी के अपने अधिकार को सुरक्षित रखने के लिए और सीमित मालिक के तौर पर विधवा द्वारा सम्पत्ति गिरवी रखे जाने को चुनौती देने के लिए दायर मुक़द्मा उस मामले में जारी रखे जाने योग्य नहीं माना जा सकता जहाँ विचाराधीन मुक़द्दमे का फ़ैसला आने से पहले हिन्दू उत्तराधिकार क़ानून 1956 लागू हो जाता है।

विधवाओं के विरासत के अधिकारों के सन्दर्भ में अब उपनिवेशीय काल के मुक़ाबले अलग संकेत मिलने लगे थे।

एक विधवा द्वारा 1961 में ज़मीन के हस्तांतरण से सम्बद्ध एक मुक़द्दमा दायर किया गया था जिसका फ़ैसला 1970 में आया, जिसमें उपरोक्त फ़ैसले की ही पुष्टि की गई थी।[153] उत्तम देवी नाम की एक महिला के पति की मौत पर 1938 में पति की सम्पत्ति उसके क़ब्ज़े में आ गई। एक महीने के भीतर उसने पूरी जायदाद बराबर हिस्सों में दौलत सिंह और चरण सिंह को दानस्वरूप दे दी। 29 जून 1939 को सम्पत्ति-वापसी के दावेदारों द्वारा इसे प्रथागत क़ानून के तहत चुनौती दी गई। उनका कहना था कि दान के इस क़दम का असर सम्पत्ति-वापसी के उनके अधिकारों पर नहीं पड़ना चाहिए। मुक़द्दमे का फ़ैसला उनके हक़ में हो गया। करीब 20 साल बाद 1959 में दान प्राप्त करने वालों में से एक, दौलत सिंह ने दान में उसे मिली ज़मीन वापिस विधवा उत्तम देवी को दे दी। 20 अक्तूबर 1959 को उत्तम देवी ने यह ज़मीन बेच दी। 13 मार्च 1961 को उसकी

मौत हो गई। सम्पत्ति वापिस पाने के इच्छुकों और उनके वारिसों ने 1938 में दान का विषय रही पूरी ज़मीन के क़ब्ज़े के लिए मुक़द्दमा दायर कर दिया। 1959 में जिन लोगों ने इसमें से आधी ज़मीन उत्तम देवी से ख़रीदी थी, उन्होंने इसका विरोध किया। नीचे की अदालत ने मुक़द्दमे का फ़ैसला सम्पत्ति वापिस पाने के इच्छुकों के हक़ में दिया और नीचे की ही अपील की अदालत ने इस फ़ैसले की पुष्टि कर दी; लेकिन 1963 में ख़रीदार द्वारा दायर की गई दूसरी नियमित अपील में नीचे की अदालत के फ़ैसले को उलट दिया गया। इसके बाद अपील करते हुए मामले को पूरी बेंच में ले जाया गया, जिसने पहले की गई अपील के हक़ में फ़ैसला दिया और कहा कि उत्तम देवी, जिसे 3 जून 1959 को उसकी ज़मीन वापिस दे दी गई थी, हिन्दू उत्तराधिकार क़ानून के चलते उसकी पूरी मालिक हो गई थी और इसलिए उसके पास उसे बेचने के पूरे अधिकार थे और इस बिक्री को चुनौती नहीं दी जा सकती।

अन्य मामलों में विधवाओं की ज़मीन पर दावा करने के लिए पुनर्विवाह का सवाल उठाया गया, जैसा कि उपनिवेशीय समयकाल में किया गया था। 1954 में दायर किया गया एक मुक़द्दमा विधवा हरनाम कौर से सम्बद्ध था, जिसके क़ब्ज़े में अपने मृत पति की ज़मीन 1917 में आई थी।[154] उसके पति के सगोत्र रिश्तेदारों ने यह कहते हुए क़ब्ज़े के लिए एक मुक़द्दमा किया कि क्योंकि विधवा ने सगोत्र रिश्तेदारों में से एक के साथ करेवा कर लिया था, इसलिए अब उसने अपने पहले पति की ज़मीन पर अपना अधिकार खो दिया था। सगोत्र रिश्तेदार 26 जून 1954 की तारीख़ में नायब तहसीलदार से आदेश लेने में कामयाब हो गए थे और उन्होंने ज़मीन को दाख़िल-ख़ारिज करवा कर, अपने हक़ में तबदील करवा लिया था। उपनिवेशीय समयकाल की ही कई विधवाओं की तरह हरनाम कौर ने इस बात से इनकार किया कि उसने करेवा विवाह किया था, और ज़मीन के क़ब्ज़े का दावा करते हुए मुक़द्दमा दायर कर दिया। मुक़द्दमा चलने के दौरान हिन्दू उत्तराधिकार क़ानून 1956 लागू हो गया और 1958 में विधवा की मौत हो गई और उसके क़ानूनी प्रतिनिधि को रिकॉर्ड पर लाया गया। 1967 में उच्चतम अदालत ने फ़ैसला दिया कि क्योंकि 1958 में हरनाम कौर की मौत के समय ज़मीन 1956 के क़ानून के अनुच्छेद 14(1) के अर्थ के तहत उसके क़ब्ज़े में थी, इसलिए फ़ैसले के तहत सम्बद्ध उत्तराधिकार के अधिकार उसके क़ानूनी प्रतिनिधि के पास रहेंगे।

ऐसे मामले भी थे जिनमें विधवाओं ने कामयाबी से चुनौती देते हुए अपने मृत पतियों की सम्पत्ति हासिल की। इस सम्बन्ध में दो हवाले दिए जा सकते हैं, जिनमें से एक का फ़ैसला परम्परागत प्रथागत अधिकारों के आधार पर हुआ और दूसरे का, 1956 के क़ानून के आधार पर।

29 अप्रैल 1953 को मोहिंदर कौर नाम की एक महिला ने अपने मृत ससुर की खेत की ज़मीन का एक-चौथाई हिस्सा हासिल करने के लिए मुक़द्दमा दायर किया। यह

इस आधार पर किया गया कि ससुर से भी पहले गुज़र चुके उसके बेटे की विधवा होने के नाते उस हिस्से पर मोहिंदर कौर का अधिकार था।[155] लेकिन 1951 में उसके ससुर की मौत के बाद राजस्व अधिकारियों द्वारा खेत की यह ज़मीन ससुर के तीन जीवित बेटों के नाम तबदील कर दी गई थी। मोहिंदर कौर ने मुक़द्दमा उस हिस्से पर दावा करते हुए किया जो उसके पति को जीते जी विरासत में मिलता। दो भाइयों द्वारा मुक़द्दमे का विरोध इस आधार पर किया गया कि मोहिंदर कौर ने उनके भाई गुरदयाल सिंह से करेवा विवाह किया था जो उसके मृत पति का भी भाई था। इसलिए मोहिंदर कौर ने अपना अधिकार खो दिया था। 29 मार्च 1954 को नीचे की अदालत के जज ने भाइयों के दावे को स्वीकारते हुए उसके दावे को ख़ारिज कर दिया। अम्बाला के सबॉर्डिनेट जज से की गई मोहिंदर कौर की अपील पूरे बेंच में भेज दी गई। 1960 में पूरे बेंच द्वारा दिया गया फ़ैसला विधवा के हक़ में यह कहते हुए आया कि 'उत्तराधिकार के मामलों में प्रथा द्वारा नियंत्रित जाटों में, अपने मृत पति के भाई से पुनर्विवाह करने पर विधवा उस परिवार में समानांतर, सगोत्र उत्तराधिकार की हक़दार बनी रहती है'।

साफ़ है कि यह मुद्दा 1956 का क़ानून लागू होने से पहले का था और इसीलिए मुक़द्दमे का फ़ैसला उससे पहले की प्रचलित प्रथा के आधार पर दिया गया था। उपनिवेशीय समयकाल में न्यायिक राय बंटी रही थी। इसका नतीजा यह हुआ कि प्रथागत क़ानून के तहत, विरासत में मिलने वाली ज़मीन से सम्बद्ध, एक विधवा के अधिकार से जुड़े मामलों में परस्पर विरोधी फ़ैसले दिए जाते रहे थे, ख़ासतौर पर औरत द्वारा करेवा पुनर्विवाह किए जाने के सन्दर्भ में। उपनिवेशीय समय के बाद के हालात में न्यायाधीशों ने प्रथा के रूझान को सही और प्रासंगिक ठहराया। इसके मुताबिक़ विधवा अगर अपने मृत पति के भाई से पुनर्विवाह कर के परिवार में ही रहती है तो वह ज़मीन पर अपने अधिकार को खो नहीं देगी। मिसाल के तौर पर, विधवा धन कौर ने अपने मृत पति के भाई के साथ शादी 1956 के क़ानून से बहुत पहले की थी और उसने अपने पहले पति के बेटे और बेटी की मौत के बाद अपने पति की ज़मीन के लिए कामयाब चुनौती दी और अपने पति की ज़मीन हासिल कर ली। प्रतिवादी, जो उसके पुनर्विवाह को आधार बना कर उसे वंचित रखना चाहते थे, जजों को अपने पक्ष में नहीं कर पाए थे।[156]

एक और मामले में विधवा को ज़मीन के अधिकार से वंचित रखने की कोशिश की गई और इसमें 1956 के क़ानून के तहत फ़ैसला दिया गया। इस मामले के तथ्य इस प्रकार हैं।[157]

ज़िला फ़िरोज़पुर की मुक्तसर तहसील के गुलाब सिंह नाम के एक जाट की मौत के बाद जनवरी 1932 में जायदाद उसके पाँच बेटों के हिस्से बराबर-बराबर आई। लेकिन एक बेटे, दलीप सिंह की मृत्यु हो गई। उसकी विधवा सदा कौर की कोई औलाद नहीं थी और उसने कुछ ही महीनों में अपने पति के सगे भाई चांद सिंह के साथ करेवा विवाह

कर लिया। इसी बीच तीसरे भाई सम्पूरण सिंह की भी मौत हो गई। उसकी दो बेटियाँ थीं जिन्होंने अपने पिता की ज़मीन का पाँचवाँ हिस्सा चांद सिंह समेत बाक़ी के तीन भाइयों के नाम कर दिया। पूरी जायदाद का क़ब्ज़ा तीन भाइयों के पास ही रहा हालाँकि राजस्व के दस्तावेज़ों में सदा कौर अपने पहले पति के नाम के पाँचवें हिस्से की मालिक बनी रही। जनवरी 1962 में बाक़ी दो भाइयों बख़्तावर सिंह और जीत सिंह ने अदालत का दरवाज़ा यह फ़ैसला पाने के लिए खटखटाया कि उन पर लागू होने वाली प्रथा के मुताबिक़ पुनर्विवाह होने पर सदा कौर ने दलीप सिंह से प्राप्त जायदाद पर से अधिकार खो दिया था और उसके पुनर्विवाह के बाद वह जायदाद बाक़ी तीन भाइयों की हो गई। उसके मौजूदा पति चांद सिंह द्वारा अकेले उसका इस्तेमाल नहीं हो सकता। उन्होंने फ़ैसला चाहा कि दो भाइयों की मौत के बाद वे अपनी जद्दी ज़मीन के दो-तिहाई हिस्से पर क़ाबिज़ मालिक हैं। नीचे की अदालत ने दो भाइयों के लिए यह फ़ैसला इस आधार पर देने से इनकार किया कि 1956 के हिन्दू उत्तराधिकार क़ानून के प्रावधानों के तहत सदा कौर अपने पहले पति की मौत के बाद 1932 में हासिल ज़मीन के हिस्से की पूरे तौर पर मालिक बन गई थी।[158]

इसी तरह के कई मामले थे जो आने वाले समय की स्थितियों की तरफ़ पक्का इशारा करते था। लेकिन इन के अलावा, एक विधवा के दावे के लिए मान्यता हासिल करने के अनौपचारिक तरीक़ों को भी अच्छी-ख़ासी मदद मिली, वह दावा चाहे कितने ही छोटे स्तर का क्यों न हो। मेरे सामने दो ऐसे मामले गुप्त रहने की गुज़ारिश के साथ आए जिनमें बड़ी उम्र की दो विधवाओं ने अपने बेटों की ओर से होने वाले बुरे व्यवहार के ख़िलाफ़ बिरादरी से अपील की।

अनौपचारिक ढंग से वे एक तयशुदा महीनावार आमदनी उनसे हासिल कर पाने में कामयाब हुईं;[159] विधवाओं द्वारा विरासत के अपने हिस्से का दावा किए जाने के डर ने साफ़ तौर पर उनके पक्ष में काम किया। इसी तरह के कुछ मामले पश्चिमी उत्तर प्रदेश में भी मिल जाते हैं।[160]

करेवा का लौटता ज़ोर

विरासत के अधिकारों ने विधवाओं की पूँजी का मूल्य पुनर्विवाह के बाज़ार में पक्के तौर पर बढ़ा दिया है। इसीलिए ग्रामीण समाज में एक राण्ड के आकर्षणों को घातक माना जाता है; जाना जाता है कि पति के 'किसी भी नियंत्रण से रहित' विधवाओं की 'सेहत और धन' में बेहतरी आ जाती है।[161] सेहत के लिहाज़ से, या जहाँ तक उसकी जीवन-शैली की बात है, पति का नियन्त्रण हट जाने के बाद एक विधवा कुछ हद तक आज़ाद हो जाती है और कहा जाता है कि एक वेश्या की ही तरह वह अपने यौन-सम्बन्धी जीवन के बारे में फ़ैसले लेने की हालत में आ जाती है। इसलिए राण्ड से रण्डी तक का सफ़र

एक छोटे क़दम के बराबर माना जाता है और इन दोनों शब्दों को आमतौर पर गाली की तरह इस्तेमाल किया जाता है। इन्हीं में गाली का शब्द रण्डिया (एक विधवा का दास) भी जोड़ा जा सकता है, जो एक राण्ड के यौनाकर्षण के आगे झुक जाने वाले मर्द के लिए इस्तेमाल किया जाता है।

धन के लिहाज़ से देखें तो क्योंकि अब विधवा के पुनर्विवाह का क़ानूनी तौर पर अर्थ उत्तराधिकार से वंचित होना नहीं है, इसलिए कम से कम सतही तौर पर तो लगता है कि उसने देवर के साथ विवाह की पूर्व प्रथा के बाहर शादी करने की पहले से ज़्यादा आज़ादी हासिल कर ली है। इस सूरत में मान कर चला जा सकता है कि 1956 के क़ानून द्वारा विधवा को पूर्ण मालिकाना हक़ दिए जाने की वजह से करेवा की स्थापित प्रथा में एक बड़ा फ़र्क़ पड़ा होगा जब कि, जैसा पहले प्रदर्शित किया गया है, इस प्रथा का इस्तेमाल विधवा के सीमित अधिकार तक को नियंत्रित करने के लिए किया जाता रहा था। लेकिन असल बात तो यह है कि विधवाओं पर देवर के साथ विवाह के लिए दबाव बढ़ गया है और उपनिवेशीय समयकाल के बाद के हरियाणा में करेवा के चलन को और अधिक बल मिला है। अब से पहले इस प्रथा का मज़ाक़ उड़ाने वाली और इससे असहमति प्रकट करने वाली जातियों में करेवा की लगातार बढ़ती स्वीकृति पर इस इलाक़े के सभी ज़िला गज़ेटियर्ज़ द्वारा टिप्पणी की गई है।[162] करेवा के मज़बूत होने के पीछे कारक तो कई हैं लेकिन इनमें से भी महत्त्वपूर्ण कारक विधवाओं को विरासत का पूर्ण और आज़ाद हक़ मिल जाने का है। इसलिए करेवा-विवाह विधवाओं को विरासत के अपने अधिकार का इस्तेमाल करने से रोकने का सबसे सुरक्षित तरीक़ा हैं। पुनर्विवाह होने पर सम्पत्ति वाली एक स्वतन्त्र औरत एक बार फिर पुरुष के वर्चस्व के अधीन आ जाती है जबकि यह रिश्तेदारी के स्थापित रूपों-स्वरूपों को ख़तरे में डाले बिना ही हो जाता है।

उपनिवेशीय काल के बाद अपने पड़ोसी मुल्कों के साथ भारत की सेना के टकरावों के चलते पुनर्विवाह के करेवा वाले रूप को ज़बरदस्त बढ़ावा मिला। चीन और पाकिस्तान के साथ हुईं जंग, बांग्लादेश का प्रकरण, सियाचेन की कार्यवाही, पंजाब में गड़बड़, पूर्वी सरहद पर राजद्रोही गतिविधियाँ, श्रीलंका के साथ वचनबद्धता और कश्मीर की समस्या ने ख़ासतौर से हरियाणा के इलाक़े में ग्रामीण मानव-संसाधनों को गम्भीर नुक़्सान पहुँचाया है जबकि इस इलाक़े ने सेना में भर्ती की अपनी परम्परा को बनाए रखा है। सेना से जुड़े लोगों की विधवाओं और उनमें से भी ख़ासतौर से तथाकथित 'युद्ध-विधवाओं' या सेना में सक्रिय रहते हुए मारे गए जवानों की विधवाओं को मुआवज़े की बड़ी रक़म मिलती है और वे केन्द्र तथा राज्य, दोनों सरकारों से कई तरह के लाभ प्राप्त करने की हक़दार होती हैं। इस तरह, ऐसी विधवाएँ सिर्फ़ सामान्य पारिवारिक पेंशन की ही हक़दार नहीं होतीं बल्कि विशेष पारिवारिक पेंशन भी उन्हें मिलती है। प्राप्त होने वाले लाभों में मृत्यु होने पर या अयोग्य घोषित किए जाने पर (व्याख्या आगे की गई है) मिलने

वाली अंतिम तनख़्वाह की दर के मुताबिक़ पारिवारिक पेंशन शामिल है; इसके अलावा निर्धारित दरों पर पारिवारिक ग्रैचुइटी, आर्मी ग्रुप बीमा योजना, आर्मी ऑफ़िसर्ज़ बेनेवलेंट फ़ण्ड, आर्मी वाइव्ज़ वेल्फ़ेयर असोसिएशन तथा आर्मी रिलीफ़ फ़ण्ड भी शामिल हैं। किसी कार्यवाही के दौरान मारे गए सैनिकों की विधवाओं को कई अन्य लाभों के अलावा 'उदार पैमाने पर विशेष पारिवारिक पेंशन सम्बन्धी लाभ' दिए जाते हैं।[163] ये 'विशेष' लाभ करेवा शादियों को बल प्रदान करने के साधन के तौर पर काम करते हैं क्योंकि अपने मृत पति के परिवार के बाहर शादी करने पर ये सब लाभ विधवा से वापिस ले लिए जाते हैं। ये लाभ रक्षा तथा वित्त मन्त्रालयों के स्तर पर तय किए गए और 24 नवम्बर 1972 के एक पत्र में स्पष्ट तौर पर यह कहा गया था कि

> अफ़सरों और जे.सी. ओज़ (जूनियर कमिशण्ड ऑफ़िसर्ज़) तथा ओ.आर्ज़ (अदर रैंक्ज़ – अन्य पदों) के मामले में अगर एक विधवा अपने मृत पति के सगे भाई से शादी करती है और अन्य जीवित, पात्र वारिसों के साथ सामुदायिक जीवन जारी रखती है और/या उनकी मदद करने में योगदान देती है तो वह विशेष पारिवारिक पेंशन के लिए योग्य मानी जाती रहेगी। किसी अन्य व्यक्ति के साथ पुनर्विवाह की सूरत में विधवा विशेष पारिवारिक पेंशन पर अपना अधिकार खो देगी लेकिन उसे सामान्य पारिवारिक पेंशन के बराबर रक़म की पेंशन उसी तरह दी जाएगी, जैसी कि सैनिक के सामान्य परिस्थितियों में मरने पर दी जाती।[164]

कल्पना की जा सकती है कि इस तरह के निर्देश के क्या प्रभाव होंगे। यह निर्देश राज्यों द्वारा मुहैया करवाई जा रही विशेष सहायता पर भी लागू होता है और यह अलग-अलग राज्य में अलग-अलग है। बिहार, दिल्ली, उत्तर प्रदेश, राजस्थान और पंजाब जैसे कुछ राज्य युद्ध-विधवाओं के लिए प्राथमिकता के साथ कुछ अतिरिक्त ज़मीन आवंटित कर पाए हैं।[165] हरियाणा के पास देने को अतिरिक्त ज़मीन उपलब्ध नहीं थी। इसलिए यहाँ युद्ध-विधवाओं को 100 रुपये प्रतिमाह की अतिरिक्त वित्तीय सहायता, कृपापूर्वक 5000 रुपये का अनुदान, प्रत्येक आश्रित बच्चे के लिए 60 रुपये प्रतिमाह अतिरिक्त पेंशन तथा प्रत्येक बेटी की शादी के लिए 3000 रुपये का अनुदान दिया जा रहा है। विधवाएँ अपने मृत पतियों की तनख़्वाह उस समय तक ले सकती हैं जब तक कि वे ज़िन्दा रहते हुए सेवानिवृत्त न हुए होते, जिसके बाद पारिवारिक पेंशन शुरू होती है। विधवा अगर परिवार के बाहर शादी कर लेती है तो यह सब विशेष सहायता बन्द कर दी जाती है। मृत पति के सगे भाई के साथ शादी ही इसके जारी रहने की गारण्टी है। अहम बात है कि 'विशेष मंज़ूरी' के बावजूद दी जाने वाली पेंशन बहुत ही कम रहती है। 7 जनवरी 1989 को करनाल में प्रथम डिफ़ेंस पेंशन अदालत ने इस बहुत ही कम पेंशन की बात को रेखांकित किया[166]; सामान्य पेंशन तो इससे भी काफ़ी कम होगी।

यह तो ज़ाहिर है कि महिला और पुरुष, दोनों के लिए वित्तीय आकर्षण ग्रामीण

इलाक़ों में करेवा को बल देने के लिए काफ़ी रहे हैं। ध्यान देने की बात यह भी है कि कैसे उपनिवेशीय तथा उसके बाद के राज्यों ने अपनी-अपनी तरह से करेवा को बल देने का काम किया है जबकि यह विरासत के सवाल के साथ बहुत नज़दीक से सम्बद्ध है। उपनिवेशीय राज्य ने तो प्रशासनिक और न्यायिक एजेंसियों के माध्यम से इसे खुले तौर पर प्रोत्साहित करने की कोशिश की थी। उपनिवेशीय समय के बाद के राज्य ने भी इसी तरह अपने कार्यकारी तथा प्रशासनिक दिशा-निर्देशों के ज़रिए महिलाओं की बहुत बड़ी संख्या के लिए करेवा की व्यवस्था का अनुमोदन किया है। नतीजा यह, कि राज्य 1956 के अपने ही उत्तराधिकार क़ानून के क्रान्तिकारी प्रभावों को स्वयं कमज़ोर करने में भागीदार रहा है।

सम्बद्ध लोगों में लालच ने ही नहीं, भय और आशंका ने भी करेवा के रिवाज को उत्प्रेरित किया है। ज़मीनी स्तर पर किए गए मेरे काम से संकेत मिलता है कि अकसर करेवा 'बहुत ही जल्दी और हड़बड़ी सी में' कर दिया जाता है।[167] ज़िला भिवानी के गाँव झोझो चमनी की एक औरत 1985 में विधवा हो गई। उसका पति फ़ौज में एक सैनिक था और गाँव में उसकी कुछ ज़मीन थी। विधवा को सेना से भी एक लाख रुपया नकद मिला। ये दो आकर्षण इतने ताक़तवर थे कि परिवार ने उसका विवाह उसके देवर के साथ उसके पति की तेहरवीं के कुछ ही हफ़्तों के भीतर कर दिया, जबकि रिवाज के मुताबिक़ एक साल का अन्तराल होना चाहिए था। परिवार को आशंका थी कि वह कहीं और न 'बस' जाए और इसी वजह से रस्मन चली आ रही स्वीकृत प्रथा में भी बहुत बड़ा बदलाव ला दिया गया। स्पष्ट है कि सिर्फ़ ज़मीन ही नहीं, नकद के रूप में मिलने वाले फ़ायदों के आकर्षण के चलते भी सांस्कृतिक नियमों को नया रूप-आकार दिया जा रहा है। 'वार विडोज़ गिल्ड ऑफ़ इण्डिया' ने इस बात को ध्वनि देते हुए दर्ज किया है कि किस तरह युद्ध-विधवाओं को रिश्तेदारों और पतियों के सहकर्मियों की तरफ़ से शोषण झेलना पड़ता है।[168] इस तंगी और शोषण के जल्द ही बाद एक विधवा यह समझते-मानते हुए करेवा के लिए तैयार हो जाती है कि दो बुराइयों में से एक का चुनाव करना हो तो करेवा की हालत में रहना ही बेहतर होगा। 1989-90 में पंजाब के कोर कमाण्डर रहे लेफ़्टिनेंट जनरल बी.टी.पण्डित ने याद ताज़ा करते हुए बताया कि 30 साल की एक विधवा उनके पास इस अपील के साथ आई थी कि उसके 14 साल के देवर के साथ उसकी ज़बरदस्ती करवाई जा रही शादी को रोका जाए। उन्होंने शादी रोकने के लिए पंचायत पर यह कहते हुए दबाव बनाया कि लड़का नाबालिग़ है और शादी न रुकने की सूरत में वे कार्यवाही करेंगे। लेकिन उनका यह भी कहना था कि आमतौर पर गाँव और परिवार के बड़े-बूढ़े बच निकलते थे। लेफ़्टिनेंट जनरल बी.टी. पण्डित की नज़र में यह एक व्यापक स्तर पर चल रही प्रथा थी।

इसी तरह की मिसालें 1984 में दिल्ली में हुए दंगों की विधवाओं की पेंशन तथा

मुआवज़े के भुगतान को लेकर भी सामने आईं। विधवाओं के पुनर्विवाह ज़बरदस्ती उनके देवरों के साथ करवाए गए जबकि उनमें से कुछ मात्र 13-14 साल के ही थे।[169] वीणा दास के अध्ययन से पता चलता है कि किस तरह 1971 में पाकिस्तान के साथ हुई जंग के बाद पंजाब की कई विधवाओं को तब तक ज़बरदस्ती अपने ससुराल में रहना पड़ा जब तक कि उनके पतियों के छोटे भाई शादी लायक़ उम्र को नहीं पहुँचे।[170] इस तरह की करेवा शादियों ने उस लोक-साहित्य और उन लोक-गीतों को ज़िन्दा रखा है जो बच्चे की उम्र वाले पति से बंधी हुई परिपक्व और सुलझी पत्नी की हक़ीक़त को दर्शाते हैं। असल में तो करेवा विवाह में बीवी का उम्र में अपने पति से बड़ा होना कोई असामान्य बात नहीं मानी जाती – यहाँ तक कि उम्र का यह फ़र्क़ दो से लेकर दस साल तक का हो सकता है। स्थानीय राय के मुताबिक़ अगर विधवा का एक बच्चा या बच्चे हैं, तो देवर के बहुत कमउम्र होने पर भी विधवा की शादी आमतौर पर उसके साथ कर दी जाती है। सिर्फ़ उस सूरत में जब कोई भी बच्चा न हो, विवाह उसकी पैदाइश के परिवार के माध्यम से कहीं बाहर किया जा सकता है।

सांस्कृतिक स्वरूपों और व्यवहार में बहुत गहरे तक पैठ किए हुए प्रथागत रिवाजों द्वारा अपने ही कारणों से करेवा के रूप में विधवा-पुनर्विवाह को प्रशंसित किया गया था। इन सांस्कृतिक स्वरूपों और प्रथागत रिवाजों को मौजूदा समय के क़ानूनों से बल मिलने का रूझान रहा है, फिर वे चाहे उत्तराधिकार के क़ानून हों या बाद के समय के पेंशन और लाभ दिए जाने के दावे हों।

करेवा से इनकार के अंजाम

एक विधवा को लगातार इस भय के साथ जीना पड़ता है कि उसे करेवा के रिश्ते के लिए बाध्य किया जाएगा। इस तरह का भय और धमकियाँ कोई ग़ैरमामूली बात नहीं है।[171] वह इससे इनकार करती है तो उसकी शादी किसी और जगह हो पाने को नामुमकिन न भी बनाया जाए तो बहुत मुश्किल तो बना ही दिया जाता है। मिसाल के तौर पर, गाँव आसोधा में 19 साल की उम्र में विधवा हो गई आशा को ही लें।[172] उसके सास-ससुर चाहते थे कि वह उम्र में अपने से बहुत बड़े, करीब पचास-वर्षीय जेठ के साथ करेवा कर ले जबकि उसकी एक बीवी और तीन बच्चे भी थे। आशा ने यह बात नहीं मानी। उसके पिता भी इसके ख़िलाफ़ थे और उन्होंने उसकी शादी किसी अन्य जगह पक्की कर दी। लेकिन आशा के ससुराल ने इसकी इजाज़त देने से इनकार कर दिया और एक जाति-पंचायत बुलाई गई। पंचायत ने अन्य जगह तय हुई उसकी शादी को हरी झण्डी दे दी। लेकिन एक महत्त्वपूर्ण पड़ाव पर आशा के ससुराल वालों ने उसकी शादी की रस्म को होने से ज़बरदस्ती रोक दिया। पंचायत के फ़ैसले का भी सम्मान नहीं किया गया। आशा अब भी एक विधवा ही है। ऐसे मामलों में विधवा के पास अपनी ज़मीन

पट्टे पर देने का, किराए के मज़दूर लगा कर ख़ुद उस पर काम करवाने का या फिर पुरुष सदस्यों के साथ कोई समझौता करने का अधिकार रहता है जिसके तहत वे उसे ज़मीन से मिलने वाले लाभ का कुछ हिस्सा दे सकते हैं। प्रत्येक मामले और परिवार की स्थिति के मद्देनज़र इनमें से कोई भी बन्दोबस्त काम आ सकता है। लेकिन बताया जाता है कि ज़्यादातर मामलों में आख़री विकल्प अपनाया जाता है, जैसा कि आशा के साथ भी हुआ। यह ज़रूर महत्त्वपूर्ण है कि अब विधवा के लिए मात्र 'गुज़ारा भत्ता' की बात नहीं है जैसा कि उपनिवेशीय प्रशासन के अधीन हुआ करती थी, जबकि उसे इससे भी अकसर वंचित रखा जाता था, जिसके नतीजे के तौर पर (जैसा कि अध्याय-1 में दर्शाया गया है) विधवाओं द्वारा ज़मीन के बंटवारे की मांग उठने लगी थी।

शादी को लेकर विधवाओं की योजनाओं को रोकने के लिए ससुराल द्वारा डाले जाने वाला यह दबाव बहुत बार कामयाब होता रहा है। इसके चलते पुनर्विवाह के करेवा रूप की दमनकारी छवि महिलाओं के दिमाग़ में और मज़बूत हुई है। हरियाणा के सांस्कृतिक लोक-चरित्र से मेल खाने वाले, हरियाणा से सटे दिल्ली क्षेत्र के तीन गाँवों की, खेत में काम करने वाली महिलाओं पर हाल ही में एक अध्ययन किया गया। इससे प्रदर्शित होता है कि विधवा-पुनर्विवाह का समर्थन करने वाली ग्रामीण महिलाओं में केवल 13 प्रतिशत ने परिवार के भीतर ही (यानी पति के भाई के साथ) फिर से शादी को पसन्द किया। बाक़ी 87 प्रतिशत ने कहीं भी शादी हो जाने का विकल्प चुना। बहुत ही कम संख्या में महिलाओं ने यह भी महसूस किया कि फ़ैसला विधवा पर छोड़ दिया जाना चाहिए और उसके साथ कोई ज़बरदस्ती नहीं की जानी चाहिए।[173]

बहुविवाह

बहुत से मामलों में करेवा असल अर्थ में बहुविवाह रहा है और क़ानूनी तौर पर एकल विवाह की आवश्यक शर्त के बावजूद यह बहुविवाह की प्रथा को ज़िन्दा रखने का ज़िम्मेवार रहा है। बहुविवाह को मिली यह सामाजिक मान्यता केवल करेवा विवाहों में ही नहीं देखने को मिलती बल्कि उन मामलों में भी दिखाई देती है जिनमें पहली बीवी या तो बांझ हो या उसने सिर्फ़ बेटियों को जन्म दिया हो। एक पुरुष के लिए बहुविवाह का अर्थ है खेत में काम करने के लिए एक और व्यक्ति का जुड़ जाना जिसके चलते उत्पादन और ख़ुशहाली में इज़ाफ़ा होता है और बच्चों की संख्या भी बढ़ती है। इन सब बातों को सामाजिक-आर्थिक ज़रूरत का हिस्सा माना जाता है। इसलिए महिलाओं को अब भी ज़मीन की ही तरह पुरुषों द्वारा हासिल किए गए संसाधन के तौर पर देखा जाता है। इसके अलावा, यह शादी पुरुष के लिए 'सामाजिक प्रशंसा' भी लाती है: 'बिचारी का कल्याण किया, नहीं तो इधर-उधर मुँह मारती फिरती'।[174] इसी के साथ लोक-ज्ञान दो बीवियों वाले मर्द की असहज और दया करने लायक़ हालत पर भी बल देता है:

कोई खींचे लाँग-लंगोटी
कोई खींचे मुच्छड़ियाँ
कोठे चढ़ के दी दुहाई
कोई ना करियो दो जन्यानी।[175]
(एक बीवी उसकी लंगोटी खैंचती है
दूसरी, उसकी मूँछें;
छत पर चढ़, वह दुहाई देता है
कोई मर्द दो शादी न करे।)

जिन मर्दों की दो माँएँ रही हैं, वे अपनी माँओं की बदक़िस्मती की बजाए अपने बाप की बदक़िस्मती के बारे में बात करते हैं। मिसाल के तौर पर, हरद्वारी लाल याद करते हैं कि दो 'हर वक़्त झगड़ने वाली बीवियों' से निपटने में उनके पिता की क्या दुर्दशा होती थी, जो अकसर 'एक दूसरी को पीटने' और 'दुखती रग पर हाथ रखने' में लगी रहती थीं।[176] यहाँ साफ़ ज़ाहिर है कि पुरुष की सहानुभूति और एकीकृत पहचान अपने पिता के साथ है, जिस की 'दुर्दशा' को इस नज़र से देखा जाता है कि उसके साए में महिला की दुर्दशा एक तरह से मिटा ही दी जाए। स्थिति को देखने का यह नज़रिया अगली पीढ़ी में इसी विचारधारा के प्रतिरूपों और समाजीकारण की प्रक्रिया का पुनरुत्पादन होना भी प्रदर्शित करता है। बहुविवाह को दो औरतों के बीच की समस्या के तौर पर दिखा कर उससे छुटकारा पा लिया जाता है। दूसरी ओर, उन द्वारा एक दूसरे के साथ की जा रही हिंसा से इस दमनकारी ढांचे के प्रति महिलाओं की प्रतिक्रिया प्रदर्शित होती है – यह शायद उनके लिए अपने क्रोध को अभिव्यक्त करने का एक तरीक़ा है।

बहुविवाह में शामिल महिलाओं से मुझ द्वारा की गई पूछताछ का कोई लाभ नहीं मिला। मेरी पूरी कोशिश के बावजूद मैं उनसे इस बारे में कोई प्रतिक्रिया हासिल नहीं कर पाई। महिलाओं की प्रतिक्रियाओं को शायद लिन बेनेट द्वारा नेपाल की उच्च जातियों की महिलाओं में किए गए बहुविवाह-प्रथा के अध्ययन से कुछ हद तक समझा जा सकता है।[177] इस अध्ययन में एक ओर तो एक ही पति की बीवियों और दूसरी ओर पति तथा बीवियों के बीच होने वाले झगड़ों की बारम्बारता पर बल दिया गया है। इनमें पति द्वारा बीवियों की यौन-सम्बन्धी कामुकता पर ध्यान देने से लेकर भोजन, कपड़ों आदि के बंटवारे जैसे मसले शामिल हैं। बेनेट इस ओर भी ध्यान दिलाती हैं कि बहुविवाह के चलते एक पत्नी द्वारा पति पर अपना प्रभाव जमाने के लिए चालाकी से इस्तेमाल की जाने वाली सम्भोग की ताक़त और नियंत्रण का असर बिल्कुल कम हो जाता है। इस दलील को यह संकेत देने के लिए आगे बढ़ाया जा सकता है कि बहुविवाह तो उलटे पति को मौक़ा देता है कि वह अपनी पत्नियों को नियंत्रित करने के लिए सम्भोग की ताक़त का चालाकी से इस्तेमाल कर सके। क़ुदरती तौर पर प्रजनन से सम्बन्धित होने

की वजह से सम्भोग का इस्तेमाल पति द्वारा यह तय करने के लिए किया जाता है कि किसे अपना कृपा-पात्र बनाना है और किसे नहीं (गोकि बांझ पत्नी का मामला अलग है)। आख़िरकार परिवार के भीतर ताक़त का वरीयताक्रम इसी कृपादृष्टि द्वारा तय किया जाता है जबकि यह क्रम प्रतिष्ठा से लेकर संसाधनों पर अधिकार जैसे क्षेत्रों में महत्त्वपूर्ण तरीक़े से काम करता है। इस बात की तस्दीक़ परोक्ष रूप में हरद्वारी लाल द्वारा की गई जिन्होंने जानकारी दी कि द्विविवाह की स्थिति में पत्नियों के कार्य-क्षेत्र पति द्वारा तय किए जाते हैं। उनमें से एक धरती पर 'कड़ी मेहनत' करती है और दूसरी 'हल्का' समझे जाने वाले घर-परिवार के भीतर के काम सम्भालती है। साफ़ ज़ाहिर है कि पति जिसका पक्ष लेता है, उसे कम मुश्किल काम दिया जाता है, जिसमें अपनी मन-मर्ज़ी का भोजन कर पाने का विशेष अधिकार भी शामिल रहता है। दिलचस्प बात यह है कि पति धुरी का काम करता है लेकिन इसके बावजूद बहुविवाह, बड़े हो रहे बेटे की तुलना में उसके महत्त्व को धीरे-धीरे घटा देता है – इस स्थिति में बेटा माँ के लिए आशा और दिलासे की अकेली किरण की तरह होता है।

ऐसा लगता है कि सामाजिक तौर पर स्वीकार कर लिए गए बहुविवाह को क़ानूनी समस्याओं का सामना नहीं करना पड़ता क्योंकि उसे कभी भी अदालत में चुनौती नहीं दी जाती। गाँवों में राय यह है कि वह सिर्फ़ उस व्यक्ति के लिए समस्या बन सकता है जो सरकारी नौकरी में है हालाँकि यह भी अनुमान-आधारित बात ही है क्योंकि असल बात तो किसी के द्वारा इस तरह के विवाह को अदालत में चुनौती दिए जाने की है।[178] बहुविवाह से होने वाले बेटे पिता की जायदाद के बराबर हिस्सों के उत्तराधिकारी होते हैं – या तो सीधे तौर पर वसीयत के ज़रिए या गाँव या जाति या कुनबा-पंचायत के फ़ैसले के ज़रिए। उपनिवेशीय शासकों ने भी फेरा या करेवा शादी से होने वाले बेटों के बीच विरासत के अधिकारों को लेकर कोई अन्तर नहीं किया था।[179] लेकिन यह मान कर नहीं चला जा सकता कि एक पहले से शादीशुदा पुरुष के करेवा विवाह को तत्परता से मिलने वाला सामाजिक समर्थन करेवा के बाहर बहुविवाह करने वाले को भी मिल जाएगा। मिसाल के तौर पर 1979 में ज़िला भिवानी के सीसवाला गाँव में सीमा सुरक्षा बल के एक मेजर ने एक विधवा शिक्षक के साथ करेवा किया जबकि वह पहले से शादीशुदा था और उसके बच्चे भी थे। दो बच्चे होने के बाद उसने महिला को छोड़ दिया। बच्चों को उसका नाम तो मिल गया है मगर उसकी ज़मीन और जायदाद पर उनका कोई क़ानूनी या सामाजिक अधिकार नहीं है।[180]

बहुविवाह पत्नी और सह-पत्नी, दोनों को नुक़्सान में रखता है। लोक-साहित्य में महिलाओं की असहनीय और बेइज़्ज़ती भरी इस हालत का बहुत समृद्ध चित्रण किया गया है। एक लोकप्रिय कहावत देखिएः

सौकन चून की भी बुरी।[181]

(सह-पत्नी तो कैसी भी हो, बुरी ही होती है।)

इस प्रथा के लगातार बने रहने की वजह से सौकन से सम्बन्धित स्थानीय लोक-कहावतें भी ज़िन्दा रही हैं, और पूछे जाने पर महिलाएँ इस प्रथा के ख़िलाफ़ खुल कर बोलती हैं। इसलिए यह हैरत की बात नहीं है कि एक हालिया अध्ययन से पता चला[182] कि 75 प्रतिशत महिलाएँ एक से अधिक पत्नी होने के विचार के पूरी तरह ख़िलाफ़ थीं। बाक़ी 25 प्रतिशत ने इसका समर्थन अपवाद के हालात में किया – जैसे कि पत्नी के बांझ होने या उस सूरत में जब 'पारिवारिक सम्बन्ध बनाए रखने के लिए' मृत पति के भाई के साथ करेवा विवाह हो जाए।

पुनर्विवाह से सम्बद्ध मौजूदा हालात : कमोबेश पितृसत्ता का नियंत्रण

ग्रामीण महिलाओं के कुछ भी संदेह रहे हों, जिन्हें ध्वनि दी गई हो चाहे नहीं, पितृसत्ता की ज़रूरतों के तहत विधवाओं के लिए फ़रमान करेवा-विवाह को ही पहला विकल्प बनाए जाने का है – देवर की उम्र या शादी की स्थिति चाहे जो भी हो। पुनर्विवाह को पहले से ज़्यादा स्वीकार तो किया जा रहा है मगर प्राथमिकता और विकल्प के नज़रिए से देखें, तो इसकी स्वीकृति बहुत दूर के दूसरे नम्बर पर है। करेवा या पुनर्विवाह की शक्ल में विधवा-पुनर्विवाह इतने आम हो गए हैं कि एक आम, प्रचलित अन्दाज़े के मुताबिक़ ग्रामीण हरियाणा में एक हज़ार विधवाओं में से एक ही महिला विधवा रहती है।[183] आंकड़ों पर आधारित गणनाएँ इस अन्दाज़े से बहुत हट कर नहीं हैं। 1981 की जनगणना में प्रदर्शित हुआ कि हरियाणा में 16 से 44 साल की 'विवाह योग्य' उम्र की ग्रामीण महिलाओं में केवल 0.77 प्रतिशत विधवाएँ थीं।[184] लेकिन विवाह की ही तरह पुनर्विवाह भी लगातार बहुत बारीकी से नियंत्रित है और इसका फ़ैसला माँ-बाप या सास-ससुर द्वारा लिया जाता है। ख़ुद तय की गई शादियाँ आसानी से स्वीकार नहीं की जातीं।[185] कुछ महिलाएँ भी इस ख़याल के तईं खुली नाराज़गी व्यक्त करती हैं। लेकिन शादी करने के इरादे से भाग जाने की घटनाओं की बढ़ती संख्या इस नज़रिए की सीधे तौर पर काट करती दिखाई देती है क्योंकि इन घटनाओं से एक अलग तरह की पसन्द प्रदर्शित होती है। इसलिए, बहुत मुमकिन है कि उपरोक्त नज़रिया और राय पुरुषों की जानी-पहचानी प्रतिक्रियाओं का नतीजा हो और इस तरह के उठाए गए क़दमों के नतीजों की वजह से हो।

जब भी विधवा ने पुनर्विवाह की स्थिति में अपनी इच्छाओं पर बल दिया है, टकराव के हालात बने हैं। असल में तो एक विधवा द्वारा अपनी मर्ज़ी से शादी करना कई मामलों में भाग कर शादी करने के बराबर है। गाँवों में लोकप्रिय, प्रचलित स्तर पर भाग जाने को राण्ड (विधवा) के साथ जोड़ कर देखा जाता है। 'राण्ड भाज गई'[186] (विधवा भाग गई है) – यह शब्दावली गाँवों में किसी भी भागी हुई महिला के लिए इस्तेमाल की जाती

है, और यह बात विवाह में विधवा द्वारा ख़ुद के अधिकारों पर ज़ोर देने से निकल कर आई है।

एक विधवा के पुनर्विवाह को लेकर कुछ अन्य पाबंदियाँ भी हैं। उसका पति कुँआरा नहीं होना चाहिए – महत्त्वपूर्ण है कि उपनिवेशीय समयकाल में यह हद तय नहीं की जाती थी। साफ़ ज़ाहिर है कि किसी न किसी वक़्त पर आ कर ज़मींदार जाति-समूहों में इस सोच को लेकर बदलाव आया है कि एक कुँआरे के लिए लैंगिकता और यौन-भावना का स्वीकार्य रूप क्या है हालाँकि ऐसा निम्न जातियों या वर्गों में नहीं हुआ है। ब्याह या मूल विवाह एक कुँआरे के लिए द्वितीय या गौण सम्बन्ध नहीं होना चाहिए – इस बात की बुनियाद में व्यापक स्तर पर फैला यह विचार है कि एक विधवा यौन-सम्बन्धों के मामले में पहले से अपवित्र हो चुकी है। सिर्फ़ करेवा-विवाह में इस विचार को अन्य महत्त्वपूर्ण सरोकारों की वजह से दरकिनार कर दिया जाता है। असल में तो उसे कुँआरे से पुनर्विवाह की इजाज़त सिर्फ़ करेवा प्रथा के तहत ही दी जाती है और अगर एक विधवा का सम्बन्ध किसी कुँआरे से होता है तो कुँआरे के परिवार की ओर से विरोध अकसर हिंसात्मक रूप ले लेता है। किसी भी ऐसे विवाह की प्रतिक्रिया में माँ-बाप लड़के से सब रिश्ते तोड़ लेते हैं, उसे अपना मानने से इनकार कर देते हैं, यहाँ तक कि उसे विरासत से भी बेदख़ल कर देते हैं।[187] इस तरह की शादियों के बारे में आम राय यह है:

गू का टोकरा सिर पर उठाता है।[188]

ग्रामीण समाज में यह हद-दर्जा बेइज़्ज़ती को दर्शाता है। इसकी एक मिसाल गाँव आसोधा के एक मामले में देखने को मिलती है जहाँ एक विधवा ने अपने जेठ के साथ करेवा विवाह करने से इनकार कर दिया। इसकी बजाए उसने कहा कि वह अपने पति के चाचा के कुँआरे लड़के से विवाह करना चाहती है। सास-ससुर ने यह कहते हुए इनकार कर दिया कि 'बिराणी बिगार कौन आंटे' (एक कुँआरा पराए बोझ [विधवा] को क्यों स्वीकारे)। उसे परिवार के बाहर पुनर्विवाह भी नहीं करने दिया गया। वह औरत विधवा ही रही और अपने बच्चे और तीस बीघा ज़मीन की देखभाल अब भी कर रही है।

ख़ुद या अपने माँ-बाप के ज़रिए पुनर्विवाह करने वाली विधवाओं को अपनी धरती अपने पति के सगोत्र रिश्तेदारों को न्यूनतम दामों पर बेचनी पड़ी है या फिर अपने ससुर या जेठ/देवर द्वारा नियंत्रित जायदाद पर अपने दावों को छोड़ना पड़ा है।[189] इसीलिए आम सोच-समझ के तहत 1956 के उत्तराधिकार क़ानून के बावजूद करेवा रूप को छोड़ कर पुनर्विवाह का अर्थ अब भी वही है जो उपनिवेशीय न्याय-व्यवस्था में था।

आर्थिक तंगी के साथ-साथ सामाजिक-सांस्कृतिक बन्धनों ने विधवा-पुनर्विवाह को करेवा रूप में ही बनाए रखने में बहुत हद तक योगदान दिया है। करेवा से सामाजिक और सांस्कृतिक मंज़ूरी और स्वीकृति तो मिलते ही हैं, यह औरत को उसी परिवार में बने रहने की इजाज़त भी देता है जिसमें उसकी शादी हुई थी। और हालाँकि उसकी

ज़मीन का मालिक असल में चाहे उसका करेवा पति बन जाए, ज़मीन उसी के नाम रहती है और वह पूरे तौर पर काम करने वाली साझेदार के रूप में वहाँ मौजूद रहती है। परिवार में जज़्ब हुए रहने का दबाव उस पर करेवा के माध्यम से कम नहीं हुआ है, बल्कि कुछ अर्थों में वह बढ़ गया है। गाँवों के सामाजिक हालात की हक़ीक़त को ध्यान में रखें तो ख़ुद विधवाएँ भी करेवा को अपने लिए पनाह-स्थल के रूप में लेती हैं जो उनके लिए अपने पति के सगोत्र रिश्तेदारों द्वारा यौन-शोषण, उनकी ओर से हिंसा के ख़तरों और दबावों को झेलने में मददगार होता है। बेटा न होने की सूरत में अपनी विरासत की ज़मीन पर विधवा की पकड़ कमज़ोर होती है। करेवा-विवाह उसके लिए इन सब मजबूरियों को सम्भाल लेता है। कुछ के लिए यह शायद पहले से मौजूद रिश्ते को औपचारिक रूप देने का काम करता है, जैसा कि हम ने पहले के एक समयकाल के सन्दर्भ में देखा था।[190]

7. पलटाव की कोशिशें : हिन्दू उत्तराधिकार क़ानून 1956 का सन्दर्भ

विधवाओं द्वारा विरासत के अपने पूर्ण अधिकार को इस्तेमाल किए जाने पर लगाई गई पाबन्दियाँ बहुत हद तक कामयाब रहीं। लेकिन इस सन्दर्भ में लाया गया मददगार क़ानून ग्रामीण इलाक़ों में चिन्ता और आशंका पैदा करता रहा। धीरे-धीर ग्रामीण समाज में तनाव बढ़ता गया और 1956 के क़ानून को समाप्त या संशोधित करने की आवाज़ों ने ज़ोर पकड़ना शुरू कर दिया। हरियाणा की असेम्बली ने 1967 में और पंजाब की असेम्बली ने 1977 में प्रस्ताव पारित कर के केन्द्रीय सरकार से इस क़ानून को बदलने का आग्रह किया।[191] केन्द्र ने आग्रह स्वीकार नहीं किया। 1979 में हरियाणा की असेम्बली ने मुद्दे को लेकर ज़ोर बनाने के लिए सर्वसम्मति से एक बिल पारित करते हुए 1956 का क़ानून संशोधित कर के राष्ट्रपति के अनुमोदन के लिए भेजा। यह अनुमोदन भी नहीं हुआ।

हिन्दू उत्तराधिकार (हरियाणा संशोधन) बिल 1979 के नाम से पेश हरियाणा बिल नम्बर XXII के उद्देश्यों और कारणों के कथन के अनुसार :

> हिन्दू उत्तराधिकार क़ानून 1956 के लिए प्रस्तावित संशोधन राज्य में आमतौर पर व्याप्त भावना को ध्यान में रखना चाहते हैं जिसके अनुसार एक हिन्दू महिला को विरासत में अपने पति की सम्पत्ति मिलनी चाहिए, न कि अपने पिता की। महसूस किया गया है कि इस क़ानून के लागू होने पर बेटियों को, वे चाहे विवाहित हों या अविवाहित, अपने पिता की सम्पत्ति में हिस्सा मिलने के प्रभाव के तौर पर राज्य में जोतों के खण्डित होने की प्रक्रिया में बहुत तेज़ी आई है। वर्तमान प्रावधानों के कारण भाइयों और बहनों के बीच गम्भीर विवाद भी उठ खड़े हुए हैं और इन्होंने ग्रामीण समुदाय के सामंजस्यपूर्ण जीवन को भंग करने में अपना योगदान दिया है।
>
> प्रस्ताव है कि इस स्थिति से निपटने के लिए विवाहित बेटियों को वर्ग-1 के

> उत्तरधिकारियों में से निकाल दिया जाए और परिणामस्वरूप अन्य परिवर्तन किए जाएँ। यह भी प्रस्तावित किया जाता है कि हिन्दू महिला का किसी भी स्रोत से विरासत में मिली सम्पत्ति को हस्तांतरित किए जाने का अधिकार सीमित कर दिया जाए ताकि उसे हिन्दू पुरुष के बराबर लाया जा सके।[192]

महत्त्वपूर्ण है कि संशोधन में केवल शादीशुदा औरतों के अधिकार पर लगाम लगाए जाने की कोशिश की गई थी और ऐसा ग्रामीण इलाक़ों में अविवाहित महिलाओं के न होने की वजह से था। 1981 में ग्रामीण हरियाणा में 35 साल की उम्र तक अविवाहित रहने वाली महिलाएँ केवल 0.08 प्रतिशत थीं।[193] ग्रामीण इलाक़ों में तो 'लंगड़ी, लूली या अन्धी' की भी शादी हो जाती है।[194] केवल विवाहित महिलाओं को सशर्त बाहर रखे जाने का प्रभावी तौर पर अर्थ यह हुआ कि सभी महिलाओं को विरासत से बाहर रख दिया गया। इसके अलावा, ज़मीन को लेकर विवाहित या विधवा महिलाओं के दावों को आमतौर पर बेटियों के दावों के मुक़ाबले काफ़ी कम विरोध की नज़र से देखा जाता है क्योंकि विधवाओं के मामले में इस बात की अधिक सम्भावना रहती है कि ज़मीन पितृपक्ष से सम्बद्ध सजातीय रिश्तेदारों के पास ही रहेगी, ख़ासतौर से करेवा के तहत।

बिल को असेम्बली में लाए जाने के बाद हुई बहस[195] में इस संशोधन की पैरवी इस आधार पर की गई कि 'भाई/बहन के प्रेम की लम्बे समय से स्थापित परम्परा' अब 'गम्भीर रूप से भंग होने के ख़तरे में है'। परम्परा की इस पैरवी का व्यापक महत्त्व है क्योंकि भाई-बहन का प्रेम बहन दवारा विरासत के अपने अधिकारों को छोड़ देने की सूरत में ही बना रह सकता है। वक्ताओं ने इस बात पर भी बल दिया कि 'धरती की खण्डित जोतों की संख्या में बहुत बड़ी वृद्धि' हुई है और ग़ैर-किफ़ायती जोतें अस्तित्व में आई हैं। सिंचाई एवं ऊर्जा मंत्री चौधरी रिज़क राम द्वारा मुहैया करवाए गए आंकड़ों से प्रदर्शित होता था कि 1956 में 5 एकड़ से कम की ग़ैर-किफ़ायती जोतों का आंकड़ा 16 प्रतिशत था जो 1975 में बढ़ कर 73 प्रतिशत हो गया था। 1956 में महिलाओं के उत्तराधिकार के लिए उठाए गए क़दम को इसके लिए ज़िम्मेदार ठहराया गया।

पूर्वाग्रह से प्रेरित यह परिकल्पना इस परिघटना के पीछे के अन्य कारकों को पूरी तरह से अनदेखा करती थी। इनमें से एक कारक उन बीस सालों में जनसंख्या में हुई वृद्धि थी और परिवार के मुखिया के जीते-जी संयुक्त एवं विस्तृत परिवारों का अलग-अलग परिवारों के रूप में टूट जाने की वजह से ज़मीन का उत्तराधिकारियों के बीच कई हिस्सों में बंट जाने की स्वाभाविक प्रक्रिया थी। एक और कारक ख़ुद खेती करने के लिए किराए की ज़मीन का पुनर्ग्रहण था और हरित-क्रान्ति का प्रभाव भी एक कारक था, जिस ने, अर्थशास्त्रियों की राय में, जोतों के बंटवारे को सक्रिय कर दिया था।[196] इसके अलावा, कहीं से यह संकेत भी नहीं मिलता कि महिलाओं को अच्छी-ख़ासी संख्या में अपने अधिकारों का इस्तेमाल करने का मौक़ा मिला गया हो। ज़्यादातर मामलों में या

तो दावा किए जाने पर भी उनके अधिकार रद्द कर दिए गए हैं या पुरुष सदस्यों द्वारा ये अधिकार ख़रीद लिए गए हैं। अन्य मामलों में ज़मीन उनके पास सिर्फ़ नाम भर के लिए ही रह गई होगी जबकि असल क़ब्ज़ा पुरुष सदस्यों के पास रहा होगा। ऐसा लगता है कि संशोधन के पीछे की असल वजह महिलाओं के सम्भावित दावों से आशंकित ज़मींदार पुरुषों का भय है, न कि असल में किए गए दावे।

बिल राष्ट्रपति के स्तर पर परास्त हो गया। दस साल बाद, अगस्त 1989 में, हरियाणा से सांसद बने देवी लाल ने उप-प्रधानमंत्री के तौर पर एक बार फिर उत्तराधिकार क़ानून में संशोधन का प्रस्ताव रखा और एक बार फिर कोशिश यह थी कि विवाहित महिलाओं को अपने माँ-बाप की सम्पत्ति में उनके हिस्से से वंचित रखा जाए।[197] इसके बाद होने वाले विरोध प्रदर्शनों की बाढ़ को अनदेखा नहीं किया जा सकता था। देवी लाल को उन्हीं की स्वीकारोक्ति के मुताबिक़ 'मीडिया तथा अन्य जगहों से आने वाली प्रतिकूल टिप्पणियों' के चलते प्रस्ताव त्यागने पर मजबूर होना पड़ा।[198] पंजाब में भी, सूबे के लिए वहाँ पर हुए आन्दोलन के बाद, महिलाओं को ज़मीन के अधिकारों से वंचित रखने वाले और विधवा द्वारा उसके देवर के साथ पुनर्विवाह किए जाने की वकालत करने वाले सिख पर्सनल लॉ को लागू किए जाने की मांग रखी गई थी।[199] इन सब पहलक़दमियों को फ़िलहाल परास्त कर दिया गया है लेकिन जिस जज़्बे ने उन्हें सक्रिय किया था, वह अब भी ज़िन्दा है। सभी जेण्डर, वर्ग, जाति, यहाँ तक कि राजनैतिक दलों में भी, यह जज़्बा क़ायम है। स्पष्ट ही है कि किसानों की किफ़ायती नैतिकता, महिलाओं का सांस्कृतिक मूल्यांकन और वैचारिक बन्दिशें, ये सब एक दूसरे के साथ पेचीदगी से बंधे रह कर, पुरुष के अधिकारों को बचाए रखने के लिए काम कर रहे हैं। अब तक अपनी इन कोशिशों में पुरुष को ज़ाहिरा तौर पर महिलाओं की भी मदद मिली है।

सन्दर्भ

1. देखें, उमा चक्रवर्ती, 'व्हट्एवर हैपन्ड टु द वेदिक दासीः ओरिएन्टेलिज़म, नैश्नलिज़म एण्ड अ स्क्रिप्ट फ़ॉर द पास्ट', कुमकुम संगारी एण्ड सुदेश वैद (सम्पादक), *रीकास्टिंग विमेनः एस्सेज़ इन कलोनियल हिस्ट्री,* न्यू डेल्हि, काली फ़ॉर विमेन, 1989, पृ. 22-87।
2. उसके सूत्रपात के बाद से हिन्दू कोड बिल के विस्तृत विवरण के लिए देखें, जेरल्डीन फ़ोर्ब्स, 'इन पर्सूट ऑफ़ जस्टिसः विमेन्ज़ ऑर्गनाइज़ेशन एण्ड लीगल रिफ़ॉर्म्ज़', *साम्य शक्ति,* सेन्टर फ़ॉर विमेन्ज़ डिवेलप्मंट स्टडीज़, न्यू डेल्हि, 1, 2, 1984, पृ. 33-54।
3. क़ानून के विवरण और ब्रिटिश भारत में स्थिति के साथ तुलना के लिए देखें, हिन्दू सक्सेशन एक्ट, नम्बर XXX ऑफ़ 1956, सुन्दरलाल टी.देसाई, *मुल्ला प्रिंसिपल्ज़ ऑफ़ हिन्दू लॉ,* बॉम्बे, एन.एम.त्रिपाठी प्राइवेट लिमिटिड, तेरहवाँ संस्करण, 1966; साथ ही देखें, हिन्दू लॉ, वॉल्युम II, नागपुर, ऑल इण्डिया रिपोर्टर, ए.वी.चिताले, तीसरा संस्करण, 1981।
4. बिना वसीयत किए मर जाने वाले व्यक्ति के उत्तराधिकार में बराबर हक़ की यह बात संयुक्त परिवार के विचार तक नहीं जाती थी, जिसमें जायदाद में बेटे का हिस्सा बेटी के हिस्से से

पाँच गुना तय किया जाता था। अधिक जानकारी के लिए देखें, लूसी कैरल, 'डॉटर्ज़ राइट टु इन्हेरिटेन्स', *मॉडर्न एशियन स्टडीज़,* अक्तूबर 1991, 25, 4, पृ. 791-809।

5. हरद्वारी लाल, दिल्ली, 19 मार्च 1985।
6. अधिक विवरण के लिए देखें, प्रेम चौधरी, 'मोल्डिंग पॉपुलर पर्सेप्शन्ज़ः इमेज ऑफ़ द कांग्रेस इन पोस्ट-कलोनियल हरियाणा', *पंजाब पास्ट एण्ड प्रेसेज़ेन्ट,* अप्रैल 1990, XXIV-1, पृ. 104-24।
7. विवरण के लिए देखें, डेविड गिल्मार्टिन, 'किनशिप, विमेन एण्ड पॉलिटिक्स इन ट्वेन्टियथ सेन्चरी पंजाब', गेल मिनोल्ट (सम्पादक), द *एक्स्टेन्डिड फ़ैमिलीः विमेन एण्ड पलिटिकल पार्टिसिपेशन इन इण्डिया एण्ड पाकिस्तान,* डेल्हि, चाणक्य पब्लिकेशन्ज़, 1981, पृ. 153-73।
8. डब्ल्यू. एम. रैटिगन, *अ डाइजेस्ट ऑफ़ द सिविल लॉ फ़ॉर द पंजाब चीफ़्ली बेस्ड ऑन द कस्टमरी लॉ ऐज़ प्रेसेन्ट असर्टेन्ड,* रिवाइज़्ड बाइ हरबंस लाल सरीन एण्ड कुन्दन लाल पण्डित, द्वितीय संस्करण, 1880, रीप्रिन्ट, अलाहाबाद, युनिवर्सिटी बुक एजेंसी, 1960, पृ. 747।
9. सी.ए.एच. टाउनसेन्ड, *कस्टमरी लॉ ऑफ़ द हिसार डिस्ट्रिक्ट* (सिवा सिरसा तहसील के), वॉल्युम XXV, लाहौर, पंजाब गवर्नमेन्ट प्रेस, 1913, पृ. i-ii।
10. टी. गॉर्डन वाकर, द *कस्टमरी लॉ ऑफ़ द लुधियाना डिस्ट्रिक्ट,* वॉल्युम I, कैल्कटा, सेन्ट्रल प्रेस कम्पनी, 1885, पृ. 33-39; सी.सी.गार्बेट, *रिवाज-ए-आम ऑफ़ पानीपत तहसील एण्ड करनाल परगना इन द करनाल डिस्ट्रिक्ट,* लाहौर, सिविल एण्ड मिलिट्री गज़ेट, 1910, पृ. 18; टाउनसेन्ड, *कस्टमरी लॉ हिसार,* पृ. 39।
11. वाकर, *कस्टमरी लॉ लुधियाना,* पृ. 38-39; साथ ही देखें, जे.एम.डनेट, द *कस्टमरी लॉ ऑफ़ द लुधियाना डिस्ट्रिक्ट,* रिवाइज़्ड एडिशन, वॉल्युम V, लाहौर, पंजाब गवर्नमेन्ट प्रेस, 1911, पृ. 107-08।
12. *द पंजाब रेकॉड,* 1906, वॉल्युम 54, मौला बक्श बनाम मोहम्मद बक्श, पृ. 208।
13. जे.एम.डूई, *रिवाज-ए-आम ऑफ़ तहसील कैथल ऑफ़ परगना इन्द्री इन द करनाल डिस्ट्रिक्ट,* लाहौर, सिविल एण्ड मिलिटरी गज़ेट 1892, देखें प्रेफ़ेस (प्रस्तावना)।
14. गार्बेट, *रिवाज-ए-आम पानीपत,* पृ. 24।
15. वही, पूर्वोक्त।
16. टाउनसेन्ड, *कस्टमरी लॉ हिसार,* पृ. 36-39।
17. गार्बेट, *रिवाज-ए-आम पानीपत,* पृ. 24; देखें मुक़द्दमा मुसम्मत बजूदी बनाम मौला बक्श, 1896।
18. शरिया औरतों को ज़मीन की विरासत का अधिकार देती थी, लेकिन मुसलमान ज़मींदारों ने इसे उपनिवेशीय पंजाब में चलने नहीं दिया। इसकी बजाए उन्होंने औरतों को ज़मीन के हक़ हासिल करने से रोकने के लिए पंजाब के 'जातीय क़ानून' का सहारा लिया। देखें, रैटिगन, *डाइजेस्ट ऑफ़ सिविल लॉ,* पृ. 7-23। साथ ही देखें, एच.सी.बीडन, *कस्टमरी लॉ ऑफ़ द डेल्हि डिस्ट्रिक्ट,* वॉल्युम XXII, लाहौर, सिविल एण्ड मिलिटरी गज़ेट, 1911, पृ. 34।
19. गार्बेट, *रिवाज-ए-आम पानीपत,* पृ. 11।
20. बीसवीं सदी के दूसरे दशक के पहले सालों में लड़कियों की शादी की प्रचलित उम्र शुरुआती बचपन की थी, हालाँकि मुकलावा उसके बहुत बाद, यौवन आने पर हुआ करता था। देखें, *रोहतक डिस्ट्रिक्ट गज़ेटियर, 1910,* III-A, लाहौर, सिविल एण्ड मिलिटरी गज़ेट, 1911, पृ.

87। लड़कियों के विवाह की उम्र अब तो पक्के तौर पर बढ़ गई है लेकिन इस पर अलग-अलग राय हैं कि अलग-अलग गाँवों के हिसाब से यह उम्र क्या है। लगता है कि आम सहमति के मुताबिक़ यह 13 और 19 साल के मध्यकाल यानी 16 से 18 साल के आयु-वर्ग की है और मुकलावा उसके कुछ अरसा बाद होता है।

21. लड़का और लड़की में से कोई भी अपने ही गोत (पितृपक्ष) में विवाह नहीं कर सकता, न माँ के और न ही पिता की माँ के गोत में, न ही आमतौर पर माँ की माँ के गोत में। उपरोक्त में से आख़री प्रतिबन्ध को सब लोग स्वीकार नहीं करते हैं और लगता है कि यह बन्धन अब ढीला पड़ रहा है। सौतेली माँ का गोत भी प्रतिबंधित है। एक गाँव के निवासियों में रिश्तेदारी की भावना बहुत ही प्रबल होती है, इसलिए उसी गाँव में रहने वाले, शादी के लिए स्वीकृत गोत के सदस्य के साथ भी शादी करने की इजाज़त नहीं रहती। कभी-कभी यह प्रतिबन्ध ऐसे गोत के किसी अन्य गाँव में रहने वालों पर भी लागू रहता है। देखें, वही, पूर्वोक्त, 88-89। अब ये प्रतिबन्ध कुछ हद तक ढीले पड़ रहे हैं और इन के टूटने की बात को अकसर दरकिनार कर दिया जाता है। एक ही गाँव में अन्तर्विवाहों के मामले अब सुनने में आने लगे हैं हालाँकि इस बात को नाराज़गी की नज़र से देखा जाता है।
22. पी.वी.काणे, *हिस्ट्री ऑफ़ धर्मशास्त्र,* वॉल्युम II, पार्ट I, पूना, भण्डारकर ओरिएंटल रिसर्च इंस्टिट्यूट, 1941, पृ. 869।
23. शंकरलाल यादव, *हरियाणा प्रदेश का लोक साहित्य,* अलाहाबाद, हिन्दुस्तान अकैडमी, 1960, पृ. 191।
24. धर्मशास्त्र के आदेशानुसार कन्यादान का निम्नतम रूप आर्श विवाह था जो विवाह के असुर रूप के बहुत करीब है जिसे ग़ैर-कन्यादान विवाह कहा गया है। आर्श-विवाह में बल इस बात पर दिया जाता है कि वधू के पिता को धर्मग्रन्थों के निर्देशानुसार वर द्वारा मवेशी 'भेंट' किए जाएँ और असुर-विवाह में बल इस बात पर होता है कि वर पिता द्वारा की गई 'बिक्री' की ख़रीद करे। न्यायविदों के लिए भी इन दो रूपों में भेद कर पाना बहुत मुश्किल जान पड़ता था। विस्तृत वर्णन के लिए देखें, टॉमस आर. ट्रॉट्मैन, *द्रविड़ियन किनशिप,* केम्ब्रिज, केम्ब्रिज युनिवर्सिटी प्रेस, 1981, पृ. 290-91।
25. आम बोलचाल में कन्यादान और शादी को एक ही अर्थ में लिया जाने लगा है, एक को दूसरे की जगह इस्तेमाल कर लिया जाता है। अकसर कह दिया जाता है कि 'कन्यादान कर दिया', जिसका अर्थ है कि लड़की को ब्याह दिया गया है या 'इसके बाद से लड़की की ज़िम्मेदारी छोड़ दी गई है'।
26. यादव, *लोक साहित्य,* पृ. 165।
27. वही, पृ. 193।
28. यह रवैया और नज़रिया उन सब गाँवों में आमतौर पर देखने को मिला जिनमें मेरा जाना हुआ।
29. 'बहन-चोद' को पूरे उत्तरी भारत में सबसे बुरी गाली समझा जाता है। कुछ लोग तो इसे 'माँ-चोद' या 'मादर-चोद' से भी बदतर गाली समझते हैं।
30. विद्या वती, दिल्ली, 24 दिसम्बर 1987। इस बात की तस्दीक़ कई पुरुषों और महिलाओं द्वारा की गई।
31. पैट्रिशिया ओबरॉय, 'फ़ेमिनिन आइडेंटिटि एण्ड नैश्नल ईथॉस इन इण्डियन कैलेण्डर आर्ट', *इकनॉमिक एण्ड पलिटिकल वीक्ली,* 28 अप्रैल 1990, XXV, 17, पृ. WS41-WS48।

32. पॉल हर्शमैन, *पंजाबी किनशिप एण्ड मैरिज,* डेल्हि, हिन्दुस्तान पब्लिशिंग कॉरपोरेशन, 1981, पृ. 65।
33. जीवन की अलग-अलग अवस्थाओं से जुड़ी रस्मों और उनमें मामा की भूमिका के विवरण के लिए देखें, पूर्वोक्त (पॉल हर्शमैन), पृ. 66, 211, 217-19।
34. यह एक बहुत ही आम और लोकप्रिय कहावत है। भीम सिंह मलिक, *हरियाणा लोक साहित्य : संस्कृति सन्दर्भ,* पिलानी, राजस्थान, चित्रा प्रकाशन, 1981, पृ. 86 में भी उपलब्ध।
35. एम.एस. प्रधान, *द पलिटिकल सिस्टम ऑफ़ द जाट्स ऑफ़ नॉर्दर्न इण्डिया,* लण्डन, ऑक्सफ़र्ड युनिवर्सिटी प्रेस, 1966, पृ. 76 में यह हवाला दिया गया है।
36. उत्तरी भारत के कई लोक-गीतों में दर्शाया गया है कि परिवार में उसे असल में तब ही अपनाया जाता है जब वह एक बेटे को जन्म देती है।
37. देखने में आया है कि मायके की याद सभी जवान औरतों को सताती है। एक ने तो बहुत ही जीवन्त तरीक़े से बताया कि किस तरह जब वह अपने माँ-बाप के गाँव जाती है तो 'सिर्फ़ गंध से ही' गाँव तक के बचे हुए फ़ासले का सही-सही अन्दाज़ा लगा लेती है। यह ज़िला रोहतक के गाँव डीघल की 24 बरस की मीना द्वारा की गई टिप्पणी थी। वह ज़िला गुड़गाँव के गाँव फ़िरोज़पुर झिरका से अपने माँ-बाप के घर आई हुई थी।
38. अलग-अलग उम्र, वर्गों और जातियों के पुरुषों और महिलाओं, दोनों द्वारा व्यक्त की गई आम राय।
39. नादान हरियाणवी, *हरियाणा लोकगीत संग्रह,* दिल्ली, देहाती पुस्तक भण्डार, 1962, पृ. 57।
40. यादव, *लोक साहित्य,* पृ. 171।
41. आमतौर पर कही जाने वाली बात। साथ ही देखें, हरियाणवी, *हरियाणा लोकगीत,* पृ. 80।
42. *हरियाणा डिस्ट्रिक्ट गज़ेटियर, भिवानी डिस्ट्रिक्ट 1982,* गवर्नमेंट ऑफ़ हरियाणा, चण्डीगढ़, 1983, पृ. 67।
43. राम चन्द्र, गाँव बांध, 20-21 अगस्त 1988। राम चन्द्र की राय थी कि ऐसे मामलों में लगभग हमेशा ही लड़के की शक्ल-सूरत-रंग-रूप, और उसकी आर्थिक स्थिति या वैवाहिक और सामाजिक प्रतिष्ठा जैसी बातों बाबत समझौता करना पड़ता है।
44. *भिवानी डिस्ट्रिक्ट गज़ेटियर, 1982*, पृ. 67।
45. गाँव दुजाना की छोटू देवी द्वारा 6 जून 1986 को सुनाया गया। मलिक, *हरियाणा लोक साहित्य,* पृ. 131 में भी मौजूद।
46. महिला और पुरुष, दोनों में आमतौर पर प्रचलित। साथ ही देखें, मलिक, *हरियाणा लोक साहित्य,* पृ. 131।
47. आमतौर पर दिया जाने वाला आशीर्वाद जिसके बारे में बहुत लोग जानते हैं। साथ ही देखें, यादव, *लोक साहित्य,* पृ. 454।
48. वही, पृ. 166।
49. गाँव दुजाना के सुरेन्द्र पाल सिंह और धर्म पाल सिंह द्वारा 6 जून 1986 को कही गई बातें। उनकी बीवियों फूल और बिमला और उनकी बहन शीला ने अपने दावे अपने भाइयों के हक़ में छोड़ दिए हैं। ये बातें ग्रामीण इलाक़ों में आमतौर पर प्रचलित हैं।
50. देखें, हर्शमैन, *पंजाबी किनशिप,* पृ. 74 पर उद्धृत मामला, जिसमें बहन ने अपने हिस्से के लिए अदालत जाने की धमकी दी। लेकिन उसे धरती के तथाकथित मूल्य के बराबर धन दे कर

'ख़रीद लिया गया' था।

51. निर्देशों में यह भी शामिल रहता है कि बच्ची को जब-तब डांटते-फटकारते रहना चाहिए। यह जानकारी मुझे राजकुमारी द्वारा 5 फ़रवरी 1989 को दी गई। उन्हें अपने दादा, पिता और ससुर द्वारा दिए गए निर्देश बहुत अच्छी तरह याद हैं। इस बात की तस्दीक़ हरियाणा के ग्रामीण इलाक़ों की कई महिलाओं द्वारा की गई।
52. यादव, *लोक साहित्य,* पृ. 126।
53. डार्लिंग 1946-47 में उत्तरी भारत के दौरे पर निकले तो उन्होंने पंजाब के ग्रामीण इलाक़ों में पुरुषों से पूछा कि वे अपनी माँओं को अपनी बीवियों से भी ज़्यादा प्यार क्यों करते हैं। डार्लिंग को इसका एक मज़ेदार जवाब मिला। इस बात की सचाई को मानते हुए वे पुरुष बोले, 'इस एहसास के चलते कि हम उन पर पेशाब करते हुए उनकी बाँहों में पलते-बड़े होते हैं, इससे हट कर कुछ हो भी कैसे सकता है।' देखें, डार्लिंग पेपर्ज़, बॉक्स नम्बर LIX, टूर डायरी, 1946-47, पृ. 635 और उसका पिछला भाग।
54. देखें, सूज़न एस. वाड्ली, 'विमेन एण्ड हिन्दू ट्रडिशन'; डोरैन जेकबसन एण्ड सूज़न एस. वाड्ली, *विमेन इन इण्डियाः टू पर्स्पेक्टिव्ज़,* प्रथम संस्करण, 1977; रीप्रिन्ट, डेल्हि, मनोहर पब्लिकेशंज़, 1986, पृ. 113-40।
55. देखें निर्मला के मामले का हवाला, वीणा दास, 'मास्क्स एण्ड फ़ेसिज़ः एन एस्से इन पंजाबी किनशिप', *कन्ट्रिब्यूशंज़ टु इण्डियन सोश्यॉलजी* (एन सी), 1976, 10, 1, पृ. 1-30।
56. पॉलीन कोलेन्डा, 'विडोहुड अमंग अनटचेबल चुहड़ाज़'; अकोस ओस्टर, लीना फ़्रुज़ेट्टी एण्ड स्टीव बार्नेट (सम्पादक), *कॉन्सेप्ट्स ऑफ़ पर्सनः किनशिप, कास्ट एण्ड मैरिज इन इण्डिया,* लण्डन, हार्वर्ड युनिवर्सिटी प्रेस, 1982, पृ. 172-220।
57. यादव, *लोक साहित्य,* पृ. 427। महत्त्वपूर्ण है कि साला ही है जिसे अपनी बहन के घर के अन्दरूनी हिस्सों में खुले तौर पर आने-जाने की इजाज़त रहती है। देखें, एस.के. चन्धोक, *नेचर एण्ड स्ट्रक्चर ऑफ़ रूरल हैबिटेशन्ज़,* न्यू डेल्हि, कॉन्सेप्ट पब्लिशिंग कम्पनी, 1990, पृ. 227।
58. लुई डुमों, 'मैरिज इन इण्डियाः द प्रेज़ेन्ट स्टेट ऑफ़ द क्वस्चन : नॉर्थ इण्डिया इन रिलेशन टु साउथ इण्डिया', *कन्ट्रिब्यूशंज़ टु इण्डियन सोश्यॉलजी,* 1966, 9, पृ. 90-114।
59. यह प्रेम का मज़बूत बन्धन शायद इसलिए बनता है कि दोनों की स्थिति और दर्जा कमतर रहता है, यानी मामा का उसकी बहन के पति के साथ रिश्ता और उसकी बहन के बेटे का अपने पिता से सम्बन्ध, जब कि दोनों स्थितियों में यह रिश्ता एक ही व्यक्ति (यानी साला का बहनोई और बेटे का बाप) के साथ है। कश्मीर में भी 'मामा' का इस्तेमाल दख़लअन्दाज़ी करने वाले किसी व्यक्ति को गाली देने के खुले इरादे से होता है। देखें, टी.एन.मदान, *फ़ैमिलि एण्ड किनशिपः अ स्टडी ऑफ़ पण्डित्स ऑफ़ रूरल कश्मीर,* डेल्हि, ऑक्सफ़र्ड युनिवर्सिटी प्रेस, 1989, पृ. 212-14।
60. *द इण्डिया कोड,* न्यू डेल्हि, मिनिस्ट्री ऑफ़ लॉ, गवर्नमेंट ऑफ़ इण्डिया, 1956, वॉल्युम II, पार्ट IX, 149-56। मैरिज लॉ (अमेण्ड्मेन्ट) एक्ट 1976 [1976 के विवाह सम्बन्धी क़ानून (संशोधित)] के तहत कुछ बदलाव किए गए हैं। इसमें परस्पर सहमति से तलाक़ की श्रेणियाँ को शामिल कर के दोनों में से किसी भी पक्ष द्वारा तलाक़ दिए जाने को और भी सरल बना दिया गया है।
61. खेम चन्द, सोनीपत, 15 अक्तूबर 1988।

62. ई. जोज़फ़, *कस्टमरी लॉ ऑफ़ द रोहतक डिस्ट्रिक्ट,* 1910, लाहौर, सुपरिन्टेन्डेंट, गवर्नमेंट प्रिन्टिंग, 1911, पृ. 35, 40; *गुड़गाँव डिस्ट्रिक्ट गज़ेटियर,* 1910, पृ. 58।
63. रैटिगन, *डाइजेस्ट ऑफ़ सिविल लॉ,* पृ. 375।
64. वही।
65. *सेंसस ऑफ़ इण्डिया, 1981, हरियाणा,* सीरीज़ 6, पार्ट IV-A, सोशल एण्ड कल्चरल टेबल्ज़, न्यू डेल्हि, 1986, पृ. 46-77।
66. हरियाणा डिस्ट्रिक्ट गज़ेटियर, *रोहतक डिस्ट्रिक्ट 1970,* चण्डीगढ़, गवर्न्मेन्ट ऑफ़ हरियाणा, 1970, पृ. 48।
67. कई लोगों ने तलाक़ के सामाजिक तौर पर स्वीकार्य रूप 'छोड़ देना' पर ख़ास बल दिया। ऊपर दिए गए रिवाज के तहत बन्दोबस्त को ग्रामीण लोगों के द्वारा क़ानूनन स्थापित तलाक़ से मूलतः अलग समझा गया था। यही कारण है कि 1960 के दशक के बाद के सालों तक ज़्यादातर लोग ग्रामीण इलाक़ों में तलाक़ के अस्तित्व को नकारते थे और इसे शहर के जीवन और शिक्षा की एक विसंगति माना जाता था। अब लगता है कि लोगों को यह बात समझ में आई है कि एक अनौपचारिक हिसाब-किताब का मतलब भी असल में तो तलाक़ ही होता है। राम मेहर हुड्डा, रोहतक, 17 जून 1986।
68. शमशेर सिंह और अंगूरी देवी, रोहतक, 23 मई 1986।
69. देखें, धारा 29-उपधारा 2, हिन्दू विवाह अधिनियम 1955, *हिन्दू लॉ,* II, पृ. 892-95।
70. यह महिला और पुरुष, दोनों में आम राय थी। गिनवाए गए अन्य कारणों में महिलाओं की पिटाई भी एक कारण था।
71. एस. डब्ल्यू फ़ैलन, *अ डिक्शनरी ऑफ़ हिन्दुस्तानी प्रॉवर्ब्ज़,* बनारस, लैज़रस एण्ड कम्पनी, 1866, पृ. 129 में भी शामिल।
72. ज़िला करनाल के गाँव बांध और ज़िला रोहतक के गाँव दुजाना में अभिव्यक्त की गई बात।
73. ज़िला रोहतक के गाँव डीघल में मीना द्वारा दी गई अपनी राय। महत्त्वपूर्ण है कि मीना ने यह राय अपने ससुराल में नहीं बल्कि पीहर में दी जहाँ वह अपने माता-पिता को मिलने के लिए आई हुई थी।
74. फ़ैलन, *हिन्दुस्तानी प्रॉवर्ब्ज़,* पृ. 39 में भी दर्ज।
75. जे.गुडी एण्ड एस.ताम्बिया, *ब्राइड्स्वेल्थ एण्ड डाउरी,* केम्ब्रिज, केम्ब्रिज युनिवर्सिटी प्रेस, 1973।
76. जीव-विज्ञानियों के दावों के प्रभावशाली खण्डन के लिए देखें, उर्सुला शर्मा, *विमेन, वर्क एण्ड प्रॉपर्टी इन नॉर्थ वेस्ट इण्डिया,* लण्डन, टैविस्टॉक पब्लिकेशन्ज़, 1980, पृ. 48-49; हर्शमैन, *पंजाबी किनशिप,* पृ. 79-80; तथा, बीना अगरवाल, 'हू सोज़?हू रीप्स? : विमेन एण्ड लैण्ड राइट्स इन इण्डिया', *जर्नल ऑफ़ पेज़ेन्ट स्टडीज़,* जुलाई 1988, 15, 4, पृ. 531-81।
77. 1911 की लुधियाना कस्टमरी रिपोर्ट 1870 के दशक में हुए तीन मामलों का ज़िक्र करती है जिनमें लड़कियों को शादी में दहेज के तौर पर करीब पाँच बीघा ज़मीन दी गई थी। देखें, डनेट, *कस्टमरी लॉ लुधियाना,* पृ. 113।
78. रैटिगन, *डाइजेस्ट ऑफ़ सिविल लॉ,* पृ. 411।
79. *हिसार डिस्ट्रिक्ट गज़ेटियर, 1907,* वॉल्युम II-A, लाहौर, सुपरिन्टेंडेन्ट, गवर्नमेंट प्रिन्टिंग, 1908, पृ. 229।
80. इस व्यवस्था के विस्तृत विवरण के लिए देखें, टॉम ब्रास, 'क्लास स्ट्रगल एण्ड द

डीप्रोलेटेरिअनाइज़ेशन ऑफ़ एग्रिकल्चरल लेबर इन हरियाणा (इण्डिया)', *जरनल ऑफ़ पेज़ेंट स्टडीज़,* अक्तूबर 1990, 18, 3, पृ. 36-67।

81. शमशेर सिंह, रोहतक, 23 मई 1986। इस सूचना की पुष्टि गाँव छारा, दुजाना, बांध और अलीपुर (दिल्ली) में कमज़ोर वर्गों के कई लोगों द्वारा की गई।
82. वाकर, *कस्टमरी लॉ लुधियाना,* पृ. 26।
83. वर्नैकुलर ट्रैक्ट्स, नम्बर 1111, *स्नाध्य जातीय सभा का द्वितीय वार्षिक उत्सव,* आगरा 1895; इण्डिया ऑफ़िस रेकॉड्र्ज़, लण्डन।
84. *डार्लिंग पेपर्ज़, बॉक्स नम्बर II, टूर डायरी, 1930-31,* पृ. 152, 227।
85. *रोहतक डिस्ट्रिक्ट गज़ेटियर, 1970,* पृ. 47।
86. *द टाइम्ज़ ऑफ़ इण्डिया,* न्यू डेल्हि, 18 जून 1983, पृ. 5।
87. *द हिन्दुस्तान टाइम्ज़,* न्यू डेल्हि, 20 मई 1984, पृ. 9।
88. लेकिन समुदाय की नज़र में सुधार की इस कोशिश के साथ जुड़ी प्रतिष्ठा की वजह से इसका खुला विरोध करने में कुछ हद तक हिचकिचाहट होती है। इसलिए दहेज और अन्य रिवाजों से जुड़े उपहारों का लेन-देन छिपे तौर पर होता है जबकि बाहरी तौर पर दिखावे के लिए सुधार का एक हल्का और नाज़ुक सा आवरण रहता है। देखें, भरत डोगरा, 'हिडन डाउरीज़ रीप्लेस ओपन वन्ज़', *द टाइम्ज़ ऑफ़ इण्डिया,* न्यू डेल्हि, 8 दिसम्बर 1989, पृ. 7।
89. देखें, भरत डोगरा, 'हाओ दे रीवैल्यूड डाउरीज़', *हिन्दुस्तान टाइम्ज़,* न्यू डेल्हि, 20 मई 1984, पृ. 9; साथ ही देखें, *द टाइम्ज़ ऑफ़ इण्डिया,* न्यू डेल्हि, 18 जून 1983, पृ. 5।
90. उर्सुला शर्मा, *विमेन, वर्क एण्ड प्रॉपर्टी इन नॉर्थ-वेस्ट इण्डिया,* पृ. 140।
91. ओबरॉय, 'फ़ेमिनिन आइडेंटिटी एण्ड नैश्नल ईथॉस'।
92. चन्द्र भान सैनी द्वारा की गई टिप्पणी। उनकी तीन बेटियों की शादी हुई है, एक की 1978 में और दो की 1986 में। प्रत्येक को दहेज में एक कार और घर चलाने के लिए बाक़ी सब साधन और यंत्र दिए गए। औसतन, प्रत्येक शादी पर 2.50 लाख रुपये का ख़र्च आया। हांसी, ज़िला हिसार के 52 वर्षीय चंद्र भान सैनी और 35 वर्षीय सुभाष चंद्र का साक्षात्कार, 25 सितम्बर 1988। पाँच भाइयों का सैनी परिवार हरियाणा के अग्रणी किसानों में है। जानकारी के मुताबिक़ वे ज़िला हिसार में हांसी के नज़दीक गाँव ढाणी पीर वाली में 700 बीघा ज़मीन के मालिक हैं।
93. महिलाओं के मामलों के मंत्रालय से एक सरकारी अफ़सर ने यह क़ुबूल किया कि 1986 से 1988 के बीच, दो साल में एक पुरुष आइ.ए.एस. अफ़सर की 'क़ीमत' 7.5 लाख रुपये से बढ़ कर 10 लाख रुपये हो गई है।
94. ग़ाँव अलिपुर, छारा, और दुजाना में की गई व्यक्तिगत टिप्पणियाँ।
95. लीला दूबे, 'ऑन द कंस्ट्रक्शन ऑफ़ जेण्डरः हिन्दू गर्ल्ज़ इन पैट्रीलिनियल इण्डिया', *इकनॉमिक एण्ड पलिटिकल वीक्ली,* 30 अप्रैल 1988, XXIII, 18, पृ. WS11-WS19।
96. यह बात ज़िला रोहतक के गाँव सिंहपुरा के पूर्व सरपंच रघबीर सिंह की पत्नी, 60 वर्षीय फूलो देवी ने 6-7 अगस्त 1988 को कही। पास खड़ी बाक़ी महिलाओं ने सहमति में सिर हिलाया। बाक़ियों द्वारा कही गई बातें भी ऊपर, मुख्य विषयवस्तु में बताई गई हैं।
97. ज़िला रोहतक के गाँव दुजाना में 6 जून 1986 को बिमला और फूल द्वारा कही गई बातें। गाँव गोच्छी और छारा में भी ऐसी ही बातें की गईं।
98. गाँव सिंहपुरा की फूलो देवी का कहना है कि 'यह एक मौखिक स्वीकृति होती है कि ज़ेवरात,

कपड़े, टेलिविज़न, कोई एक वाहन, फ्रिज, वी.सी.आर. इस बात का संकेत हैं कि उच्च दर्जे का रिश्ता क़ायम किया गया है।' 6-7 अगस्त 1988।

99. देखें, *द हिन्दुस्तान टाइम्ज़,* न्यू डेल्हि, 20 मई 1984, पृ. 9; *द टाइम्ज़ ऑफ़ इण्डिया,* न्यू डेल्हि, 18 जून 1983; *ट्रिब्यून,* चण्डीगढ़, पंजाब और हरियाणा की स्थानीय ख़बरें देता है, और इसमें इस तरह की माँगों और महिलाओं के लिए उनके नतीजों से सम्बद्ध प्रतिदिन औसतन दो ख़बरें आती हैं। 5 अक्तूबर 1988 को ज़िला गुड़गाँव के गाँव फ़िरोज़पुर-झिरका की छः महीने पहले ब्याही गई 20 बरस की शशि बाला के पति, सास और ससुर को सात साल जेल की सख़्त सज़ा दी गई। शशि बाला ने ससुराल द्वारा लगातार उठाई जाने वाली दहेज की माँगों से तंग आ कर आत्महत्या कर ली थी। इन माँगों में वी.सी.आर. तथा अन्य इलेक्ट्रॉनिक उपकरणों की माँग शामिल थी। देखें 6 अक्तूबर 1988 के *ट्रिब्यून* में पृ. 3 पर छपी ख़बर। दहेज सम्बन्धी हत्याओं में हुई ज़बरदस्त बढ़ोतरी के लिए देखें उस समय के गृह राज्य मंत्री सुबोध कांत सहाय द्वारा 22 अगस्त 1990 को राज्य सभा में दिया गया बयान, जिसका हवाला कल्पना शर्मा ने 10 सितम्बर 1990 के *द टाइम्ज़ ऑफ़ इण्डिया* के पृ. 6 पर छपे लेख 'राइज़ इन रेप, डाउरी डेथ्स' में दिया है।

100. कई पुरुषों ने दहेज देने में शामिल 'इज़्ज़त' का ज़िक्र किया। अकसर ज़िक्र किया गया कि 'हम ने इतना दिया' – यह उनकी प्रतिष्ठा को स्थापित करने का ज़रिया है।

101. देखें, हर्शमैन, *पंजाब किनशिप,* पृ. 74।

102. बहुत ज़्यादा विवादास्पद बयान और उस पर होने वाली बहस के लिए देखें, मधु किश्वर, 'रीथिंकिंग डाउरी बॉयकॉट', *मानुषी,* सितम्बर-अक्तूबर 1988, नम्बर 48, पृ. 10-13; 'डाउरी एण्ड इन्हेरिटेंस राइट्स', *इकनॉमिक एण्ड पलिटिकल वीक्ली,* 18 मार्च 1989, XXIV, 11, पृ. 586-87; 'कंटिन्यूइंग द डाउरी डिबेट', *इकनॉमिक एण्ड पलिटिकल वीक्ली,* 9 दिसम्बर 1989, XXIV, 49, पृ. 2738-39; सी.एच.लक्ष्मी, 'ऑन किड्नी एण्ड डाउरी', *इकनॉमिक एण्ड पलिटिकल वीक्ली,* 28 जनवरी 1989, XXIV, 4, पृष्ठ189-90; रजनी पालरीवाला, 'रीएफ़र्मिंग द ऐन्टी डाउरी स्ट्रगल', *इकनॉमिक एण्ड पलिटिकल वीक्ली,* 29 अप्रैल1989, XXIV, 17, 942-44।

103. *द डाउरी प्रोहिबिशन एक्ट, 1961,* एक्ट नम्बर XXVIII ऑफ़ 1961, गज़ेट ऑफ़ इण्डिया, एक्स्ट्राऑर्डिनरी, 1961, II, सेक्शन 3 (ii)।

104. मिसाल के तौर पर, 'दहेज' की परिभाषा इतनी ढीली-ढाली थी कि क़ानूनी तौर पर किसी को उस में बांधना मुमकिन न था। दहेज को 'विवाह के बदले में' एक पक्ष द्वारा दूसरे पक्ष को दी गई या देने की सहमति पर प्रदान की गई सम्पत्ति या मूल्यवान ज़मानत के रूप में परिभाषित किया गया था। इसका अर्थ था कि यह साबित करना ज़रूरी था कि उक्त व्यक्ति ने इस शर्त पर ही शादी का वादा किया कि दहेज दिया जाएगा। इस स्थिति को साबित करना मुश्किल था क्योंकि हमेशा यह दलील दी जाएगी कि दहेज तो प्यार और स्नेह में दिया गया था न कि शादी किए जाने के वादे के एवज़ में। इसके अलावा, दहेज 'देने वाला' और 'लेने वाला' दोनों पर क़ानूनी कार्यवाही हो सकती थी। 'देने वाला' असल में तो शिकार होता था, इसलिए स्वाभाविक था कि वह क़ानूनी कार्यवाही के डर से दहेज के मुद्दे की रिपोर्ट करने से कतराता था। विस्तृत जानकारी के लिए देखें, रंजना कुमारी, *ब्राइड्ज़ आर नॉट फ़ॉर् बर्निंग : डाउरी विक्टिम्ज़ इन इण्डिया,* न्यू डेल्हि, रेडिएंट पब्लिशर्ज़,1989, पृ. 74-76।

105. द डाउरी प्रोहिबिशन (हरियाणा अमेण्डमेंट) एक्ट, 1976 (हरियाणा एक्ट नम्बर XXXVIII ऑफ़ 1976), परस दीवान, *डाउरी एण्ड प्रोटेक्शन टु मैरिड विमेन,* न्यू डेल्हि, दीप एण्ड दीप पब्लिकेशन्ज़, 1987, पृ. 277-80।
106. *रिपोर्ट ऑफ़ द जॉएंट कमिटी ऑफ़ द हाउसिज़ टु इग्ज़ैमिन द क्वस्चन ऑफ़ द वर्किंग ऑफ़ द डाउरी प्रोहिबिशन एक्ट,* 1961, न्यू डेल्हि, गवर्नमेंट ऑफ़ इण्डिया,1982। यह कमेटी 19 दिसम्बर 1980 को गठित की गई और इसने अपनी रिपोर्ट संसद में 6 अगस्त 1982 को विचार के लिए प्रस्तुत की थी।
107. द *डाउरी प्रोहिबिशन (अमेन्डमेंट) एक्ट 1984, गज़ेट ऑफ़ इण्डिया, एक्स्ट्राऑर्डिनरी,* पार्ट II, सेक्शन I।
108. 1984 के संशोधन में दहेज को परिभाषित करने वाले शब्दों को 'शादी के बदले में' की जगह 'शादी के सम्बन्ध में' कर दिया गया। लेकिन प्रभावी तौर पर यह बदलाव भी किसी रूप में बेहतर नहीं है क्योंकि क़ानूनी राय से ज़ाहिर होता है कि इससे शब्दों के अर्थ पर बहुत लम्बे दौर तक चलने वाली मुक़द्दमेबाज़ी होती है। 1961 के क़ानून की मूल कमी को लेकर कोई संशोधन नहीं किया गया, जिसमें दहेज 'देने वाले' को दहेज 'लेने वाले' के बराबर माना गया और जुर्म में दोनों को बराबर का भागीदार जाना गया। इसके चलते दबाव में आया दहेज देने वाला दहेज लेने वाले के ख़िलाफ़ किसी तरह की पहलक़दमी लेने से वंचित रहता है। लेकिन सज़ा ज़रूर बढ़ा दी गई है – 6 महीने की जेल से बढ़ कर यह दो साल की जेल हो गई और 10,000 रुपये तक का जुरमाना भी रखा गया। विस्तृत विवरण के लिए देखें, रंजना कुमारी, *ब्राइड्ज़ आर नॉट फ़ॉर बर्निंग,* पृ. 72-78।
109. रैटिगन, *डाइजेस्ट ऑफ़ सिविल लॉ,* पृ. 198 में भी दर्ज।
110. ज़िला करनाल के गाँव बांध में सुनी गई बात। ज़ाहिर है कि यह एक बहुत पुरानी कहानी है। देखें, फ़ैलन, *हिन्दुस्तानी प्रॉवर्ब्ज़,* पृ. 212।
111. *वर्नैकुलर ट्रैक्ट्स,* नम्बर 1103, देखें कहानी *'मनसुखी और सुन्दर सिंह का वृत्तान्त',* लाहौर, मास्टर प्यारेलाल,1876।
112. ज़िला रोहतक के गाँव छारा में 40 वर्षीय फते द्वारा दी गई जानकारी। वह अनुसूचित जाति से है। उस द्वारा दी गई जानकारी की तस्दीक़ अन्य गाँवों में मुझ द्वारा किए गए काम के दौरान निम्न जातियों के महिला और पुरुष दोनों द्वारा की गई है। पूरे उत्तरी भारत में 'निम्न में भी निम्नतम' या अछूतों को कमीन के रूप में जाना जाता है।
113. अछूतों के रिवाज के लिए देखें, कोलेन्दा, 'विडोहुड अमंग अन्टचेबल चूहड़ाज़'।
114. *वर्नैकुलर ट्रैक्ट्स,* नम्बर 1103, 'मनसुखी और सुन्दर सिंह का वृत्तांत'।
115. यादव, *लोक साहित्य,* पृ. 421।
116. ज़िला करनाल के गाँव बांध में लिया गया साक्षात्कार, 20-21 अगस्त 1988।
117. वही। साथ ही देखें, फ़ौजी मेहर सिंह, *मेवाती रागनियों का गुच्छाः फन्ने ख़ाँ रागनियाँ,* दिल्ली, जैन पुस्तकालय, 1983, पृ. 83।
118. 'देवरानी-जेठानी' शीर्षक से यह पुरानी कथा 1870 की है। *वर्नैकुलर ट्रैक्ट्स,* नम्बर 1282 और नम्बर 19, मेरठ, 1870.
119. रैटिगन, *डाइजेस्ट ऑफ़ सिविल लॉ,* पृ. 186।
120. ए. केन्सिंग्टन, *कस्टमरी लॉ ऑफ़ द अम्बाला डिस्ट्रिक्ट,* लाहौर, सिविल एण्ड मिलिटरी गज़ेट,

1893, पृ. 26।

121. स्रिपति रॉय, *कस्टम्ज़ एण्ड कस्टमरी लॉ इन ब्रिटिश इण्डिया,* सर्वप्रथम कलकत्ता से प्रकाशित, 1910; पुनः प्रकाशन, दिल्ली, मित्तल पब्लिकेशन्ज़, 1986, पृ. 447। साथ ही देखें, रैटिगन, *डाइजेस्ट ऑफ़ सिविल लॉ,* पृ. 298; पृ. 86 भी।
122. प्रधान, *पलिटिकल सिस्टम ऑफ़ जाट्स,* पृ. 80 पर उल्लेख।
123. कुछ मामलों का हवाला रैटिगन, *डाइजेस्ट ऑफ़ सिविल लॉ,* पृ. 327-29 में मिलता है।
124. ज़िला करनाल के गाँव बांध के हरपाल सिंह और रतन सिंह का साक्षात्कार, 21-22 अगस्त 1988।
125. डनेट, *कस्टमरी लॉ लुधियाना,* पृ. 107-08।
126. हरपाल सिंह, गाँव बांध, 20-21 अगस्त 1988।
127. सुरिन्दर पाल सिंह और धर्म पाल सिंह, गाँव दुजाना, 6 जून 1986।
128. हरपाल सिंह और रतन सिंह, गाँव बांध, 20-21 अगस्त 1988।
129. *द सुप्रीम कोर्ट जर्नल,* वॉल्युम XXIII, 1960, सिविल एपेलेट जुरिस्डिक्शन, उजागर सिंह वर्सस जेओ, पृ. 16-26। इस मुक़द्दमे में ऐसे ही कई अन्य मामलों का भी ज़िक्र किया गया है।
130. *हरियाणा विधान सभा डिबेट्स,* 25 सितम्बर 1979। देखें, गाँव चत्तर से अच्छी ख़ासी प्रतिष्ठा वाले ज़मींदार जगजीत सिंह पोहलू का भाषण।
131. देखें, उर्वशी बुटालिया, 'हरियाणाज़ विमेनः प्रॉब्लम्ज़ विद प्रॉपर्टी', *द हिन्दुस्तान टाइम्ज़,* न्यू डेल्हि, 16 दिसम्बर 1979, सण्डे मैगज़ीन।
132. इस मामले का हवाला हमें सिल्विया वटुक, *किनशिप एण्ड अर्बनाइज़ेशन,* बर्क्लि, युनिवर्सिटी ऑफ़ कैलिफ़ोर्निया प्रेस, 1972, पृ. 108-09 में मिलता है।
133. हरपाल सिंह और रतन सिंह द्वारा सुनाया गया। दिलचस्प बात थी कि औरत का इस वृत्तांत में बमुश्किल ही कोई ज़िक्र किया गया जबकि वह ज़मीन की असल वारिस थी। पूरी बात को उसके पति और उसके पिता के सजातीय रिश्तेदारों का सरोकार माना गया।
134. देखें, हिन्दू उत्तराधिकार (हरियाणा संशोधन) बिल, 1979 से सम्बद्ध बहस, *हरियाणा विधान सभा डिबेट्स,* 25 सितम्बर 1979।
135. हम्ज़ा ए. अलवी, 'किनशिप इन वेस्ट पंजाब विलिज', *कंट्रिब्यूशन्ज़ टु इण्डियन सोश्यालजी* (एन एस), दिसम्बर 1972, VI, पृ. 1-27।
136. ज़िला रोहतक के गाँव किलोई के छतर सिंह तथा ज़िला सोनीपत के गाँव गोवड़ के खेम चन्द की टिप्पणियाँ।
137. *हरियाणा विधान सभा डिबेट्स,* 25 सितम्बर 1979।
138. जसबीर सिंह मलिक, एड्वोकेट, गाँव गोहाना, 17-18 जून 1986।
139. वही। इस बात की पुष्टि अलग-अलग गाँवों के पुरुषों और महिलाओं द्वारा की गई।
140. खज़ानी देवी, गाँव शर्जाबाद, 6-7 अगस्त 1988।
141. राम चन्दर, गाँव बांध, 21-22 अगस्त 1988।
142. वटुक, *किनशिप एण्ड अर्बनाइज़ेशन,* पृ. 108-09 पर दिया गया हवाला।
143. प्रताप ए. अगरवाल, 'किनशिप एण्ड मैरिज अमंग मेव्ज़ ऑफ़ राजस्थान', इम्तियाज़ अहमद (सम्पादक), *फ़ैमिली, किनशिप एण्ड मैरिज अमंग मुस्लिम्ज़ इन इण्डिया,* न्यू डेल्हि, मनोहर पब्लिकेशन्ज़, 1976, पृ. 265-96।

144. प्रताप ए. अगरवाल, 'अ मुस्लिम सब-कास्ट ऑफ़ नॉर्थ इण्डियाः प्रॉब्लम्ज़ ऑफ़ कल्चरल इन्टिग्रेशन', *इकनॉमिक एण्ड पलिटिकल वीक्ली,* 10 सितम्बर 1966, I, 4, पृ. 159-61।
145. शिबानी रॉय द्वारा उत्तर प्रदेश के कुछ मुस्लिम समूहों के अध्ययन से पता चलता है कि किस तरह ख़ून के रिश्ते के तहत शादियाँ ज़मीन की जायदाद को ख़ानदान (जिसे 'पहचान की वंशावली' के रूप में परिभाषित किया जाता है) के ही भीतर रखे रहने में सबसे असरदार होती हैं। क्योंकि महिलाओं को ख़ानदान के बाहर शादी नहीं करने दी जाती, इसलिए ज़मीनी जायदाद का बिखराव नहीं होता। प्रभावी तौर पर इसका अर्थ यह है कि क़ुरआन के क़ानून के तहत महिलाओं को मिलने वाले विरासत के अधिकारों का दावा पेश किए जाने का सवाल ही पैदा नहीं होता। इसके अलावा दो ख़ानदानों में महिलाओं के आदान-प्रदान से इस भय को भी ख़त्म कर दिया जाता है कि बेटी अपने उत्तराधिकार का दावा रखे, क्योंकि इसके जवाब में दूसरे परिवार द्वारा भी ऐसा ही दावा पेश किया जा सकता है। देखें, शिबानी रॉय का 'कॉन्सेप्ट ऑफ़ *ज़र, ज़न* एण्ड *ज़मीन* : अ कल्चरल अनैलिसिस ऑफ़ इण्डियन इस्लामिक ट्रडिशन ऑफ़ इन्हेरिटेंस एण्ड किनशिप', *मैन इन इण्डिया,* दिसम्बर 1984, 64, 4, पृ. 383-96।
146. ज़ेकिए एग्लर, *अ पंजाब विलिज इन पाकिस्तान,* कोलम्बिया, कोलम्बिया युनिवर्सिटी प्रेस, 1960, पृ. 187-88; तथा अलवी, 'किनशिप इन वेस्ट पंजाब विलिज'। ऐसा करने के लिए दिए जाने वाले कारण हैं – महिलाओं का भय कि वे अपने पैतृक घर अपने परिवार को मिलने नहीं जा पाएँगी, उपहार, सद्‌भावना हासिल नहीं कर पाएँगी जबकि इन सबसे उनकी 'प्रतिष्ठा' आदि बढ़ती है। पितृसत्तात्मक व्यवस्था की मज़बूत पकड़ महिलाओं को अपने पैतृक परिवार के साथ नज़दीकी रिश्ते को मूल्यवान मानने की तरफ़ खैंचती है।
147. यह बात तब खुल कर सामने आई जब कभी बातचीत के दौरान मैंने एक विशेष महिला का नाम-पहचान दर्ज करना चाहा; हमेशा ही उस औरत का ज़िक्र 'फ़लाँ की बहू या छोरी' आदि के रूप में किया गया। महत्त्वपूर्ण है कि मेरा नाम भी नहीं लिया जाता था। मुझे 'हरद्वारी की छोरी' कहा जाता था।
148. मोहराँ देवी, गाँव झोझो चमनी, 7 जनवरी 1990।
149. दया कौर, सोनीपत, 12 अक्तूबर 1988। यही राय झोझो चमनी की मोहराँ देवी और दुजाना की छोटू देवी ने भी व्यक्त की।
150. ज़िला रोहतक के गाँव गोच्छी और ज़िला करनाल के एक गाँव से सम्बद्ध इन दो मामलों में दो लाख के आस-पास तक पैसे का लेन-देन हुआ बताया गया और यह इसलिए हुआ कि मुक़द्दमे वापिस ले लिए जाएँ क्योंकि जायदाद काफ़ी ज़्यादा थी। सम्बद्ध लोगों के नाम उनकी गुज़ारिश पर गुप्त रखे जा रहे हैं। यह महत्त्वपूर्ण है क्योंकि इसमें कुछ हद तक की बदनामी देखी जा रही है जो इन दावों के साथ बंधी रहती है।
151. जसबीर सिंह मलिक, एड्वोकेट, गाँव गोहाना, 17-18 जून 1986।
152. *ऑल इण्डिया रिपोर्टर,* 1961, पंजाब, वॉल्युम 48, केस नम्बर 395, पृ. 395-97।
153. *ऑल इण्डिया रिपोर्टर,* 1970, पंजाब एण्ड हरियाणा, वॉल्युम 57, केस नम्बर 49, जग्गा सिंह वर्सस तेजा सिंह, पृ. 309-15।
154. *ऑल इण्डिया रजिस्टर* 1967, सुप्रीम कोर्ट, वॉल्युम 54, केस नम्बर 351, पंजाब, मंगल सिंह वर्सस रत्तनो, पृ. 1786-93।
155. *ऑल इण्डिया रिपोर्टर,* 1961, पंजाब, वॉल्युम 48, केस नम्बर 91, चरण सिंह वर्सस गुरदयाल

सिंह, फ़ुल बेंच जजमेन्ट, पृ. 301-14।

156. *ऑल इण्डिया रिपोर्टर,* 1961, पंजाब, वॉल्युम 48, केस नम्बर 91, चरण सिंह वर्सस गुरदयाल सिंह, फ़ुल बेंच जजमेन्ट में उल्लेख।

157. *ऑल इण्डिया रिपोर्टर,* 1970, पंजाब एण्ड हरियाणा, वॉल्युम 57, केस नम्बर 44, सदा कौर वर्सस बख़्तावर सिंह, पृ. 288-96।

158. लेकिन 1964 में की गई एक अपील में दोनों भाइयों द्वारा ज़मीन पर किए गए मूल दावे को इस आधार पर मान्यता दी गई थी कि 1956 का क़ानून उन ही मामलों में लागू किया जा सकता था जिनमें विधवा असल में ज़मीन पर क़ाबिज़ थी, सिर्फ़ नाम में नहीं। ज़ाहिर है कि ज़मीन पर विधवाओं के सम्भावित हक़ के बारे में 1956 के क़ानून द्वारा पैदा किए गए भय असल थे और जो लोग इसके प्रतिक्रियात्मक प्रभावों में मौजूद कमज़ोरियों का फ़ायदा उठा कर इसके बारे में पहले से अन्दाज़ा लगा सकते थे, वे प्रभावी तरीक़े से ऐसा कर पाए। देखें, वही।

159. इन मामलों की जानकारी मुझे गाँव गोहाना के जसबीर सिंह मलिक द्वारा 17-18 जून 1986 को तथा आर.एम.हुड्डा, एड्वोकेट, रोहतक द्वारा 16 जून 1986 को दी गई।

160. कुछ मामलों का विवरण मुझे ज़िला मेरठ के गाँव गाढी की विधवा गिरिजा देवी द्वारा दिया गया। उनके दो बेटों को विरासत में करीब 200 बीघा धरती मिली है मगर वे उन्हें कोई भी हिस्सा देने से इनकार करते हैं। ये मामले उन्होंने उद्धृत किए क्योंकि वे स्वयं उस समय 'अपने बेटों को सबक़ सिखाने' के मक़सद से अपना दावा पेश करने के लिए अदालत जाने के बारे में सोच रही थीं। सबके बीच में कीचड़ उछालने की शर्म ने अब तक उन्हें शांत रखा था। ज़िला मेरठ के गाँव गाढी की गिरिजा देवी के साथ साक्षात्कार, 3 अगस्त 1988।

161. विद्या वती, दिल्ली, 24 दिसम्बर 1987।

162. *भिवानी डिस्ट्रिक्ट गज़ेटियर,* 1982, पृ. 67।

163. यह सुरक्षा राज्य मंत्री राजा रामन्ना द्वारा सूचीबद्ध और 14 मार्च 1990 को राज्य सभा में प्रस्तुत की गई 'विशेष लाभों' की नवीनतम सूची है। देखें, द *हिन्दुस्तान टाइम्ज़,* न्यू डेल्हि, 15 मार्च 1990, पृ. 9।

164. मैं केन्द्रीय सैनिक बोर्ड, रामकृष्णपुरम, न्यू डेल्हि के कमाण्डर के.पी. कक्कड़ और श्री चंद्र भान की शुक्रगुज़ार हूँ कि उन्होंने यह सूचना मुझे उपलब्ध करवाई। देखें पत्र-संख्या 200847/ Pen-C/71, 24 नवम्बर 1972, *केंद्रीय सैनिक बोर्ड,* न्यू डेल्हि।

165. वही।

166. *ट्रिब्यून,* चण्डीगढ़, 9 जनवरी 1989, पृ. 16। एस.एस.वर्मा, जॉएंट कन्ट्रोलर ऑफ़ डिफ़ेंस अकाउन्ट्स, दिल्ली के अनुमान में जनवरी 1989 में हरियाणा में 1.25 लाख पेंशनधारी थे जिन्हें राष्ट्रीयकृत बैंकों के माध्यम से अदायगी की जा रही थी। हालाँकि यह जान पाना मुमकिन नहीं है कि इनमें से कितनी विधवाएँ हैं, और उनमें से भी उन विधवओं की संख्या क्या है जिन्होंने अपने मृत पति के ही परिवार में करेवा के माध्यम से या फिर विवाह न करते हुए बंधे रह कर विशेष पेंशन के अपने अधिकार को बनाए रखा है, उनकी संख्या काफ़ी अधिक होने की सम्भावना को नकारा नहीं जा सकता।

167. मोहराँ देवी, गाँव झोझो चमनी, 7 जनवरी 1980।

168. *ट्रिब्यून,* चण्डीगढ़, 16 जून 1989, पृ. 8।

169. 1984 के बाद के दंगों से जूझने वाली महिला कार्यकर्ताओं के अप्रकाशित साक्षात्कारों पर

आधारित, उमा चक्रवर्ती से हुआ व्यक्तिगत सम्पर्क। साथ ही देखें, वीणा दास, 'आवर वर्क टु क्राइ, युअर वर्क टु लिस्सन', उन्हीं द्वारा सम्पादित *मिरर्ज़ ऑफ़ वायलेंस : कम्युनिटी रायट्स एण्ड सर्वाइवर्ज़ इन साउथ एशिया* – न्यू डेल्हि, ऑक्सफ़र्ड युनिवर्सिटी प्रेस, 1990, पृ. 345-98।

170. वीणा दास, 'मैरिज अमंग द हिन्दूज़', देवकी जैन (सम्पादक), *इण्डियन विमेन,* न्यू डेल्हि, मिनिस्ट्री ऑफ़ इनफ़र्मेशन एण्ड ब्रॉड्कास्टिंग, गवर्नमेंट ऑफ़ इण्डिया, 1975, पृ. 76-86।
171. राजस्थान में ऐसी विधवाओं के मामले सामने आए हैं जिनमें उनके कई बच्चे होने के बावजूद उनकी इच्छा के ख़िलाफ़ उन्हें अपने शादीशुदा देवरों के साथ सहवास के लिए बाध्य किया गया; बीना अगरवाल द्वारा 'हू सोज़? हू रीप्स?' में दर्ज की गई, अवलोकन आधारित बात।
172. धीर सिंह, गाँव आसोधा टोडराण, 9-10 अगस्त 1990।
173. रेखा भगत एण्ड पी.एन. माथुर, *मैस मीडिया एण्ड फ़ार्म विमेन,* न्यू डेल्हि, इन्टेलेक्चुअल पब्लिशिंग हाउस, 1989, पृ. 80।
174. छोटू देवी, गाँव दुजाना, 6 जून 1986।
175. फ़ैलन, *हिन्दुस्तानी प्रॉवर्ब्ज़,* पृ. 141।
176. हरद्वारी लाल, डेल्हि, 19 मार्च 1985।
177. लिन बेनेट, *डेन्जरस वाइव्ज़ एण्ड सेक्रेड सिस्टर्ज़: सोशल एण्ड सिम्बॉलिक रोल्ज़ ऑफ़ हाई कास्ट विमेन इन नेपाल,* न्यू यॉर्क, कोलम्बिया युनिवर्सिटी प्रेस, 1983, पृ. 187-200।
178. इस तरह के मामलों में 10 साल तक की सज़ा और जुर्माना हो सकता है। देखें, *द हिन्दू कोड,* पृ. 379।
179. डूई, *रिवाज-ए-आम कैथल,* पृ. 18।
180. गाँव झोझो चमनी की मोहराँ देवी द्वारा दिया गया विवरण। उनके अनुरोध पर सम्बद्ध व्यक्ति का नाम गुप्त रखा जा रहा है। वे अब कर्नल बन चुके हैं।
181. गाँवों में महिलाओं द्वारा आमतौर पर उद्धृत। ऐसी ही कुछ लोकोक्तियों के लिए देखें फ़ैलन, *हिन्दुस्तानी प्रॉवर्ब्ज़,* पृ. 115, 141, 156-58, 190, 211-16, 242, 308।
182. भगत एण्ड मलिक, *मैस मीडिया एण्ड फ़ार्म विमेन,* पृ. 80-81।
183. रघबीर सिंह, गाँव सिंहपुरा, 6-7 मई 1988।
184. *सेन्सस ऑफ़ हरियाणा,* 1981, सीरीज़ 6, पार्ट IV-A, सोशल एण्ड कल्चरल टेबल्ज़, पृ. 46।
185. भगत एण्ड माथुर, *मैस मीडिया एण्ड फ़ार्म विमेन,* पृ. 82।
186. गाँवों में सुनी जाने वाली आम बात।
187. राम चन्दर के भतीजे ज्ञानेन्द्र सिंह ने 1986 में दो बच्चों वाली जवान विधवा से शादी की थी। परिवार ने अब भी उसे अपना मानने से इनकार किया हुआ है और विरासत से बेदख़ल कर रखा है। राम चन्दर, गाँव बांध, 20-21 मई 1988।
188. वही। फ़ैलन, *हिन्दुस्तानी प्रॉवर्ब्ज़,* पृ. 93 में भी दर्ज।
189. यह असलियत मेरे साथ बातचीत के सत्र के लिए इकट्ठा हुए सब पुरुषों और महिलाओं के लिए आम ज्ञान की बात थी।
190. इस तथ्य को बड़ी उम्र की उन सब औरतों ने पक्के तौर पर दर्ज किया जिनके साक्षात्कार लिए गए; कुछ मामलों के हवाले भी दिए गए। फूलो देवी, गाँव सिंहपुरा, 6-7 मई 1988; दया कौर, सोनीपत, 12 अक्तूबर 1988; छोटू देवी, गाँव दुजाना, 6 जून 1986 को हुए साक्षात्कार।

191. *हरियाणा विधान सभा डिबेट्स,* 25 सितम्बर 1979। उस समय हरियाणा विधान सभा में चार महिला सदस्य थीं – शांति देवी, शकुन्तला भगवरिया, सुषमा स्वराज तथा कमला वर्मा। इनमें से किसी ने भी विरोध नहीं किया। उनकी सामाजिक तथा शैक्षिक पृष्ठभूमि के लिए देखें, *हरियाणा विधान सभा, हू'ज़ हू* 1971, चण्डीगढ़, गवर्नमेन्ट ऑफ़ हरियाणा, 1979।
192. *हरियाणा गवर्नमेंट गज़ेट एक्स्ट्राऑर्डिनरी,* चण्डीगढ़, गवर्नमेंट ऑफ़ हरियाणा, 21 सितम्बर 1979। दिलचस्प बात यह है कि जहाँ एक ओर एक हिन्दू महिला को उसकी विरासत के निपटान के सब अधिकारों के साथ उसकी पूर्ण मालिक कहा गया है, सह-सम्पत्ति के उत्तराधिकार के मामले में हिन्दू पुरुष के पास यह अधिकार नहीं है। सह-सम्पत्ति के उत्तराधिकार का, यानी कई लोगों की बराबर हिस्सेदारी की सम्पत्ति का बन्दोबस्त, अब भी हिन्दू क़ानून के सिद्धांतों के सामंजस्य में निर्देशित हो रहा है। सम्पत्ति सह-उत्तराधिकार के जीवित सदस्यों को मिलती है, महिला उत्तराधिकारियों या महिला उत्तराधिकारी के उत्तराधिकारियों को छोड़ कर, जिन्हें 1956 के क़ानून के तहत सह-सम्पत्ति के उत्तराधिकार में भी विरासत के हक़दार होने में तरजीह दी जाती है। देखें, *हिन्दू लॉ,* वॉल्युम II, पृ. 475 तथा द *हिन्दू कोड,* पृ. 147-48।
193. *सेन्सस ऑफ़ हरियाणा, 1981,* सीरीज़ 6, पार्ट IV-A, सोशल एण्ड कल्चरल टेबल्ज़, पृ. 46-47।
194. साक्षात्कार, शांति तथा कलावती, गाँव बांध, ज़िला करनाल, 21-22 अगस्त 1988।
195. सम्पूर्ण बहस के लिए देखें, *हरियाणा विधान सभा डिबेट्स,* 25 सितम्बर 1979।
196. शीला भल्ला, 'चेंजिज़ इन एकरेज एण्ड टेन्योर स्ट्रक्चर लैण्डहोल्डिंग्ज़ इन हरियाणा, 1962-72'. *इकनॉमिक एण्ड पलिटिकल वीक्ली,* 19 मार्च 1977, XII, 12, पृ. A2-A15। साथ ही देखें इस पुस्तक के पृष्ठ 249-250 पर फुटनोट 3; तथा पृष्ठ 161।
197. द *हिन्दुस्तान टाइम्ज़,* न्यू डेल्हि 9 अगस्त 1989, पृ. 1; द *टाइम्ज़ ऑफ़ इण्डिया,* न्यू डेल्हि, 10 अगस्त 1989, सेक्शन 2, पृ. 4; *ट्रिब्यून,* चण्डीगढ़ 9 अगस्त 1989, पृ. 1।
198. द *टाइम्ज़ ऑफ़ इण्डिया,* न्यू डेल्हि 19 अगस्त 1989, पृ. 6। देखें, लेटर टु द एडिटर।
199. विवरण के लिए देखें, अमृता चाच्छी, 'द स्टेट, रिलिजिअस फ़ण्डामेंटलिज़म एण्ड विमेनः ट्रेंड्ज़ इन साउथ एशिया', *इकनॉमिक एण्ड पलिटिकल वीक्ली,* 18 मार्च 1989 XXIV, 11 पृ. 567-78।

समापन : मौजूदा पड़ाव – निरंतरता और बदलाव

इसमें कोई शक नहीं है कि ग्रामीण हरियाणा का चेहरा बहुत बड़े पैमाने पर बदल चुका है। खुले तौर पर दिखाई देने वाली ख़ुशहाली से यह ख़ासतौर पर ज़ाहिर होता है। पहनावे, मकानों की बनावट, फ़र्नीचर, बिजली के प्रबन्ध, खाने-पीने की आदतों और बिजली-पानी की उपलब्धता में ये बदलाव साफ़ तौर पर देखने को मिलते हैं। पक्की सड़कों, निजी तथा सार्वजनिक यातायात की व्यवस्था, शिक्षण संस्थाओं की बढ़ती संख्या और स्वास्थ्य-सम्बन्धी सेवाओं की उपलब्धता से भी यही संकेत मिलते हैं। छोटे नगरों और उपभोग की वस्तुएँ बेचने वाली दुकानों की संख्या में वृद्धि, ऊँची आवाज़ में सुनाई देता लोकप्रिय संगीत, सिनेमा और वीडियो पार्लर समेत मनोरंजन के अन्य स्थानों तथा छोटे स्तर के उद्योगों का वुजूद में आना भी कुल मिला कर इस बदलाव की ओर इशारा करते हैं। लेकिन जैसा हम देख ही चुके हैं, गाँवों में बदलाव की यह सुहानी तस्वीर सब गाँवों पर लागू नहीं होती, और न ही उनमें रहने वाले सब लोगों पर लागू होती है। इलाक़े, जाति और वर्ग के आधार पर बदलाव के प्रभाव में अन्तर देखा जा सकता है। इसलिए हालाँकि एक ओर सत्ता में आने वाली हरियाणा की अलग-अलग सरकारों द्वारा आंकड़ों के आधार पर राज्य की शानदार प्रगति के हक़ में दलील दे पाना मुमकिन है, दूसरी ओर उतना ही मुमकिन इस प्रगति की कमज़ोरियों और सीमाओं की ओर संकेत करना है। यह बात ख़ासतौर से महिलाओं के सम्बन्ध में कही जा सकती है जो इस बदलाव की हिस्सेदार होते हुए भी अधिक असमानताएँ झेलती हैं। स्वयं महिलाओं में, परिवार के भीतर भी, इलाक़े, जाति, वर्ग तथा उम्र, वरिष्ठता, जेण्डर आधारित सम्बन्धों और जीवनचक्र के लिहाज़ से फ़र्क़ किया जाता है जिस से इस बदलाव में उनकी शिरकत तय होती है।

1. देहाती संस्कृति : घूँघट तथा महिलाओं की छवि

अब तक दिए गए वृत्तांत से हरियाणा की ग्रामीण महिलाओं की एक ऐसी तस्वीर उभर कर आती है जिसमें वे पुरुषों की पूरे तौर पर कामकाजी साथी के रूप में दिखाई देती हैं, हालाँकि यह घूँघट में रहते हुए ही हो पाता है। हाँ, यह ज़रूर है कि यह तस्वीर एक

व्यापक निष्कर्ष की तरह पेश की जा रही है। यहाँ घूँघट ग्रामीण महिलाओं को नियंत्रित करने की दिशा में वैचारिक रूझान और झुकाव के प्रतीक का काम करता है। यह इस बात के बावजूद है कि यह इलाक़ा बहुत बड़े पैमाने पर हुए सामाजिक-आर्थिक बदलावों के चलते एक पिछड़ी हुई गुज़ारा लायक़ अर्थव्यवस्था से निकल कर प्रति-व्यक्ति आय के लिहाज़ से भारत के राज्यों में दूसरे स्थान पर आ खड़ा हुआ है और उतने ही बड़े पैमाने पर सामाजिक-राजनैतिक बदलाव भी यहाँ हुए हैं जिनमें व्यापक पहुँच वाले सहायक क़ानून शामिल हैं। मैं इस बात पर बल देना चाहती हूँ कि ग्रामीण समाज पर सम्भावित क्रान्तिकारी प्रभाव असल में न्यूनतम रहे हैं। इसलिए घूँघट का बना रहना ज़मीनी स्तर पर एक अलग ही असलियत की ओर इशारा करता है जिसे स्वीकारने के लिए हम में से ज़्यादातर लोग तैयार नहीं हैं।

ऐतिहासिक तथा समकालीन कारक मिल कर महिलाओं को पहले से अधिक नियंत्रण की ओर ले जाते रहे हैं। हरियाणा में बरतानवी राज के दिनों की हद-दर्जा सख़्त ग़रीबी और कमज़ोर ग्रामीण अर्थव्यवस्था के लिए ऐतिहासिक तौर पर निर्धारित कुछ विशेष सामाजिक और सांस्कृतिक मानदण्ड ज़िम्मेदार थे। मुल्क की आज़ादी के बाद भी ग्रामीण लोगों को यही मानदण्ड विरासत में मिले। इस सूखे और अभावग्रस्त इलाक़े की गुज़ारा लायक़ अर्थव्यवस्था की झलक हमें वहाँ के लोगों के खान-पान तथा कपड़े-लत्ते की सादा और संयम भरी आदतों तथा जीवनस्तर में देखने को मिलती है। एक आवश्यक तौर पर सीमित और रूखी-सूखी ख़ुराक में बमुश्किल पर्याप्त जौ और थोड़े से शाकाहारी भोजन के अलावा कुछ भी और जोड़ दिया जाता तो लोगों द्वारा इसे फ़िज़ूल ख़र्च माना जाता था। मजबूरी को सद्गुण बताया जा रहा था और किसी भी तरह के दिखावे का मज़ाक़ उड़ाया जाता था। इसके अलावा जो बात भारत के कई अन्य हिस्सों में थी, वह हरियाणा में नहीं थी – उपनिवेशीय हरियाणा में स्पष्ट तौर पर परिभाषित शिक्षित सम्भ्रांत वर्ग नहीं था, जबकि वह होता तो शायद एक अलग तरह की, वैकल्पिक जीवनशैली प्रस्तुत कर सकता था। अंग्रेज़ों के अधीन रहते हुए हरियाणावियों ने बाक़ी सब कुछ दरकिनार रखते हुए अपने समाज के जातीय आधार पर ही ज़ोर दिया और इसी की वजह से उन्हें किसी भी तरह की बौद्धिक या सांस्कृतिक दिशा और प्रेरणा नहीं मिल पाई। महिला-शिक्षा तो पूरी तरह से उपेक्षित रही। इलाक़े के समाज और राजनीति का जातीय-चेतना के साथ सम्बन्ध रहा, इसलिए शिक्षित महिला के महत्त्व से जुड़ी उनीसवीं सदी की राष्ट्रवादी वैचारिक परिकल्पना को यहाँ पर जड़ें जमाने का मौक़ा नहीं मिला जो उस हावी विचारधारा के बिल्कुल बरअक्स थी, जिसके तहत महिलाएँ सिर्फ़ जाति, रिश्तेदारी और परिवार के महत्त्वपूर्ण ढांचे के केन्द्र में थीं। अधीनता की इन परम्परागत भूमिकाओं के लिए शिक्षा का बहुत कम महत्त्व था और इसलिए महिलाएँ शिक्षा से वंचित ही रहीं। आज़ाद भारत में भी शिक्षा इस बाधा को झेलती रही है। महिलाएँ इस इलाक़े के अब भी

प्रचलित सामाजिक-सांस्कृतिक पिछड़ेपन का अभिन्न हिस्सा हैं और इस पिछड़ेपन का सामना करने के लिए शिक्षा किसी तरह का कारगर प्रभाव नहीं छोड़ पाई है।

शहरी बनाम ग्रामीण संस्कृति : मुख़्तलिफ़ आयाम/एक पेचीदा तस्वीर

कुल मिला कर देखें तो हरियाणवियों को आमतौर पर अशिक्षित, गंवार, असभ्य, और मूर्ख मान कर उनका मज़ाक़ उड़ाया जाता है। उन्हें आमतौर पर तुच्छ मानते हुए 'देहाती' कहकर टाल दिया जाता है। 'गंवारू देहाती' या 'गंवार जाट' की इस घिसी-पिटी, रूढ़िबद्ध छवि को हरियाणवियों ने ख़ुद भी स्वीकार कर लिया है। इस स्वीकृति के बावजूद, जैसा कि समाजशास्त्रियों ने ध्यान दिलाया है, इस तरह की आलोचक टिप्पणियों को ख़ासतौर से निम्न वर्गों पर हमला करने और शायद उन्हें नियंत्रित करने वाली वर्ग-आधारित परिघटना के रूप में देखना होगा।[1] ये अपमानजनक टिप्पणियाँ ख़ुशहाल हरियाणवियों द्वारा (जिनमें गाँवों के अमीर और शहर के शिक्षित लोग शामिल हैं) खुले तौर पर की जाती हैं। इन टिप्पणियों का लोकप्रिय इस्तेमाल ख़ासतौर से हरित-क्रान्ति और तेज़ रफ़्तार औद्योगीकरण से उत्पन्न नई ख़ुशहाली के बाद से बढ़ा है। दूसरी ओर, कम सुविधा-सम्पन्न और शोषित तब्क़ों के गाँववासी हमेशा उच्च-वर्ग तथा ऊपर की ओर गतिशील अपने ही उन लोगों के बारे में मज़ाक़ करते हैं जो अपनी भाषा, बरताव और आत्म-छवि के सन्दर्भ में ग्रामीण जनता से दूरी बना कर रखने की कोशिश करते हैं। वे शहरवासियों को 'लालची' और आडम्बरपूर्ण जीवनशैली अपनाने वाला मानते हैं और इस बात का फ़र्क़ नहीं करते कि वे हरियाणा के हैं या ग़ैर-हरियाणवी। दिल्ली और दिल्लीवासियों को इस संस्कृति का प्रतीक माना जाता है और उनकी व्याख्या इस तरह की जाती है:

दिल्ली के दिलवाल्ली
मुँह चीकणा पेट ख़ाल्ली।[2]

(दिल्ली की ये लड़कियाँ
चेहरा कोमल और गुदगुदा, मगर पेट ख़ाली।)

'ग्रामीण' आदर्श से हट कर छवि प्रदर्शित करने वाला कोई भी व्यक्ति 'शहरी' कहलाता है और मान्यता है कि वह झूठे दिखावे ही करेगा। कुछ लोकप्रिय लोकोक्तियों में शहरियों का इस तरह मज़ाक़ उड़ाया जाता है:

जोरू चिकनी, मियाँ मजूर।[3]

(पत्नी तो कोमल और सजी-धजी, पति मज़दूर।)

और

शौकीन बुढ़िया, चटाई का लहंगा।[4]

(चटाई बुना लहंगा पहने, क्या शौकीन बुढ़िया है!)

महत्त्वपूर्ण है कि शहरी जीवन के ग़ैर-ज़रूरी दिखावे के प्रतीक के रूप में एक औरत का उदाहरण दिया जा रहा है।

लेकिन इसी के साथ मज़े की बात यह भी है कि हरियाणा के गाँवों के अमीर और शहरी हरियाणवी, शहरी संस्कृति का मज़ाक़ उड़ाने और उसकी निन्दा करने में अन्य लोगों के साथ एक हो जाते हैं जबकि वे स्वयं उसी संस्कृति के महत्त्वपूर्ण पहलुओं के सहभागी होते हैं। वर्ग-आधारित सब भिन्नताओं के पार एक साझा ग्रामीण आवाज़ के इस तरह प्रदर्शित होने की बात अलग-अलग मुद्दों पर बार-बार सामने आती है। शहरी और ग्रामीण जीवन-स्तरों में पाई जाने वाली असमानता, उपभोग से जुड़े ख़र्चों तथा सड़कों, संचार व्यवस्था, स्वास्थ्य और शिक्षा जैसी सामाजिक सेवाओं तक पहुँच[5] को लेकर आमतौर पर पाई जाने वाली नाराज़गी जैसे कारक बेशक इस संयुक्त आवाज़ को को उत्तेजित करने के लिए ईंधन का काम करते हैं। इस तरह की संयुक्त आवाज़ की बुनियाद पंजाब और हरियाणा में जात-बिरादरी और भाईचारे की परम्परागत समतावादी व्यवस्थाओं तथा भूमिहर किसानी के लोक-स्वभाव में है। और यह संयुक्त आवाज़ अलग-अलग राजनैतिक सन्दर्भों में उभर कर आती है, जैसा कि 1991 में ज़िला रोहतक के ब्राही गाँव की घटनाओं में देखने को मिला था।[6] लेकिन दूसरी ओर यह देखने में आता है कि महिलाओं के मामले में बात चाहे करेवा को लेकर हो या महिलाओं के उत्तराधिकार के दावों को लेकर या फिर किसी भी अन्य मुद्दे से सम्बद्ध, यही संयुक्त आवाज़ उन्हें नियंत्रित करने के लिए एकजुट तरीक़े से सक्रिय होते हुए पितृसत्ता की वैचारिक ताक़त को बल प्रदान करती है। इस तरह 'एकजुट ग्रामीण पुरुषों की ताक़त' संयुक्त दमनकारी ताक़त के रूप में काम करती है और महिलाओं पर वैचारिक दबाव को इस्तेमाल में लाती है।

'शहरवासियों' और 'शहरी हितों' के बराबर रखी, 'सभी गाँववासियों' की नुमाइंदगी और 'ग्रामीण हितों' की वकालत करने वाली यह एकजुट विचारधारा इस इलाक़े में 1923 से 1945 तक बहुत कामयाब रही यूनियनिस्ट राजनीति के लिए नींव का पत्थर थी।[7] ग्रामीण और शहरी मूल्यों के परस्पर विरोध की बुनियाद में सदियों पुराना वह शोषण है जो किसानों और देनदारों को शहरों से जुड़े या शहरों में आधारित साहूकार के हाथों झेलना पड़ता था। ये साहूकार पूरी तरह तो नहीं लेकिन ज़्यादातर बनियों की तरह की ग़ैर-किसान जातियों से थे। इस वैर-विरोध और छत्तीस के आंकड़े को उपनिवेशीय शासन ने अपने हितों के लिए इस्तेमाल किया था। भूमि हस्तांतरण क़ानून 1900 के रूप में उसने इसे संवैधानिक और क़ानूनी दर्जा दे दिया, जिसके तहत पंजाब की आबादी को खेतीहर और ग़ैर-खेतीहर श्रेणियों में बांट दिया गया था और फिर 1919 के सुधार क़ानून के तहत विधायिका की सीटों को ग्रामीण और शहरी इलाक़ों में विभाजित कर दिया गया था।[8] सामाजिक-राजनैतिक स्तर पर ये विभाजन अब भी अपनी कुछ न कुछ

प्रासंगिकता बनाए हुए हैं और इन्हें अब भी सफलतापूर्वक इस्तेमाल किया जा सकता है। इसकी मिसाल हमें मई 1991 के लोक सभा और विधान सभा के लिए हुए चुनावों में देवी लाल के सार्वजनिक बयानों में मिलती है, जिनमें वे कहते थे कि वे 'एक बार सत्ता में' आ जाएँ तो शहरियों और बनियों की छुट्टी कर देंगे – महत्त्वपूर्ण है कि ये बयान सिर्फ़ ग्रामीण हल्कों में दिए गए थे।[9] हाँ, यह अलग बात है कि ग्रामीण हल्कों में उनके इस कथन का 1991 के चुनावों में कोई असर नहीं पड़ा। लेकिन यह तो हम देख ही सकते हैं कि गाँवों में आमतौर पर मौजूद समझ के तहत एक ओर तो 'शहरी हितों' और उनकी मूल्य-व्यवस्था और दूसरी तरफ़ 'ग्रामीण संस्कृति' को, एक दूसरे के आमने-सामने, मुक़ाबले में खड़ा किए जाने की पूरी सम्भावना रहती है; जबकि शहरी हितों का ज़िक्र (उस सूरत में भी, जब गाँवों के अमीर लोग शहरी हितों और मूल्य-व्यवस्था में हिस्सेदार होते हैं) काफ़ी हद तक तिरस्कार और मज़ाक़ के लहजे में किया जा सकता है।

देश का बंटवारा और महिलाएँ : परदा/घूँघट हटने का सन्दर्भ

इस सामाजिक नज़रिए की वजह से महिलाओं के सम्बन्ध में देश के बंटवारे के सकारात्मक, मुक्तिदायक प्रभाव बहुत गम्भीर रूप से जोखिम में आ गए थे। ये प्रभाव पाकिस्तान की महिलाओं के लिए परदा[10] और हरियाणा के इलाक़े को छोड़ पंजाब की महिलाओं के लिए घूँघट हटाए जाने के सन्दर्भ में ख़ासतौर पर दिखाई देते हैं। 1947 में हुए पंजाब के बंटवारे ने बहुत बड़ी संख्या में हन्दू और सिख, दोनों समुदायों के लोगों को अपनी जगहों से विस्थापित कर दिया था, जिनमें से कई लोग भारत के हिस्से वाले पंजाब में आ बसे, जिसमें हरियाणा का इलाक़ा भी शामिल था। हरियाणा में आने वाले कुल हिन्दुओं और सिखों की संख्या इस प्रकार थी:[11] हिसार – 1,27,657; रोहतक – 1,23,644; करनाल – 2,50,471; अम्बाला – 1,88,892; गुड़गाँव – 84,587; महेन्द्रगढ़ – 4,944। आमतौर पर 'रिफ़्यूजी' कहलाए जाने वाले इन लोगों को मजबूरन नए सिरे से अपना जीवन शुरू करना पड़ा था और इस प्रक्रिया में महिलाओं ने बहुत बड़ी भूमिका निभाई थी।[12] इन महिला शरणार्थियों में सभी वर्गों की कई विधवाएँ और अकेली महिलाएँ शामिल थीं; बहुतों को शादी के लिए किए गए प्रयासों के बावजूद अकेले, अविवाहित ही रहना पड़ा था। इनमें से भी कई, ख़ासतौर से निम्न वर्गों की महिलाएँ, अपने परिवारों को अकेले मदद देने वाली हो निकलीं और उन्होंने परिवार के पुरुष सदस्यों को तब तक सम्भाला और शिक्षित किया जब तक कि वे ख़ुद काम करने के हालात में नहीं आ गए। सरकार के पुनर्वास-केन्द्रों ने महिलाओं की काम करने की क़ाबिलियत को स्वीकारा।

सिर्फ़ और सिर्फ़ आर्थिक कारणों ने इन महिलाओं को अपने घरों /परदा / घूँघट में से बाहर निकलने और सार्वजनिक जीवन में आने के लिए मजबूर किया। यहाँ इस बात

की याद ताज़ा की जा सकती है कि ग्रामीण इलाक़ों में खेती से सम्बद्ध परिवारों की किसी महिला के लिए काम का सार्वजनिक क्षेत्र असल में उसके निजी क्षेत्र का ही विस्तार होता है और जब वह किसी अन्य व्यक्ति के खेत पर काम करने लग जाती है तो उसका रुतबा घट जाता है। तब वह 'सार्वजनिक स्थल' में प्रवेश करती है। 'पंजाबी महिलाओं' द्वारा सार्वजनिक क्षेत्र में दाख़िल होने के इस दुस्साहस को विरोध और बदनामी का सामना करना पड़ा – और यह विरोध उम्मीद के मुताबिक़ ही था। 'सार्वजनिक जगहों' पर काम करने वाली इन महिलाओं में से कई संयुक्त पंजाब के शहरी और अर्ध-शहरी क्षेत्रों से आई थीं। कुछ तो पहले से ही इतनी शिक्षित थीं कि वे निम्न स्तर की क्लर्की या ऐसी ही अन्य नौकरियाँ कर सकती थीं। वे शहरी पृष्ठभूमि से हों चाहे ग्रामीण पृष्ठभूमि से, निरक्षर महिलाओं को भी घर का काम करने, बरतन मांजने और नौकरानी के रूप में रोज़गार मिल ही जाता था। जो ज़्यादा समृद्ध पृष्ठभूमियों से थीं, वे शिक्षा हासिल कर के पेशेवर नौकरियों में लग गईं।

सार्वजनिक क्षेत्र में मजबूरन दाख़िल होने के इस क़दम से इन महिलाओं के जीवन में क्रान्तिकारी बदलाव आया। बंटवारे से पहले ये परदा की विचारधारा के साथ धार्मिक लोकाचार में घिरी रहती थीं। इस रिवाज को त्यागने से विस्थापित पंजाबी महिलाओं में एक अकल्पनीय स्तर की मुक्ति की शुरुआत हुई। महत्त्वपूर्ण है कि इसका सकारात्मक 'प्रभाव' न केवल शहरी केन्द्रों में बल्कि पंजाब के ग्रामीण क्षेत्रों में भी देखने को मिला और नतीजे के तौर पर घूँघट के उठाए जाने को भी धीरे-धीरे स्वीकार कर लिया गया। इस स्वीकृति की समाजशास्त्रीय पृष्ठभूमि में सिख समाज के प्रगतिशील तत्त्वों और समाज-सुधारक आर्य-समाज की भूमिका भी रही। आर्य-समाज के सन्दर्भ में तो दो तत्त्वों के मिलान ने घूँघट को छोड़े जाने के लिए सकारात्मक माहौल मुहैया करवाया – सुधार के लिए जोश और उत्साह के साथ-साथ आधुनिक, शहरी भारतीय महिला की सशक्त छवि के निर्माण ने यह ज़मीन तैयार की।

घूँघट की लगातार जारी पकड़

लेकिन यह एक दिलचस्प बात है कि हालाँकि पंजाब के ग्रामीण इलाक़ों में घूँघट लगभग पूरी तरह से उठा लिया गया है, कई कारणों से महिलाओं पर इसकी विचारधारा की पकड़ बनी ही रही है और कुछ हद तक यह मज़बूत भी हुई है। मिसाल के तौर पर, पंजाब की महिलाओं ने आंशिक या पूरे तौर पर घूँघट करना छोड़ दिया होगा लेकिन इस चलन द्वारा थोपे गए बरताव के तौर-तरीक़ों की आशा अब भी रखी जाती है, बल्कि इसकी माँग की जाती है, जैसे कि शर्म-लिहाज़ भरा व्यवहार और रिश्तेदारी में वरिष्ठ लोगों, विशेष तौर से पुरुषों, के प्रति आदर-सम्मान का प्रदर्शन। इसके अलावा, पंजाब के ग्रामीण इलाक़ों में हरित-क्रान्ति के बाद से, घूँघट के उठने के साथ ही महिलाओं द्वारा

खेतों में काम किया जाना छूट गया है, और यह ख़ासतौर पर ज़्यादा अमीर किसानों में देखने को मिलता है।

हरियाणा में आर्य-समाज के प्रभाव के बावजूद, जो वैसे भी हमेशा आंशिक ही रहा है, घूँघट अब भी मौजूद है और महिलाओं का खेती के काम में सक्रिय रहना भी जारी है। यहाँ यह याद रखना होगा कि कुल मिला कर देखें तो हरियाणा की आबादी पाकिस्तान से विस्थापन में भागीदार नहीं रही थी और इसलिए यह आशा नहीं की जा सकती कि यहाँ की आबादी पर विस्थापन का वैसा ही सीधा प्रभाव पड़ा होगा जैसा कि पंजाब में। लेकिन ऐसा लगता है कि महिलाओं पर विस्थापन के इस अप्रत्यक्ष प्रभाव तक को लेकर हरियाणा ने एकता बनाए रखी है। शहरी मूल्यों को नकली और फ़ालतू मानने वाला लोक-स्वभाव इस पंजाबी रिफ़्यूजी प्रभाव को कैसे स्वीकार कर सकता था? महत्त्वपूर्ण है कि बंटवारे के 45 साल बाद भी पहले की विस्थापित और अब पूरी तरह से पुनर्वासित आबादी को निन्दात्मक और चुभते स्वर में 'रिफ़्यूजी' और 'पंजाबी' कहकर पुकारा जाता है। शायद उसी समय में गढ़ी गई और अब भी इस्तेमाल में लाई जाने वाली एक लोकप्रिय लोकोक्ति इस भावना को अभिव्यक्ति देती हैः

देसी गधा, पंजाबी रैंक।[13]

(देसी गधा, पंजाबी की तरह रेंकता है।)

हरियाणवी पुरुष और महिला, दोनों ही, विधवा होने या अविवाहित रह जाने की वजह से अकेली रह गई पंजाबी औरतों को नकारात्मक दृष्टि से देखते थे। यही नकारात्मक नज़रिया उन द्वारा घूँघट न करने और खुले तौर पर काम करते हुए दिखाई देने को लेकर भी था। 'पंजाबणों' को इस बाबत बेशर्म के तौर पर बदनाम किया जाता था कि वे अपने बड़ों का सम्मान न करने वाली औरतें हैं। हद की बेशर्मी का उदाहरण देते हुए उस महिला की बात की जाती थी जो 'सुसरे को मुँह दिखाती फिरती है' और हरियाणवी महिलाओं में जो महिलाएँ कम घूँघट निकालने की कोशिश करती थीं, उन्हें 'पंजाबियों की तरियाँ' 'नंगी' कहकर निन्दित किया गया है। व्यापक स्तर पर 'देहाती संस्कृति' कहलाई जाने वाली इस संस्कृति द्वारा की गई यह कठोर निन्दा शहरी संस्कृति के मुक़ाबले श्रेष्ठ होने की आत्म-तुष्टि और अहंकार के हाव-भाव से की जाती है। 'देहाती संस्कृति' महिलाओं को बाज़ार या सार्वजनिक स्थानों में बिना घूँघट के जाने की इजाज़त नहीं देती जबकि शहरी संस्कृति के बारे में नज़रिया यह है कि वह अपनी महिलाओं को यह इजाज़त दे कर जोखिम में डालती है और फिर महिलाएँ यौन-उत्पीड़न का शिकार हो जाती हैं।[14] शहरी महिला के बारे में इस राय में यह तथ्य भी जोड़ा जा सकता है कि बड़ी संख्या में ग्रामीण पुरुष अपनी बीवियों को गाँवों में पीछे छोड़ कर जाते हैं और यह उपनिवेशीय समयकाल तथा उसके बाद के समयकाल, दोनों में होता रहा है। इसका हमेशा से ही यह अर्थ रहा है कि नगरों में यौन-सेवाएँ देने को तैयार महिलाओं

की माँग रही है। उपनिवेशीय समय के बाद ख़ासतौर से हरित-क्रान्ति की ख़ुशहाली, शहरीकरण और बढ़ते हुए उपभोक्तावाद ने भी इस माँग को बढ़ावा देने के मामले में अपना प्रभाव छोड़ा है। पुरुषों की राय इस मामले में सर्वसम्मत है कि वेश्यावृत्ति उपनिवेशीय समयकाल में देखने में नहीं आती थी, मगर अब शहरी केन्द्रों में पक्के और खुले तौर पर स्थापित हो गई है (हालाँकि गाँवों में नहीं), और यह ग्रामीण समुदाय के विभिन्न तब्क़ों से बढ़ती हुई संख्या में पुरुष संरक्षकों की ज़रूरतों को पूरा करती है। नतीजा यह, कि शहरी औरतों के लिए आदर नहीं रहता है और ग्रामीण महिलाओं पर उनके 'असर' को और भी तीखे शक की निगाह से देखा जाता है।

जैसा कि रिचर्ड लैम्बर्ट ने दलील रखी है, हरियाणा में शहरी और ग्रामीण मूल्य-व्यवस्थाओं के बीच एक विशेष तरह की वैचारिक मोर्चाबन्दी साफ़ तौर पर मौजूद रही है। यह अब भी मौजूद है और गाँवों में शहरी प्रभाव को फैलने देने से रोकती है।[15] लेकिन यह मोर्चाबन्दी भी पसन्द और चयन पर आधारित है। कुछ विशेष रिवाजों को चुन कर अपनाए जाने की बात सबसे साफ़ तौर पर पंजाबी वेशभूषा सलवार-कमीज़ को अपना लिए जाने लेकिन घूँघट उठाने की बात को न अपनाए जाने में दिखाई देती है। ग्रामीण हरियाणा के लिए घूँघट में औरत उसकी संस्कृति का प्रतीक है। इसलिए स्वाभाविक तौर पर यह कोशिश की जाती है कि इस रिवाज या सांस्कृतिक प्रथा को हर क़ीमत पर बनाए रखा जाए। इसी से शहरी शिक्षित हरियाणवी महिलाओं के बरताव के इस अटपटे, अनियमित तौर-तरीक़े की व्याख्या होती है कि वे गाँवों में जाती हैं तो घूँघट करती हैं। यही बात राजस्थान में भी आमतौर पर देखने में आती है। उनका यह क़दम इस रिवाज को और अधिक वैधता प्रदान कर देता है और इसकी वैचारिक पकड़ को रेखांकित करता तथा और भी क़ायम रखता है। शिक्षित शहरी महिलाएँ यह बात खुले और ऊँचे स्वर से कहती हैं कि उन्होंने अपनी सांस्कृतिक रीति-नीति को नहीं भुलाया है और शहरी संस्कृति उन्हें भ्रष्ट नहीं कर पाई है। ज़ाहिर है कि इस बात को मिलने वाली सामाजिक प्रशंसा का स्वर आशा के अनुरूप ऊँचा ही होता है।

शहर और गाँव : एक अजीब मिले-जुले परिदृश्य के बीच स्थित औरत

यहाँ एक द्वैतभाव दिखाई देता है, एक दुविधा दिखाई देती है, क्योंकि शहरी और ग्रामीण के बीच का फ़र्क़ पूरी तरह से सीलबन्द नहीं है। दोनों में बहुत बड़े पैमाने पर बहुत कुछ एक सा भी है। हरियाणा का बहुत बड़े स्तर पर शहरीकरण हुआ है और ग्रामीण इलाक़ों से लोग शहरों की तरफ़ निकल गए हैं। इसके अलावा एक अन्दाज़े के मुताबिक़ हरियाणा के ग्रामीण और अर्ध-शहरी क्षेत्रों से एक लाख से ज़्यादा लोग रोज़ाना दिल्ली का सफ़र करते हैं। मिसाल के तौर पर रोहतक, गुड़गाँव, पलवल और पानीपत से ट्रेनें सुबह चलती हैं और शाम को लौटती हैं। इनका चलने का समय अलग-अलग

गाँवों से दिल्ली जाने वाले अलग-अलग तरह के कामकाजी हरियाणवी लोगों की कार्य-सारणी को ध्यान में रखता है। ये ट्रेनें ठसाठस भरी होती हैं। शहर में काम करने वाले इन लोगों को हम क्या कहेंगे – शहरी या ग्रामीण? इसके अलावा बहुत बड़ी संख्या में फ़ौज के रंगरूटों, ख़ासतौर पर तथाकथित अन्य रैंक वालों को, अब भी अपने परिवारों को गाँव में ही छोड़ना पड़ता है क्योंकि इनमें से सिर्फ़ 14 प्रतिशत को परिवार के लिए आवास मुहैया करवाए जाते हैं – और ये सब ग्रामीण इलाक़ों से होते हैं।[16] इन्हें शहरी माना जाए या ग्रामीण? गाँवों में आई ख़ुशहाली ने अपनी ही तरह की जटिलताओं को जन्म दिया है। शहरी शिक्षा, बरताव, पोशाक और जीवन-शैली वाले ग्रामीण अमीर वर्ग के बच्चों को बमुश्किल ही गाँवों वाले खाते में रखा जा सकता है। यहाँ तक कि 'ग्रामीणों' के लिए अपनी चिन्ता और सरोकार को खुले तौर पर प्रदर्शित करने वाले हरियाणा के भूतपूर्व मुख्यमन्त्री देवी लाल भी उन्हें परिभाषित करने में मुश्किल महसूस करते हैं। उन द्वारा मुहैया करवाया गया पैमाना – गाँव की स्कूली शिक्षा और गाँव का डाकखाना-पता – अब भी हरद्वारी लाल जैसे हरियाणवियों को उनके शहरी सम्पर्कों-सम्बन्धों के बावजूद ग्रामीण श्रेणी में रखता है।

इसके अलावा ख़ुशहाल, अमीर ग्रामीणों ने शहरी संस्कृति के बाहरी रूप-स्वरूप को बड़े पैमाने पर इख़्तियार कर लिया है। लेकिन ग्रामीण अमीर वर्ग की पहल पर हुए इस बदलाव ने महिलाओं को सकारात्मक रूप में किसी भी तौर कोई मदद नहीं की है। बल्कि रूझान यह है कि इस बदलाव के उन पर ज़्यादा नुक़्सानदायक प्रभाव बढ़े ही हैं। मिसाल के तौर पर, नई अर्जित पूंजी और धन मुख्य तौर पर उपभोग की आधुनिक स्थायी वस्तुओं पर ख़र्च होते हैं जो इन के मालिक को प्रतिष्ठा और विशेष दर्जा मुहैया करवाते हैं। नतीजा यह, कि उपभोग के इन पुरुष-प्रवृत्त तौर-तरीक़ों और रूपों-स्वरूपों ने संसाधनों में हिस्सेदारी के अधिकार का पलड़ा पुरुषों के हक़ में पहले से कहीं ज़्यादा झुका दिया है। बदतर क़िस्म के उपभोक्तावाद के प्रतीक के रूप में जीप, बन्दूक और शराब की बोतल को ग्रामीण अमीर वर्ग द्वारा खुले तौर पर इतराते हुए शान से दिखाया जाता है। यह उपनिवेशीय काल में प्रचलित मरदाना और लड़ाकू नस्ल की छवि और उग्र क़िस्म की मरदानगी वाली संस्कृति के अनुकूल है, जिसके बारे में पहले भी बात की जा चुकी है।[17] इस उपभोक्तावादी संस्कृति को नासमझी और भोलेपन के साथ प्रोत्साहित किया गया है और इस सन्दर्भ में देवी लाल द्वारा की गई कोशिशें महत्त्वपूर्ण हैं। 1991 की शुरुआत में सरकारी होटलों और भोजनालयों (रेस्त्राँ) का इस्तेमाल करने वाले 'ग्रामीण पुरुषों' (महिलाओं नहीं) के लिए हफ़्ते में दो दिन पचास प्रतिशत की छूट का प्रावधान किया गया, जो ज़ाहिरा तौर पर ग्रामीण अमीर वर्ग को बड़े शहरों की संस्कृति के साथ एकीकृत करने की कोशिश थी।[18] स्पष्ट है कि जो सांस्कृतिक खाई पहले दिखाई नहीं देती थी, वह अब विशेषाधिकार-प्राप्त अल्पसंख्या और बिना विशेषाधिकार की

बहुसंख्या के बीच मौजूद है।

हरित-क्रान्ति और उसकी ख़ुशहाली के बाद तीव्र होते वर्ग-आधारित ध्रुवीकरणों, बढ़ते हुए शहरीकरण और शिक्षा तक बनी पहुँच ने हरियाणवियों के एक हिस्से को गाँवों के उस सामाजिक-सांस्कृतिक माहौल से अलग कर दिया है जो अब भी सादा और संयमित जीवन के आदर्श को प्रशंसित करता है, ख़ासतौर से महिलाओं के लिए। शहरों की उपभोक्तावादी संस्कृति की नक़्ल करने वाली जीवनशैलियों और सांस्कृतिक तौर-तरीक़ों के चलते कम से कम ज़्यादा ख़ुशहाल और अमीर लोगों के लिए यह ज़िम्मेवारी की बात हो गई है कि वे अपनी 'ग्रामीण संस्कृति' की प्रतीक यानी महिलाओं को 'सुरक्षित' रखें, जैसा कि अन्य लोग रखते हैं। जिस आधुनिक शहरी लोकाचार की वे नक़्ल करना चाहते हैं, उस में महिलाओं के लिए कोई जगह नहीं है। इसका नतीजा यह है कि ग्रामीण हरियाणा में आय और क्षेत्र सम्बन्धी बड़ी भिन्नताओं के बावजूद गाँवों में एक बात साझा तौर पर पाई जाती है – उनकी घूँघटधारी औरतें। शहरी संस्कृति के लिए इस्तेमाल किए जाने वाले निन्दापूर्ण, अवमानसूचक विशेषण, जिनका प्रतीकस्वरूप निशाना महिलाएँ होती हैं, बमुश्किल ही इस अल्पसंख्या पर लागू हो सकते हैं क्योंकि हरियाणा की ग्रामीण महिलाएँ अब भी कमोबेश घूँघट में ही रह रही हैं।

2. बदलता हुआ परिप्रेक्ष्य : कड़ा होता नियंत्रण

हरियाणा में ग्रामीण समाज बदलते हालात में भी बहरहाल अपने नियंत्रण पर इसरार और ज़ोर देने के साथ-साथ उसके पुनर्मूल्यांकन की ओर बढ़ता हुआ नज़र आ रहा है। इन बदलते हालात में वह फ़िक्रमंद है कि उसके प्रथागत नियम और मानदण्ड कहीं उसके हाथों से निकल न जाएँ। उपनिवेशीय काल में राज्य, और पितृसत्ता के तक़ाज़ों, दोनों ने ही क़ानूनी तौर पर मान्यता-प्राप्त प्रथाओं को स्थापित करने की ओर क़दम बढ़ाए थे। इसके चलते, वही सामाजिक माहौल जो पहले महिलाओं के प्रति काफ़ी हद तक उदार था और उनके लिए गुंजाइश छोड़ कर रखता था, अब काफ़ी हद तक सीमित और संकुचित हो गया था। अलग 'सामाजिक नज़रियों' वाले उपनिवेशीय प्रशासन और न्याय-व्यवस्था ने कुछ विशेष प्रतिमानों और व्यवहार के तौर-तरीक़ों को नियमित या स्थापित करने की कोशिश की। ये वे प्रतिमान और व्यवहार के तौर-तरीक़े थे जो उनके ख़याल में 'सभ्य' थे और जिन्हें वे अपनी 'पश्चिमी समझ और विवेकशीलता' के 'प्रतिकूल' या विरुद्ध नहीं मानते थे। ऐसा बहुत बार ज़मीनी स्तर पर असल में प्रचलित व्यवहार के बावजूद, उसका सामना करते हुए, किया जाता था। दूसरी ओर, रीति-रिवाज दर्ज करने वाले कर्मचारियों को दिए गए अपने मौखिक साक्ष्यों में, हावी जातियों के ज़मींदार-पुरुष उन सरोकारों को पूरी तरह दरकिनार रखते थे जिनमें महिलाओं के लिए कुछ भी गुंजाइश रखे जाने का इमकान हो सकता था – जबकि महिलाओं को मौखिक

साक्ष्य देने का मौक़ा बिल्कुल भी नहीं दिया जाता था। नतीजा यह, कि बहुत तेज़ी से बदलती हुई स्थिति से निपटने की प्रक्रिया में, कुछ लोकप्रिय और सामाजिक तौर पर स्वीकार्य रिवाज तो पुरुषों के नियंत्रण के चलते पहले से ही ख़तरे में थे। उच्च न्यायालय के उपलब्ध फ़ैसलों को ध्यान से पढ़ने पर इस बात की पुष्टि होती है कि सामान्य-प्रचलित विश्वास और कर्म में धीमा परिवर्तन हो रहा था – असल में तो नैतिकता की धारणा में बदलाव आ रहा था।

द्वैतभाव और परस्पर-विरोधी मान्यताएँ

उपनिवेशीय दौर के वक़्त से निजी मामलों को गहराई से देखें तो इस बात पर भी रौशनी पड़ती है कि व्यवहार सम्बन्धी नियमों और उनसे पथभ्रष्ट होने के बारे में कितनी ज़्यादा परस्पर-विरोधी मान्यताएँ रही हैं। मिसाल के तौर पर इन निजी मामलों के अध्ययन से एक ओर तो यह दलील देना सम्भव हो जाता है कि प्रचलित, लोकप्रिय स्तर पर नैतिकता के सांस्कृतिक रूपों-स्वरूपों और अवधारणाओं ने भाभी से विवाह के रूप में विधवा पुत्रवधू के करेवा को मान्यता दी है और कहीं अधिक स्वच्छंद यौन-सम्बन्धों के अस्तित्व को भी स्वीकारा है जबकि इनसे होने वाली सन्तान नाजायज़ होने का दाग़ झेलने से बची रहती थी, बावजूद इस के कि जेण्डर सम्बन्धों में अन्तर्निहित दमन और शोषण मौजूद था। लेकिन दूसरी ओर इन्हीं मामलों के अध्ययन से प्रदर्शित होता है कि नैतिकता और वैधता को लेकर महिलाएँ एक अलग ही विचार की संरचना करती हैं। मिसाल के तौर पर, उन्हें बदचलनी मंज़ूर थी मगर इस तरह के पुनर्विवाह की 'वैधता' नहीं – वे बदचलनी को स्वीकार करने की क़ीमत पर भी इस 'वैधता' को ठुकराने के लिए तैयार थीं। इन मामलों में महिलाओं के लिए वैधता के मसले की अहमियत जायदाद और ख़ुदमुख़्तारी के मुक़ाबले बहुत कम है, और इसमें आर्थिक और भौतिक, दोनों तरह की स्वाधीनता शामिल हैं। महिलाओं पर प्रभाव और उनसे सम्बद्ध किसी भी तरह की परिकल्पना के सन्दर्भ में इसी तरह का द्वैत भाव हमें तथाकथित 'बहुपति प्रथा' या उसी के किसी अन्य सामाजिक रूप तथा वधू-मूल्य को लेकर देखने को मिलता है। इन्हें क़ानूनी तौर पर मान्यता तो प्राप्त थी मगर इन प्रथाओं पर उपनिवेशीय प्रशासन और न्यायपालिका की टिप्पणियाँ में इन के प्रति नापसन्दगी झलकती है। स्थानीय पुरुष आबादी में से कई लोगों द्वारा इन्हें बहुत ही गहरी शर्म की भावना के साथ स्वीकार किया गया था और वे इन्हें बदलना चाहते थे। खुले तौर पर इन प्रथाओं के अस्तित्व से चाहे इनकार न भी किया जाता हो, इन के होने को लगभग यूँ मान कर कि जैसे वे हैं ही नहीं, उनसे छुटकारा पाने की कोशिश की जाती थी।

कुछ जाति-कुटुम्बों में शादी के ज़रिए सभी जाति-समूहों की महिलाओं के लिए (वे चाहे उच्च जाति से हों या फिर निम्न जाति से) गुंजाइश छोड़े जाने में लचीलापन दिखाई

देता था, लेकिन अब उस में बदलाव आने लगा था। क़ानूनी स्तर पर जातीय नियमों को लागू करवाए जाने के प्रयास किए गए, जिनके तहत ब्राह्मणवादी परम्परा में एक उच्च जाति के पुरुष और निम्न-जाति महिला की सन्तान को तौहीन के क़ाबिल समझा जाता था; ज़ाहिर है कि जाति सम्बन्धी यह नियम पंजाब-हरियाणा के किसान वर्ग में मौजूद नहीं रहा था। हालाँकि उपनिवेशीय कारणों से यह कोशिश क़ानूनी तौर पर तो कामयाब नहीं हुई लेकिन सामाजिक स्तर पर सजातीय विवाह की प्रथा के नियम धीरे-धीरे और ज़्यादा संकीर्ण होते चले गए, यहाँ तक कि विवाह के इस तरह के [अन्तर्जातीयसमूह] रिश्तों को सामाजिक स्तर पर गिरा हुआ समझा जाने लगा। इस तरह के विवाहों के बच्चों की सामाजिक स्वीकार्यता की बढ़ती हुई कठिनाइयों का नतीजा यह हुआ कि अब किसान वर्ग के पुरुषों के लिए भी जाति की पवित्रता के नियमों को बनाए रखने की पहले से ज़्यादा कोशिशें हो रही हैं। विवाह के रिश्ते अब अपनी-अपनी जाति के भीतर ही किए जाने की कोशिश रहती है। किसान जातियों के पुरुषों द्वारा किए जाने वाले अन्तर्जातीय विवाहों को पहले बख़ुशी मंज़ूर कर लिया जाता था लेकिन अब उन्हें सिरे से नकारा न भी जाए तो उन पर एतराज़ तो बहुत किए जाते हैं। एक औरत, जाति और रिश्तेदारी के ढाँचे के नींव के पत्थर की तरह है और उसके लिए जाति के बाहर शादी का रिश्ता हमेशा से ही वर्जित रहा है और अब भी ऐसा ही है। उल्लंघन के कई मामलों में बहुत बार औरत को ख़त्म कर दिया गया है। न केवल हरियाणा के ग्रामीण इलाक़ों में बल्कि ग्रामीण दिल्ली और उत्तर प्रदेश में भी हाल ही में हुए ऐसे कई मामले इस बात का सबूत हैं (जबकि कई मामलों के बारे में तो सूचना भी नहीं मिलती)।

सांस्कृतिक गतिविधियों – महिलाओं के गीतों, नृत्यों आदि – में महिलाओं की स्वाधीन अभिव्यक्ति और उसके प्रति पुरुषों का नज़रिया

औरतों को नियंत्रित करने की कोशिशों की शायद सबसे बेहतरीन मिसाल महिलाओं द्वारा की जाने वाली कुछ लोकप्रिय सांस्कृतिक गतिविधियों पर उठाए जाने वाले एतराज़ों में देखने को मिलती है। उदाहरण के तौर पर, होली और तीज जैसे त्यौहारों के दौरान गाए जाने वाले गीत और नृत्य, जैसे कि धमाल, खोड़िया, फाग, होली, लूर, झूमर और घूमर के अलावा जन्म, मृत्यु, विवाह आदि जीवन के विभिन्न पड़ावों पर होने वाले समारोहों के गीत-संगीत-नृत्य।[19]

ये सब मौक़े महिलाओं को ख़ुशी के साथ इकट्ठा होने का अवसर प्रदान करते हैं। बहुत बार ये सिर्फ़ महिलाओं के लिए ही होते हैं। इन मौक़ों पर वे अपने साझा तजरुबों और गहरी भावनाओं के ज़ख़ीरे में से गीत और नृत्य निकाल कर लाती हैं और साझा तौर पर गाती और नाचती हैं। ये गीत और नृत्य जन्म से लेकर उभरती जवानी, शादी और सम्भोग से मौत तक के सफ़र के पड़ावों को दर्शाते हुए ख़ासतौर से इन्सानी रिश्तों

से सम्बद्ध होते हैं। इन महिला-केन्द्रित गतिविधियों में महिलाएँ ख़ुद को खुले तौर पर अभिव्यक्त कर पाती हैं और यह अभिव्यक्ति जिस्मानी और मौखिक, दोनों स्तरों पर होती है। साथ ही वे अपनी आलोचनाओं, अभिलाषाओं और ख़ुद के बारे में एहसास को भी ध्वनि दे पाती हैं। यह इसलिए और भी ज़्यादा अहमियत की बात हो जाती है क्योंकि वे नैतिक व्यवहार की एक बहुत ही सीमित कर के रखने वाली सख़्त नियमावली के तहत रहती हैं और उन्हें कभी भी आज़ादी के साथ, खुले तौर पर बोलने का मौक़ा नहीं दिया जाता क्योंकि उपरोक्त नियमावली के तहत एक बातूनी औरत को बुरा-भला कहा जाता और बदनाम किया जाता है (इस मामले में केवल उम्र में सबसे बड़ी औरतों को अपवाद माना जा सकता है)। इसलिए ये गीत उनकी आत्म-अभिव्यक्ति के केन्द्र में रहते हैं। शायद यही मौक़े हैं जो उनकी उकताहट और थकान भरी ज़िन्दगी को क़ाबिल-ए-बरदाश्त बना देते हैं। ये मौक़े कम से कम सांकेतिक तौर पर उन्हें पुरुष-प्रधान समाज द्वारा थोपी गई बंदिशों से ऊपर उठने में मदद करते हैं क्योंकि वे अपने बहुत गहरे जज़बात को बहने दे पाती हैं जिन्हें मौखिक तौर पर अभिव्यक्त करने का भी मौक़ा उन्हें आमतौर पर नहीं मिलता।

उन्नीसवीं सदी के बंगाल की निम्न-वर्गीय महिलाओं की इसी तरह की 'अश्लील' और 'अभद्र' लेकिन लोकप्रिय सांस्कृतिक शैलियों के बारे में बात करते हुए सुमन्ता बैनर्जी दिखाते हैं कि ये महिलाओं के लिए 'असहमति दर्ज करने का स्थल' तथा 'एक सांकेतिक दिलासा या शायद प्रतिशोध' भी हैं। ये महिलाओं को पुरुषों द्वारा इस्तेमाल की जाने वाली ताक़त के परम्परागत भय से अस्थाई तौर पर मुक्त करते हैं।[20] बंगाल के शहरी भद्रलोक तब्क़ों की ओर से इसकी मुख़ालफ़त की बढ़ती हुई माँग के तहत, महिलाओं की इस उप-संस्कृति का विरोध हुआ और इसके चलते उसे हाशिए पर डाल दिया गया। इसी तरह सम्पूर्ण उत्तरी भारत की ग्रामीण पट्टी में साझा तौर पर पाए जाने वाले 'अश्लील गीतों' का विरोध हुआ। यह सुधारकों की ओर से तो हुआ ही, अपनी आत्म-छवि के बारे में चिन्तित कुछ ऐसे तब्क़ों की तरफ़ से भी हुआ जो सामाजिक तौर पर उच्चतर वर्ग की श्रेणी में आना चाहते थे और सामाजिक स्वीकार्यता हासिल करना चाहते थे। उन्हें महिलाओं की यह उप-संस्कृति अपने रुतबे से सम्बद्ध सरोकार पर प्रभाव डालती हुई और उसका अतिक्रमण करती हुई सी लगी। इस उप-संस्कृति को दबाने की कोशिश उपनिवेशीय काल तथा उसके बाद के समयकाल, दोनों में, महिलाओं पर नियंत्रण की एक व्यापक रणनीति का हिस्सा है।

लेकिन विभिन्न स्थानीय रिवाजों पर सबसे ज़्यादा संगठित हमले सुधारकों के बीच से हुए। असल में तो पूरे भारत में अपने उपदेशों – और स्कूलों में शिक्षण के माध्यम से भी – उन्होंने आस्था और व्यवहार के मानकों को बहुत सख़्ती से लागू करते हुए समाज के धार्मिक और नैतिक स्तरों को 'उठाने' के सघन प्रयास किए। पंजाब-हरियाणा

में आर्य-समाज ने 'अनैतिक या अशोभनीय' माने जाने वाले विभिन्न रिवाजों पर हमले का नेतृत्व किया। उन्होंने समारोहों की तरह के औपचारिक मौक़ों या त्यौहारों पर 'अशोभनीय गीतों' के गाए जाने और व्यवहार के अन्य रूपों-स्वरूपों की निन्दा की – उनके लिए वे उनकी कठोर नैतिकता के सिद्धांतों के विरुद्ध 'पापकर्म' थे।[21] परम्परागत गीतों के स्थान पर स्वयं उन द्वारा पाक-साफ़ किए गए गीतों के रूपांतर लाने की कोशिश भी की गई। होली के त्यौहार को बहुत 'अभद्र' समझा जाता था मगर उसे हटाया जाना नामुमकिन था, इसलिए उसे 'पवित्र' करने की कोशिश की गई। लेकिन परम्परागत गीतों को बदलने और होली को साफ़-पाक करने की ये कोशिशें नाकामयाब रहीं गोकि ये कोशिशें अब भी जारी हैं।

उत्तरी भारत में कुछ जाति-सभाएँ भी 'अशोभनीय' गीत गाए जाने को समाप्त करने की कोशिशों में सक्रिय तौर पर शामिल थीं। आगरा की सनाध्य जातिए सभा ने 1894 में एक प्रस्ताव पारित किया जिसके अनुसार 'महिलाओं को विवाहों में अशोभनीय गीत नहीं गाने चाहिएँ।'[22] इस बात को लागू किया जाना असल में तो कहाँ मुमकिन था। हरियाणा में ये नैतिक आलोचनाएँ पुरुषों द्वारा अकसर की जाती थीं और इन्हें लेकर शिक्षित पुरुष ख़ासतौर पर मुखर थे। कुछ जाति-पंचायतों ने भी इस मुद्दे को उठाया लेकिन वे इसे लागू किए जाने की अव्यावहारिकता की वजह से कामयाब नहीं हुईं।[23] इन सब कोशिशों की नाकामयाबी विरोध की सीमित, वर्ग-आधारित प्रकृति को दर्शाती है। इससे यह भी प्रदर्शित होता है कि इस उप-संस्कृति को पुरुषों और महिलाओं, दोनों में एक व्यापक स्वीकार्यता प्राप्त है और यह बात अब भी मौजूद है। इसके बावजूद बहुत से शिक्षित मर्द अब भी उनकी लैंगिकता और यौन-भाव को प्रशंसित करने वाले महिलाओं के गीतों के इस बहुत ही 'अभद्र' प्रदर्शन के ख़िलाफ़ हैं। वे इन्हें 'अश्लील गीत' या 'बेहूदा गाने' कहते हैं लेकिन हालात को बदलने में अपनी बेबसी को भी स्वीकारते हैं।

ज़ाहिर है कि इस चलन का जारी रहना 'सभ्य' औरत की नई छवि के ख़िलाफ़ जाता है क्योंकि यह खुले तौर पर प्रदर्शित, यौन-सम्बन्धी ज़रूरतों वाली एक स्वाधीन औरत की पैरवी करता है और इससे हमारे बीच मौजूद एक ऐसी सचाई का पर्दाफ़ाश होता है जो बहुत मुमकिन है कि समाज के कुछ तबक़ों की इच्छा से अलग हो। इन 'अभद्र' गीतों के बारे में बहुत महत्त्वपूर्ण बात यह है कि इनमें मर्द की यौन-सम्बन्धी कमज़ोरी पर बार-बार सीधी या अप्रत्यक्ष टिप्पणियाँ और राय प्रकट की जाती हैं। इस बात का पर्दाफ़ाश या उपहास इस वर्ग के मर्दों की उस आत्म-छवि को धराशायी करता है जिसके तहत वे स्वयं की कल्पना एक बहुत वीर्यवान, मरदाना व्यक्ति के रूप में करते हैं। मिसाल के तौर पर, अधिक लोकप्रिय लोकगीतों में से एक में एक किसान-औरत शारीरिक सन्तुष्टि हासिल करने के लिए अपनी जाति से बाहर के सपेरे के वास्ते अपना सब कुछ त्यागने को तैयार है।[24] इस गीत में परम्परागत तौर पर हीन और तुच्छ माने जाने वाले निम्न-

जाति पुरुष की मरदानगी की तारीफ़ के ज़रिए उच्च जाति के मर्दों द्वारा किए जाने वाले शारीरिक बल और मरदानदगी के दावों की हँसी उड़ाई गई है।

लेकिन यह महत्त्वपूर्ण है कि कुछ शिक्षित महिलाएँ (जो अधिकतर शहरी हैं) या तो इन 'अभद्र गीतों' के बारे में जानकारी होने से जान कर अनजान बनी रहती हैं या इन्हें गाने से ख़ुद को रोके रखती हैं। इस तरह वे उस 'अभद्रता' के आरोप को निहित तौर पर स्वीकार कर लेती हैं जिस से सम्बद्ध होकर गिरने को वे तैयार नहीं होती हैं। ऐसा शायद वे अपने समकक्ष पुरुषों की ही तरह अपने बारे में एक ख़ास राय बनाते हुए करती हैं। लेकिन विभिन्न जातियों और वर्गों की अधिकतर ग्रामीण महिलाएँ इन गीतों को अपनी उस देहाती संस्कृति का हिस्सा मानते हुए वाजिब ठहराती हैं जिसे वे त्यागना नहीं चाहेंगी। अन्य ऐसे ही उदाहरणों की तरह यह इस बात का एक दिलचस्प उदाहरण है कि किस तरह मर्दों द्वारा देहाती संस्कृति या प्रथा को ज़िन्दा रखे जाने से सम्बद्ध तर्क को महिलाओं ने अपने लिए इस्तेमाल करते हुए यह जगह अपने लिए बचा कर रखने को वाजिब ठहरा लिया है। फिर भी, हरियाणा के ग्रामीण समाज के कुछ तब्क़ों में इन गीतों का हश्र कुछ हद तक अनिश्चित ही है, ख़ासतौर से तब जबकि नई नैतिकता और शिक्षा धीरे-धीरे अपनी जगह बना रही है, वर्ग-विभाजन ज़्यादा तीखे हो रहे हैं और सामाजिक प्रतिष्ठा पाने के लिए ऊपर की ओर गतिमान समूहों का आकार बढ़ रहा है।

ऑडियो-वीडियो शैली में अभद्र गीत और कामोत्तेजक फ़िल्में : पुरुषों का स्वच्छन्द नज़रिया; औरत की बढ़ती हुई अलग-थलग हालत

दूसरी ओर, हरियाणा के पुरुषों का एक तब्क़ा इन तथाकथित अभद्र गीतों को अपनाने से नहीं कतराया है। न सिर्फ़ हरियाणा के गाँवों का बाज़ार बल्कि तकरीबन पूरे उत्तर भारत की ग्रामीण और अर्ध-शहरी पट्टी सस्ती ऑडियो कैसेट्स से अटी पड़ी है जिनमें लोक-संगीत की धुनों पर आधारित एक ही तरह के 'अभद्र' गीत होते हैं, जिनमें से अधिकतर काम-वासना के बेशर्मी भरे प्रसंशा-भाव को अभिव्यक्त करते हैं।[25] इन गीतों और ग्रामीण क्षेत्रों में महिलाओं द्वारा गाए जाने वाले गीतों के बीच के महत्त्वपूर्ण फ़र्क़ों को चिह्नित करने के लिए बहुत काम करना होगा। फिर भी, इस बड़े अन्तर की ओर तो ध्यान दिलाया ही जा सकता है कि महिलाओं के गीतों का स्वर पूरी तरह से महिला-स्वर है जबकि दूसरी तरह के गीतों का स्वर पुरुष-स्वर है। इसके अलावा, आमतौर पर कुछ केन्द्रीय विषयों के प्रति दृष्टिकोण और उनकी प्रस्तुति तथा चित्रण में भी अन्तर पाया जाता है, जैसे कि देवर-भाभी के रिश्ते के बारे में। इस कार्य-क्षेत्र में शोध किए जाने की बहुत गुंजाइश है।

महत्त्वपूर्ण है कि ये कैसेट्स सिर्फ़ पुरुषों के समूहों में और गाँवों के बाज़ारों में, सर्दियों में आग की आँच के इर्द-गिर्द बैठे समूहों में – या गाँवों की चौपालों में भी –

बजाई जाती हैं और ये सब जगहें औरतों की पहुँच से बाहर होती हैं। इन सस्ते उपकरणों की ख़रीद चाहे सीमित ही हो लेकिन श्रोता तो सब वर्गों और जातियों में पाए जाते हैं और वे सिर्फ़ मर्द ही होते हैं। इस 'ऑडियो धूम' के साथ ही एक 'वीडियो धूम' भी मची है। गाँवों में जुगाड़ू क़िस्म के वीडियो पार्लरों में 'ब्लू फ़िल्म्ज़' के तौर पर मशहूर, हद दर्जा कामोत्तेजक फ़िल्मों की मांग बढ़ रही है। औरतों पर मर्दों के हावी होने की नुमाइंदगी करने वाली इन फ़िल्मों में रिश्तों का अमानवीय रूप दिखाया जाता है। गाँवों के दर्शकों पर ख़ासतौर से इस तरह की वीडियो फ़िल्मों के प्रभाव को अभी तक बमुश्किल ही जाँचा-परखा गया है। लेकिन इस बात से इनकार नहीं किया जा सकता कि पुरुष की ताक़तवर मर्द वाली कामोत्तेजक छवि पर बल दिए जाने का असर है कि औरत को हिफ़ाज़त में रखे जाने और नियंत्रित किए जाने की ज़रूरत बढ़ गई नज़र आती है, जिसके चलते वह और ज़्यादा अलग-थलग रहने तथा निर्भरता की हालत में चली जाती है।[26]

महिलाओं को संचालित करने में धर्म का असर

महिलाओं को क़ाबू में रखने की ज़रूरत के बढ़ने में मज़हब का एक अजीब तरह का निर्णायक असर रहा है। यह इस बात के बावजूद है कि किसान-वर्ग को, मानदण्डों के प्रति बहुत ज़्यादा संवेदनशील ब्राह्मणवादी धर्म के मुक़ाबले, बहुत धार्मिक या कर्मकाण्ड की तरफ़ रूझान रखने वाला नहीं माना गया है। धार्मिक चढ़ावों, पूजास्थलों के लिए अनुदानों और धार्मिक समारोहों पर दिए गए भिक्षा-दान पर हुए ख़र्च के सम्बन्ध में हरियाणा निम्नतम सम्भव स्तर पर है। 1968-69 में हुए एक सर्वेक्षण के अनुसार कुल घरेलू खर्च का सिर्फ़ 0.25 प्रतिशत इस मद पर खर्च हो रहा था, जो 1973-74 में बढ़ कर 0.67 प्रतिशत हो गया था।[27] 1973-74 में पूरे हरियाणा में 76 परिवारों पर हुए एक अनियमित सर्वेक्षण से संकेत मिला कि इनमें से 10 परिवार धर्म पर कुछ भी ख़र्च नहीं करते थे। लेकिन इसी समयकाल में सामाजिक जीवन, जन्मों, मौतों और शादियों पर होने वाला ख़र्च 128 प्रतिशत बढ़ गया था।[28]

ग्रामीण इलाक़ों में पूजा का सबसे लोकप्रिय रूप अब भी 'धोक मारना' (हाथ जोड़ते हुए माथे को छूना) है। हो सकता है कि गाँववासी गाँव के किसी भी देवी-देवता की समाधि के आगे से गुज़रते वक़्त ऐसा कर लें। यह भी मुमकिन है कि वे सुबह धरती को झुक कर प्रणाम करते हुए प्रार्थना करें, 'सुखी राखियो धरती माता'। एक गाय या भैंस के ब्याने (बच्चा देने) पर जब उसे पहली बार लाया जाता है तो दूध की पहली पाँच पिचकारियाँ उसके मान-सम्मान में धरती पर गिरने दी जाती हैं। गाय या भैंस का दूध निकालते वक़्त हर बार पहली धार के साथ यही किया जाता है।[29] आजकल सुबह जाग उठने पर या गाँवों के पुरुषों द्वारा खेत जोतने से पहले, रस्मन की जाने वाली सबसे लोकप्रिय प्रार्थना है – 'ले भाई राम का नाम'। जब उनके जीवन में धार्मिक भावना के

गागर में सागर समान इस गुण के बारे में उनसे पूछा जाता है तो वे हल्के-फुलके अन्दाज़ में कहते हैं : 'ज़्यादा राम-राम करें तो भगवान नाराज़ हो जागा'।[30]

ऊपर चर्चा में आई संक्षिप्त क़िस्म की कुछ विशेष धार्मिक रीतियों का पालन आमतौर पर सिर्फ़ पुरुष करते हैं। इन से हट कर, कुछ धार्मिक रीतियों को पुरुषों के बीच आम राय के तहत महिलाओं के लिए छोड़ दिया जाता है, और महिलाओं पर धर्म की इस पकड़ के प्रतिकूल प्रभाव पड़ते हैं, ख़ासतौर पर स्वास्थ्य और स्वास्थ्य-सेवाओं के इस्तेमाल के क्षेत्रों में। गाँवों की महिलाएँ स्थानीय माताओं में पक्का विश्वास रखती हैं और उन्हें पूजती हैं। यह ख़ासतौर से दुष्ट आत्माओं तथा शारीरिक बीमारियों को दूर रखने के लिए किया जाता है। बीमारी के इलाज के लिए सभी वर्गों और जातियों की महिलाएँ आमतौर पर टोटकों और अन्य अन्धविश्वासी प्रथाओं का पालन करती हैं। हरियाणा के सभी ज़िला गज़ेटियर 'अन्धविश्वास की बहुत मज़बूत पकड़' की तस्दीक़ करते हैं। मान्यता है कि बीमारियाँ दुष्ट आत्माओं और जादू-टोनों की वजह से होती हैं और उनका इलाज अलौकिक शक्ति और जादू से होता है।[31] नतीजा यह है कि गाँवों में सबसे आम बीमारियाँ भी – जैसे कि टेटनस, छोटी माता, खसरा, दस्त और पेचिश – अलौकिक कारणों से हुई मानी जाती हैं; मिसाल के तौर पर, किसी की बुरी नज़र लगना, आत्मा या भूत का प्रवेश, देवी का प्रकोप, झाड़-फूंक आदि। इलाज भी इतने ही अन्धविश्वासी होते हैं।[32] हालाँकि समझा जाता है कि अलौकिकता में यह आस्था पुरुष हों या महिला, सब में पाई जाती है, महिलाओं की बीमारियों को ख़ासतौर से टोटकों के ज़रिए ठीक किए जाने लायक़ माना जाता है। लगता है कि धर्म में महिलाओं के विश्वास और आस्था की वजह से ऐसा होता है जबकि कहा जाता है कि पुरुषों में इस विश्वास की कमी होती है।[33] बहुत से टोटकों के अब भी प्रचलन में होने से इन की लोकप्रियता की पुष्टि होती है।[34] इस विचारधारा के चलते महिलाओं द्वारा उपलब्ध स्वास्थ्य-सेवाओं का इस्तेमाल सीमित हो जाता है और यह उच्च मातृत्व मृत्यु-दर के कई महत्त्वपूर्ण कारणों में से एक है। इसके साथ ही उच्च मातृत्व मृत्यु-दर के महत्त्वपूर्ण कारणों में उच्च जन्म-दर का होना, और गर्भपात से बचाव तथा सुरक्षित प्रसव को सुनिश्चित करने के लिए टोटकों पर निर्भरता भी शामिल हैं। अलौकिक कारणों को अपनी बीमारियों की वजह मानने का यह रूझान ग़ैर-अनुसूचित जातियों या उच्च वर्गों के मुक़ाबले अनुसूचित जातियों और निम्न वर्गों के लोगों में ज़्यादा दिखाई देता है।

धर्म का यह अन्धविश्वासी रूप ग्रामीण जीवन में महिलाओं से सम्बद्ध बीमारियों को क़ाबू में रखने के विशेष उद्देश्य को पूरा करता है और इसे अब भी व्यापक स्तर पर स्वीकार किया जाता है। लेकिन इस अन्धविश्वासी रूप की निरन्तर लोकप्रियता के साथ-साथ ब्राह्मणवादी हिन्दू धर्म के प्रतीक के रूप में मौजूद कुछेक मंदिरों से, दो तरह के मानदण्ड होने का, एक ख़ास तरह का द्वैतभाव मौजूद होने का संकेत मिलता है

(जबकि मंदिरों की संख्या अब कुछ बढ़ती हुई सी भी लग रही है)। अमीर बनियों की तरफ़ से वित्तीय सहायता-प्राप्त इन मंदिरों में बनियों तथा कुछ ब्राह्मणों का आना-जाना रहता है लेकिन ये मंदिर कभी भी भरे हुए नहीं रहते। खेती करने वाली जातियों की कुछ बड़ी उम्र की महिलाएँ इनमें जाती तो हैं मगर नियमित तौर पर नहीं। निम्न जातियों के लोग उन मंदिरों में नहीं जाते जिनमें अन्य जातियों के लोग जाते हैं। खेतीहर महिलाओं द्वारा इस बाबत दिखाई जाने वाली उदासीनता के बारे में पूछा गया तो महिलाओं और पुरुषों, दोनों द्वारा दिया गया एक कारण यह था कि महिलाओं को काम बहुत होते हैं।

लेकिन कहने का अर्थ यह नहीं है कि ब्राह्मणवादी हिन्दू विचारधारा ग्रामीण क्षेत्रों के अन्दर तक नहीं घुसी है। असल में तो एक धीमा संस्कृतिकरण होता हुआ दिखाई देने लगा है और यह ख़ासतौर से ऊपर चर्चा में आए शहरी-ग्रामीण मध्य-वर्ग में तो हो ही रहा है। यह विशेष तौर पर उन पुरुषों में देखने में आ रहा है जिनके परिवार तो गाँवों में रहते हैं मगर जो ख़ुद शहरों में काम करते हैं। जैसा कि एड्वर्ड ओ'हेनरी ने ध्यान दिलाया है, उनकी शिक्षा और शहरी अनुभव ग़ैर-संस्कृतनिष्ठ धर्म के साथ उनके जुड़ाव को हतोत्साहित करते हैं[35] और मौजूदा दौर की हावी शहरी, मध्य-वर्गीय विचारधारा को उनके ज़ेहन में बैठाते हैं।

शहरीकरण और औद्योगीकरण के प्रभाव के साथ एकरसता पर आधारित संस्कृति का आना और किसान-संस्कृति का ह्रास

हो सकता है कि कुछ विशेष ग्रामीण तब्क़े पहले से ही एक बड़े सांस्कृतिक युनिट का हिस्सा बनने की ओर अग्रसर हों। इसमें एक-दूसरे के साथ जुड़े हुए कुछ कारकों ने निर्णायक भूमिका अदा की है। सबसे पहला कारक उपनिवेशीय समयकाल के बाद के आज़ाद राज्य की भूमिका रही है जिसके तहत व्यापक स्तर पर एकरसता लाने का प्रयास रहा है, जो उपनिवेशीय राज्य से भी ज़्यादा, भारत के दूर-दराज़ कोनों तक गहराई के साथ पहुँचा है।[36] लेकिन साथ ही यह भी मानना होगा कि अलग-अलग क्षेत्रों और अलग-अलग वर्गों की ओर से इस रकरसता के प्रति बहुत ही अलग-अलग तरह की प्रतिक्रिया रही है।

हरियाणा के हवाले से, व्यापक स्तर पर हुए शहरीकरण तथा औद्योगीकरण के बाद प्रौद्योगिकी के क्षेत्र में आए बदलावों के साथ-साथ राजनैतिक आधुनिकीकरण ने ग्रामीणों के कुछ तब्क़ों के लिए हरियाणा की अद्वितीय मानी जाने वाली किसान संस्कृति को सफलतापूर्वक धीरे-धीरे ख़त्म कर दिया है। ऐसा हरियाणा की किसान संस्कृति के प्रभावी लोक-स्वभाव के बिल्कुल ख़िलाफ़ जाने वाले कुछ विशेष तत्त्वों को इसमें सफलतापूर्वक रोप कर किया गया है। इससे एक ऐसी द्विअर्थकता ने भी जन्म लिया है जिसे समझना शायद मुश्किल हो। इलेक्ट्रॉनिक मीडिया समेत सम्प्रेषण के माध्यमों में आई क्रान्ति और

लोकप्रिय साहित्य, सिनेमा, टेलिविज़न, संगीत (गीत और भजन) आदि के ज़रिए एक कमोबेश समान संस्कृति को आक्रामकता के साथ परोसा गया है। साथ ही नैतिकता तथा महिलाओं के बरताव के लिए कुछ विशेष एकरस विचारों को आगे लाया गया है। यह इतने प्रबल तरीक़े से किया गया है कि जिसके बारे में उपनिवेशीय या स्वतन्त्र राज्य की अदालती न्यायिक संहिता भी कभी आशा नहीं कर सकती थी।

नए, विरोधाभासी सांस्कृतिक मानदण्डों के तहत महिलाओं की छवि और उन पर असर

फैलते हुए नगरों और शहरों ने एक व्यापारिक चरित्र अख़्तियार कर लिया है। इसकी वजह से संस्कृति का भी एक बेची जाने वाली वस्तु के रूप में व्यापारीकरण हुआ है। औरत इस संस्कृति के 'व्यापारीकरण' के केन्द्र में रही है। भारत में महत्त्वपूर्ण तौर से हो रही इस सांस्कृतिक एकरसता से सम्बन्धित कोई अध्ययन नहीं हैं जिन का हवाला दिया जा सकता हो। मगर यह तो स्पष्ट है कि उपनिवेशीय समयकाल के बाद के अति-परिवर्तनशील समय में 'ग्रामीणों' की एक पतली सी ऊपरी तह वैचारिक स्तर पर इस सांस्कृतिक एकरूपता के सबसे अधिक असर में आई है। और इस एकरूपता के रंग में रंगे जाने का रूझान तो उस में रहा ही है। इसके चलते पुरुषों द्वारा महिलाओं से अलग तरह की उम्मीदें रखी जाने लगी हैं। महिलाएँ ख़ुद भी इस तरह के ख़याल और ऐसी आरज़ूएँ रखने लगी हैं, फिर वह चाहे मौजूदा हक़ीक़तों के सीधे विरोध में ही क्यों न हो।

व्यापक तौर पर फैले हुए इस सांस्कृतिक मानदण्ड के केन्द्र में कुछ परस्पर-विरोधी मूल्य हैं जो एक काल्पनिक औरत की गढ़ी हुई छवि और विचारधारा की याद को ताज़ा करते हुए उसकी ओर लौटते हैं। यह अपने पति के तईं ग़ैर-मामूली क़िस्म के कर्तव्य-भाव से ओत-प्रोत एक पाक-पवित्र, वफ़ादार बीवी की छवि है। औरत की पहचान को रचने की प्रक्रिया में गाँवों की महिलाओं के लिए द्रौपदी और राधा की पहले वाली परम्परा अब सन्दर्भ-बिन्दुओं के रूप में उपलब्ध नहीं है। लोक-कहावतों, कहानियों, गीतों और स्थानीय वाक्यांशों में द्रौपदी और राधा को आज़ाद तथा यौन दृष्टि से पाबंदी-मुक्त महिलाओं के तौर पर प्रशंसित करने वाली बहुत ही महत्त्वपूर्ण वैकल्पिक परम्परा कमोबेश भुला दी गई है। हालाँकि कोई वैकल्पिक छवि अभी स्थापित और स्वीकार नहीं की गई है, अलबत्ता इस बात का एहसास महत्त्वपूर्ण है कि राधा की छवि को सिंहासन से उतार दिया गया है; और द्रौपदी का तो अब ज़िक्र भी नहीं किया जा सकता। मानना होगा कि पवित्र औरत की इस मध्य-वर्गीय विचारधारा को स्वीकार करने का भाव गाँवों के अमीर वर्गों के कुछ हिस्सों तक या उस ग्रामीण-शहरी श्रेणी के लोगों तक ही सीमित है जिनमें भेद करना मुमकिन नहीं है (और पवित्र औरत की यह मध्य-वर्गीय विचारधारा उन में भी समान तौर पर स्वीकार्य नहीं है)। लेकिन यह विचारधारा एक किसान महिला

की गतिशीलता को घूँघट की हदों के भीतर भी नियंत्रित करने की कोशिश में रहती है। वह इस तलाश में भी रहती है कि विवाह के नियम और पारिवारिक जीवन उच्च-जातीय पितृसत्तात्मक मानदण्डों के अनुरूप हों।

ग्रामीण महिलाओं के कुछ तब्क़ों ने वैचारिक स्तर पर 'भारतीय नारी' के मॉडल को कुछ हद तक स्वीकार कर लिया है। यह ख़ासतौर पर कुछ विशेष धार्मिक व्रतों के पालन में देखने को मिलता है। ऐसा इस बात के बावजूद है कि इस इलाक़े में इन व्रतों के पालन की कोई परम्परा नहीं रही है (सिवा ब्राह्मणों और बनियों में)। करवा चौथ का व्रत ऐसा ही एक व्रत है (जो पति की लम्बी उम्र के लिए रखा जाता है)।[37] हालाँकि अभी यह शहरी केन्द्रों की बाहरी सीमा पर रह रही गाँवों की महिलाओं में या शहर-आधारित अमीर ग्रामीण परिवारों की महिलाओं में ही लोकप्रिय है, इस लोकप्रियता का दारोमदार सीधे तौर पर 'पंजाबण' और 'रिफ़्यूजण' औरतों के प्रभाव पर है। यह व्रत अब अलग-अलग जाति-समूहों और तब्क़ों की ग्रामीण महिलाओं द्वारा स्वीकार कर लिए जाने की ओर बढ़ रहा है – शायद और बेहतर अनुकरण किए जाने की ओर बढ़ रहा है – हालाँकि यह बहुत धीरे-धीरे हो रहा है। बहुत ही सूक्ष्म तरीक़े से – और प्रत्यक्ष हक़ीक़त के सीधे अन्तर्विरोध में – सुहागन होने यानी पति से पहले मर जाने की अवधारणा करेवा और पुनर्विवाह की धरती पर शायद धीरे-धीरे जड़ पकड़ रही है (मगर यह इस अवधारणा के व्यापक, मृत्यु के बाद के निहितार्थ में नहीं हो रहा, जिसके तहत मान्यता है कि अगले जन्म में भी यही जोड़ी बनी रहेगी)। यह अन्तर्विरोध हरियाणा में सुहागन की अवधारणा को अपना आदर्श मानने वाले और विधवा-पुनर्विवाह को रद्द करने वाले कुछ विशेष जाति-समूहों के मामले में दिखाई देने वाले विरोधाभास के समरूप है क्योंकि ये जाति-समूह अब करेवा और पुनर्विवाह दोनों को स्वीकार करने लगे हैं। ज़ाहिर ही है कि निहित विरोधाभासों के बावजूद सामाजिक मानदण्डों और विचारों की अदला-बदली ने अपनी स्वीकार्यता का सृजन किया है। दहेज के फैलते शिकंजे से, जो शायद पुनर्विवाह को भी अपने दायरे में ले ले, इस स्वीकृति को और अधिक मदद मिलेगी। पुनर्विवाह के लिए किसी साथी को चुनने में समझौता करने पर बाध्य औरत की स्थिति से भी यह मदद मिलेगी, एक मान्य करेवा विवाह की सूरत में चाहे ऐसा न भी हो।

अमीरों के कुछ विशेष वर्गों में विरोधाभासी मूल्यों और बरताव की इसी तरह की स्वीकार्यता गाँवों में – और शहरों के आस-पास – अन्य रीतिगत व्रतों के पालन में भी देखी जा सकती है। मिसाल के तौर पर सन्तोषी माता और भगवान शिव के व्रतों के सन्दर्भ में। सन्तोषी माता की कथा और व्रत की लोकप्रियता आमतौर पर 1970 के दशक में इसी माता पर बनी एक हिन्दी फ़िल्म की बड़ी सफलता के बाद से मानी जाती है। वीणा दास ने महिलाओं के बीच इसकी लोकप्रियता का विश्लेषण उस औरत के

लिए इस व्रत की प्रासंगिकता पर बल देने के उद्देश्य से किया, जो अपने रोज़ के जीवन में चुनौतियों के रूप में मौजूद 'अमूर्त दैत्यों' से जूझती है, जिनके सामने विद्यमान देवी-देवता भी बेबस होते हैं।[38] इन दैत्यों में उपेक्षा करने वाले पति से लेकर ईर्ष्यालु ननद, झगड़ालू सास और परिवार में काम का अन्यायपूर्ण बंटवारा शामिल हैं। ये द्वंद्व शहरी और ग्रामीण, दोनों तरह की महिलाओं के लिए मौजूद हैं और सब जातियों/वर्गों में पाए जाते हैं। इसीलिए फ़िल्म 'जय सन्तोषी माँ' की अपील सार्वभौमिक और व्यक्तिगत, दोनों कारणों से है, जबकि व्यक्तिगत कारण तो सभी महिलाओं के अनुभव का हिस्सा हैं।

इसके अलावा, गाँवों की औरतें पहले ही हितकारी और द्वेषपूर्ण छोटे देवी-देवताओं, ख़ासतौर से माताओं, को पूजने की आदी होती हैं और इसलिए उन्हें एक और माता को स्वीकारने में कोई मुश्किल या हिचकिचाहट नहीं होती।[39] कुछ अन्य कुँआरी लड़कियाँ भी एक अच्छा पति पाने के लिए शिव-व्रत रखती हैं।[40] लड़की की शादी तसल्लीबख़्श तरीक़े से करवाए जाने में आने वाली कठिनाइयों और दहेज की माँगों ने सोमवार के इस व्रत की प्रासंगिकता को विशेष बना दिया है, जिसके पीछे शिव जैसा अच्छा पति मिलने की अभिलाषा है। हालाँकि यह सीमित स्तर पर ही हो रहा है, पति के लिए रखे जा रहे ये व्रत एक ऐसी धरती पर देखने में आ रहे हैं जो सिर्फ़ बेटों के लिए व्रत रखे जाने के लिए जानी जाती थी। एक दिलचस्प उलट स्थिति यह है कि कुछ शहरी महिलाएँ कोमाई का व्रत रखती हैं, जो बेटों के लिए रखा जाता है। गाँवों की महिलाओं में जो शिक्षित हैं, उन्होंने ऐसी धार्मिक कथाएँ पढ़नी शुरू कर दी हैं जो महिलाओं की इसी तरह की पवित्र-पावन छवियों से भरी पड़ी हैं।

ज़्यादा ख़ुशहाल किसानों के कुछ तब्क़ों में अधिक रीतिगत धर्मपालन और शायद अधिक संस्कृतनिष्ठ नैतिकता की ओर ज़्यादा तीखा रूझान रखने के सीधे प्रयास भी हुए हैं। मगर ये सफल नहीं रहे हैं। मिसाल के तौर पर, कहा जाता है कि करीब दस साल पहले ज़िला भिवानी के गाँव झोझो कलाँ के जाटों के सांगवान गोत ने किसी स्थानीय देवता के एक मंदिर को सती-मंदिर के रूप में परिवर्तित कर दिया था।[41] गोद में पति का सिर लिए एक महिला की पत्थर की मूर्ति भी स्थापित कर दी गई थी। राजस्थान में सती-मंदिरों की परम्परा के ही मुताबिक़ वहाँ चुंदड़ियाँ भी जब-तब चढ़ाई जाती रही हैं। लेकिन उसी ज़िले के गाँव झोझो चमनी की मोहराँ देवी ज़ोर दे कर कहती हैं कि जो प्रार्थनाएँ की जाती हैं, वे बेहतर और अधिक उत्पादक मवेशियों, बढ़िया कृषि-उत्पादन या बीमारियों के इलाज और उन्हें दूर रखे जाने को लेकर होती हैं। एक बार फिर दोनों तरह की, दो अर्थ लिए बात देखने में आती है, जिसे लोकप्रिय स्तर पर कम से कम अब तक तो अधिक रचनात्मक तरीक़े से हल किया जाता रहा है और अन्धे अनुकरण या भिन्न मूल्य-व्यवस्थाओं की अनुगूंज के रूप में नहीं।

3. सांस्कृतिक प्रतीकों का झरोखा

कई कारकों ने मिल कर हरियाणा में एक ऐसी संस्कृति और समाज को जन्म दिया है जिसने ग्रामीण समाज में न केवल मौजूदा अन्तर्विरोधों को और तीखा किया है बल्कि नए अन्तर्विरोधों को भी जन्म दिया है। यह काफ़ी हद तक न केवल बहुत ही ज़्यादा बदलाव बल्कि तेज़ी से होने वाले परिवर्तन के दौर से गुज़र रहे समाज में उभरने वाली दो तरह की वृत्तियों की वजह से है जिस से एक ही स्थिति में दोहरे अर्थ पैदा होते हैं। राज्य में कई कारणों से एक कृत्रिम, नकली क़िस्म का बदलाव आया है, और यह महिलाओं के लिए कोई जगह बनाए बिना, उनके लिए अहमियत भरी कोई गुंजाइश छोड़े बिना, हुआ है। इन कारणों में ये सब शामिल हैं – राष्ट्रीय आन्दोलन से बाहर रहने की विरासत और राष्ट्रीय मामलों का बहुत ही कम अनुभव या उनसे कोई सीधा सरोकार न होने की सूरत; जातिवाद का होना और उसको प्रोत्साहन दिया जाना, जो अब भी मौजूद है; राज्य की अर्थव्यवस्था और समाज की ज़बरदस्त उपेक्षा, गुज़ारा लायक़ स्तर का जीवन-निर्वाह जिसे आज़ादी के बाद कृषक-अर्थव्यवस्था में पूंजी-आधारित बल प्रदान किया गया, जिसके चलते असमान विकास हुआ और कुछ छोटे हिस्सों में तथा लोगों के कुछ वर्गों के लिए, निर्देशित क़िस्म की ख़ुशहाली आई; उपनिवेशीय समयकाल के बाद बहुत तेज़ी से हुआ बदलाव जिसके साथ-साथ आधुनिकीकरण भी हुआ। यह शायद ध्यान देने की बात है कि हरियाणा में लोकतांत्रीकरण की कोई महत्त्वपूर्ण मुहिम भी नहीं चली है जिसका जेण्डर सम्बन्धों पर कोई सकारात्मक प्रभाव पड़ता।

इस तरह के ग्रामीण बदलाव के साथ ही स्वतन्त्र राज्य ने महिलाओं के लिए विरासत के हक़ों और अन्य अधिकारों को क़ानूनी स्वीकृति और समर्थन प्रदान किया है। मगर कुल मिला कर इनका प्रभाव यह पड़ा है कि महिलाओं पर कई तरह के सांस्कृतिक नियन्त्रणों का शिकंजा कसा गया है जिस की वजह से उदारीकरण का किसी भी तरह का इरादा सफल नहीं हो पाया है। इन नियंत्रणों के केन्द्र में घूँघट है जो ग्रामीण पितृसत्ता के सबसे ताक़तवर प्रतीक के तौर पर अब भी हरियाणा की महिलाओं को एक कफ़न की सूरत ढक कर रखता है।

इस प्रकार हालाँकि उपनिवेशीय समयकाल के बाद आधुनिक विकास और उससे होने वाले बदलावों ने हरियाणा के चेहरे को इस हद तक बदल दिया है कि अब वह पहचान में भी नहीं आता, ज़्यादा से ज़्यादा हुआ बस यह है कि इस चेहरे को एक पुरुष चेहरे के तौर पर ही पहचाना जा सकता है; ग्रामीण इलाक़ों में इसकी आधी आबादी का चेहरा अब भी कफ़न की सूरत एक घूँघट में ही घिरा हुआ है। इसलिए यह घूँघट औरत के अस्तित्व और मौजूदगी की एक बहुत ही अलग सचाई का प्रतीक है जो उस सचाई से बिल्कुल जुदा है जिसका दावा करते हुए भारत के दूसरे सबसे अमीर राज्य द्वारा स्वयं को प्रचारित-प्रसारित किया जाता है। प्रतीक के रूप में इस घूँघट का हटाया जाना शायद यहाँ की महिलाओं के लिए पहला सच्चा क्रान्तिकारी क़दम होगा।

सन्दर्भ

1. एक समग्र नज़रिए के लिए देखें, लॉरेंस डब्ल्यू. लेवाइन, *ब्लैक कल्चर एण्ड ब्लैक कॉन्शस्नेस,* लण्डन, ऑक्स्फ़र्ड युनिवर्सिटी प्रेस, 1977, पृ. 339-40।
2. वर्मा, *हरियाणवी लोकोक्तियाँः शास्त्रीय विश्लेषण,* डेल्हि, आदर्श साहित्य प्रकाशन, 1972, पृ. 114।
3. आमतौर पर उद्धृत की जाने वाली लोकोक्ति। राम नरेश त्रिपाठी के संग्रह *ग्राम साहित्य, खण्ड 3,* डेल्हि, आत्मा राम एण्ड सन्ज़, 1952, पृ. 247 में भी दर्ज। यह 1925-1950 के समयकाल में लेखक द्वारा उत्तर भारत के गाँवों से एकत्र की गई लोकोक्तियों का संग्रह है।
4. वही, पृ. 270।
5. एक चुटकुला बहुत ही शानदार तरीक़े से इस बात को प्रदर्शित करता है। 1984 के एशियाड के दौरान हरियाणा के एक किसान का दिल्ली जाना हुआ। वहाँ पर चल रहे भवन एवं सड़क निर्माण, बिजली-रौशनी और सौंदर्यीकरण को देखने पर उसकी टीप्पणी थी – 'ईब बेरा पाट्या सै के सारा पीस्सा कित जा सै! ('अब पता चला है कि सारा धन कहाँ जाता है!')।
6. ब्राही गाँव की इस घटना में गाँव के कुछ पुरुषों को स्थानीय पुलिस द्वारा उनकी पत्नियों के सामने नग्न कर दिया गया था। इसके विरोध में हरियाणा में बहादुरगढ़ के 360 गाँवों की सर्वखाप पंचायत द्वारा प्रोत्साहित बड़े पैमाने का आन्दोलन चला। विस्तृत जाकनारी के लिए देखें *द टाइम्ज़ ऑफ़ इण्डिया,* डेल्हि, 7 सितम्बर 1991, पृ. 4; 8 सितम्बर 1991, पृ. 10; *द इण्डियन एक्सप्रेस,* डेल्हि, 8 सितम्बर 1991, पृ. 3। पंचायत की भूमिका और उसकी सामूहिक आवाज़ के इस्तेमाल के बारे में इसी तरह की कई और मिसालें भी दी जा सकती हैं।
7. प्रेम चौधरी, 'द ज़मींदार आइडिऑलजी' ऑफ़ द यूनियनिस्ट पार्टीः आइडिऑलजी एण्ड प्रॉपगण्डा टैक्टिक्स ऑफ़ द यूनियनिस्ट्स इन साउथ-ईस्ट पंजाब', *पंजाब पास्ट एण्ड प्रेज़ेंट,* अक्तूबर 1982, XVI – II, पृ. 317-36।
8. उपनिवेशीय राजनैतिक व्यवस्था के विवरण के लिए देखें, प्रेम चौधरी, 'सोशल बेसिस ऑफ़ चौधरी सर छोटू राम्ज़ पॉलिटिक्स', *पंजाब पास्ट एण्ड प्रेज़ेंट,* एप्रल 1976, X – I, 19, पृ. 156-75।
9. शमशेर सिंह का वृत्तांत, जिन्होंने हरियाणा में देवी लाल के चुनाव अभियान का अवलोकन 10 से 18 मई 1991 तक किया था।
10. देखें हैना पपानेक, 'परदाः सेपरेट वर्ल्ड्ज़ एण्ड सिम्बॉलिक शेल्टर', पपानेक एण्ड मिनॉल्ट, *सेपरेट वर्ल्ड्ज़ : स्टडीज़ इन परदा इन साउथ एशिया,* डेल्हि, चाणक्य पब्लिकेशन्ज़,1982, पृ. 3-53।
11. *सेन्सस ऑफ़ इण्डिया, पंजाब,* 1951, वॉल्युम III, पार्ट I-A, पृ. LXVI।
12. यहाँ पर इसके बाद आने वाला विवरण उर्वशी बुटालिया के साथ हुई चर्चा पर आधारित है। वे सुदेश वैद के साथ मिल कर बंटवारे पर मौखिक इतिहास के प्रोजेक्ट पर काम कर रही हैं, जिसमें विस्थापन और पुनर्वास के ऐसे सामाजिक पहलू शामिल हैं जिन पर अब से पहले कोई काम नहीं हुआ है। महत्त्वपूर्ण है कि बंटवारे के सामाजिक प्रभावों पर विद्वानों द्वारा कोई शोध-कार्य नहीं किया गया है।
13. आमतौर पर प्रचलित लोकोक्ति; त्रिपाठी, *ग्राम साहित्य,* पृ. 174 में भी शामिल।
14. महत्त्वपूर्ण है कि दिल्ली में लड़कियों के साथ छेड़छाड़ और बलात्कार के कई मामलों में अकसर

हरियाणा के ग्रामीण इलाक़ों से आने वाले बस-चालक और कण्डक्टर शामिल रहे हैं। देखें, *द इण्डियन एक्सप्रेस*, न्यू डेल्हि, 30 मई 1991, पृ. 1।

15. रिचर्ड डी. लैम्बर्ट, 'द इम्पैक्ट ऑफ़ अर्बन सोसायटी अपॉन विलिज लाइफ़', रॉय टर्नर (सम्पादक), *इण्डियाज़ अर्बन फ़्यूचर*, डेल्हि, ऑक्सफ़र्ड युनिवर्सिटी प्रेस, 1962, पृ. 117-40।
16. लेफ़्टिनेंट जनरल बी.टी.पण्डित, एड्जुटेंट-जनरल, एड्जुटेंट जनरल्ज़ ब्रांच, आर्मी हेड्क्वाटर्ज़, न्यू डेल्हि द्वारा 1 अप्रैल 1991 को दी गई जानकारी।
17. देखें, डी.आर. चौधरी, 'अ जीप, अ गन एण्ड अ बॉटल ऑफ़ लिकर', *द इण्डियन एक्सप्रेस*, न्यू डेल्हि, मैग्ज़ीन सेक्शन, 30 मई 1982, पृ. 5।
18. इसी तरह, उप-प्रधानमंत्री के तौर पर देवी लाल द्वारा अपने औपचारिक निवास के रख-रखाव और साज़-सामान पर किया गया 44 लाख रुपये का ख़र्च भी महत्त्वपूर्ण है। जबकि साज़-सामान के लिए मंत्रियों को केवल 35,000 रुपयों की इजाज़त होती है, यह अत्यधिक ख़र्चा उन द्वारा सादा ग्रामीण जीवन की अच्छाइयों की तारीफ़ों के पुल बांधने के बरअक्स है लेकिन ख़ुशहाल, अमीर हरियाणवियों के ठाठदार और चौड़े में दिखाई देने वाली उपभोग-शैली के हालिया रूझान से ज़रूर मेल खाता है। देखें, सीमा गुहा, 'देवी सिंक्स लैक्स ऑन हाउस', *द टाइम्ज़ ऑफ़ इण्डिया*, न्यू डेल्हि, 27 अप्रैल 1991, पृ. 1।
19. गीतों और नृत्यों से भरपूर हरियाणा के त्यौहारों और अलग-अलग समारोहों के विवरण के लिए देखें, पी.सी.रॉय चौधरी, 'फ़ेस्टिवल्ज़ ऑफ़ हरियाणा', पृ. 11-12, 50; तथा सुधीर के.शर्मा, 'फ़ोक डान्सिज़ ऑफ़ हरियाणा', पृ. 13-14, 42, *सोशल वेल्फ़ेयर*, फ़रवरी 1981, 27, 11।
20. सुमन्ता बैनर्जी, 'मार्जिनलाइज़ेशन ऑफ़ विमेंज़ पॉपुलर कल्चर इन नाइन्टींथ सेंचरी बेंगाल', कुमकुम संगारी एण्ड सुदेश वैद (सम्पादक), *रीकास्टिंग विमेनः एस्सेज़ इन कलोनियल हिस्ट्री*, न्यू डेल्हि, काली फ़ॉर विमेन, 1989, पृ. 127-79।
21. केनेथ डब्ल्यू जोन्ज़, *आर्य धर्मः हिन्दू कॉन्शस्नेस इन नाइन्टीन्थ सेंचरी पंजाब*, डेल्हि, मनोहर पब्लिकेशन्ज़, 1976, पृ. 94-95. अन्य जिन प्रथाओं को समाप्त किए जाने की मंशा थी, उनमें ये भी शामिल थीं – अत्यधिक शोक करना, सार्वजनिक स्नान, शराब और मांस का सेवन।
22. *वर्नैकुलर ट्रैक्ट्स*, नम्बर 1111, *सनाध्य जातिए सभा का द्वितीय वार्षिक उत्सव*, आगरा, 1895, इण्डिया ऑफ़िस रेकॉड्ज़, लण्डन।
23. खेम लाल राठी, न्यू डेल्हि, 24 मई 1986।
24. सांगवान, *हरियाणवी लोकगीतों का सांस्कृतिक अध्ययन*, चण्डीगढ़, हरियाणा साहित्य अकादमी, 1989, पृ. 245। इसी तरह के अन्य अकसर 'अभद्र' कहलाए जाने वाले गीतों के लिए देखें, वही, पृ. 235-38। बीसवीं सदी के दूसरे और तीसरे दशक में खेती करने वाली जातियों की महिलाओं का निम्न जातियों के मर्दों के साथ सम्बन्ध में रहना कोई असामान्य बात नहीं थी। इस तरह के अवैध यौन सम्बन्धों को लेकर अदालती मुक़द्दमे भी हुए हैं (देखें अध्याय 1)।
25. देखें *इंडिया टुडे*, 31 मार्च 1991, पृ. 163, 165 में 'ल्यूड लिरिक्स' शीर्षक के तहत छपी रिपोर्ट।
26. देखें के.के. वर्मा, 'इलेक्ट्रॉनिक मीडिया, सेक्स एण्ड वायलेंस अगेन्स्ट विमेनः अ थर्ड वर्ल्ड पर्सपेक्टिव', निरोज सिन्हा (सम्पादक), *विमेन एण्ड वायलेंस*, डेल्हि, विकास पब्लिकेशन्ज़, 1989, पृ. 92-105।
27. *फ़ैमिली बजट्स ऑफ़ कल्टिवेटर्ज़ इन हरियाणा, 1973-74*, चण्डीगढ़, गवर्नमेंट ऑफ़ हरियाणा, इकनॉमिक एण्ड स्टेटिस्टिकल ऑर्गनाइज़ेशन, प्लैनिंग डिपार्टमेंट, 1976, देखें टेबल्ज़ 2.3 (b), पृ. 8।

28. वही। औसतन, यह प्रतिशत 1968-69 में कुल घरेलू खर्च का 2.60 से बढ़ कर 1973-74 में 5.92 हो गया था।
29. ये प्रथाएँ हरियाणा के गाँवों में आमतौर पर देखने को मिलती हैं और परम्परागत तौर पर बहुत लम्बे समय से इनका अनुकरण हो रहा है। *करनाल डिस्ट्रिक्ट गज़ेटियर,* वॉल्युम VI-A, 1908, लाहौर सुपरिन्टेन्डेन्ट, गवर्नमेन्ट प्रिन्टिंग, 1910 ने भी इन्हें दर्ज किया था – देखें पृ. 67, 70।
30. धीर सिंह,गाँव आसोधा टोडराण, 27 दिसम्बर 1988।
31. मिसाल के तौर पर देखें, *हरियाणा डिस्ट्रिक्ट गज़ेटियर, महेन्द्रगढ़ डिस्ट्रिक्ट, 1988,* चण्डीगढ़, 1988, पृ. 282।
32. देखें, *डायरिया इन रूरल इण्डियाः अ नेशनवाइड स्टडी ऑफ़ मदर्ज़ एण्ड प्रैक्टिशनर्ज़, नॉर्थ ज़ोन,* मिनिस्ट्री ऑफ़ हेल्थ एण्ड फ़ैमिली प्लैनिंग; न्यू डेल्हि, विज़न बुक्स, युनिसेफ़, 1990, देखें हरियाणा, पृ. 33-73। पंजाब में भी यही नज़रिया है। इसके लिए देखें, *पंजाब न्यूट्रिशनल डिवेल्पमंट प्रोजेक्ट,* न्यूट्रिशन इन पंजाब, चण्डीगढ़, 'केयर' (CARE) प्रोजेक्ट, गवर्नमेंट ऑफ़ पंजाब, 1974, पृ. 41।
33. महिलाओं और पुरुषों, दोनों द्वारा की गई आम टिप्पणी।
34. मिसाल के तौर पर, गर्भपात और स्वाभाविक रूप में हुई भ्रूण-हत्या आदि से बचाव के लिए कई तरह के टोटके उपलब्ध हैं। ये वही टोटके हैं जो उनीसवीं सदी के पंजाब और उत्तर प्रदेश में पाए जाते थे। देखें, *विलियम क्रुक पेपर्ज़,* एम एस 131।
35. एड्वर्ड ओ'हेनरी, 'द मदर गॉडेस कल्ट एण्ड इन्टरएक्शन बिट्वीन लिट्ल एण्ड ग्रेट रिलिजस ट्रडिशन', गिरि राज गुप्ता (सम्पादक), *रिलिजन इन मॉडर्न इण्डिया,* डेल्हि, विकास पब्लिशिंग हाउस, 1983, पृ. 174-197।
36. जीवन के अलग-अलग क्षेत्रों में वैचारिक और संरचनात्मक, दोनों आयामों में भारतीय राज्य की व्यापक स्तर पर एकरसता लाने की भूमिका के संक्षिप्त मगर दिलचस्प विवरण के लिए देखें, वेन विल्कॉक्स, 'पलिटिकल मॉडर्नाइज़ेशन इन साउथ एशिया', रॉबर्ट आइ. क्रेन (सम्पादक), *ट्रांज़िशन इन साउथ एशियाः प्रॉब्लम्ज़ ऑफ़ मॉडर्नाइज़ेशन,* ड्यूक युनिवर्सिटी, यू.एस.ए., 1970, पृ. 120-54। ग्रामीण भारत पर बल देने वाला एक और अध्ययन भी देखा जा सकता है – रिचर्ड डी. लैम्बर्ट, 'सोशल चेंज इन इण्डिया सिन्स इण्डिपेन्डेन्सः प्रॉब्लम्ज़ एण्ड प्रॉस्पेक्ट्स', गिरि राज गुप्ता (सम्पादक), *कन्टेम्परेरी इण्डियाः सम सोशॉलॉजिकल पर्सपेक्टिव्ज़,* डेल्हि, विकास पब्लिशिंग हाउस, 1976, पृ. 3-19।
37. मैरिअट द्वारा 'चौथे मटके' के त्यौहार के तौर पर रूपांतरित करवा चौथ के पालन और मनाए जाने के सन्दर्भ में देखें उन द्वारा लिखा गया 'लिटल कम्युनिटीज़ इन एन इंडिजनस सिविलिज़ेशन', उन्हीं द्वारा सम्पादित *विलिज इण्डियाः स्टडीज़ इन द लिटल कम्युनिटी,* शिकागो, द युनिवर्सिटी ऑफ़ शिकागो प्रेस, 1955, पृ. 171-222।
38. वीणा दास, 'द मिथलॉजिकल फ़िल्म एण्ड इट्स फ्रेमवर्क ऑफ़ मीनिंगः एन अनैलिसिस ऑफ़ जय सन्तोषी माँ', *इण्डिया इन्टरनैश्नल सेन्टर क्वार्टर्ली,* 1981, 18, 1, पृ. 43-56।
39. ओ'हेनरी, 'द मदर गॉडेस'।
40. अंगूरी देवी, रोहतक, 23 मई 1986।
41. मोहराँ देवी, गाँव झोझो चमनी, 7 जनवरी 1990।

सन्दर्भ-ग्रंथ सूची

I. Primary Sources: Published and Unpublished

Agricultural Statistics of British India, 1890-1947, India Office Records, London.

Alienation of Land Bill of 1900, Gazette of India, 1899, Part v, Govt. of India, 1899.

All India Register, Supreme Court, 1967, Nagpur, A.V. Chitaley, n.d.

All India Reporter, 1914-1947, Nagpur, V.V. Chitaley, n.d.

All India Reporter, 1961-2, Punjab; 1967-70, Punjab and Haryana, Nagpur, A. V. Chitaley, n.d.

All India Reporter, Privy Council, 1914-1947, Nagpur, V.V. Chitaley, n.d.

Annual Evaluation Reports on the Working of Community Projects and NES Block, 1960-61, New Delhi, Govt. of India, 1963.

Annual Report, 1989-90, New Delhi, Ministry of Health and Welfare, Govt. of India, 1990.

Area Potential-cum-Poverty Line Survey of Sohna Block in Gurgaon District, Chandigarh, Govt. of Haryana, 1981, (mimeograph).

Assessment Report of the Gohana Tehsil in the Rohtak District, Lahore, Superintendent, Govt. Printing, 1910.

Basic Statistics of Punjab, 1956, Chandigarh, Govt. of Punjab, 1958.

Beadon, H. C., *Customary Law of the Delhi District,* Vol. XXII, Lahore, Civil and Military Gazette, 1911.

Board of Economic Inquiry, *A Cattle Survey of Rohtak District in the Punjab,* Lahore, Civil and Military Gazette, 1935.

Board of Economic Inquiry, *Economic Aspects of Animal Husbandry in Hissar: A Famine Area of the Punjab,* Lahore, Civil and Military Gazette, 1945.

—, *Punjab Village Surveys: An Economic Inquiry of Gijhi, A village in Rohtak District of the Punjab,* Lahore, Civil and Military Gazette, 1932.

—, *Soldiers' Savings and How They Use Them,* Lahore, Civil and Military Gazette, 1940.

—, *Tanning Industry in the Punjab,* Lahore, Civil and Military Gazette, 1939.

—, *The Size and Distribution of Agricultural Holdings in the Punjab,* Lahore,

Civil and Military Gazette, 1925.

Brayne, F. L., Collection, F. 152, India Office Records, London.

Campbell, George, Memoirs of My Indian Career (ed.) by Charles E. Bernard, Vol. I, London, Macmillan and Co., 1893.

Census of India, Punjab and Delhi, 1901, Vol. XVIII, Part I, Report.

—, Punjab and Delhi, 1911, Vol. XVII, Part I, Report.

—, Punjab and Delhi, 1911, Vol. XV, Part I, Report.

—, Punjab, 1931, Vol. XVII, Part I, Report.

—, Punjab, 1931, Vol. XVII, Part II, Tables.

—, Punjab, 1961, Vol. XIII, Part III.

—, Haryana, 1971, Vol. XIII, Part III.

—, Haryana, 1971, Series 6, Part II C(1) and Part V-A.

—, Haryana, 1981, Series 6, Vol. I, Part III, A & B, General Economic Tables.

—, Haryana, 1981, Series 6, Part II, Special Report and Tables.

—, Haryana, 1981, Series 6, Part II-A and Part II-B, General Population Tables and Primary Census Abstract.

—, Haryana, 1981, Series 6, Part IV-A, Social and Cultural Tables.

—, India, 1991, India Series I, Paper I of 1991, Provisional Population Tables, New Delhi, Registrar-General and Census Commissioner, India, 1991.

Confidential Files from the Superintendent's Office, Rohtak district, Haryana.

Crook, William, Collection, MS, 132, Museum of Mankind, London.

Darling, *Malcolm Lyall, Papers*, South Asian Centre, Cambridge. U.K.

Douie, J.M., *Riwaj-i-Am of Tehsil Kaithal of Pargana Indri in the Karnal District*, Lahore, Civil and Military Gazette, 1892.

—, *The Punjab Law Administration Manual*, Second Edition, 1908, Reprint, Chandigarh, Govt. of Punjab, 1971.

Dunnett, J.M., *The Customary Law of the Ludhiana District*, Revised Edition, Vol. V, Lahore, Punjab Govt. Press, 1911.

Economic Impact of Drought in Haryana – A Survey, New Delhi, Govt. of India, Marketing and Economic Research Bureau, 1971; (mimeograph).

Economics of Farming: Haryana, 1968-69, Chandigarh, Govt. of India, Haryana, Economic and Statistical Organization, Planning Deptt., 1970.

Economic Survey of Haryana, 1987-88, Chandigarh, Govt. of Haryana, Economic and Statistical Organisation, Planning Deptt., 1990.

—, 1989-90, Chandigarh, Govt. of Haryana, Economic and Statistical Organisation, Planning Deptt., 1990.

Employment Trends and Manpower Situation in Haryana, Chandigarh, Govt. of Haryana, 1969.

Facts about Haryana, 1981, Chandigarh, Govt. of Haryana, Chandigarh,1982.

Family Budgets of Cultivators in Haryana, 1967-68, Chandigarh, Govt. of Haryana, Economic and Statistical Organisation, Planning Deptt., 1970.

—, 1968-69, Chandigarh, 1970.

—, 1969-70, Chandigarh, 1972.

—, 1970-71, Chandigarh, 1972.

—, 1971-72, Chandigarh, 1974.

—, 1972-73, Chandigarh, 1976.

—, 1973-74, Chandigarh, 1976.

—, 1975-76, Chandigarh, 1977.

—, 1977-78, Chandigarh, 1980.

—, 1978-79, Chandigarh, 1982.

—, 1979-80, Chandigarh, 1982.

—, 1983-84, Chandigarh, 1986.

—, 1984-85, Chandigarh, 1987.

Final Report of the Third Regular Settlement of the Gurgaon District, 1903-09, by B.T. Gibson, Lahore, Civil and Military Gazette, 1910.

Final Report of the Third Regular Settlement of Rohtak District, 1905-1910, Lahore, Civil and Military Gazette, 1910.

Five Year Plan in Post-War Development Scheme, Lahore, Superintendent, Govt. Printing, 1945.

Garbett, C.C., *Riwaj-i-Am of Panipat Tehsil and Karnal Pargana in the Karnal District*, Lahore, Civil and Military Gazette, 1910.

Gurgaon District Gazetteer, 1910, Lahore, Civil and Military Gazette, 1911.

Gurgaon District: General Code of Tribal Custom (handwritten) by J.Wilson, 1879, MSS. EUR. D. 188, India Office Records, London.

Haryana Development Committee, Interim Report, Chandigarh, Govt. of Haryana, 1965.

—, *Final Report*, Chandigarh, Govt. of Haryana, 1966.

Haryana District Gazetteer, *Ambala District, 1984*, Chandigarh, Govt. of Haryana, 1985.

—, Bhiwani District, 1982, Chandigarh, 1983.

—, Gurgaon District, 1983, Chandigarh, 1984.

—, Hissar District, 1987, Chandigarh, 1987.

—, Jind District, 1986, Chandigarh, 1987.

—, Karnal District, 1976, Chandigarh, 1976.

—, Mahendergarh District, 1988, Chandigarh, 1988.

—, Rohtak District, 1970, Chandigarh, 1970.

—, Sirsa District, 1988, Chandigarh, 1989.

Haryana Government Gazette, Extraordinary, Chandigarh, Govt. of Haryana, 21 Sept. 1979.

Haryana Vidhan Sabha Debates, 25 Sept. 1979, Chandigarh, Govt. of Haryana, 1980.

Haryana Vidhan Sabha, Who's Who, 1970, Chandigarh, Govt. of Haryana, 1979.

Health Information in India, 1989, New Delhi, Central Bureau of Health Intelligence, Directorate of General Health Services, Ministry of Health and Family Welfare, Govt. of India, 1989.

Hindu Law, Vol. II, Nagpur, All India Reporter, A.V. Chitaley, Third Edition, 1981.

Hissar District Gazetteer, 1907, Vol. II-A, Lahore, Superintendent, Govt. Printing, 1908.

—, 1904, Lahore, Superintendent, Govt. Printing, 1908.

Humphreys, R., *Customary Law of the Hoshiyarpur District*, Vol. XXVII, Lahore Superintendent, Govt. Printing, 1914.

Indian Cases, 1909-1947, Lahore, Law Publishing, n.d.

Indian Law Reports, Lahore Series, 1920-1947, Lahore, Superintendent, Govt. Printing, n.d.

Indian Labour Journal, Dec. 1987, Vol. 28, No. 12, New Delhi, Labour Bureau, Ministry of Labour, Govt. of India, n.d.

Integrated Rural Development, Hissar, Haryana, Vol. III, Directorate of Project-cum-Plan Formulation, Haryana, Agricultural University, Hissar, March 1978, (mimeograph).

Income Generation in Plan For Families Below Poverty Line in Selected Clusters of Villages, 1981-82, Ambala District, District Rural Development Agency, n.d., (mimeograph).

Joint Committee of the House to Examine the Question of the Working of the Dowry Prohibition Act 1961, New Delhi, Govt. of India, 1961.

Joseph, E., *Customary Law of the Rohtak District*, 1910, Lahore, Superintendent, Govt. Printing, 1911.

Karnal District Gazetteer, Vol. VI-A, 1908, Lahore, Superintendent, Govt. Printing, 1910.

Kendriya Sainik Board, Ministry of Defence and Finance, letter dated, New Delhi, 24 Nov. 1972.

Kensington, A., *Customary Law of the Ambala District*, Vol. X, Lahore, Civil and Military Gazette, 1893.

National Sample Survey, Thirtieth Round, July 1975–June 1976, No. 281/10: Report on Livestock Number and Products, State: Haryana, New Delhi, Deptt. of Statistics, Sept. 1978.

—, 281/21: All India, New Delhi, Sept. 1978.

—, Thirty-eighth Round, Jan-Dec. 1983, No. 336: Report on Source of Drinking Water and Energy Used for Cooking and Lighting, New

Delhi, August 1988.

Proceedings of the Punjab Government, 1906-1910, India Office Records, London.

Proceedings of the Revenue and Agricultural Department, Govt. of India, 1908-09.

Prosperity With Justice, Chandigarh, Govt. of Haryana, Directorate of Public Relations, 1981.

Punjab District Handbooks, Ambala District, 1961, Chandigarh, Govt. of Punjab, Controller, Printing and Stationery, 1961.

—, Gurgaon, 1961, Chandigarh, 1961.

—, Hissar, 1961, Chandigarh, 1961.

—, Karnal, 1961, Chandigarh, 1961.

—, Rohtak, 1961, Chandigarh, 1961.

Punjab Legislative Council Debates, 1929-33, Lahore, Superintendent Govt. Printing, 1934.

Punjab Nutrition Development Project, Nutrition in Punjab, Chandigarh, CARE Project, Govt. of Punjab, 1974.

Punjab Official Selection, POS, India Office Records, London.

Punjab Records, 1866-1914, Lahore, W.E. Ball, n.d.

Purser, W.E., and Fanshawe, H.C., *Report on the Revised Land Revenue Settlement: Rohtak District*, 1873-79, Lahore, W. Ball Printer, 1880.

Rattigan, W.M., *A Digest of the Civil Law for the Punjab Chiefly Based on the Customary Law as Present Ascertained*, revised by Harbans Lal Sarin and Kundan Lal Pandit, Second Edition, 1880, Reprint, Allahabad, University Book Agency, 1960.

Report on Intensive Type Studies on Rural Labour in India: Hissar, 1967-68, Simla, Labour Bureau, Ministry of Labour, Govt. of India, 1975.

Report on the Famine Relief Operations in the South-East Punjab, 1938-40, Lahore, Civil and Military Gazette, 1946.

Report on the Joint Committee of the Houses to Examine the Question of the Working of the Dowry Prohibition Act, 1961, New Delhi, Govt. of India, 1982.

Report on the National Commission on Agriculture, Part 15, New Delhi, Govt. of India, 1976.

Report on Unemployment in the Punjab, 16 April 1927, Lahore Govt. of Punjab, Civil and Military Gazette, 1928.

Revenue and Agricultural Department Proceedings, Jan. 1880, Govt. of India.

Rohtak District, Jullundur, Govt. of Punjab, Public Relations Department, 1952.

Rohtak District Gazetteer, 1910, III-A, Lahore, Civil and Military Gazette, 1911.

Rohtak District Gazetteer, 1883-84, Calcutta, Govt. of Punjab, n.d.

Rural Health Statistics in India for the quarter ending June 1989, New Delhi, Rural Health Division, Directorate of General Health Services, Ministry of Health and Family Planning, 1989.

Rural Labour Enquiry, 1974-75, Final Report on Wages and Earnings of Rural Labour Households, Chandigarh, Labour Bureau, Ministry of Labour, Govt. of India, 1979.

—, 1974-75, Final Report on Employment and Unemployment of Rural Labour Households, Part I, Chandigarh, 1981.

—, 1977-78, Report on Wages and Earnings of Rural Labour Households, Shimla, 1988.

—, 1977-78, Report on Consumption Expenditure of Rural Households, Shimla, 1989.

*Settlement Report of Ambala Distric*t, 1893, Lahore, Civil and Military Gazette, 1894.

Settlement Report of Hissar District, 1875, Lahore, Civil and Military Gazette, 1876.

Settlement Report of Karnal District, 1883, Lahore, Civil and Military Gazette, 1884.

Statistical Abstract of Haryana, 1966-67, Chandigarh, Govt. of Haryana, Economic and Statistical Organization, Planning Deptt., 1968.

—, 1968-69, Chandigarh, 1970.

—, 1970-71, Chandigarh, 1972.

—, 1977-78, Chandigarh, 1979.

—, 1981-82, Chandigarh, 1983.

—, 1984-85, Chandigarh, 1986.

—, 1985-86, Chandigarh, 1987.

—, 1988-89, Chandigarh, 1990.

Statistical Abstract of Punjab, 1957, Chandigarh, Economic and Statistical Adviser to the Govt. of Punjab, 1959.

Statistical Handbook of Haryana, 1988-89, Chandigarh, Economic and Statistical Organization, Planning Deptt., Govt. of Haryana, 1989.

Statistics of Economic Development, 1977-78, Chandigarh, Govt. of Haryana, 1979.

The Dowry Prohibition Act, 1960, Act No. 28 of 1961, Gazette of India, Extraordinary, 1961, Part II, Section 3 (ii).

The Dowry Prohibition (Amendment) Act, 1984, Gazette of India, Extraordinary, Part II, Section I, Second Edition, 1984.

The India Code, 1956, New Delhi, Ministry of Law, Govt. of India, n.d.

The Supreme Court Journal, 1960, Nagpur, A.I.R. Publications, 1960, n.d.

Temple, R. C., 'The Women of India', Paper read at the Parliamentary

Committee for Women's Suffrage, on March 8th, 1899, London, Women's Printing Society, 1899.

Towards Equality: The Report of the Committee on the Status of Women in India, December 1974, New Delhi, Govt. of India, Deptt. of Social Welfare, Ministry of Education and Social Welfare, 1975.

Townsend, C.A.H., *Customary Law of the Hissar District* (except the Sirsa Tehsil), Vol., XXV, Lahore, Punjab Govt. Press, 1913.

Tupper, C.L., *The Punjab Customary Law*, Vol. I and Vol. II, Calcutta, Superintendent, Govt. Printing, 1881.

Vernacular Tracts, VT, Nineteenth Century Popular Literature (Hindi), India Office Records, London.

Vital Statistics of India, 1981, New Delhi, Registrar-General, India, Ministry of Home Affairs, Govt. of India, 1982.

Walker, G. C., *Customary Law of the Main Tribes in the Lahore District*, Vol. XIII, Lahore, Civil and Military Gazette, 1894.

Walker, T. Gordon, *The Customary Law of the Ludhiana District*, Vol. I, Calcutta, Central Press Co., 1885.

War History of the Rohtak District, Lahore, Superintendent, Govt. Printing, 1920, Microfilm from Pakistan, Punjab Official Selection, India Office Records, London.

War Services of the Karnal District, Aug. 1914-18, March 1919, Lahore, Superintendent, Govt. Printing, 1920, Microfilm from Pakistan, Punjab Official Selection, India Office Records, London.

Wilson, J., *General Code of Tribal Custom in the Sirsa District of the Punjab*, 1882, Calcutta, Superintendent, Govt. Printing, 1883.

II. Secondary Sources: Books and Articles

Achanta, Lakshmi Devi, 'Role of Rural Women in Agricultural Development', *Kurukshetra*, 16 Oct. 1982, vol. xxxi, no. 2, pp. 15-20

Afshar, Haleh, 'The Position of Women in an Iranian Village' in her edited work, *Women, Work and Ideology in the Third World*, London, Tavistock Publications, 1985, pp. 66-82.

Agarwal, Bina, 'Rural Women, Poverty and Natural Resources: Sustenance, Sustainability and Struggle for Change', Economic and Political Weekly, 28 Oct. 1989, vol. xxiv, no. 43, pp. WS-46-WS-65.

—, 'Who Sows? Who Reaps? : Women and Land Rights in India', *Journal of Peasant Studies*, July 1988, vol. 15, no. 4, pp. 531-81.

—,'Under the Cooking Pot: The Political Economy of the Domestic Fuel Crisis in Rural South Asia', Institute of Economic Growth, Paper No. E/122/86, Delhi, 1986.

—,'Women and Technological Change in Agriculture: The Asian and

African Experience', in Iftikhar Ahmed (ed.), *Technology and Rural Women: Conceptual and Empirical Issues,* London, George Allen and Unwin, 1985, pp. 67-114.

Aggarwal, Pratap A., 'Kinship and Marriage Among the Meos of Rajsthan' in Imtiaz Ahmed (ed.), *Family, Kinship and Marriage Among Muslims in India,* New Delhi, Manohar Publications, 1976, pp. 265-96.

—, *Caste, Religion and Power: An Indian Case Study,* New Delhi, Sri Ram Centre of Industrial Relations, 1971.

—,'A Muslim Sub-Caste of North India: Problems of Cultural Integration', *Economic and Political Weekly,* 10 Sept. 1966, vol. I, no. 4, pp.159-61.

Aggarwal, Surinder K., *Geo Ecology of Malnutrition: A Case Study of the Haryana Children,* New Delhi, Inter-India Publications, 1986.

Ahmed, Imtiaz (ed.), *Family, Kinship and Marriage among Muslims in India,* New Delhi, Manohar Publications, 1976.

Alvi, Hamza A., 'Kinship in a West Punjab Village', *Contributions to Indian Sociology,* New Series, Dec. 1972, no. VI, pp.1-27.

Ali, Hashim Amir, *The Meos of Mewat,* New Delhi, Oxford and IBH Publishing Co., 1970.

Apte, Mahadev L., *Humour and Laughter: An Anthropological Approach,* London, Cornell University Press, 1985.

Banerji, Debabar, 'Rural Social Transformation and Changes in Health Behaviour', *Economic and Political Weekly,* 1 July 1989, vol. XXIV, no. 26, pp. 1474-80.

—, *Poverty, Class and Health Culture in India,* Vol. I, New Delhi, Practis Prakashan, 1982.

Banerjee, Sumanta, 'Marginalisation of Women's Popular Culture in Nineteenth Century Bengal', in Kumkum Sangari and Sudesh Vaid (ed.), *Recasting Women: Essays in Colonial History,* New Delhi, Kali for Women, 1989, pp. 127-79.

Bascom, William R., 'Four Functions of Folklore' in his collection of essays, *Contributions to Folkloristics,* Meerut, Archana Publication, 1981, pp. 40-64.

Batra, Surendra Mohan, 'The Place of Livestock in the Social and Economic System of a Village in Haryana', Ph.D. thesis, Deptt. of Sociology, Delhi University, 1981.

Beermati, *'Matdaan Vyavahar ke Nirdharak Tatva: Sonepat Sansidye Up-Chunav* (December 1983) *ka Adhyayan'* (Hindi), M. Phil dissertation, Deptt. of Political Science, Maharishi Dayanand University, Rohtak, Aug. 1984.

Beneria, Lourdes (ed.), *Women and Development,* New York, Praeger Publications, 1982.

Bennett, Lynn, *Dangerous Wives and Sacred Sisters: Social and Symbolic Roles of High Caste Women in Nepal,* New York, Columbia University Press, 1983.

Bhagat, R., and Mathur, P.N., *Mass Media and Farm Women*, New Delhi, Intellectual Publishing House, 1989.

Bhalla, G.S., *Changing Agrarian Structure in India: A Study of the Impact of Green Revolution in Haryana,* New Delhi, Meenakshi Prakashan, 1974.

Bhalla, G.S. and Tyagi, D.S., *Patterns in Indian Agricultural Development: A District Level Study,* New Delhi, Institute for Studies in Industrial Development, 1989.

Bhalla, Sheila, 'Technological Change and Women Workers: Evidence from the Expansionary Phase in Haryana Agriculture,' *Economic and Political Weekly,* 28 Oct. 1989, Vol. XXIV, no. 43, pp. WS67-WS89.

—, 'Trends in Employment in Indian Agriculture, Land and Asset Distribution', *Indian Journal of Agricultural Economics,* Oct.-Dec. 1987, vol. 42, no. 4, pp. 537-60.

—, 'Islands of Growth: A Note on Haryana Experience and Some Possible Implications', *Economic and Political Weekly,* 6 June 1981, vol. XVI no. 23, pp. 1022-30.

—, 'Agricultural Growth: Role of Institutional and Infrastructural Factors', *Economic and Political Weekly,* Nov. 1977. vol. XII, no. 45-46, pp. 1898-1905.

—, 'Changes in Acreage and Tenure Structure Landholdings in Haryana, 1962-72,' *Economic and Political Weekly,* 19 March 1977, Vol. XII, no. 12, pp. A2-A15.

—, 'New Relations of Production in Haryana Agriculture', *Economic and Political Weekly,* 27 March 1976, vol. XI, no. 13, pp. A23-A30.

Bhatnagar, Rajiv, 'Refugees and Socio-Economic Change: A Case Study of Karnal Town, 1947-75', paper presented at a Seminar on 'Socio-Economic Changes in Northern India', Kurukshetra University, on September 21-23, 1981.

Bhatt, Kokila P., 'Leading Role in Agriculture and Animal Husbandry', *Indian Farming,* Nov. 1975, 25(8), pp. 39-40.

Billing, Martin H., and Singh, Arjan, 'Mechanisation and the Wheat Revolution: Effects on Female Labour in Punjab', *Economic and Political Weekly,* 26 Dec. 1970, Vol. V, no. 52, pp. A169-A174.

Biseria, Sarojini, 'Women and Education', paper presented at the National Conference of Women's Studies, SNDT Women's University, Bombay, April 20-24, 1981.

Blyn, George, 'The Green Revolution Revisited', *Economic Development and Cultural Change,* July 1983, Vol. 31, No. 4, pp.702-25.

Boulton, Jeremy, 'London Widowhood Revisited: The Decline of Female Marriage in the Seventeenth and early Eighteenth Centuries', *Continuity and Change*, Dec. 1990, Vol. 5, Part 3, pp. 323-56.

Brandtzaeg, Brita, 'Women, Food and Technology: A Case of India', *Economic and Political Weekly*, 24 Nov. 1979, Vol. 14, no. 47, pp. 1921-24.

Brass, Tom, 'Class Struggle and the Deproletarianisation of Agricultural Labour in Haryana (India)', *Journal of Peasant Studies*, Oct. 1990, vol. 18, no. 1, pp. 36-67.

Brydon, Lynne, and Chant, Sylvia, *Women in Third World: Gender Issues in Rural and Urban Areas*, Hants, England, Edward Elgar Publishing Ltd., 1989.

Burke, Peter, *Popular Culture in Early Modern Europe*, London, Temple Smith, 1978.

Butalia, Urvashi, 'Haryana's Women: Problems with Property', *The Hindustan Times*, daily newspaper, New Delhi, 16 Dec. 1979, Sunday magazine.

Carrol, Lucy, 'Daughter's Right of Inheritance in India: A Perspective on the Problems of Dowry,' *Modern Asian Studies*, Oct. 1991, Vol. 25, Part 4, pp. 791-809.

—, 'Law, Custom and Statutory Social Reform: The Hindu Women's Remarriage Act of 1956', *Indian Economic and Social History Review*, Oct.-Dec. 1983, Vol. 20, no. 4, pp. 363-89.

—, 'Colonial Perception of Indian Society and the Emergence of Caste(s) Associations', *Journal of Asian Studies*, Feb. 1978, Vol. XXXVI, no. 2, pp. 233-50.

Chachhi, Amrita, 'The State, Religious Fundamentalism and Women: Trends in South Asia', *Economic and Political Weekly*, 18 March 1989, Vol. XXIV, no. 11, pp. 567-78.

Chadha, R., *The State and Rural Economic Transformation: The Case of Punjab, 1950-85*, New Delhi, Sage Publications, 1986.

Chakravarti, Shanti, 'Farm Women Labour: Waste and Exploitation', *Social Change*, March-June 1925, Vol. V, no. 1&2, pp. 9-16.

Chakravarti, Uma, 'Whatever Happened to the Vedic Dasi? : Orientalism, Nationalism and a Script for the Past', in Kumkum Sangari and Sudesh Vaid (eds.), *Recasting Women: Essays in Colonial History*, New Delhi, Kali for Women, 1989, pp. 27-87.

—, 'Pativarta', *Seminar*, Feb., 1986, no. 318, pp. 17-21.

Chand, Pandit Lakshmi, *Sangiyan ke Lachchhe: Haryana Ka Asli Sangeet* (Hindi), Delhi, Rajesh Printing Press, n.d.

Chand, R., Sidhu, D.S., and Kaul, J.L., 'Impact of Agricultural Modernization and Labour Use Pattern in Punjab with Special Reference to Women

Labour', *Indian Journal of Agricultural Economics*, Bombay July-Sept., 1985, Vol. XL, no. 3, pp, 252-59.

Chandhoke, S.K., *Nature and Structure of Rural Habitations*, New Delhi, Concept Publishing Company, 1990.

Chartier, Roger, 'Intellectual History or Sociocultural History? The French Trajectories', in his collection of essays, *Cultural History Between Practices and Representations*, Cambridge, Polity Press, 1988, pp. 19-52.

—, *Cultural History: Between Practices and Representations*, Cambridge, Polity Press, 1988.

Chen, M., Mitra, M., Aitreya, G., Dholakia, A., Low, P., Rao, A., *Indian Women: A Study of Their Role in the Dairy Movement*, New Delhi, Shakti Books, 1986.

Chaudhary, D.R., 'A Jeep, A Gun, and a Bottle of Liquor', *The Indian Express*, daily newspaper, New Delhi, 30 May 1982, Magazine Section, p. 5.

Choudhary, P.K., *Caste and Power Structure in Village India*, New Delhi, Inter-India Publications, 1987.

Chowdhry, Prem, 'Moulding Popular Perceptions: Image of the Congress in Post-Colonial Haryana', *Punjab Past and Present*, April 1990, Vol. XXIV — I, pp. 104-24.

—, 'The Advantages of Backwardness: Colonial Policy and Agriculture in Haryana', *Indian Economic and Social History Review*, Oct.-Dec. 1986, Vol. 23, no. 3, pp. 236-88.

—, 'Return of Bansilal: Water is Haryana's Real Problem', *Statesman*, daily newspaper, Calcutta, 12 July 1986, p. 8.

—, *Punjab Politics: The Role of Sir Chhotu Ram*, Delhi, Vikas Publishing, House, 1984.

—, 'Jat Domination in South-East Punjab: Socio-Economic Basis of Jat Politics in a Punjab District', *Indian Economic and Social History Review*, Oct.-Dec. 1983, Vol. 19, no. 3 & 4, pp. 325-46.

—, 'The 'Zamindar Ideology' of the Unionist Party: Ideology and Propaganda Tactics of the Unionists in South-East Punjab', *Punjab Past and Present*, Oct. 1982, Vol. XVI — II, pp. 317-36.

Chowdhry, Prem, 'Social Basis of Chaudhry Sir Chhotu Ram's Politics', *Punjab Past and Present*, April 1976, Vol. X, Part I, no. 19, pp. 156-76.

Clark, Alice, 'Limitations on Female Life Chances in Rural Central Gujarat', *Indian Economic and Social History Review*, March 1983, Vol. 20, no. 1, pp. 1-25.

Cohen, Stephen P., *The Indian Army*, Delhi, Oxford, University Press, 1990 (updated Reprint of 1971).

Cowell, S.B., (ed.) *The Jataka or Stories of the Buddha's Former Births*, Vol. I, London, Luzac and Company Ltd., 1957.

Crooke, William, *An Introduction to the Popular Religion and Folklore of Northern India*, Allahabad, Govt. Press, 1894.

Dak, T.M., (ed.), *Women and Work in Indian Society*, Delhi, Manohar Publications, 1988.

—, *Social Inequalities and Rural Development*, New Delhi, National Publications, 1982.

Dak, T.M., and Sharma, M.L., 'Social Framework of Female Labour Participation in Rural Sector', in T.M. Dak (ed.), *Women and Work in Indian Society*, Delhi, Manohar Publications, 1988, pp. 25-47.

Darling, Malcolm Lyall, *The Punjab Peasant in Prosperity and Debt*, First Edition 1925, Reprint, Delhi, South Asia Books, 1978.

Das, Veena, 'Our Work to Cry: Your Work to Listen', in her edited work, *Mirrors of Violence: Communities, Riots and Survivors in South Asia*, New Delhi, Oxford University Press, 1990, pp. 345-98.

—, 'Narrativizing the Male and the Female in Tulsidas's *Ramayana*', paper presented at a seminar on 'Female Body and Gender Identity', School of Social Sciences, Jawaharlal Nehru University, Jan. 1989.

—, 'The Mythological Film and its Frame-work of Meaning: An Analysis of Jai Santoshi Ma', *India International Centre Quarterly*, 1981, Vol. 18, no. 1, pp. 43-56.

—, 'Masks and Faces: An Essay in Punjabi Kinship', *Contribution to Indian Sociology*, New Series, 1976, Vol. 10, no. 1, pp. 1-30.

Das, Veena, 'Marriage Among the Hindus', in Devaki Jain (ed.), *Indian Women*, New Delhi, Ministry of Information and Broadcasting, Govt. of India, 1975, pp. 76-86.

Das Gupta, Biplab, 'Indian Green Revolution', *Economic and Political Weekly*, 1977, annual no. vol. XIII, nos. 6-7 & 8, pp. 241-60.

Das Gupta, Monica, 'Selective Discrimination Against Female Children in Rural Punjab, India', *Population and Development Review*, March 1987, Vol. 13, no. 1, pp.77-100.

Desai, Neera, 'Reinforcement of Subordination of Women: An Analysis of Media Portrayal of Women', Conference of Women's Studies, paper presented at a seminar at SNDT University for Women, Bombay, 22-24, April 1981.

Desai, Neera, and Patel, Vibhuti, *Indian Women, Change and Challenge in the International Decade, 1975-85*, Bombay, Popular Prakashan, 1985.

Desai, Sunderlal T., *Mulla Principles of Hindu Law*; Bombay, N.M. Tripathi Private Ltd., Thirteenth Edition, 1966.

Devdas, P.R., Muthu, S., Thangam, K., 'Role of Selected Farm Women in Agricultural Operations', *Indian Journal of Home Science*, April 1972, Vol. VI, no. 1, p. 50.

Devdas, Rajammal P., 'Role of Women in Modern Agriculture', *Indian Farming*, Nov. 1975, Vol. 25, no. 8, pp. 15-17.

Devon, Tonia K., 'Up From the Harem? The Effects of Class and Sex in Political Life in Northern India', in Beverley Linsey (ed.), *Comparative Perspectives of the Third World Women: The Impact of Race, Sex and Class*, New York, Praeger Publications, 1980, pp. 123-42.

Dhillon, Beant Kaur, 'Profile of Women Voters in Segment Mandi Dabwali, Sirsa: Parliamentary Constituency of Dec. 1984 Elections', M. Phil dissertation, Maharishi Dayanand University, Rohtak, 1986.

Diarrhoea in Rural India: A Nation-Wide Study of Mothers and Practitioners, North Zone, Ministry of Health and Family Planning, New Delhi, Vision Books, UNICEF, 1990.

Diwan, Paras, *Dowry and Protection to Married Women*, New Delhi, Deep and Deep Publications, 1987.

Diwan, Paras, *Customary Law of Punjab and Haryana*, Chandigarh, Publication Bureau, Punjab University, 1978.

Dixon, Ruth B., *Rural Women at Work: Strategies For Development in South Asia*, Baltimore and London, John Hopkins University Press, 1978.

Dogra, Bharat, 'Hidden Dowries Replace Open Ones', *The Times of India*, daily newspaper, New Delhi, 8 Dec. 1989, p. 7.

—, 'Thekas in Haryana: A Battle is over, the War remains', *The Times of India*, daily newspaper, New Delhi, 2 Oct. 1989, Section 2, p. 2.

—, 'Village Women vs. Liquor Contractors', *Economic and Political Weekly*, 30 Nov. 1985, Vol. XX, no. 48, p. 2112.

—, 'How They Revalued Dowries', *The Hindustan Times*, daily newspaper, New Delhi, 20 May 1984, p. 9.

Dorschner, Jon Peter, *Alcohol Consumption in a Village in North India*, Michigan, UMI Research Press, 1983.

Dube, Leela, 'On the Construction of Gender: Hindu Girls in Patrilineal India', *Economic and Political Weekly*, 30 April 1988, Vol. XXIII, no. 18, pp. WS11-WS19.

Dumont, Louis, 'Marriage in India in the Present State of the Question: North India in Relation to South India', *Contributions to Indian Sociology*, 1966, Vol. 9, pp. 90-114.

Dungen, P.H.M. van den, *The Punjab Tradition: Influence and Authority in Nineteenth Century India*, London, George Allen and Unwin, 1972.

Dutt, Arti, 'United Nations Conference on a Decade of Women', *Social Welfare*, 1980, Vol. 27, no. 7, p. 22.

Eglar, Zekiye, *A Punjabi Village in Pakistan*, Columbia, Columbia University Press, 1960.

Ellinwood Jr., DeWitt C., 'A Historical Study of the Punjabi Soldier in

World War I', in Harbans Singh and N. Gerald Barrier (ed.), *Essays in Honour of Dr. Ganda Singh*, Patiala, Punjabi University, 1976, pp. 337-62.

Epstein, Scarlett T., *Economic Development and Social Changes in South India*, New York, Humanities Press, 1962.

Fallon, S.W., *A Dictionary of Hindustani Proverbs*, Benaras, E. J. Lazarus and Co., 1886.

Forbes, Geraldine, 'In Pursuit of Justice: Women's Organisation and Legal Reforms', *Samya Shakti*, Centre for Women's Development Studies, New Delhi, 1984, Vol. I, no. 2, pp. 33-54.

Fox, Richard G., *Kin, Clan, Raja and Rule: State and Hinterland Relations in Pre-Industrial India*, Berkeley, University of California, 1971.

Frankel, R. Francine, India's Green Revolution: Economic Gains and Political Costs, Princeton, Princeton University Press, 1971.

Freed, Stanley A., and Freed, Ruth, *Shanti Nagar: The Effects of Urbanisation in a Village in North India*, New York, Anthropological Papers of the American Museum of Natural History, 1976.

Fruzzetti, Lina M., *The Gift of a Virgin: Women, Marriage and Ritual in a Bengali Society*, New Delhi, Oxford University Press, 1990.

Gandhi, Madan, 'Elections in Haryana: A Case Study of June 1977 Assembly Elections', ICSSR Project Report, February 1983.

Gangadhar, V., 'Media Musing', *Sunday*, weekly magazine, Calcutta, 13-17 April 1991, pp. 186-7.

Gangwar, A.C., and George, M.V., 'Rural Unemployment in Haryana', *Eastern Economist*, 27 July 1973, Vol. 61, no. 4, pp. 159-63.

George, Shanti, *Operation Flood: An Appraisal of Current India Dairy Policy*, Delhi, Oxford University Press, 1985.

Gilmartin, David, 'Kinship, Women and Politics in Twentieth Century Punjab', in Gail Minault (ed.) *The Extended Family: Women and Political Participation in India and Pakistan*, Delhi, Chanakya Publications, 1981, pp. 153-73.

Goody, J., (ed.), *Literacy in Traditional Societies*, Cambridge, Cambridge University Press, 1968.

Goody, J., and Tambiah, S., *Brideswealth and Dowry*, Cambridge, Cambridge University Press, 1973.

Grewal, S.S., and Rangi, P.S., 'Imbalances in Growth of Punjab Agriculture', in R.S. Johar and J.S. Khanna, *Studies in Punjab Economy*, Amritsar, Guru Nanak Dev University, 1983, pp. 47-64.

Grover, J., and Sharma, S., 'Technology to the Aid of Rural Women', *Kurukshetra*, 1981, Vol. 29, no. 17, p. 26.

Guha, Seema, 'Devi Sinks Lakhs on House', *The Times of India*, daily newspaper, New Delhi, 27 April 1991, p. 1.

Gulati, Leela, 'Impact of the Indo-Norwegian Project on Women: Preliminary Report', ICSSR Project Report, New Delhi, 1979.

—, 'Profile of a Female Agricultural Labour', *Economic and Political Weekly*, 25 March 1978, Vol. 13, pp. 27-35.

Gupta, D.P., *Agricultural Development in Haryana*, New Delhi, Agricole Publishing Academy, 1985.

Gupta, Giri Raj (ed.), *Religion in Modern India*, Delhi, Vikas Publishing House, 1983.

Hamilton, S.B., Popkin, B.H., Spicer, D., *Women and Nutrition in the Third World Countries*, New York, Praeger Publications, 1984.

Haryana- Ek Sanskritik Adhyayan (Hindi), Govt. of Haryana Language Department, Chandigarh, 1978.

Hariyanavi, Nadan, *Haryana Lokgeet Sangrah* (Hindi), Delhi Dehati Pustak Bhandar, 1962.

Hershman, Paul, *Punjabi Kinship and Marriage*, Delhi, Hindustan Publishing Corporation, 1981.

Hiranand, K. Kumar, 'Role of Farm Women in Dry Farming Tract in Decision Making', *Indian Cooperative Review*, January 1980, Vol. XVII, pp. 105-6.

Hirschon, Renèe, *Women in Property – Women as Property*, London, Croom Helm, 1989.

Huston, Perdita, *Third World Women Speak Out*, New York, Praeger Publications, 1979.

Ibbetson, Denzil, *Punjab Castes*, Lahore, Superintendent, Govt. Printing, 1916.

Jacobson, D., 'Women and Jewellery in Rural India', in Giri Raj Gupta (ed.), *Family and Social Change in Modern India*, New Delhi, Vikas Publishing House, 1976, pp. 136-83.

Jain, Anrudh K., Visaria, Pravin (eds.), *Infant Mortality in India: Differentials and Determinants*, New Delhi, Sage Publications, 1988.

Jain, J.P., 'Dowry as Property', *Economic and Political Weekly*, 19 Aug. 1989, Vol. XXIV, no. 33, p. 1862.

—, 'Dowry Debate in Responding to a Misrepresentation', *Economic and Political Weekly*, 18 February 1989, Vol. XXIV, no. 7, p. 362.

Janvry, Alain de, 'The Political Economy of Rural Development in Latin America: An Interpretation', *American Journal of Agricultural Economics*, August 1975, pp. 490-9.

Jeffery, Patricia, 'Indian Women in Pardah', *Current Anthropology*, April 1982, Vol. 23, no. 2, pp. 195-6.

Jeffery, Roger, Jeffery, Patricia, Lyn, Andrew, 'Taking Dung-Work Seriously:

Women's Work and Rural Development in Northern India', *Economic and Political Weekly*, 29 April 1989, Vol. XXIV, no. 17, pp. WS32-WS37.

—, *Labour Pains and Labour Power: Women and Childbearing in India*, Delhi, Manohar Publications, 1989.

Jetley, Surinder, 'Impact of Male Migration on Rural Females', *Economic and Political Weekly*, October 1987, Vol. XXII, no. 44, pp. WS47-WS53.

Jindal, B.L., *Schooling and Modernity*, New Delhi, Inter-India Publications, 1984.

Johar, R. S., and Khanna, J.S., *Studies in Punjab Economy*, Amritsar, Guru Nanak Dev University, 1983.

Jones, Kenneth W., *Arya Dharma: Hindu Consciousness in Nineteenth Century Punjab*, Delhi, Manohar Publications, 1976.

Jose, A.V., *Limited Options: Women Workers in Rural India*, New Delhi, ILO, ARTEP, 1989.

—, 'Agricultural Wages in India', *Economic and Political Weekly*, 25 June 1988, Vol. XXIII, no. 26, pp. A46-A58.

Joshi, C.K., and Alshi, H.R., 'Impact of High-Yielding Varieties and Employment Potential of Female Labour – A Study of Akola District (Maharashtra)', *Indian Journal of Agricultural Economics*, July-Sept., 1985, Vol. XL. no. 3, pp. 230-4.

Joshi, P.C., *Land Reforms in India: Trends and Perspectives*, New Delhi, Allied Publishers, 1975.

Kakkar, D.N., and Chopra, S., 'The Gultural Context of Etiology of Illness and Medical Care', in M.L. Sharma and T.M. Dak (eds.), *Caste and Class in Agrarian Society: Dynamics of Rural Development*, Delhi, Ajanta Publication, 1985.

Kalia, Sudhir, 'Haryana Women for Rajiv', *The Times of India*, daily newspaper, New Delhi, 30 Apr. 1991, p. 7.

Kane, P.V. *History of Dharmassạstra*, Vol. II, Part I, Poona, Bhandarkar Research Institute, 1941.

Kaplan, Steven L., (ed.), *Understanding Popular Culture: Europe from the Middle Ages to the Nineteenth Century*, New York, Moulton Publishers, 1984.

Karlekar, Malavika, *Voices from Within: Early Personal Narratives of Bengali Women*, Delhi, Oxford University Press, 1991.

Karve, *Kinship Organisation in India*, Bombay, Asia Publishing House, 1965.

Kasturi, Leela, 'Poverty, Migration and Women's Status', ICSSR Project Report, 1981.

Kaur, Devinder Bir, 'Goodbye Little Girls', *Tribune*, daily newspaper, Chandigarh, 22 October 1989, Sunday Magazine, p. 3.

Kaur, Malkit, 'Emerging Status Role of Rural Women in the Context of

Changing Technology in Haryana', Ph.D. thesis, College of Basic Science and Humanities, Haryana Agricultural University, Hissar, 1982.

Kelkar, Govind, 'The Impact of the Green Revolution on Women's Work Participation and Sex Roles', paper presented at the Tripartite Asian Regional Seminar, Rural Development and Women, Mahabaleshwar, India, 6-11 April 1981.

Khare, R.S., 'From Kanya to Mata: Aspects of the Cultural Language of Kinship in Northern India', in Akos Ostor, Lina Fruzzetti and Steve Barnett (eds.), *Concepts of Person: Kinship, Caste and Marriage in India*, London, Harvard University Press, 1982, pp. 143-71.

Khan, Mumtaz Ali and Noor, Ayesha, *Status of Rural Women in India: A Study of Karnataka*, New Delhi, Uppal Publishing House, 1982.

Khullar, Pranav, 'Dhabhas of Ambala', *The Hindustan Times*, daily newspaper, New Delhi, 13 Feb. 1991, p. 13.

Kishwar, Madhu, 'The Daughters of Aryavarta', in J. Krishnamurty (ed.), *Women in Colonial India: Essays on Survival, Work and the State*, Delhi, Oxford University Press, 1989, pp. 78-113.

—, 'Continuing the Dowry Debate', *Economic and Political Weekly*, 9 December 1989, Vol. XXIV, no. 49, pp. 2738-9.

—, 'Dowry and Inheritance Rights', *Economic and Political Weekly*, 18 March 1989, Vol. XXIV, no. II, pp. 586-7.

Kishwar, Madhu, 'Nature of Women's Mobilisation in Rural India: An Exploratory Essay', *Economic and Political Weekly*, 24-31, Dec. 1988, Vol. XXIII, no. 52-53, pp. 2754-63.

—, 'Rethinking Dowry Boycott', *Manushi*, monthly magazine, Sept. 1988, pp. 10-13.

—, 'Arya Samaj and Women's Education: Kanya Mahavidyalaya, Jalandhar', *Economic and Political Weekly*, 26 April 1986, Vol. XXI, no. 17, pp. S9-WS24.

Kishwar, Madhu and Vanita, Ruth (eds.), *In Search of Answers*, London, Zed Books Ltd., 1984.

Knych, Jocelyn, and Sen, Amartya, 'Indian Women: Well-being and Survival', ICSSR Project Report, New Delhi, n.d.

Kolenda, Pauline, 'Untouchable Chuhras Through Their Humor: 'Equalizing' Marital Kin Through Teasing, Pretence and Farce', in Owen M. Lynch (ed.), *Divine Passions: The Social Construction of Emotion in India*, Delhi, Oxford University Press, 1990, pp. 116-53.

—, 'Widowhood among "Untouchable Chuhras" ', in Akos Ostor, Lina Fruzzetti and Steve Barnett (eds.), *Concepts of Person: Kinship, Caste and Marriage in India*, London, Harvard University Press, 1982, pp.

172-220.

—, 'Sibling-Set Marriage, Collateral-Set Marriage and Deflected Alliance Among Annana Jats of Jaipur District, Rajasthan', in Sylvia Vatuk (ed.), *American Studies in the Anthropology of India,* New Delhi, Manohar Publications, 1978, pp. 242-77.

Krishnamurthy, J. (ed.), *Women in Colonial India: Essays on Survival, Work and the State,* Delhi, Oxford University Press, 1989.

—, The Investigation, the Respondent and the Survey: The Problem of Getting Good Data on Women', in Dewaki Jain and Nirmala Bannerjee (ed.), *Tyranny of the House-hold*, New Delhi, Shakti Books, 1985.

Krishnamurthy, Sunanda, 'Wages Differentials in Agriculture by Caste, Sex and Operation', *Economic and Political Weekly*, 10 Dec. 1988, Vol. XXIII, no. 50, pp. 2651-7.

Kumar Dharma, 'Amniocentesis', *The Times of India,* daily newspaper, New Delhi, 9 Dec. 1988, p. 8 and 19 Feb. 1989, p. 8.

Kumari, Ranjana, *Brides are not for Burning: Dowry Victims in India*, New Delhi, Radiant Publishers, 1989.

Kusum, 'Are Indian Women Becoming an Endangered Species', *The Times of India,* daily newspaper, New Delhi, 27 Dec. 1988, Agenda, p. 3.

Ladejinsky, W., 'Land Ceiling and Land Reforms', *Economic and Political Weekly*, 5-7 Feb. 1972, Vol. VIII, annual no. pp. 401-8.

Lakshmi, C.H., 'On Kidney and Dowry', *Economic and Political Weekly*, 28 Jan. 1989, Vol. XXIV, no. 4, pp. 189-90.

Lalwani, Mahesh, 'Effects of Technological Change in Dairy Farming: A Case Study of Haryana', Ph.D. thesis, Deptt. of Economics, Delhi School of Economics, University of Delhi, 1987.

Lambert, Richard D., 'Social Change in India Since Independence: Problems and Prospects', in Giri Raj Gupta (ed.), *Contemporary India: Some Sociological Perspectives,* Delhi, Vikas Publishing House, 1976, pp. 13-19.

—, 'The Impact of Urban Society Upon Village Life', in Roy Turner (ed.), *India's Urban Future,* Delhi, Oxford University Press, 1962, pp. 117-40.

Leigh, M.S., *The Punjab and the War,* Lahore, Superintendent, Govt. Printing, 1922.

Lerner, Gerda, *The Creation of Patriarchy,* New York, Oxford University Press, 1986.

Levine, Lawrence W., Black Culture and Black Consciousness, London, Oxford University Press, 1977.

Levinson, F.J., *An Economic Analysis of Malnutrition Among Young Children in Rural India*, Cambridge, Cornell University Press, 1972.

Lewis, Oscar, *Village Life in Northern India: Studies in a 'Delhi Village'*, New

York, Alfred A. Knoff, Inc. and Random House, Inc., 1958.

Lindsay, Beverley (ed.), *Comparative Perspective of the Third World Women: The Impact of Race, Sex and Class*, New York, Praeger Publications, 1980.

Luschinsky, Milred Stroop, 'The Impact of Some Recent Indian Government Legislation on the Women of an Indian Village', *Asian Survey*, 1963, Vol. 3, pp. 573-83.

Lynch, Owen M. (ed.), *Divine Passions: The Social Construction of Emotion in India*, New Delhi, Oxford University Press, 1990.

Maconachie, R. (ed.), *Selected Agricultural Proverbs of the Punjab*, Delhi, Imperial Medical Hall Press, 1870.

Madan, T.N., *Family and Kinship: A Study of the Pandits of Rural Kashmir*, Delhi, Oxford University Press, 1989.

Mahajan, Gautam, 'Geographical Problems in Haryana', *Journal of Haryana Studies*, Kurukshetra, 1973, Vol. 1-2, pp. 56-63.

Malhotra, P.K., and Sharma, S.K., 'Female Labour Participation in Rice Farming System of Chhatisgarh Region', *Indian Journal of Agricultural Economics*, July-Sept. 1985, Vol. XL, no. 3, pp. 235-9.

Malik, Bhim Singh, *Haryana Lok Sahitya: Sanskriti Sandarbh* (Hindi), Pilani, Rajasthan, Chitra Prakashan, 1981.

Mandelbaum, David G., *Women's Seclusion and Men's Honor: Sex Roles in North India, Bangladesh and Pakistan*, Tucson, USA, University of Arizona Press, 1988.

Mann, R.S., and Mann, K., 'Status Versus Work and Role of Jat Women', in T.M. Dak (ed.), *Women and Work in Indian Society*, Delhi, Manohar Publications, 1988, pp. 155-90.

Marriott, McKim (ed.), *India Through Hindu Categories*, New Delhi, Sage Publications, 1990.

—, 'The Feast of Love', André Béteille and T.N. Madan (eds.), *Encounters and Experience: Personal Accounts of Field Work*, Delhi, Vikas Publishing House, 1975, pp. 83-98.

—, 'Little Communities in an Indigenous Civilization', in his edited work, *Village India: Studies in the Little Community*, Chicago, University of Chicago Press, 1955, pp. 171-222.

Mason, Philip, *A Matter of Honour: An Account of the Indian Army, Its Officers and Men*, London, Jonathan Cape, 1974.

Mehra, Sarita, 'Social Mobility in Rural Haryana', Ph.D. thesis, Rural Sociology, Haryana Agricultural University, Hissar, 1982.

Menezes, Joaquim P., 'A Foetal Mistake', *The Times of India*, daily newspaper, New Delhi, 3 Jan. 1991, Sunday Review, p. 3.

Mies, Maria, *Indian Women in Subsistence and Agricultural Labour*, Geneva,

International Labour Office, 1986.

Miller, Barbara D., 'Son Preference: The Household and the Public Health Programme in India', in Maithreye Krishna Raj and Karuna Chanana (eds.), *Gender and the Household Domain: Social and Cultural Dimension*, New Delhi, Sage Publications, 1989, pp. 191-208.

Misra, S.N. and Rishi, R.K., *Livestock Development in India: An Appraisal*, New Delhi, Vikas Publishing House, 1989.

Mitra, Chandan, 'Rise of the Small Town', *Sunday Observer*, weekly newspaper, New Delhi, 27 Jan-2 Feb 1991, p. 5.

Mohanty, Bidyut, 'Case Study of the Indian Famines of 1896-97 and 1899-1900, in S.N. Singh, M.K. Premi, et. al (eds.) *Population Transition in India*, Vol. II, Delhi, B.R. Publishing Corporation, 1989, pp. 371-8.

Momsen, Janet H. and Townsend, Janet (eds.), *Geography of Gender in the Third World*, London, State University of New York Press, Hutchinson, 1987.

Mukhopadhaya, S., 'Inter-Rural Labour Circulation in India: An Analysis', Asian Employment Programme Working Paper, New Delhi, ILO, ARTEP, 1987.

Mukul, 'Sharab Virodhi Andolan', *Navbharat Times*, daily newspaper, Hindi, New Delhi, 18 May 1987, p. 3; 19 May 1987, p. 3; 20 May 1987, p. 3.

Nair, Kusum, *Blossoms in the Dust*, New York, Praeger Publications, 1962.

Nayyar, Rohini, 'Rural Labour Markets and Employment of Women in Punjab and Haryana', in A.V. Jose (ed.), *Limited Options: Women Workers in Rural India*, New Delhi, ILO, ARTEP, 1989, pp. 234-55.

—, 'Female Participation Rate in Rural India', *Economic and Political Weekly*, 19 Dec. 1987, Vol. XXII, no. 51, pp. 2207-16.

Oberoi, A.S. and Singh, M., 'Migration Flows in Punjab's Green Revolution Belt', *Economic and Political Weekly*, 29 March 1980. Vol. XV, no. 13, pp. A2-A12.

O'Henry, Edward, 'The Mother Goddes Cult and Interaction Between Little and Great Religious Tradition', in Giri Raj Gupta (ed.), *Religion in Modern India*, Delhi, Vikas Publishing House, 1983, pp. 174-97.

Padmasini, T., Suri, A., 'Farm Women and Home Management', *Indian Farming*, Nov. 1975, Vol. 25, no. 8, pp. 55-6.

Palriwala Rajni, 'Reaffirming the Anti-Dowry Struggle', *Economic and Political Weekly*, 29 April 1989, Vol. XXIV, no. 17, pp. 942-4.

Papanak, Hanna, 'To Each Less than She Needs, From Each More Than She Can Do: Allocation, Entitlement and Value', in Irene Tinker (ed.), *Persistent Inequalities: Women and World Development*, New York, Oxford University Press, 1990, pp. 162-81.

—, 'Purdah: Separate Worlds and Symbolic Shelter', in Hanna Papanak and Gail Minault (eds.), *Separate Worlds: Studies in Purdah in South Asia*, Delhi, Chanakya Publications, 1982, pp. 3-53.

Papanak, Hanna and Minault, Gail (eds.), *Separate World: Studies in Purdah in South Asia*, Delhi, Chanakya Publications, 1982.

Parry, Jonathan P., *Caste and Kinship in Kangra*, New Deli, Vikas Publishing House, 1979.

Patel, Tulsi, 'Women's Work and Their Status: Dialectics of Subordination and Assertion', *Social Action*, April-June 1987, Vol. 37, pp. 126-49.

—, 'Ecology, Women and Fertility in a Rajasthan Village', paper presented at a seminar in Miranda House, Delhi University, Feb. 1986.

—, 'Domestic Group, Status of Women and Fertility', *Social Action*, Oct.-Dec. 1982, Vol. 32, pp. 363-79.

Patnaik, Utsa, *Peasant Class Differentiation: A Study in Method with Reference to Haryana*, Delhi, Oxford University Press, 1987.

Paul, Satya, 'Green Revolution and Income Distribution Among Farm Families in Haryana; 1969-70, to 1982-3, *Economic and Political Weekly*, 20-23 Dec. 1989, Vol. XXIV, no. 51-52, pp. A154-A158.

Pease, H.T., *Breeds of Indian Cattle*, Punjab, Calcutta, Superintendent, Govt. Printing, 1903.

Pettigrew, Joyce, *Robber Noblemen: A Study of the Political System of the Sikh Jats*, London, Routledge and Kegan Paul, 1975.

Pfleiderer, Beatrix and Lutze, Lothar, *The Hindi Film: Agent and Re-Agent of Cultural Change*, Delhi, Manohar Publications, 1985.

Poitevin, Guy, 'Primary Health Care as a Gender Issue', *Economic and Political Weekly*, 29 Oct. 1988, Vol.XXIII, no. 44, pp. 65-72.

Pomeroy, Sarah B., *Goddesses, Whores, Wives and Slaves: Women in Classical Antiquity*, New York, Schocken Books, 1975.

Popular Culture: The State and Popular Culture, Vol. I, Part I, New Yorkshire, Open University Press, 1982.

Popular Culture: Themes and Issues, Vol. 1, Part 1, New Yorkshire, Open University Press, 1981.

Pradhan, M. C., *The Political System of the Jats of Northern India*, London, Oxford University Press, 1966.

Prahladachar, M., 'Income Distribution and Effects of the Green Revolution in India: A Review of Empirical Evidence', *World Development*, Nov. 1983, Vol. II, pp. 927-44.

Prakash, Gyan, 'Reproducing Inequalities: Spirit Cults and Labour Relations in Colonial Eastern India', *Modern Asian Studies*, 1986, Vol. 20, no. 2, pp. 209-30.

Propp, Vladimir, *Theory and History of Folklore*, Manchester, Manchester

University Press, 1984.

Raha, Manis Kumar, *Polyandry in India,* Delhi, Gian-Publishing House, 1987.

Raheja, Gloria Goodwin, 'Centrality, Mutuality and Hierarchy: Shifting Aspects of Inter-Caste Relationships in North India', in McKim Marriott (ed.), *India Through Hindu Categories,* New Delhi, Sage Publications, 1990, pp. 79-101.

Rajaraman, Indira, 'Economics of Bride-Price and Dowry', Economic and Political Weekly, 19 Feb. 1983, Vol. XVIII, no. 8, pp. 275-9.

Randhawa, M.S., *The Green Revolution: A Case Study of Punjab,* Delhi, Vikas Publishing House, 1974.

Rangaswamy, P., 'Economics of Dry Farming in Drought-Prone Areas: A Case Study of Hissar in Haryana', Agricultural Economic Research Centre, University of Delhi, Research Study no. 81/1, 1981.

Rao, M.S.A., 'Occupational Diversification and Joint Household Organisation', *Contributions to Indian Sociology,* New Series, Dec. 1968, no. 11, pp. 98-111.

Rao, P.V.G.K. and Sharma, R.K., 'Problems of Marginal Farmers and Landless Agricultural Labourers: A Study of Hissar District in Haryana State, 1970-71', Agricultural Economic Research Centre, University of Delhi, Unpublished Report, 1971.

Ray, A.K., Rangarao, I.V. and Attari, B.R., 'Impact of Technological Changes of Economic Status of Female Labour', *Indian Journal of Agricultural Economics,* July-Sept. 1985, Vol. XI, no. 3, pp. 244-52.

Rosaldo, M.Z., and Lamphere, L., *Women, Culture and Society,* California, Stanford University Press, 1974.

Roy, Shibani, 'Concept of *Zar, Zan and Zamin*: A Cultural Analysis of Indian Islamic Tradition of Inheritance and Kinship', *Man in India,* Dec. 1984, Vol. 64, no. 4, pp. 383-96.

Roy, Sripati, *Customs and Customary Law in British India,* first published in Calcutta, 1910, Reprint, Delhi, Mittal Publications, 1986.

Roy, Chaudhury, Indu, *Folk Tales of Haryana,* New Delhi, Sterling Publishers, 1974.

Roy Chaudhury, P.C., 'Festivals of Haryana', *Social Welfare,* Feb. 1981, Vol. 27, no. 11, pp. 11-12, 50.

'Rum, Gin through Thekas in Haryana', a report from the Tribune Bureau in *Tribune,* daily newspaper, Chandigarh, 13 Feb. 1990, p. 3.

'Rural Market on the Rise', a report by Correspondent in *The Hindustan Times,* daily newspaper, New Delhi, 18 Feb. 1991, p. 16.

Rushbrook, William, *India in 1929-30,* Calcutta, Superintendent, Govt. Printing, 1931.

—, *India in 1921-22*, Calcutta, Superintendent, Govt. Printing, 1922.

Saha, Nirmal Kanti, 'Agriculture in the Value Scale of Rural Youths', *Man in India*, Dec. 1972, Vol. 52, no. 4, pp. 335-9.

Safa, Helen I. (ed.), *Towards a Political Economy of Urbanisation in Third World Countries*, Delhi, Oxford University Press, 1982.

Sangwan, Gunpal, *Haryana Lok Geeton ka Sanskritik Adhyayan* (Hindi), Chandigarh, Haryana Sahitya Academy, 1989.

Saxena, D.P., *Rural-Urban Migration in India: Causes and Consequences*, Bombay, Popular Prakashan, 1977.

Scott, James C., *Weapons of the Weak: Everyday Form of Peasant Resistance*, Delhi, Oxford University Press, 1990.

Sen, Amartya, 'Gender and Cooperative Conflicts', in Irene Tinker (ed.), *Persistent Inequalities: Women and World Development*, New York, Oxford University Press, 1990, pp. 123-49.

—, *'Poverty and Famines: An Essay on Entitlement and Deprivation'*, New York, Oxford University Press, 1981.

Sen, Gita, 'Women Workers and the Green Revolution', in Lourdes Beneria (ed.), *Women and Development*, New York, Praeger Publications, 1982, pp. 29-64.

Shah, A.M., 'Division and Hierarchy: An Overview of Caste in Gujarat', *Contributions to Indian Sociology*, New Series, Jan.-June 1982, Vol. 16, no. 1, pp. 1-33.

Shankri, Uma, 'What is Happening to Cows and Bulls of Sunderpalli?', *Economic and Political Weekly*, 27 May, 1989, Vol. XXIV, no. 21, pp. 1164-70.

Sharma, Kalpana, 'Rise in Rape, Dowry Deaths', *The Times of India*, daily newspaper, New Delhi, 10 Sept. 1990, p. 6.

Sharma, Krishna Dutt, 'Female Participation in Rural Agriculture Labour in North India: A Spatial Interpretation 1971', *Man Power Journal*, Jan.-March 1973, Vol. VIII, no. 4, pp. 52-67.

Sharma, Madan Lal and Dak, T.M. (ed.), *Caste and Class in Agrarian Society: Dynamics of Rural Development*, Delhi, Ajanta Publications, 1985.

Sharma, M., 'Science and Technology for the Betterment of Rural Women', *Kurukshetra*, 1977, Vol. 25, no. 12, pp. 4-5.

Sharma, Miriam, Vanjani, Urmilla, 'Women's Work is Never Done: Dairy Development and Health in the Lives of Rural Women of Rajasthan', *Economic and Political Weekly*, 29 April 1989, Vol. XXIV, no. 17, pp. WS38-WS45.

Sharma, Puran Chand, *Haryana Ki Lok Dharmi Natya-Parampara Ka Alochanatamak Adyayan* (Hindi), Chandigarh, Sahitya Academy, 1983.

Sharma, Satish Kumar, *The Chamar Artisans*, New Delhi, B.R. Publishing

Corporation, 1986.

Sharma, Satya P., 'Marriage, Family and Kinship Among the Jats and Thakurs of North India: Some Comparisons', *Contributions to Indian Sociology*, New Series, 1973, Vol. VII, pp. 81-103.

Sharma, Sudhir K., 'Folk Dances of Haryana', *Social Welfare*, Feb. 1981, Vol. 27, no. 11, pp. 13-14, 42.

Sharma Ursula, 'Women's Participation in Agriculture in India', *Current Anthropology*, April 1982, Vol. 23, no. 2, pp. 194-6.

—, 'Purdah and Public Space' in Alfred de Souza (ed.), *Women in Contemporary India and South Asia*, Delhi, Manohar Publications, 1980.

—, *Women, Work and Property in North-West India*, London, Tavistock Publications, 1980.

—, 'Women and Their Affines: The Veil as a Symbol of Separation', *Man*, June 1978, Vol. 13, no. 2, pp. 218-33.

Shobha, V., *Rural Women and Development: A Study of Female Agricultural Labourers in Telengana*, Delhi, Mittal Publications, 1987.

Shukla, N.N., 'A Study of the Changing Attitudes of Indian Women Towards Alcoholism', ICSSR Project Report, Gujarat Research Society, Bombay, 1986.

Sidhu, H.S., 'Wages Determination in the Rural Labour Market: The Case of Punjab and Haryana', *Economic and Political Weekly*, 24-31 Dec. 1988, Vol. XXIII, no. 52-53, pp. A147-A150.

Singh, A.K., Sharma, J.S., Singh, D.K., 'Participation of Rural Women in Agriculture in the Hills of Uttar Pradesh', *Journal of Rural Development*, 1988, Vol. 7, no. 3, pp. 289-97.

Singh, Fauji Meher, *Mewati Ragniyon Ka Guchchha: Fanne Khan Ragnian* (Hindi), Delhi, Jain Pustakalya, 1983.

Singh, Jasbir, *Agricultural Geography of Haryana*, Kurukshetra, Vishal Publications, 1976.

Singh, K.P., 'Status of Women in Punjab and Haryana', in K. Mahdevan (ed.), *Women, Population Dynamics: Perspectives from Asian Countries*, New Delhi, Sage Publications, 1989, pp. 243-59.

—, 'Polyandry among the Jat Sikhs of Punjab', in Manis Kumar Raha (ed.), *Polyandry in India*, Delhi, Gian Publishing House, 1987, pp. 233-43.

Singh, Nalini, 'An Area of Darkness', *Indian Express*, daily newspaper, New Delhi, 29 July 1990, Sunday Magazine Section, p. 1.

Singh, Nalini, *'Stridhan ya Nidhan'*, a Doordarshan Programme, telecast on 1 Dec. 1987.

Singh, Sarva Daman, *Polyandry in Ancient India*, Delhi, Motilal Banarsidass, 1988.

Sinha, Raka, 'Rohtak Rampage: Alarming Female Foeticide', *Savvy*, monthly magazine, Bombay, July 1991, p. 38.

Sinha, S.P., 'Processes and Patterns of Urban Development in Haryana, 1901-1970', ICSSR Project Report, Geography Dept., Kurukshetra University, n.d.

Sisodia, J.S., 'Role of Farm Women in Agriculture: A Study of Chambal Command Area of Madhya Pradesh', *Indian Journal of Agricultural Economics,* July-Sept. 1985, Vol.XL. no. 3, pp. 223-30.

Sivaraman, B., 'Problems of Agricultural Labour 1968', paper presented at the National Commission of Labour, Dec. 1968, Govt. of India (mimeograph).

Smith, R. Saumarez, 'Caste, Religion and Locality in the Punjab Census', M.Litt., Dept. of Sociology, Delhi University, 1971.

Srinivas, M.N., *The Cohesive Role of Sanskritization and Other Essays*, Delhi, Oxford University Press, 1989.

—, *Caste in Modern India and Other Essays*, Bombay, Asia Publishing House, 1962.

—, 'The Dominant Caste in Rampura', *American Anthropologist*, Feb. 1959, Vol. 61, pp. 1-16.

Srivastava, Sahab Lal, *Folk-Culture and Oral Tradition*, New Delhi, Abhinav Publications, 1974.

Stree Sanghatana, *We were making History... Life Stories of Women in the Telangana People's Struggle*, New Delhi, Kali for Women, 1989.

Stowe, A.M., *Cattle and Dairying in the Punjab*, Lahore, Civil and Military Gazette, 1910.

Sutherland, Gail Hinich, '*Bija* (Seed) and *Ksetra* (field): Male Surrogacy or *Niyoga* in the Mahabharata', *Contributions to Indian Sociology,* New Series, Jan-June 1990, Vol. 24, no. 1, pp. 71-103.

Talib, B.D. and Majid, A., 'Small Farmers of Punjab', *Economic and Political Weekly,* 20 June 1976, Vol. XI, no. 26, pp. A42-A46.

Tandon, Prakash, *Punjabi Century, 1857-1947*, London, Chatto and Windus, 1963.

Taneja, Nalini, 'Female Foeticide: No Democratic Right', *The Times of India,* daily newspaper, New Delhi, 26 Dec. 1988, p. 8.

Tangri, Shanti S., 'Family Structure and Industrial Entrepreneurship in Urban India: The Evolution of a Field Study', in Helen I. Safa (ed.), *Towards a Political Economy of Urbanisation in Third World Countries,* Delhi, Oxford University Press, 1982, pp. 188-207.

The Jat Gazette (Urdu), weekly newspaper, Rohtak, 1927-8.

Trautmann, Thomas R., *Dravidian Kinship,* Cambridge, Cambridge University Press, 1981.

Tripathi, Ram Naresh, *Gram Sahitya,* Vol. III (Hindi), Delhi, Atma Ram and

Sons, 1952.

Tyagi, S.S., 'Evaluation of the Small Farmer's Development Agency: A Pilot Study of Ambala District', Agricultural Economics Research Centre, Delhi University, Unpublished Report, 1973.

Uberoi, Patricia, 'Feminine Identity and National Ethos in Indian Calendar Art', *Economic and Political Weekly*, 28 April 1990, Vol. XXV, no. 17, pp. WS41-WS48.

Vaid, Sudesh and Sangari, Kumkum, 'Institution, Beliefs, Ideologies: Widow Immolation in Contemporary Rajasthan', *Economic and Political Weekly*, 27 April 1991, Vol. XXVI, no. 17, pp. WS2-WS18.

Vaidyanathan, A., 'Labour Use in Rural India: A Study of Spatial and Temporal Variations', *Economic and Political Weekly*, 27 Dec. 1986, Vol. XXI, no. 52, pp. A130-A146.

Vansina, Jan, *Oral Tradition as History*, Madison, University of Wisconsin Press, 1985.

—, *Oral Tradition: A Study in Historical Methodology*, London, Routledge and Kegan Paul, 1965.

Vatuk, Sylvia, 'Changing Patterns of Marriage and the Family in an Urbanised Village in Delhi, India', in Helen I. Safa (ed.), *Towards a Political Economy of Urbanisation in Third World Countries*, Delhi, Oxford University Press, 1982.

—, 'The Ageing Women in India: Self Perception and Changing Roles', in Alfred de Souza (ed.), *Women in Contemporary India and South Asia*, Delhi, Manohar Publications, 1980.

Vatuk, Sylvia, *Kinship and Urbanisation*, Berkeley, University of California Press, 1972.

Verma, Jai Narayan, *Haryanavi Lokoktiyan: Shastriye Vishleshan* (Hindi), Delhi, Adarsh Sahitya Prakashan, 1972.

Verma, K.K., 'Electronic Media, Sex and Violence Against Women: A Third World Perspective', in Niroj Sinha (ed.), *Women and Violence*, Delhi, Vikas Publishing House, 1989, pp. 92-105.

Visaria, Leela, 'Determinants of Regional Variations in Infant Mortality in Rural India' in A.K. Jain and P. Visaria (ed.), *Infant Mortality in India: Differentials and Determinants*, New Delhi, Sage Publications, 1988, pp. 67-126.

Vishishth, Savitri, *'Braj Aur Haryana Ka Lok Sahitya me Chitrit Lok Jivan'* (Hindi), Chandigarh, Haryana Sahitya Academy, 1987.

Vishwanathan, Prema, 'Haryana's Unborn Convicts', *Times of India*, daily newspaper, New Delhi, 14 April 1991, p. 17.

Wadley, Susan, 'Women and the Hindu Tradition', in D. Jacobson and S. Wadley, *Women in India: Two Perspectives*, Delhi, Manohar Publications,

1986, pp. 113-40.

Weiner, Myron, *The Indian Paradox: Essays in Indian Politics*, New Delhi, Sage Publications, 1989.

Whitehead, Anne, 'Effects of Technological Change in Rural Women: A Review of Analysis and Concepts', in Iftikhar Ahmed (ed.) *Technology and Rural Women: Conceptual and Empirical Issues*, London, George Allen and Unwin, 1985, pp. 27-64.

Whyte, Robert O. and Whyte, Pauline, *The Women of Rural Asia*, Boulder Colorado, West View Press, 1982.

Wilcox, Wayne, 'Political Modernisation in South Asia', in Robert I. Crane (ed.) *Transition in South Asia: Problems of Modernisation*, Duke University, USA, 1970, pp. 120-54.

Wyon, J.B. and Gordon, J.E., *The Khanna Study: Population Problems in Rural Punjab*, Massachusetts, Harvard University Press, 1971.

Yadav, Shankar Lal, *Haryana Pradesh ka Lok Sahitya* (Hindi), Allahabad, Hindustan Academy, 1960.